21세기 지속가능경영을 위한

경영의 핵심 : GRC 이해

-실무사례 중심-

이재권 · 강기승 · 박성환

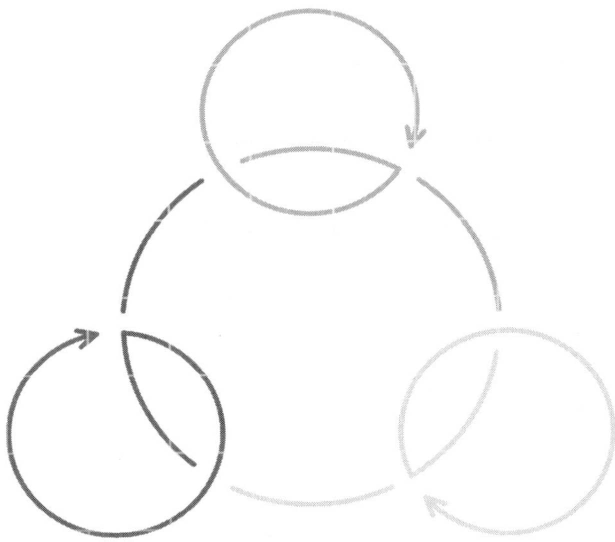

신영사

머리말

경영사상가 필립 코틀러(Philip Kotler)에 의하면, '올바른 행동'은 이제 기업의 생존과 번영의 필수조건이 되었다. 기업이 사회적 책무와 경제적 이익의 균형을 이루면서 우리 사회를 따뜻하고 건강하게 가꾸는 것은 글로벌 경영의 핵심적 과제가 되었다. 이를 위해서는 기업과 공공기관 등의 최고경영층과 관리자가 기업 경영의 3대 축인 거버넌스, 리스크, 내부통제에 대한 기본적인 이해를 갖고 준법에 기초한 윤리적 의사결정을 하여야 한다.

금융회사의 지속적인 금융사고, 전자상거래(이커머스) 플랫폼 큐텐의 위메프 · 티몬 사태, 경기 화성시 리튬전지 제조업체의 화재사고 등은 기업의 지속가능성을 확보하기 위해서는 CEO가 경영의 복합적 위험에 체계적으로 대응할 필요가 있음을 시사하고 있다. 지속되는 금융사고 등에 대처하기 위해 금융위원회는 「금융회사의 지배구조에 관한 법률」(이하 '지배구조법')을 개정하여, 내부통제 대상 업무의 범위와 내용을 사전에 명확히하는 책무구조도(responsibilities map)를 도입하였다. 금융회사가 각자의 특성과 경영여건 변화에 적합한 내부통제시스템을 구축 · 운영하도록 하는 동시에, 임원 개개인의 책임을 명확히 규정함으로써 내부통제에 대한 임원들의 관심과 책임감을 제고하려는 목적이다. 또한 금융감독원(2024.11)은 상장회사와 대형비상장회사는 2025사업연도부터 내부회계관리제도 운영실태보고서에 '횡령 등 자금부정을 예방 · 적발하기 위한 통제활동'을 추가 공시하도록 의무화하였다. 이는 기업의 자금부정을 예방하기 위해 경영진과 내부통제수행자의 책임의식을 제고하고 실질적인 내부회계관리제도 운영을 지원하기 위한 것이다. 감사원(2023.10)은 공공기관 등의 조직관리를 내실화하기 위해 "공공부문 내부통제 가이드라인"을 발표하였다. 이는 공직사회의 공직관 변화, 행정의 정치화, 이해충돌방지법, 중대재해처벌법, 양극화와 인구구조 변화 등 행정환경의 변화로 인한 리스크의 질적 · 양적 변화, 기존의 내부 및 외부통제와 자체감사의 한계 등을 극복하기 위한 것이다.

기업, 공공기관 등에 내부통제와 내부회계관리제도가 도입되었지만 지금까지 대부분 내부통제를 법제적 요구의 준수에 중점을 두어 왔다. 감독기관 등의 감사와 평가에 대응하기 위한 형식적 요건 갖추기, 금융사고와 부정이 발생할 때마다 '소 잃고 외양간 고치기'식의 사후관리가 주된 형태이었다. 위와 같은 접근으로 기업의 거버넌스(Governance), 리스크 관리(Risk), 내부통제제도(Control)가 실질적으로 작동하지 않아 기업의 지속가능성과 장기적인 가치를 저해하는 사건들이 지속적으로 발생되고 있다.

글로벌 복합위기 환경에서 기업과 금융회사, 공공기관 등이 지속가능한 경영을 위해서는 건전한 거버넌스에 기초한 전사적 차원의 리스크 관리와 통제에 대한 통합적인 접근이 필수적이다. 아울러 CEO을 비롯한 임직원의 건전한 경영 및 공직윤리의식의 정립과 이에 바탕한 정직과 신뢰문화의 확산이 요청된다. 글로벌 회계법인에서 약 35년간 금융회사와 기업, 공공기관 등에 내부통제와 감사, 리스크 관리 등에 대한 컨설팅 업무를 수행하면서 실질적인 내부통제의 구축 · 운영을 위해서는 법제적 요구를 넘어선 거버넌스, 리스크 관리와 통제에 대한 통합적인 접근이 중요함을 절감하였다. 저자들의 한국은행과 기업, 공공조직 등에 대한 감사활동과 임원으로서의 실무경험 등을 바탕으로 사례중심의 접근을 택하였다. 아울러 서강대 경영전문대학원의 내부감사전문과정의 15년의 실무강좌와 대학의 GRC 실무사례 강의 등에 기초하여 최근의 글로벌 동향과 연구 등을 반영하여 본 교재를 집필하였다.

본 교재의 목적은 경영의 3대 핵심 축인 거버넌스, 리스크, 통제에 대한 실무적 이해에 도움을 주고자 함이다. 이를 통해 단순히 거버넌스나 리스크 관리, 내부통제를 법규나 감독당국의 요구를 위한 법제적 준수를 넘어선 지속가능경영을 위한 실질적인 구축 · 운영을 지원하고자 하였다. 아울러 최근 지속가능경영의 주요 현안으로 대두되고 있는 산업재해를 포함한 인권경영, 기후변화, 인간존중의 윤리적 리더십에 대한 실무적 이해를 갖도록 하였다.

본 교재는 다음과 같은 관점에서 집필하였다.

첫째, 기업과 공공기관 등의 거버넌스, 리스크와 내부통제, 지속가능경영 현안에 대해 전문적 지식이나 경험이 필요한 CEO, 감사, 이사, 경영관리자를 위한 것이다. 이를 위해 거버넌스나 리스크를 실무사례 등을 통해 쉽게 이해할 수 있도록 하였다. 실무사례는 대법원 판례와 신문에 보도된 기사 등을 종합적으로 분석하여 교육 및 연구 목적으로 작성된 것이다. 실패의 경험에서 교훈을 찾고자 함에 목적이 있다.

둘째, 지금까지는 금융회사나 기업 회계부정에 대해 주로 감독기관의 감독 및 규제에 대응한 준법성 관점의 접근이었다. 본 교재는 실제 기업 등에서 발생된 실무사례를 거버넌스, 리스크 관리, 내부통제(GRC : Governance, Risk, Control)의 통합적 관점에서 분석하여 이에 대한 경영층에 교훈을 갖도록 하였다. 최근 지속적으로 금융사고, 산업재해, 제품안전성 문제, 고객분쟁 등이 빈번히 발생하고 있다. 통합적 사고(Integrated Thinking)는 위와 같은 사고와 분쟁 등에 선제적으로 대처할 수 있는 경영의사결정의 기본적 준거점이 될 수 있을 것이다.

셋째, 금융회사 등의 반복적인 금융사고와 관련하여 제도 개선이나 사후제재를 넘어선 준법 및 윤리의식, 조직문화의 근본적 변화가 요구되고 있다. 실질적인 내부통제의 구축·운영을 위해서는 건전한 거버넌스의 작동과 리스크 관리가 필수적이다. 위와 같은 관점에서 경영윤리를 포함하여 통합적 관점에서 GRC를 이해할 수 있도록 하였다.

넷째, GRC 프레임워크가 유기적으로 연계되어 기업의 장기적인 지속가능한 성장과 가치창출의 원동력으로 작동하기 위해서는 기업의 사명이 우리 세상을 위한 것이라는 임직원의 체화된 인식이 필수적이다. 이러한 측면에서 단순한 GRC의 구축을 넘어서 경영윤리의 실천과 조직문화 정착의 중요성을 강조하였다.

교재는 상기한 관점에서 다음과 같이 5부로 구성하였다.

제 I 부 지속가능경영을 위한 이해관계자중심 경영

제1장에서는 최근 글로벌 동향과 지속가능 경영 리스크에 대하여 파악하도록 한다. 지속가능경영의 주요 현안에 대처하기 위한 통합적 사고(Integrated thinking)를 소개한다. 제2장에서 최근 이해관계자중심 경영의 배경과 패러다임의 변화를 이해한다. 또한, 이해관계자를 위한 지속가능경영의 공시에 대한 글로벌 추이를 개관한다. 제3장에서는 지속가능경영을 위한 의사결정의 틀로서 통합적 사고의 배경, 기본원칙, 접근방법, 기업 적용 사례 등을 이해한다. 이를 통해 기업의 실무 적용을 위한 통합적 사고의 이해와 관점을 확립할 수 있도록 한다.

제 II 부 거버넌스와 기업지배구조

제4장에서는 거버넌스의 배경과 개념을 살펴보고 Good governance를 지향하는 국제기구 등의 접근과 국제감사기구(IIA)의 거버넌스 가이드라인을 이해한다. 실무사례를 통해 거버넌스 구축·운영에 대한 교훈을 갖도록 하였다. 제5장에서는 G20/OECD 기업지배구조 기본원칙과 한국의 기업지배구조 운영의 주요 실무 현안을 살펴본다. 최근 이사의 법적 책임과 관련하여 중시되고 있는 경영판단을 중심으로 대법원 판례 등을 검토한다.

제III부 리스크 관리와 내부통제 실무

제6장은 리스크 관리가 등장하게 된 역사와 배경에 대한 설명과 함께 리스크의 의미와 종류, 리스크 관리의 필요성 및 리스크 관리와 관련한 국제기준을 설명한다. 우리나라 리스크 관리의 현안과 개선방향을 제시한다. 제7장은 리스크 관리의 실제로서 리스크 환경 분석, 리스크 평가기준 설정, 리스크 인식, 리스크 분석, 우선순위 결정, 리스크 관리방안 및 관리기법을 주요국의 리스크 관리 실제 사례를 활용하여 구체적으로 설명한다. 제8장에서는 국제적인 COSO 내부통제 프레임워크와 내부회계관리제도에 대해 기본적 이해를 갖도

록 한다. 금융사고 사례의 분석을 통해 부정에 대한 이해를 갖도록 한다. 최근 내부통제와 관련된 대법원 판례를 분석하여 판례가 경영층에 주는 교훈을 제시한다.

제IV부 기후변화와 인권경영

제9장에서는 최근 중시되고 있는 기후변화와 기후변화 리스크를 이해하도록 한다. 기후위기에 대응하기 위한 탄소중립과 기후변화 적응정책과 실무현안을 파악하도록 한다. 제10장에서는 글로벌 탄소중립 동향과 우리나라의 탄소중립 목표와 전략을 이해하도록 한다. EU 지속가능성실사지침(Corporate Sustainability Due Diligence Directive, CSDDD) 등 기후변화에 대한 규제와 지속가능성 공시에 대하여 다룬다. 제11장에서는 최근 기업의 주요 현안으로 대두되고 있는 인권경영의 배경과 국제적 요구, 산업안전을 비롯한 우리 기업의 현안 등에 대하여 이해하도록 한다.

제V부 인간존중의 윤리적 리더십

건전한 GRC 운영을 위해서는 임직원의 Integrity 확보가 관건이다. 제12장에서는 인간존중의 윤리적 리더십 확보를 위한 전제로서 인간에 대한 이해와 윤리적 의사결정을 실무사례를 통해 이해할 수 있도록 하였다. 기업과 공공분야 등의 실무현장에서 경영윤리 실패사례를 분석하여 이에 대한 교훈을 제시함으로써 CEO을 비롯한 임직원의 윤리적 리더십에 도움이 되도록 하였다.

본 교재는 기업의 CEO를 비롯한 이사회, 감사위원(감사) 그리고 경영층과 관리자의 GRC에 대한 실무적 이해에 유용한 지침이 될 수 있을 것이다. 대학에 있어서는 MBA과정이나 학부의 회계나 경영세미나 과정에서 "지속가능경영"이나 "기업지배구조와 내부통제" 또는 "GRC" 주제의 사례연구 교재로 활용될 수 있을 것이다.

지속가능경영은 이해관계자중심의 장기적인 기업가치 제고가 전제되어야 가능하다. 이를 위해서는 건전한 거버넌스에 기초한 전사적 차원의 리스크 관리와 통제제도의 통합적 구축·운영이 필수적이다. 본 교재를 통하여 지속가능경영을 위한 실질적인 GRC 운영에 따른 현황과 문제점을 심층적으로 이해하는 데에 도움이 될 수 있을 것이다. 아울러 최근 지속가능경영에 주요 현안으로 대두되고 있는 기후변화와 인권경영, 경영윤리 실무현안을 파악하는 데에 유익할 것이다. 모건스탠리캐피탈인터내셔널(MSCI)은 지난 10년간 명확해진 것은 환경적 위험, 사회적 위험과 지배구조 위험이 재정적 위험이 되고 있음을 제시하고 있다. 글로벌로 탄소중립, 산업안전 및 인권경영에 대한 규제가 높아지고 있는 경영환경에서 조직의 장기적인 가치창출을 위한 건전한 GRC의 구축·운영이 필수적이다. 본 교재가 기업과 공공조직의 경영층과 감사(감사위원), 이사, 관리자 등에게 지속가능경영의 기반이 되는 GRC와 탄소중립, 인권경영, 경영윤리의 실무적 이해에 도움이 되기를 기대한다. 최근 지정학적 리스크와 신보호무역주의, 자국우선주의가 강화되고 있는 글로벌 복합위기 환경에서 우리 기업과 공공조직의 지속가능한 성장과 발전을 축원한다.

본 교재의 집필에 있어서 기후변화 관련 연구 발표 자료를 인용할 수 있도록 허락하여 주신 삼일 PwC Sustainability Platform 이진규 파트너를 비롯한 관계자에게 감사를 표합니다. 교재의 출간을 추진하여 주신 신영사의 권오석 상무와 박지영 편집국장을 비롯한 관계자에게 깊은 감사를 드립니다. 아울러 6년에 걸쳐 교재의 집필을 지원하고 격려하여 준 공저자의 모든 가족에 사랑과 고마움을 전합니다.

2025. 2

저자 일동

차 례

제 I 부 지속가능경영을 위한 이해관계자중심 경영

제 1 장 글로벌 동향 : 지속가능경영

제 2 장 경영 패러다임의 변화

제 3 장 통합적 사고의 이해와 적용

제Ⅱ부 거버넌스와 기업지배구조

제 4 장 거버넌스의 이해

제Ⅲ부 리스크 관리와 내부통제 실무

제 6 장 리스크 관리의 이해

제 7 장 리스크 관리의 실제

제Ⅳ부 기후변화와 인권경영

제 9 장 기후변화와 대응

제10장 글로벌 환경규제와 지속가능성 공시

제11장 기업과 인권 : 인권경영

제Ⅴ부 인간존중의 윤리적 리더십

제12장 경영윤리 실패사례의 교훈

PART

I

지속가능경영을 위한 이해관계자중심 경영

제1장에서는 최근 글로벌 동향과 리스크 그리고 글로벌 지속가능성 트렌드를 파악한다. 지속가능경영을 위한 통합적 사고(Integrated thinking)를 소개한다.
제2장에서는 최근 이해관계자중심 경영의 배경과 패러다임의 변화를 이해한다. 이해관계자를 위한 글로벌 지속가능성 공시 현황을 파악한다.
제3장에서는 통합적 사고의 배경 기본원칙, 접근방법, 기업 적용 사례 등을 이해한다. 이를 통해 기업의 실무 적용을 위한 통합적 사고의 이해와 관점을 확립할 수 있도록 한다.

chapter 1

글로벌 동향 : 지속가능경영

1. 최근 글로벌 동향
2. 지속가능경영을 위한 주요 현안
3. 지속가능 경영 리스크
4. 지속가능경영을 위한 통합적 사고
5. 본 교재의 관점과 구성

〈제1장 요약〉

생각해 볼 점

- 최근 글로벌 환경에서 우리 기업의 지속가능경영을 위한 주요 현안은?
- 지속되는 금융사고와 산재사고의 지속가능경영에 대한 시사점은?
- 지속가능경영을 위한 통합적 사고란 무엇인가?

오늘날 최고 성과를 내는 기업들은 재무적 측정 도구에만 초점을 맞추는 대신, 기업 의사결정을 다중자본 접근방법(Multi-capital approach)을 통해 재무적 자본, 인적자본, 사회적 자본, 지적자본, 자연자본, 제조자본에 걸쳐 상호 연결된 정보에 기반을 두고 있다.

기업의 진정한 가치는 전략, 운영, 거버넌스, 리스크 관리, 내부통제의 모든 측면을 장기적 관점에서 성공적으로 통합경영할 때 창출된다. 또한 통합경영을 위해서는 통합적 사고(integrated thinking)의 접근이 요구된다.

이 장에서는 최근 글로벌 동향과 주요 경영 현안을 파악한다. 지속가능경영의 관점에서 글로벌 리스크와 국내의 지속적인 금융 및 산재 사고 등을 성찰하고 이에 기초하여 통합적 사고를 소개한다.

1. 최근 글로벌 동향

1.1 글로벌 동향

“우리는 시간의 흐름 속에서 우주라는 공간에 살아가고 있다.” 토인비의 『역사의 연구』에 의하면, 문명은 유기체와 같아서 성장하고 번성하고 쇠퇴하고 멸망한다. 각 단계에서 특정한 내 · 외부의 도전이 있게 되며 이러한 도전에 어떻게 대응하느냐에 따라 수명이 결정된다.[1] 급변하는 글로벌 환경에서 기업의 지속가능경영을 위해서는 글로벌 동향과 주요 현안을 파악하는 것이 중요하다. 1990년 이후 세계는 무역을 통한 세계질서 변화라는 흐름 속에 성장했다. 세계화는 급속히 발전해 세계의 경제적 성장에 기여해 왔다.

그러나 러시아의 우크라이나 침공으로 인해 자유진영과 권위주의 노선으로 분열되고 있으며, 미국과 EU를 중심으로 한 서방과 러시아의 대립을 심화시켜 세계경제의 불확실성을 증가시키고 있다. 전 세계 각국은 자국의 안보를 확보하기 위해 군사력 증강에 나서고 있으며 세계화 진전을 저해하고 있다. EU는 대외적으로는 러시아-우크라이나 전쟁, 미국의 인도태평양전략 강화라는 국제안보 환경이 변화하는 상황에서 전략적 자율성(strategic autonomy)을 중시하고 있다. 아울러 대내적으로 ‘그린, 디지털 전환’이라는 핵심 목표를 달성하고 경쟁력을 유지하기 위해 경제안보를 강화하고 있다. EU는 규범에 기반한 국제 질서와 자유 무역을 강조하지만, 동시에 자국 산업을 보호하고 중국의 경제적 영향력을 견제하기 위해 보호주의적인 정책을 도입하고 있다. 이는 단순히 유럽 시장에만 영향을 미치는 것이 아니라 전 세계 경제 질서를 변화시키고 있으며, 한국 기업들에게도 새로운 도전과 기회를 제시하고 있다.[2] 미중 무역 및 기술 경쟁이 본격화되면서 세계 무역은 위축되고, 기후변화로 인해 공급망의 불안정이 심화되고 있다. 지정학적 리스크에 수반되는 공급망 위협으로 인해 국제적 규범 준수보다 자국 우선주의가 강화되고 있다. 최근 EU 집행위원회의 중국산 전기차 추가 관세부과 등과 관련하여 국가간의 무역전쟁이 더욱 거세질 것으로 예측되고 있다.[3]

이와 같은 공급망과 기술 변화, 지정학적 위기 등으로 세계경제는 패러다임의 근본적인 변화가 예상되고 있다. PwC Korea는 글로벌 경제 패러다임의 변화를 다음과 같이 분석 · 제시하고 있다.[4] 첫째, 공급제약 경제 : 글로벌 공급망 분절화와 노동력 부족, 지정학적 리

1) A.J. Toynbee, A Story of History, 원창희 옮김, 역사의 연구 I, 홍신문화사, 2004.11, p.94.
2) EU 공급망실사지침, 한국 기업의 미래를 위한 과제, 굿모닝경제, 2024.2.6.
3) [사설] “‘역사의 종언’ 시대 끝”… 거세지는 보호무역주의 대비해야, 중앙일보, 2024.10.31.

스크 등으로 수요가 있어도 공급이 어려운 시대이다. 경기침체시 인플레이션 우려 없이 통화완화가 가능하던 시대가 종식됨에 따라 앞으로 통화완화 정책은 인플레이션을 촉발할 우려가 있다. 둘째, 기술 변곡점의 시대 : 중국을 필두로 기술 격차가 급속히 축소되며 초격차를 추구함에 따라 안보와 경제의 주도권을 확보할 수 있는 변곡점 기술이 대거 등장하고 있다. 선진국의 산업기술 정책 강화와 기술 이전의 제한, 조임목(choke point) 기술 보유 경쟁이 가속화되고 있다. 셋째, 다중 블록화 세계 : 첨단산업을 둘러싼 글로벌 기술 네트워크의 블록화, 자원을 둘러싼 글로벌 공급망의 블록화 등 다중 블록화 시대이다. 지속가능한 경영을 위해서는 기업은 지정학(안보), 지경학(자원), 기정학(기술) 등의 종합 경쟁력이 필요한 시점이다.

1.2 2025년 세계경제 전망[5)]

대외경제정책연구원의 2025년 세계경제 전망에 의하면, 2025년 세계경제는 2024년보다 0.1%p 낮은 3.0%의 성장률을 기록할 것으로 전망되고 있다. 미국은 관세 인상, 세제 개편 등 트럼프의 재집권에 따른 정책 방향 전환과 보호무역주의 강화가 불확실성을 높이는 요인이나, 감세조치가 빠르게 시행된다는 전제하에 2.1%의 안정된 성장세를 보일 것으로 전망되고 있다. 유로 지역은 독일의 성장세가 기대에 못 미침에 따라 성장에 제약이 있을 것으로 보인다. 2025년 연간 1.3%의 미미한 회복세를 나타낼 전망이며, 트럼프 1기 행정부 때와 같이 무역 마찰 이슈가 재부각될 수 있을 것으로 예측하고 있다. 일본은 수출 감소 및 기업실적 둔화가 예상되는 가운데 2024년의 기저효과, 차세대 산업 부문의 투자 증가, 새 내각의 경제정책 등으로 인해 1.0%의 경제성장률을 기록할 전망이다.

주요 신흥국들은 미국과의 지정학적 거리와 글로벌 정책 불확실성에 따라 차별적으로 영향을 받을 전망이다. 중국은 내수를 진작하기 위한 경기 부양책에도 불구하고 성장의 수출 의존도가 높은 상황에서 트럼프의 귀환에 따른 추가 관세 도입과 대중 제재로 4.1%의 낮은 성장세를 기록할 것으로 보인다. 인도는 견고한 성장세가 2025년에도 지속될 것으로 예상됨에 따라 6.8%를 기록할 것으로 전망되며, 트럼프 신행정부의 반이민 정책이나 보호무역주의가 미칠 부정적 영향이 공급망 재편, 유가 하락 등으로 상쇄될 것으로 예상되고 있다. 아세안 5개국은 양호한 민간소비, 정부지출, 외국인투자 등에 힘입어 2025년 4.7% 성

4) 2024년 국내외 경제전망 : 누적되는 리스크 속에서 낮은 단계의 균형점을 찾아가는 한 해, PwC Korea, Samil Insight, p.6.

5) 2025년 세계경제전망, 대외경제정책연구원, 오늘의 세계경제, 2024년 11월 14일 Vol.24, No.18 분석 발췌 요약 인용함.

장할 전망이며, 미·중 갈등 및 대외 리스크 향방에 영향을 받을 것으로 보고 있다. 미국 신행정부 출범에 따른 자국우선주의·보호무역주의 심화, 그리고 대내외 악재에 따른 중국 경제성장 충격, 글로벌 인플레이션이 하향 안정됨에 따라 주요국들의 통화정책도 긴축에서 완화로 전환되는 과정에서 불확실성이 증대할 것으로 보고 있다.

1.3 트럼프노믹스 2.0

우리 기업의 지속가능한 경영을 위해서는 세계 GDP의 25%를 차지하고 세계 경제성장을 선도하는 최근 미국의 사회 내 여론과 이에 따르는 정치 경제적 지형 변화의 이해가 필요하다. 트럼프 재선으로 트럼프 2기 행정부가 출범하고, 의회에서는 상·하원 모두 공화당이 다수당이 되면서 미국 정치 지형이 급변할 것으로 예상되고 있다.

이번 트럼프 대통령 재선의 원동력은 미국 내 경제적 어려움에 대한 불만에서 비롯된 것으로 평가되고 있다. 실제 여론조사에서도 기후변화·환경, 낙태 등의 사회 이슈보다, 먹고 사는 문제와 직결되는 경제 이슈에 대해 바이든 행정부의 국정 수행에 부정적인 응답 비중이 높은 것으로 나타났다.[6] 트럼프 2기 집권 초반의 미국 경제는 경기 하강 국면에 위치할 것으로 예상되고 있다. 미국의 경제성장률은 2023년 2.9% 그리고 2024년에도 2.8%로 높은 수준을 지속할 것으로 예상되나, IMF에 따르면 2025년 2.2%, 2026년 2.0%로 향후 성장률 둔화 추세가 이어질 것으로 전망되고 있다. 트럼프 2기 초반의 고용시장은 이전부터의 실업률 상승 추세가 이어질 가능성이 높아, 트럼프 행정부의 최대 현안이 고용시장 냉각을 방지하는 데에 있을 것으로 예상되고 있다.

또한 유럽 정치 지형의 보수화 등 주요국에서 보수 세력 지지율이 증가하는 상황과 유사하게 미국 사회 내에서도 진보적 사회 이슈의 중요도가 하락하고 있다. '트럼프노믹스 2.0'의 경제철학은 대외적으로는 미국의 경제적 이익을 최우선으로 하는 보호무역주의(保護貿易主義)를 근간으로 하고 있다. 대내적으로는 기업 활력 제고를 통한 고성장을 도모하는 신자유주의(新自由主義) 성격과 성장을 위해서는 다소 환경 이슈를 묵인할 수 있다는 반환경주의(反環境主義) 성향이 강한 것으로 판단되고 있다. 경제적 부가가치 측면에서 미국의 우위를 점하기 위해 공정하고 상호호혜적 교역을 강조하고 있지만 실질적으로 무역적자 자체를 불공정한 거래의 결과로 인식하고 이를 시정함으로써 자국 산업을 적극 보호한다는 의미를 갖고 있다. 선성장-후분배의 전통적인 신자유주의적 태도가 보이며, 규제 완화, 감세 등의 전통적인 신자유주의적 경제정책 수단을 선호하고 있으며, 소비자, 노동자보다 기

6) 트럼프노믹스 2.0과 한국경제, 현대경제연구원, 경제주평, 24-18(통권 976호) 2024.11.7, pp.2-3.

업에 친화적인 정책기조를 가질 것으로 예상된다.7)

미국의 무역적자 개선과 제조업종 보호를 위해 관세 및 비관세 장벽 강화의 통상정책 기조가 유지될 것으로 예상된다. 통상정책도 1기의 경우와 같이 품목과 특정 국가의 수입품에 대한 관세율 인상을 통한 무역 적자 개선에 주력할 것으로 전망되며, 극단적인 경우 보편 관세율 인상도 예상된다. 공급망 정책에 있어서 수입 관세 인상을 통해 미국 내 생산을 유도하는 간접적 투자 유치 전략에 주력할 것으로 보인다. 미국 내 기후변화에 대한 이슈의 영향은 여전히 강하기 때문에, 탄소중립에 대한 직접적인 접근 전략보다는 탄소중립과 관련된 정부의 지원을 중단하고 모든 것이 철저히 시장에서 결정되도록 하는 우회적 전략이 선호될 것으로 판단된다.8)

트럼프노믹스가 한국경제에 미치는 영향을 분석해 보면, 향후 미국 경제의 성장 둔화 및 중국 경제의 저성장 기조 가능성이 높아 세계 경제 성장을 견인할 주력 경제권이 부재한 상황이다. 또한 보호무역주의의 확산으로 전반적인 교역 위축이 우려되면서, 무역이 창출하는 글로벌 부가가치가 이전에 비해 축소될 전망이다. 산업 대전환기에 진입하면서 기존 주력산업(기술)에서 초과이윤을 확보하기 어려운 가운데, 차세대 산업(기술)의 시장 체화(embodiment)가 지연되면서 뚜렷한 비즈니스 창출 모델이 구축되지 않고 있다. 미국의 관세 인상은 글로벌 시장의 통상환경을 악화시킬 수 있기 때문에, 기업 스스로도 주요 거래 대상국의 무역 정책 및 법 제도 변화에 대한 정보력 강화와 그 영향에 대한 자체적인 분석 능력을 확충해야 할 것이다. 트럼프 시대의 기준점은 이념과 도덕, 가치 대신 철저한 국익이 되어야 하며, 불확실성이 높아 모든 가능성을 염두에 둔 유연한 사고와 전략이 필요하다는 의견이 제기되고 있다.9)

1.4 IMF의 한국 경제전망10)

국제통화기금(IMF)이 한국의 2025년 경제성장률 전망치를 낮춰 잡으면서 "하방 위험이 더 높다"고 강조했다. 한국 경제의 위험요인으로는 어려운 대외 여건을 꼽으면서, 미국 트럼프 2기 행정부 출범이 한국에 미치는 영향에는 불확실성이 크다고 언급했다. IMF는 한국 경제의 주된 하방 요인이 점점 더 복잡해지는 대외여건으로, 주요 교역국의 경제성장 둔화, 미국 · 중국의 갈등과 같은 지정학적 긴장, 중동 지역 전쟁 등으로 인한 원자재 가격 상승

7) 현대경제연구원(2024.11.7), pp.9-10.
8) 현대경제연구원(2024.11.7), pp.15-23.
9) 트럼프 이념, 가치 중요하지 않아, 시사저널, No.1830, 2024.11.19, pp.16-17.
10) IMF도 韓 내년 성장 전망 2.2→2.0% 낮춰… "하방 위험 더 높다", 중앙일보, 2024.11.19.

등을 꼽았다.

세계정세 변화에 대해 IMF는 “한국의 경쟁력을 유지하기 위해서는 글로벌 무역 환경변화에 대응해 나가는 것이 핵심이다. 정책적 우선순위에는 혁신강화, 공급망 다변화, 서비스 수출 촉진 등이 포함된다”고 제안했다. IMF는 한국의 급속한 고령화에 대비해 잠재성장률 자체를 끌어올리는 노력이 필요하다고 제언했다.

2. 지속가능경영을 위한 주요 현안

최근 글로벌 관점에서 기업의 지속가능경영의 주요 현안들을 예시적으로 살펴보면 다음과 같다.

2.1 지정학적 리스크의 대응[11)]

최근 러시아와 우크라이나 전쟁 장기화, 중동전쟁 확전, 미중 갈등 등으로 많은 기업들이 지정학적 리스크를 경영상의 중요 리스크로 인식하고 있는 상황이다. 지정학 리스크가 현실화되는 지역이 대부분 에너지·원자재 생산국가들에 인접해 있다. 코로나 팬데믹 이후 글로벌 시장의 저성장으로 경제적 이권에 대한 이해관계가 외교적 충돌로 파급되고 있다.

〈표 1-1〉 주요국의 지정학적 리스크의 장기화 양상

구 분	진행경과 및 전망
미·중갈등	[발발] 2018.7.6. 미국의 중국산 관세부과, 중국 보복관세 부과하며 촉발 [영향] 중국의존적 수출구조 타격(대중수출 ’18년 1,621억불 → ’23년 1,248억불 [전망] 희토류 등 핵심광물 공급망 위기 가능성, 전략물자 수출제한 확대 우려
러·우전쟁	[발발] 2022.3.24. 러시아의 우크라이나 침공으로 발발 [영향] 에너지(원유·가스), 원자재 가격 상승, 금융리스크 및 공급망 불안정 [전망] 서방국, 우크라 지원 논의. 러시아, 국방비 대폭 증액. 장기전 돌입
중동전쟁	[발발] 2023.10.7. 하마스의 이스라엘 공격으로 전쟁 발발 [영향] 수에즈운하 통행방해로 물류운송비 상승. 원유 수급차질 및 유가불안정 [전망] 이스라엘과 하마스·헤즈볼라·예멘반군 다면전. 이란 본격개입 우려 최고조

자료: 지정학적 리스크 장기화의 영향과 대응 조사, 대한상공회의소, 2024.10.18, p.3.

11) 지정학적 리스크 장기화의 영향과 대응 조사, 대한상공회의소(2024.10.18) 분석 요약 인용함.

따라서 이해관계의 첨예화와 금융시장의 불안정성이 지속되는 한 국제사회의 새로운 균형이 정립되기 전까지 지정학 리스크 위협은 장기화될 것으로 예상된다(〈표 1-1〉 참조).

미 · 중갈등, 러 · 우전쟁, 중동분쟁 등 지정학적 리스크가 기업 경영에 어떤 영향을 미치는지 대한 질문에 66.3% 기업이 "경영 위험요인"으로 보고 있다. 중국, 러시아, 중동국가들을 대상으로 수출입하는 기업의 경우, 경영 위험으로 인식하는 비중이 모두 70%대로 기업 평균치보다 높게 나타났다. 지정학적 리스크의 부정적 영향에 대해, 기업이 주로 겪은 피해는 '환율변동 · 결제지연 등 금융리스크'가 43.1%로 가장 많았으며, '물류비 증가 및 물류 차질'(37.3%), '해외시장 접근제한 · 매출 감소'(32.9%), '에너지 · 원자재 조달비용 증가'(30.5%), '원자재 수급 문제로 인한 생산 차질'(24.1%), '현지사업 중단 및 투자 감소'(8.1%) 순으로 조사되었다.

향후 지정학적 리스크에 대응하기 위한 전략은 '비용절감 · 운영효율성 강화'가 57.8%로 가장 많았다. 보다 적극적인 대비책인 '대체시장 개척 및 사업 다각화'에 응답한 기업도 52.1% 차지하였다. 이어서 수출기업들은 '공급망 다변화 및 현지조달 강화'(37.3%), '환차손 등 금융리스크 관리'(26.7%), '글로벌 사업 축소'(3.3%) 등의 대응방안을 들고 있다. 지정학 리스크 발생 시 가장 직접적인 영향은 에너지, 원자재 가격의 상승이다. 한국은 고유가시 생산원가를 높이는 압력이 상대적으로 높아, 경쟁국 대비 가격 경쟁력 · 수익성 차원에서 매우 불리하다. 따라서 지정학적 리스크에 대응해 우리 수출기업들은 확장적 전략보다 지키는 수성(守城)전략에 치중하고 있다.

2.2 G20 정상회의 : WTO의 다자간 무역체제

주요 20개국(G20) 정상들이 브라질 리우데자네이루에서 '다자무역' 정신을 강조하고 글로벌 기아, 빈곤 퇴치를 위한 협의체를 구성하는 내용의 G20 정상회의 공동선언문을 채택했다. 이번 G20 회의에서는 미국우선주의, 보호무역을 주창해온 도널드 트럼프 대통령 당선인의 재집권에 따른 경계감이 그 어느 때보다도 강하게 확인됐다. 공동선언문 전문에 따르면 G20 정상들은 사회 통합 및 기아 · 빈곤 퇴치, 지속가능한 개발과 에너지 전환, 기후위기 대처, 유엔을 비롯한 글로벌 거버넌스 기관 개혁 등을 위한 국제사회 협의를 촉구하기로 뜻을 모았다.

2024년 G20 정상회의의 주제는 '정의로운 세계와 지속가능한 지구 구축'이다. G20 정상들은 "세계무역기구(WTO)를 중심으로 규칙에 기반을 두고 비차별적이며 공정하고 개방적이고 포용적이며 공평하고 지속가능하고 투명한 다자무역 시스템을 보장해야 한다"며 "교역을 둘러싼 도전에 대응하고 효과적인 분쟁 해결 시스템을 구축한다는 목표 달성을 위

해 논의를 이어갈 것"이라고 강조했다.[12)]

세계무역기구(WTO)의 다자간 자유무역체제는 그동안 세계 경제의 번영에 크게 기여했다. 수많은 국가가 무역을 통해 가난에서 벗어날 수 있었다. WTO의 '2024년 세계무역보고서'에 따르면 1995년부터 2023년까지 전 세계 국가의 1인당 평균 소득이 미 달러 기준 7,050달러에서 1만 1,570달러로 65% 늘었다. 중 · 저소득 국가의 1인당 소득은 1,835달러에서 5,337달러로 3배가량 대폭 증가했다. 한국이 2022년 세계 6위권 수출국이 되면서 경제 강국으로 올라선 것도 자유무역 체제 덕이라 할 수 있다. WTO는 이미 1기 트럼프 행정부 때부터 미국과 충돌하면서 약화하기 시작했고, 이제는 존립의 위기로까지 내몰리게 됐다. 미국은 WTO 상소기구 위원 임명을 저지해 분쟁 해결 기능을 무너뜨리기 시작했고, WTO 규칙에 반하는 관세부과로 WTO의 힘을 뺐다.

트럼프 2기에 펼쳐질 보호주의 통상정책은 트럼프 1기 때보다 더 강할 것으로 보인다. WTO를 적대시하는 근본 이유는 미국을 자유무역의 피해자라고 보기 때문이다. 트럼프는 미국의 막대한 무역적자가 자유무역의 결과라고 본다. 2023년 기준 미국의 무역수지 적자는 7,734억 달러로 2022년보다는 감소했지만 여전히 크다. 나아가 중국과의 경쟁에 노출된 미국 내 제조업 종사자의 소득이 줄었고, 일리노이와 미시간, 위스콘신 등 소위 '러스트 벨트(Rust belt)' 지역의 수출이 감소하는 등 자유무역의 피해를 본 지역과 계층이 있기 때문이다.

이런 점들이 트럼프의 보호무역 정책의 토대가 됐고 WTO 자유무역 체제를 부정하는 배경이 됐다. WTO가 중국의 반(反)시장적 행태와 반칙 행위를 제재하는 데 무기력했기 때문이다. 미국 등 서방은 2001년 중국의 WTO 가입을 계기로 중국이 시장경제의 일원으로 합류하길 기대했다. 그러나 중국은 막대한 보조금을 지급하고 국가 자본주의 정책을 유지하면서 세계 공급망을 장악했다. WTO는 중국의 비시장경제 행위를 통제하는 데 실패했고, 오히려 WTO 내에서 중국의 발언권은 강해져 갔다. 이에 중국과의 지정학적 경쟁에 돌입한 트럼프 행정부는 WTO를 배제하고 그 기능을 약화하는 쪽으로 방향을 잡았다. 이러한 상황에서 WTO 다자간 자유무역 체제가 세계 경제의 중심 질서로서의 영향력을 유지하기는 쉽지 않다[13)]는 의견이 재기되고 있다.

트럼프 2기 행정부는 우리에게 통상 압력과 한미 FTA 재협상을 요구할 가능성이 크다. 트럼프 행정부가 무역수지 적자를 없애기 위해 과거 1기 대비 더욱 강경한 보호무역주의를 펼칠 것으로 예상된다. 중국에 대한 전방위적 제재는 물론이며 자신들에게 높은 무역수지

---

12) 트럼프2.0 우려 속… G20 "다자무역 보장" 공동선언 채택, 아시아경제, 2024.11.19.

13) [김두식의 이코노믹스] WTO 체제, 강제력 잃은 명목상 경제질서로 전락할 수도, 중앙일보, 2024.11.18.

흑자를 기록하는 국가들을 겨냥할 것으로 보인다. 한국 수출의 현주소는 트럼프 1기 때와 비교할 때 대미(對美) 수출 비중을 높이면서 미국에 대한 의존도가 높아졌다. 중국과의 관계는 경쟁 강도가 심화하고 있고, 한국과 중국의 수출 경합도(해당 국가 간 주요 수출 품목을 비교한 지표)는 꾸준히 상승 중이다. 수출 구조가 점점 유사해지고 있는 상황으로 해석된다. 앞으로 미 · 중 무역 갈등에 대처하기 위해 높아진 중국과 경쟁 강도를 낮출 수 있는 가능성에 대해 점검해 볼 필요가 있다. 트럼프 행정부의 가장 큰 리스크를 '불확실성'으로 꼽는 만큼, 우리 정부와 기업이 미국을 향해 정교한 레이더망을 가동해야 할 시점이다.[14]

2.3 경제안보시대의 공급망 재편[15]

WTO 기능 약화와 함께 경제안보를 주요 근거로 내세우는 주요국의 일방주의적 산업 · 통상정책이 심화 · 발전되면서 글로벌 공급망 재편 압력을 가중시키고 있다. 주요국을 중심으로 자국산업 보호나 육성 혹은 인권 · 환경 등의 비경제적 가치준수 등을 목적으로 하는 일방주의적 통상정책이 급속하게 증가하였으며, 이러한 일방주의적 조치의 주요근거로 자국의 '안보'가 고려되고 있다. 2018년 이후 경제안보의 중요성이 부상하면서 주요국 정부의 주도로 통상 개입적 성격의 산업정책과 통상위협조치가 상호 영향을 미치며 증가하는 추세에 있다.

미국은 2022년 10월 '국가안보전략(National Security Strategy)'을 공개하며 세계 공급망 교란, 우려국의 비시장조치 남용에 대응하기 위해 전략적인 공공 투자가 필요함을 밝혔다. 「반도체 및 과학법」, 「인플레이션 감축법(IRA)」과 같은 산업 혁신 정책을 국가 안보 관점에서 접근하였다. 2022년 8월 제정된 「반도체 및 과학법」은 반도체 기술개발, 제조, 인력 양성과 미국 내 반도체 설비 투자에 대한 미 연방정부의 지원정책으로 미국정부로부터 혜택을 받은 기업이 중국을 비롯한 우려 국가에서 향후 10년간 새로운 반도체 공장을 건설하거나, 기존 시설을 확장하는 투자를 금지하는 가드레일(guardrail) 조항이 포함된 것이 특징이다.

EU는 통상전략, 산업전략 등에서 '전략적 자율성(Strategic Autonomy)' 확보를 목표로 내걸고, 전기자동차 및 배터리, 반도체 등 주요 전략산업에서 공급망 역내화를 추진중이다. 유럽경제안보전략은 경제안보 위험요소를 식별할 수 있는 프레임워크 개발, 이중용도 기술

14) [특집 돌아온 트럼프] 경제 전문가들이 말하는 트럼프 2기 경제 정책이 한국 경제에 미칠 영향, 월간조선, 2024.12.10.

15) 대외경제정책연구원, 경제안보시대의 공급망 재편 동향과 시사점, 2023년 12월 22일 Vol.23 No.16 분석 발췌 인용함.

선별 등을 목표로 하며, 경제안보 3P 기본원칙[경쟁력 강화(Promoting), 보호(Protection), 협력(Partnering)]을 포함한다. 유럽 반도체법은 EU 반도체 산업의 경쟁력 확보 및 대외 위험 감소, 자국 우선주의 대응의 일환으로 약 430억 유로 규모를 투자하여 2030년까지 세계 반도체 시장에서 EU의 점유율을 20% 수준까지 끌어올리는 것이 목표이다. 중국은 14차 5개년 계획을 통해 공급망 상단의 과학기술 혁신을 핵심 국가전략으로 추진 중이며, '쌍순환(双循环)' 전략을 통해 공급 측면에서 산업구조 고도화와 고부가가치 소비 수요를 창출하여 '자립자강(自立自强)' 식의 안정적인 공급망을 구축하고자 한다.

위와 같이 주요국의 수출통제 및 산업정책은 정치 · 안보 · 인권 · 환경 등의 다양한 요소를 고려한 공급망 재편이라는 복합적인 목표를 지니고 있다. 세계 주요국이 경제안보나 공급망 안정을 목적으로 반도체, 2차 전지, 신규 핵심기술(AI 등) 등에 대한 수출입 통제가 강화되고 해외투자에 대한 제한도 우려되는 상황이다. 미국은 동맹 및 파트너국과 적극적인 협력을 통해 지속적으로 글로벌 공급망 내 특정국에 대한 의존도를 낮추려고 할 가능성이 크다는 점에서 이에 대한 우리의 구체적 전략 수립과 정책 대응이 필요하다. 핵심 수출산업 공급망의 대중국 의존도가 높은 우리나라로서는 우리와 유사한 입장에 처해 있는 국가들과 적극적인 연대와 협력을 통해 공급망 불확실성을 낮춰야 하며 중장기적으로는 핵심산업의 해외 공급망 다변화를 추진하여야 한다.

한국은 우수한 제조 능력을 기반으로 수출 경쟁력을 확보하는 것과 더불어 경제안보, 인권, 환경 등의 가치를 모두 준수하는 가치기반 공급자의 역할을 수행하는 것을 목표로 삼을 필요가 있다.

2.4 기후변화와 공급망 실사

세계 최대 투자지수 제공업체이자 ESG 평가기관인 모건스탠리캐피탈인터내셔널(MSCI)은 최근 '주목해야 할 지속가능성과 기후 관련 트렌드'를 발표했다.[16] 지난 10년간 명확해진 것은 환경적 위험, 사회적 위험과 지배구조 위험이 재정적 위험임을 제시하고 있다. 또한 기후변화가 가정, 기업, 경제에 즉각적이고 가시적인 영향을 준 것으로 보고 있다.

기후변화를 넘어서 자연, 생물다양성이 해결해야 할 우선순위 영역으로 부상하고 있다. 지속가능성을 지향하는 투자자들은 기업이 생태계에 대한 피해를 어떻게 최소할 것인가, 자연 기반 솔루션(nature-based solution)이 어떻게 긍정적으로 기여할 것인가 하는 물음을 제기하고 있다. 2024년 미국과 아프리카, 동남아시아, 유럽 등 무려 네 개 대륙이 예상을

16) Sustainability & Climate Trends to 2024 Watch, MSCI ESG Research LLC, p.2.

뛰어넘는 폭우와 폭풍 등으로 피해를 입었다. 미국에서는 노스캐롤라이나주에서 12시간 동안 450㎜의 역사적인 강우량을 기록하는 등 폭우가 쏟아지며 남동부 지역이 완전히 마비됐다.[17)]

극심해지는 기후변화는 사람들이 주거지와 일터를 선택하는 데 더 큰 영향을 미칠 전망이다. 투자자의 관점에서는 어떤 회사가 작업장의 기후 복원력을 높이고 있는가, 또는 노동관계가 악화되어 경영에 위협이 되는 분쟁 분야인가에 깊은 관심을 갖게 된다. 기업은 기후변화에 따라 예상되는 생산성 악화와 노사갈등 위험요소를 사전적으로 파악하고 관리하는 것이 중요해졌으며, 이를 감안한 종합적인 기후변화 적응 대책이 필요하다.

글로벌 투자자들이 활용하는 기업 기후공시에 대한 글로벌 요구가 증대되고 있다. 국제지속가능성기준위원회(ISSB, International Sustainability Standards Board)의 기후공시 표준이 2023년 발표되면서 많은 국가에서는 향후 지역 규제 프레임워크 내에서 ISSB와 연계한 보고규칙을 구현할 계획을 발표하고 있다. 투자자들은 기업의 기후공시 정보 중 주석과 예외적 상황에 ESG 공시의 허점이 있는지 면밀히 검토해야 한다.

최근 자연과 생물다양성(Nature and biodiversity)은 세계적인 규제 의제로 대두되고 있다. 생물다양성의 붕괴는 광범위한 영향을 미치는 기후변화에 추가적인 체계적인 위험이다. 세계경제포럼은 전 세계의 경제적 산출물의 절반 이상이 자연에 의존하는 것으로 분석하고 있다. 위와 같은 리스크를 완화하기 위한 것이 자연의 보존과 복원(preservation and restoration of nature)이다. 자연자본 손실은 기업에 재무적으로 직·간접적인 영향을 미치고 자본시장에도 직·간접적인 영향을 미친다. 자연자본 의존도가 가장 높은 5개 산업은 농업과 임업, 어업, 식음료 및 담배, 건설업이다.

복잡한 글로벌 공급망은 현대 비즈니스의 환경이다. 글로벌 가치사슬이 잘 구축되었을 때 전문화, 효율성 및 경쟁우위를 갖게 된다. 핵심적인 원료 부족부터 품질 보증 실패까지 생산의 각 단계에서 누가 누구와 거래하는지 추적하는 것이 어려워질 수 있다. 글로벌 리딩 기업에 있어서도 깊은 가치사슬에 있는 일부 하청업체의 행태가 글로벌 모기업의 평판에 부정적인 영향을 미칠 수 있다. 규제기관들은 제품 원천부터 모든 과정에 명백하게 책임을 지도록 요구하고 있으며, 불량 제품과 서비스에 대해 처벌을 강화하고 있다. 정책입안자들은 환경적으로나 사회적으로나 다양한 각도에서 문제에 임하고 있다. 예를 들면, EU의 규제는 자연과 생물다양성을 보존하는 것에 초점을 맞추고 있다. EU에서 판매되는 카카오, 팜유 등의 제품이 최근에 벌채된 땅에서 생산된 원재료 등이 포함되어 있지 않다는 것을 입증하도록 기업에 요구하고 있다. 리스크 평가 및 보고에 추가하여 예방적 조치로 공급망

17) 4개 대륙 동시 폭우 극단화… 선진국·저개발국, 대응도 양극화 [심층기획 - 지구촌 덮친 이상기후], 세계일보, 2024.10.17.

실사(due diligence)를 요구하고 있다. 공급망 실사 규제를 앞두고 기업은 공급망 추적성(traceability) 문제를 해결해야 한다.

2.5 글로벌 CEO의 성장관리를 위한 핵심과제

딜로이트의 글로벌 CEO 대상 서베이에 따르면, 기업의 성장관리를 위한 3대 핵심과제로 규제환경 변화대응, 생성형 AI 등 첨단기술 도입, 안정적인 인재 확보를 들고 있다.[18)]

글로벌 CEO들이 생각하는 외부 위협요인으로 규제가 주요한 성장 위협요인으로 부상하고 있다. 지속되는 미·중 패권 경쟁 속에서 미국과 EU는 물론 중국도 자국산업 보호를 위한 관세 부과, 수출입 통제, 환경의무 부과 등을 이용할 가능성이 높고, 공급망 분리 및 다변화 추구를 위한 다양한 장치들이 작동할 전망이다. 첨단기술 산업 육성과 보호를 위한 각종 규제 및 장벽 도입은 물론, 국가 안보와 개인정보 보호를 위한 각종 법과 제도가 도입됨에 따라 기업들이 넘어야 할 벽이 높아지고 있다. 글로벌 CEO들은 기후위기 대응과 지속가능성 실현을 기본적 경영과제로 인식하고 있다.

글로벌 CEO의 생성 AI에 대한 인식 조사에 의하면, 생성 AI을 도입 준비 중이며 제한적 활용이 증가 추세에 있다. 실무 현안으로는 각 산업별, 비즈니스 기능별로 생성 AI을 적용한 황금사례(Golden use case)가 부재하며, 생성 AI 운영에 요구되는 시스템 인프라 투자로 사내 보유 데이터의 무결성과 생성 결과의 신뢰성 확보가 요구되고 있다. 아울러 기업 민감 데이터 유출 방지를 위한 사이버 보안 등의 리스크 식별과 대응이 중시되고 있다. 글로벌 CEO들은 생성 AI구축으로 업무 생산성 향상을 넘어 조직의 혁신에 필수적 요소로 인지하고 있다. 업무의 효율성 개선과 업무 자동화, 새로운 아이디어의 탐색 및 혁신 등에 활용을 계획하고 있다.

AI 시대에 적응할 수 있는 기업의 인재 역량의 핵심 과제는 직원의 기술향상(upskill)과 새로운 성장에 필요한 인재의 확보이다. 이를 위해 글로벌 CEO는 구성원에게 의미 있는 직장경험과 리더십 개발을 위한 기회를 제공하기 위해 노력하는 것으로 나타났다. 또 직장에 대한 개념과 일의 방식, 관계의 인식이 변화함에 따라 우수한 인재 유치를 위해 하이브리드 근무 형태를 고려하는 것으로 나타났다. 아울러 글로벌 기업들은 인재 채용과 조직문화의 중요 가치로 다양성, 형평성, 포용성(DEI)[19)]을 전략적 우선순위와 목표로 통합하고 있다. DEI 투자에 대한 이유로 '조직의 가치와 일치'를 첫 번째로 들고 있다. 이어 조직의 우

---

18) 글로벌 CEO와 AP CFO들이 말하는 2024 경제산업전망 : 성장관리의 시대, 불확실성 속에 새로운 균형점 모색, Deloitte Insights, 2023년 12월, pp.8-18 요약 분석 인용함.

19) DEI(Diversity, Equity, Inclusion) : 다양성, 형평성, 포용성.

수한 인재 유치 및 유지 역량 확보, 혁신 가속화, 주요 이해관계자의 기대충족으로 나타나고 있다.

3. 지속가능 경영 리스크

규제환경의 변화, AI의 활용과 리스크에 대응, 기후변화와 공급망 규제, 인재관리 등이 기업의 성장관리의 주요 과제로 대두되고 있다. 위와 더불어 최근의 글로벌 리스크 동향을 살펴본다.

3.1 글로벌 리스크의 동향

글로벌 내부감사재단(Internal Audit Foundation)의 글로벌 리스크 동향에 대한 조사보고서에 의하면 2025년 글로벌 Top 5 risk로 사이버 보안(Cybersecurity), 비즈니스 연속성(business continuity), 인적자본(Human capital), AI을 포함한 디지털 혼란(Digital disruption), 규제변화(Regulatory change)를 제시하고 있다. 미래 3년에 걸쳐서도 사이버 보안(Cybersecurity), 비즈니스 연속성(business continuity), 인적자본(Human capital), 디지털 혼란(Digital disruption)이 지속적으로 Top 리스크로 평가되고 있다. 기후변화(Climate Change)가 13위에서 5위로 부상할 것으로 예상되고 있다. 이를 요약하여 보면 [그림 1-1]과 같다.[20]

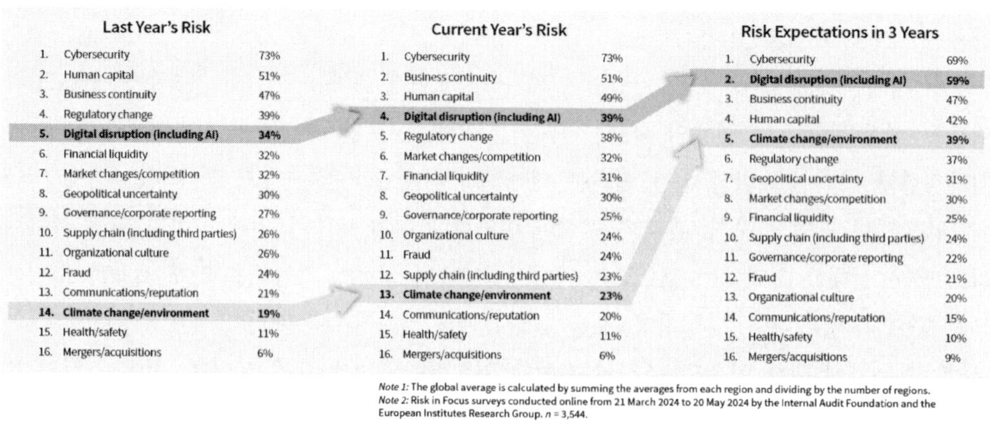

자료 : Internal Audit Foundation, Risk in focus 2025, 2024.10, p.8.

[그림 1-1] 글로벌 리스크의 변화 동향

리스크 수준의 인식에 영향을 주는 직접적 동인은 규제와 재무적 영향, 비즈니스 기회로 파악되고 있다. 간접적 동인은 정책적 우선순위와 동향, 고객 및 주주 등의 압력과 의견, 사회적 영향(예: 사회에 사람에 해악이나 효익)으로 분석되고 있다.

3.2 세계경제포럼 글로벌 리스크 동향

세계경제포럼 글로벌 리스크 인식 조사에 의하면, 응답자의 3분의 2가 2024년 직면한 최고의 리스크로 기상이변을 꼽았다. 극심한 폭우, 폭염, 가뭄, 산불, 홍수 등에 의한 피해이다. 다음으로는 인공지능이 생성한 잘못된 정보와 허위정보(53%), 사회 및 정치 양극화(46%)가 2위와 3위를 차지했다. 생활비 위기(42%)와 사이버공격(39%)은 각각 4위와 5위를 차지했다. 생활비 위기의 경우 젊은 연령층에서 더 높은 순위를 차지했다. 생활비 다음은 경기하강(33%), 주요 공급망 대란(25%)으로 조사되었다. 그 외에 러시아와 우크라이나와 같은 국가간 무력충돌 확전 및 발발, 주요 인프라 공격, 식품공급망 불안을 들고 있다.

향후 2년간 인류가 직면할 단기 리스크로는 AI 등에 기반한 '잘못된 정보'와 '허위정보'가 1위로 조사되었다. 다음으로는 기상이변과 사회적 양극화 등이 떠올랐다. 물가상승과 경기침체가 주요국의 녹색전환과 녹색기술 개발에도 악영향을 미칠 것으로 보고 있다. 세계경제포럼은 "기상이변의 영향으로 기후변화 완화와 적응에 사용할 수 있는 재원이 고갈될 수 있다. 이로 인한 자원 부족과 무력충돌, 양극화 심화로 사회와 경제 전체가 범죄와 부패에 노출될 수 있다"고 경고하고 있다.

전 세계가 직면한 향후 10년간 상위 10개 장기 리스크 가운데 기상이변, 지구 시스템에 대한 중요한 변화, 생물다양성 손실과 생태계 붕괴, 천연자원 부족, 오염 등 5개가 기후 관련 내용으로 확인됐다. 이 밖에 장기 리스크로는 잘못된 정보와 허위정보, AI 기술의 부작용, 비자발적 이주, 사이버 불안, 사회적 양극화 등이 언급됐다.[21]

상기한 사항의 현재의 글로벌 리스크, 그리고 향후 2년 내와 향후 10년 글로벌 리스크를 비교 분석하여 요약하면 [그림 1-2]와 같다. 우리가 주목할 점은 현재 글로벌 기후 리스크가 10년 후에는 기상이변, 급격한 지구시스템의 변화, 생물다양성 손실 및 생태계 붕괴, 천연자원의 부족으로 확대되고 심각성이 높아지고 있다는 것이다. 또한 AI가 생성한 역정보 및 허위정보와 사이버 위협이 2년 후나 10년 후도 AI기술 부작용과 함께 지속되고 확대될 수 있음을 시사하고 있다.

---

20) Internal Audit Foundation, Risk in focus 2025, 2024.10, pp.6-8.

21) https://www3.weforum.org/docs/WEF_The_Global_Risks_Report_2024.pdf.

현재 글로벌 리스크		향후 2년 글로벌 리스크		향후10년 글로벌 리스크	
1	기상 이변	1	역정보 및 허위정보	1	기상 이변
2	AI가 생성한 역정보 및 허위정보	2	기상 이변	2	급격한 지구 시스템 변화
3	사회·정치 양극화	3	사회 양극화	3	생물다양성 손실 및 생태계 붕괴
4	생활비 위기	4	사이버 위협	4	천연자원 부족
5	사이버 위협	5	국가 간 무력 충돌	5	역정보 및 허위정보
6	경기 침체	6	경제적 기회 불평등	6	AI 기술의 부작용
7	핵심 상품 및 자원의 공급망 붕괴	7	인플레이션	7	비자발적 이주
8	국가 간 무력 충돌 확대 및 발발	8	비자발적 이주	8	사이버 위협
9	핵심 인프라에 대한 공격	9	경기 침체	9	사회 양극화
10	식량 공급망 붕괴	10	오염	10	오염

경제 환경 사회 기술 지정학

자료 : WEF, The Global Risks Reports, 2024, pp.8-13.

[그림 1-2] WEF 글로벌 리스크 동향

3.3 지속가능경영 관점의 성찰

최근 국제적으로는 우크라이나 확전 등과 같은 지정학적 리스크, 트럼프 신정부 출범과 관련한 보호무역주의와 자국우선주의의 확산이 우려되고 있다. 국내적으로 지속적인 횡령 등의 금융사고, 화재 등으로 인한 산재사고 등이 기업의 지속가능경영의 위협요인이 되고 있다. 최근 발생된 사건을 지속가능경영의 관점에서 살펴보면 다음과 같다.

■ 신한투자증권의 ETF 선물매매 과정의 손실 : 준법 vs 실적

신한투자증권은 "상장지수펀드(ETF) 유동성공급자(LP : Liquidity Provider) 업무를 수행하는 법인선물옵션부에서 발생한 목적외 선물매매로 인해 1,300억원으로 추정되는 손실이 발생했다"고 공시했다. 1,300억원은 이 회사 2024년 상반기 순이익(2071억원)의 60%가 넘는 금액이다. 신한투자증권 담당자는 ETF 매매액보다 더 많은 액수의 선물을 매매한 것으로 나타났다. 2024년 8월 국내외 증시가 출렁일 때 투자한 선물에서 손실이 불거졌다. 담당자는 이 같은 손실을 감추려고 회사에 정상적 거래인 것처럼 허위로 보고했다.[22] 금융감독원은 상장지수펀드(ETF) 유동성공급자(LP) 업무에 국한하지 않고 파생거래 보고체계, 리스크 관리체계 등 전방위적인 점검에 나설 것으로 전망된다.

---

22) https://www.hankyung.com/article/2024101438041.

또한 성과급 체계와 관련하여 높은 운용수익을 내면 높은 인센티브가 돌아가는 보수체계 아래서 발생한 사고라는 지적도 있다. 이번 금융사고를 낸 국제영업본부장은 2013년 법인선물옵션 부장으로 신한투자증권에서 일을 시작했다. 여러 차례 남다른 실적을 거두며 높은 연봉으로 줄곧 승승장구하며 승진을 거듭했고 업무영역을 확장했다. 제도권 금융회사에서 임직원이 '왜 무모한 투기적 행위를 서슴없이 벌였는가'라는 의문이 제기되고 있다. 회사 경영진이 어느 선까지 영업을 독려하는가에 따라 현장의 준법정신은 크게 달라진다.[23] 본 사건은 금융사고가 단순한 내부통제나 리스크 관리를 넘어선 CEO을 비롯한 경영층의 경영철학과 실적위주의 편향된 경영관행(예: 준법 vs 실적)이 영향을 미칠 수 있음을 시사하고 있다.

■ 농협금융 계열사의 금융사고: 거버넌스 규율 체계

금융감독원은 최근 잇따라 터진 NH농협금융 계열사의 금융사고 원인의 하나로 중앙회 임직원이 전문성 검증 없이 금융 자회사로 손쉽게 이동하면서 내부통제 문제가 불거졌다고 보고 있다. 내부통제 인식이 부족한 중앙회 출신 직원이 금융사고를 일으키는 경우가 많다는 지적이다. 신용·경제사업들이 구분은 돼 있지만 금산분리 원칙이나 내부통제와 관련된 합리적인 지배구조법상 규율체계에 검토가 필요하다는 의견이 제기되고 있다.[24]

2012년 농협금융은 신경 분리(신용사업과 경제사업의 분리) 조치를 통해 탄생했다. 그러나 중앙회가 여전히 농협금융의 지분을 모두 보유하고 있어 사실상 중앙회가 인사권을 좌지우지하고 있는 상황이다. 중앙회는 이 점을 활용해 인사교류시스템을 운영하고 있다. 가령, 중앙회 직원이 농협은행에서 경험을 쌓고 이를 토대로 금융지주나 중앙회 임원으로서 일할 수 있는 구조다. 타 금융그룹에 비해 금융 전문성이 부족한 인사가 금융 업무를 맡을 수도 있는 셈이다.[25] 농협금융지주와 자회사의 지속되는 금융사고와 관련하여 내부통제 실패를 시스템이나 제도의 문제로 한정하기보다는 농협중앙회 - 농협금융지주 - 농협금융 자회사의 그룹 거버넌스의 관점에서 검토가 필요한 시점이다.

■ 우리금융그룹의 전임 회장 친인척 관련 부당 대출: 황제경영 문화

금융감독원은 우리은행에 대한 현장 검사 결과 2020년 4월 3일부터 2024년 1월 16일까지 전임 회장 친인척 관련 42건에 616억원 규모의 대출이 실행됐다고 밝혔다. 전체 대출

---

23) '1300억 손실 사고' 신한투자증권 김상태, '금융기술자'가 필요했다? 뉴스웰, 2024.10.23.

24) 농협중앙회 '인사조정위원회'가 농협금융 인사 개입… "회의자료도 없어," 뉴스핌, 2024.10.22.

25) [국감2024] '내부통제' 질타 빗발친 국감… 우리금융과 달리 농협중앙회가 느긋했던 이유는? 디지털데일리, 2024.10.21.

중 350억원은 통상 기준과 절차를 따르지 않은 부적정 대출이었고 269억원은 부실이 발생했거나 연체 중인 것으로 파악했다. 전임 회장 친인척 부당대출이 은행뿐 아니라 우리금융저축은행과 우리카드, 캐피탈 등 그룹 계열사에서도 다수 이뤄진 것으로 알려졌다.[26] 그룹 전반의 기업문화 혁신과 내부통제를 강화하기 위해서는 외부 인사인 사외이사 역할의 중요성이 강조되고 있다. 이는 조직의 공정하고 투명한 인사가 금융사고의 예방을 위한 핵심적 관건임을 시사하고 있다.

금융권 내부통제 강화를 위한 내부통제 책무구조도의 도입

금융위원회는 금융권에 잇따른 횡령사고가 발생하자 내부통제 제도개선 방안으로 책무구조도 카드를 꺼냈다. 지배구조법에 의해 금융사들이 내부통제 기준을 마련해 운영하고 있지만 끊임없는 금융사고를 막겠다는 의지이다. 책무구조도는 금융사 대표이사와 임원 등에게 부여되는 내부통제 대상업무 범위와 내용을 규정하고 있다. 직책별로 책무를 배분해 책임 소재를 명확히 하는 것을 주요 골자로 한다. 금융사고가 발생해도 책임 소재가 불분명하고 어떤 책임을 져야 할지도 명확하지 않았던 문제가 해소될 것으로 보인다.

금융당국은 금융사 자체적으로 임원의 책임 영역을 확정토록 하고 사고 발생시 책무구조도에 의해 책임을 묻겠다는 방침이다. 사고를 방지하기 위해 업무를 충실히 하면 사고가 발생했어도 제재를 감면해주는 근거도 만들었다.[27] 임원들의 책무가 강화된다는 점에서 긍정적인 변화가 기대된다. 그러나 상기한 신한투자증권, 농협금융자회사, 우리은행 등의 사례에서 보는 바와 같이 금융사고가 단순히 내부통제 시스템이나 제도로 보기보다는 전 금융그룹사 관점의 거버넌스, 리스크 관리차원에서 접근이 중요하다. 특히 금융사고 발생시 책임 추궁에 몰입되어 특정 임직원 등의 일탈로 치부하여 조직의 거버넌스나 시스템, 프로세스상의 근본적인 문제를 도외시하는 관행이 없도록 유의할 필요가 있다.

■ 티몬 위메프 피해기업 48,000개, 미정산금액 1.3조원

티몬이나 위메프는 한 달 동안 판매된 매출을 마감해서 70일 이후에나 셀러들에게 정산을 해 주었다. 상품을 구매한 소비자들도 피해가 크지만, 중소자영업자들은 물건을 이미 다 보내놓고 물건 구매대금은 받지 못하는 이중의 피해를 겪었다. 입점업체 임직원들과, 입점업체에 물건을 공급하는 업체들까지 연쇄적으로 심각한 피해에 직면해 있다. 금융감독원은 티몬과 위메프의 미정산금액이 1조 2,789억원이며, 피해업체는 모두 4만 8,124곳에 달한다고 최종 집계했다. 전체적으로 보면, 미정산금액이 1,000만원 미만 업체 비중이 90.4%로 대부분을 차지했다. 하지만 1억원 이상인 업체도 981개로 1,000곳에 육박했다. 이들의 피해

26) 우리은행 고강도 검사… 금감원, 횡령부터 부정대출까지 전반 살피기로, 뉴스핌, 2024.9.3 기사 분석 요약.

27) 책무구조도가 능사?… 반복되는 금융사고 해법 갑론을박, 2024.6.20.

금액은 전체의 88.1%를 차지해, 피해규모가 상당한 것으로 확인됐다. 티메프 사태는 큐텐 그룹의 창업자의 '큐텐 익스프레스' 나스닥 상장을 위한 물류와 매출확대에 초점을 둔 경영 실패에서 비롯되었다는 비판이 제기되고 있다.[28)]

■ **경기 화성 배터리 공장 화재 사상자 30여명**

경기 화성시 소재 리튬전지 제조공장 아리셀에서 발생한 화재로 30여명의 사상자가 발생하였다. 화재 발생 이틀 전인 2024년 6월 22일 선제적인 화재가 있었던 사실도 회사 관계자들에 의해 확인됐다. 아리셀 모회사 에스코넥 관계자는 공장 2동 1층에서 작업자가 불량으로 의심되는 배터리를 별도로 분류해 둔 상태에서 화재가 발생했으며 119에 신고하지 않고 자체 종결했다고 밝혔다. 정부는 이번 화재 사고가 중대재해처벌법 시행 이후 최악의 사고로 기록될 것으로 보고 고강도 조사에 착수했다.[29)] 근로자 23명을 앗아간 아리셀 배터리 공장 화재는 회사가 군납 과정에서 품질 미달 판정을 받은 제품의 무리한 생산과정에서 발생한 것으로 드러났다. 경찰은 부실하게 마감처리된 전지 절단면이 금속물질과 접촉하며 발화로 이어진 것으로 보고 있다. 경영윤리와 도덕을 무시한 기업이 사회에 어떤 해악을 끼치는지 보여주는 사건이다.[30)]

상기한 사건들을 지속가능경영 관점에서 살펴보면, 신한투자증권의 ETF 매매 손실 사건은 준법과 영업실적, 농협금융자회사의 금융사고는 농협중앙회와 관련한 거버넌스 체계가 주요 잠재적 원인일 수 있다. 전임 우리금융 회장의 부당대출과 관련하여서는 내부통제 절차가 무시되는 경영 조직문화가 저변에 작용하고 있다는 지적이 나오고 있다. 티몬과 위메프 미정산 사태는 전자상거래 생태계의 안정성과 신뢰성, 화성의 아리셀 화재사건은 산업안전과 인권경영을 비롯한 경영윤리를 도외시한 기업경영의 결과라는 비판이 제기되고 있다.

4. 지속가능경영을 위한 통합적 사고

다면적이고 복합적 성격을 가진 지속가능경영 현안에 어떻게 대응할 것인가 하는 것은 우리 기업이 당면한 주요 경영 과제이다. 이에 대해 어떤 관점에서 어떻게 접근할 것인가

28) 티메프 사태, 필요한 것은 '핀셋 규제', 아시아경제, 2024.8.23.

29) 사망자 23명 화성 배터리 공장 화재… 중처법 시행 후 '최악', 머니투데이, 2024.6.26.

30) '아리셀 참사' 시작은 납품비리… 부정이 더 큰 부정을 불렀다, 동아일보, 2024.8.26.

에 대하여 살펴보기로 한다.

4.1 기업의 근본 목적

2019년 8월 미국의 주요 기업최고경영자(CEO)를 대변하는 비즈니스 라운드 테이블(BRT, Business Roundtable)이 포용적 성장을 강조하는 '기업 목적에 대한 성명'을 발표했다.[31] 즉 전통적인 밀턴 프리드먼의 '주주우선주의 자본주의 모델'의 주주이익 극대화에서 기업의 모든 이해관계자를 위한 가치 창출을 해야 한다고 입장을 바꾸었다.

1970년 미국의 자유주의 경제학자인 밀턴 프리드먼(Milton Friedman)은 "기업의 유일한 사회적 책임은 이윤을 극대화하는 것이다"라고 주장하였다. '주주이익 극대화'는 지난 50년 동안 영미식 기업 경영의 기본적 사고로 인식되어 왔다. 미국 주요 기업 CEO들의 모임인 비즈니스 라운드테이블(BRT, Business Roundtable)은 "고객에 대한 가치 제공, 종업원에 대한 투자, 협력업체와 공정하고 윤리적인 거래, 지역사회에 대한 지원, 장기적인 주주가치 창출 모두가 기업의 필수적인 목적"이라고 선언했다. 주주를 넘어 종업원 · 소비자 · 환경 · 지역공동체 · 거래납품업체 등 기업을 둘러싼 여러 '이해관계자들'에 대한 공정한 대우 및 '지속가능한 이윤 창출'을 새로운 기업 목적으로 표방했다. 전후 50년간 대기업 이사회를 지배해온 주주자본주의 철학이 퇴조하고, 새로운 법인기업 행동모델이 정착될지 주목되고 있다. BRT회장인 다이먼(제이피모건 회장)은 "단기적인 주주가치 중시에서 벗어나 이해관계자들을 배려하는 경영철학으로 전환하는 것이 기업 · 지역 · 국가 모두 장기적으로 번영하고 성공하는 유일한 길"이라고 말했다.

2020년 4월 이후 미국에서 일어난 10억달러 이상 대규모 인수(takeover) 사례 116개를 분석해 2019년 BRT(business roundtable)의 '기업 목적 선언'에서 주주 외에 다양한 이해관계자들의 이익을 추구하겠다는 사회적 약속을 지키고 있는지를 조사했다. 조사 결과 인수과정에서 가장 중요한 이해관계자는 주주였고, 최고경영자(CEO)도 경제적 이익을 누렸지만 그 외 이해관계자들을 배려하지 않은 것으로 나타났다.[32]

---

31) "주주이익, 기업 최우선 목표 아니다"··· 美CEO 181명 성명, 매일경제, 2019.8.20.

32) 기업이 말하는 '이해관계자 자본주의' 정의인가 위선인가? 매일경제, 2022.3.10.

4.2 통합적 사고(Integrated thinking)[33)]

4.2.1 배 경

기업은 그 어느 때보다 자신의 목적과 가치를 어떻게 창출하고 누구를 위해 창출하는지에 대해 장기적인 관점을 가지고 있어야 한다. 어느 기업도 통제할 수 없는 글로벌 팬데믹, 기후변화 및 인구변화와 같은 요인들이 커다란 영향을 미치는 경영환경에 대응하기 위해서는 통합적 사고(Integrated thinking)가 요청된다.[34)] 통합적 사고는 조직의 구성요소를 통합하고 기업과 주요 이해관계자를 위한 가치 창출에 조직 전체가 집중하는 경영철학이다. 이는 통합된 의사결정과 자원 배분에 대한 전체적인 접근방법(holistic approach)을 기반으로 하며, 보다 건전한 거버넌스와 좋은 경영관리를 지원한다. 아울러 가치 창출 및 보존에 대한 보다 장기적인 접근 방식을 통해 단기적인 성과 요구의 균형을 갖도록 한다.

오늘날의 최고 성과를 내는 기업들은 재무적 측정 도구에만 초점을 맞추는 대신, 기업 의사 결정을 다중자본 접근방법(Multi-capital approach)을 통해 재무적 자본, 인적자본, 사회적 자본, 지적자본, 자연자본, 제조자본에 걸쳐 상호 연결된 정보에 기반을 두고 있다. 재무적 자본은 기업 경영의 한 유형의 자본에 불과하다는 사실이 드러났다.[35)] 21세기 경영환경에서 이사회의 효과적인 경영을 위해서는 서로 다른 가치 차원의 정보와 데이터의 접근이 필요하다. 조직의 장기적인 가치 창출을 위해서는 전사적 관점의 조직의 가치 창출 프로세스상에 환경, 사회, 거버넌스 리스크의 영향과 상호의존성을 이해하는 것이 매우 중요하다. 기업이 사용하는 다양한 자원(예 : 물, 공기)은 한정되어 있다. 이에 따라 시간에 걸친 성과와 관련해 불가피하게 지속가능성에 대한 문제가 제기된다.

4.2.2 통합적 사고의 실패사례 : 누구를 위한 기업인가?

환경오염과 관련하여 지역사회의 갈등을 겪고 있는 영풍 석포제련소를 지속가능경영의 관점에서 분석하여 보면 다음과 같다.

---

33) Integrated thinking은 종합적 사고 내지 통합적 사고로 번역될 수 있다. Integrated Reporting이 통합보고서로 번역되고 있는 점을 고려하여 본 교재에서는 Integrated thinking을 "통합적 사고"로 번역하였다.

34) A New Business Philosophy : Introducing the Integrated Thinking Principles, IFAC, March 15, 2022, 2024.2.24 검색.

35) Integrated Reporting(ifrs.org), Integrated Thinking & Strategy : State of Play Report, p.2, 2024.2.24 검색.

■ 사건 개요

영풍 석포제련소는 1970년 낙동강 최상류인 경북 봉화군에 설립됐다. 수입에 의존해 온 아연괴를 대체하는 시설로 연간 최대 40만톤, 황산 72만톤을 생산하고 있다. 생산량은 세계 4위 규모 수준으로 알려졌다. 환경규제가 제대로 정립되기 전에 지어진 탓에 54년간 운영되면서 많은 환경오염을 야기시킨 바 있다. 여러 차례 조업정지 처분과 환경법령 위반 사례가 다수 있어 지역 및 환경단체의 비판을 받고 있다. 석포제련소는 지난 10년간 환경 관련 법을 100차례 이상 위반했다. 공장 폐수 70톤 무단 방류, 공장 터 토양에 폐수 0.5톤 유출(이상 2018년), 대기오염물질 자가측정 조작, 무허가 지하수 관정 개발 · 이용 및 폐수 배출시설 부적정 운영(이상 2019년), 카드뮴 오염 지하수 유출(2020년) 등이 대표 사례다.

석포제련소가 낙동강 최상류 산속에 위치한 점을 감안, 법 위반은 환경오염에 직접적인 악영향을 미칠 가능성이 크다. 환경부 소속 대구지방환경청은 2019년 4월 석포제련소 제1 · 2공장 근처 낙동강 수질을 점검했는데, 하천수질기준을 최대 4,578배 초과하는 카드뮴이 검출됐다. 환경부는 석포제련소가 수년 동안 낙동강 최상류에서 카드뮴 오염수를 불법 배출한 것으로 보고 과징금 281억원을 부과했다. 대기오염 전력도 있다. 환경부가 2020년 4월 석포제련소 7개 굴뚝에서 채취한 사료를 분석한 결과 5개 굴뚝에서 대기오염물질 배출 허용기준을 어겼다. 석포제련소는 2016년부터 3년 동안 1,868건의 대기측정기록부를 허위로 발급받는 등 대기오염물질 측정 수치를 조작하기도 했다.[36)]

■ 지속가능경영 관점의 성찰

안동환경운동연합 관계자는 "석포제련소로 인해 인근 나무들은 말라 죽고 다슬기 등 저서생물은 사라졌다. 굴뚝에서 배출된 아황산가스 · 질소산화물이 습기와 만나 산성화되고 지하수를 통해 카드뮴이 유출된 영향으로 보인다. 오염이 임계점을 넘으면서 회복하기 힘든 수준까지 왔다. 석포제련소는 노동자들의 생계 대책을 마련하고 환경 복구비용을 마련한 뒤 폐쇄해야 한다"고 강조하고 있다.

석포제련소에서는 2023년 12월 6일 탱크 모터 교체작업을 하던 근로자 1명이 비소 중독으로 숨졌으며, 근로자 3명이 상해를 입었다. 2024년 3월에는 냉각탑 청소 작업을 하던 하청 노동자 1명이 사망했으며, 2024년 8월 2일에는 하청 노동자 1명이 열사병으로 숨졌다. 안동환경운동연합에 따르면 1997년부터 최근까지 각종 산업재해로 영풍 석포제련소에서 사망한 근로자는 총 15명으로 파악됐다.[37)] 영풍 석포제련소 대표이사가 중대재해 처벌 등에 관한 법률(중대재해처벌법) 위반, 석포제련소장은 화학물질관리법 위반 등의 혐의를

---

36) 끊임없는 환경오염… 시민단체 "석포제련소 폐쇄해야", 머니S, 2024.2.2 기사분석 요약.

37) 영풍 석포제련소 대표이사 구속… 중대재해법 두 번째 사례, 연합뉴스, 2024.8.29 기사분석 요약.

받고 구속되었다. 2022년 이후에만 35건에 이르는 환경제재, 대표이사 구속으로까지 이어진 산재 등으로 석포제련소의 가동률은 2023년 연간 80%에서 2024년 상반기 58.4%로 내려앉았다. 실적 악화로 형편이 어려워진 하청업체들이 인력 감축에 나서고 있다는 분석이 나오고 있다.[38)]

최근 영풍과 고려아연 간 경영권 분쟁이 격화하는 가운데 영풍 석포제련소에 쌓여 있던 약 85만톤에 달하는 산업폐기물이 새로운 쟁점으로 떠오르고 있다. 고려아연이 처리하던 이차원료와는 다르게 석포제련소의 산업폐기물은 오염도가 더욱 심각하고 유가금속 함유량이 낮아 처리가 쉽지 않았다. 해당 산업폐기물은 처리 시 다량의 질소산화물이 발생해 대기 배출규제 준수가 불가하다는 게 기술진의 판단이었고, 이를 받아줄 경우 고려아연 온산제련소마저 환경위반에 직면하는 등 피해가 불가피하다[39)]는 의견이 제기되고 있다.

우리는 지속가능경영의 관점에서 다음과 같은 근본적 물음을 갖게 된다.

- 영풍 석포제련소는 누구를 위한 기업인가?
- 영풍 석포제련소의 사회적인 존재 이유와 가치는 무엇인가?
- 지역사회에 심각한 환경오염을 가져오고, 지속적인 산업재해로 15명의 사망자를 발생시키는 기업의 사회적 존재 이유는?
- 석포제련소의 산업 폐기물의 처리와 둘러싼 고려아연과의 갈등의 근본원인은?

기업의 이해관계자는 성과를 효율적, 효과적, 윤리적으로 지속가능하게 도출하기를 기대한다. 고객, 투자자를 비롯한 기업의 이해관계자는 단순히 기업의 산출물이나 영향뿐 아니라 기업 목적 달성을 위한 임직원의 의사결정 행위와 행태에도 깊은 관심을 갖고 구매 및 투자 의사결정을 한다.

4.3 근본적인 사고의 전환 : Integrated thinking

기업의 진정한 가치는 전략, 운영, 거버넌스, 리스크 관리, 내부통제의 모든 측면을 장기적 관점에서 성공적으로 통합경영할 때 창출된다. 기업 경영을 전체적으로 이해하고 효

38) 산재 입장문 발표에도 비판 쇄도하는 영풍… 석포제련소 '사면초가', 이코노믹리뷰(econovill.com), 2024.9.5.

39) 고려아연 "장형진 영풍 고문, '석포제련소 연 6만톤 산업폐기물 처리하라'며 최고경영진 압박," 헤럴드경제(heraldcorp.com), 2024.9.26.

과적으로 관리하며 공정하고 투명한 성공경영을 위해서는 통합적 사고(integrated thinking)의 접근이 요구된다.[40]

통합적 사고(Integrated thinking)를 위한 기본적 관점은 다음과 같다.

- 모든 조직은 상호 연계되어 있다. 조직과 임직원의 행동은 상호 영향을 미친다. 직면하는 문제는 상호의존적이며, 중복되고 상호보완적인 가치사슬(value chain)에 의해 연결되어 있다.
- 모든 조직은 동일한 한정된 글로벌 자원 보고(store of global resources)를 활용하며 이에 기여하기도 한다.(예 : 목축 및 농작물 경작을 위한 열대우림의 삼림 파괴)
- 모든 조직은 미래세대를 포함한 서로 중복된 이해관계자그룹의 이해(the interests of overlapping stakeholder groups)에 영향을 준다.
- 모든 조직은 UN의 지속가능한 성장목표(United Nation's Sustainable Development Goals(SDGs)로 표현되는 공동 목적을 달성할 책임을 공유한다.[41]
- 좋은 것을 하는 것과 잘 하는 것은 동일한 동전의 상호보완적인 두 측면이다. 완전히 대립되는 것이 아니다.
- 지속가능성의 리스크와 기회를 조직의 계획, 성과, 보고에 통합하는 것이 효과적인 거버넌스의 핵심적 관건이다.

위와 같은 통합적 사고가 조직 전체에 걸쳐 적용하기 위해서는 조직이 왜, 어떻게 운영되는지에 대한 폭넓은 사고가 요구된다. 기업의 의사결정이 미치는 영향에 대해 보다 폭넓은 관점을 갖기 위해서는 다중자본 접근방법(Multi-capital approach)과 같은 종합적 사고가 요구된다. 통합보고체계에서 제시하고 있는 6가지 자본(재무적 자본, 인적자본, 사회적 자본, 지적자본, 자연자본, 제조자본)[42]에 대한 기본적 이해가 요청된다. 이를 기업의 의사결정에 활용하기 위해서는 CEO가 조직 전체적으로 통합적 사고의 마음가짐을 불어넣어 주어야 한다.

---

40) INTEGRATED THINKING AND SUSTAINABILITY : Applying Key Governance Tools and Frameworks, 2022.12, The Institute of Internal Auditors and COSO.

41) UN SDGs(유엔 지속가능개발목표)는 인류의 보편적 사회문제(빈곤, 질병, 교육, 여성, 아동, 난민, 분쟁 등), 지구환경 및 기후변화 문제(기후변화, 에너지, 환경오염, 물, 생물다양성 등), 경제문제(기술, 주거, 노사, 고용, 생산 소비, 사회구조, 법, 인프라 구축, 대내외 경제) 총 17가지를 주요 목표로 설정하고 있다. 제2장에서 보다 구체적으로 다룰 것이다.

42) Integrated Reporting Framework에서 제시하고 있는 6가지 자본에 대해서 제3장 Integrated thinking에서 보다 상세히 설명한다.

통합적 사고를 기업에 적용하기 위해서는 첫째, 조직 전체에 걸쳐 적용하도록 장려하고 일관성 있게 CEO와 이사회 등 거버넌스 기구에 의해 주도되어야 한다. 둘째, 경영층은 조직의 단절 내지 파편화된 업무 등이 보다 협력과 협동, 효율성을 추구하도록 장려하고 이를 확산시켜야 한다. 셋째, 조직의 활동에 통합적 사고가 내재화되어 통합적인 의사결정 및 분석에 활용되도록 하여야 한다. 넷째, 내 · 외부 보고와 의사소통, 통합보고를 지원하는 정보시스템이 보다 통합되어 구축 · 운영될 수 있도록 지원한다.

어떤 조직에서든 의사결정은 본질적으로 복잡하다. 즉 의사결정은 역동적이며 불확실하다. 또한 잠재적으로 주관성과 이기주의(self-interest, 예 : 조직 및 부서 이기주의)에 왜곡될 수 있는 2차 내지 3차 보고서 등에 의존하게 된다. 따라서 조직이 예측할 수 없는 불확실성을 완화시키기 위해서는 보다 확고한 integrity를 갖추어야 한다. 아울러 조직의 규모가 확대되고 다기화될수록, 체계적인 리스크 관리와 확대된 감독과 독립적인 감사활동이 중요시 된다.

반도체 생산에 필요한 '극자외선(EUV) 노광 장비'를 생산하는 세계 유일의 기업인 네덜란드 ASML 사례는 글로벌 경쟁력 관점에서 통합적 사고의 중요성을 일깨워 주고 있다.

[사례] 공급망 관리의 神 ASML

네덜란드 기업 ASML은 첨단 반도체 생산에 꼭 필요한 '극자외선(EUV) 노광 장비'를 생산하는 세계 유일의 기업이다. 삼성전자든 TSMC든 이 회사 장비가 없으면 첨단 반도체 생산은 꿈도 못 꾼다. EUV 생성 기술을 개발한 건 ASML이 아니다. 미국 기업 사이머다. 진공에서 시속 322㎞로 날아다니는 지름 0.003㎜의 주석 방울을 레이저로 두 번 맞히는 걸 초당 5만회 반복하면 EUV가 생성된다는 걸 알아냈다. 이에 필요한 레이저 시스템을 10년에 걸쳐 개발한 회사는 독일 기업 자이스였다. 부품만 45만개가 넘었다. 독일 기업 자이스는 생성된 EUV를 모으는 초순도 거울을 개발했다. 그 거울을 독일 크기로 확대해도 불순물은 0.1㎜ 정도에 불과했다. EUV 장비를 만드는 핵심 기술과 부품은 ASML의 것이 아니다. EUV 장비에 들어가는 수만 개 부품 중 겨우 15%만 ASML이 자체 생산한다.
옛말에 '구슬이 서 말이라도 꿰어야 보배'라고 했다. ASML의 핵심 경쟁력은 바로 구슬을 꿰는 능력이다. 세계 수천 개 회사가 ASML의 요구에 맞는 정교한 제품을 생산해 납품한다. 그 모든 부품이 4년간은 수리할 필요가 없을 정도로 완벽해야 한다. 이를 위해 ASML은 부품 공급사의 협력사까지 찾아다니며 품질을 관리한다. 한시도 공급사에서 눈을 떼지 않는다는 말이 나올 정도다. 결국 수천 개 기업으로 구성된 공급망을 철저하게 관리하는 게 ASML의 핵심 역량인 셈이다. 크리스 밀러 미국 터프츠대 교수는 책 '칩워'에서 "ASML의 진정한 역량은 광학 전문가와 소프트웨어 설계자, 레이저 회사를 비롯해 극자외선이라는 꿈을 실현하기 위해 필요한 역량을 지닌 수많은 관계자가 얽혀 있는 거대한 네트워크를 조율해내는 것에서 나온다"고 했다.

자료 : 공급망 관리의 신 ASML, 매일경제, 2023.12.13 기사 분석 요약

5. 본 교재의 관점과 구성

5.1 기본 관점

글로벌 복합위기 환경에서 기업과 금융회사 등이 지속가능한 경영을 위해서는 건전한 거버넌스(Governance)에 기초한 전사적 차원의 리스크 관리(Risk)와 통제(Control)에 대한 실무적 이해가 필수적이다. 기업의 지속가능한 경영을 위해서는 통합적 사고에 기초한 의사결정이 중시된다. CEO을 비롯한 임직원의 건전한 경영윤리의식과 신뢰문화가 고객 및 협력사 등 기업 생태계와 사회 전체적으로 확산되어야 한다.

본 교재는 다음과 같은 관점에서 집필하였다.

첫째, 통합적 사고의 관점에서 GRC의 실무적 이해 : 글로벌 선도기업들은 비즈니스를 총체적으로 계획하고 관리함에 통합적 사고방식을 적용하고 있다. CEO을 비롯한 관리자가 전사적 관점에서 다중자본을 사용하는 렌즈(multi-capital lens)를 통해 기업의 새로운 가치를 창출하고, 내외부 이해관계자에게 보다 통찰력 있는 정보를 제공할 수 있도록 하였다.

둘째, 지속가능경영을 위한 건전한 거버넌스에 기초한 의사결정 : 지속가능경영 리스크와 기회를 조직의 계획, 성과, 보고에 통합하는 것이 효과적인 거버넌스의 핵심적 관건이다. 본질적으로 통합적 사고는 건전한 거버넌스에 기초한 효과적이고 전체론적인 의사결정이다. 기업의 CEO를 비롯한 경영층과 관리자 등은 지속가능경영의 관점에서 건전한 거버넌스에 기초한 통합적 관점의 의사결정 역량을 배양하도록 하였다.

셋째, 거버넌스. 리스크, 통제에 대한 실무사례를 통한 이해 : 경영의 3대 핵심 축인 거버넌스, 리스크, 통제에 대한 실무적 사례를 통한 이해를 갖도록 하였다. 최근 중시되고 있는 거버넌스, 리스크 관리, 내부통제의 배경과 기본원칙, 접근방법과 프로세스를 이해하고, 실패사례를 통해 이에 대한 교훈을 갖도록 하였다.

넷째, 최근 지속가능경영과 관련하여 기업의 주요 현안으로 대두되고 있는 탄소중립, 산업안전과 인권경영 등에 대한 기본적 관점과 사례를 제시하여 이에 대한 실무적 이해를 갖도록 하였다.

다섯째, 기업 현장에서 건전한 거버넌스, 리스크, 통제를 위해 인간존중의 윤리적 리더십 확립이 긴요한 시점이다. 이를 위해서는 인간에 대한 사회심리학적 이해, 조직의 윤리적 의사결정과 경영윤리 실패사례를 통해 윤리적 리더십에 대한 실제적 이해와 교훈을 갖도록 하였다.

5.2 구 성

본 교재는 상기한 관점을 종합적으로 고려하여 다음과 같이 크게 5부로 구성하였다.

제 I 부 지속가능경영을 위한 이해관계자중심 경영

제1장에서는 최근 글로벌 동향과 리스크 그리고 글로벌 지속가능성 트렌드를 파악한다. 지속가능경영을 위한 통합적 사고(Integrated thinking)를 소개한다.

제2장에서는 최근 이해관계자중심 경영의 배경과 패러다임의 변화를 이해한다. 이해관계자를 위한 글로벌 지속가능성 공시 현황을 파악한다.

제3장에서는 통합적 사고의 배경 기본원칙, 접근방법, 기업 적용 사례 등을 이해한다. 이를 통해 기업의 실무 적용을 위한 통합적 사고의 이해와 관점을 확립할 수 있도록 한다.

제II부 거버넌스와 기업지배구조

제4장에서는 거버넌스의 배경과 개념을 살펴보고 Good governance를 지향하는 국제기구 등의 접근과 국제감사기구(IIA)의 거버넌스 가이드라인을 소개한다. 실무 사례를 통해 거버넌스 구축·운영에 대한 교훈을 갖도록 하였다.

제5장에서는 OECD/G20 기업지배구조 기본원칙과 한국의 기업지배구조 운영의 실무 주요 현안을 살펴본다. 최근 이사의 법적 책임과 관련하여 중시되고 있는 경영판단 관련 대법원 판례를 검토한다.

제III부 리스크 관리와 내부통제 실무

제6장에서는 리스크 관리의 기본원칙에 관한 내용으로 리스크 관리가 등장하게 된 배경에 대한 이해와 함께 리스크의 의미와 종류, 리스크 관리의 필요성 및 리스크 관리와 관련한 국제기준을 설명한다. 우리나라 리스크 관리의 현안과 개선 방향을 제시한다.

제7장에서는 리스크 관리의 실제로서 리스크 환경 분석, 리스크 평가기준 설정, 리스크 인식, 리스크 분석, 우선순위 결정, 리스크 관리방안 및 관리기법을 주요국의 리스크 관리 실제 사례를 활용하여 구체적으로 설명한다.

제8장에서는 국제적인 COSO 내부통제 프레임워크와 내부회계관리제도에 대해 기본적 이해를 갖도록 한다. 금융사고 사례의 분석을 통해 부정에 대한 이해를 갖도록 한다. 최근 내부통제와 관련된 대법원 판례를 분석하여 경영층에 대한 교훈을 제시한다.

제IV부 기후변화와 인권경영

제9장에서는 최근 중시되고 있는 기후변화와 기후변화 리스크를 이해하도록 한다. 기후위기에 대응하기 위한 탄소중립과 기후변화 적응 정책과 실무 현안을 파악하도록 한다.

제10장에서는 글로벌 탄소중립 동향과 우리나라의 탄소중립 목표와 전략을 이해하도록 한다. EU 지속가능성실사지침(CSDDD) 등 기후변화에 대한 규제와 지속가능성 공시에 대하여 다룬다.

제11장에서는 최근 기업의 주요 현안으로 대두되고 있는 산업안전 등과 관련된 인권경영의 배경과 국제적 요구 등에 대하여 이해하도록 한다. 우리나라의 산업안전, 직장내 괴롭힘, 소비자 보호 등의 현안을 사례를 통해 파악하도록 한다.

제V부 인간존중의 윤리적 리더십

제12장에서는 인간존중의 윤리적 리더십 확보를 위한 전제로서 사회심리학적 관점에서 인간에 대한 이해를 갖도록 한다. 기업 실무현장에서 윤리적 의사결정과 경영윤리 실패사례를 분석하여 제시함으로써 CEO 윤리적 리더십과 실무적 교훈을 갖도록 한다.

〈제1장 요약〉

세계경제는 공급망과 기술 변화, 지정학적 위기 등으로 패러다임의 근본적인 변화가 요구되고 있다. 첨단산업을 둘러싼 글로벌 기술 네트워크의 블록화, 자원을 둘러싼 글로벌 공급망의 블록화 등 다중 블록화 시대. 이에 따라 지정학(안보), 지경학(자원), 기정학(기술) 등의 종합 경쟁력이 필요한 시점이다.

기업은 그 어느 때보다 자신의 목적과 가치를 어떻게 창출하고 누구를 위해 창출하는지에 대해 장기적인 관점을 가지고 있어야 한다. 어느 기업도 통제할 수 없는 글로벌 팬데믹, 기후변화 및 인구변화와 같은 요인들이 커다란 영향을 미치는 경영환경에 대응하기 위해서는 통합적 사고(Integrated thinking)가 요청된다. 통합적 사고는 조직의 구성요소를 통합하고 기업과 주요 이해관계자를 위한 가치 창출에 조직 전체가 집중하는 경영철학이다. 이는 통합된 의사결정과 자원 배분에 대한 전체적인 접근방법(holistic approach)을 기반으로 하며, 보다 건전한 거버넌스와 좋은 관리를 지원한다.

기업의 진정한 가치는 전략, 운영, 거버넌스, 리스크 관리, 내부통제의 모든 측면을 장기적 관점에서 성공적으로 통합경영할 때 창출된다. 기업경영을 전체적으로 이해하고 효과적으로 관리하며 공정하고 투명한 성공경영을 위해서는 통합적 사고(integrated thinking)의 접근이 요구된다.

오늘날의 최고 성과를 내는 기업들은 재무적 측정 도구에만 초점을 맞추는 대신, 기업 의사결정을 다중자본 접근방법(Multi-capital approach)을 통해 재무적 자본, 인적자본, 사회적자본, 지적자본, 자연자본, 제조자본에 걸쳐 상호 연결된 정보에 기반을 두고 있다. 재무적자본은 기업 경영의 한 유형의 자본에 불과하다는 사실이 드러났다. 21세기 경영환경에서 이사회의 효과적인 경영을 위해서는 서로 다른 가치 차원의 정보와 데이터의 접근이 필요하다. 조직의 장기적인 가치 창출을 위해서는 전사적 관점의 조직의 가치 창출 프로세스상에 환경, 사회, 거버넌스 리스크의 영향과 상호의존성을 이해하는 것이 매우 중요하다.

chapter

2

경영 패러다임의 변화

생각해 볼 점

- 최근의 이해관계자중심 경영이 대두되는 이유는 무엇인가?
- 미국 CEO의 2019년 BRT 선언과 2020 다보스 선언에서 강조하는 기업의 목적과 역할은?
- UN-SDGs와 UN-PRI의 핵심내용은?
- 최근 도요타 리콜사태와 보잉사의 비행 중 사고의 교훈과 시사점은?

"기업은 주주만을 위해서가 아니라 모든 이해관계자를 위해 가치를 창출해야 한다. 기업이 이해관계자와의 상호연계성을 잘 이해하고 그들과의 관계를 잘 관리하는 것이 기업의 장기적인 경제적 가치에 도움이 되는 중요한 전략적 접근이다." - 에드워드 프리맨(Edward Freeman)

"기업의 목적은 모든 이해관계자가 함께 공유할 지속적 가치를 창출하는 것이다. 이러한 가치창출에 있어서 주주뿐만 아니라 종업원, 고객, 공급업체, 지역사회 및 사회전체를 포함하는 이해관계자를 위해 봉사해야 한다. 다양한 이해관계자의 서로 다른 이해관계를 이해하고 조화를 이루는 가장 좋은 방법은 기업의 장기적 번영을 강화할 정책과 결정에 함께 참여하며 노력하는 것이다."

- Davos-Manifesto-2020

the-universal-purpose-of-a-company-in-the-fourth-industrial-revolution

제2장에서 우리 경제사회의 발전에 따라 요구되는 이해관계자 자본주의의 배경 및 관점, 이에 따른 기업 경영 패러다임의 변화를 제시한다. 구체적으로 이해관계자중심 경영의 의미, 경영 패러다임 변화의 배경, 이해관계자중심의 경영환경 하에서의 기후환경 변화 등의 공시 규제를 살펴본다. 마지막으로 경영 패러다임 변화에 따른 지배구조, 위험, 내부통제의 재정립 필요성에 대하여 설명한다.

1. 주주중심 경영과 이해관계자중심 경영

과거에 기업은 이윤을 극대화함으로써 충분히 사회적 책임을 다한 것으로 여겨졌다. Friedman(1970) 교수는 기업은 개인이 아니고 법인격을 부여한 것이기 때문에 책임의 주체가 될 수 없고, 경영자는 주주의 대리인으로서 주주에 대한 직접적이고 일차적인 책임을 진다고 보고 있다. 그는 기업의 단 하나의 유일한 사회적 책임은 게임의 룰을 지키는 범위 내에서 자원을 사용하고 이익을 증가시키기 위해 계획한 활동을 수행하는 것이라고 주장한다.[1] 이러한 사고는 주주중심적 경영패러다임으로 오랫동안 유지되어 왔다. 그러나 이러한 주장은 엄밀히 기업의 사회적 책임 중에서 경제적 책임의 한 단면만을 강조한 것이다. 더구나 최근 들어 기업이 사회에 미치는 파급효과가 커지면서 경제적 책임 이외에 기업이 국가, 지역사회에 대하여 이행할 책임의 범위가 확대되고 있다.

사회가 기업에 기대하는 활동의 영역이 점차 확대되면서, 기업의 사회적 책임 영역도 점차 넓어지고 있다. 예를 들어, 값싸고 질 좋은 제품이나 서비스의 공급이 종업원이나 지역사회의 희생(예: 환경파괴)을 통하여 달성되는 것을 원하지 않는다. 심지어는 공급업자와 이익을 적절히 공유할 것을 요구하기도 한다. 직접적인 계약관계가 성립되어 있지 않았음에도 이러한 요구가 기업에 압력으로 작용하기도 하고 실제로 경영에 영향을 미치기도 한다. 공급업자의 일방적 희생을 통해 만들어진 저렴한 제품을 외면하여 결국은 기업의 수익성과 생존에도 영향을 미치게 되는 것이다. 이에 따라 최근에는 단순히 기업이 수동적으로 외부로부터의 압력에 대한 반응으로 사회적 책무를 이행하는 의무의 개념에서 벗어나 지속가능한 기업의 가치창출 개념으로 이해관계자와의 상생을 강조하고 있다. 주주를 포함한 기업 이해관계자와의 균형 잡힌 가치창출을 통한 기업의 지속가능성 제고 즉 이해관계자중심 경영(stakeholder primacy) 패러다임이 새롭게 대두되고 있다.

이해관계자 이론과 이해관계자 자본주의

이해관계자 이론은 조직전략과 윤리의 경영관리개념이다. 이해관계자이론의 기본 사고는 조직의 성공이 조직의 목표를 실현하는 데에 영향을 미칠 수 있는 고객, 종업원, 공급업자, 지역사회, 자본공급자, 기타 핵심그룹과의 관계를 얼마나 잘 관리하는가에 달려 있다는 것이다(Freeman, 2002).[2]
이해관계자 자본주의는 프리만이 주창한 이해관계자 이론을 근거로 기존의 주주중심 자본주의에 대

1) The New York Times Magazine, September 13, 1970, Section SM, Page 17. Copyright © 1970 by The New York Times Company.

2) R.E. Freeman and Phillips, R.A. 2002. Stakeholder Theory: A Libertarian Defense. Business Ethics

한 대안으로 제시되고 있다. 프리만은 전통적인 자본주의가 특정 이해관계자가 우월하고 지배적이라는 가정과 함께 시장참여자들이 자기이익(self-interest)만을 추구하며, 도덕과 비즈니스가 상호 독립적이며, 모든 경제주체가 제한적인 자원을 두고 항상 경쟁함으로써 경제가 발전한다는 가정에 기초하고 있다. 이러한 사고는 주주중심 자본주의의 핵심개념이 되어왔다. 프리만은 이러한 전통적 자본주의 사고는 이해관계자간의 협력관계나 윤리를 배제하고 지나치게 주주 집단의 이익을 극대화하는 과정에서 다른 이해관계자의 이익이 침해되고 기업과 이해관계자의 지속가능한 발전을 저해할 수 있음을 지적한다. 이해관계자 자본주의는 기업의 주주나 투자자 이외에 고객, 종업원, 공급업체, 지역사회 등 다양한 이해관계자의 이익을 추구한다. 프리만은 이해관계자 자본주의의 6가지 원칙으로 이해관계자 협력의 원칙, 이해관계자 참여원칙, 이해관계자 책임의 원칙, 복잡성의 원칙, 지속적인 창조 원칙, 새로운 경쟁(win-win)원칙을 제시하고 있다.[3]

2. 기업경영 패러다임의 변화 배경

기업의 사회적 책임은 과거에 경제적 책임과 법적 책임을 강조하던 시기를 넘어 윤리적 책임과 자선적 책임의 비중이 점차 확대되고 강조되고 있다. 기업의 사회적 책임의 범주가 확장되고 있고, 이러한 사회적 책임을 기업이 적극적으로 수용해야 하는 이유는 기업이 주주 이외의 다양한 이해관계자(종업원, 고객, 공급업체, 지역사회 등)를 함께 고려하여 경영활동을 하지 않을 경우, 기업의 지속가능성에 심각한 위기를 맞을 수 있기 때문이다.

기업의 사회적 책임의 확대와 수용은 지속가능경영을 위한 불가피한 선택이라고 할 수 있으나, 사회적 책임은 기업이 사회를 위해 일방적으로 자원을 투입하여 의무를 이행하는 수동적인 의미가 강하다. 최근에는 이러한 수동적인 의미의 사회적 책임 이행보다 한 단계 나아가 기업과 사회가 모두 도움이 되는 공통의 가치창출이 필요하다는 인식이 확산되고 있다. 즉, 사회적 책임의 이행을 통하여 사회문제의 해결에 도움을 주면서 기업의 이익창출에도 도움이 되는 공유가치창출(Creating Shared Value, CSV) 개념이 등장하게 되었다. 기업의 사회적 책임과 공유가치창출은 기업의 입장에서 사회에 좋은 이미지를 심어준다는 공통점이 있다. 그러나 사회적 책임활동(예 : 사회공헌활동)은 기업이 상당한 자원을 투입하지만, 기업의 사업과는 무관한 경우가 많다. 반면에, 공유가치창출은 기업의 핵심적인 사업과 관련하여 사회적 책임활동을 연결시켜 궁극적으로 이익창출을 통한 기업의 가치를 높인다는 데에 초점을 맞추고 있다.

Quarterly 12(3), pp.331-349.

3) Freeman(2007), Stakeholder Capitalism, Journal of Business Ethics 74, pp.303-314.

이하에서는 이해관계자중심 경영으로의 패러다임 변화를 촉발하게 된 몇 가지 배경을 설명한다.

2.1 글로벌 금융위기와 스튜어드십코드

스튜어드십코드(Stewardship Code)는 기관투자자의 고객인 자금공급자(일반투자자)가 맡긴 자원을 대리인으로서 잘 관리하기 위해 적극적으로 자신들이 투자한 피투자기업에 대하여 주주로서의 권리를 행사하는 것을 의미한다. 즉, 기관투자자가 자금의 주인인 일반투자자들을 대신하여 청지기 역할을 적극적으로 수행하도록 하는 원칙이라고 할 수 있다.

스튜어드십코드는 구체적으로 고객들을 대신하여 자신이 투자한 기업들이 단기적인 이익창출에 몰두하여 장기적인 지속가능성을 훼손하는 일이 발생하지 않도록 적극적인 역할을 하도록 요구하는 원칙이라 할 수 있다. 물론 스튜어드십코드의 도입은 모든 기관투자자의 의무는 아니지만, 기관투자자들은 주주로서 자신의 주인인 고객의 이익을 보호하는 것은 물론이고 투자한 기업에도 지속가능한 경영을 유도하여 장기적으로 유익을 제공하도록 하여야 한다는 압력을 받고 있다.

2.1.1 스튜어드십코드의 도입

2008년 금융위기를 겪으면서 이러한 위기를 유발시킨 책임이 기관투자자에게 있다는 견해가 많았다. 즉, 기관투자자들이 단기적인 투자성과에만 관심을 두고 투자대상 기업의 지속가능한 장기성과의 향상을 위해 기관투자자에게 자금을 제공한 고객들을 대신하여 주주로서의 충분한 역할을 수행하지 못하였다는 것이다. 이러한 반성과 함께 미국 · 영국 등 선진국에서 기관투자자의 역할과 책임을 강조하게 되었으며, 구체적으로 투자대상 기업 선정시 ESG 고려, 적극적 주주역할(Active Ownership)을 강조하게 되었다. 이러한 책임투자 원칙이 국제적으로 확산되었고,[4] 투자대상 기업(이사 및 경영진)과 대화 중시, 의결권 행사에 대한 수탁자 책임을 강조하게 되었다. 이러한 배경하에 영국의 FRC(Financial Reporting Council)에서 2010년에 최초로 스튜어드십코드를 제정하게 되었다.

우리나라는 한국기업지배구조원이 주도하여 2016년에 민간자율규범형태로 한국형 스튜어드십코드를 제정하였다. 한국기업지배구조원(현 한국ESG기준원)에서는 도입의 목적을 다음과 같이 기술하고 있다.

4) UN에서는 책임투자의 원칙(Principles for Responsibility Investment)을 제시하였다.

"기관투자자의 수탁자 책임에 관한 원칙"은 국내 상장사에 투자한 기관투자자가 타인의 자산을 관리·운용하는 수탁자로서 책임을 다하기 위해 이행해야 할 세부 원칙과 기준을 제시합니다. 기관투자자는 투자대상회사를 점검하고 우려사항이 발견되면 투자대상회사와 적극 대화하는 등 주주활동을 통해 수탁자로서 책임을 성실히 이행해야 합니다. 이는 회사의 중장기 발전을 유도하고, 고객과 수익자의 이익 증진에 기여함은 물론 자본시장과 경제 전반의 성장과 발전을 뒷받침할 수 있습니다.

2.1.2 우리나라 스튜어드십코드원칙

한국지배구조원(현 한국ESG기준원)에서 제시한 기관투자자의 수탁자 책임에 관한 원칙은 다음과 같은 7개 항목으로 구성되어 있다.

1. 기관투자자는 고객, 수익자 등 타인 자산을 관리·운영하는 수탁자로서 책임을 충실히 이행하기 위한 명확한 정책을 마련해 공개해야 한다.
2. 기관투자자는 수탁자로서 책임을 이행하는 과정에서 실제 직면하거나 직면할 가능성이 있는 이해상충 문제를 어떻게 해결할지에 관해 효과적이고 명확한 정책을 마련하고 내용을 공개해야 한다.
3. 기관투자자는 투자대상회사의 중장기적인 가치를 제고하여 투자자산의 가치를 보존하고 높일 수 있도록 투자대상회사를 주기적으로 점검해야 한다.
4. 기관투자자는 투자대상회사와의 공감대 형성을 지향하되, 필요한 경우 수탁자 책임 이행을 위한 활동 전개 시기와 절차, 방법에 관한 내부지침을 마련해야 한다.
5. 기관투자자는 충실한 의결권 행사를 위한 지침·절차·세부기준을 포함한 의결권 정책을 마련해 공개해야 하며, 의결권 행사의 적정성을 파악할 수 있도록 의결권 행사의 구체적인 내용과 그 사유를 함께 공개해야 한다.
6. 기관투자자는 의결권 행사와 수탁자 책임 이행 활동에 관해 고객과 수익자에게 주기적으로 보고해야 한다.
7. 기관투자자는 수탁자 책임의 적극적이고 효과적인 이행을 위해 필요한 역량과 전문성을 갖추어야 한다.

스튜어드십코드에 대한 해설서에서는 이러한 7개의 원칙 중에서 3번째 항목에 따라 기관투자자가 투자대상회사를 주기적으로 점검할 때, 구체적인 점검 항목으로 재무적 요소와 비재무적 요소를 포함시키고 있다.[5)]

5) 2017.6에 한국지배구조원에서 발표한 '한국 스튜어드십코드 제1차 해설서'에서는 기관투자자가 주기적으로 점검할 사항으로 재무적 요소와 비재무적 요소를 제시하고 있고, 비재무적 요소에 ESG와 관련된 위험요소를 포함시키고 있다.

2.2 UN의 책임투자원칙(PRI)

2006년 4월 출범한 책임투자원칙(PRI)은 유엔 환경계획금융부문(UN Environment Program Finance Initiative, 이하 UNEP FI)과 유엔 글로벌 콤팩트(United Nations Global Compact, 이하 UNGC)의 협력 하에 수립된 투자원칙이다. 유엔 책임투자원칙(UN PRI)은 환경, 사회, 지배구조(ESG) 이슈를 고려함에 있어 세계적으로 인정받는 평가지표로서, 투자자(기관투자자)들이 이 세 가지 요소를 반영하여 투자결정을 내리도록 촉구하는 모범관행을 제시하고 있다.[6] 이러한 글로벌 모범관행은 다음 6가지 원칙을 제시하고 있다.

1. 투자 분석 및 의사결정 과정에 있어 ESG 이슈를 반영한다.
2. 적극적 소유권을 행사하며 소유권 정책 및 행사에 ESG 이슈를 반영한다.
3. 투자대상 기업의 ESG 이슈가 적절히 공개되도록 노력한다.
4. 투자업계 내 책임투자원칙의 도입 및 실행을 증진시킨다.
5. 책임투자원칙 이행의 효과를 높이기 위해 상호 협력한다.
6. 책임투자원칙의 이행에 관한 활동 및 진전 사항을 보고한다.

우리나라는 국민연금, 한국지배구조원, KIC, IMM 등이 책임투자원칙에 가입 서명하였다. 2024년 2월 1일 조선비즈 기사에 의하면 총 121조 달러에 이르는 자산을 운용하는 약 5,300개 기관이 책임투자원칙에 서명 가입하고 있다.[7] 특히 많은 상장사에 대하여 상당한 수준의 지분을 보유한 국민연금의 책임투자원칙 서명 가입은 기업의 ESG 경영에 중대한 영향을 미칠 수 있다. 국민연금은 기금운용을 위탁할 자산운용사 선정시 스튜어드십코드 도입을 요구하고 있어, 자산운용사가 사실상 책임투자원칙을 준수하도록 하고 있다. 따라서 국민연금을 포함한 많은 기관투자자들은 기업의 ESG경영에 직접적인 영향을 미칠 수 있다.

2.3 UN SDGs

2015년 9월 전 세계 유엔회원국가 정상회의에서 합의한 것이 바로 '지속가능발전목표(SDGs : Sustainable Development Goals)이다.[8] UN SDGs(유엔 지속가능개발목표)는 2000

6) PRI에 가입한 기관은 책임투자 방안, 정책 및 절차를 공개하여야 하고, PRI는 각 가입기관의 성과에 대한 개별적 평가와 동종 업계 대비 상대평가를 실시한 후 공식 PRI등급을 책정한다.

7) https://biz.chosun.com/stock/stock_general/2024/02/01/3KJF6WH2Y5FTVDSMUSJ4TNFZIU/

8) PRI는 투자자들이 책임투자실무와 UN 지속가능발전목표가 부합하도록 연구와 교육, 협력 촉진을 통해

년부터 2015년까지 시행된 새천년개발목표(MDGs) 종료 후 2015년 9월 새로 설정되어 2016년부터 2030년까지 새로 시행되는 유엔과 국제사회의 최대 공동목표이다.

인류의 보편적 사회문제(빈곤, 질병, 교육, 여성, 아동, 난민, 분쟁 등), 지구 환경 및 기후변화 문제(기후변화, 에너지, 환경오염, 물, 생물다양성 등), 경제 문제(기술, 주거, 노사, 고용, 생산 소비, 사회구조, 법, 인프라 구축, 대내외 경제)를 2030년까지 17가지 주요 목표와 169개 세부목표로 해결하고자 이행하는 국제사회 최대 공동목표이며, 2015년 제70차 UN총회 및 UN지속가능개발 정상회의에서 193개국 만장일치로 제정되었다.

SDGs는 글로벌 주요 기업이 기업경영 핵심가치로 삼는 '지속가능경영', 'ESG경영', '환경경영'의 가장 중심이 되는 글로벌 기준이 되고 있다. 지속가능발전목표의 17개 목표는 '사회발전', '경제성장', '환경보존' 세 가지 축을 기반으로 하고 있으며 다음과 정리할 수 있다.[9)]

UN SDGs 목표

• 사회발전 목표

Goal 1 : 모든 형태의 빈곤종결
Goal 2 : 기아해소, 식량안보와 지속가능한 농업발전
Goal 3 : 건강 보장과 모든 연령대 인구의 복지증진
Goal 4 : 양질의 포괄적인 교육제공과 평생학습기회 제공
Goal 5 : 양성평등달성과 모든 여성과 여아의 역량강화
Goal 6 : 물과 위생의 보장 및 지속가능한 관리

• 경제성장 목표

Goal 8 : 지속가능한 경제성장 및 양질의 일자리와 고용보장
Goal 9 : 사회기반시설 구축, 지속가능한 산업화 증진
Goal 10 : 국가 내, 국가 간의 불평등 해소
Goal 11 : 안전하고 복원력 있는 지속가능한 도시와 인간거주

• 환경보존 목표

Goal 7 : 적정가격의 지속가능한 에너지 제공
Goal 12 : 지속가능한 소비와 생산 패턴 보장
Goal 13 : 기후변화에 대한 영향방지와 긴급조치
Goal 14 : 해양, 바다, 해양자원의 지속가능한 보존노력
Goal 15 : 육지생태계 보존과 삼림보존, 사막화방지, 생물다양성 유지

돕는 일을 하고 있다.(https://www.unpri.org/sustainability-issues/sustainability-outcomes/sustainable-development-goals).

9) 한국국제협력단, 알기 쉬운 지속가능발전목표 SDGs, 2016.2, pp.20-21.

• 전제
Goal 16 : 평화적, 포괄적 사회증진, 사법제도 제도와 포괄적 행정제도 확립
Goal 17 : 기업 및 의회, 국가 간의 글로벌 파트너십 활성화

2.4 BRT(2019) 기업 목적에 대한 선언문

주주중심 경영에서 이해관계자중심 경영으로의 전환에 결정적인 계기가 된 두 가지 선언이 있다. 하나는 2019년 8월의 미국의 BRT(Business Round Table)에서 발표한 'BRT 선언'이다. 다른 하나는 2020년 다보스 선언(Davos Manifesto)이다. 이러한 선언의 배경은 1970년대 이후 지속되어 온 신자유주의 하에서 자본가(주주, 기관투자자)의 단기적 이익 극대화 경향의 팽배와 이로 인한 부의 편중이나 생태환경의 훼손 등 극심한 부작용의 심화라 할 수 있다. 이러한 부작용은 2008년 금융위기를 정점으로 신자유주의 위기와 이에 대한 기관투자자의 책임강화 등이 주주 중심의 기존 패러다임에서 이해관계자와의 상생 없이는 궁극적인 기업의 지속가능 생존도 어렵다는 사고를 증폭시켰다고 볼 수 있다.

미국의 대기업 최고경영자 협의체라 할 수 있는 BRT에서는 2019년 8월에 기업의 목적에 대한 선언문을 다음과 같이 발표하였다. 즉, 기업은 주주 중심에서 벗어나 고객, 직원, 납품기업, 지역사회 등 이해관계자에게 편익을 제공하여야 한다는 것이다.[10] 다음은 2019년 BRT에서의 기업목적에 대한 선언문의 내용이다.

기업의 목적에 대한 선언문(Statement on the Purpose of a Corporation)

미국인은 모든 사람이 성실한 노동과 창의성을 통해 성공하고, 의미와 존엄을 누리는 삶을 영위할 수 있게 하는 경제를 누릴 자격이 있다. 우리는 자유시장 시스템(free-market system)이 좋은 일자리, 강하고 지속가능한 경제, 혁신, 건강한 환경과 모두를 위한 경제적 기회를 창출하는 가장 좋은 수단이라고 믿는다.

기업의 경제에서 핵심적 역할은 고용을 창출하고, 혁신을 주도하며, 우리사회에 필수적인 재화와 서비스를 제공함에 있다. 기업은 소비자를 위한 제품을 만들어 판매하고, 장비와 교통수단을 제조하고 국가의 방위를 뒷받침한다. 식량을 재배 공급하며, 의료와 에너지를 생산하고 공급한다. 또한 경제성장을 위한 금융, 통신과 기타 서비스를 제공한다.

각 기업은 자신들의 목적에 진력하면서도, 모든 이해관계자(stakeholder)를 위한 근본적인 책무(fundamental commitment)를 다할 것을 공유한다.

10) https://system.businessroundtable.org/app/uploads/sites/5/2023/02/WSJ_BRT_POC_Ad.pdf.

- 우리는 고객의 기대를 만족시키거나 넘어선 가치를 제공한다.
- 종업원에 공정하게 보상하고 급격히 변화하는 세계에 대처하기 위한 새로운 기술의 훈련과 교육을 지원한다. 종업원의 다양성과 포용성, 인간의 존엄과 상호존중을 발전시킨다.
- 공급업체와 거래에 공정하고 윤리적으로 대한다. 다른 대기업과 중소기업의 관계에서 서로의 사명을 달성할 수 있도록 좋은 파트너(good partner)로 협력한다.
- 우리는 지역의 주민들을 존중하고 우리 기업 전체에 걸쳐 지속적인 환경보호를 통해 공동체를 지원한다.
- 기업이 투자하고 성장하고 혁신할 수 있도록 자본을 공급한 주주를 위해 장기적인 주주가치를 창출한다. 우리는 투명성과 효과적인 주주의 참여를 약속한다.

각 이해관계자는 필수적이다. 우리는 기업의 성공과 지역공동체, 국가를 위해 모든 이해관계자에게 가치를 전달할 것임을 공유한다.

2.5 다보스(2020) 선언 - 기업의 보편적 목적에 대한 선언

2020년 다보스 세계경제포럼에서는 "4차산업혁명시대에 기업의 보편적 목적"에 대한 성명서를 채택하였다. 4차산업혁명시대에 이해관계자 자본주의에 적합한 기업경영의 지침이 될 원칙으로서 보다 나은 자본주의의 형태로 이해관계자 자본주의를 선택한다고 선언한 것이다. 이러한 다보스(2020) 선언은 지속가능경영을 위한 이해관계자중심 경영으로의 패러다임 전환의 계기가 되었다. 다음은 다보스(2020) 선언문의 내용을 정리한 것이다.[11)]

2020 다보스 선언문 : 4차산업시대에 기업의 보편적 목적

A. 기업의 목적은 모든 이해관계자가 함께 공유할 지속적 가치를 창출하는 것이다. 이러한 가치창출에 있어서 주주뿐만 아니라 종업원, 고객, 공급업체, 지역사회 및 사회 전체를 포함하는 이해관계자를 위해 봉사해야 한다. 다양한 이해관계자의 서로 다른 이해관계를 이해하고 조화를 이루는 가장 좋은 방법은 기업의 장기적 번영을 강화할 정책과 결정에 함께 참여하며 노력하는 것이다.

ⅰ. 기업은 고객의 요구에 가장 부합하는 가치 제안을 제공함으로써 고객에게 서비스를 제공한다. 공정한 경쟁과 공정한 경쟁의 장을 수용하고 지원한다. 부패에 대한 무관용 원칙을 가지고 있다. 신뢰할 수 있고 신뢰할 수 있는 운영을 하는 디지털 생태계를 유지한다. 부정적인 영향이나 부정적인 외부효과를 포함하여 고객으로 하여금 제품과 서비스의 기능성을 충분히 인지하게 한다.

ⅱ. 회사는 임직원과 사람들을 존엄성과 존중으로 대한다. 다양성을 존중하고 근로 조건과 직원 복지의 지속적인 개선을 위해 노력한다. 급속한 변화의 세계에서, 회사는 지속적인 향상과 재숙련을

11) https://www.weforum.org/agenda/2019/12/davos-manifesto-2020-the-universal-purpose-of-a-company-in-the-fourth-industrial-revolution/

통해 지속적인 고용 가능성을 발전시킨다.

iii. 회사는 공급자를 가치창출의 진정한 파트너로 생각한다. 새로운 시장진입자에게 공정한 기회를 제공하며, 인권 존중을 전체 공급망에 통합시킨다.

iv. 기업은 활동을 통해 사회 전반에 봉사하고, 일하는 지역사회를 지원하며, 정당한 몫의 세금을 지불한다. 데이터의 안전하고 윤리적이며 효율적인 사용을 보장한다. 미래 세대를 위한 환경 및 자원 보호의 착한 청지기 역할을 한다. 우리의 환경 및 생태계를 의식적으로 보호하고 순환, 공유 및 재생 경제를 옹호한다. 인류의 복지를 향상시키기 위해 지식, 혁신 및 기술의 경계를 지속적으로 확장한다.

v. 기업은 발생하는 기업가적 위험과 지속적인 혁신과 지속적인 투자의 필요성을 고려한 투자 수익을 주주에게 제공한다. 현재를 위해 미래를 희생하지 않는 지속가능한 주주 수익을 추구하기 위해 단기, 중기 및 장기적인 가치 창출을 책임감 있게 관리한다.

B. 기업은 부를 창출하는 경제적 단위 이상으로 넓은 사회 시스템의 일부로서 인간과 사회의 열망을 충족시킨다. 성과는 주주로의 수익뿐만 아니라 환경, 사회 및 좋은 지배구조 목표를 어떻게 달성하는지에 따라 측정되어야 한다. 임원 보수는 이해관계자의 책임을 반영해야 한다.

C. 글로벌 활동 범위를 가진 회사는 직접적으로 참여하고 있는 모든 이해관계자들에게 봉사할 뿐만 아니라 정부 및 시민사회와 함께 글로벌 미래의 이해관계자로서 활동한다. 기업의 글로벌 시민성은 회사가 핵심 역량, 기업가 정신, 기술 및 관련 자원을 다른 회사 및 이해관계자와의 협력 노력에 활용하여 세계의 상태를 개선할 것을 요구한다.

3. 이해관계자중심의 지속가능경영 정보의 작성과 공시

주주중심에서 이해관계자중심으로 경영패러다임이 변화되는 세계적인 추세에 맞추어 최근 정부는 비재무적 정보의 공시의무를 크게 확대해 나가고 있다. 대표적인 것이 기업지배구조보고서, 지속가능보고서이다.

3.1 기업지배구조보고서

기업지배구조(Corporate Governance)란 통상 기업 내부의 의사결정시스템, 이사회와 감사의 역할과 기능, 경영자와 주주와의 관계 등을 총칭한다. 넓게는 기업경영과 관련된 의사결정에 영향을 미치는 요소로 이해할 수 있다. 기업경영 환경에는 기업 내부의 의사결정 시스템은 물론 시장에 대한 규제, 금융감독체계, 관행 및 의식 등이 망라된다. 좁게는 기업 경영자가 이해관계자, 특히 주주의 이익을 위해 제역할을 다할 수 있도록 감시·통제하는 체계를 의미한다. 기업지배구조 개선방법으로는 사외이사제도 도입, 소액주주권한 강화, 회

계감사제도 강화, 금융감독체계 강화 등이 있다.12)

매년 일정규모 이상의 거래소 상장기업은 정기공시(사업보고서)를 통하여 최대주주, 이사회, 감사제도, 주주총회, 대주주와의 거래, 계열회사 등 지배구조 관련 내용을 공시하고 있다. 그러나 방대한 분량, 관련 항목 분산 등으로 지배구조 평가에 효율적으로 활용하기는 어려운 측면이 있다. 그리고 세계경제의 글로벌화에 대응한 안정적 국제투자관행의 확립과 기술혁신 · 자본자유화 등 기업환경의 급속한 변화에 따라 기업지배구조 확립의 필요성이 확산되고 있다. 그 동안 미국을 중심으로 하는 선진국에서 우수한 기업지배구조가 기업경쟁력의 원천이며, 각국 경제의 장기적 안정성장의 기본요건이라는 인식이 확산되어 왔다. 이러한 인식은 경제와 자본시장의 국제화가 가속화되면서 기업지배구조에 대한 국제규범을 만들어야 한다는 견해로 발전되기도 했다. 단적인 예로 OECD는 '기업지배구조의 기본원칙'을 마련했는데, 이는 주주자본주의에 바탕을 둔 영미식 기업지배모형의 중심이다.

이러한 배경하에 우리나라는 2017년에 상장기업을 대상으로 기업지배구조보고서를 한국거래소에 자발적으로 공시하는 형태로 처음 도입하였다. 정부는 이러한 기업지배구조보고서가 기업의 경영투명성 개선에 기여하는 것으로 평가하고, 2019년부터는 자산규모 2조원 이상 코스피 상장사를 대상으로 의무화하였고, 2022년부터 자산규모 1조원 이상 코스피 상장사로, 2024년부터는 자산규모 5,000억원 이상, 2026년부터는 코스피 전 상장사로 공시의무를 확대하였다. 또한 한국거래소는 공시 과정에서 기업간 비교가능하고 충실한 정보가 제공될 수 있도록 2019년 「기업지배구조보고서 가이드라인」을 제정하여 기업지배구조 핵심원칙과 세분화된 작성기준을 제시하였다. 구체적으로 「기업지배구조보고서」는 지배구조 핵심원칙 준수 여부를 공시하고, 준수하지 못하는 경우에는 그 사유를 설명(Comply or Explain)하도록 하는 방식으로 작성된다. 〈표 2-1〉은 한국거래소가 제시한 10가지 기업지배구조 핵심원칙이다.

〈표 2-1〉 기업지배구조 핵심원칙

분 류	핵심원칙(총 10개)	공시내용 예시
① 주주의 권리	주주는 권리행사에 필요한 충분한 정보를 시의적절하게 제공받고, 적절한 절차에 의해 자신의 권리를 행사할 수 있어야 한다.	· 주주총회 분산 노력 · 전자투표제 도입 여부
② 주주의 공평한 대우	주주는 보유주식의 종류 및 수에 따라 공평한 의결권을 부여받아야 하고, 주주에게 기업정보를 공평하게 제공하는 시스템을 갖추는 노력을 해야 한다.	· 주식발행 현황 · IR 개최 현황

12) 기획재정부, 시사경제용어사전(https://www.moef.go.kr/sisa/dictionary/detail?idx=724)(2024.4.6 검색)

③ 이사회기능	이사회는 기업과 주주이익을 위하여 기업의 경영목표와 전략을 결정하고, 경영진을 효과적으로 감독하여야 한다.	· 이사회 심의 · 의결사항 · 리스크 관리정책 존재 여부
④ 이사회구성 및 이사선임	이사회는 효율적으로 의사를 결정하고 경영진을 감독할 수 있도록 구성하여야 하며, 이사는 다양한 주주의견을 폭넓게 반영할 수 있는 투명한 절차를 통하여 선임되어야 한다.	· 이사회 의장과 대표이사의 분리 · 이사의 전문성
⑤ 사외이사	사외이사는 독립적으로 중요한 기업경영정책의 결정에 참여하고 이사회의 구성원으로서 경영진을 감독 · 지원할 수 있어야 한다.	· 사외이사와 지배주주 · 경영진 등 간의 이해관계 여부
⑥ 이사회 운영	이사회는 기업과 주주의 이익을 위한 최선의 경영의사를 결정할 수 있도록 효율적이고 합리적으로 운영되어야 한다.	· 이사회 개최 빈도 · 이사회 운영규정 공개
⑦ 이사회 내 위원회	이사회는 효율적인 운영을 위하여 그 내부에 특정 기능과 역할을 수행하는 위원회를 설치하여야 한다.	· 이사회 내 위원회 설치 및 구성(감사위원회 등)
⑧ 사외이사 평가 및 보상	사외이사의 적극적인 직무수행을 유도하기 위하여 이들의 활동내용은 공정하게 평가되어야 하고, 그 결과에 따라 보수지급 및 재선임 여부가 결정되어야 한다.	· 사외이사에 대한 평가 및 보수정책
⑨ 내부감사 기구	감사위원회, 감사 등 내부감사기구는 경영진 및 지배주주로부터 독립적인 입장에서 성실하게 감사업무를 수행하여야 하며, 내부감사기구의 주요 활동내역은 공시되어야 한다.	· 감사위원회 개최 빈도 · 내부감사부서 설치 여부
⑩ 외부감사인	기업의 회계정보가 주주 등 그 이용자들로부터 신뢰를 받을 수 있도록 외부감사인은 감사대상 기업과 그 경영진 및 지배주주 등으로부터 독립적인 입장에서 공정하게 감사업무를 수행하여야 한다.	· 외부감사인 선임 절차 · 외부감사인 독립성 (경영자문 여부 등)

3.2 지속가능보고서 공시

IFRS(국제재무보고기준)재단 산하 ISSB(국제지속가능성기준위원회)는 2022년 3월 일반 및 기후분야의 지속가능성 공시기준("ESG 공시기준")에 대한 공개초안을 발표한 이후, 의견수렴을 거쳐 2023년 6월에 첫 번째 지속가능성 공시기준인 IFRS S1(일반) 및 S2(기후) 최종안을 발표하였다.[13)]

회계기준원은 2023년 9월 25일 ISSB 기준 번역본의 공개초안을 발표하였다. 또한 국제기준제정기구 및 관련 협의체들과의 논의를 통해 공시 요구사항의 의미를 명확히 확인하고

13) 금융위원회 보도자료(2023.12.26) 참조.

국내 의견 수렴을 거쳐 2023년 12월 21일 지속가능성기준위원회(KSSB)의 의결을 거쳐 최종 국문 번역본을 마련 · 공개하였다.

국제지속가능성기준위원회(ISSB)가 발표한 제1호(지속가능성 관련 재무정보 공시를 위한 일반사항)인 S1은 기업전망에 영향을 미칠 것으로 예상할 수 있는 지속가능성 관련 위험 및 기회에 대한 정보를 제공할 때 적용되는 개념적 기반과 공시내용 및 표시에 관한 일반적인 요구사항을 제시하고 있다. S1은 기업에 모든 지속가능성 관련 위험 및 기회에 대한 정보를 제공하도록 요구하지 않는다. 기업은 기후관련 위험 및 기회에 대한 정보를 공시하며, 기후 외 다른 지속가능성 관련 위험 및 기회에 대한 정보는 주제별로 선택하여 공시할 수 있다. S1에서는 지속가능성 관련 위험 및 기회에 대한 정보를 제공할 때 기후변화관련 재무정보공개협의체(TCFD)에서 제시하고 있는 4가지 핵심요소인 거버넌스, 전략, 위험관리, 지표 및 목표를 기반으로 수행하도록 하고 있다.

국제지속가능성기준위원회(ISSB)가 발표한 제2호(기후 관련 공시사항)는 S1에서 제시한 지속가능성 관련 위험 및 기회에 대한 정보 제공의 핵심요소에 근거하여 기후관련 위험 및 기회에 대하여 기업의 거버넌스, 전략, 위험관리, 지표 및 목표에 관한 정보를 제공하도록 요구하고 있다.[14] 여기서 기후관련 위험은 기후변화가 기업에 미치는 잠재적인 부정적 영향을 말하며, 물리적 위험(예 : 태풍 등에 의한 기업자산 손상)과 전환위험(예 : 저탄소 경제로의 전환으로 인한 고탄소 기반 제품수요의 감소)을 포함한다. 기후관련 기회는 기후변화가 기업에 주는 긍정적인 영향을 의미한다. S2에서 가장 큰 논점은 기후관련 위험 및 기회와 관련하여 산업전반지표인 온실가스배출량 정보공시이다. S2는 보고기간 동안 기업의 Scope 1, 2, 3 온실가스 절대 총배출량을 이산화탄소 환산 톤으로 표시하여 공시하도록 요구하고 있다. 여기서 Scope 1, 2, 3의 의미는 다음과 같다.

- Scope 1 : 회사가 소유하거나 통제하는 원천에서 발생하는 직접 배출(예 : 회사 내부에서 연료를 연소하여 발생하는 이산화탄소(CO_2), 메탄(CH_4), 아산화질소(N_2O) 등의 배출)
- Scope 2 : 회사가 구매한 전기, 열 또는 증기 생성으로 인한 간접 배출(예 : 회사가 구매한 전기를 생산하는 과정에서 발생하는 배출)
- Scope 3 : 회사의 가치사슬(공급업체, 직원 출퇴근, 출장, 회사 제품의 사용 및 폐기 등)에서 발생하는 모든 기타 간접 배출(예 : 공급업체가 생산하는 제품을 이용하는 과정에서 발생하는 배출)

14) 한국회계기준원이 2024년 4월 30일 제공한 '지속가능성공시기준 공개초안 요약' 자료를 참조.

특히, Scope 3에 해당하는 온실가스배출량 공시는 기업에 과중한 부담을 줄 수 있고 측정의 불확실성도 높아 공시의무화에 대하여 투자자와 기업의 입장이 첨예하게 대립하고 있다.

최근 미국, 유럽(EU)을 비롯한 영국, 일본, 호주 등 여러 국가에서 지속가능성 관련 정보에 대한 의무공시 제도화 논의가 진행되고 있고, 다수의 국가들이 ISSB 기준(S1, S2)을 참조하거나 활용할 것으로 예상된다.[15] 우리나라 정부도 ESG 공시 의무화를 2026년 이후로 하되 대형 상장사부터 단계적으로 도입하는 방안을 발표한 바 있다.[16] 이와 같이, 지속가능성을 강조하는 이해관계자중심의 경영 패러다임 변화는 기업이 직면한 피할 수 없는 현실이 되고 있다.

4. 경영패러다임 변화와 GRC(Governance, Risk, Control)

4.1 이해관계자중심의 GRC 재정립의 필요성

과거 주주중심의 경영에서 단기적 관점으로 주주의 이익에 반하는 행동을 모니터하고 주주가치를 극대화하는 방향에서 지배구조, 위험, 통제제도(Governance, Risk, Control)의 틀이 구축되었다면, 이해관계자중심의 경영에서는 주주는 물론 내부와 외부의 이해관계자가 상생하여 장기적으로 기업가치를 제고하는 방향으로 재구축되어야 할 것이다.

최근 도요타와 보잉사의 사례는 기업의 근본적인 가치(예 : 고객을 위한 안전과 품질)가 단기적인 목표 달성(예 : 납기 준수, 단기적인 재무성과, 배당)을 위해 망각되었을 때 조직의 지속경영에 심대한 타격을 주는 리스크가 커질 수 있다는 경고를 주고 있다.

세계 1위 완성차 업체인 일본 도요타자동차그룹에서 잇따라 품질 사기 행각이 적발되면서 장인 정신을 자랑해온 일본인들의 자존심에 큰 상처를 남기고 있다. 단순히 계열사 한 곳이 아니라 그룹 차원의 부정이라는 점에서 도요타그룹 전반에 모럴해저드(도덕적 해이)가 만연한 것으로 나타났다. 또한 이러한 품질사기가 무려 35년간이나 지속되었음이 내부고발로 밝혀졌다. 그 결과 대규모 리콜사태로 이어졌다. 도요타 계열사와 같이 본사로부터 주문을 받으면 무조건 납기를 준수하여야 하는 상명하복의 조직문화에서 형식적인 내부·외부 품질인증을 거쳐 생산된 부품으로 제조된 완성차의 결함으로 나타나고 결국 고객의 안전을 위협하고 리콜로 이어지는 상황이 되었다.[17] 공급망과 고객을 도외시하여 결국

15) 금융위원회 보도자료(2023.12.26) 참조.

16) 금융위원회 보도자료(2023.10.16) 참조.

기업의 가치를 크게 손상시키는 결과를 초래한 것이며 이러한 부정과 비리를 예방하거나 탐지하지 못한 거버넌스, 위험, 내부통제 체계의 취약점을 드러낸 것이다.

2024년 1월 알래스카항공의 보잉737 맥스9가 비행 중 동체에 구멍이 나 비상착륙하는 심각한 사고가 발생했다. 사고원인은 볼트 누락이었으며 당시 승객들은 항공사와 항공기 제작사에 외상후 스트레스(PTSD)와 정신적 · 육체적 피해에 대하여 10억 달러에 이르는 보상을 요구하는 소송을 제기하였다. 소송요지는 보잉과 알래스카항공이 이번 비행기 사고는 예방할 수 있었음에도 불구하고 안전보다 이익을 우선시하여 발생한 과실에 대하여 책임을 묻겠다는 것이다. 미국 연방항공청은 보잉과 737 맥스의 동체 제작업체인 스피릿 에어로시스템스의 생산과정을 검사한 결과 제조 품질관리 요구사항을 지키지 않은 것으로 보이는 사례를 다수 찾아냈다. 또한 보잉의 제조공정관리와 부품 취급과 보관, 생산관리에도 문제가 있었다고 지적했다.[18] 이러한 일련의 사태로 보잉은 100년 넘게 유지해왔던 세계1위 항공기 제작사의 자리를 에어버스에 내주게 되었다. 보잉사의 위기에 대한 1차적인 원인으로 지난 20년간 과도하게 재무성과를 강조하고, 주주가치 극대화를 추구한 결과라고 항공산업 전문가는 지적한다. 즉, 2003~2019년 보잉사를 이끌던 최고경영자는 단기적 재무성과와 주주가치 극대화를 추구하는 과정에서 고객, 내부 구성원, 협력회사, 규제기관 등의 목소리를 무시했다는 것이다.[19] 보잉사의 사례는 과도한 주주중심의 경영, 단기적 관점의 경영에 집착한 결과이며, 이해관계자의 관점에서 기업의 지속가능한 성장과 장기적 기업가치 제고를 위한 거버넌스, 위험, 내부통제체계의 필요성을 일깨워주는 대표적인 예이다.

4.2 장기적 · 통합적 관점의 GRC 체계

지속가능경영을 위해서는 과거 주주중심의 단기적 이익추구가 아닌 이해관계자중심의 장기적인 기업가치 제고가 전제가 되어야 한다. 이러한 지속가능경영을 위하여 거버넌스, 리스크, 통제의 체계도 재검토되고 보완되어야 한다.

4.2.1 통합적 사고(Integrated thinking)

지속가능한 기업경영을 위해서는 자신의 목적과 가치를 어떻게 창출하고 누구를 위해

---

17) '품질의 대명사' 일본차가 어쩌다… 세계 최대 車 도요타의 추락, 조선일보 2024년 6월 11일 기사 (https://biz.chosun.com/international/international_economy/2024/06/11/H4NXJ3XSBZCQZBLLONFU5LUYK4/) 참조.

18) 美 FAA "보잉 737 맥스 생산과정서 품질관리 문제 다수 발견," YTN 사이언스, 2024.3.5.

19) 허대식 교수의 비즈니스 이노베이션, 난기류에 갇혀 휘청이는 보잉, 매일경제, 2024.2.29, B5.

창출하는지에 대해 통합적 사고(Integrated thinking)와 장기적인 관점을 가져야 한다. 기업의 진정한 가치는 전략, 운영, 거버넌스, 리스크 관리, 내부통제의 모든 측면을 장기적 관점에서 성공적으로 통합경영할 때 창출된다. 기업 경영을 전체적으로 이해하고 효과적으로 리스크를 관리하여 공정하고 투명한 성공 경영을 위해서는 통합적 접근이 요구된다.[20] 통합적 사고는 조직의 구성요소를 통합하고 기업과 주요 이해관계자를 위한 가치창출에 조직 전체가 집중하는 경영철학이다. 이는 통합된 의사결정과 자원배분에 대한 전체적인 접근방법(holistic approach)을 기반으로 하며, 더 건전한 거버넌스와 더 나은 관리를 지원한다. 또한 가치창출 및 보존에 대한 보다 장기적인 접근방식을 통해 단기적인 성과 요구의 균형을 갖도록 한다.

4.2.2 지속가능한 기업가치 제고를 위한 GRC

21세기 경영환경에서는 이사회는 효과적인 경영을 위해서 서로 다른 가치 차원의 정보와 데이터의 접근이 필요하다. 조직의 장기적인 가치창출을 위해서는 전사적 관점에서 조직의 가치창출 프로세스상에 환경, 사회, 거버넌스, 리스크의 영향과 상호의존성을 이해하는 것이 매우 중요하다.

이해관계자중심의 기업경영 환경의 근본적 변화에 따라 기업 모든 분야에 환경, 사회, 거버넌스, 데이터 보호를 비롯한 데이터 스튜어드십(ESG&D : environmental, social, governance and data stewardship)의 중요성이 증대되고 있다. 기업 거버넌스도 ESG&D 요소를 기존 주주중시(shareholder primacy) 관점에서 비재무적 현안으로 인식하지 않고 이해관계자 관점에서 보아야 한다. 이사회는 ESG&D를 조직적으로 내재화하기 위해서 기업의 전략, 자원배분, 리스크 관리, 성과평가, 보고정책과 프로세스에 이를 고려하여야 한다. 이는 윤리적이나 정치적인 것이 아니며 이사회가 다루어야 할 중대한 경영요소이다.

이해관계자의 참여는 거버넌스 기구가 장기적 가치의 우선순위를 설정하고 이사회의 책무성을 확립하는 데 매우 중요하다. 효과적인 이해관계자의 참여가 이루어지기 위해서는 적합한 이해관계자(예 : 주주, 종업원, 고객, 공급자, 지역사회 등)를 확인하고 선정하며 적극적으로 그들의 의견이나 조언을 요청하는 확고한 프로세스가 보장되어야 한다. 또한 참여의 빈도와 방법이 명확히 제시되어야 한다.

거버넌스 기구(예 : 이사회)는 전략적 리스크와 기회에 효과적인 파악과 관리가 이루어지는지 감독하고, 그 결과를 전략에 반영하도록 하여야 한다. 재무와 운영의 리스크와 기회

20) INTEGRATED THINKING AND SUSTAINABILITY : Applying Key Governance Tools and Frameworks, 2022.12, The Institute of Internal Auditors and COSO.

에 중점을 둔 기존의 주주중심의 기업 거버넌스 모형은 이해관계자중심의 경영환경 하에서는 재검토되어야 한다. 기후변화, 천연자원의 희소성, 인권, 포용과 다양성, 데이터 보호와 프라이버시, 글로벌 자원과 경제적 갈등과 봉쇄 등에 따른 회복력 등의 이슈에 대한 대처역량이 기업의 지속적인 경제적 가치창출과 리스크 관리와 기업가치에 미치기 때문이다. 한국ESG기준원 발표 지배구조모범규준 중 이사회의 역할과 책임에 의하면, 이사회는 체계적인 리스크 관리를 위하여 내부통제 및 리스크 관리체계를 마련하여 운영할 것을 권고하고 있다(지배구조모범규준 1.5). 기업은 생존을 위하여 비재무 요소인 ESG리스크를 포함한 전사적 리스크 관리체계를 구축 · 운영하여야 할 것이다. 이사회는 내부통제를 중시하는 조직문화 확산을 유도하여야 하며, 실효적인 내부통제시스템 구축, 내부통제체계 구축 · 운영과 관련된 기본 방침과 정책 결정 등 내부통제에 대한 최종적 책임이 있다.

한편, 기업의 의사결정이 관계 법규에 따라 그리고 이해관계자의 기대에 따라 윤리적으로 행동하도록 효과적으로 모니터링하는 것이 중요하다. 윤리적 행동을 촉진하고 발전시키는 조직문화, 정책, 경영환경을 확립하고 지원하는 것은 건전한 거버넌스와 장기적 가치창출의 중요한 요소이기 때문이다. 윤리적 행동의 책무성을 확립하기 위해서는 지속적인 모니터링이 요구된다. 주주를 포함한 이해관계자와 함께 기업의 신뢰와 관련된 이슈에 관심을 가져야 한다.

〈제2장 요약〉

주주를 포함한 기업 이해관계자와의 균형 잡힌 가치창출을 통한 기업의 지속가능성 제고 즉 이해관계자중심 경영(stakeholder primacy) 패러다임이 새롭게 대두되고 있다. 오랫동안 기업경영 패러다임을 지배해온 주주중심의 경영에서 주주를 포함한 종업원, 고객, 공급업체, 지역사회 등의 이해관계자와의 상생을 강조하는 이해관계자중심의 경영패러다임의 전환기를 맞고 있다. 이러한 경영패러다임 전환의 배경에는 금융위기와 기관투자자의 스튜어드십코드 도입, UN 책임투자원칙(PRI), UN-SDGs, BRT선언, 다보스포럼 선언 등을 들 수 있다. 이해관계자중심의 경영 패러다임의 변화는 이해관계자에 대한 책무의 이행여부에 대한 정보의 공시의무 등의 규제환경 변화를 가져왔다. 현재는 IFRS에 통합된 국제지속가능기준위원회(ISSB)가 발표한 S1, S2가 국제적 공시규범의 역할을 할 것으로 보인다.

한편, 이러한 패러다임의 변화와 함께 기업의 지배구조기구(이사회)의 역할도 재정립되어야 한다. 기존에 주주의 가치에 손상을 야기하는 위험의 관리와 통제장치가 이해관계자중심의 경영환경에서 변화되어야 한다. 주주 및 이해관계자의 상생을 통한 장기적이고 지속가능한 가치제고에 초점을 맞춰 위험과 기회를 파악하고 관리하여 경영전략에 피드백하고 윤리적인 기업행동을 촉진하여 건전한 기업지배구조가 작동될 수 있도록 모니터링하는 것이 중요한 이슈가 되고 있다.

chapter 3

통합적 사고의 이해와 적용

생각해 볼 점

- 최근 전사적 관점의 통합적 사고가 왜 중요한 현안으로 대두되고 있는가?
- 통합적 사고(Integrated Thinking)의 기본 관점은 무엇인가?
- 다중자본모형((multi-capital model)의 6개 자본유형의 관점에서 우리 기업의 의사결정에 고려할 중요한 자본들은 무엇인가?
- 통합적 사고의 우리 기업에 적용시 고려할 사항은 무엇인가?

우리는 협력과 통합의 문화를 개척할 필요가 있다. 통합적 사고는, 21세기 글로벌 복합위기 환경에서 경영진이 질서를 잡을 수 있도록 도와주는 전략적 도구이다.

본 장에서는 지속가능경영을 위한 통합적 사고가 요구되는 배경에 대해 이해를 갖고 통합적 사고의 개념과 프레임워크에 대해 살펴본다. 기업의 가치창출에 기여하는 통합적 사고의 원칙과 실무 적용방법을 파악하도록 한다.

1. 통합적 사고의 배경

1.1 배 경

글로벌 브랜드가치 평가기관인 브랜드 파이낸스의 조사에 따르면 인적자본과 문화를 포함한 기업의 무형자산이 기업가치의 평균 50% 이상 차지할 것으로 추정하고 있다. 이렇듯 무형자산은 기업의 장기적 가치창출에 중요요소로 나날이 그 중요성을 더해가고 있다.[1] 이 같은 경영환경에서 새로운 렌즈를 적용하여 기업가치가 어떻게 창출되고 장기적으로 성공을 지속할 수 있는지를 이해해야 한다.

기업의 규모가 확대됨에 따라 비즈니스 기능이 예를 들면, 재경팀, 품질관리팀, 산업안전팀 등의 형태로 전문화하게 된다. 조직의 의사소통에 의한 조정 및 통합 활동이 원활하지 못한 경우 조직 운영이 관료화되거나 고착화될 수 있다. 이는 기업의 목적, 비전 및 전략 간 불일치의 씨앗을 뿌릴 수 있다. 특히 각 기능 부문이 관료화되는 경우 부서 이기주의 함정에 빠져 조직에 예기치 않은 혼란을 가져올 우려가 있다. 이에 적극적으로 대처하기 위해서는 비즈니스의 여러 부분 간의 통합적 관점을 갖는 협업 문화를 육성해야 한다. 특히 경영혁신이 요구되는 경영환경에서는 팀 이기주의와 같은 사일로(internal silos) 문화를 타파하여 새로운 제품과 서비스 라인으로 이어질 수 있는 협력 증대, 아이디어의 상호 교환, 새로운 가치창출이 이루어져야 한다.[2]

통합적 사고(Integrated Thinking)[3]는 비즈니스 성과에 긍정적 영향을 줄 뿐만 아니라, 관련 리스크를 적시에 파악하여 대처할 수 있도록 한다. 또한 이를 통해 기업 거버넌스의 개선을 이룰 수 있다. 기후변화를 비롯한 산업안전과 인권, 지적재산과 개인정보의 보호 등에 대한 이해관계자의 요구가 높아지고 있다. 위와 같은 요구에 선제적으로 대처하기 위해서는 종전의 기업가치 창출과 조직의 성과에 대한 관점을 재정립할 필요성이 증대되고 있다. 특히 기업가치 창출과 성과를 재무측정치에 주로 의존하던 종전의 사고에서 벗어난 조직문화와 사고방식의 근본적 변화가 요구된다. 재무제표는 기업의 경영활동의 성과를 재무적 관점에서 보여주는 현존하는 중요한 성과평가시스템이다. 그러나 성과에 이르는 과정이

---

1) 인적자본의 비중이 늘어나는 이유, 머니투데이, 2024.5.8.

2) Integrated Reporting, Integrated Thinking & Strategy State of play report, December 2019, p.1.

3) Integrated thinking은 종합적 사고 등으로 번역될 수 있지만, International Integrated Reporting Council(IIRC)이 통합보고로 번역되어 사용되고 있는 기업 실무를 고려하여 "통합적 사고"로 번역 사용한다.

나 질적 수준을 무시한 채 경영활동의 최종 결과만을 보여준다는 한계가 있다. 최근 '제품 중심'의 규모 경제보다는 '고객 중심' 범위의 경제가 중요해지는 환경에서 고객을 주제로 한 기업 경영성과 평가시스템으로 고객제표를 제안하고 있기도 하다.[4)]

1.2 글로벌 자본주의 시스템: 기업 현장의 초점의 변화

프리드만 독트린(Friedman doctrine)이 중심이 된 1970년대에 성공의 척도는 주주가치 창출을 극대화하는 것이었다. 자원이 무한히 공급되고 지구에 충분한 시간이 주어지면 창출된 모든 오염을 해소할 것으로 합리적으로 기대하였다. 환경 및 사회 문제가 대두되는 경우, 대부분 사업의 추진에 있어서 부차적인 것으로 보았다. [그림 3-1]을 보면, 비즈니스, 사회, 환경이 각각 분리된 형태로 나타나고 있다. 그러나 주주가치를 최우선에 두는 경우 기업은 예기치 않은 지속가능성 위험에 노출될 수 있으며, 잠재적인 성장기회를 파악하지 못할 수 있다.[5)]

1990년대에 이르러서는 지속가능성 문제가 비즈니스와 분리될 수 없다는 이해가 발전했다. 선도기업들은 지속가능성 부서를 만들고, 지속가능 경영이행에 관한 기업 책임보고서를 공시하여 왔다. [그림 3-1]에서 보면, 비즈니스, 사회 및 환경의 원들이 교차하고, 그 원들이 교차하는 곳에서 비즈니스는 이러한 문제에 주의를 기울이고 책임을 진다. 또한 지속

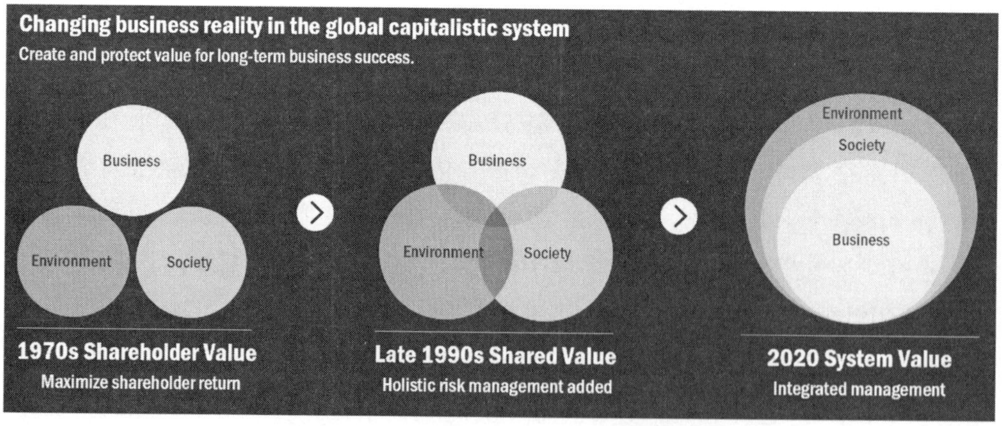

자료: Integrated Reporting, Integrated Thinking & Strategy: State of Play Report, IIRC, December 2019, p.11.

[그림 3-1] 글로벌 자본주의 시스템: 경영실무 초점의 변화: 1970~2020

---

4) 고객을 자산으로 식별, '고객 문맹' 현상 막아준다, 동아일보, 2024.4.1.

5) 주주가치 극대화를 추구하던 보잉사 품질 불량 사고가 한 사례일 것이다.

가능 리스크에 대처하기 위한 종합적 리스크 관리(holistic risk management)가 더해졌다. 2020년대 이르러 비즈니스에서는 지속가능성 관련 양분된 접근이 이루어지는 것 같다. 지속가능성에 대한 아이디어와 접근을 장려하고 허용한 부문에서는 지속가능성에 대한 언급이 전혀 없는 곳에서 내린 결정과 다른 결정이 내려졌다. 위와 같은 의사결정들은 종전 재무적 자본만 고려되었다는 것보다 보다 넓고 깊은 리스크 관리 관점을 수용하여 이루어졌다.[6] [그림 3-1]에서 보는 바와 같이, 환경, 사회, 기업의 이슈를 아우르는 통합적 경영(Integrated management)이 중시되고 있다.

1.3 통합적 경영이 요구되는 사례: 건설 현장

건설회사 현장소장의 경제적 측면(예: 방호공사 설치비)만을 고려한 경영판단이 사회에 어떠한 중대한 영향을 미치는지를 보여주는 사건이 오송 침수사고이다. 이를 통합적 경영관점에서 살펴보면 다음과 같다.

2023년 7월 충북 청주시 오송읍 궁평 지하차도 침수사고를 유발한 미호강 임시제방 공사 책임자 2명에게 중형이 선고됐다. '오송참사'는 2023년 7월 15일 오전 8시 40분쯤 궁평 지하차도가 물에 잠겨 시내버스 등 자동차 17대가 침수되고 14명이 숨진 사고다. 당시 궁평 지하차도에서 불과 350여m 떨어진 임시제방이 터지면서 많은 양의 강물이 삽시간에 지하차도를 덮쳐 참사로 이어졌다. 임시제방은 우기를 대비해 공사 관계자들이 강물 범람을 막기 위해 쌓은 둑이다.[7] 인근 주민들은 "임시로 쌓은 둑은 흙을 긁어모은 모래성에 불과했다"며 '부실 물막이 공사'를 주장했다. 사고 직후 감찰에 나선 국무조정실은 "미호천교 아래 기존 제방을 무단 철거하고 부실한 임시제방을 쌓은 것과 이를 제대로 감시·감독하지 못한 것이 이번 사고의 선행요인"이라고 밝힌 바 있다.

청주지법은 업무상과실치사 등의 혐의로 구속기소된 공사 현장소장(55)과 감리단장(66)에 대한 1심 선고 공판에서 검찰 구형대로 각각 징역 7년 6개월과 징역 6년을 선고했다. 현장소장에게 선고된 7년 6개월은 현행법상 최대 형량이다.[8]

본 사고는 일부 건설회사의 공사 일정 및 공사비 절감을 이유로 관계 법규를 무시 내지 우회하며 편의적인 임시제방을 축조하는 관행이 사고의 선행 요인이 되었다. 특히 공사 현장소장의 제방설치에 따른 비용만을 생각하고 부실 제방 공사에 따른 사회적 손실(예: 인명피해 사망 16명, 부상 14명)에 대한 인식의 취약이 결정적 요인이 된 것으로 보인다.

---

6) IIRC(2019), p.10.

7) "1억 아끼려 부실제방?"… '오송참사' 책임자 법정최고형, 중앙일보, 2025.5.31.

8) 바흐 위령곡 틀고 법정최고형 선고한 판사 "오송참사는 중대과실", 동아일보, 2024.5.31.

통합적 경영 관점에서 볼 때 비즈니스적 이윤만을 고려하고 환경, 사회에 미치는 영향을 도외시하는 잘못된 건설업계의 잘못된 관행과 사고를 혁신하는 계기가 되어야 할 것이다.

1.4 전사적 관점의 통합적 사고

21세기에 기업을 효과적으로 관리하기 위해서는 다양한 차원의 가치에 대한 정보와 데이터에 대한 접근이 중요하다. International 〈IR〉 Framework[9]에 포함된 6개 유형의 '자본'[10]은 최고경영진이 가치창출을 위해 사용하는 다양한 자원과 관계를 평가하는 데 유용한 기준점이 될 수 있다. 그러나 이러한 가치동인(drivers of value)은 서로 분리되어 있지 않다. 우리가 상호 연결된 위험의 세계에 살고 있는 것처럼 서로 다른 자본과 상충관계가 있다.[11] 예를 들면, 산업안전에 대한 투자는 재무적 자본의 관점에서는 재무적 자원의 감소로 나타날 수 있다. 그러나 인적 및 사회적 자본 측면에서 산업안전사고의 예방으로 인한 임직원 근무환경의 향상과 대외적인 이미지와 신뢰 향상이 이루어질 수 있다. 이 경우 상기한 6개 유형의 자본 중 인적자본과 사회 관계자본이 증가한다.

다중자본 모델(multi-capital model)을 적용할 경우 기업의 리스크 관리, 기획 및 관리활동 등을 보다 폭넓게 이해할 수 있다. 또한 이사회에 보다 다각적 관점의 정보를 제공할 수 있을 것이다. 특히 산업재해, 금융상품의 불완전 판매, 제품 안전과 관련된 고객 분쟁 등이 빈번히 발생하는 기업에 유용하게 활용될 수 있을 것이다. 통합적 사고(Integrated Thinking)는 위험을 전사적 차원에서 체계적으로 검토하여 의사결정을 할 수 있는 기본적인 준거점이 될 수 있을 것이다. '기업의 사회모범규준'을 보면, 이사회의 역할과 책임 관련하여 "기업의 전략과 성과에 영향을 미칠 수 있는 비재무위험이 의사결정 과정에서 충분히 고려되고 있는지 감독하여야 한다"고 명시하고 있다. 기업의 사회모범규준 : '이사회 역할과 책임 - 비재무위험의 통합적 관리'에 의하면,

- 이사회는 재무위험과 비재무위험을 함께 고려하여 경영판단을 하여야 한다.
- 이사회는 경영진과 협력하여 기업의 전략과 성과에 영향을 미칠 수 있는 비재무위험이 의사결정과정에서 충분히 고려되고 있는지 감독하여야 한다.
- 기업은 비재무위험을 전사적 위험관리체계(Enterprise Risk Management)에 통합하여 관리한다.

---

9) IR(Integrated Reporting) 프레임워크는 본 장 "2. 통합적 사고의 개념과 프레임워크" 참조.
10) 6개 유형의 자본에 대해서는 본 장 "2.4 자본(6 capitals) 유형의 이해"에서 설명한다.
11) 한국ESG기준원, ESG모범규준 : 사회모범규준, 2021.8, p.48.

우리 기업 경영활동과 관련하여 CEO를 비롯한 경영층, 관리자의 재무적 위험뿐만 아니라 비재무적 위험(예 : 편법적 임시제방 축조에 따른 환경 및 사회적 리스크)에 대한 인식과 사회적 파급효과에 대한 진정한 성찰이 요구된다. 이를 위해 지속가능경영을 위한 통합적 사고에 대해 보다 체계적인 이해와 접근이 중시된다. 사회모범규준에서 제시하고 있는 사회적 위험 유형을 살펴보면 〈표 3-1〉과 같다.[12)]

〈표 3-1〉 기업의 사회적 위험

유 형	내 용	사 례
공급망 위험	제품 및 서비스를 생산하고 소비자에게 전달하는 과정 전체에서 발생가능한 위험	• 공급업체 인권 침해(근로자 안전사고, 임금 미지급 등) 발생 • 제품 및 서비스 납품 불가 사태 발생 등
평판 위험	기업 평판 악화로 발생하는 위험	• 사회적 가치에 반하는 활동·제품·서비스로 인한 소비자 불매운동 촉발 • 기업 핵심 가치와 모순되는 사업활동으로 인한 브랜드 가치 하락 등
규제 위험	규제 변화에 부적절한 대응으로 발생하는 위험	• 규제 미준수로 발생하는 제재, 벌금 등 • 글로벌 규제 미준수로 인한 사업영역 확장 불가 등
소송 위험	소송으로 발생하는 직·간접적 비용에 관한 위험	• 사회적 책임 미흡으로 인한 정부, 공공기관, 협력사, 소비자, 지역사회 등 이해관계자와의 분쟁 및 소송 발생
인적 위험	인적자원과 관련된 위험	• 업무 만족도 및 몰입도 저하 • 이직으로 인한 핵심인재 이탈

자료 : 한국ESG기준원, ESG모범규준 : 사회모범규준, 2021.8, p.48.

전체적 관점의 통합적 사고의 마음가짐(holistic mindset)은 전사적 관점의 개방적인 소통과 의사결정으로 기업에 다음과 같은 효익을 가져올 것이다.

- 기업의 부서 이기주의적 운영이나 의사결정을 타파할 수 있는 계기가 된다.
- 조직 전체에 걸쳐 리스크가 어떻게 발생되고 있는지 이해를 통해 종전의 형식적인 준법 및 리스크 관리와 내부통제 관행의 개선이 이루어진다.
- 지속가능성과 중장기적 발전의 핵심적 상호관계에 대한 명확한 인식이 확산된다.
- 경영층과 이사회에 실질적인 기업의 가치창출의 주요 현안이 보고된다.
- 고객, 협력업체, 지역사회 등 이해관계자와의 소통이 확대 및 강화된다.
- 잘하는 것을 넘어선 좋은 것의 수행(doing good in addition to doing well)으로 기업 임직원의 자부심과 신뢰가 증진된다.

12) 한국ESG기준원, ESG모범규준 : 사회모범규준, 2021.8, p.48.

최근 기업의 지속가능경영을 뒷받침하기 위한 성숙된 거버넌스와 내부통제, 전사적 리스크 관리가 모든 기업의 현안으로 부각되고 있다. 본 장에서 다루는 통합적 사고의 원칙과 프로세스는 이를 위한 유용한 출발점이 될 수 있을 것이다.

2. 통합적 사고의 개념과 통합보고 프레임워크

2.1 통합적 사고

여러 자본에 걸쳐 상호 연결된 정보를 바탕으로 비즈니스 의사결정을 내리는 것이 '통합적 사고'이다. 통합적 사고는 여러 경영 및 기능적 구성단위와 조직이 사용하거나 영향을 주는 자본과의 관계에 대해 조직이 적극적으로 고려하는 것을 의미한다. 통합적 사고는 단기/중기/장기적인 가치창출을 위한 통합적인 의사결정 및 활동을 이끌어낸다.[13)]

통합적 사고는 시간 경과에 따른 조직의 가치창출 능력에 영향을 미치는 다양한 요인들 간의 연계성과 상호의존성을 고려한다. 다양한 요인들이란 다음과 같다.

- 조직이 사용하거나 영향을 주는 자본과 자본간 핵심적인 상호의존성과 상충
- 핵심 이해관계자의 적절한 요구 및 관심사에 대응하는 조직의 역량
- 외부 환경 및 리스크와 기회에 대응하기 위해서 조직이 비즈니스 모델과 전략을 조정하는 방식
- 과거, 현재, 미래의 자본 측면에서 조직의 활동, (재무 및 기타) 성과, 결과물

2.2 통합보고 프레임워크와 자본

통합보고의 기본 목적은 재무자본 제공자에게 시간 경과에 따라 조직이 어떻게 가치를 창출하는지를 설명하는 것이다. 통합보고는 임직원, 고객, 공급 및 협력업체, 지역사회, 입법기관, 규제당국, 정책입안자 등 조직의 가치창출 능력에 관심이 있는 모든 이해관계자에게 유용하다. 통합보고는 광범위한 범위의 자본(재무/제조/지적/인적/사회적/자연)에 대한 회계책임(accountability)과 수탁책임(stewardship)을 향상시키고 자본간 상호의존성에 대한 이해를 넓힌다. 단기, 중기 및 장기적인 가치창출에 중점을 둔 통합적 사고, 의사결정, 활동

13) INTEGRATED THINKING AND SUSTAINABILITY: Applying Key Governance Tools and Frameworks, 2022.12, The Institute of Internal Auditors and COSO, p.3.

을 지원한다.

통합보고의 국제 프레임워크는 원칙중심의 접근방식을 채택하고 있다. 원칙중심의 접근방식은 서로 다른 조직의 다양한 환경을 보여준다. 조직 간에 충분한 비교가 가능하도록 유연성과 규범성 사이에 적절한 균형점을 찾아 필요한 정보를 제공하는 것을 목적으로 한다. 통합보고 국제프레임워크를 준수한 것으로 선언하기 위해 기업들이 적용해야 하는 요구사항들을 포함하고 있다. 통합보고에는 기업의 대표이사가 보고서에 대한 책임을 표명하는 내용이 반드시 담겨야 한다. 도입 단계에서는 원칙준수·예외설명(comply or explain)에 기반한 형식으로 표명할 수 있다.

2.3 조직에 의해 창출되는 가치

조직에 의해 창출되는 가치는 조직의 비즈니스 활동 및 산출물로 인한 자본의 증가, 감소 혹은 변형된 형태로서 드러난다. 그 가치는 상호 연관된 두 측면이 있다. 첫째는 조직을 위해 창출되는 가치로 재무자본 제공자에게 재무적 수익을 확보해 준다. 둘째는 지역사회와 같은 그 밖의 주체를 위해 창출되는 가치이다. 이를 도시하면 [그림 3-2]와 같다.

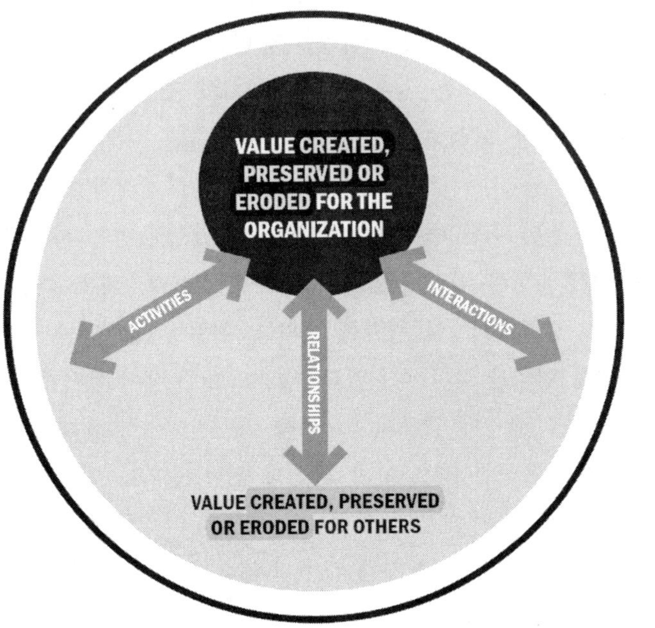

자료: INTERNATIONAL 〈IR〉 FRAMEWORK, IIRC, 2021.1, p.16.

[그림 3-2] 조직에 의해 창출되는 가치

재무자본 제공자들은 기업이 조직 자체를 위해 창출하는 가치에 관심이 있다. 지역사회와 같은 그 밖의 주체들을 위해 창출하는 가치에도 관심이 있다. 단, 이것이 조직 자체를 위한 가치창출 능력에 영향을 미치거나, 평가에 영향을 주는 조직의 명시적 목표(예 : 지역사회에 봉사)와 관련된 경우에 더욱 그렇다. [그림 3-2]에서 보는 바와 같이 조직의 가치창출 능력은 제품 판매와 같이 재무자본의 변화와 직접적으로 관련된 것들뿐만 아니라 광범위한 활동, 상호작용, 관계를 통해서도 발생한다. 예컨대, 조직의 비즈니스 활동과 산출물이 고객의 만족도에 미치는 영향, 조직과 거래하려는 공급업체의 의지 및 거래 조건, 비즈니스 파트너가 협업 이니셔티브, 조직의 명성, 공급망과의 계약 조건 혹은 법적 요구사항이 이에 포함된다. 외부효과는 긍정적이거나 부정적일 수 있다. 외부효과는 조직을 위해 창출되는 가치를 궁극적으로 증가시키거나 감소시킬 수 있다. 따라서 재무자본 제공자들은 외부효과(예 : 기업 공장 토지의 녹지 공원화, 직원 식당이나 체육관의 지역사회 공동 활용)의 영향을 평가하고, 이 평가를 바탕으로 자본을 배분하기 위해서 외부효과에 대한 정보가 필요하다.

가치란 각기 다른 자본들을 바탕으로 다른 기간에 창출되고 다양한 이해관계자들을 위해 창출되기 때문에, 다른 자본들을 무시하고 한 가지 자본만을 극대화한다고 해서 가치가 창출되지는 않을 것이다. 예를 들어 정규직원 고용에 따른 급여 및 복리후생비 등의 부담을 고려하여 일용직을 파견받아 업무를 수행하는 경우 인건비 등의 비용 절감을 가져올 수 있다. 그러나 파견받은 일용직 노동자가 산업안전 및 품질관리에 대한 교육 훈련 등이 부족하여 산재 대형 사고가 발생하는 경우 기업에 예기치 않은 큰 손실을 가져올 수 있다.

23명의 근로자가 사망한 '화성 아리셀 폭발 화재' 사건은 이를 극명히 보여준다. 검찰은 '화성 아리셀 폭발 화재' 사건과 관련해 아리셀 대표를 중대재해처벌법 위반 등 혐의로, 총괄본부장을 산업안전보건법 위반 등 혐의로 각각 구속기소하였다. 사고에 책임이 있는 회사 상무 등 관계자 6명과 4개 법인을 함께 불구속 기소했다. 대표에게는 유해 · 위험요인 점검 미이행 등 안전보건확보의무를 위반한 혐의를, 본부장 등에게는 전지 보관 · 관리 시 안전조치의무를 위반한 혐의를 각각 적용했다. 대표와 본부장이 무허가 판매업체를 운영하는 곳으로부터 전지 제조 공정에 근로자 320명을 파견받고 근로자의 손가락 절단 사고와 관련해 산재발생 사실을 은폐한 것으로 봐 파견법 위반 혐의도 적용했다.

검찰은 "이 사건은 근로자의 생명과 안전보다 이윤을 더 앞세운 경영방식, 다수의 사고 징후에도 위험을 방치하고 안전관리체계를 갖추지 않은 극도의 안전불감증, 불법파견을 통한 위험의 외주화와 인명경시 행태가 중첩적으로 작용한 결과 일어난 최악의 참사"라고 밝혔다.[14] 이는 인적자본을 훼손시키면서(예 : 산업재해로 직원의 생명위협) 재무자본(예 : 수익)을 극대화하는 것은 중장기적 관점에서 볼 때 조직의 가치를 극대화하기보다는 오히려 기업의 생존에 치명적인 위협이 될 수 있음을 보여주고 있다.

2.4 자본유형(6 capitals)의 이해

최고경영진이 기업의 가치창출에 사용하는 다양한 자원과 상호 관계를 평가함에 있어서 국제 〈IR〉 프레임워크의 6개의 자본유형(6 capitals)이 유용한 준거점이 될 수 있다.[15] 상기한 가치의 동인들은 서로 독립 분리되어 있지 않고, 우리가 사는 세상에 위험이 상호 연결되어 있는 것과 같이 서로 다른 자본의 사용에 자본간 상충(trade-off)관계가 있다.

통합보고서 프레임워크에서는 조직이 사용하고 영향을 주는 자원과 자원 사이의 관계를 공통적으로 "자본(the capitals)"이라 칭한다. 자본은 조직의 활동 및 산출물을 통해 증가, 감소, 변형되는 가치의 저량(貯量, stocks)이다. 자본은 재무, 제조, 지적, 인적, 사회관계, 자연 자본으로 분류한다.[16] 자본의 전반적인 저량은 항상 고정되어 있는 것이 아니다. 자본이 증가, 감소, 또는 변형되면서 자본간 그리고 자본 내에는 지속적인 흐름이 발생한다. 예를 들어 조직이 직원 교육을 통해 인적자본을 향상하지만, 교육과 관련된 비용으로 인해 재무자본은 줄어든다. 위와 같이 자본 간에 지속적인 상호작용과 변형이 일어난다. 총체적 관점에서 조직은 가치창출을 목표로 하지만 이를 위해 특정 자본의 가치는 줄어들 수도 있다. 많은 경우에 순효과가 가치의 증가인지 감소인지는 관점에 따라 다르다. 예를 들어, 위 예시의 경우 직원들과 회사는 인적자본의 증가 요인인 교육의 가치를 다르게 평가할 수 있다.

프레임워크의 목적상 자본은 다음과 같이 분류 및 정의된다.[17]

- 재무자본(Financial Capitals) : 기업이 재화 생산이나 서비스 제공을 위해 사용할 수 있는 것으로 기업에 외부로부터 차입이나 자본투자 형태로 획득된다.
- 제조자본(Manufactured Capitals) : 조직이 제품 생산이나 서비스 제공을 위해 사용할 수 있는 제조물로서 다음을 포함한다.
  - 건물, 기계장치, 기반시설(도로, 항구, 다리, 폐기물과 폐수처리시설 등)
  - 제조자본은 대체로 다른 조직에 의해 만들어지나, 기업이 판매 혹은 자체 사용을

14) 검찰, '화성 화재' 아리셀 대표이사 · 본부장 구속기소, 아시아경제, 2024.9.24.

15) 자본(Capitals)은 비즈니스 모델 내에서 조직의 비즈니스 활동 및 산출물을 통해 증가하거나, 감소하거나, 변형되는 투입물로서 조직의 성공을 좌우하는 가치 축적이다.

16) IFRS Foundation, International 〈IR〉 Framework, January 2021, pp.18-19.

17) IFRS Foundation(2021), p.19.

목적으로 제조한 자산도 포함한다.

- **지적자본**(Intellectual Capital) : 조직의 지식 기반 무형자산으로서 다음을 포함한다.
  - 특허, 저작권, 소프트웨어, 권리, 라이선스 등의 지적재산
  - 암묵지, 시스템, 절차, 프로토콜 등의 "조직 자본"
- **인적자본**(Human Capital) : 사람의 역량, 능력, 경험, 혁신에 대한 의욕을 의미하며 다음을 포함한다.
  - 조직의 거버넌스, 리스크 관리 방식, 윤리의식과 연계 및 지지
  - 조직의 전략을 이해하고 발전, 실행시킬 수 있는 능력
  - 리더십, 관리, 협력을 통해 프로세스, 제품, 서비스를 발전시키려는 충성심과 의욕
- **사회관계자본**(Social and relationship Capital) : 지역사회, 이해관계자 그룹, 다른 네트워크 간 또는 내에서의 제도 및 관계를 말한다. 개인과 단체의 복지를 증진시킬 수 있도록 정보를 교환하는 능력을 의미한다. 사회관계자본은 다음을 포함한다.
  - 공동 규범, 공통의 가치나 행동
  - 주요 이해관계자와의 관계, 외부 이해계자와의 신뢰 및 참여 의지
  - 조직이 발전시킨 브랜드 및 명성과 관련된 무형자산
  - 조직 운영에 대한 사회적 영업권
- **자연자본**(Natural Capital) : 조직의 과거, 현재, 미래의 번영을 뒷받침할 수 있는 제품 또는 서비스 제공을 위한 재생 가능하거나 재생 불가능한 일체의 환경자원 및 프로세스로서 다음을 포함한다.
  - 대기, 물, 토지, 광물, 삼림
  - 생물다양성과 생태계의 건강

모든 자본이 모든 조직에게 같은 정도의 관련성을 갖거나 동일하게 적용되지는 않는다. 대부분의 조직들이 모든 자본과 어느 정도의 상호작용은 있겠지만 이러한 상호작용은 상대적으로 부차적이거나 간접적이어서 통합보고서에 포함되기에 충분히 중요하지 않을 수 있다.

조직은 자본을 다른 방식으로 분류할 수 있다. 조직이 각자의 목적에 따라 자본을 분류하는 방식과 상관없이, 자본의 분류는 조직이 사용하고 영향을 미치는 자본을 간과하지 않도록 가이드라인의 역할을 할 것이다.

2.5 가치창출 프로세스[18)]

조직의 비즈니스 활동 및 산출물에 의한 자본의 증가, 감소, 변형을 가져오는 가치창출(Value Creation) 프로세스를 개괄해 보면 [그림 3-3]과 같다. 조직의 목적과 의도를 명확하고 간결하게 나타내는 기업의 미션과 비전이 조직 전체를 아우른다. 외부환경은 경제상황, 기술변화, 사회적 이슈 및 환경 문제와 같은 조직의 운영과 관련된 외부의 경영환경이다. 거버넌스 기구(예 : 이사회)는 조직의 가치창출 능력을 지원할 수 있는 적절한 지휘감독구조를 만들 책임이 있다.

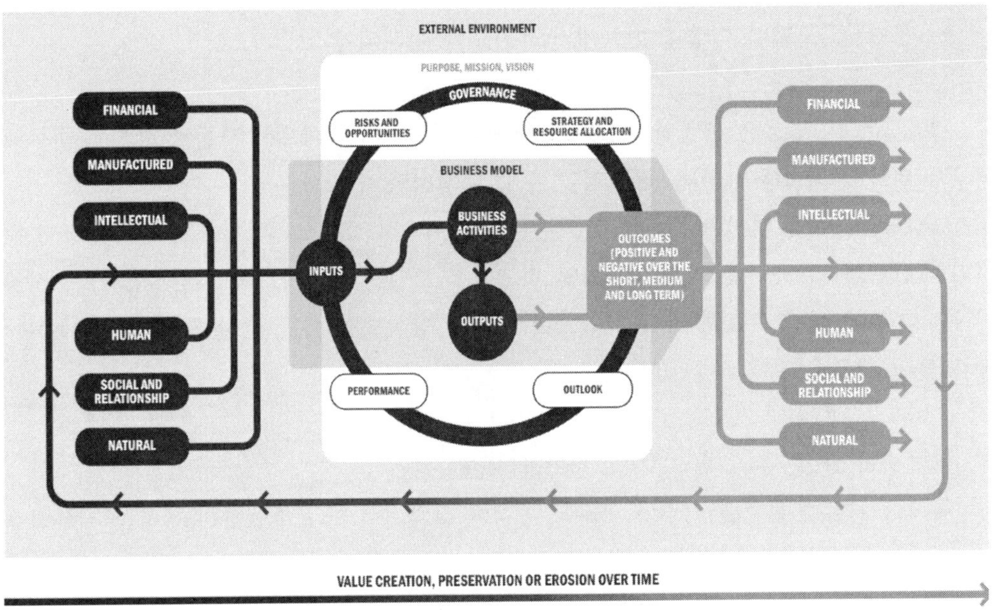

자료 : International 〈IR〉 Framework, IIRC, 2021.1, p.22.

[그림 3-3] 가치창출 프로세스(Value creation)

조직의 핵심에는 비즈니스 모델이 있다. 비즈니스 모델은 조직의 전략적 목적을 달성하고 단기, 중기 및 장기적으로 가치를 창출할 수 있도록 비즈니스 활동들을 통해 투입물을 산출물과 결과물로 변환하는 시스템이다. 비즈니스 활동을 통해 투입물인 다양한 자본(예: 재무적 인적자본)을 산출물(예 : 제품, 서비스)로 변화시킨다. 조직의 활동과 산출물은 자본에 영향을 미친다는 점에서 결과물로 도출된다.

경영환경 변화(예 : 특정 지역의 원재료 공급 중단에 적응할 수 있는 비즈니스 모델 역

18) IFRS Foundation(2021), pp.21-22.

량)는 조직의 장기 생존력에 영향을 미칠 수 있다. 비즈니스 활동은 제품 기획, 디자인, 생산 혹은 서비스를 제공하는 데 필요한 전문 기술 및 지식의 활용을 포함한다. 핵심적인 비즈니스 활동에 대한 물음의 예를 들면 다음과 같다.

- 기업은 시장에서 어떻게 스스로를 차별화시키는가? (예 : 제품 차별화, 시장 세분화, 배송채널 및 사후관리 지원 서비스)
- 판매 개시 후 비즈니스 모델이 어떻게 추가 수익을 창출하는가? (예 : 품질보증 서비스, 부가서비스의 제공)
- 조직이 어떻게 혁신의 요구에 대응하는가?
- 비즈니스 모델이 어떻게 변화에 적응하도록 설계되어 있는가?

결과물(outcomes)은 조직의 비즈니스 활동과 산출물의 결과로서 자본과 관련된 내부와 외부의 변화를 의미하며, 이는 긍정적일 수도 부정적일 수도 있다.

조직의 미션 및 비전의 맥락에서 외부환경을 지속적으로 모니터링하고 분석하는 것은 기업과 관련된 리스크 및 기회, 전략 및 비즈니스 모델을 파악하도록 뒷받침한다. 조직의 전략은 조직이 어떤 목표를 가지고 있으며 어떠한 방식으로 이를 달성하고자 하는가이다. 예를 들면 다음과 같은 사항이다.

- 조직의 단기, 중기 및 장기적 전략적 목표
- 위의 전략적 목표를 이루기 위하여 조직이 실행 중이거나 실행하려고 하는 세부전략
- 조직이 전략을 실행하기 위한 자원 배분 전략
- 단기, 중기 및 장기적인 목표 달성과 성과의 측정방법

조직은 성과에 관한 정보를 필요로 한다. 이는 의사결정을 위한 정보를 제공하는 측정 및 모니터링 시스템 수립과 관계가 있다. 가치창출 프로세스는 고정된 것이 아니다. 각 구성요소 및 구성요소 간 상호작용의 정기적 검토, 그리고 조직의 전망(outlook)을 통해 모든 가치창출 구성요소를 향상시키기 위한 수정 및 개선 활동이 이루어진다.

2.6 통합적 사고 프로세스[19)]

조직은 통합에 대하여 서로 다르게 접근할 수 있다는 것을 인식할 필요가 있다. 어떤 조직은 통합보고서를 작성 · 공시하는 것에서 출발할 수도 있다. 반면 The World Bank는 조직 전체로 통합적 사고의 접근방법(integrated thinking approach) 관점을 갖도록 하고 있다. 이는 통합적 사고를 지속적인 프로세스(integrated thinking as an ongoing process) 관점에서 인식 적용하도록 하는 데 유용하다. 즉 초기의 도입 소개(initial orientation)에서 출발하여 종합적 접근(holistic approach)을 통해 거버넌스(governance) → 전략(strategy) → 운영(operations) → 모니터링(monitoring) → 보고(reporting) 순으로 구축 · 운영하게 된다. 이를 도시하면 [그림 3-4]와 같다.

보고의 단계에서는 전반적인 거버넌스가 증진되고 개선을 위한 지속적인 프로세스가 촉진되도록 하여야 한다. 이를 위해서는 조직의 전반적 성과에 대해 이사회 등의 거버넌스 기구, 경영층, 주주, 내외부 감사인, 규제당국 및 기타 이해관계자에게 적절한 정보를 제공하여야 한다. 거버넌스가 조직의 모든 측면을 주도하는 가장 중요한 원칙이다. 궁극적으로

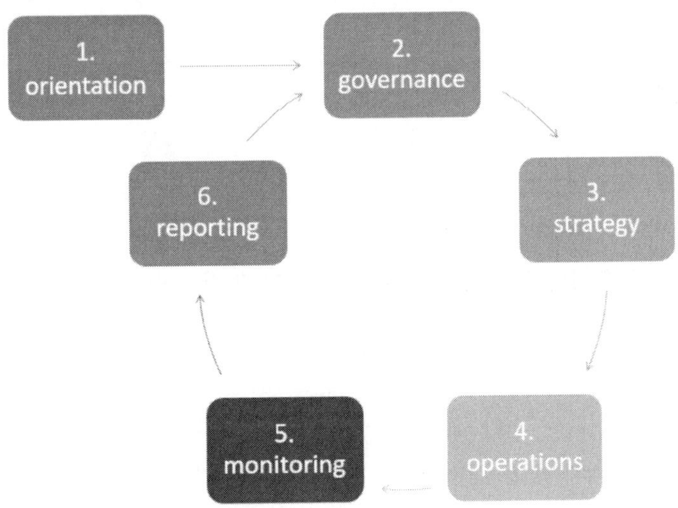

자료: INTEGRATED THINKING AND SUSTAINABILITY: Applying Key Governance Tools and Frameworks, 2022.12, The Institute of Internal Auditors and COSO, p.4.

[그림 3-4] The Integrated Thinking Process

19) INTEGRATED THINKING AND SUSTAINABILITY: Applying Key Governance Tools and Frameworks, 2022.12, The Institute of Internal Auditors and COSO, p.4.

통합적 사고는 건전한 거버넌스와 효과적이고 총체적인 의사결정에 관한 것으로, 프로토타입 통합적 사고 원칙, 통합보고 프레임워크에 기반을 둔 구조화된 접근 방식을 제공하기 위해 개발되었다.

3. 통합적 사고 원칙

통합적 사고 원칙은 거버넌스, 경영진, 관리자 및 해당 팀이 자신의 행동과 활동, 그리고 의사결정이 장기적인 가치창출 및 보존에 기여하고 가치 잠식을 예방하는 방법을 이해할 수 있도록 도와준다. 원칙은 통합적 사고를 위한 개념적 기초를 제공하는 통합 보고 프레임워크에 기반을 두고 있다. 6개의 상호 연결된 원칙과 3개의 수준이 있다. 첫 번째 수준은 거버넌스를 담당하는 사람들이 6개의 원칙 각각이 조직 전반에 걸쳐 얼마나 광범위하게 채택되었는지 질문하는 것이다. 두 번째 수준은 이러한 원칙이 일상적인 운영에 얼마나 깊이 내재되어 있는지 측정할 수 있는 척도를 경영진에게 제공한다. 세 번째 수준은 통합적 사고를 실현하기 위한 관리 도구, 관행 및 프로세스와 관련하여 고위 경영진과 중간 경영진이 해결해야 할 일련의 질문으로 구성된다.[20]

3.1 6가지 원칙

6가지 원칙은 조직이 비즈니스 모델을 통해 다루는 6가지 영역(목적, 거버넌스, 문화, 전략, 위험 및 기회, 성과)에 대한 것이다. 기업은 다양한 자본(재무, 제조, 지적, 인간, 사회관계 및 자연자본)을 활용해 주요 이해관계자를 위한 실질적인 가치를 창출할 수 있다는 아이디어에 기초한다.[21]

- **목적**: 우리 기업의 사회와 환경에 대한 공헌과 존재이유를 명확히 한다.
- **거버넌스**: 이사회와 같은 거버넌스 기구가 조직의 가치창출에 어떻게 이사회 고유의 공헌을 하는지 파악한다. 전략이 어떻게 조직 구조, 교차 기능 팀(cross-functional teaming), 의사결정 프로세스, 위험 및 기회 관리 프로세스를 통해 실행 가능한지를 명확히 한다.
- **문화**: 주요 이해관계자를 파악하고, 신뢰를 얻고 조직의 핵심가치와 일치하는 문화

20) Value Reporting Foundation, Integrated Thinking Principles, August 2022, p.2.
21) Value Reporting Foundation(2022), p.3.

를 촉진한다.

- **전략** : 기회를 포착하고 위험을 완화하며 고객의 요구를 충족시키기 위해 사용 가능한 자원을 최대 활용하는 동시에 재정적 흑자를 창출한다.
- **위험 및 기회** : 외부 및 내부 환경이 비즈니스 모델, 운영 및 전략에 미치는 영향을 평가한다. 우리 기업의 전략, 비즈니스 모델 및 운영이 내외부 환경에 미치는 영향도 평가한다.
- **성과** : 조직이 창출하고 보존하고 약화시킨 가치를 측정하고 전달한다.

6가지 원칙은 조직이 자원과 관계의 상충관계(trade-offs)를 탐색하는 데(예 : 제품의 품질 vs 납기 준수) 도움이 된다. 즉 비즈니스 모델에 투입과 산출물 및 결과물인 제품과 서비스, 조직의 운영, 활동 등 관련 의사결정에 유용할 것이다. 비즈니스 모델은 조직의 핵심이다. 비즈니스 활동을 통해 투입물을 산출물과 결과물로 변환한다. 이러한 투입물, 산출물과 결과물은 모두 외부 환경의 힘에 의해 형성된다.[22] 비즈니스 모델을 기반으로 하는 6가지 원칙은 조직의 여러 부문이 공동으로 업무를 수행하여 의사결정을 강화하고 조직의 활동이 다양한 자본에 어떤 영향을 미치는지에 대한 깊은 이해를 갖도록 장려한다. 원칙은 조직이 어떻게 기업과 주요 이해관계자를 위해 유무형의 가치를 창출하는지에 대해 보다 잘 이해할 수 있도록 한다.

3.2 통합적 사고의 3레벨(The three levels of integrated thinking)

원칙은 상호 연결되어 세 가지 수준으로 구현된다. 첫 번째는 각 원칙이 조직 전반에 얼마나 광범위하게 채택되었는지에 대한 이사회와 CEO에 대한 질문으로 구성된다. 두 번째는 원칙이 조직에 얼마나 깊이 내재되어 있는지를 테스트할 수 있는 기회를 제공한다. 세 번째는 통합된 사고를 구현하기 위한 관리 도구, 관행 및 프로세스로 구성된다. 통합적 사고 원칙은 조직 내에서 [그림 3-5]와 같은 세 가지 수준에서 구체화될 수 있다

- **레벨 1 : 원칙.** 레벨 1은 각 원칙이 조직 전반에 걸쳐 얼마나 광범위하게 채택되었는지 파악하고 평가하기 위해 거버넌스 기구(예 : 이사회)들이 논의하고 답해야 할 핵심적 질문들로 구성된다.
- **레벨 2 : 평가.** 레벨 2는 레벨 1의 핵심적 질문에 응답하는 일련의 진술을 통해 원칙

22) Value Reporting Foundation(2022), p.5.

이 조직에 얼마나 깊이 내재되어 있는지 조사 평가한다.

- 레벨 3 : 원칙 운영. 레벨 3은 통합적 사고의 핵심인 전략적 관리 도구, 관행 및 프로세스를 다루는 탐색 질문으로 구성된다. 핵심적인 비즈니스 프로세스와 주요 활동을 다룬다.

레벨 1에 대한 책임은 주로 이사회, CEO 및 이사회에 근무하는 기타 경영진 구성원과

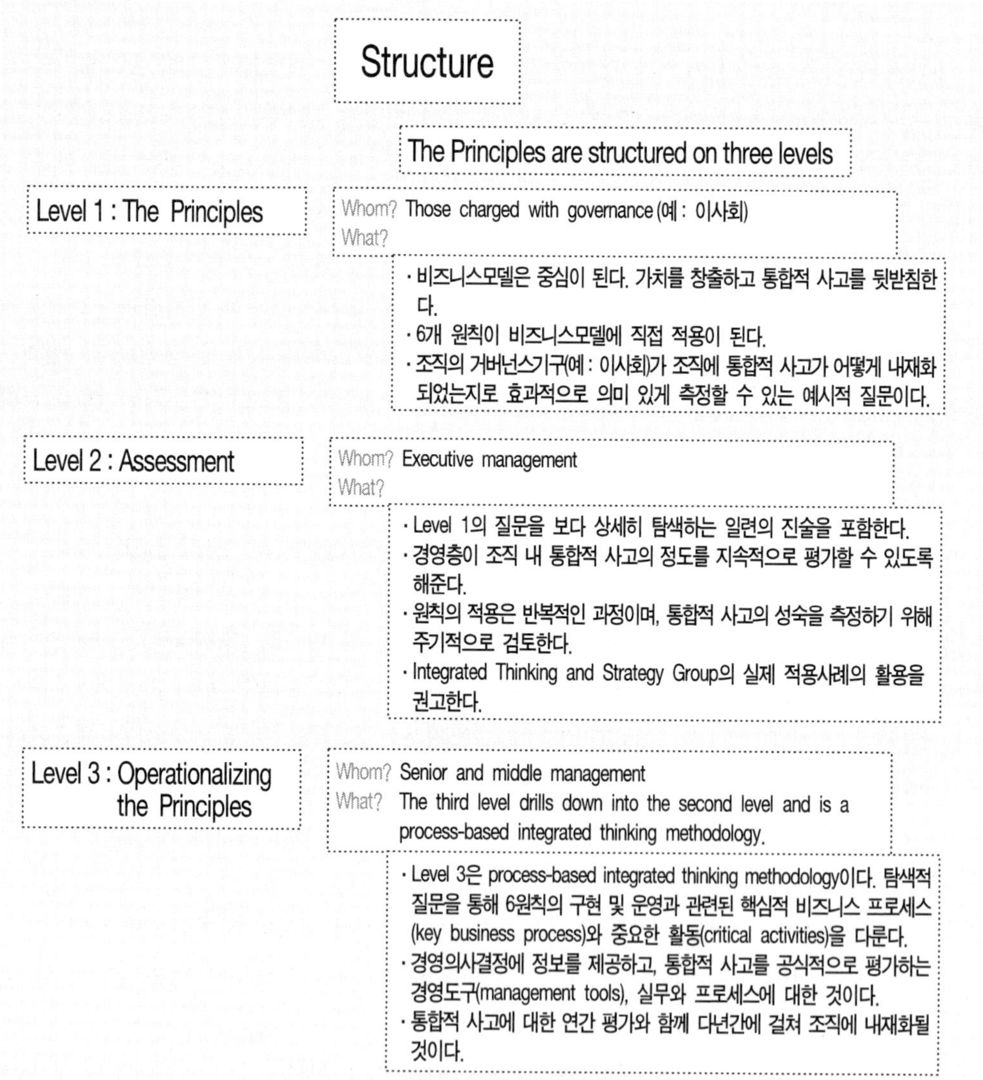

자료 : Value Reporting Foundation, Integrated Thinking Principles, August 2022, p.6.

[그림 3-5] 3 levels : 원칙

같은 거버넌스를 담당하는 사람들에게 있다. 레벨 2의 책임은 고위 경영진과 중간 경영진의 가교 역할을 하는 경영진(예 : 본부장)에게 있다. 레벨 3는 기업 운영에 대한 보다 세분화된 분석을 하게 된다([그림 3-5] 참조).

3.3 Level 1, 2, 3의 세부내용

Level 1, 2, 3의 내용을 요약하여 제시하여 보면 〈표 3-2〉와 같다.[23)]

〈표 3-2〉 Level 1 : 원칙

구 분	원 칙
목 적	• 우리 기업(조직)이 왜 존재하는가? • 우리 기업이 사회와 환경을 위한 고유한 공헌은 무엇인가?
거버넌스	• 우리 기업의 이사회 등을 비롯한 거버넌스 기구는 조직과 이해관계자를 위한 가치창출에 어떻게 고유한 기여를 하고 있는가? • 전략이 조직 구조, 기능적 교차팀(cross-functional teaming), 의사결정 프로세스, 위험 및 기회 관리 프로세스를 통해 어떻게 실행되고 있는가?
문 화	• 주요 이해관계자를 어떻게 파악하고 있는가? • 조직의 신뢰를 확보하고 핵심가치와 일치하는 문화를 어떻게 내재화하는가?
전 략	• 조직이 가야 할 목표를 어떻게 정의하고, 어떻게 목표를 달성하려 하는가? • 어떻게 기회를 포착하고 위험을 완화하며 사용 가능한 자원을 최대한 활용하여 고객과 이해관계자 요구를 충족시키고 있는가?
리스크와 기회	• 외부 및 내부 리스크가 비즈니스 모델, 운영 및 전략에 미치는 영향을 어떻게 평가하고 있는가?
성 과	• 조직이 창출한 가치를 어떻게 측정하고, 관리하고 투자자를 비롯한 주요 이해관계자에게 전달하고 있는가?

23) Value Reporting Foundation(2022), pp.7-16.

Level 2 : **평가**(Assessment)

구 분	원 칙
목 적	• 우리의 조직 고유의 목적이 명확하게 표현되어 있다. 거버넌스 기구(예 : 이사회), 경영층, 임원 및 관리자, 직원, 고객, 공급업체, 정부 및 지역사회 등과의 상호작용 속에서 그 목적이 살아 있다.
거버넌스	• 전략을 실행하고 전략적 목표를 달성하는 데 있어 경영진, 조직구조, 범기능적 팀, 의사결정 프로세스가 거버넌스 기구를 지원한다. • 우리는 한 유형의 자본에 대한 가치창출이 다른 유형의 자본에 걸쳐 가치창출을 생성, 보존 또는 잠식할 수 있음을 알고 있다. • 우리의 거버넌스 구조와 프로세스는 자본유형간에 필요한 상충관계(trade-off)를 검토한 의사결정을 하도록 지원한다.
문 화	• 우리의 행동과 행동방식은 우리의 목적과 일치한다. • 우리의 조직문화는 신뢰를 창출하고, 혁신을 고무하며, 비즈니스 파트너 및 광범위한 이해관계자와 협력한다. • 우리는 가치창출, 보존 및 침식 사이의 중요한 상호의존성을 모든 리소스 및 관계에 걸쳐 인식한다.
전 략	• 우리는 전략적 기회를 찾기 위한 지평을 확대한다. • 우리의 전략적 목표를 확인하고 그 달성이 어떻게 우리의 목적을 달성하고 SDGs에 기여할 수 있는지를 측정한다. • 지속가능성 우선순위는 비즈니스 전략과 일치한다. • 비즈니스 모델과 관련된 중요한 문제가 전략 실행 능력에 어떤 영향을 미치는지 이해한다. • 우리의 제품과 서비스가 고객의 요구를 어떻게 충족하는지 이해한다. • 우리는 우리의 전략적 행동이 더 광범위한 이해관계자에게 어떤 영향을 미치는지 고려한다.
리스크와 기회	• 외부환경이 비즈니스 모델 및 운영의 견고성에 미치는 영향과 전략 실행, 전략 목표 달성 및 가치창출 능력을 정기적으로 평가한다. • 비즈니스 모델, 운영 및 전략이 외부환경에 미치는 영향을 정기적으로 평가한다.
성 과	• 우리 기업의 KPI 및 경영정보는 전략적 목표에 대해 우리가 얼마나 잘 이행하고 있는지를 측정한다. 또한 이러한 정보는 비즈니스 모델의 중요한 요소인 자본 전반에 걸쳐 당사가 창출, 보존 또는 잠식하고 있는 가치를 측정한다. SDGs에 대한 기여도를 측정하고 보고한다. • 당사의 인센티브 구조는 기업가치 창출 및 다른 주요 이해관계자를 위한 가치창출과 일치한다. 당사의 통합보고서는 당사가 금융자본 공급자 및 기타 주요 이해관계자를 위해 창출, 보존 또는 잠식한 단기, 중기 및 장기 가치를 전달한다. • 당사의 통합보고서는 작성과 공시의 기본적 전제에 대해 설명한다.

Level 3 : **원칙의 운영**(Operationalizing the Principles)

구 분	원 칙
목 적	• 우리의 조직 목적은 임직원에게 동기를 부여하고 있는가? • 조직 목적은 우리 조직이 비즈니스를 수행하는 방식을 제시하고 있는가? • 조직 목적이 조직 전반에 걸쳐 관련이 있는가? • 조직 목적은 비즈니스 파트너와 이해관계자들에게도 관련이 있는가? • 조직의 목적이 자원배분, 의사결정과 일관성이 있는지를 일상적으로 이사회에 의하여 검토되고 있는가?
거버넌스	• 거버넌스 기구는 거버넌스 구조와 프로세스를 정기적으로 검토하고 이를 개선할 수 있는 기회를 어떻게 파악하고 있는가? 거버넌스 담당자의 기술과 경험의 다양성을 검토하여 경영진을 효과적인 방향을 제시하고 조직의 전략을 전달하는 데 책임을 지도록 하고 있는가? • 우리 조직은 전략적 위험과 동일한 정도의 엄격함으로 전략적 기회를 평가하는가? • 거버넌스 기구의 의사결정 과정은 모든 자본의 가치창출, 보존 및 침식을 평가하며, 이를 통해 자본간 필요한 균형을 유지하고 있는가? • 거버넌스 기구는 조직의 인센티브 구조가 보다 광범위한 이해관계자를 위한 실행가능한 장기적 가치창출을 포함하여 장기적인 기업가치 창출과 일치하도록 보장하고 있는가? • 기업의 팀들은 조직의 전략적 목표를 달성하기 위해 공동으로 노력하고, 기능적 사일로를 적극적으로 파괴함으로써 연결성을 촉진하고 조직이 재무 및 지속가능성 관련 KPI을 통해 중요한 성공요소를 제공하는 과정을 전체적으로 평가, 측정 및 보고할 수 있도록 지원하는가? • 통합보고서가 제3자에 의하여 인증 보고되고 있는가?
문 화	• 거버넌스 기구는 우리 조직의 임직원이 기업 핵심가치에 따라 활동하고 있는지를 어떻게 평가하는가? 매년 실시되는 직원 설문조사와 정기적인 펄스 서베이(pulse survey)가 사용되는가? 거버넌스 기구는 주요 현안에 대해 효과적으로 조치를 취하고 있는가? • 거버넌스 기구는 윤리적 행동과 투명성에 대한 정책을 어떻게 집행하고 정책이 위반될 경우 어떤 조치를 취하는가? • 거버넌스 기구는 중요한 비즈니스 결정을 내릴 때 조직의 기업문화와 주요 공급업체 및 고객의 기업문화가 어느 정도 일치하는지 평가하는가? • 거버넌스 기구는 이해관계자 참여 및 중요성 평가 프로세스의 일환으로 관련 이해관계자와 정당한 요구 및 이해관계를 확인하고 있는가? • 우리 조직의 중요성 평가는 금융 투자자 및 기타 주요 이해관계자에 대한 기업가치 창출 및 가치창출에 영향을 미칠 수 있는 긍정적 또는 부정적 잠재력이 가장 큰 문제를 식별하는가?
전 략	• 거버넌스 기구는 전략계획 과정에서 공급망 및 광범위한 가치사슬을 포함하여 조직 운영 환경을 반영한 미래 전략적 기회를 어떻게 파악하는가? • 우리 조직의 전략 및 전략 목표는 명확하게 정의되어 있으며 미래지향적이며 기술,

	사회 및 환경 변화와 같은 가치창출, 보존 및 침식의 장기적 동인에 대응하고 있는가? • 기업의 전략 및 전략 목표가 SDGs과 일치하는가? • 거버넌스 기구가 전략적 목표의 달성이 조직의 목적을 달성하는 데 도움이 되는지 확인하기 위해 조직의 전략적 의사결정 프로세스를 정기적으로 평가하는 방법은 무엇인가? • 우리 조직은 중요한 문제에 대해 정기적인 평가를 수행하고 있으며, 이러한 문제가 전략 실행 능력에 어떤 영향을 미칠 수 있는지 평가하고 있는가? • 우리 조직은 혁신적인 제품과 서비스에 투자하고 그 목적과 가치를 통해 혁신의 문화를 육성하고 있는가? • 우리 조직은 어떻게 중요한 자본에 미치는 모든 의존성과 영향을 고려하여 운영을 효율적으로 관리하는가?
리스크와 기회	• 우리 조직은 비즈니스 모델에 대한 위험과 기회를 창출하는 중요한 내부 및 외부 문제를 어떻게 확인하는가? 운영 위험이 구체화되거나 상당한 손실을 입었을 때, 우리 조직은 무엇을 재설계하거나 개선해야 하는지 이해하기 위해 근본 원인분석을 수행하는가? • 거버넌스 기구는 조직의 중요한 문제와 이러한 문제가 조직의 가치창출 및 보존 능력에 어떤 영향을 미치는지에 대한 정기적인 교차 기능 평가를 완료하는가? • 거버넌스 기구는 기후변화 시나리오나 기술 및 사회 변화와 같은 조직의 중대한 위험과 기회가 미래성과에 미치는 영향을 어떻게 모델링하는가? 그리고 이러한 프로세스를 통해 얻은 통찰력을 기반으로 비즈니스 모델과 전략적 목표를 재수정하는가?
성 과	• 우리 조직은 KPI을 사용하여 전략적 목표 달성을 위한 진척을 측정하고 정기적인 경영진 회의에서 이에 대해 논의하는가? • 우리 조직은 KPI를 사용하여 중요 자본 전반에 걸쳐 창출, 보존 또는 침식된 가치를 측정하고 있는가? 우리 조직은 이러한 KPI를 보고하고 의사결정 및 자원 배분에 있어 이를 활용하고 있는가? • 우리 조직은 운영, 공급망, 제품 및 서비스와 가장 관련이 높은 SDG를 식별하는가? SDGs 제공에 대한 기여도를 어떻게 측정하고 이해관계자들에게 이 사실을 전달하고 있는가? • 우리 조직의 관리시스템은 데이터의 품질과 무결성을 보장하기 위해 적절한 통제를 갖추고 재무 및 지속가능성 관련 성과 정보를 정확하고 완벽하게 수집하는가? • 우리 조직이 비즈니스를 관리하는 정보의 품질, 관련성 및 신뢰성을 공식적으로 평가하는가? 그리고 이것은 어떻게 이루어지고 있는가?

3.4 활용과 효익

원칙은 민간부문이든 공공부문이든 거버넌스를 담당하는 사람들과 조직의 경영진에게 가치를 창출하고 보존하며 가치침식을 최소화하는 데 중점을 둔 활동에 가이드를 제공한다. 이는 CEO를 비롯한 경영층과 중간 관리층이 자신의 행동과 활동, 가치의 창출, 보존 또는 침식을 가져오는 의사결정이 시간이 지남에 따라 조직에 어떻게 영향을 미치는지를 보다 잘 이해할 수 있도록 설계되었다. 한 유형의 자본의 가치창출이 다른 자본의 가치 잠식을 희생시킬 수 있다는 것을 인식할 필요가 있다. 예를 들어, 기업의 연구개발에 대한 투자는 중장기적으로 지적자본을 증가시킬 수 있지만 관련 연구개발 비용은 단기적으로는 재무자본을 감소시킬 수 있다. 위와 같은 관점은 기업의 CEO와 이사회를 비롯한 경영층, 관리자들이 비즈니스 모델의 투입 요소인 자원 및 상호관계에서 상충관계(trade-offs)가 발생되는 경영의사결정에 유용하게 활용될 수 있을 것이다.

통합적 사고는 조직의 잠재력을 이끌어낸다. 통합적 사고가 기업에 중심적인 비즈니스 관행으로 내재화되면, 조직의 연결성과 무형적 가치의 잠재력이 충분히 실현될 수 있을 것이다. 통합적 사고는 조직의 단기, 중기 및 장기에 걸쳐 가치의 창출, 보존 및 침식을 고려하는 통합적인 의사결정과 행동으로 이어진다. 예를 들어, 조직의 환경, 사회 및 지배구조 영향을 관리함에 있어서, 실무 운영상 직면하게 되는 각 부서 및 기능간(예: 안전환경팀, 기획팀, 재경팀, 품질관리팀) 자원의 상호의존성을 전체적으로 이해하고 평가하고 개선하는 데 도움이 될 것이다. 이를 통해 궁극적으로는 조직의 가치를 창출하고 조직의 가치 침식을 최소화하여 조직의 가치 증진에 기여할 것이다.

통합적 사고는 조직이 단기적인 사고보다는 중장기적인 사고에 집중할 수 있도록 지원하여 다음과 같은 효익을 가져올 수 있을 것이다.[24)]

- 조직의 재정적 측면과 지속가능성 관련 측면 간의 통합을 촉진한다.
- 조직의 공동 목표를 향해 여러 부서 및 기능이 협업을 통해 공동으로 업무를 수행하여 업무의 연계성을 증진시킨다. 대규모 조직의 전문화된 여러 기능 및 부서 간의 파편화된 사일로 조직의 부작용을 줄일 수 있을 것이다.
- 조직활동을 통해 자원과 관계를 산출물과 결과로 전환하고, 조직의 이러한 결과들이 유엔의 지속가능한 개발 목표(SDGs)를 공헌하고 일치시키도록 지원한다.
- 조직 전체에 걸쳐 조직 목적과 개선된 문화를 고취하여 가치창출을 주도한다.

24) Value Reporting Foundation, TRANSITION TO INTEGRATED THINKING : A GUIDE TO GETTING STARTED, August 2022, p.4.

- 조직의 신뢰와 복원력을 구축하여 조직의 주요 이해관계자에게 미치는 영향과 비즈니스 모델, 자원 및 관계 내의 위험 및 기회를 더 잘 이해하도록 장려한다.
- 조직의 무형자산의 전체 고유 가치를 공개하여 통합보고서를 통해 금융자본 공급자에게 이를 전달할 수 있도록 지원하여 시장에서의 기업가치 증진에 기여한다.

통합적 사고는 조직이 주요 이해관계자의 이익을 위해 목적을 달성할 수 있도록 하는 다중 자본관리 접근방식이다. 이는 상호 연결된 다중자본 정보를 기반으로 가치를 창출하고 보존하며 더 나은 의사결정을 가능하게 한다.

글로벌 기업의 통합적 사고의 실무 적용사례를 종합한 결과, 통합적 사고가 목적지가 아닌 여정임을 보여주고 있다. 기업에 통합적 사고를 실무적으로 적용하고자 할 경우 다음과 같은 사항이 고려되어야 할 것이다.

- 변화관리 : 통합적 사고의 초기 프로젝트가 안정화될 수 있도록 보장하고, 통합적 사고를 조직에 내재화하기 위한 지속적인 지원이 필수적이다.
- 연결성 : 가치창출의 동인들을 단일하고 지속가능한 조직 전략으로 통합한다.
- 조직 : 통합적 사고에 의한 총체적 관점의 의사결정과정(holistic decision-making processes)을 지원하기 위한 부서간의 협업체계를 구축한다.
- 분석 : 조직 전체에 걸쳐 성과를 모니터링하기 위해 재무와 지속가능 관련 데이터를 정렬 조정한다.
- 시간 : 조직에 통합적 사고의 무형의 힘을 실질적인 유형의 이익으로 전환하는 데 시간이 필요하다.

3.5 실무사례의 성찰

최근 우리 기업에 중시되는 산재사고를 통합적 사고의 관점에서 살펴본다. 본 사례는 교육연구 목적으로 관련 기사들을 종합 요약 분석하였다.

사례 1 : 피 묻은 빵을 먹을 수 없다

2022년 10월 18일 오후 2시 20대 여성 노동자 끼임 사고가 발생한 경기 평택 SPC 계열사 제빵공장 앞은 오가는 사람 없이 조용했다. 공장 안으로 들어가는 입구는 '출입통제시스템(스피드게이트)'에 막혀 일반 시민의 출입이 불가능했다. 발소리 하나 들리지 않는 공장 풍경과 달리 온라인과 오프라인에서는 이번 사태에 책임이 있는 SPC를 향한 불매 목소리가 높다. 특히 노동자가 기계에 끼어 숨진 뒤에도 다음날 기계 가동이 계속됐다는 사실이 알려지자 사회관계망서비스(SNS)에선 "피 묻은 빵을 먹을 수 없다"는 비판이 쏟아졌다. 20대 여성들은 사망한 노동자가 또래라는 점에서 더 마음이 아프다고 했다. "충분히 막을 수 있던 사고였던 걸로 보인다. 특히 사고 현장을 수습도 제대로 안 하고 공장을 바로 가동했다는 게 너무 비윤리적으로 느껴졌다." "원래도 노조 탄압 등 얘기가 나와서 SPC에 대한 기업이미지가 안 좋았다. 이번 일을 계기로 가족들에게도 다 불매를 권유했다."
직장인 J씨(28)는 "사회적 약자가 제대로 보호받지 못해 발생한 사고라는 점에서 분노를 느꼈다" "업무 과정에서 빈번하게 발생하는 끼임 현상에 대한 최소한의 안전망도 없던 상태였다. 노동자의 안전을 보호하지 못했다는 점에서 기업에 책임이 존재한다고 본다" "불매에 동참할 것"이라며 "기업 자체에 대한 신뢰도가 낮아졌다. 전보다 기업의 윤리경영이 제품을 선택하는 데 영향을 많이 미치기 때문에 구매가 망설여진다."
SPC의 최근 5년 월평균 산업재해 수는 7.3명이다. 2022년 통계 기준이 9월까지인 것을 고려하면 이보다 더 많을 것으로 예상된다. 식품 제조기업인 SPC의 산재율은 근로 환경상 산재 발생이 많을 수밖에 없는 건설 · 배송업과 비교해도 재해 빈도가 상당한 편이다. 전문가 소견에 따르면 SPC 작업장의 빈번한 안전사고의 원인은 2인 1조 근무가 엄격하게 지켜지지 않은 점이다. SPC 공장 라인에는 통상 2명씩 근무하지만 모든 작업을 2명이 함께하도록 규정하고 있지는 않다. 소비자주권 관계자는 "SPC 안전관리 강화방안의 구체적 세부이행 사항을 투명하게 공개해야 한다. 유명무실한 안전경영위원회로는 산업재해를 근본적으로 막을 수 없다"고 강하게 비판했다. 지금까지의 일시적이고 대외홍보적인 행태를 개선한 현장체감형 산업재해 예방 대책이 실행돼야 할 것이라는 점을 강조하고 있다.

자료 : "피 묻은 빵 먹을 수 없다," 경향신문, 2022.10.19 ; 끊이지 않는 SPC 안전사고, 세이프타임즈, 2025.5.24 요약 분석 인용함.

■ 경영층을 위한 성찰

기업의 CEO와 이사회는 다음 같은 물음에 진정성 있는 성찰이 요구된다.

- 우리 기업은 진정으로 종업원 특히 일용직이나 협력업체 등의 직원을 포함해 기업에 종사하는 모든 사람의 산업안전을 위해 최선의 투자를 하고 있는가?
- 대주주나 투자자 등이 기대하는 경영 목표(예 : KPI, 손익) 달성을 위해 안전에 대한 투자는 최소화하며 형식적인 법적 요건의 준수에만 중점을 두고 있지 않은가?

이러한 질문과 관련하여 다음과 같은 ESG 사회모범규준 노동관행 2.4를 살펴볼 필요가 있다.[25)]

25) 한국ESG기준원, ESG모범규준, 2021.8, p.53.

2.4 기업은 자사 및 협력사 근로자에게 안전하고 건강하게 일할 수 있는 근무환경을 제공하여야 한다. 안전보건 거버넌스 구축 기업은 근로자의 신체적 안전과 편의, 정서적 안정, 심리적 안정에 최적화된 근무환경을 조성하여, 제품과 서비스의 질 향상, 생산성 증대 및 근로자의 사기 진작 등을 도모하여야 한다. 이를 위해 산업안전보건 경영 방침을 세우고 이에 기초한 구체적 성과목표의 수립 및 평가체계와 전담관리체계를 구성하여 근로자의 건강과 안전을 제도적으로 보호하여야 한다. 또한 산업 안전보건 관련 인력 또는 조직을 배치해 산업재해 예방에 대한 근로자 및 협력사의 이해와 협조를 구하며, 산업재해와 건강장해를 예방하기 위한 대책을 마련하고 실행하여야 한다. 기업은 산업재해 등으로 인해 근로자가 정당하게 행사한 권리에 대해 어떠한 인사상 불이익도 주지 않아야 하고 안전 및 보건과 관련한 조치를 근로자의 비용으로 전가하지 않아야 한다.

지금까지 대부분 기업의 성과는 주로 재무적 성과지표인 손익, 재무상태, 순현금흐름 등으로 측정되었다. 그러나 기업의 성과는 순수한 재무적 측정치를 넘어선 다른 방식으로 정의 및 인식되어야 할 것이다. SPC 사례에서 재무보고서상의 순이익이 어떤 의미를 갖고 있는 것인가? '피 묻은 빵을 팔아 벌어들인 순이익인가?' 하는 물음을 갖게 한다. 이제 기업은 진정으로 현장 작업자를 위한 산업재해를 예방하기 위한 대책을 수립 실행해야 한다.

사례 2 : "아리셀" 참사 모기업인 에스코넥 : 삼성 거래 중단 촉구

리튬배터리 폭발로 노동자 23명이 사망한 화성 아리셀 참사 유가족이 삼성전자와 삼성SDI에 책임을 묻고 있다. 박○○ 대표는 아리셀뿐만 아니라 아리셀을 실질 지배(지분 96% 소유)하는 회사 에스코넥의 대표로, 에스코넥은 참사 책임을 피할 수 없다고 지적하고 있다. 삼성전자와 삼성SDI는 아리셀 모기업인 에스코넥으로부터 각각 휴대폰 부품과 리튬 2차 배터리 부품을 납품받은 공급망 상위기업이다. 특히 삼성전자와의 거래가 에스코넥에 절대적이다. 에스코넥 사업 가운데 휴대폰 금속부품을 만드는 무선 사업부문 매출은 올해 6월 기준 1,307억 2,200만원으로 전체 매출 1,462억 300만원의 89.41%에 달한다. 삼성SDI와는 리튬 2차 배터리 납품 계약 등을 체결한 것으로 알려져 있다. 매출액은 같은 기간 131억 4,700만원(8.99%)이다. 에스코넥은 같은 보고서에서 "당사는 삼성전자와 거래관계를 구축하고 있다"고 강조하고 있다.[26] 삼성전자의 공급망 책임이 불거지는 이유다.
삼성전자는 2012년 삼성전자 협력회사 행동규범을 처음 만들어 적용한 뒤 2024년 3월 공급망 참여와 책임 이행 의무를 강화한 버전 6.0을 내놨다. 삼성SDI도 2017년 6월 파트너사 행동규범을 제정한 뒤 2023년 10월 버전 2.0을 개편했다. 두 기업은 모두 공급망 업체를 대상으로 업체 선정 단계부터 종료까지 모니터링과 개선활동으로 공급망 리스크를 체계적으로 관리하겠다고 밝혔다. 아리셀에서 발생한 사고는 두 기업이 제정한 행동규범에 전면적으로 위배된다. 삼성전자 협력회사 행동규범은 안전 위험에 잠재적으로 노출된 근로자들은 적절한 설계, 엔지니어링 및 행정적 통제, 예방적 차원의 유지 관리, 안전한 작업 절차 구축을 통해 파악, 평가 및 통제돼야 하며 지속적 안전 교육을 받아야" 한다. 그러나 경찰조사 등에서 드러난 아리셀 현장은 이런 규범이 모두 지켜지지 않았다.
노동단체 등은 "에스코넥 총 매출 중 아리셀 비중은 1.6%에 불과하지만, 삼성전자 갤럭시 스마트폰에 들어가는 부품 납품 비중이 89.41%로 절대적"이라며 "삼성은 아리셀 화재 참사를 방조하지 말고, 삼성전자가 스스로 만든 준법경영 선언과 협력회사 행동규범을 위반 에스코넥과의 거래를 중단하라"고 촉구했다.[27] 아리셀 산재피해가족협의회 등은 "23명의 노동자를 죽인 에스코넥과의 거래를 끊지 않으면, 이는 '윤리경영'을 내세운 삼성이 행동규범을 정면으로 부정하는 것이다. 삼성이 일류 · 글로벌 기업이라면 노동자들의 생명과 안전을 보장하라는 국제규범을 준수해야 한다. 안전보건관리 의무를 위반한 에스코넥에 대해 도덕적 책임을 넘어 법적 책임을 요구한다."[28]

자료 : 아리셀 사고 책임, 매일노동뉴스, 2024.9.3 ; 예견된 아리셀 참사, 로리더, 2024.9.2 ; 초일류 삼성, 아리셀 참사 방관은 행동규범 위배, 오마이뉴스, 2024.9.4 종합 분석 요약 인용함.

■ **경영층을 위한 성찰**

최근 화재 및 건축물 붕괴 등에 의한 산업재해가 증가하고 있다. 재해가 발생하는 경우, 원청업체와 상위 공급망에 있는 기업에 법적 내지 사회적 책임이 제기될 수 있음을 시사하는 사례이다. 다음과 같은 물음을 갖게 한다.

- 우리 기업의 협력사 내지 파트너사들을 위한 산업안전을 포함한 행동규범이 수립되어 실질적으로 운영되고 있는가?
- 공급망 상위기업 또는 원청업체는 협력회사 및 하청업체의 임직원이 산업안전위험에 노출되어 재해가 발생되지 않도록 체계적인 교육 및 지원활동을 수행하고 있는가?
- 산재사고의 발생시 공급망 책임에 대해 협력회사 및 하청회사와 법적 책임 공방을 이유로 산재 피해자에 대한 실질적인 치료와 보상 등을 회피하고 있지 않은가?

최근 장기적 관점에서 기업의 성과와 재무적, 비재무적 요소를 상호 연계하여 커뮤니케이션할 수 있도록 외부보고를 개선하여야 한다는 요구가 높아지고 있다. 예를 들면, 우리나라의 지속가능성 공시기준(안) 제101호는 법규에 따라 공개중인 정보와 정책 목적을 달성하기 위한 정보를 기업이 선택하여 공시하도록 하고 있다. 육아친화 경영, 산업안전, 인권경영, 장애인 고용 등 정부가 추구하는 정책의 이행을 독려하기 위한 목적으로 공시를 요구하고 있다. 위와 같은 요구가 기존의 전통적인 보고 모델(예 : 재무제표 중심의 재무보고)에서는 적절히 파악 보고되지 못하였다. 최근 지속가능 보고서 형태로 기업의 소유 자원에 대한 영향(impact)뿐 아니라 타인이 소유한 자원과 공유하는 자원에 대한 보고 요구가 증가하고 있다. 우리 기업이 글로벌 경쟁력을 갖기 위해서는 자신의 기업을 중심으로 한 상

26) 아리셀 사고 책임을 삼성에 묻는 까닭은, 매일노동뉴스, 2024.9.3 분석 요약 인용

27) 예견된 '아리셀 참사', 삼성전자는 즉각 거래 중단, 로리더, 2024.9.2 분석 요약 인용.

28) "초일류라는 삼성, 아리셀 참사 방관은 '행동규범 위반'," 오마이뉴스(ohmynews.com), 2024.9.4.

하위 공급망에 있는 기업과 협력회사를 포함한 전체 산업 생태계에 대한 산업안전과 인권경영 등에 적극적인 관심을 갖고 행동할 때이다.

4. 통합적 사고의 적용사례

4.1 통합적 사고 적용의 확산[29)]

통합적 사고의 적용은 다양한 분야에서 확산되고 있다.

- 네덜란드의 항공사인 로열 스키폴 그룹(Royal Schiphol Group, a Dutch airport company) 은 다양한 이해관계자들의 눈을 통해 그 성과를 보고 있다.
- 영국의 은행 및 금융 서비스 회사인 HSBC는 자체 투자자들이 환경, 사회 및 지배구조(ESG) 문제에 점점 더 많은 관심을 가지고 있다고 보고하고 있다.
- 지속가능한 개발목표(SDGs)를 촉진하기 위한 세계은행(The World Bank)의 노력은 새로운 SDG 중심 채권의 창출을 장려하고 있다.
- 독일의 화학회사인 BASF는 광범위한 비재무적 요소를 투자 결정에 포함시키고 있다.
- 남아프리카 은행인 Standard Bank는 이제 다섯 가지 사회적, 경제적, 환경적 가치 동인에 걸친 회사의 성과를 바탕으로 모든 직원에게 보상을 제공한다.

4.2 솔베이(Solvay)의 사례[30)]

전 세계의 소비자들은 기업의 일회용 제품 사용을 줄이기 위해 취할 수 있는 조치에 깊은 관심을 갖고 있다. 플라스틱을 생산하는 회사들은 이 상황에 어떻게 대처해야 할까?

벨기에 화학회사 솔베이의 지속가능성 부책임자인 미셸 워셔는 기업이 사용할 수 있는 전통적인 의사결정 도구가 도움이 되지 않는다는 사실을 발견했다. "전통적인 비즈니스 관점은 우리가 고객을 위해 창출하는 가치[예를 들어 포터의 5가지 경쟁요인 모델(Porter's Five Forces model)을 사용]와 재무성과를 통해 주주를 위해 창출하는 가치(예를 들어 할인된 현금흐름 및 단기 자본수익률에 초점)를 중심으로 구축되었다."

이러한 측정치를 사용하면 고객은 우리가 만든 제품에 만족해야 하고 주주는 우리가

29) IIRC(2019), op. cit., p.3.

30) Ibid, pp.6-7.

만든 수익에 만족해야 한다. 그러나 업스트림 또는 다운스트림의 잠재적인 부정적인 영향은 체계적으로 고려되지 않았다. 이 접근법이 더 이상 받아들여지지 않는다는 것을 보여주는 사례들이 점점 더 많아지고 있다. 바다 속 플라스틱은 가장 명백한 사례들 중 하나이지만 유일한 사례는 아니다. 가치창출 과정에 인권 문제, 분쟁 광물은 또 다른 예이다. 기업은 직접적인 이해관계자를 위한 가치 창조를 넘어 가치사슬(value chain) 전반에 걸쳐 가치 창조나 파괴를 바라봐야 한다. 솔베이의 지속가능성 부책임자인 워셔는 "문제는 소비자들이 우리 제품으로부터 받는 가치가 아니라 우리 산업이 가치사슬의 다른 곳에서 만들고 있는 부정적인 영향에 대한 인식이다"라고 설명한다. 솔베이와 다른 화학 생산업체들은 가치를 전체 가치사슬(entire value chain)에 걸쳐 이해하여야 한다. 가치와 가치사슬에 대한 이해에는 다음과 같은 사항을 포함해야 한다.

- 재무적 성과나 제품의 효익을 넘어선 광범위한 현안
- 기업의 주주나 고객 이상의 광범위한 이해관계자
- 단순히 단기적인 것만이 아닌 단기, 중기, 장기적 측면의 영향의 이해

종합하면, 이는 가치에 대한 새로운 이해로 이어지고, 가치 창출과 파괴는 가치사슬 전체에서 고려되어야 한다는 점이다. 이는 화학 부문이 직면한 도전의 범위를 보여준다. 솔베이는 기후 영향에 대한 최근 보고서에 기여한 여러 화학회사 중 하나로, 회사들이 처리해야 할 광범위한 문제를 파악하였다. 주요 사항을 예시하면 다음과 같다.

- 전체 제조 제품의 95%가 화학에 의존하고 있으며, 가장 에너지 집약적인 화학물질에 대한 수요는 2050년까지 2.8배 증가할 것으로 예상된다.
- 이 부문은 2030년까지 연간 2.5기가톤의 이산화탄소 등가물(GtCO$_2$e)을 줄임으로써 다른 산업 전반에 걸쳐 저탄소 전환을 촉진할 수 있다
- 생산량의 2.8배 증가가 예상되는 것을 고려하여 2°C의 지구온난화 궤적에 따라 전 세계 배출량을 감축하려면 2050년까지 화학제품 단위당 배출량을 75% 줄여야 한다.
- 이러한 변화가 일어나고 있는 동안 화학기업들은 물 부족, 제품 독성, 폐기물 및 순환경제에 대한 소비자 압력 증가를 포함한 다른 추세에 대처하여야 한다.

비재무적인 이슈들은 화학산업에 속한 기업들의 리스크와 기회 프로파일에 깊은 영향을 미칠 것이다. 솔베이에서 진행되고 있는 통합적 사고를 향한 여정의 일부는 이러한 이슈들을 자신의 경영실무에 통합하는 것이다.

〈제3장 요약〉

통합적 사고(Integrated Thinking)는 비즈니스 성과에 긍정적 영향을 줄 뿐만 아니라, 관련 리스크를 적시에 파악하여 대처할 수 있도록 한다. 이를 통해 기업 거버넌스의 개선을 이룰 수 있다. 기후변화를 비롯한 산업안전과 인권, 지적재산과 개인정보의 보호 등과 같은 지속가능성 위험과 기회에 대한 이해관계자의 요구가 높아지고 있다. 위와 같은 요구에 선제적으로 대처하기 위해서는 종전의 기업가치 창출과 조직의 성과에 대한 관점을 재정립할 필요성이 증대되고 있다. 특히 기업가치 창출과 성과를 재무측정치에 주로 의존하던 종전의 사고에서 벗어난 조직문화와 사고방식의 근본적 변화가 요청된다.

21세기에 기업을 효과적으로 관리하기 위해서는 다양한 차원의 가치에 대한 정보와 데이터에 대한 접근이 중요하다. International 〈IR〉 Framework에 포함된 6개 유형의 자본은 최고경영진이 가치창출을 위해 사용하는 다양한 자원과 관계를 평가하는 데 유용한 기준점이 될 것이다. 그러나 이러한 가치 동인(drivers of value)은 서로 분리되어 있지 않다. 우리가 상호 연결된 위험의 세계에 살고 있는 것처럼 평가하고 설명해야 할 서로 다른 자본의 사용 사이에는 상충관계가 있다.

다중자본 모델(multi-capital model)을 적용한 접근을 통해 기업의 리스크 관리, 기획 및 관리 활동 등에 있어서 전략에 대한 보다 광범위한 이해를 갖게 된다. 이사회에 보다 다각적 관점의 정보를 제공하여 경영진의 시야를 확대 증진시킬 수 있을 것이다. 특히 최근 산업재해, 금융상품의 불완전 판매, 제품 안전성 문제, 고객 분쟁 등이 빈번히 발생하고 있다. 통합적 사고(Integrated Thinking)는 위와 같은 사회적 위험에 대해 전사적 차원에서 경영의사결정에 체계적으로 검토하여 의사결정을 할 수 있는 기본적인 준거점이 될 수 있을 것이다.

통합적 사고(Integrated Thinking)는 조직의 구성요소를 통합하도록 한다. 조직 전체가 단기, 중기 및 장기적으로 가치창출 노력에 상호 집중하도록 한다. 통합된 의사결정과 자원할당에 대한 전체적인 접근방식을 기반으로 보다 건전한 거버넌스와 경영관리를 지원하며, 단기적인 성과 요구와 장기적인 가치 창출 및 보전의 접근방식에 균형을 유지하도록 한다. 통합적 사고 원칙(Integrated Thinking Principles)은 통합보고 프레임워크에 기반을 둔 구조화된 접근방식으로 통합된 사고를 조직에 일상적으로 내재화하도록 한다.

통합적 사고는 조직의 잠재력을 열어내는 것이다. 통합적 사고가 기업에 중심적인 비즈니스 관행으로 내재화되면, 조직의 연결성과 무형적 가치의 잠재력이 충분히 실현될 수 있을 것이다. 통합적 사고는 조직의 단기, 중기 및 장기에 걸쳐 가치의 창출, 보존 및 침식을 고려하는 통합적인 의사결정과 행동으로 이어진다. 예를 들어, 조직의 환경, 사회 및 지배구조(ESG) 영향을 관리함에 있어서, 실무 운영상 직면하게 되는 각 부서 및 기능간(예: 안전환경팀, 기획팀, 재경팀, 품질관리팀) 자원의 상호 의존성을 전체적으로 이해하고 평가하고 개선하는 데 도움이 될 것이다. 궁극적으로는 조직의 가치를 창출하고 조직의 가치 침식을 최소화하여 조직의 가치 증진에 기여할 것이다.

PART

Ⅱ

거버넌스와 기업지배구조

제4장에서는 거버넌스의 배경과 개념을 살펴보고 Good governance를 지향하는 국제기구 등의 접근과 국제감사기구(IIA)의 거버넌스 가이드라인을 소개한다. 실무사례를 통해 거버넌스 구축·운영에 대한 교훈을 갖도록 하였다.
제5장에서는 OECD/G20 기업지배구조 기본원칙과 한국의 기업지배구조의 운영의 실무 주요 현안을 살펴본다. 최근 이사의 법적 책임과 관련하여 중시되고 있는 경영판단 관련 대법원 판례를 검토한다.

chapter 4

거버넌스의 이해

1. 거버넌스의 개념
2. 거버넌스의 이해
3. 국제기구의 거버넌스에 대한 논의
4. IIA 거버넌스 가이드라인 : 거버넌스 구성
5. 거버넌스 실패의 교훈

〈제4장 요약〉

생각해 볼 점

- 거버넌스의 본질과 주요 현안은 무엇인가?
- 좋은 거버넌스의 필요조건과 충분조건은 무엇인가?
- 통합된 기업 거버넌스(Integrated corporate governance)가 왜 중시되는가?
- 진정한 기업가치 증진을 위한 거버넌스는?

이사회와 CEO는 이해관계자 자본주의의 원칙과 목표를 실무에 적용하여야 한다. 특히 이사회는 전통적인 주주 중시의 사고에 의한 주주와 이해관계자의 칸막이 사고를 초월하여야 한다. 통합된 기업 거버넌스(Integrated corporate governance)는 이해관계자 자본주의의 핵심이다.

- World Economic Forum

거버넌스의 핵심요소는 사회적 자본인 신뢰(trust)이다. 거버넌스는 조직의 목표를 달성하기 위한 방향성을 제시하고, 조직목표 달성의 효율성을 높이기 위해 조직 내부의 권한과 책임을 명확히 하여 조직 내부의 갈등을 예방하고, 조직구성원들간의 협력을 촉진하는 역할을 한다. 거버넌스의 운영에 있어서 명심할 사항은 다음과 같다.

- 거버넌스는 한 사회나 조직이 공동목표 달성이나 문제해결을 위해 의사결정을 하고 실행해 나가는 과정이다.
- 일방적으로 지시를 받는 구조가 아닌 다수 구성원에 의해 운영되는 협치
- 소통(communications)과 통제(controls)가 핵심적 요소이다.
- 일방적인 상명하복이나 독단적이 아닌 민주적 의사결정체계로
- 한 개인이나 집단의 실수나 사적 유혹에 몰입을 예방하기 위한 상호견제 시스템이다.

이 장에서는 거버넌스의 배경과 개념, 좋은 거버넌스 형성을 위한 전제와 구성 등을 이해한다. 국제기구의 좋은 거버넌스의 접근과 글로벌 가이드라인에 의한 거버넌스 구성요소를 이해하도록 한다. 거버넌스 실패사례를 통해 CEO의 교훈을 갖도록 한다.

1. 거버넌스의 개념

1.1. 거버넌스 개념의 등장배경

거버넌스(governance)는 '공동체 운영의 새로운 체제나 제도, 메커니즘 및 운영방식을 다루는 것'으로 기존의 통치나 정부를 대체하는 것으로 등장하고 있다. 이는 시장과 시민사회 등의 역할 분담과 협력 체제에 바탕을 둔 접근이다. 거버넌스란 일반적으로 공동의 목표를 달성하기 위하여, 주어진 자원 제약하에서 모든 이해당사자들이 책임감을 가지고 투명하게 의사결정을 수행할 수 있게 하는 제반체계로 이해될 수 있다.

거버넌스가 등장하게 된 배경은 세계화와 정보화 및 신자유주의 확산, 그리고 전통적 행정 패러다임의 한계로 인한 국가기능의 변화로 보고 있다. 즉 국민국가 중심의 통치가 세계화, 정보화, 분권화됨에 따라, 국가의 통치 대상이었던 기업과 시민 등 민간부문과 지방정부의 발전과 자각은 국가외의 다양한 행위자들의 역할과 책임을 증대시켰다. 1980년대에는 대처와 레이건의 집권으로 본격화된 시장 제일주의 사고가 확산되었다. 1990년대 이후에는 조직화된 다양한 행위자들의 출현과 공정경쟁, 환경보호, 인권 등과 같은 새로운 현안에 따른 사회적 변화와 복잡성이 거버넌스의 논쟁과 발전을 가져왔다.[1)]

1.2 거버넌스 개념의 변화

거버넌스는 시대적 상황과 요구의 변화에 따라 개념 자체가 변화되어 왔으며, 그 결과 거버넌스에 대한 이해와 기대수준들이 다양한 형태로 혼재되어 왔다. 1970년대에는 정부와 같은 의미로서 거버넌스가 이해되며 국가적 수준의 관리능력이 주요 관심이었다. 1980년대에는 국가 차원의 사회통합과 발전을 관리하는 능력이 초점이 되면서 지역경제 활성화를 위한 민간파트너십이 강조되었다. 1990년대 들어서는 시민사회를 포함한 참여, 합의형성 등 거버넌스의 민주적 특성이 강조되며 NGO에 대한 인식과 역할이 확산되었다. 2000년대 들어서는 새로운 문제(예: 환경)에 대한 참여와 협력을 통한 해결 기제로서 거버넌스가 인식 활용되고 있다.

그리스어 'kubernao(배를 조종하다)'에서 나온 거버넌스란 단어에는 역사적으로 '민주주의 가치구현'이란 의미가 담겨 있다고 할 수 있을 것이다. 거버넌스를 복종, 다스림, 강

1) 최성욱, 한국 거버넌스 연구경향에 대한 분석 : 신거버넌스 관점에서 비판적 고찰, 한국거버넌스학회보, 제10권(2003년 겨울), pp.112-113.

제, 명령 등과 같은 상명하달이나 지배의 개념이 아니라 조직내의 민주적인 협의나 합의가 중요함을 함의하고 있다.[2] 거버넌스가 민주적인 의사결정시스템이라고 한다면 완벽한 거버넌스는 존재할까? 정치철학자인 W.B. 갤리에 의하면 "민주주의는 근본적으로 합의가 어려운 개념이며, 민주주의에서 무엇이 중요한지를 놓고 계속 이의가 제기되는 이상 민주주의에 대한 일치된 정의란 없다." 최선의 민주주의를 향한 노력이 있을 뿐이다. 거버넌스도 탄생의 배경과 추구하는 목적 측면에서 결국 '완벽한 거버넌스'는 없고 '좋은 거버넌스'를 향한 부단한 노력만이 있을 뿐이다.

1.3 거버넌스 : 조직화의 방식

국가 운영방식이 국가의 일극 중심 통치방식에서 자율, 협치(co-governing), 조정, 다원성이 중요하게 되는 다극 분권양식으로 변화하고 있다.[3] 거버넌스는, 넓은 의미에서 말하자면, "거버넌스는 인간 집단이 서로 상호작용하는 유형"이라 할 수 있다. 사회과학자, 특히 경제학자들은 인간이 조직생활을 하면서 행동하는 유형을 권위에 의해서 질서를 유지하는 경우(정부)와 시장에 의해서 질서를 유지하는 경우로 구분해 왔다. 그러나 권위를 바탕으로 한 정부조직과 무질서에 가까운 상호작용 속에서 질서가 생겨나는 시장의 두 가지 유형만으로 인간이 상호작용하는 방식을 바라보는 사회조직, 사회적 상호작용의 현상을 너무 단순화시켜 보는 측면이 있다. 다양한 조직의 형태를 연구해 온 조직사회학자들은 정부조직과 같은 계층제적 조직과 시장이라는 자율적 조직화 방식의 사이에 있는 조직화의 새로운 유형을 찾아내고, 이를 네트워크라고 이름 붙였다.[4]

우리는 인간이 상호작용하는 시장, 계층제, 네트워크 세 가지 모드(mode)를 거버넌스(넓은 의미의)라고 부른다. 따라서, 거버넌스를 시장적 거버넌스, 계층제적 거버넌스, 네트워크 거버넌스로 나눌 수 있다. 정부의 활동이 시장실패의 대안이 되고, 시장 우위론자들이 정부실패의 대안으로 시장을 제시한다면, 네트워크 거버넌스는 정부의 실패, 시장의 실패를 극복할 수 있는 새로운 거버넌스로 제시되고 있다. 정부실패, 시장실패처럼 거버넌스 실패도 가능하다. 본 제숍은 이 문제를 집중적으로 검토하면서, 거버넌스 실패를 극복하기 위한 방법으로 메타 거버넌스를 제시한다.

2) [거버넌스의 이해] ① 조직 내 진정한 민주주의의 구현 〉 거버넌스 〉 기업 · 거버넌스 〉 기사본문 - ESG경제(esgeconomy.com), ESG경제, 2023.4.16 분석 요약 인용.

3) 최성욱(2003), pp.112-113.

4) 이영철, 거버넌스와 곁길로 빠진 민주적 책임성, 한국거버넌스학회, 2009 추계학술대회 발표자료, pp. 214-215.

제솝은 거버넌스가 부딪히는 딜레마로 협동과 경쟁, 개방성과 폐쇄성, 통치가능성과 유연성, 책임성과 능률성을 열거하는데, 책임성과 능률성의 딜레마는 다음과 같다. 공사부문의 파트너십은 사적인 이익뿐만 아니라 공익에 기여하도록 구성되어 있다. 이런 경우 공사구분이 모호해지면서, 효율성이냐 책임성이냐의 딜레마가 생긴다. 상호의존적인 네트워크에서는 누구의 책임인가가 항상 문제가 될 수 있다.

1.4 거버넌스의 실패사례: 세계 스카우트 잼버리 대회

거버넌스의 관점에서 세계 스카우트 잼버리 대회의 실패를 살펴보면 다음과 같다.

세계 스카우트 잼버리 대회는 158개국에서 온 4만여 스카우트 단원들이 폭염 속에서 부족한 위생시설, 날벌레, 상한 음식, 불충분한 의료지원, 캠프장 침수 등 열악한 환경을 견디다 못해 조기 철수하기에 이르렀다. 세계 최대 규모의 청소년 행사는 전 세계로부터 거센 비난을 받을 수밖에 없었다. 이번 파행의 가장 큰 원인은 컨트롤타워가 안 보인 것이다. 2018년 제정된 '새만금 세계잼버리법'에 따라 국무총리를 정부지원위원장으로 하고, 실무는 조직위원회와 집행위원회가 맡았다. 지난 1년여 동안은 폐지를 앞둔 여가부의 장관과 전북 국회의원이 공동조직위원장이었고, 전북지사가 집행위원장으로 실무를 주도했다. 뒤늦게 한국스카우트연맹 총재가 공동위원장으로 추가되었다.

누가 업무를 총괄하는지, 매사에 누가 최종 의사결정을 내리는지 불분명했다.[5] 새만금 잼버리 조직위가 별도의 총괄운영사를 두지 않은 것을 운영 난맥상의 결정적 요인으로 꼽았다. 풍부한 경험과 노하우를 갖춘 전문가 집단이 배제되면서 사전준비뿐 아니라 현장 대응도 주먹구구식으로 이뤄졌다는 것이다. 조직위는 전체 기획과 운영을 책임질 총괄운영사를 두지 않는 대신 조직을 5개 본부 31개 사무국으로 세분화해 부문별로 직접 업체와 계약을 맺는 방식을 택했다. 한국PCO협회에 따르면 조달청 나라장터 시스템에 새만금 잼버리 건으로 올라온 용역은 총 118건으로 이 가운데 60%인 71건을 한국스카우트연맹과 조직위, 전북도가 발주했다. 연맹이 발주한 종합계획 수립을 제외한 70건 중 조직위가 44건 135억 원, 전북도가 26건 222억원을 각각 발주했다.

총괄운영사 역할을 조직위가 하면서 화장실 설치 · 운영, 대회장 청소 등 세부 분야까지 직접 업체를 선정하고 계약을 체결했다. 이러한 쪼개기 계약은 현장에서 역할과 책임 소재를 모호하게 만드는 결과로 이어졌다. 당초 총괄운영사를 선정하려던 조직위는 전북도 의회 등에서 지역업체 우선 참여를 주장하면서 계획을 바꾼 것으로 알려졌다. 범국가적 차원

---

5) [정운찬 칼럼] 새만금 세계잼버리 대회의 교훈, 중앙일보(joongang.co.kr), 2023.8.23.

에서 준비와 운영이 필요한 국제행사가 폐쇄적인 운영으로 '그들만의 리그'로 전락했다는 비판이 제기되고 있다. 새만금 잼버리와 같은 국제행사 파행 운영의 재발을 막으려면 유치단계부터 전문성을 담보로 한 철저한 검증이 필요하다. 마이스(MICE) 업계의 행사 기획과 운영의 전문성을 인정하고 국제행사 개최의 필수요소로 보는 인식의 전환이 요구된다. 행사 유치부터 준비, 개최, 평가에 이르는 전 과정을 모니터링할 수 있는 자문기구, 검증단 형태의 민관 거버넌스 구축을 제도적으로 의무화하는 방안도 고려되어야 할 것이다.[6]

2. 거버넌스의 이해

2.1 거버넌스의 분류

거버넌스는 분석 수준과 대상 및 이슈, 주체 및 내용 등에 따라 다양하게 분류될 수 있다.[7] 첫째, 분석 수준에 따르면 국가간 협력과 문제 해결에 관련된 글로벌 거버넌스, 인접 국가간의 지역공동체를 중심으로 한 지역별 거버넌스, 개별국가의 내부 국정운영 등과 관련된 국가 거버넌스, 지역공동체 발전과 관련된 로컬 거버넌스로 구분해 볼 수 있다. 둘째, 대상과 이슈에 따라 그린 거버넌스(green governance), 인터넷 거버넌스(internet governance), AI 거버넌스(AI governance) 등으로 나눌 수 있다. 셋째, 주체에 따라 국가중심 거버넌스, 시장중심 거버넌스, 시민사회중심 거버넌스로 구분해 볼 수 있다. 본 장에서는 국가 - 시장 - 시민사회의 관점에서 거버넌스에 초점을 두고 살펴보기로 한다.

2.1.1 국가중심 거버넌스

국가중심 거버넌스 이론은 국가, 시장, 시민사회, 국제체제 관계 속에서 국가가 기본적으로 자신의 운영 논리인 관료주의와 관리주의를 어떻게 시장원리나 시민사회의 원리에 맞추어 조정하느냐에 관심을 두고 있다. 국가 관료주의와 관리주의는 시장과 시민사회의 영향력에 따라 개별 국가의 역사적 배경에 따라 상대적으로 다르게 나타난다. 기본적으로는 정부의 관료주의나 관리주의가 시장 자본주의에 영향을 주고, 이것이 시민사회의 민주주의에 영향을 주면서 삼자간의 결합체를 형성하게 된다.

---

6) 4만명 탄 '새만금 잼버리호'엔 선장만 많고 조타수는 없었다, 이데일리, 2023.8.11.

7) 최성욱(2003), p.114.

2.1.2 시장중심 거버넌스

시장중심 거버넌스는 경쟁원리와 고객주의를 근간으로 한다. 시장주의(market orientation)는 가격을 매개로 한 자원 배분, 경쟁 원리, 고객주의 등으로 요약된다.[8] 시장중심 거버넌스는 1980년대 신자유주의(neo-liberalism)의 강화와 더불어 확산되었다. 경제적인 신자유주의의 글로벌로 확대는 WTO, TR(Technology Round), CR (Competition Round), BR(Blue round), GR(Green round) 등 각종 뉴라운드[9]가 전 세계를 하나로 통합하면서 개별 국가들은 세계 자본주의 강력한 영향력에 편입되게 되었다. 특히 IMF와 글로벌 투자 자본의 영향력이 증가하면서 개별 국가는 물론 기업, 시민사회도 세계 자본의 영향을 더욱 크게 받게 되었다.

2.1.3 시민사회중심 거버넌스

시민사회중심 거버넌스는 기존 국회를 통한 이익을 조정하는 대리인 체제가 다양한 갈등을 효과적으로 해결하지 못함에 따라 등장하게 되었다. 시민사회중심 거버넌스의 기본원리는 참여주의와 공동체주의이다. 시민들의 참여와 의사소통을 강조하는 방식이다. 외부참여(시민들의 참여)와 내부참여(공무원들의 참여) 모두 중요하며 민주성을 중시한다. 이를 위해 적극적인 시민교육과 행정가의 역할 변화가 요청된다. 국가 - 시장 - 시민사회간의 상호작용으로 거버넌스는 속성상 네트워크의 형태를 취하고 있다. 네트워크를 기반으로 한 연계망의 활동이 지속성을 갖기 위해서는 신뢰를 기반으로 상호작용이 이루어져야 한다.

네트워크의 특징으로는 개방성, 균등성, 상호작용성, 공동선 등을 들 수 있다.[10] 한국사회의 지배적인 네트워크는 지역성, 학연, 혈연, 직장 근무 등의 연고와 더불어 재력 등이 네트워크 형성의 주된 요소로 작용하고 있다. 위와 같은 요소들은 기본적으로 지극히 폐쇄적이고 불균등적인 것으로 공동선의 추구보다는 배타적인 집단 이기주의 등의 폐해를 가져올 가능성이 있다.

2.2 거버넌스 형성의 기본적 전제

거버넌스가 형성되기 위한 가장 근본적인 전제는 다양한 주체의 참여와 이들간의 상호작용에 의한 공동체주의의 형성이다. 참여주의는 기본적으로 거버넌스에 대한 주체로서 참

8) 김석준 외 13인, 거버넌스의 이해, 대영문화사, 2023, pp.46-47.

9) 1994년 종료된 우루과이라운드의 후속 협상으로 미국의 주도하에 진행된 다자간 무역협상이다.

10) 김석준 외(2023), p.245.

여를 의미한다. 예를 들면 학계나 시민단체의 거버넌스에 대한 참여를 의미한다. 기존 국가 중심 거버넌스하에서는 정부 유도적인 참여가 대부분 이루어지게 된다. 참여의 자율성을 어떻게 확보할 것인가 중요한 관건이 될 수 있다. 외부의 참여가 적극적으로 이루어지기 위해서는 먼저 내외부에서 다양한 이해관계자 그룹의 참여가 이루어져야 할 것이다. 새로운 주체의 참여가 효과성을 발휘하기 위해서는 다양하고 새로운 참여주체들에게 이해하고 공감하며 수용할 수 있는 공동체적 선(善)의 형성이 지향될 수 있어야 한다.

바람직하고 좋은 거버넌스는 선(善)한 정부가 전제되는 거버넌스가 아니라 자율적인 교정능력을 보유하는 거버넌스이다. 정부 독점의 거버넌스 하에서 사실상 자율적인 교정능력이 발휘되지 않고 있는 경우가 빈번히 발생한다. 자율적인 교정능력을 보유하기 위해서는 먼저 요구되는 것이 거버넌스 내에서의 정부 독점성 완화이다. 우리 헌법에서 규정하고 있는 입법, 사법, 행정의 삼권분립은 정부의 독점성을 억제하고 정부 실패를 교정하고자 고안된 장치이다. 대의민주주의 자체는 선(善)한 거버넌스를 지향하면서 설계된 오랜 전통을 가진 거버넌스이다.[11] 건전한 거버넌스는 견제와 균형의 네트워크 속에 있다. 정부의 독점성이 약화된 참여적인 거버넌스에서도 부패는 발생한다. 그러나 부패는 교정의 대상이며, 거버넌스 내 견제시스템에 의해 교정된다. 예를 들면, 미국의 정부윤리법이나 로비관련법은 공무원 개개인을 통제하는 법이 아니라 거버넌스 맥락으로 공무원을 보호하는 장치이다.

거버넌스의 핵심요소는 사회적 자본(social capital)이고 그중에서도 신뢰(trust)이다. 신뢰는 정부와 같은 공적 영역과 사적 영역을 연결해 주는 교량이자 상호작용을 원활히 해주는 윤활유이다. 사회적 신뢰가 형성되면 국민은 정부를 비롯한 공적 영역의 행위자들의 정통성을 존중해 주고, 사회이익 조정을 위한 정부의 정책 결정에 보다 광범위한 지지를 보내게 된다. 사회적 신뢰를 갖고 있는 국민은 정부의 이익조정 행위에 관용적 태도를 보이고 정부 결정을 수용, 실천하는 경향을 보인다. 이에 따라 사회갈등이 과도하게 높은 수준으로 분출되지 않고 정치체제가 원활히 작동하게 된다.

2.3 기업 거버넌스의 관점

기업 거버넌스(Corporate Governance)를 경영학 분야에서는 '기업지배구조'로 번역함에 따라 주로 소유지배구조 등의 기업지배구조 관점에서의 접근이 주류를 이루고 있다. 거버넌스에 대해 보다 다차원적 이해를 위해 구조와 과정의 관점에서 살펴보면 다음과 같다.[12]

---

11) 김석준 외(2023), p.244.

12) 거버넌스의 이해와 사례(tistory.com), 2024.3.15 검색 분석 요약 인용함.

- **구조로서의 거버넌스** : 거버넌스 관점에서 정부 외의 다양한 행위자가 의사결정에 참여하고 관료제적 통치방식에서 벗어나 보다 수평적인 네트워크 조직을 통한 문제 해결을 시도하고 있다. 거버넌스는 구조적 차원에서 볼 때 어떠한 행위자들이 어떤 제도와 체제적 조건 속에서 참여하고 무슨 역할을 수행하는가와 밀접한 관련이 있다. 따라서 여기서는 권력관계와 가치관계가 중요하다. 거버넌스의 맥락 측면에서 제도의 설계와 자기-조직화(self-organization)를 촉진할 뿐만 아니라, 다양한 목표, 공간적, 시간적 지평, 행위 등을 하는 비전의 생성을 포함한다. 제도적으로는, 기능적 연계와 실질적인 상호의존 관계에 대한 집합적 학습 메커니즘을 제공하는 일이며, 전략적으로는 비전의 공유를 장려하는 일이다.
- **과정으로서의 거버넌스** : 과정적 차원에서 볼 때 거버넌스는 주어진 과제를 어떠한 절차와 단계를 통해 효율적이고 효과적으로 해결하느냐와 관련된다. 효과적으로 문제를 해결하기 위하여 다양한 행위자간의 활발한 의사소통과 토론을 통한 상호조정을 중시한다. 따라서 명령, 통제, 제재와 같은 방식보다는 합의, 조정, 협력을 통한 문제해결 방식을 선호한다. 과정적 측면에서 거버넌스는 조종(steering)과 조정(coordinating) 현상으로 이해된다. 따라서 다양한 주체들 간의 협력적 의사결정과 문제해결을 위한 조종기제가 핵심이라 할 수 있다. 예를 들면, IFRS 지속가능성 공시기준 S1 '지속가능성 관련 재무정보 공시를 위한 일반 요구사항'을 보면, 거버넌스에 대해 다음과 같이 규정하고 있다.[13]

> 거버넌스에 대한 지속가능성 관련 재무공시의 목적은 일반목적재무보고서의 이용자가 기업이 지속가능성 관련 위험 및 기회를 모니터링하고, 관리하고, 감독하기 위해 사용하는 거버넌스 프로세스, 통제 및 절차를 이해할 수 있도록 하는 것이다. 이러한 목적을 달성하기 위하여 기업은 다음의 정보를 공시한다.
>
> (1) 지속가능성 관련 위험 및 기회를 감독할 책임이 있는 의사결정기구(들)(이사회, 위원회 또는 이에 상응하는 거버넌스를 담당하는 기구를 포함할 수 있음)
>
> (2) 지속가능성 관련 위험 및 기회를 모니터링하고, 관리하고, 감독하기 위해 사용하는 거버넌스 프로세스, 통제 및 절차상의 경영진의 역할

13) 한국회계기준원 지속가능성기준위원회, IFRS 지속가능성 공시기준 S1 '지속가능성 관련 재무정보 공시를 위한 일반 요구사항' 번역본, 2023.12, 문단 26-27 요약 인용.

지속가능성 공시기준의 요구를 보면, 지속가능성 위험과 기회를 감독할 의사결정기구 뿐만 아니라 지속가능성 관련 위험 및 기회를 모니터링하고, 관리하고 감독하기 위해 사용하는 거버넌스 프로세스, 통제, 절차상의 경영진의 역할에 초점을 두고 있음을 유념할 필요가 있다.

2.4 좋은 거버넌스의 고려사항[14)]

좋은 거버넌스는 경제발전과 관련된 개념으로 안정적인 정치체계 구축, 법의 지배 확립, 행정의 효율성 제고, 건전한 시민사회 구축 등을 통하여 경제발전에 도움이 되는 효과적인 정치체제를 구축하는 것을 의미한다. 최적의 혹은 좋은 거버넌스 모형을 구축하기 위해서 다음 사항을 고려해야 할 것이다.

첫째, 책임성의 약화에 대한 보완장치를 마련해야 한다. 민주주의는 선거상의 통제가 의미를 지니기 위해서는 권력과 책임이 반드시 동일한 주체에게 있어야 한다고 가정한다. 하지만 거버넌스는 책임이 없는 주체를 국정 운영에 끌어들이는 경우 전통적 도식을 모호하게 할 수 있다. 따라서 거버넌스의 도입과 활용은 새로운 형태의 통제수단을 고려해야 한다.

둘째, 거버넌스에 참여하는 다양한 행위자들의 상호의존적인 신뢰 구축을 통해 협력체제를 갖추어야 한다. 이를 위해서는 각 행위자들의 독립성과 자율성이 보장되어야 한다. EU의 거버넌스처럼 다양한 층위에 분산되어 있는 행위자간의 상호작용과 협상을 중시하며 통치의 대상을 사람이 아닌 공동의 문제로 보는 네트워크 거버넌스를 지향함으로써 거버넌스의 문제해결 역량을 제고해야 한다.

셋째, 좋은 거버넌스를 구축하기 위해서는 무엇보다도 정책결정자의 리더십이 필요조건으로 전제되어야 한다. 책임 있는 정치권력 보유자의 진정성 있는 의지가 거버넌스를 구축하기 위해서는 무엇보다 중요하다.

거버넌스는 조직의 목표를 달성하기 위한 방향성을 제시하고, 조직 목표 달성의 효율성을 높이기 위해 조직 내부의 권한과 책임을 명확히 하여 조직 내부의 갈등을 예방하고, 조직구성원들간의 협력을 촉진하는 역할을 한다. 실무적용에 있어서 유의할 사항을 요약해 보면 다음과 같다.

• 거버넌스는 한 사회나 조직이 공동목표 달성이나 문제 해결을 위해 의사결정을 하고

14) 라미경, 거버넌스연구의 현재적 쟁점, 한국거버넌스학회보, 제16권 제3호(2009년 12월호), pp.104-105 분석 요약 정리 제시함.

실행해 나가는 과정이다. 지금까지 거버넌스를 지배구조와 동일시함에 따라 주로 지배 및 통제 체계 및 구조 등으로 이해되어 왔다. 기업의 목표 달성이나 문제 해결을 위한 전략적인 동태적 과정임을 명확히 인식할 필요가 있다.

- 일방적으로 지시를 받는 구조가 아닌 다수 구성원에 의해 운영되는 협치로 소통(communications)과 통제(controls)가 핵심적 요소이다.
- 일방적인 상명하복이나 독단적이 아닌 민주적 의사결정체계로 한 개인이나 집단의 실수나 사적 유혹을 예방하기 위한 상호 견제와 균형시스템이다.

3. 국제기구의 거버넌스에 대한 논의

거버넌스 이론의 핵심은 정부만이 사회문제를 해결할 수 있는 역량을 가진 유일한 존재가 아니며, 정부의 강제력에 의존하지 않고도 사회문제를 해결할 수 있다는 것으로 요약될 수 있다.[15] 즉, 민간부문의 다양한 구성원들과 다양한 수준의 정부 간의 자발적이고 수평적인 협력을 통한 사회문제 해결이 가능하다는 것이 거버넌스 이론의 핵심적인 주장이다. 사회문제 해결과정에서의 민간부문의 책임과 역량을 새롭게 인식함으로써 정부에 대한 맹목적인 의존으로부터 탈피해 보다 성숙한 시민의식을 함양할 수 있고, 이러한 시민의식에 근거한 시민들의 적극적인 사회문제 해결을 통해 실질적인 민주사회를 건설할 수 있다.

거버넌스는 지역사회에서부터 국제사회에 이르기까지 여러 공공조직에 의한 행정 서비스공급체계의 복합적 기능에 중점을 두는 포괄적인 개념으로 파악될 수 있다. 거버넌스는 정부·준정부를 비롯하여 반관반민(半官半民)·비영리·자원봉사 등의 조직이 수행하는 공공활동, 즉 공공서비스의 공급체계를 구성하는 다원적 조직체계 내지 조직 네트워크의 상호작용 패턴으로 인간의 집단적 활동으로 파악할 수 있다.

3.1 국제기구의 거버넌스에 대한 관심

앞서 설명한 바와 같이, 거버넌스에 대한 논의는 1980년대 중반부터 국제기구들을 중심으로 본격적으로 논의되기 시작했다. World Bank, IMF, UNDP(United Nations Development Programme), OECD 등을 중심으로 한 국제기구들은 1980년대부터 제3세계 국가들의 발전을 관리하기 위한 사회통합체계 구축과 이를 위한 국가의 관리능력을 강화하

15) 이명석, 거버넌스 신드롬: 한국 거버넌스 연구의 경향과 한계, 국정관리연구, 제16권 제3호(2021.9), p.281.

는 방안으로서 거버넌스에 상당한 관심을 가지기 시작했다. 세계은행의 경우 거버넌스를 '국가의 경제, 사회적 자원을 개발·관리함에 있어 권력을 행사하는 양식'으로 정의하고 있으며(World Bank, 1994), UNDP의 경우는 '국가의 문제를 해결하기 위한 정치적, 경제적, 행정적 권위의 사용'으로 정의하고 있다.

한편 OECD에서는 거버넌스의 민주주의적 측면을 강조하면서, 자원의 투자가 개발 목표를 달성하는 데 기여할 수 있도록 지속가능한 경제, 사회개발을 위한 민주적 가치와 절차 및 책임성 있는 체계의 구축에 관심을 모으고 있다. 세계은행의 경우는 보다 나은 통치능력을 가진 정부형태에 관심을 가지면서 효과적인 거버넌스(effective governance) 유형을 추구했다면, UNDP의 경우는 정부와 민간, 자발적 연합체들간의 상호작용을 강조하는 조정적 거버넌스(governance as coordination) 유형을 추구하였으며, OECD의 경우는 정부의 정당성과 책임성, 그리고 인권과 같은 보편적 이슈를 다루기 위한 포괄적 참여 또는 권한강화에 관심을 가지고 있는 점을 들 수 있다. 이처럼 이들 각각이 거버넌스를 바라보는 데 있어 입장의 차이는 있지만 공통점은 제3세계 국가들의 경제개발의 효율성에 대한 관심에서 비롯되었으며, 사적 투자를 촉진하는 정책환경을 조성하고, 보다 개방적이고 투명하며 책임성 있고 반응적인 정부의 새로운 관리패턴(new management pattern)에 관심을 가지고 있었다는 점이다.

3.2 IMF의 Good Governance

1997년 IMF는 경제적 거버넌스에 대한 정책을 채택하였다("The Role of the IMF in Governance Issues"). 이후 거버넌스에 대한 정책 집행을 강화하기 위해 2018년에는 회원국과 보다 시스템적으로 효과적이며, 자발적이고 보다 공평한 약정을 촉진하기 위한 새로운 프레임워크 즉 "거버넌스 정책": Framework for Enhanced Engagement on Governance(Governance Policy)을 채택하였다.[16] 위와 같은 정책은 경제활동에 가장 관련성이 높은 국가의 기능 즉 ① 재정 거버넌스, ② 금융 부문의 감독, ③ 중앙은행의 거버넌스와 운영, ④ 시장의 규제, ⑤ 법치(rule of law), ⑥ 자금세탁 방지와 테러 자금과의 싸움에 중점을 두고 있다. 거버넌스 정책은 부패에 연계된 거래에 중점을 두고 있으며, 특히 외국공무원에게 뇌물에 주거나 부패 은폐 목적의 서비스 제공 예방에 관심을 두고 있다.

16) Governance and Anti-Corruption(imf.org).

3.3 UNDP의 거버넌스

유엔거버넌스센터의 사업은 'UN 새천년개발목표(MDGs, Millennium Development Goals)나 UN 지속가능개발목표(SDGs, Sustainable Development Goals)'와 같이 국제적으로 합의가 된 목표를 달성하려는 회원국들의 활동을 돕기 위해 투명하고 효과적이며 민주적인 참여 거버넌스 역량을 증진하는 것을 목적으로 한다. 정부 개혁 사례와 경험의 상호 공유, 정부 · 시민사회 · 기업 간 공동협력 강화 등을 추진하고 있다. 유엔은 거버넌스의 개념을 '한 국가의 여러 업무를 관리하기 위한 정치, 경제 및 행정적 권한의 행사를 동반하는 의사결정 과정(Process of Decision-making)'으로 정의하고 있으며 그 과정에서 투명성(Transparency), 효과성(Efficiency), 참여성(Participation) 모두를 갖춘 경우를 '굿 거버넌스'라고 한다.

UNDP는 거버넌스를 "국가의 문제를 해결하기 위한 정치적, 경제적, 행정적 권위의 사용"으로 정의하고 있다. 시민들과 각종 집단들이 자신들의 이익을 모색하고, 자신들의 권리와 의무를 수행하고, 자신들간의 차이를 조정하는 복잡한 메커니즘, 과정, 관계, 제도로 시민사회중심으로 정의하고 있다. 거버넌스(UNDP, 1997)는 사회 내에서 권력을 배분하고 공공자원과 문제를 다루기 위해 사용하는 모든 방법을 포괄하고 있다는 점에서 가치중립적인 개념이다.[17)]

UNDP가 제시하고 있는 거버넌스의 5대 원칙은 다음과 같다.

1) **참여**(Participation) : 모든 시민이 그들의 이해관계를 대표하는 합법적 기관을 통하거나 직접 의사결정에 의사를 반영해야 한다. 참여는 언론, 집회 및 결사의 자유와 관계가 있다.
2) **투명성**(Transparency) : 정보의 자유로운 흐름이 투명성을 높이게 된다. 의사결정 과정, 제도 및 정보는 관심 있는 모든 사람에게 직접 알려야 한다.
3) **책임성**(Accountability) : 정부, 민간부문 및 시민사회는 이해관계자와 일반국민에게 정치적 책임을 다해야 한다.
4) **형평성**(Equality) : 모든 시민들은 그들의 복지를 향상 또는 유지할 기회를 보장받아야 한다.
5) **법치**(Rule of law) : 법에 근거하여 권력이 운영되고, 국민도 법규범을 철저히 준수하는 것을 의미한다. 법제도는 모든 사회구성원들에게 공평하게 집행되어야 한다.

---

17) 김석준 외(2023), p.244.

3.4 OECD 기업 거버넌스의 원칙

OECD는 기업의 투자활동을 지원하고 기업의 다양한 이해관계자들의 권리와 능력을 제고하기 위해 1999년 거버넌스 원칙을 제정한 바 있다. 이어 시대흐름에 맞춰 2004년과 2015년 두 차례 원칙을 개정했다. 세계 주요 20개국(G20)과 경제협력개발기구(OECD)의 기업 거버넌스 원칙 3차 개정안이 채택됐다.[18] 3차 개정원칙은 기후변화 등 다양한 환경·사회위험을 관리하고 기업과 시장의 지속가능성을 보장하는 차원에서 거버넌스 역할을 강조하고 있다. 즉 자본시장에서 자금을 조달하는 기업의 관점에서 거버넌스의 유효성과 모델을 제시하는 것에서 더 나아가 기업의 지속가능성과 회복력뿐만 아니라 경제 전체의 지속가능성과 회복력에 기여할 수 있어야 한다는 점을 제시하고 있다.

개정원칙은 이사회와 경영진의 지속가능성 위험 관리와 정보공개 의무, 주주 및 이해관계자들과의 소통 책임을 강조하고 있다. 지속가능성과 회복력을 위한 거버넌스 원칙, 지속가능성 정보 공시, 주주 및 이해관계자에 대한 고려, 지속가능성 위험 관리에 관한 이사회의 책임 등에 관한 내용으로 모두 새롭게 구성됐다. 주요 내용은 다음과 같다.

① 기업과 투자자는 넷제로·저탄소 경제로의 전환과 관련한 위험 및 기회를 인식하고 관리할 수 있어야 한다. 이는 결국 경제 전체의 지속가능성과 회복력에 기여한다.
② 이러한 위험을 안전하게 관리하고, 일관되며 비교가능하고 신뢰할 수 있는 정보의 공개를 촉진함으로써 투자자의 투자 및 의결권행사 결정을 지원해야 한다.
③ 투자자와 이사, 경영진은 회사의 지속가능성과 회복력을 지원하는 최선의 전략에 관한 건설적인 대화에 열린 자세로 임해야 한다.

3.5 WEF(World Economic Forum) 거버넌스 원칙

세계경제포럼(World Economic Forum)의 국제비즈니스협의회(International Business Council)는 2020년 9월 '이해관계자 자본주의 측정 : 지속가능한 가치창출을 위한 공통지표와 일관된 보고'를 발표하였다.[19] 발표된 이해관계자 자본주의 공통지표(Stakeholder Capitalism Metrics)는 기업이 환경, 사회 및 거버넌스(ESG) 지표에 대한 성과에 관한 주요 보고를 일치시키고 SDGs에 대한 기여도를 일관성 있게 추적하는 데 사용할 수 있도록 하

---

18) OECD 기업 거버넌스원칙 개정 "기후변화 위험 관리 강조," 내일신문, 2023.7.19.

19) Measuring Stakeholder Capitalism : Towards Common Metrics and Consistent Reporting of Sustainable Value Creation, World Economic Forum, September 2020, p.3.

였다. 보고서에서 소개하고 있는 측정지표는 거버넌스의 원칙(principles of governance), 지구(planet), 사람(people), 번영(prosperity)이라는 4개의 축에 따라 소개하고 있다.

거버넌스의 원칙(Principles of Governance)을 보면 다음과 같다.[20]

첫 번째 원칙은 '거버넌스 목적'이다. 거버넌스는 기업이 긍정적이고 명확한 목적을 수립하고 추구하도록 한다. 기업 목적은 전략에 방향을 제시한다. 거버넌스 목적의 중요성이 점증하고 있다. British Academy에 의하면 "기업의 목적은 사람과 세상의 문제를 수익성 있게 해결하는 것이다. 문제를 일으키며 이익을 내는 것이 아니다."[21] 세계경제포럼과 Business Roundtable은 기업의 목적과 주주를 비롯한 모든 이해관계자를 위한 장기적 가치 창출이 중요함을 단언하고 있다. 위와 같은 새로운 관점은 지속적으로 강화될 것으로 예상된다. 좋은 거버넌스와 투명성, 근본적인 장기적 가치창출을 위한 기업의 목적의 선언이 중요한 시점이다.

두 번째 원칙은 '거버넌스 기구의 품질(Quality of governing body)'이다. 이는 거버넌스(예 : 이사회) 기구의 기능과 형태가 기업 장기적 가치 창출과 얼마나 잘 조율되어 있는가의 문제이다. 기업이 채택한 거버넌스 기구(예 : 이사회)의 구성원(이사)과 조직은 지속가능한 가치 창출에 대한 감독과 의사결정의 질(quality)에 주된 영향을 준다. 대부분의 거버넌스 보고 프레임워크와 규제당국은 이사회의 구성과 자격, 조직, 정책과 프로세스에 대한 공시를 요구하고 있다. 최근의 지표들은 거버넌스 기구가 장기적 가치 창출과 조율되어 있는지, 기업의 성과가 관련된 통제와 함께 기간에 걸쳐 모니터링되고 개선되는지에 중점이 두어지고 있다.

세 번째 원칙은 '이해관계자의 참여(Stakeholder engagement)'이다. 주요 이해관계자의 참여는 이해관계자의 주요 관심사를 이해하고 이에 대해 기업이 영향을 주는 프로세스를 포함한다. 이해관계자의 참여는 거버넌스 기구가 장기적 가치의 우선순위를 설정하고 이사회의 책무성을 지도함에 중요하다. 효과적인 이해관계자의 참여가 이루어지기 위해서는 적합한 이해관계자(예 : 주주, 종업원, 고객, 공급자, 지역사회 등)를 확인하고 선정하며 적극적으로 그들의 의견이나 조언을 요청하는 확고한 프로세스가 보장되어야 한다. 또한 참여의 빈도와 방법이 명확히 제시되어야 한다. 기업의 지속적인 가치 창출을 위한 책무성을 강화하고 기업의 신뢰를 증진시키기 위한 효과적이고 목적중심의 전략(purpose-led strategy)을 체계화함에 핵심적인 도움이 될 것이다.

네 번째 원칙은 '윤리적 행동(Ethical behaviour)'이다. 기업은 관계 법규와 건전한 관습

---

20) World Economic Forum(2020), p.21.

21) www.thebritishacademy.ac.uk/documents/3462/Policy-and-Practice-for-Purposeful-Business-The-British-Academy.pdf, 2024.9.4 검색 분석 요약 인용.

에 따라 그 자체가 윤리적으로 행동하여야 한다. 이는 기업의 장기적 가치 창출을 위한 중대한 한 부문이다. 좋은 거버넌스(good governance)의 핵심적 원칙은 기업의 의사결정이 관계 법규에 따라 그리고 이해관계자의 기대에 따라 윤리적으로 행동하도록 효과적으로 감독하는 것이다. 기업 의사결정에 있어서 이해관계자의 사회 영향에 대한 이해(interest)가 점증하고 있으며 투명성에 대한 요구가 증대하고 있다. 기업이 단순히 법을 준수하는 것을 넘어서 기업의 목적과 일관된 행동을 하도록 요구하고 있다. 윤리적 행동을 촉진하고 발전시키는 조직 문화, 정책, 경영환경을 명확히 하고 지원하는 것은 좋은 거버넌스와 장기적 가치창출의 중요한 요소이다. 윤리적 행동의 책무성을 확립하기 위해서는 지속적인 모니터링이 요구된다. 주주를 포함한 이해관계자와 함께 기업의 신뢰와 관련된 이슈에 관심을 가져야 한다.

다섯 번째 원칙은 '리스크와 기회에 대한 감독(Risk and opportunity oversight)'이다. 거버넌스는 전략적 리스크와 기회에 효과적인 파악과 관리가 이루어지는지에 대한 감독을 하여야 한다. 리스크 관리는 좋은 거버넌스(Good governance)의 핵심적 국면으로, 전사적 리스크 관리시스템의 효과성을 감독하고 그의 결과를 전략에 반영하도록 하여야 한다.

3.6 통합된 기업 거버넌스(Integrated corporate governance)

최근 기업과 금융회사, 공공기관 등의 이사회의 역할의 중요성이 증대되고 있다. AI를 비롯한 신기술의 급격한 발전과 확산, 기후변화, 지정학적 리스크, 글로벌 인도주의 확산, 금융 및 경제 위기는 기업의 가치 창출의 성격과 리스크, 사회경제적 기대를 변화시키고 있다. 이에 따라 기업의 거버넌스와 기업의 책임에 대한 기존의 이해가 도전을 받고 있다.

위와 같은 경영 환경의 근본적 변화에 따라 기업 모든 분야에 환경, 사회, 거버넌스, 데이터 보호를 비롯한 데이터 스튜어드십의 중요성이 증대되고 있다.[22] 환경, 사회, 거버넌스, 데이터 스튜어드십(이하 "환경, 사회, 거버넌스 등")의 리스크와 기회는 기업의 현재와 미래의 재무상태, 경영성과, 경쟁력, 어떤 경우에는 생존에 잠재적 영향을 미친다. 즉 기후변화, 천연자원의 희소성, 인권, 포용과 다양성, 데이터 보호와 프라이버시, 글로벌 자원과 경제적 갈등과 봉쇄 등에 따른 회복력 등의 이슈에 대한 대처 역량이 기업의 지속적인 경제적 가치 창출과 리스크 관리와 기업가치에 미치는 영향이 증가하고 있다.

22) Integrated Corporate Governance: A Practical Guide to Stakeholder Capitalism for Boards of Directors, World Economic Forum, June 2020, p.6.

3.6.1 모든 이해관계자의 요구 : 환경, 사회, 거버넌스 등

종전의 주주가치 극대화로부터 패러다임의 전환이 필수적이다. 기업이 이익을 창출하고 주주에게 배당 등의 형태로 측정가능한 가치를 제공하는 것은 기본이다. CEO와 투자자, 규제당국, 행동주의투자기관들은 주주(sharehoders)뿐만 아니라 모든 주요 이해관계자(all key stakeholders) 요구를 조화시킨 명시적이고 측정가능한 약속을 하도록 공식적으로 요청하고 있다. 그들은 중요한 "환경, 사회, 거버넌스 등"의 리스크와 기회를 관리하는 공시된 목적과 목표를 수립하고 이에 대한 성과를 공시할 뿐 아니라 단기적 가치에 추가하여 장기적 가치를 창출할 전략을 설명하도록 요구하고 있다. 재무와 운영의 리스크와 기회에 중점을 둔 기존의 주주 중심의 기업 거버넌스 모형의 특성이 잠식되어 가고 있다. 반면 기업의 책임과 시민에 기초한 이해관계자 모형은 "환경, 사회, 거버넌스 등"의 리스크와 기회에 중점을 두고 있다. "환경, 사회, 거버넌스 등"의 요소의 중요성이 고조됨에 따라, 현재 많은 경우 분화되었고 부차적으로 다루어지고 있는 것을 기업의 핵심 전략과 운영, 기업의 거버넌스에 보다 통합적으로 내재화할 것이 요구되고 있다.

3.6.2 통합된 기업 거버넌스(Integrated corporate governance)

이사회와 CEO는 이해관계자 자본주의의 원칙과 목표를 실무에 적용하여야 한다. 특히 이사회는 전통적인 주주 중시의 사고에 의한 주주와 이해관계자의 칸막이(segmentation) 사고를 초월하여야 한다. 통합된 기업 거버넌스(Integrated corporate governance)는 이해관계자 자본주의의 핵심이다. 통합된 기업 거버넌스는 "환경, 사회, 거버넌스 등"의 요소를 기존 주주 중시(shareholder primacy) 관점에서 비재무적 현안으로 인식하기보다는 총체적 이해관계자 관점에서 넓은 이해(wider stakeholder interests)로 바라보는 마음가짐(mindset)에서 출발한다. 환경, 사회, 거버넌스, 데이터 스튜어드십을 조직적으로 내재화하기 위해서는 기업의 전략, 자원배분, 리스크 관리, 성과평가, 보고정책과 프로세스에 이를 고려하여야 한다. 이는 윤리적이나 정치적인 것이 아니며 이사회가 다루어야 할 중대한 경영요소이다.

3.6.3 통합된 기업 거버넌스를 위한 이사회의 역할

새로운 시대에 지속가능하고 공유된 가치 창출을 위한 목적에 부합하기 위해서는, 이사회는 다음과 같은 분야에 대한 감독과 거버넌스 역량, 그리고 우선순위를 엄격하게 재평가하여야 할 것이다.[23] 많은 경우 이를 위해 중요한 변화가 요구될 것이다.

1. 장기적인 가치창출 동인(driver)과 전략과 자원배분이 일관성을 갖도록 조율하라.
2. 중요한 "환경, 사회, 거버넌스 등" 요소를 조직의 전사적 리스크 관리에 내재화하라.
3. 위기와 시스템 체계에 영향을 주는 쇼크에 대처하기 위한 준비와 회복력을 강화하라.
4. 글로벌 기업의 경영환경의 이해관계자의 요구에 대한 협력적 관계를 강화하라.
5. 통합된 방식으로 재무보고와 중요한 "환경, 사회, 거버넌스 등"의 리스크와 기회를 보고하도록 준비하라.
6. 이사회의 조직, 이사회 구성 등을 "환경, 사회, 거버넌스 등"의 요구에 적응할 수 있도록 보완하여 개편하라.

4. IIA 거버넌스 가이드라인 : 거버넌스 구성[24)]

거버넌스는 기업의 목적을 달성하기 위해 경영층과 임직원을 비롯한 이해관계자를 위한 방법을 제공하는 것이다. 즉 조직의 목적을 달성하기 위해 그들의 책무(responsibility)와 활동, 건전한 내부통제와 리스크 관리 활동의 계획, 효율적이고 효과적인 운영과 모니터링과 보고, 그리고 효과적인 독립적인 통제와 인증 활동을 수립하는 것을 말한다.

거버넌스의 구성요소는 다음과 같다([그림 4-1] 참조).

- 조직의 목적과 방향(Objectives and direction)
- 조직의 구조(Structure)
- 구현/시행(Implementation)
- 학습과 개선(Learning and improvement)

상기한 거버넌스 구성요소는 외부적 맥락(external context)을 고려하여 구현될 때 기업의 가치 창출과 목적 달성을 위한 역량 제고에 기여할 것이다. 구성요소의 순서는 프로세스 방법론 등과 정합성을 갖고 있다. 거버넌스는 본질적으로 역동적이고 구성요소들이 상호간에 높은 수준으로 통합되어 있으며 동시에 작용하며 상호 영향을 미치게 된다.

---

23) World Economic Forum(2020), p.7.

24) Guidelines for governance, 1st Edition 2021, IIA Norway. 거버넌스의 구성에 대하여 본 자료에 기초하여 분석 요약하여 제시함.

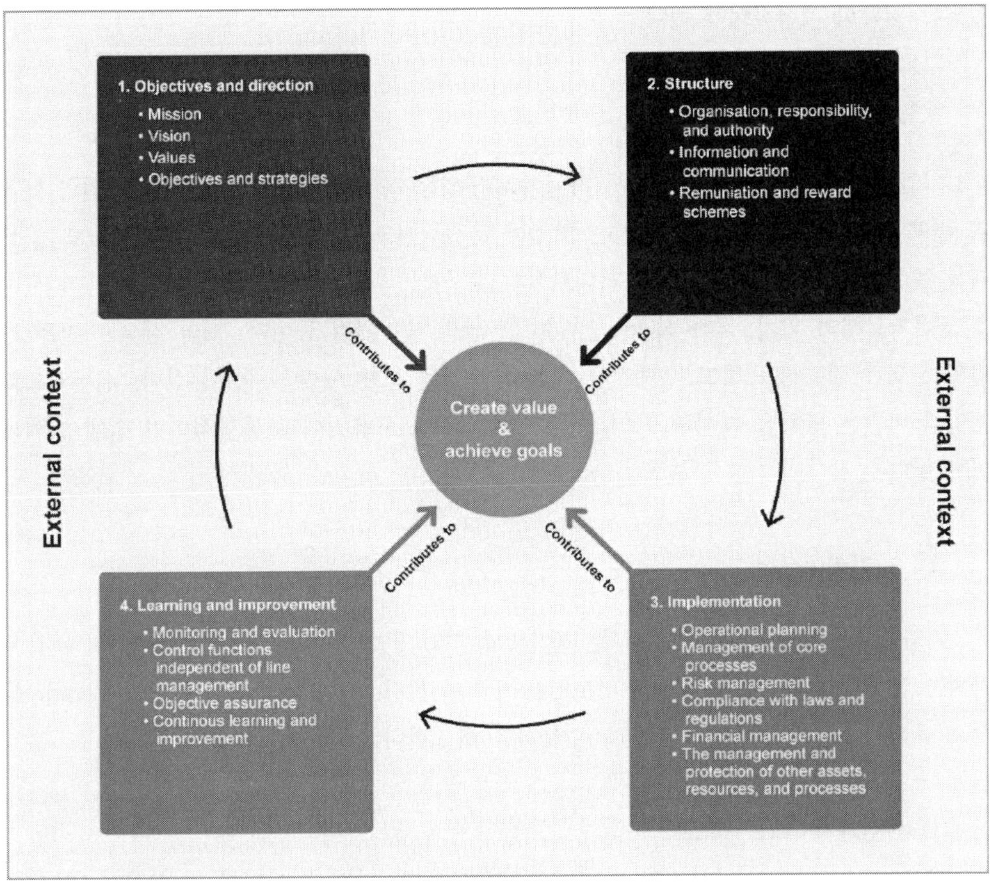

자료 : Guidelines for governance, 1st Edition 2021, IIA Norway, p.6.

[그림 4-1] 거버넌스 구성

4.1 조직의 목적과 방향(Objectives and direction)

기업을 위한 구조를 마련하기 전에 기업의 사명, 비전, 가치, 목표를 정립하여야 한다. 임직원이 일사불란하게 일할 수 있도록 동기를 부여하고 영감을 주는 것이 가장 중요하다.

4.1.1 사명(Mission)

조직의 존재 이유와 운영과 활동의 한계를 제시한다. 조직의 자원을 이용할 한계와 앞으로 계획된 활동을 정의하게 된다. 조직의 사명은 기업의 비전, 가치, 목적, 전략의 기초가 된다. 기업의 사명을 정하는 것은 오너의 몫이다. 실무적으로는 기업의 사명은 기업의 존재 이유를 설명하고, 달성해야 할 요구사항을 정의하고 내외부 이해관계자가 쉽게 이해할 수 있도록 명확히 제시하여야 한다.

4.1.2 비전(Vision)

기업의 비전은 장기적 관점에서 기업이 추구하는 목적에 대한 아이디어로 기업의 목표와 전략 수립의 기초가 된다. 비전은 기업이 달성하려고 소망하는 미래의 이미지 또는 상태를 표현한다. 예를 들면 산업의 리더로서의 추구하는 위치, 고객이 선호하는 제품과 서비스 공급자로서의 위치, 국가 사회에 기여하고 신뢰받는 기업 등이다. 위와 같은 비전은 기업의 사명과 일관성을 갖고 구체적인 기업의 목적에 의해 뒷받침되어야 한다. 실무적으로 기업의 비전은 방향을 제시하고 영감을 주어야 하며, 포용적이고 통합적이며 쉽게 이해되어야 한다.

4.1.3 가치(Values)

기업이 창출하는 또는 지켜야 할 가치로서 기업 문화 형성의 기반이 된다. 위와 같은 가치는 일상의 의사결정과 행동의 가르침을 주어야 한다. 이는 기업의 임직원이 integrity를 갖고 윤리적으로 행동하며 건전한 기업문화를 촉진한다.

(1) 핵심가치(Core values)

핵심가치는 기업의 근본적인 가치이다. 기업의 핵심가치가 어떻게 정의되고 소통되고 준수되는가가 기업문화의 핵심적 관건이 된다. 핵심가치 선언문은 기업이 내부와 외부 경영환경에서 목표 달성을 위해 어떻게 운영되어야 하는지에 대해 방향을 제시하여야 한다.

실무적 관점에서 기업은

- 핵심가치는 기업이 소망하는 문화와 행동을 정의하여야 한다.
- 임직원이 핵심가치를 생활화하도록 격려하여야 한다.
- 기업의 핵심가치에 벗어난 행동을 회피하도록 체계화하여야 한다.

(2) 윤리와 사회적 가치(Ethics and social responsibility)

기업은 윤리적으로 책임 있게 행동하여야 하며, 법규 준수를 넘어 사회적 책임을 실천하여야 한다. 이를 생활화하는 것은 기업의 명성과 목적 달성, 경쟁력과 장기 지속가능성에 영향을 미치게 된다. 이사회와 CEO는 윤리에 대한 주의 깊은 접근과 단기적 재무적 이해와 지속가능성, 사회적 책임에 대한 균형을 가져야 한다.

실무적 관점에서 기업은

- 명확한 윤리적 정책과 지침을 제시하고 적용하여야 하며
- 가치 창출과 외부 요구를 어떻게 통합할 것인가에 대한 지침을 제공하여야 한다.
- 부패, 비윤리적 행동, 부정, 성적·인종적 차별 등의 구체적인 예방, 적발, 대응 활동
- 비판적인 이슈에 대한 내부고발 보호체계의 수립 운영한다.

(3) 투명성(Transparency)

투명성은 기업의 의사결정이 어떻게 이루어지는가, 어떻게 활동이 수행되는가, 그리고 달성된 결과에 대한 정보를 이해관계자에게 공개하는 것이다. 이해관계자의 기업의 발전에 대한 이해와 의사결정에 대한 기초로서 외부정보와 내부정보는 이용가능하여 목적적합하여야 한다.

실무적 관점에서 기업은

- 의사결정 과정과 관련 자료를 문서화하고
- 내외부 이해관계자에게 제공한 정보의 질, 적시성, 무결성(integrity)을 유지하고
- 내외부 이해관계자에게 의사결정과 관련된 모든 정보를 공유하며
- 이사회 구성원과 임직원이 의사결정으로부터 발생될 수 있는 잠재적인 이해상충을 충분히 파악할 수 있도록 하여야 한다.

(4) 목적과 전략(Objectives and strategies)

목적과 전략은 기업의 비전과 가치를 달성하도록 뒷받침하여야 한다. 기업의 목적은 소망하는 미래의 모습이다. 일반적으로 전략적 목적과 경영목표로 구성된다. 전략적 목적은 기업의 비전과 가치에 기초하여 장기적 관점에서 달성할 것을 제시하게 되며 이사회에 의해 승인된다. 전략을 개발할 때 현재 경영 환경에서 기업의 위치를 이해하는 것이 중요하다. 실무적 관점에서는 SWOT분석(SWOT-Analysis) 등이 요구된다. 전략은 본질적으로 기업이 원하는 미래의 모습으로 가기 위한 장래의 과정에 대한 선택을 기술하는 것이다.

경영목표는 전략적 목적을 달성할 단기적 관점으로 경영층에 의해 승인된다. 전략적 목적에 비해 보다 가시적이고 구체적이다. 경영목표는 전사적과 각 부문별 실행계획(Action plan)에 의해 구체화되어야 한다. 전략적 목적과 경영목표는 주기적으로 평가되어 수정되어야 한다.

실무적 관점에서 기업은

- 다음과 같은 분야에 명확한 전략적 목표를 정의하여야 한다.
  · 조직의 효율성과 효과성, 가치와 자산의 보호,

· 관계 법규의 준수와 투명한 재무 및 사업보고
- 주기적인 기업의 SWOT분석 : 강점, 약점, 위협, 기회
- 기업의 다양한 발전 시나리오(리스크를 포함한)
- 핵심성공요인(Critical success factors) 분석(주제 및 전제 등에 대한)
- 전략목표 달성을 위한 전략과 계획의 문서화와 승인
- 경영목표와 실행계획 수립과 승인 운영

4.2 조직(Structure)

기업이 전략 및 목적을 달성하기 위해서는 실행가능한 의사결정 프로세스, 명확한 책임과 권한 분장, 적절한 정보와 커뮤니케이션 프로세스 및 보수 및 보상 체계를 갖춘 건전한 구조가 핵심적이다. 조직 구조를 확립하기 위해서는 기업의 목표와 전략, 가치, 행동 및 문화에 관한 명확성을 전제로 한다. 외부환경 및 조건을 파악하여 고려하여야 한다.

4.2.1 조직, 책임, 권한

조직은 책임과 권한이 명확하게 기술되어야 한다.

실무적 관점에서 기업은

- 이사회 헌장을 작성하고 승인하며 이사회 업무에 대한 계획의 수립 운영 및 자체 활동의 기능에 대한 주기적 평가를 포함한다.
- 명확하고 적절한 책임과 권한 구조를 수립하고 문서화한다.
  · 책임과 권위에 대한 매트릭스(Matrix) 활용, 직무 설명서 등의 작성
  · 포트폴리오, 프로그램, 프로젝트 및 운영 프로세스 전반에 걸쳐 처리, 조정 및 우선순위를 결정하는 관리구조 확립
  · 필요한 정기적인 교육, 인식 제고, 후속 조치 및 모니터링을 할 수 있는 역할과 책임과 권한을 보장한다.
  · 모든 결정이 해당 결정에 책임이 있는 사람 또는 사람에게 추적될 수 있도록 보장한다.
  · 모든 관련 당사자에게 이해상충처리규칙을 수립 전달하고 그 준수성을 확보한다.

4.2.2 정보와 의사소통(Information and communication)

관련성 있고 신뢰할 수 있으며 충분한 정보를 제공하고 적시에 전달한다.

실무적 관점에서 기업은
- 정보와 의사소통을 위한 대상 그룹 및 이해관계자를 정의한다.
- 내부 및 외부 커뮤니케이션을 위한 역할과 책임, 업무
- 위기상황에서도 정보 수집 및 커뮤니케이션을 어떻게 수행해야 하는지에 대한 상세한 설명을 포함한 실행 계획을 수립한다.
- 이사회, 경영진 및 외부 이해관계자에게 제공되는 정보가 적절한 범위, 정확성 및 구체적이며 이해할 수 있는 방식으로 작성 보고되었는지 확인한다.

4.2.3 보수와 보상 체계(Remuneration and reward schemes)

보수 및 보상 체계는 기업의 목표와 가치를 뒷받침하여야 한다.
실무적 관점에서 기업은
- 합리적이고 윤리적으로 건전하다고 여겨지는 보수와 보상 제도를 채택한다. 장기적인 관점을 두고 성과보수 지급이 필요한 자리에는 고정보수와 변동보수 사이의 관계를 조정한다.
- 이사회가 승인한 경영자의 보수와 다른 경영관리자 및 특별한 업무수행직원에게도 구체적인 보수 규칙을 수립 적용한다.
- 보수와 보상 계획 특히 고정보수와 변동보수 및 조정에 관한 주요 원칙과 기준을 공개적으로 공표함으로써 이에 관한 투명성을 확보한다.
- 새로운 보수체계나 보상계획 또는 변경시 경영진과 노조대표 간의 대화를 위한 절차를 수립 운영한다.

4.3 실행(Implementation)

기업의 목표와 전략이 운영차원에서 구체적인 실행계획을 위해 제공되어야 한다. 핵심 프로세스에 대한 종합적인 조정관리를 통해 운영단계에서 효율성과 품질을 향상시킨다. 이들은 재무 및 리스크 관리와 같은 지원 프로세스에 의해 보완되어야 한다. 동시에 법과 규정을 준수하고 조직의 가치를 유지하고 보호해야 한다.

(1) 운영계획 : 전략적 목표를 구체적인 목표와 실행 계획으로 전환한다.
(2) 핵심 프로세스의 관리 : 핵심 프로세스가 정의되고 관리 및 문서화되어야 한다.
(3) 리스크 관리 : 조직의 목표 달성과 관련하여 불확실성 관리에 도움을 준다.
(4) 법규 준수 : 조직은 법과 규정을 준수하여 운영된다.

(5) 재무관리: 의사결정을 지원하고 조직이 자원에 접근하고 사용하는 데 기여한다.
(6) 기타 자산, 자원 및 프로세스를 식별, 관리 및 보호한다.

4.4 학습과 개선(Learning and improvement)

계획과 일상 운영을 위한 수립된 조직 구조와 프로세스는 학습과 개선을 위한 만족스러운 프로세스로 보완해야 할 것이다. 외부 맥락과 내부 조건은 빈번히 변화할 것이고, 따라서 조직이 미래를 위해 잘 준비하고 적응할 수 있도록 지속적인 학습과 개선을 위한 만족스러운 프로세스를 갖추는 것이 중요하다. 학습과 개선은 조직의 모든 수준에서 발생한다. 거버넌스의 다양한 구성요소가 상당부분 상호 연결되어 있고 동시에 발생하며 서로 영향을 미친다. 학습과 개선은 실행단계로부터의 평가 또는 원하는 개발과 목표에 대한 데이터와 결과 분석의 비교에서 발생할 것이다. 이는 기업의 모든 수준에서 개선 조치를 식별하고 결정을 내릴 수 있는 기초를 제공한다. 일상적인 운영에 책임이 없는 사람들에 의한 독립된 통제와 객관적인 인증과 평가는 조직의 학습과 개선을 위한 기반을 강화할 것이다.

5. 거버넌스 실패의 교훈

5.1 거버넌스 참여자의 책임과 윤리

세계경제포럼(World Economic Forum, WEF)은 ESG의 4개 축(거버넌스, 지구, 사람, 번영) 중 거버넌스(Governance)를 첫 번째로 꼽는다. 사회·환경 문제를 해결하려는 리더, 이사회, 이해관계자 등 즉, '사람들'의 의지와 시너지가 없다면 E와 S가 제대로 추진될 수 없기 때문이다. G가 탄탄해야 다른 두 요소가 진정성을 갖고 지속될 수 있다.[25)]

블랙록의 투자 스튜어드십 팀 본부장은 "혹자들은 환경(E), 사회(S), 거버넌스(G)가 개별적으로 독립해 존재하는 요인이라고 생각하는데 절대 그렇지 않다. 모든 것이 지배구조 문제라 할 정도로 거버넌스는 ESG 리스크를 관리하는 데 있어 가장 중요한 근본 요소다." S&P는 거버넌스에 대하여 "주권자의 정책 결정에서부터 이사회, 관리자, 주주 및 이해관계자를 포함한 다양한 기업 참여자들의 권리와 책임 분배에 이르기까지의 의사결정체계"라고 정의하고 있다. 이는 거버넌스를 단순히 기업의 소유 지배구조 또는 기업 오너의 의사결정

25) ESG 완성은 'G(거버넌스)'에서 나온다, [서진석의 코멘터리 ⑤] ESG 완성은 'G(거버넌스)'에서 나온다, SK텔레콤 뉴스룸(sktelecom.com).

이나 기업의 구조적 문제만이 아님을 함의하고 있다. 기업경영에 참여하는 모든 이해관계자들의 권리 및 책임과 의사결정에 대한 것임을 강조하고 있다. 특히 CEO의 경영의사결정과 관련하여 "경영자의 가장 중요한 덕목은 윤리성이다. 여기서 사회의 반응과 사회적 영향력이 결정된다"[26]는 제언을 깊이 성찰하여야 할 것이다.

5.2 투자손실 배상 판결: 이사장 독단적 의사결정

조직의 CEO의 윤리성과 지배구조가 투자 의사결정과정과 조직에 미치는 영향을 다음의 실무사례를 통해 살펴본다.

대법원 3부는 ㅇㅇ공제회(이하 '공제회'라 한다)가 김 전 이사장을 상대로 제기한 15억원의 손해배상청구소송 상고심에서 "8억원을 배상하라"는 원심 판결을 확정했다. 다만 "공제회도 이사장의 독단적인 의사결정에 따른 손해 발생을 방지할 수 있는 제도적 장치를 마련하지 않았다"며 공제회 측 책임도 일부 인정했다. 공제회는 마르스2호 사모펀드, 영화배급업체 이노츠 주식 투자 및 창녕실버타운 투자에 대해 각각 4억원씩, 공제회의 신용과 명성이 훼손된 데 따른 배상액 3억원 등 총 15억원을 청구했다. 재판부는 이 중 마르스2호와 이노츠 주식 투자에 대해서만 "의사결정 과정에서 최소한의 선량한 관리자의 주의의무를 게을리해 손해를 입혔다"고 밝혔다.[27]

공제회는 전·현직 교원 등의 생활 안정과 복리 증진을 위하여 한국교직원공제회법에 따라 설립된 법인으로(제1조) 회원에 대한 급여, 회원을 위한 각종 복리·후생 사업, 기금 조성을 위한 사업과 그 목적 달성에 필요한 수익사업을 한다(제11조). 이사장은 공제회의 임원으로서 공제회를 대표하고 공제회의 운영과 사무를 총괄한다(제16조 제1항). 공제회에 관해서는 ㅇㅇ공제회법에서 정하는 것을 제외하고는 민법 중 사단법인에 관한 규정을 준용한다(제25조). 공제회와 이사장의 관계는 사단법인과 이사의 관계와 유사하다. 이사장은 선량한 관리자의 주의로 그 직무를 수행할 주의의무(이하 '선관주의의무'라 한다)를 지고, 그 임무를 게을리한 때에는 공제회에 손해를 배상할 책임이 있다(민법 제61조, 제65조). 공제회의 이사장은 회원부담금 등으로 조성된 기금을 운용하여 부동산, 주식 등에 투자하는 업무를 통할하면서 투자의 대상과 규모, 방법, 그 회수 구조 등에 비추어 필요한 정보를 합리적인 범위에서 수집하여 투자에 적합한지 검토·심사하는 절차를 거쳐 투자가 공제회의 이

26) 김화진, 이사회 경영: 지배구조 이론과 사례, 제3판, 더벨, 2023.4, p.15.
27) 교원공제회 前이사장, 투자손실 배상 확정, 실무진 부정적 의견 무시 – 사모펀드 독단의사결정, 매일경제, 2018.1.11 기사분석 요약 인용.

익이나 사업 목적에 부합하는지를 판단하여 투자를 결정할 선관주의의무가 있다. 이사장이 이러한 주의의무를 게을리한 채 투자를 하여 공제회에 손해를 입힌 경우에는 공제회에 그 손해를 배상할 책임이 있다.[28)]

■ **사모투자전문회사에 대한 투자와 손실**

원고는 2007. 3. 19. ○○○ 제2호 사모투자전문회사(이하 '○○○ 제2호'라 한다)에 1,500억원을 후순위로 출자하기로 하여 2007. 4. 26.부터 2008. 1. 29.까지 합계 1,065억 3,332만여원을 투자하였다. ○○○ 제2호는 주식회사 서울레이크사이드(이하 '서울레이크사이드'라 한다)의 주식을 인수하여 경영권을 확보할 목적으로 설립된 사모펀드인데, 목표한 지분인수에 실패하고 주식가격이 하락하는 등으로 2013. 2.경 565억원이 손실처리되었고 2014. 10. 기준 원고의 손실액은 약 915억원에 이르렀다.

위 투자는 피고가 2007. 3. 12.경 실무자 소외 1을 직접 불러 후순위 출자구조가 적힌 문서를 주며 검토를 지시한 지 1주일 만에 결정이 내려졌다. 위 투자는 출자액이 1,500억원에 이르고, 경영권 확보에 필요한 관련소송 결과의 불확실성과 후순위의 투자구조상 수익 대비 위험성이 매우 높아 다른 투자자들도 투자결정을 망설이는 상황이었다. 피고는 2007. 3. 15. 부정적인 의견이 포함된 보고를 받았으나 이를 더 검토해 보지도 않은 채 추가 협의나 대책 마련 등 다른 절차나 조치 없이 실무진에게 강압적으로 출자약정서 발급을 지시하였다. 이에 따라 원고는 ○○○ 제2호의 서울레이크사이드 주식인수계약을 하기 전날인 2007. 3. 19.에 1,500억원 규모의 출자약정서를 발급하였다.

피고는 이사장으로서 실무진으로 하여금 투자판단에 필요한 정보를 충분히 수집·조사·분석하도록 하는 등으로 수익성과 손실의 위험성을 면밀히 검토하여 신중하게 의사결정을 하여야 하는데, 의사결정과정에서 최소한의 선관주의의무를 게을리하여 원고에게 투자손실액에 해당하는 손해를 입혔다.

■ **주식회사 △△△에 대한 투자와 손실**

원고는 2006. 2. 17.부터 2006. 2. 21. 주식회사 △△△(이후 주식회사 프라임엔터테인먼트로 상호가 변경되었다. 이하 '△△△'라 한다) 주식 총 2,423,120주를 평균단가 3,844원, 합계 9,315,705,910원에 매수하였다. 원고는 2006. 4.경 그중 272,170주를 주당 3,845원, 합계 1,046,359,931원에 매도한 후 나머지를 보유하다가 △△△의 무상감자와 주가하락으로 2008. 5.경까지 7,835,660,601원의 손실을 입게 되었다.

---

28) 대법원 2017.12.22. 선고 2015다247912 판결.

피고는 2006. 2.경 소외 2가 소개한 △△△ 대표이사 소외 3의 부탁을 받고 그 자리에서 자금운용부장 소외 4에게 투자 검토를 지시하였다. 그 전에 피고는 소외 2에게서 △△△의 미공개정보를 입수해 주식을 매수하였다가 2006. 1. 26.경 약 4억 5,966만원의 매도차익을 얻은 상태였다. 자금운용부는 2006. 2. 15. 공시자료 등을 기초로 매출 추이, 사업 특성, 관리종목 지정 이력 등을 분석해 부정적인 의견의 제1차 투자판단서를 작성해 피고에게 보고하였으나, 피고는 화를 내며 반려하였다. 자금운용부는 이틀 만인 2006. 2. 17. △△△의 홍보자료를 토대로 긍정적인 전망을 담은 제2차 투자판단서를 제출하였고, 같은 날 자금운용담당이사의 전결로 원고의 구 유가증권운용규칙(2008. 5. 6. 개정되기 전의 것) 제35조를 적용하여 예외적으로 투자가능종목군에 편입하고 주식을 매수하였다. 원고가 같은 날 13:14경부터 주식을 매수하였는데, 피고는 직전인 09:40경부터 차명으로 600,542,100원 어치 주식을 매수하였다가 원고가 매수를 마친 다음 2006. 2. 26.부터 2006. 3. 8.까지 바로 매도하여 약 1억 5,000만원의 차익을 얻었다.

피고는 이사장으로서 주식투자와 관련하여 투자전문가인 실무진의 조사 등을 거쳐 투자대상의 수익성, 위험성을 신중하게 검토하여야 하고, 개인적인 이익을 고려하거나 막연히 주가가 상승하리라는 기대로 투자를 결정해서는 안 된다. 제2차 투자판단서 작성과 투자가능종목군 편입은 사실상 피고의 지시에 맞추고자 이루어진 것이고, 피고는 신중한 검토 없이 주식매수를 강행함으로써 업무수행과정상 최소한의 선관주의의무를 게을리하여 투자손실액에 해당하는 손해를 입혔다. 이후 원고가 주식의 상당수를 2년 이상 보유하다가 처분하였다고 하더라도 피고의 투자결정상의 잘못과 손해 사이의 인과관계를 부정할 수 없다.

■ **경영층의 교훈**

조직의 건전한 거버넌스의 구축 운영에 있어서 CEO의 도덕성과 윤리적 가치가 무엇보다 중요함을 시사하는 사건이다. 특히 조직의 CEO가 공적이익과 사적이익이 충돌할 경우 조직을 위한 선량한 관리자로 선관주의의무를 다하고 있는가 하는 물음을 갖게 한다. 특히 대법원의 "내부적인 투자규정 등의 절차 위반이 없다는 사실만으로 이사장의 선관주의의무 위반이 부정될 없다"는 판결은 투자 관련 등의 규정을 편법적으로 개정하여 집행하는 관행에 경종을 울리고 있다. 아울러 투자전문팀장의 부정적 의견에도 불구하고 강압적으로 출자 약정서 발급을 지시하는 것은 건전한 거버넌스의 내부견제와 균형의 원칙을 붕괴시키는 행위이다. 연기금 업계에서는 부당한 업무지시가 근절되는 계기가 될 것으로 기대하고 있다. 한 국내 연기금 최고투자책임자(CIO)는 "이번 판결은 공제회 이사장이 개인적으로 내린 부당한 지시에 대해 경종을 울린 것"이라며 "국내 연기금 공제회 투자결정이 합리적으로 이뤄질 수 있는 선례를 남겼다"고 했다.

〈제4장 요약〉

거버넌스 이론의 핵심은 정부만이 사회문제를 해결할 수 있는 역량을 가진 유일한 존재가 아니며, 정부의 강제력에 의존하지 않고도 사회문제를 해결할 수 있다는 것으로 요약될 수 있다. 즉, 민간부문의 다양한 구성원들과 다양한 수준의 정부 간의 자발적이고 수평적인 협력을 통한 사회문제 해결이 가능하다는 것이다.

일반 대중의 기업의 목적에 대한 이해의 초점이 변화하고 있다. 종전의 단순한 기업의 성장을 위한 이익창출에서 장기적인 가치창출과 기업과 상호 의존적인 경제 및 환경, 사회적인 영향((impact)에 관심이 높아지고 있다. 위와 같은 변화는 기업의 좋은 거버넌스(good governance)와 전략에 대한 역할과 의미에 중요한 함의를 준다. 기업이 사회 전체에 미치는 영향(경제 및 환경, 사회를 모두 포함한)을 기업의 핵심적 비즈니스에 통합하여 기업 목적을 재정립하는 동시에 이를 전략과 운영에 내재화할 것을 요구하고 있다

좋은 거버넌스(good governance)의 핵심적 원칙은 기업의 의사결정이 관계 법규에 따라 그리고 이해관계자의 기대에 따라 윤리적으로 행동하도록 효과적으로 감독하는 것이다. 기업 의사결정에 있어서 이해관계자의 사회 영향에 대한 이해(interest)가 점증하고 있으며 투명성에 대한 요구가 증대하고 있다.

거버넌스는 조직의 목표를 달성하기 위한 방향성을 제시하고, 조직 목표 달성의 효율성을 높이기 위해 조직 내부의 권한과 책임을 명확히 하여 조직 내부의 갈등을 예방하고, 조직 구성원들간의 협력을 촉진하는 역할을 한다. 거버넌스의 운영에 있어서 명심할 사항은 다음과 같다.

- 일방적으로 지시를 받는 구조가 아닌 다수 구성원에 의해 운영되는 협치가 중요하다.
- 소통(communications)과 통제(controls)가 핵심적 요소이다.
- 일방적인 상명하복이나 독단적이 아닌 민주적 의사결정체계로 운영된다.
- 한 개인이나 집단의 실수나 사적 유혹을 예방하기 위한 상호견제시스템이 작동한다.

chapter 5

기업지배구조의 실무

1. 기업지배구조 기본원칙의 도입 및 확산
2. G20/OECD 기업지배구조원칙
3. 한국의 기업지배구조 공시
4. 지배구조 관련 모범규준
5. 기업지배구조 실무 : 주요 판례

〈제5장 요약〉

생각해 볼 점

- 좋은 기업지배구조의 효익은 무엇인가?
- G20/OECD 기업지배구조의 기본 원칙은?
- 현행 한국 기업지배구조의 공시현안은 무엇인가?
- 기업지배구조상에 이사회의 역할과 책임은 무엇인가?
- 의사결정시 경영판단의 원칙을 적용받기 위한 요건은 무엇인가?

"올바른 행동은 이제 기업 생존과 번영의 필수조건이 되었다" - 경영사상가 필립 코틀러

좋은 기업지배구조(good corporate governance)는 시장의 신뢰(market confidence)와 기업의 완결성(business integrity)을 얻기 위한 필수적 수단이다.(OECD 기업지배구조원칙)

제5장에서는 OECD/G20 기업지배구조 기본원칙과 한국의 기업지배구조의 운영의 실무 주요 현안을 살펴본다. 특히, 최근 이사의 법적 책임과 관련하여 중시되고 있는 경영판단 관련 대법원 판례를 검토하여 CEO를 비롯한 이사(사외이사), 감사 실무에 도움이 되도록 하였다.

1. 기업지배구조 기본원칙의 도입 및 확산

기업지배구조란 기업을 다스리는 구조를 말하며 경영진(대주주 포함) - 소액주주 - 채권자 - 종업원 등 기업 이해당사자들의 역학관계를 총칭하는 것이다. 기업지배구조는 넓게는 기업경영과 관련된 의사결정에 영향을 미치는 요소로 이해할 수 있다. 좁게는 기업경영자가 이해관계자, 특히 주주의 이익을 위해 역할을 다할 수 있도록 감시 · 통제하는 체계를 기업지배구조로 보기도 한다.

미국을 중심으로 하는 선진국에서는 우수한 기업지배구조가 기업경쟁력의 원천이며 각국 경제의 장기적 안정 성장의 기본요건이라는 인식이 확산되어 왔다. 이러한 인식은 경제와 자본시장의 국제화가 가속화되면서 건전한 기업지배구조에 대한 국제규범을 만들어야 한다는 견해로 발전했다. 경제협력개발기구(OECD)는 1996년 기업지배구조 개선의 필요성에 합의했으며 이후 국제사회의 논의를 거쳐 1999년에 '기업지배구조의 기본원칙'을 마련했다. 이 원칙은 정부간 주도에 의하여 처음 작성된 지배구조에 관한 원칙으로서, 구속력은 없으나 각국 정부와 민간부문이 기준(벤치마크)으로서 사용할 것을 기대하였다. 이는 바람직스러운 지배구조의 유일한 모델은 아니나, 바람직한 지배구조에 공통되는 것은 주주의 이익을 최우선으로 한다는 전제에서, ① 주주의 권리 보호, ② 모든 주주의 공정한 대우, ③ 이해관계자의 권리의 인식과 지배구조에의 참가, ④ 정보공개와 투명성의 확보, ⑤ 이사회의 책임이라고 하는 5개의 원칙을 구체화하는 권고를 제시하고 있다.

OECD 기업지배구조원칙은 1999년 제정된 이후 2004년 1차 개정, 2015년 2차 개정이 있었는데, 8년 만인 2023년 3차 개정본(이하 "개정 기업지배구조원칙")이 발표되었다. 우리나라에서도 OECD 기업지배구조원칙은 한국ESG기준원의 기업지배구조 모범규준 및 한국스튜어드십코드, 한국거래소의 기업지배구조원칙에 반영되어 있으며, 국내외 ESG 평가기준 작성시에도 중요하게 참고되고 있다. 또한 의결권 행사 등 적극적으로 주주참여활동을 하고 있는 기관투자자들에게 OECD 기업지배구조원칙은 중요한 행동기준으로 작용하고 있다.

우리나라 기업지배구조 공시는 2017년 한국거래소의 자율공시로 최초 도입된 이후 2019년 자산규모 2조원 이상 코스피 상장사를 대상으로 의무화하였다. 2022년부터 자산규모 1조원 이상 코스피 상장사, 2023년에는 자산총액 5,000억원 이상 기업으로 확대되었다. 한국거래소에 의하면, 2024년도 기업지배구조보고서를 유가증권시장 상장사 526곳이 공시했다. 2026년부터는 모든 유가증권시장 상장사가 대상이 된다.

2. G20/OECD 기업지배구조원칙

2.1 기업지배구조원칙의 개요

G20/OECD 기업지배구조원칙(G20/OECD Principles of Corporate Governance, 이하 "OECD 기업지배구조원칙"[1])은 법적 구속력은 없으나, OECD 및 G20 회원국 등 50여개국을 포함하여 전세계 많은 국가에서 이를 기업지배구조에 대한 기준(benchmark)으로 활용하고 있다. 2023년 10월 3차 개정본(이하 "기업지배구조원칙")이 발표되었다.

기업지배구조의 원칙은 정책입안자들이 경제적 효율성, 지속가능한 성장 및 재무안정성을 지원하기 위한 관점에서 기업지배구조에 대한 법적, 규제적 및 제도적 프레임워크를 평가하고 개선하도록 돕기 위한 것이다. 기업지배구조는 기업의 경영진, 이사회, 주주, 이해관계자 간의 일련의 관계(a set of relationship)를 다룬다. 기업지배구조는 기업이 지향하는 목표의 설정과 성취, 성과를 모니터링하는 시스템과 구조, 수단을 제공한다. 잘 설계된 기업지배구조 정책은 광범위한 경제적 목적과 공공 효익의 달성에 다음과 같은 중요한 역할을 한다.[2]

첫째, 기업들이 특히 자본시장으로부터 자금조달에 접근할 수 있도록 돕는다. 기업의 혁신, 생산성, 그리고 기업가정신을 촉진하고, 경제적 역동성을 확산시킨다. 특히 오늘날 세계화된 자본시장에서 상당히 중요하다. 국제적인 자본의 흐름은 기업들로 하여금 훨씬 더 많은 투자자 집단으로부터 자금조달에 접근할 수 있게 해 준다. 기업들과 국가들이 세계 자본시장의 혜택을 충분히 누리고, 장기적이고 안정적인 자본을 끌어들이려면 기업지배구조를 신뢰할 수 있어야 한다. 아울러 국경을 초월하여 국제적으로 통용되는 원칙에 부합되어야 한다.

둘째, 잘 설계된 기업지배구조 정책은 개인투자자를 포함한 투자자를 보호하기 위한 프레임워크를 제공한다. 이사회 구성원과 임원의 주주에 대한 투명성과 책임성을 촉진하는 공식적인 절차와 구조는 시장에서 신뢰를 형성하여 자본시장에의 접근가능성을 높여준다.

셋째, 기업지배구조 정책은 기업의 지속가능성과 회복력을 지원하며, 결과적으로 확대된 경제의 지속가능성과 회복력에 기여할 수 있다. 투자자들은 점점 더 광범위한 경제, 환

1) Corporate Governance에 대해 "기업지배구조"의 번역이 기업지배적 측면만 강조되어 거버넌스의 본래의 의미를 갖지 못한다는 비판이 있다. "기업지배구조"가 국내에 일반적으로 사용되는 현실을 고려하여 본 장에서 "기업지배구조"으로 번역 사용한다.

2) G20/OECD Principles of Corporate Governance - OECD, 2024.3.19 검색.

경 및 사회적 도전에 의해 야기되는 재무적 위험과 기회, 위험에 대한 기업의 회복력과 관리를 기업의 재무성과 보고에 포함하도록 요구하고 있다. 위와 같은 프레임워크에는 기후변화와 관련된 내용을 포함하여 신뢰할 수 있고 일관되며 비교가능한 중요한 지속가능성 관련 정보의 공개를 포함하고 있다.

넷째, 기업의 의사결정과정에 기업지배구조원칙뿐만 아니라 환경, 반부패 또는 윤리적 문제와 같은 요소들뿐만 아니라 원칙에서 참고하고 있는 OECD 다국적기업 가이드라인, OECD 국제 비즈니스거래에서 외국 공무원의 뇌물방지에 관한 협약, UN 비즈니스와 인권에 관한 지침, ILO 기본원칙 및 직장에서의 권리에 관한 선언을 포함한 여러 국제표준이 고려되어야 한다.

기업지배구조체계의 기초에 대한 주요내용을 보면 다음과 같다.[3] 기업지배구조체계는 시장의 투명성과 공정성을 제고하고 자원의 효율적인 배분에 기여해야 한다. 기업지배구조체계는 법의 지배(rule of law) 원칙에 부합하여야 하고, 효과적인 감독과 집행을 지원해야 한다. 효과적인 기업지배구조의 구축을 위해서는 시장참가자들이 사적 계약 관계를 형성하는 데 필요한 법적, 규제적, 제도적 체계가 마련되어 있어야 한다.

기업지배구조체계는 해당 국가의 특수한 환경, 역사, 전통의 산물인 법률, 규정, 자율규제, 자발적 참여, 사업 관행 등을 요소로 한다. 이러한 법률, 규정, 자율규제, 자발적 기준 등의 바람직한 혼합 형태는 국가마다 상이하다. 기업지배구조체계의 법률적·규제적 요소는 기업지배구조헌장(corporate governance codes)처럼 자율준수를 기본으로 하되 위반시 사유를 설명하는 '준수 또는 설명(comply or explain)' 원칙에 기초한 연성법적 요소(soft law elements)에 의해 보완될 수 있다. 연성법적 요소를 이용하면 융통성을 제고하고 개별 회사의 특수성을 반영하는 것이 가능해진다. 특유의 기업지배구조 요소가 모든 상황에서 특정 거버넌스 이슈에 대해 효과적일 수 없다. 따라서 우수한 기업지배구조 관행(best practice)을 장려하거나 특정 상황에 맞는 접근방법을 적용하여 원하는 결과를 달성하는 것을 목표로 해야 한다. 기업지배구조는 금융에 대한 기업의 접근성, 전반적인 경제성과 및 재무안정성, 기업의 지속가능성 및 복원력, 시장 무결성(market integrity),[4] 시장참가자를

---

3) OECD(2024), pp.9-13 분석 요약 인용함.

4) 사전적으로 integrity는 완전성(completeness), 건전성(soundness), 정직성(honesty), 성실성(sincerity) 등을 의미하나, 학술적으로 정립된 개념은 아니다. 주요 감독당국의 자료 등을 참고하여 integrity의 의미를 유추해 보면, ① 내부자거래(inside trade), 시장조작(market manipulation) 등 정보의 비대칭성을 이용한 지위의 남용행위(abuse activities)가 없는 상태, ② 차별(discrimination)이 없는 상태, ③ 투명하고 공정하게 정보 제공(transparent and accurate information)이 이루어지는 상태 등을 의미한다(Janet Austin, What exactly is Market Integrity?, William&Mary Business Law Review, 215(2017)). 이하에서는 이상의 의미를 담아 integrity를 완결성으로 번역한다.(G20/0ECD 기업지배구조원칙(2015) 번역분,

위한 인센티브와 투명성과 원활한 시장활동을 촉진하기 위한 영향을 고려하여 개발되어야 한다.

적절한 기업지배구조체계하에서 잘 운영되는 기업그룹은 규모의 경제, 시너지 효과 및 기타 효율성에 기반한 이익을 달성하는 데 도움이 될 수 있다. 그러나 어떤 기업그룹은 경우에 따라 주주 및 이해관계자에 대한 불공정한 거래와 관련된 위험이 높을 수 있다. 따라서 많은 국가에서 규제당국이 기업그룹에 대해 기업지배구조체계가 이들을 효과적으로 모니터링할 수 있는 수단을 제공하는지 확인할 필요성이 높아지고 있다. 일부 국가에서는 기업이 그룹회사 경영 활동을 자율 규제하는 도구로 기업지배구조 지침을 채택하고 있다.

2.2 기업지배구조 주요 원칙

2.2.1 주주의 권리

"기업지배구조는 주주의 권리를 보호해야 한다."

회사의 출자지분에 투자한 투자자는 일정한 재산권을 갖게 되며, 출자지분은 취득, 매각, 이전될 수 있다. 출자지분에 대한 투자를 통해 투자자는 회사의 이익에 참여할 수 있으며, 동시에 출자지분만큼 회사의 채무에 대해서 책임을 진다. 주주총회에 참여하고 의결권을 행사함으로써 기업의 정보를 요구할 수 있으며, 기업에 영향력을 행사할 수 있다. 투자자가 제공한 자본이 경영자, 이사회 구성원 및 지배주주에 의해 남용되지 않고 보호된다는 신뢰(투자자 신뢰)는 자본시장에서 가장 중요한 사항이다. 경영자, 이사회 구성원 및 지배주주는 비지배주주의 희생하에 자신들의 이해와 관련된 행동을 할 수도 있다. 이러한 측면에서 주주의 동등 대우가 중요하다. 원칙은 기업지배구조에서 국내주주와 외국주주의 동등한 대우를 지지한다. 그러나 이러한 지지는 정부의 외국인투자규제정책을 언급하는 것을 의미하지는 않는다.

2.2.2 기관투자자, 주식시장과 중개기관

"기업지배구조 프레임워크는 투자체인(investment chain) 전반에 걸쳐 건전한 인센티브를 제공하고 주식시장이 좋은 기업지배구조에 기여하는 방향으로 기능하도록 제공해야 한다."

기업지배구조가 효과적이기 위해서는 법적·규제적 틀이 실행되어야 하는 경제적 현

한국은행 금융검사실, 2018.12, p.9 인용함)

실을 염두에 두고 개발되어야 한다. 실제로 투자사슬은 길고 복잡하며, 궁극적인 수혜자와 회사 사이에 수많은 중개자가 존재한다. 독립적인 의사결정자 역할을 하는 중개자의 존재는 기업지배구조에 참여할 수 있는 유인과 능력에 영향을 미친다. 원칙은 기관투자자에게 투자와 관련하여 기업지배구조에 대한 정책을 공개할 것을 권장한다. 그러나 주주총회에서 투표하는 것은 주주참여를 위한 하나의 통로일 뿐이다. 이사회 및 경영진과의 직접적인 접촉과 대화는 자주 사용되는 다른 형태의 주주참여이다. 많은 국가에서 주주참여에 관한 코드('스튜어드십코드')는 기관투자자의 책임과 회사 이사회 및 경영진의 책임을 묻는 역할을 강화하기 위한 보완적인 거버넌스 도구로 도입되었다. 회사 지배구조 코드가 '준수 또는 설명' 기준으로 적용되는 경우, 기관투자자의 주주로서의 역할은 회사가 해당 코드의 조항으로부터 이탈한 것에 대한 설명에 대해 책임을 묻는 데 특히 중요하다.

2.2.3 공시 및 투명성

"기업지배구조는 기업의 재무상태, 성과, 소유, 지배 등을 포함한 기업에 대한 모든 중요한 정보에 대해서 적절한 시기에 정확한 공시가 이루어지도록 보장해야 한다."

대부분의 OECD 국가들에서는 상장법인 및 대규모 비상장법인에 대해서 많은 양의 정보가 자발적이든 의무적이든 작성되고, 다양한 정보이용자에게 전달된다. 일반공시(public disclosure)는 대체로 최소한 연간 기준으로 요구된다. 일부 국가에서는 분기별, 반기별 정기공시를 요구하거나, 중요한 사안의 경우에는 수시로 공시하도록 하기도 한다. 기업은 시장 요청에 따라 최소한의 공시 요건 이상의 자발적 공시를 하는 경우도 있다. 강력한 공시제도는 시장중심의 기업 감독 체제의 핵심사항이며, 동시에 의결권 행사와 관련된 주주의 능력을 제고하는 측면에서도 가장 중요한 사항이다.

대규모의 활동적인 주식시장이 있는 국가들의 경험에 비추어 볼 때, 공시는 기업의 행동에 영향을 미치고 투자자를 보호할 수 있는 강력한 수단이기도 하다. 강력한 공시제도는 자본유치와 자본시장의 신뢰 유지에 기여한다. 주주와 잠재적 투자자는 정규적으로 신뢰가 능하며 비교가능한 정보를 충분히 구체적으로 확보함으로써, 경영진을 평가할 뿐만 아니라 주식의 평가 · 소유 및 의결권과 관련된 합리적 결정을 내릴 수 있다. 불충분하고 불명확한 정보는 시장의 기능을 해치며, 자본비용을 증대시키고 결국 자원의 비효율적 배분을 야기한다. 공시요건으로 기업이 부당하고 불합리한 관리 및 금전적 비용을 부담해서는 안 된다. 그리고 정보 공시가 투자결정을 위해 반드시 필요하거나 투자자를 오도할 가능성이 있는 경우가 아니면 공시로 인해 기업의 경쟁력이 침해되지 않아야 한다. 최소한 어떠한 정보가 공시되어야 하는가를 결정하기 위하여 많은 국가에서는 '중요성 개념'을 채택하고 있다. 중요한 정보란 정보의 삭제, 오보가 사용자의 경제적 의사결정에 영향을 미칠 수 있는 정보로 정의될 수 있다. 또한 중요한 정보는 합리적인 투자자가 투자 또는 투표 결정을 내릴 때 중요하게 고려할 정보로 정의할 수도 있다. 실질적인 투명성을 촉진하는 강력한 공시제도는 기업에 대한 시장기반 감시의 중추적인 역할을 한다. 아울러 정보에 근거하여 주주권을 행사할 수 있는 능력을 가진 주주들에게 가장 중요하다.

2.2.4 이사회의 책임

"기업지배구조는 기업의 전략적 방향 설정, 이사회의 경영에 대한 효과적인 감독, 기업 및 주주에 대한 이사회의 책임 등을 보장해야 한다."

이사회 구성 및 운영방식은 회원국 간 그리고 한 회원국 내에서도 기업별로 차이가 크다. 일부 국가에서는 감독기능과 경영기능을 분리하여 서로 다른 이사회에 맡기는 이원적 이사회제도를 갖추고 있다. 이원적 이사회(two tier boards)제도는 비집행이사(non-executive board member)로 구성된 '감독이사회(supervisory board)'와 전적으로 집행임원으로 구성된 '경영이사회(management board)'의 체계이다. 다른 국가들은 집행이사와 비집행이사가 혼성되어 있는 '일원적(unitary)' 이사회를 갖추고 있다. 본 원칙은 기업지배 및 경영감독기능을 수행하는 어떠한 이사회 구조에도 적용될 수 있을 만큼 충분히 일반적이 될 수 있도록 의도하였다. 원칙(principle)은 이사회 구성원의 충실의무의 두 가지 핵심요소인 주의의무(duty of care)와 충실의무(duty of loyalty)를 명시하고 있다.

기업전략의 설정과 함께 이사회는 경영성과의 감독, 이해상충의 예방 및 기업에 대한 경합적 요구에 균형을 유지하면서 동시에 주주의 적정 수익 확보 등에 책임이 있다. 이사회가 책임을 효과적으로 수행하기 위해서는 경영진으로부터 상당한 정도 독립되어야 한다. 이사회는 조세, 경쟁, 노동, 환경, 동등한 기회보장, 보건안전 등과 관련된 법률을 준수하기 위해서 기업이 고안한 시스템이 구축·운영되도록 할 책임이 있다. 이사회는 종업원, 채권자, 고객, 공급자 및 지역사회 등 다양한 이해관계자의 관심사를 고려하면서 공정하게 대우하는 것이 필요하며, 환경 및 사회적 기준도 이와 관련해서 중요하다.

2.2.5 기업의 지속가능성과 회복력

"기업지배구조는 기업의 지속가능성과 회복력에 기여하는 방식으로 기업과 투자자가 의사결정을 내리고 위험을 관리할 수 있는 인센티브를 제공해야 한다."

기업들은 일자리를 창출하고, 혁신에 기여하고, 부를 창출하고, 필수적인 재화와 서비스를 제공함으로써 우리 경제에서 중심적인 역할을 한다. 국가들은 파리협정과 지속가능한 개발 목표에 따라 지속가능한 탄소중립의 경제로의 전환을 약속하였다. 건전한 기업지배구조는 투자자와 기업이 이러한 전환 경로와 관련된 잠재적인 위험과 기회를 고려하고 관리할 수 있도록 하고 있다. 이는 경제의 지속가능성과 회복력에 기여할 수 있을 것이다.

이사회는 지속가능성 관련 공시의 신뢰성과 신뢰성을 향상시키기 위해 효과적인 지배구조와 내부통제가 이루어지도록 하는 역할을 수행한다. 책임 있는 비즈니스 행동에 대한 OECD 실사표준(OECD due diligence standards on responsible business conduct)은 리스크관리시스템 및 프로세스에 지속가능성 요소를 내장하기 위한 중요한 프레임워크를 제공할 수 있을 것이다. OECD 기업지배구조 주요원칙 내용을 요약하면 〈표 5-1〉과 같다.

〈표 5-1〉 기업지배구조의 주요 내용 : 예시

구 분	주요 내용(예시)
I. 주주의 권리	· 주주의 기본적 권리 · 핵심적인 지배구조 변화에 대한 정보와 투표권 · 주주의 동등한 대우 · 특수관계자 거래 : 이해상충 관리 등
II. 기관투자자와 중개기관	· 기관투자자의 주주참여 정책(예 : 스튜어드십코드) 공개 · 기관투자자의 중요한 이해충돌관리의 공개 · 투자분석 및 자문, ESG 평가기관의 규제 · 내부거래와 시세조정 금지 등
III. 공시와 투명성	· 투자자에 중요한 정보의 공시 · 국제적 회계 및 공시기준에 의한 투명성 · 재무보고에 대한 외부감사 · 정보공시 채널 : 형평성, 적시성, 접근성
IV. 이사회의 책임	· 이사회의 의무 : 주의의무, 충실의무 · 이사회의 공정성 유지 · 이사회의 법을 넘어선 윤리기준 준수 · 이사회의 독립적이고 객관적인 판단 · 이사회의 정확하고, 목적적합하고 적시성 있는 정보
V. 지속가능성과 회복력	· 지속가능성 관련 정보 공시 · 기업지배구조에 지속가능성 정보의 공유 · 이사회의 중요한 지속가능 리스크와 기회 · 기업의 이해관계자의 권리, 역할 및 이익과 협력

3. 한국의 기업지배구조 공시

3.1 기업지배구조 공시

2017년 3월, 거래소는 시장을 통한 경영투명성 제고를 위하여 상장법인의 기업지배구조 공시제도를 도입하였다. 주주의 권리, 이사회 및 감사위원회의 구성 및 운영 현황, 외부감사인의 독립성 등 기업지배구조 관련 사항을 담은 보고서를 공시하여야 한다. 우리나라 기업지배구조보고서 공시제도는 상장기업이 지배구조 핵심원칙 준수 여부를 공시하고, 준수하지 못하는 경우에는 그 사유를 설명(Comply or Explain)토록 하여 자율적인 경영투명성 개선을 유도하는 제도이다. 기업지배구조 핵심원칙에 대한 준수(Comply)여부와 미준수시 그 사유에 대해 설명(Explain)하는 방식으로 공시하게 되어 있다.

3.2 기업지배구조 공시 실태

한국거래소는 유가증권시장 상장법인의 기업지배구조보고서 공시의 분석결과를 보면, 2023년 기업지배구조보고서(이하 '보고서') 의무제출대상은 자산총액 1조원 이상 기업으로 작년보다 21사 늘어난 366사 상장기업이 보고서를 공시하였다.[5)]

3.2.1 핵심지표의 준수

지배구조 핵심지표란 투명한 기업지배구조 확립을 위해 특히 준수가 장려되는 핵심적인 지표 15개로, 기업지배구조보고서 가이드라인에서는 이를 보고서 도입부에 기재하도록 하고 있다. 분석 결과에 따르면, 기업지배구조보고서 의무공시기업의 핵심지표 준수율 평균은 2022년도 60.7%에서 2023년 62.3%로 소폭 상승하였다. 다만 자산총액 1조원 이상 2조원 미만 기업의 준수율은 자산총액 2조원 이상 기업과 비교했을 때 2년 연속 17% 이상 차이를 보이는 등 상대적으로 저조한 것으로 나타났다(〈표 5-2〉).

---

5) 23년 기업지배구조보고서 공시 점검 및 분석 결과 발표, 한국거래소 보도자료, 2023.12.7.

〈표 5-2〉 핵심지표 준수율 현황

구 분	핵심지표	2022년 준수율	2023년 준수율		
			전체	2조 이상	1~2조
주주 (4개)	① 주총 4주전에 주총 소집공고 실시	26.8%	32.7%	39.7%	20.2%
	② 전자투표 실시	75.3%	78.9%	82.4%	72.8%
	③ 주총 집중일 이외의 날에 주총 개최	68.2%	74.2%	79.9%	64.0%
	④ 배당정책 및 실시계획 연1회 이상 주주 통지	46.5%	46.5%	57.8%	26.3%
이사회 (6개)	⑤ 최고경영자 승계정책 마련	34.5%	40.9%	52.9%	19.3%
	⑥ 내부통제정책 마련 및 운영	77.3%	78.6%	87.7%	62.3%
	⑦ 이사회 의장과 대표이사 분리	22.1%	19.5%	24.5%	10.5%
	⑧ 집중투표제 채택	3.7%	3.5%	4.9%	0.9%
	⑨ 부적격임원 선임 방지 정책 수립	62.9%	65.4%	74.5%	49.1%
	⑩ 6년 초과 장기재직 사외이사 부존재	98.3%	99.7%	100%	99.1%
내부 감사 기구 (5개)	⑪ 내부감사기구에 대한 연1회 이상 교육 제공	90.3%	92.1%	98.0%	81.6%
	⑫ 독립적인 내부감사기구 설치	52.2%	47.5%	49.5%	43.9%
	⑬ 내부감사기구에 회계 또는 재무전문가 존재	92.6%	92.5%	97.1%	84.2%
	⑭ 내부감사기구가 분기별 1회 이상 경영진 참석 없이 외부감사인과 회의 개최	60.9%	64.5%	78.4%	39.5%
	⑮ 경영 관련 중요정보에 내부감사가 접근할 수 있는 절차 마련	98.7%	98.1%	99.5%	95.6%
평 균		60.7%	62.3%	68.5%	51.3%

자료 : 23년 기업지배구조보고서 공시 점검 및 분석 결과 발표, 한국거래소 보도자료, 2023.12.7.

3.2.2 준수율 미흡지표

전체 15개의 핵심지표 가운데 6개 지표의 준수율은 60%를 밑돌아 다른 지표 대비 미흡한 것으로 분석되었다. 준수율이 낮은 핵심지표는 다음과 같다.

i) 주총 4주전 소집공고 실시
ii) 배당정책 및 실시계획 연1회 주주 통지
iii) 최고경영자 승계정책 마련
iv) 이사회 의장과 대표이사 분리
v) 집중투표제 채택
vi) 독립적인 내부감사기구(내부감사업무 지원 조직) 설치

주주 분야는 전자투표 실시, 주총 분산개최 등 주주의 주총 참여와 의결권을 보장하기 위한 기업의 지속적인 노력으로 3년 연속 관련지표의 준수율이 상승하였으나 주주에게 충

분한 시간 전 정보제공을 위해 주총 4주전 소집공고한 기업은 32.7%에 그쳐 개선속도가 더딘 것으로 조사되었다. 코리아 디스카운트 요인 중 하나로 지적되는 배당과 관련해서도 주주에게 중장기 배당정책을 공개하는 데 소극적(46.5%)인 것으로 분석되었다.

이사회 분야를 살펴보면, 장기재직(6년 초과) 사외이사 부존재 지표는 상법 시행령 개정 영향 등으로 100%에 가까운 준수율을 보였으나, 집중투표제 채택, 이사회 의장과 대표이사 분리 지표 등은 상대적으로 준수율이 낮았다. 내부감사기구의 경우, 독립적인 내부감사기구 설치비율이 상대적으로 미흡한 것으로 나타났다.

3.2.3 보고서 기재충실도

상장법인은 "매년 5월 31일까지[6]" 지배구조보고서를 거래소 공시시스템에 공시하여야 한다. 보고서 기재충실도는 한국거래소의 '기업지배구조보고서 가이드라인'을 기준으로 세부 항목별 기재충실도를 평가 및 합산하여 산정된다. 한국거래소가 2023년 12월 7일 발표한 2023년도 지배구조보고서 기재충실도는 전년 대비 소폭 하락한 75.3점으로, 이는 자산총액 1조원 이상 2조원 미만 기업들의 기재충실도가 하락하였기 때문인 것으로 보여진다. 외국인 지분율이 높은 기업일수록, 최대주주 지분율이 낮은 기업일수록 기재충실도가 높아지는 경향을 보이고 있다. 한국거래소에 따르면, 이는 외국인 투자자나 비지배주주(소액주주 등)의 관여가 높을수록 지배구조 공시 투명성이 증대되는 효과가 있음을 시사한다.

4. 지배구조 관련 모범규준[7]

4.1 지배구조 모범규준

4.1.1 목 적

기업은 새로운 경제적 가치를 창조하는 주체이며, 기업의 경쟁력이 국가의 경쟁력을 결정하는 핵심 요체이다. 세계 각국은 자국 기업의 경영효율성을 높여 경쟁력을 제고하기 위하여 국제적인 자본이동을 자유화하고, 국가간의 교류를 증대하는 등 국제정합성에 입각한 경쟁력 있는 제도와 관행의 도입을 추구하고 있다. 세계화된 자본시장에서 모범적인 기업

6) 거래소 규정 개정(2021.12월)으로 결산월에 따라 상이했던 보고서 제출기한을 일원화함.(종전: 사업보고서 제출기한부터 2개월 이내 → 개선: "매년 5월 31일까지")

7) 한국ESG기준원(cgs.or.kr), 지배구조모범규준, 2021.8.

지배구조는 투자결정에 매우 중요한 요소이다. 우리 기업이 장기자금을 안정적으로 조달하기 위해서는 신뢰할 수 있고 국제적으로 통용될 수 있는 지배구조를 갖추어야 한다. 이러한 시대적 요청에 부응하여 기업이 대내외적으로 신뢰받고 경영의 투명성과 효율성을 높일 수 있는 바람직한 기업지배구조의 방향을 제시하기 위하여 본 모범규준을 제정하였다.

4.1.2 구 성

우리 기업이 처한 경영환경의 특수성과 국제적인 기업지배구조 관행에 부합하는 원칙과 기준, 그리고 현행 법령상의 요구를 존중하면서 미래지향적 관점에서 바람직한 기업지배구조의 방향을 제시하였다. 모범규준은 전문, 이사회 리더십, 주주권 보호, 감사, 주주 및 이해관계자의 소통 등 네 부문의 본문으로 구성되어 있다(〈표 5-3〉).

〈표 5-3〉 지배구조 모범규준의 기본 구성

부 문	주요 구성
이사회 리더십	이사회 역할과 책임 이사회 구성 사외이사 이사회 운영 이사회 내 소위원회
주주권 보호	주주 권리 주주총회
감 사	내부감사 외부감사
주주 및 이해관계자 소통	주주와 이해관계자의 직접소통 정보공개

4.1.3 적 용

모범규준은 상장기업을 비롯한 공개기업을 적용대상으로 하고 있다. 그러나 비공개기업도 모범규준을 준수하는 것이 바람직하다. 기업의 환경은 기업마다 상이할 뿐 아니라 끊임없이 변화하고 있어 기업지배구조는 유연하고 탄력적으로 운영되어야 한다. 그러므로 기업은 본 모범규준을 기본으로 하여 자율적으로 기업지배구조를 설계하여 운영하고, 지속적인 평가를 통하여 계속 발전시켜야 한다. 모범규준도 시대적 상황 변화에 따라 계속적으로 재검토되어야 한다.

4.2 감사위원회 모범규준[8)]

감사위원회는 업무 및 회계감사에 대한 감독책임을 지고 외부감사인을 선임하는 등 매우 중요한 역할을 수행한다. 따라서 감사위원회의 역할 및 기능을 재정립하고 내부 감사기구의 감시, 통제 강화와 관련한 감사위원회의 적극적 활동이 필요하다. 이러한 맥락에서 감사위원회 모범규준은 우리 기업의 경영 투명성과 효율성을 제고하기 위한 감사위원회에 관한 최선관행을 제시함을 목적으로 한다.

모범규준의 내용은 전문과 내부감사기구, 감사위원회 구성 · 선임 및 자격요건, 감사위원회 운영, 감사위원회의 역할과 책임, 외부감사인과의 관계, 이해관계자와의 의사소통 등 여섯 부문으로 이루어져 있다.

4.3 기업지배구조 주요 가이드라인

기업지배구조 가이드라인은 기업들이 기업지배구조 모범규준에서 제시하는 지침에 따라 자발적으로 지배구조를 개선하는 데 도움을 주고자 제정되었다. 다음과 같은 사항에 대한 가이드라인이 활용되고 있다.

- 기관투자자의 의결권행사 가이드라인
- 이사회 평가 가이드라인
- CEO 평가 가이드라인
- 보상위원회 가이드라인
- 이사회 운영 가이드라인

4.4 한국 스튜어드십코드 원칙[9)]

4.4.1 목 적

기관투자자의 수탁자 책임에 관한 원칙은 국내 상장사에 투자한 기관투자자가 타인의 자산을 관리 · 운용하는 수탁자로서 책임을 다하기 위해 이행해야 할 세부 원칙과 기준을 제시한 것이다. 기관투자자는 투자대상회사를 잘 점검하고 우려사항이 발견되면 투자대상

8) 한국ESG기준원(cgs.or.kr), 감사위원회 모범규준, 2018.5.15, p.2.

9) 스튜어드십코드제정위원회, 기관투자자의 수탁책임에 관한 원칙[한국스튜어드십코드], 2016.12.16.

회사와 적극 대화하는 등 주주활동을 통해 수탁자로서 책임을 성실히 이행해야 한다. 이는 회사의 중장기적 발전을 유도하고, 고객과 수익자의 이익 증진에 기여함은 물론 자본시장과 경제 전반의 성장과 발전을 뒷받침할 수 있을 것이다.

4.4.2 한국 스튜어드십코드 원칙

원칙 1. 기관투자자는 고객, 수익자 등 타인 자산을 관리 · 운영하는 수탁자로서 책임을 충실히 이행하기 위한 명확한 정책을 마련해 공개해야 한다.

원칙 2. 기관투자자는 수탁자로서 책임을 이행하는 과정에서 실제 직면하거나 직면할 가능성이 있는 이해상충 문제를 어떻게 해결할지에 관해 효과적이고 명확한 정책을 마련하고 내용을 공개해야 한다.

원칙 3. 기관투자자는 투자대상회사의 중장기적인 가치를 제고하여 투자자산의 가치를 보존하고 높일 수 있도록 투자대상회사를 주기적으로 점검해야 한다.

원칙 4. 기관투자자는 투자대상회사와의 공감대 형성을 지향하되, 필요한 경우 수탁자 책임 이행을 위한 활동 전개시기와 절차, 방법에 관한 내부지침을 마련해야 한다.

원칙 5. 기관투자자는 충실한 의결권 행사를 위한 지침 · 절차 · 세부기준을 포함한 의결권 정책을 마련해 공개해야 하며, 의결권 행사의 적정성을 파악할 수 있도록 의결권 행사의 구체적인 내용과 그 사유를 함께 공개해야 한다.

원칙 6. 기관투자자는 의결권 행사와 수탁자 책임 이행 활동에 관해 고객과 수익자에게 주기적으로 보고해야 한다.

원칙 7. 기관투자자는 수탁자 책임의 적극적이고 효과적인 이행을 위해 필요한 역량과 전문성을 갖추어야 한다.

4.4.3 적용 대상

자산운용사, 보험회사, 연기금 등 기관투자자와 이들의 주주활동을 지원하는 의결권 자문기관, 투자자문사 등 원칙에 대한 참여를 공표한 기관만을 포함한다.

4.4.4 적용 방법 : Comply or Explain (원칙 준수 또는 예외 설명)

"원칙"에 참여하는 기관투자자 등은 7개 세부원칙과 안내지침을 이행하는 것이 바람직하다. 예외적으로 일부 원칙을 이행하지 않는 경우에는 그 사유와 대안을 충분히 설명하고 공개해야 한다.

5. 기업지배구조 실무 : 주요 판례

5.1 기업지배구조

기업지배구조란 기업이란 경제활동 단위를 둘러싼 여러 이해관계자들의 관계를 조정하는 메커니즘이다. 이에는 주주, 경영자, 종업원, 채권자 등 주체뿐만 아니라 지역사회와 국가까지 포함한다. 좁은 의미로는 주주총회와 이사회 간의 권한 배분 문제를 말하며 가장 좁은 의미로는 경영자 통제 메커니즘을 가리킨다. 기업지배구조는 최고경영진과 이사회 간의 관계, 주주와 이사회 간의 관계, 회사와 주주 및 임직원들 간의 관계, 회사와 자본시장 간의 관계, 회사와 사회 및 국가 간의 관계 등과 같은 제반 측면을 최적의 상태로 유지함으로써 기업 경영의 효율을 높이고 기업가치를 제고하며 분쟁을 방지하게 하는 지식과 경험의 체계로 볼 수 있다.[10]

기업지배구조는 내부거래를 막아 경영권의 사적이익을 축소시키기 위한 목표를 갖고 구축 · 운영되어야 한다. 예를 들면, 횡령, 사적 유용, 부당한 인사권의 행사, 경영자의 지위 유지를 위한 회계부정, 증권시장에서 내부자 거래와 시세조정 등이다. 위와 같은 사적이익 추구는 인간의 본성에서 유래한다.

회사란 기업의 생산활동에 소요되는 모든 형태의 재원의 소유자들간 계약의 집적체이다. 회사가 소유자와 경영자가 분리되는 경우 대리인 비용 문제가 발생한다. 즉 회사의 경영자는 정보와 경영능력을 소유한 계약 당사자로 그를 통해 창출되는 효용을 통해 재산 투자자들과의 계약을 체결한다. 그러나 경영자의 이익과 투자자의 이익은 항상 일치하지 않기 때문에 필연적으로 대리인 비용[11]을 발생시키게 된다. 회사법 규범의 대부분과 기업지배구조 개선장치들은 대리인 비용을 발생시키는 경제주체들간의 이해상충 문제를 조정함으로써 그 비용을 낮추기 위한 것이다.[12]

5.2 이사회

기업지배구조의 가장 기본적인 원칙은 회사 주주들과 이사회 사이의 권한배분에 관한

10) 김화진, 이사회 경영 : 지배구조 이론과 사례, 제3판, 더벨, 2023.4, p.97.

11) 대리인이 주인인 투자자의 경제적인 이익이 아닌 자신의 경제적 이익을 극대화하려는 동기를 가진다는 사실을 전제한 접근이다.

12) 김화진(2023), pp.107-108.

것이다. 법률상 주식회사의 소유와 경영을 분리시키고 회사의 경영을 이사회와 경영진에게 맡긴다. 이사회는 전체 주주들의 이익을 위하여 경영진의 회사 운영과 실적을 감독하는 동시에 최고경영진의 선임, 경영진이 마련한 경영전략의 승인 등 주요 의사결정을 한다. 이사회의 역할은 주주이익의 실현을 위해 법령과 정관에 따른 방식으로 충실하게 업무를 수행하는 것이다.[13)]

5.2.1 이사회의 역할

이사회는 경영진의 회사 운영을 감독하는 동시에 경영진을 지원하는 기관이다. 경영상의 판단을 구체적으로 내리고 결정을 집행하는 '참여형 이사회'와 경영상의 판단과 결정의 집행은 위임을 통해 경영진에 맡기고 경영진의 업무를 감독하는 형태의 '감독형 이사회' 형태로 구분할 수 있다. 우리 상법은 1962년 제정될 때 '참여형 이사회' 모델을 채택하였다.[14)]

회사의 경영에 관한 실질적 권한이 경영진에 부여되어 있기 때문에 이사회는 강력한 권한을 갖고 경영진을 지원하는 동시에 견제하여야 한다. 강력한 권한을 가진 이사회의 위험은 경영진과 유착 관계의 형성이다. 이사들이 경제적 또는 심리적 독립성을 상실한다는 점에서 회사법 이론과 실무는 이사회의 역할과 구성에 초점을 맞추고 사외이사제도가 발전하였다. 사외이사제도의 독립성을 실질적으로 담보하기 위해 이사회 내에 감사위원회, 보상위원회, 사외이사 추천위원회 등을 포함한 다양한 기능의 소위원회들이 설치되어 있다.

5.2.2 이사의 의무와 책임[15)]

상법상 회사는 합명회사, 합자회사, 유한책임회사, 유한회사, 주식회사가 있고, 이외에 특별법에 의한 회사유형이 있지만 가장 많고 문제가 많이 생기고 있는 것이 주식회사이므로 주식회사를 중심으로 살펴본다. 2011년 개정상법은 이사의 자기거래에 대한 규제 및 회사의 기회 유용 법리의 법제화를 통해서 이사의 책임을 강화하였다. 다른 한편으로 정관개정을 통해서 이사의 책임을 완화하거나 경감할 수 있도록 하였다.

현대 회사법은 회사를 주인-대리인 구도(principal-agent paradigm)로 개념화하고 대리인에 해당하는 이사에게 합리적이고 사려 깊게 판단하며 행동해야 할 신인(信認)의무

---

13) 김화진(2023), pp.200-201.

14) 김화진(2023), pp.235-236.

15) 최승재, 배임죄 판례 판례분석을 통한 경영자의 배임죄 적용에 있어 이사의 적정 주의의무 수준에 대한 고찰 : 대법원 2013.9.26. 선고 2013도5214 판결을 중심으로, 한국경제구원, KERI 정책제언 14-12, 2014.11, pp.7-8.

(fiduciary duty)를 부여하고 있다. 신인의무는 다시 선량한 관리자의 주의의무(duty of care)와 충실의무(duty of loyalty)로 구성된다. 미국법률협회(American Law Institute, ALI)가 제정한 기업지배구조원칙(Principles of Corporate Governance)에 따르면 선량한 관리자의 주의의무는 회사에 최선이라고 합리적으로 생각하는 이익을 위해 유사한 상황의 유사한 지위에서 보통의 분별력을 지닌 사람이 합리적으로 행사할 것이라고 기대되는 주의를 기울일 의무로 설명된다. 아울러 충실의무는 이사가 '개인의 이익보다 회사의 이익을 위해'(corporation's interests over personal interests) 충실을 다할 의무로 설명된다. 일반적으로 충실의무의 본질은 이사의 이기적인 행동(selfish actions)을 방지하고 회사에 대한 충실을 기하도록 하는 데 있음을 말해준다.[16]

(1) 상법상 선관주의의무

우리 상법은 회사와 이사 사이의 관계를 위임관계로 파악하여 민법상의 위임에 관한 규정이 준용하고 있는바, 이사는 선량한 관리자의 주의로써 회사의 직무를 수행하여야 한다(상법 제382조 제2항 ; 민법 제681조). 이사는 선의로서 유사한 상황하에서 객관적으로 통상의 현명한 자가 행하였을 주의를 다하여 회사의 최선의 이익이 되는 것으로 합리적으로 판단되는 방식으로 업무를 수행하여야 한다. 이것은 고도의 인적 신뢰를 기초로 하는 매우 높은 주의의무이다. 선관주의의무는 법률상 이사의 의무로서 규정된 직무의 수행에만 미치는 것이 아니라 의결권 행사, 소 제기, 기타 법률상 명문화된 권한 행사에도 미친다. 그러나 회사와 이사의 관계를 위임관계로 보고 있음에도 구체적으로 이사에게 위임되는 선관주의의무 위반 여부를 어떻게 판단하여야 하는지는 개별적인 사안에 따라서 구체적으로 법원에 의해서 판단된다.

(2) 상법상 충실의무

상법상 충실의무는 '이사가 그 지위를 이용해 회사 이익을 희생, 사익을 도모해선 안 되는 의무'이다. 이사가 자신의 이익이 아니라 제3자, 예컨대 지배주주의 사익을 위해 회사 이익을 희생하는 것도 당연히 이사의 충실의무 위반이다. 이 규정을 어겨 문제를 일으킨 이사에겐 손해배상책임, 형사상 배임 · 횡령의 죄를 물을 수 있다.[17] 상법 제382조의3에서는 "이사는 법령과 정관의 규정에 따라 회사를 위하여 그 직무를 충실하게 수행하여야 한다"라고 규정하고 있다. 이사의 충실의무란, 이사가 회사에서 자신에게 부여된 권한과 능력

---

16) [조홍균의 금융경제 읽기] 기업 밸류업 관건은 '이사 주주충실 의무'보다 '기업가정신'(kpinews.kr), 2024.9.6.

17) 이사의 충실의무란 도대체 무엇인가, 한국경제(hankyung.com), 2024.7.21.

을 다하여 회사에 가장 이익이 된다고 판단하는 바에 따라 성실하게 업무를 집행하여야 하며, 만약 회사의 이익과 자기의 이익이나 제3자의 이익이 저촉되는 경우에는 회사의 이익을 우선적으로 고려하여야 하는 의무를 말한다. 소극적으로는 회사의 이해관계와 충돌할 자기거래나 회사의 기회를 유용해서는 안 된다는 원칙으로 표현되고 적극적으로는 더 나아가 자신에게 부과된 업무에 대한 성실성을 통해 회사의 이익을 보호하는 것(성실의무)을 말하는 것이다. 현행 상법은 이사의 충실의무가 적용되는 경우를 이사의 자기거래, 기회유용금지, 경업금지의 세 가지로 규정하고 있다.

① 이사의 자기거래

이사의 자기거래 제한은 회사의 이사가 자기 또는 제3자의 계산으로 회사와 거래하는 것을 제한하는 것이다. 이사가 개인적으로 회사의 거래 상대방이 되거나 또는 회사의 거래 상대방의 대리인이나 대표자로서 회사와 거래하는 경우에는 자신이 이사라는 것을 이용해서 회사의 이익을 희생시키고 이사의 사적인 이익을 추구할 염려가 있기 때문이다. 상법 제398조는 이사 등과 회사 간의 거래에 대해서 규정하고 있다. 2011년 개정에서 승인대상을 확대하고 승인요건을 이사의 2/3 이상의 승인으로 강화하였다.

② 기회유용금지제도

회사와 이사의 이해가 상충되는 행위가 다양화되고 더욱 지능화되면서 기존의 규정만으로는 규율하기 어렵게 되자 2011년 개정상법 제397조의2에서 회사의 기회유용금지제도를 도입하였다. 기회유용금지제도는 유형의 경제적인 가치(물적, 인적 자산 포함)를 지닌 것뿐만 아니라 당장 이익으로 실현되지 않은 회사의 무형자산도 이해가 상충되는 지위에 있는 자(이사, 임원, 지배주주 등)가 유용해서는 안 된다는 의무를 이사에게 부과한다. 이사가 회사의 기회를 이용하기 위해서는 이사의 2/3 이상의 승인을 얻어야 한다. 하지만 승인을 얻었더라도 결과적으로 회사에 손해를 발생시킨 경우, 이사는 책임을 부담하게 된다.

③ 이사의 경업금지의무

이사는 이사회의 승인 없으면 자기 또는 제3자의 계산으로 회사의 영업 부류에 속한 거래를 하거나 동종 영업을 목적으로 하는 다른 회사의 무한책임사원이나 이사가 되지 못한다. 이는 이사가 그 지위를 이용하여 자신의 개인적 이익을 추구함으로써 회사의 이익을 침해할 우려가 큰 경업을 금지함에 있다. 이사가 선량한 관리자 주의로써 회사를 유효적절하게 운영하여 그 직무를 충실하게 수행하여야 할 의무를 다하도록 함에 있다.

5.2.3 이사의 주의의무 위반에 대한 형사처벌[18)]

(1) 이사 등의 경영활동에 적용

이사가 회사나 주주 등 실질적 이해관계자의 이익을 해할 수 있다고 보아 배임죄의 성립이 문제될 수 있는 행위를 크게 분류하면 ① 업무를 수행하는 의사결정에서 상당한 주의를 기울이지 않고 주의의무를 해태하는 경우(1유형), ② 회사나 주주와의 관계에서 대리인의 지위에 있는 이사가 그 본인과의 관계에서 행위 자체에 대하여 독립적인 이해관계를 가지고 하는 행위, 자신의 이익 또는 제3자의 이익을 위해서 본인의 이익을 해치는 행위(2유형), ③ 회사의 경영진이 동등하게 대우하여야 할 자들을 합리적인 이유 없이 차별적으로 취급하는 경우로서, 예를 들어 특정주주의 이익을 위해서 터널링시키거나, 손해를 전가하는 행위(3유형) ④ 다른 법령을 위반하는 행위(4유형) 등으로 나눌 수 있다.

(2) 이사의 업무수행에 대한 형법의 적용

위임자의 신뢰관계를 배신하는 행위를 처벌하는 배임죄는 이사의 행위를 제재하는 데 있어 민사책임을 부담시키는 것의 보충적 수단이다. 이사 등 경영진들이 경영상 범죄행위에 연루되어 적용되는 법률은 형법 제355조(횡령, 배임), 제356조(업무상 횡령과 배임), 상법 제622조(발기인, 이사 기타 임원 등의 특별배임죄) 및 특정경제범죄 가중처벌 등에 관한 법률 제3조(특정재산범죄의 가중처벌)이다. 이 중 형법 제355조의 적용사건이 가장 많고 특정경제범죄 가중처벌 등에 관한 법률 제3조의 적용사례가 다음으로 많으며 상법 제622조 적용사건은 많지 않다. 우리나라에서 배임죄는 초기 상대적으로 엄격한 규율의 잣대가 적용될 수밖에 없는 은행 등 금융기관 임원의 대출행위부터 적용되다가 횡령 유사행위를 넘어 전반적인 사익추구행위로 확장 적용되고 있다.

5.2.4 대표이사 등의 의무와 책임 판례(대법원 2021.11.11. 선고 2017다222368 판결)

■ 대표이사 감시의무 위반 배상책임[19)]

유니온스틸은 유가증권시장 상장회사로서 대표이사 아래 영업총괄 담당임원 · 기획 담당임원 · 재무회계 담당임원 · 자재 담당임원 등을 두어 내부적인 사무분장에 따라 각자의 분야를 전담하여 처리하는 조직구조를 갖추고 있다. 위임전결 권한 기준표 등에 따르면 이 사건 담합과 관련 있는 철강제품의 판매가격 조정 및 할인 등에 관한 사항은 관장임원이 전결로 처리하도록 되어 있으며, 대표이사인 피고가 이 사건 담합행위를 공식적으로 직접

18) 최승재(2014), p.9.

19) 대법원 2021.11.11. 선고 2017다222368 판결.

지시하거나 보고받았다고 볼 만한 자료는 없다. 이 사건 담합행위는 2004. 11.부터 2010. 11.까지 아연도강판·냉연강판·칼라강판 등 여러 품목에 관하여 이루어졌고, 그로 인해 2013년에 유니온스틸에 부과된 과징금은 약 320억원에 이른다. - 중략 -

유니온스틸에서 지속적이고도 조직적인 담합이라는 중대한 위법행위가 발생하고 있음에도 대표이사인 피고가 이를 인지하지 못하여 미연에 방지하거나 발생 즉시 시정조치를 할 수 없었다면, 이는 회사의 업무집행과정에서 중대한 위법·부당행위로 인하여 발생할 수 있는 위험을 통제하기 위한 내부통제시스템을 구축하기 위한 노력을 전혀 하지 않았거나 그 시스템을 구축하고도 이를 이용하여 회사 업무 전반에 대한 감시·감독의무를 이행하는 것을 의도적으로 외면한 결과라고도 볼 수 있다. 피고가 내부통제시스템으로 구축하였다고 주장하는 내부회계관리제도는 「주식회사 등의 외부감사에 관한 법률」에 따른 회계정보의 작성과 공시를 위한 것으로 대체로 회계 분야에 한정되어 있고, 2003년 제정한 윤리규범은 임직원의 직무수행에 관한 추상적이고 포괄적인 지침에 불과하며, 그 밖에 주장하는 사외이사·감사 선임 및 운영, 이사회를 통한 의사결정 등은 가격담합 등 위법행위를 사전에 방지하고 위법행위가 의심되거나 확인되는 경우 이에 관한 정보를 수집·보고하고 나아가 위법행위를 통제하는 장치로서 기능하였다고 보기 어렵다.

따라서 대표이사인 피고가 이 사건 담합행위를 구체적으로 알지 못하였고 임원들의 행위를 직접 지시하지 않았다는 이유만으로는 그 책임을 면할 수 없고, 위와 같이 피고가 대표이사로서 마땅히 기울였어야 할 감시의무를 지속적으로 게을리한 결과 회사에 손해가 발생하였다면 피고는 이에 대해 배상할 책임이 있다고 보아야 한다. 이사의 감시의무의 구체적인 내용은 회사의 규모나 조직, 업종, 법령의 규제, 영업상황 및 재무상태에 따라 크게 다를 수 있는데, 고도로 분업화되고 전문화된 대규모 회사에서 대표이사 및 업무담당이사들이 내부적인 사무분장에 따라 각자의 전문 분야를 전담하여 처리하는 것이 불가피한 경우라 할지라도 그러한 사정만으로 다른 이사들의 업무집행에 관한 감시의무를 면할 수는 없다. 그러한 경우 합리적인 정보 및 보고시스템과 내부통제시스템을 구축하고 그것이 제대로 작동되도록 하기 위한 노력을 전혀 하지 않거나 위와 같은 시스템이 구축되었다 하더라도 회사 업무 전반에 대한 감시·감독의무를 이행하는 것을 의도적으로 외면한 결과 다른 이사의 위법하거나 부적절한 업무집행 등 이사들의 주의를 요하는 위험이나 문제점을 알지 못하였다면, 이사의 감시의무 위반으로 인한 손해배상책임을 진다.

본 판결은 대표이사가 사건 담합행위를 구체적으로 알지 못하였고 임원들의 행위를 직접 지시하지 않았다는 이유만으로는 그 책임을 면할 수 없고, 대표이사로서 마땅히 기울였어야 할 감시의무를 지적하고 있다. 즉 내부적인 사무분장에 따라 각자의 전문분야를 전담하여 처리하는 것이 불가피한 경우라도, 다른 이사들의 업무집행에 관한 감시를 위한 합리적인 정보 및 보고시스템과 내부통제시스템을 구축·운영할 책임이 있음을 제시하고 있다.

5.3 경영판단의 원칙

경영판단의 원칙이란 이사가 선량한 관리자로서의 의무를 다하고(선관의무) 이사의 재량범위 내에서 행위를 했다면 비록 회사에 손해가 발생해도 개인적 책임을 부담하지 않는다는 것이다. 경영판단의 원칙은 민사에서 이사의 손해배상책임을 따지는 기준이 되고, 형사에서는 이사의 횡령·배임죄를 판단하는 기준이 된다. 경영판단의 원칙은 미국에서 판례를 통해서 발전되어 온 것이며 이 원칙이 적용되기 위해서는 세 가지 요건이 충족되어야 한다. 이사는 ① 선의(good faith)로 행동하였어야 하며, ② 합리적인 수준의 정보에 입각하여 행동하였어야 하고, ③ 자신의 행동이 회사의 이익에 부합하는 것이라고 믿어야 한다. 아무리 결과가 좋아도 이사는 신중한 판단을 내리는 절차를 거쳐야 한다.[20]

우리나라에서는 회사의 경영자들과 이사들이 위법한 행위, 나아가 범죄에 해당되는 행위를 '회사를 위해' 또는 CEO 등의 묵시적 지시, 충성 경쟁 등에서 감행하는 사례가 많다. 그러나 회사의 이익을 도모하는 행위라도 위법한 행위나 범죄를 수단으로 할 수 없으며 그러한 행위를 보호하는 어떠한 법 원칙도 존재하지 않는다.[21] 대법원의 S전자 사건 판결을 살펴보면 다음과 같다.

5.3.1 이사의 '법령에 위반한 행위'에 대한 판결(대법원 2005.10.28. 선고 2003다69638 판결)

■ 이사가 '법령에 위반한 행위'로 회사에 손해를 입힌 경우에도 경영판단의 원칙이 적용될 수 있는지 여부[22]

상법 제399조는 이사가 법령에 위반한 행위를 한 경우에 회사에 대하여 손해배상책임을 지도록 규정하고 있는바, 이사가 회사에 대하여 손해배상책임을 지는 사유가 되는 법령에 위반한 행위는 이사로서 임무를 수행함에 있어서 준수하여야 할 의무를 개별적으로 규정하고 있는 상법 등의 제 규정과 회사가 기업활동을 함에 있어서 준수하여야 할 제 규정을 위반한 경우가 이에 해당된다고 할 것이고, 이사가 임무를 수행함에 있어서 위와 같은 법령에 위반한 행위를 한 때에는 그 행위 자체가 회사에 대하여 채무불이행에 해당되므로

20) 김화진(2023), pp.468-469.

21) 김화진(2023), p.482.

22) 대법원 2005.10.28. 선고 2003다69638 판결.

이로 인하여 회사에 손해가 발생한 이상, 특별한 사정이 없는 한 손해배상책임을 면할 수는 없다 할 것이며, 위와 같은 법령에 위반한 행위에 대하여는 이사가 임무를 수행함에 있어서 선관주의의무를 위반하여 임무해태로 인한 손해배상책임이 문제되는 경우에 고려될 수 있는 경영판단의 원칙은 적용될 여지가 없다고 할 것이다(대법원 2005.7.15. 선고 2004다34929 판결 참조).

회사가 기업활동을 함에 있어서 형법상의 범죄를 수단으로 하여서는 안 되므로 뇌물공여를 금지하는 형법규정은 회사가 기업활동을 함에 있어서 준수하여야 할 것으로서 이사가 회사의 업무를 집행하면서 회사의 자금으로서 뇌물을 공여하였다면 이는 상법 제399조에서 규정하고 있는 법령에 위반된 행위에 해당된다고 할 것이다. 이로 인하여 회사가 입은 뇌물액 상당의 손해를 배상할 책임이 있다는 판결이다.

5.3.2 경영판단원칙을 인정한 판결

경영진은 현행법을 위배하지 않는 범위에서 선관의무를 다하여 회사의 이익을 위해 재량적 판단을 하였지만, 그 결과가 회사에 재무적 손해를 입히게 되었다면 면책이 되어야 할 것이다. 그럼에도 불구하고 현행 법규에서는 경영판단의 원칙이 명문화되지 않고 있어 경영진은 법원의 판단에 따라 배임죄가 될 수 있다는 불확실성에 노출되게 된다. 실제로 2022년 기준 최근 10년간의 조사결과에 의하면 대법원이 경영판단의 원칙을 인정한 사례는 10건 중 4건에 불과한 것으로 나타났다. 특히 계열사 지원에 따른 이사의 횡령·배임 여부를 다룬 7건의 재판 중 단 1건만 경영판단원칙을 인정해 무죄로 판결했다.[23)]

5.4 상법상 감사 및 감사위원회

주식회사의 기본조직의 원리는 몽테스키외의 삼권분립 정신에 기반한 것으로서 의사결정기관, 업무집행기관, 감사기관을 분리, 독립시켜 기관 상호간의 견제를 통해 주식회사 운영을 합법적·합리적·합목적적으로 운영하자는 데 있다. 주식회사의 기관들이 제대로 활동하여야 건전하게 회사가 발전하고 주주와 채권자의 이익이 보호된다. 감사기관의 역할은 공정하고 엄중한 업무감사와 회계감사를 통하여 기업경영의 부실화를 방지함으로써 회사, 주주, 채권자, 종업원 기타 이해관계자의 이익을 보호함에 있다. 감사는 이사의 직무 집행에 대한 감사를 통하여 대리인 문제를 축소하는 역할을 담당한다(제412조 제1항). 상법은 주식회사의 감사를 회사의 업무 및 회계의 감사를 주된 업무로 하는 주식회사의 필요 상설

---

23) 대법원, 기업 경영판단 인정 소극적… "원칙 명문화해야", 조선일보, 2022.5.30. 기사 분석 요약 인용.

기관으로 설계하였다.[24] 1999년 개정 상법은 회사는 정관이 정하는 바에 따라 감사에 갈음하여 이사회 내 위원회의 하나로 감사위원회를 설치할 수 있다(제415조2 제1항 제1문)고 규정하고 있다.

5.4.1 감사위원회

국내 감사위원회 제도는 1998년 아시아 외환위기를 겪으면서 IMF 등 국제금융기구들의 자금 지원 조건인 상장회사 지배구조 개선 요구를 수용함으로써 도입되는 계기가 마련되었다. 기존의 감사가 법에서 요구되는 기대수준 대비 실제 수행에 미흡한 부분이 있어 기업의 경영 감시·감독 체제를 강화하기 위한 의도이다. 감사위원회는 이사회 내에 설치되는 위원회로 회사에 대한 감시·감독 기능을 수행하고 회사의 회계와 공시가 적정하고 정확하게 이루어지는 데 필요한 전반적인 업무를 감독하는 역할을 담당하고 있다. 감사위원회는 기업지배기구에서 최고경영진의 경영활동을 견제하는 역할을 수행하고 균형 있는 거버넌스 체계 정립을 위한 기업지배구조의 핵심적인 위치를 차지하는 기구이다. 1999년 이후 자산규모 2조원 이상의 상장사에 감사위원회 설치가 의무화되었으며, 감사위원회는 총위원의 3분의 2 이상을 사외이사로 구성해야 한다. 상법과 외부감사법, 공공기관의 운영에 관한 법률, 금융회사의 지배구조에 관한 법률 등 수차례에 걸친 법규의 제·개정과 더불어 기업지배구조 공시, 스튜어드십코드, 그리고 내부회계관리제도 등의 도입 등을 통해 감사위원회 제도와 관련 요구사항은 계속 정비되고 있다.

상법 중심으로 관련 조항을 살펴보면 다음과 같다.

> 제415조의2(감사위원회) ① 회사는 정관이 정한 바에 따라 감사에 갈음하여 제393조의2(이사회내 위원회)의 규정에 의한 위원회로서 감사위원회를 설치할 수 있다. 감사위원회를 설치한 경우에는 감사를 둘 수 없다.
>
> ② 감사위원회는 제393조의2 제3항에도 불구하고 3명 이상의 이사로 구성한다. 다만, 사외이사가 위원의 3분의 2 이상이어야 한다.
>
> 제542조의11(감사위원회) ① 자산 규모 등을 고려하여 대통령령으로 정하는 상장회사[자산총액 2조원 이상]는 감사위원회를 설치하여야 한다.
>
> ② 제1항의 상장회사의 감사위원회는 제415조의2 제2항의 요건 및 다음 각 호의 요건을 모두 갖추어야 한다.

24) 권재열, 우리나라 감사위원회 제도 이대로 좋은가 : 상근감사제도와의 비교를 중심으로, 한국감사인연합회 제14회 감사인정책세미나 발표자료, 2024.2.15, p.50.

1. 위원 중 1명 이상은 대통령령으로 정하는 회계 또는 재무 전문가일 것
2. 감사위원회의 대표는 사외이사일 것

감사위원회는 형식적으로 이사회의 하부위원회의 지위, 기능적으로 이사회로부터 독립하여 수행하고 있다.[25] 그러나 감사위원회는 이사회 내 위원회이며, 감사위원은 이사의 지위를 동시에 지니기 때문에 자기감사(self-audit)의 비난으로부터 자유로울 수 없다. 한국의 경우 감사위원회가 대개 비상근 사외이사로 구성되다 보니 경영진의 행위에 대한 내부통제 제도를 비롯한 상시감시체계를 가동하기 곤란하다는 의견이 제기되고 있다.[26] 현행 상법에서는 감사위원회의 권한과 의무, 책임을 별도로 규정하지 않고 감사에 관한 조문을 준용하는 방식으로 운영(제415조의2 제7항)하고 있다.

5.4.2 감 사

(1) 감사의 역할과 권한

감사는 이사회로부터 독립 대등한 지위에서 업무감사와 회계감사를 수행한다. 감사는 이사의 직무 집행을 감사한다(제412조 제1항). 감사의 권한은 원칙적으로 적법성 감사에 한하나 명문으로 타당성 감사를 인정한 경우(제413조, 제447조의4 제2항 제5호와 제8호) 업무 집행이 현저하게 부당한 경우에는 타당성 감사가 인정된다고 보고 있다.[27]

상법상 감사의 주요 권한을 요약해 보면 다음과 같다.

① 감사의 실효성을 위한 권한

- 감사는 언제든지 이사에 대해 영업에 관한 보고를 요구하거나 회사의 업무와 재산상태를 조사할 수 있음.(제412조 제2항)
- 감사업무의 충실화를 위해 회사의 비용으로 전문가의 도움을 받을 수 있음(제412조 제3항)
- 모회사의 감사는 직무 수행을 위하여 필요한 때 자회사에 대해 영업보고를 요구할 수 있으며, 보고 내용을 확인할 필요가 있을 때 자회사의 업무와 재산 상태를 조사할 수 있다(제412조의5).

---

25) 장정애, 감사위원의 역할과 책임, 딜로이트 기업지배기구발전센터 2023 웨비나, 2023.11.9 발표자료, p.37.

26) 권재열(2024), p.68.

27) 권재열(2024), p.59.

- 이사회 출석, 의견진술권
- 주주총회의 소집청구권(제412조의3)
- 이사회의 소집청구권(제412조의4)

② 위법행위 시정을 위한 권한

- 이사가 법령 또는 정관에 위반한 행위를 하여 그로 인해 회사에 회복할 수 없는 손해가 발생할 염려가 있는 경우에는 회사를 위해 당해 이사에 대해 그 행위를 유지(留止)할 것을 청구할 수 있음. 위법행위 유지청구권(留止請求權)(제402조)
- 소 제기권 : 주주총회결의 취소의 소(제376조 제1항),
- 신주발행무효의 소(제429조),
- 감자무효의 소(제445조), 합병무효의 소(제529조) 등

(2) 감사의 의무와 책임

감사는 회사의 수임인이므로(제415조, 제382조 제2항) 그 직무를 수행함에 있어서 선량한 관리자의 주의의무를 부담한다(민법 제681조). 다만, 구체적인 선관주의의무의 내용과 범위는 회사의 종류나 규모, 업종, 지배구조 및 내부통제시스템 등에 따라 다르다.

- 감사는 이사가 주주총회에 제출할 의안 및 서류를 조사하여 법령 또는 정관에 위반하거나 현저하게 부당한 사항이 있는지 여부에 관하여 주주총회에 의견을 진술하여야 함(제413조)
- 이사가 법령 또는 정관에 위반한 행위를 하거나 그 행위를 할 염려가 있다고 인정한 때에는 이사회에 이를 보고하여야 함(제391조의2 제2항)
- 감사는 감사에 관하여 감사록을 작성하여야 하며, 감사록에는 감사의 실시 요령과 그 결과를 기재하고, 감사를 실시한 감사가 기명 날인 또는 서명하여야 함(제413조의2)
- 감사보고서의 작성 제출 의무(제447조의4 제1항)
- 감사는 재임 중뿐만 아니라 퇴임 후 직무상 알게 된 회사의 영업상 비밀을 누설하여서는 아니 된다.(제415조, 제382조의4)

상법상 감사의 회사와 제3자에 대한 손해배상책임(제414조)은 다음과 같다.

① 감사가 그 임무를 해태한 때에는 그 감사는 회사에 대하여 연대하여 손해를 배상할 책임이 있다.

② 감사가 악의 또는 중대한 과실로 인하여 그 임무를 해태한 때에는 그 감사는 제3자에 대하여 연대하여 손해를 배상할 책임이 있다.
③ 감사가 회사 또는 제삼자에 대하여 손해를 배상할 책임이 있는 경우에 이사도 그 책임이 있는 때에는 그 감사와 이사는 연대하여 배상할 책임이 있다.

(3) 감사, 감사위원의 손해배상책임 판례

■ 사례 1. 감사위원의 회사에 대한 손해배상책임(대법원 2020.5.28. 선고 2016다243399 판결)

甲저축은행(제일저축은행)의 파산관재인인 乙공사(예금보험공사)가 甲은행에서 상근감사위원으로 재직하였던 丙 등을 상대로 재직 당시 발생한 위법·부당한 대출 때문에 甲은행이 입은 손해의 배상을 구한 사안에서, 丙 등은 자신이 서명한 대출신청서류를 선량한 관리자의 주의의무로 검토하였더라면 대출이 형식적인 신용조사만을 거쳐 충분한 채권보전조치 없이 이루어지는 것을 쉽게 알 수 있었으므로, 관계 서류의 제출 요구 등을 통해 대출이 위법·부당한 것인지 추가로 조사하거나 감사위원회를 통해 이사회에 위와 같은 사실을 보고하여 위법·부당한 행위의 시정 등을 요구할 의무가 있었음에도 그 의무를 다하지 않았다고 볼 여지가 충분한데도, 丙 등이 대출이 위법·부당하다는 사정을 알았거나 알 수 있었다고 인정할 증거가 없다는 이유만으로 위 손해배상청구를 배척한 원심판단에는 법리오해 등 위법이 있다고 한 사례이다.

〈교훈〉

상근감사위원 자신이 서명한 대출신청서류를 선량한 관리자의 주의의무로 검토와 관계서류의 제출 요구 등을 통해 대출이 위법·부당한 것인지 추가로 조사하거나 감사위원회를 통해 이사회에 위와 같은 사실을 보고하여 위법·부당한 행위의 시정 등을 요구할 의무가 있다.

■ 사례 2. 감사의 주의의무 : 감시, 감독업무 소홀에 따른 책임(대법원 2019.11.28. 선고 2017다244115 판결)

주식회사의 감사는 회사의 필요적 상설기관으로서 회계감사를 비롯하여 이사의 업무집행 전반을 감시할 권한을 갖는 등 상법 기타 법령이나 정관에서 정한 권한과 의무가 있다. 감사는 이러한 권한과 의무를 선량한 관리자의 주의의무를 다하여 이행하여야 하고, 이에 위반하여 그 임무를 해태한 때에는 그로 인하여 회사가 입은 손해를 배상할 책임이 있다.

코스닥시장 상장회사였던 甲 주식회사가 추진한 유상증자 이후, 차명 지분 등을 통해 甲 회사를 포함한 그룹을 지배하며 실질적으로 운영하던 乙 및 그의 지휘 아래 그룹 업무를 총괄하던 丙 등이 유상증자대금의 일부를 횡령하였다. - 중략 -

회계감사에 관한 상법상의 감사와 '주식회사의 외부감사에 관한 법률'상의 외부감사인에 의한 감사는 상호 독립적인 것이므로 외부감사인에 의한 감사가 있다고 해서 상법상 감사의 감사의무가 면제되거나 경감되지 않는 점 등에 비추어 보면, 丁 등은 甲 회사의 이사 및 감사로서 이사회에 출석하고 상법의 규정에 따른 감사활동을 하는 등 기본적인 직무조차 이행하지 않았고, 乙 등의 전횡과 위법한 직무수행에 관한 감시·감독의무를 지속적으로 소홀히 하였다.

〈교훈〉

- 감사로서 이사회에 출석하고 상법의 규정에 따른 감사활동을 하는 등의 기본적인 직무조차 이행하지 않았고, 소외 1 등의 전횡과 위법한 직무수행에 관한 감시·감독의무를 지속적으로 소홀히 하였다. 이는 유상증자대금을 횡령함으로써 승계참가인이 입은 손해 사이의 상당한 인과관계도 충분히 인정된다.(감사의 임무 해태: 기본적 직무 미수행)
- 회계감사에 관한 상법상의 감사와 '주식회사의 외부감사에 관한 법률'상의 감사인에 의한 감사는 상호 독립적인 것이다. 외부감사인에 의한 감사가 있다고 해서 상법상 감사의 감사의무가 면제되거나 경감되지 않는다.

■ 사례 3. 감사의 제3자 손해배상책임(대법원 2008.9.11. 선고 2006다68636 판결)

당시 대우는 무역부문과 건설부문이라는 두 업무 영역이 조직상 뚜렷이 구분되어 운영되었고 회계도 마찬가지였다. - 중략 -

위 피고들의 주장의 요지는, 원심의 인정과는 달리 실제로 두 사람이 회계감사를 실시하였지만, 회계분식이 교묘하게 이루어졌고, 일부 이사의 전횡이 용인되어 있던 과거 실무관행상 회사의 중요한 정보에 대한 감사의 접근이 제한된 데다가 이 사건 회계분식이 다른 임직원들에 의하여 조직적이고 은밀하게 이루어진 것이어서 이를 발견하지 못한 데 불과하며, 재무제표 및 부속서류의 검토만으로 이 사건 회계분식을 발견하는 것은 처음부터 불가능하였다는 취지이나, 위에서 본 감사의 구체적인 주의의무의 내용과 범위는 회사의 종류나 규모, 업종, 지배구조 및 내부통제 시스템, 재정상태, 법령상 규제의 정도, 감사 개개인의 능력과 경력, 근무 여건 등에 따라 다를 수 있다 하더라도, 이 사건 당시 감사가 주식회사의 필요적 상설기관으로서 회계감사를 비롯하여 이사의 업무집행 전반을 감사할 권한을 갖는 등 위에서 본 바와 같은 상법상의 권한 또는 의무와 기타 법령이나 정관에서 정한 권한과 의무를 가지고 있는 점에 비추어 볼 때, 위 피고들이 감사로 재직하였던 대우와 같은 대규모 상장기업에서 일부 임직원의 전횡이 방치되고 있었다거나 중요한 재무정보에 대한 감사의 접근이 조직적 · 지속적으로 차단되고 있는 상황이라면, 감사의 주의의무는 위 피고들의 주장과 같이 경감되는 것이 아니라, 오히려 현격히 가중된다고 보아야 한다.

〈교훈〉

본 판결은 중대한 과실로 감사로서의 임무 해태에 따른 책임을 인정한 판례이다. 특히 대규모 상장기업에서 일부 임직원의 전횡이 방치되고 있거나 중요한 재무정보에 대한 감사의 접근이 조직적 · 지속적으로 차단되고 있는 상황이라면, 감사의 주의의무는 경감되는 것이 아니라 오히려 현격히 가중된다는 점에 유의할 필요가 있다.

5.5 사외이사의 법적 책임

5.5.1 사외이사제도

사외이사제도는 경영진과 최대주주로부터 독립되어 회사 상무에 종사하지 않는 이사를 이사회 구성원으로 선임해서 회사의 의사결정을 견제하고 감시토록 하는 장치로 활용하기 위해서 도입된 제도이다. 1997년 외환위기를 계기로 회사의 경영진, 특히 지배주주에 대한 이사의 독립성을 높이기 위해 제도화됐다. 2009년에는 상법상 제도로 수용됐다. 미국에서는 상장회사들의 전체 이사진 중 70~80%가 사외이사다. 소유와 경영이 분리된 미국의 대기업이나 자본집약적인 산업에서는 사외이사가 중심이 된 이사회가 실질적인 기능을 한다. 이사의 보수를 결정하거나 대표이사를 해임하는 등이다. 하지만 지배주주, 쉽게 말해 오너 경영이 일반화된 한국에서 사외이사는 지배주주나 경영진의 영향력에서 벗어나지 못한다는 평가를 받고 있다. 사외이사는 회사의 경영진에 속하지 않는 이사이다. 대주주와 관련 없는 외부인사를 이사회에 참가시켜 대주주의 독단경영과 전횡을 사전에 차단하는 제도이다. 일반적으로 사외이사는 회사의 피고용인은 아니다. 이사회를 구성하면서 동시에 회사 집행 관리자인 사내이사와는 구별된다. 사외이사는 대표이사나 사내이사처럼 기업 경영에 일상적으로 참여하지 않는다. 회의체인 이사회에 참석해 의견을 개진하고 결의를 통해 회사 경영에 참여할 뿐이다.

5.5.2 사외이사의 법적 책임

사외이사, 비상임이사 등도 회사의 이사임에는 사내이사와 다를 바 없으므로 사외이사, 비상임이사 등에도 상법상 이사의 책임과 의무에 관한 규정 등이 모두 적용된다.[28] 대법원은 "주식회사의 업무집행을 담당하지 아니한 평이사는 이사회의 일원으로서 이사회를 통하여 대표이사를 비롯한 업무담당이사의 업무집행을 감시하는 것이 통상적이긴 하나 평이사의 임무는 단지 이사회에 상정된 의안에 대하여 찬부의 의사표시를 하는 데에 그치지 않으며 대표이사를 비롯한 업무담당이사의 전반적인 업무집행을 감시할 수 있는 것이므로, 업무담당이사의 업무집행이 위법하다고 의심할 만한 사유가 있음에도 불구하고 평이사가 감시의무를 위반하여 이를 방치한 때에는 이로 말미암아 회사가 입은 손해에 대하여 배상책임을 면할 수 없다고 할 것이다"라고 한 바 있다.

현재 상법은 사외이사와 사내이사의 의무와 책임을 구분하지 않는다. 일반적인 의무로 이사는 회사와의 관계에 있어 '선량한 관리자의 주의의무'(상법 제382조 제2항, 민법 제681조, 개개인의 차이를 고려하지 않고 일반인 · 평균인에게 요구되는 정도의 주의의무)와 법령과 정관의 규정에 따라 회사를 위해 직무를 충실하게 수행해야 한다는 '충실의무'를 진다(상법 제382조의3). 또 경업금지 및 겸직금지 의무(상법 제397조 제1항), 회사 기회 유용금지 의무(상법 제397조의2 제1항), 자기거래 금지 의무(상법 제398조), 이사회에 대한 보고의무(상법 제393조 제4항), 감사 또는 감사위원회에 대한 보고의무(상법 제412조의2, 제415조의2 제7항), 비밀유지의무(상법 제382조의4)를 지고 있다. 이런 의무는 사외이사에게도 똑같이 적용된다.[29]

내부통제시스템 구축 의무와 관련해 대법원은 회사의 목적과 규모 · 영업 성격 · 법령규제 등에 비춰 법적 위험이 크다고 예상되는 업무에 대해 제반 법규를 체계적으로 파악하고 준수 여부를 관리해야 한다고 판시했다. 위반 사실이 발견되면 바로 신고하고, 보고를 통해 시정조치를 강구할 수 있는 내부통제시스템을 구축하고, 작동해야 한다고도 봤다. 사외이사가 기업 내부에 실질적이고 효과적인 통제시스템을 구축하고, 운영하는 것은 필수사항이 됐다. 이들은 이런 시스템이 잘 운영되는지 감시하고, 미진한 사항을 개선해야 한다고 촉구해야 한다.

28) 김화진(2023), pp.432-433.

29) 사외이사의 법적 책임은 어디까지일까[김기동의 이슈&로], 이코노미스트, 2023.12.9.

5.5.3 사외이사 배상책임 판례 등

■ 사례 : 사외이사의 감시의무 위반(대법원 2022.5.12. 선고 2021다279347 판결)

이사가 고의 또는 과실로 법령 또는 정관에 위반한 행위를 하거나 그 임무를 게을리한 경우에는 그 이사는 회사에 대하여 연대하여 손해를 배상할 책임이 있다(상법 제399조 제1항). 주식회사의 이사는 담당업무는 물론 대표이사나 업무담당이사의 업무집행을 감시할 의무가 있으므로 스스로 법령을 준수해야 할 뿐 아니라 대표이사나 다른 업무담당이사도 법령을 준수하여 업무를 수행하도록 감시·감독하여야 할 의무를 부담한다. 이러한 감시·감독 의무는 사외이사 등 회사의 상무에 종사하지 않는 이사라고 하여 달리 볼 것이 아니다. 따라서 주식회사의 이사가 대표이사나 업무담당이사의 업무집행이 위법하다고 의심할 만한 사유가 있음에도 고의 또는 과실로 인하여 감시의무를 위반하여 이를 방치한 때에는 이로 말미암아 회사가 입은 손해에 대하여 상법 제399조 제1항에 따른 배상책임을 진다.

특히 고도로 분업화되고 전문화된 대규모 회사에서 대표이사나 일부 이사들만이 내부적인 사무분장에 따라 각자의 전문 분야를 전담하여 처리하는 것이 불가피한 경우에도, 모든 이사는 적어도 회사의 목적이나 규모, 영업의 성격 및 법령의 규제 등에 비추어 높은 법적 위험이 예상되는 업무와 관련해서는 제반 법규를 체계적으로 파악하여 그 준수 여부를 관리하고 위반사실을 발견한 경우 즉시 신고 또는 보고하여 시정조치를 강구할 수 있는 형태의 내부통제시스템을 구축하여 작동되도록 하는 방식으로 감시의무를 이행하여야 한다. 다만 회사의 업무집행을 담당하지 않는 사외이사 등은 내부통제시스템이 전혀 구축되어 있지 않는데도 내부통제시스템 구축을 촉구하는 등의 노력을 하지 않거나 내부통제시스템이 구축되어 있더라도 제대로 운영되고 있지 않다고 의심할 만한 사유가 있는데도 이를 외면하고 방치하는 등의 경우에 감시의무 위반으로 인정될 수 있다.

〈교훈〉

- 주식회사의 이사는 담당업무는 물론 대표이사나 업무담당이사의 업무집행을 감시할 의무가 있다. 스스로 법령을 준수해야 할 뿐 아니라 대표이사나 다른 업무담당이사도 법령을 준수하여 업무를 수행하도록 감시·감독하여야 할 의무를 부담한다. 사외이사 등 상무에 종사하지 않은 경우에도 동일한 감시·감독의무가 있다.
- 주식회사의 이사(사외이사 포함)가 대표이사나 업무담당이사의 업무집행이 위법하다고 의심할 만한 사유가 있음에도 고의 또는 과실로 인하여 감시의무를 위반하여 이를 방치한 때에는 이로 말미암아 회사가 입은 손해에 대하여 상법 제399조 제1항에 따른 배상책임을 진다.

〈제5장 요약〉

기업은 새로운 경제적 가치를 창조하는 주체이며, 기업의 경쟁력이 국가의 경쟁력을 결정하는 핵심 요체이다. 세계 각국은 자국 기업의 경영효율성을 높여 경쟁력을 제고하기 위하여 국제적인 자본이동을 자유화하고, 국가간의 교류를 증대하는 등 국제 정합성에 입각한 경쟁력 있는 제도와 관행의 도입을 추구하고 있다. 세계화된 자본시장에서 모범적인 기업지배구조는 투자결정에 매우 중요한 요소이다. 우리 기업이 장기자금을 안정적으로 조달하기 위해서는 신뢰할 수 있고 국제적으로 통용될 수 있는 지배구조를 갖추어야 한다. 기업지배구조를 통해 기업의 목적이 정해지고 이 목적 달성을 위한 수단과 성과에 대한 모니터링이 결정되는 틀도 제공된다. 기업의 환경은 기업마다 상이할 뿐 아니라 끊임없이 변화하고 있어 기업지배구조는 유연하고 탄력적으로 운영되어야 한다. 그러므로 기업은 모범규준을 기본으로 하여 자율적으로 기업지배구조를 설계하여 운영하고, 지속적인 평가를 통하여 계속 발전시켜야 한다. 기업지배구조체계는 법률 또는 상호합의에 의해 형성된 이해관계자들의 권리를 인식하고, 기업과 이해관계자 간의 적극적 협력을 유도함으로써 부와 고용을 창출하고 재무적으로 건전한 기업의 지속가능성을 제고하여야 한다. 통제받지 않는 권력이 부패하듯이 경영진에 대한 감시와 감독이 미약하게 되면 경영진은 기업의 이익보다도 경영자 자신의 이익을 극대화하기 위해 노력한다. 그러므로 기업의 장기적 이익 극대화와 주주이익 극대화를 달성하기 위해서는 경영진에 대한 철저한 감독과 통제가 필요하다. 이사회가 경영진을 감독하기 위해서는 경영진에 대한 평가가 선행되어야 한다.

경영판단의 원칙은 미국에서 판례를 통해서 발전되어 온 것이며 이 원칙이 적용되기 위해서는 세 가지 요건이 충족되어야 한다. 이사는 ① 선의(good faith)로 행동하였어야 하며, ② 합리적인 수준의 정보에 입각하여 행동하였어야 하고, ③ 자신의 행동이 회사의 이익에 부합하는 것이라고 믿어야 한다. 아무리 결과가 좋아도 이사는 신중한 판단을 내리는 절차를 거쳐야 한다.

현재 상법은 사외이사와 사내이사의 의무와 책임을 구분하지 않는다. 일반적인 의무로 이사는 회사와의 관계에 있어 '선량한 관리자의 주의의무'(상법 제382조 제2항, 민법 제681조, 개개인의 차이를 고려하지 않고 일반인 · 평균인에게 요구되는 정도의 주의의무)와 법령과 정관의 규정에 따라 회사를 위해 직무를 충실하게 수행해야 한다는 '충실의무'를 진다(상법 제382조의3). 주식회사의 이사는 담당업무는 물론 대표이사나 업무담당이사의 업무집행을 감시할 의무가 있다. 스스로 법령을 준수해야 할 뿐 아니라 대표이사나 다른 업무담당이사도 법령을 준수하여 업무를 수행하도록 감시·감독하여야 할 의무를 부담한다. 사외이사 등 상무에 종사하지 않은 경우에도 동일한 감시·감독의무가 있다. 주식회사의 이사(사외이사 포함)가 대표이사나 업무담당이사의 업무집행이 위법하다고 의심할 만한 사유가 있음에도 고의 또는 과실로 인하여 감시의무를 위반하여 이를 방치한 때에는 이로 말미암아 회사가 입은 손해에 대하여 상법 제399조 제1항에 따른 배상책임을 진다(대법원 2022.5.12. 선고 2021다279347 판결).

PART

Ⅲ

리스크 관리와 내부통제 실무

제6장에서는 리스크 관리의 기본원칙에 관한 내용으로 리스크 관리가 등장하게 된 배경에 대한 이해와 함께 리스크의 의미와 종류, 리스크 관리의 필요성 및 리스크 관리와 관련한 국제기준을 설명한다. 그리고 우리나라 리스크 관리의 현안과 개선 방향을 제시한다.
제7장에서는 리스크 관리의 실제로서 리스크 환경 분석, 리스크 평가기준 설정, 리스크 인식, 리스크 분석, 우선순위 결정, 리스크 관리방안 및 관리기법을 주요국의 리스크 관리 실제 사례를 활용하여 구체적으로 설명한다.
제8장에서는 국제적인 COSO 내부통제 프레임워크와 내부회계관리제도에 대해 기본적 이해를 갖도록 한다. 금융사고 사례의 분석을 통해 부정에 대한 이해를 갖도록 한다. 최근 내부통제와 관련된 대법원 판례를 분석하여 이에 대한 경영층의 교훈을 제시한다.

chapter 6

리스크 관리의 이해

생각해 볼 점

- 리스크란 무엇인가?
- 최근 새롭게 떠오르는 리스크는 무엇인가?
- 리스크는 어떻게 분류하는가?
- 리스크 관리는 어떻게 조직목표 달성에 기여하는가?
- 리스크 관리의 이점은 무엇인가?
- 전사적 리스크 관리(ERM)는 왜 필요한가?
- 리스크 관리와 관련한 국제기준에는 어떤 것이 있는가?
- 리스크 관리가 GRC에서 차지하는 위치는?
- 우리나라의 리스크 관리의 과제는 무엇인가?

"기회와 리스크는 함께 온다."(*Opportunity and risk come in pairs.*)

- Bangambiki Habyarimana, The Great Pearl of Wisdom

주요국에서는 정부, 기업, 비영리조직 등을 경영함에 있어 리스크 관리(risk management)가 필수요소가 되었다. 그러나 우리나라는 아직 리스크 관리가 정착되지 않았을 뿐만 아니라 그 개념도 잘 이해하지 못하는 경우가 많다.

리스크(risk)란 흔히 생각하듯이 사건 사고가 아니라, 조직목표를 달성하는 데 방해가 되는 것이라면 어떤 것도 리스크가 된다. 그리고 리스크 관리란 리스크를 찾아내 이를 평가하고 관리하여 조직목표를 달성하도록 하는 경영기법이다. 리스크 관리와 관련한 핵심사항은 다음과 같다.

- 리스크(risk)는 사건이 발생하여 목표 달성에 부정적인 영향을 미칠 가능성
- 리스크는 전략리스크, 법적 리스크, 재무리스크, IT 리스크, 운영리스크 등으로 분류
- 리스크 관리는 리스크 정책을 수립하고 리스크를 식별하여 이를 평가하고 관리하여 목표 달성에 기여하는 것
- 리스크 관리는 시스템적 경영, 목표지향적 관리, 정보 공유, 직원의 책임의식 향상 등의 이점이 있음
- 효과적인 리스크 관리를 위한 전사적 리스크 관리(ERM) 시스템 구축 필요
- 국가 · 기구별로 다양한 리스크 관리기준을 설정 활용
- 우리나라 리스크 관리의 문제점 및 과제

1. 리스크에 대한 인식

'리스크(risk)!' 이제는 우리에게 꽤 익숙한 용어가 되었다. 그러나 우리나라에서 그 의미를 제대로 이해하는 사람들은 그리 많지 않은 것 같다.

리스크를 코요테(coyote)에 비유하면 어떨까? 북미가 주 서식지인 코요테는 개(犬)과 포유류로서 주로 숲속에서 살지만, 가끔 도심에 나타나 개를 물어가거나 사람을 공격하기도 한다([그림 6-1]). 우리는 이런 코요테에 대해 어렴풋이 알지만, 구체적으로 코요테가 어떻게 생겼고 또 어떤 습성을 가졌는지 아는 사람은 별로 없다. 실제로 코요테를 본 사람이 거의 없기 때문이다.

[그림 6-1] 코요테

리스크도 마찬가지다. 리스크도 원래 발상지가 외국인 데다 아직 우리나라 정부, 기업체 등에서 리스크 관리를 제대로 실시하지 않고 있기 때문에 경영자들조차도 리스크를 어렴풋이 이해할 수밖에 없는 것이 당연하다 하겠다. 그러나 최근 경영의 메가트렌드는 리스크 관리(risk management)이다. 미국 등 주요국에서는 진작부터 리스크 관리가 경영의 필수요소가 되었다.

예를 들어 마이크로소프트사의 빌 게이츠(Bill Gates)는 2015년 TED 강연에서 앞으로 지구적 재앙을 초래할 가장 위험한 리스크는 바이러스(virus)가 될 것이라고 예상했다. 그리고 그의 예상대로 2019년 COVID-19 바이러스가 출현하여 각국에서 수많은 사람이 이 바이러스에 감염되고 적지 않은 사람들이 사망하였다. 이 COVID-19 팬데믹(pandemic)은 단순히 보건 위생적 피해만 가져온 것이 아니라 경제, 교육, 여행, 문화, 종교 등 거의 모든 분야에 걸쳐 재앙적 피해를 초래하였다.

2021년 6월 영국 런던에서 개최된 G7 정상회의의 외교 · 개발장관회의에서는 자연재해 · 기후 · 환경리스크 및 테일리스크 등의 리스크에 대한 국제적 대응 역량을 강화할 것을 주문하였다. 또한 2022년 11월 인도네시아 발리에서 개최된 G20 정상회담에서도 거시경제 리스크, 기후변화 리스크에 대한 대책을 지속적으로 추진할 것을 결의[1]하였다. 특히 이 회담에서 기후변화에 따른 전환 리스크[2](transition risks)가 새롭게 부각되었다.

1) https://www.g20.org/wp-content/uploads/2022/11/2022-G20-Bali-Update.pdf.

2) 영란은행(Bank of England)은 기후변화가 경제에 미치는 영향을 물리적 리스크(physical risks)와 전환

2024년 1월 스위스에서 개최된 다보스포럼(World Economic Forum)에 앞서 발간된 The Global Risks Report에서는 국제사회가 당면한 리스크로 기상이변, 인공지능(AI)이 생산하는 정보의 오류 · 거짓, 사회 · 정치적 양극화, 생활물가 급등, 사이버 공격 등을 제시하였다. 동 포럼이 2023년 9～10월중 1,490명의 전문가 조사를 기초로 발표한 글로벌 리스크는 〈표 6-1〉과 같다.

최근에는 위에서 언급한 기상이변 리스크를 포함하여 'ESG 리스크'가 크게 부각되고 있다. ESG는 환경(Environment), 사회(Social) 및 기업지배구조(Governance)의 약어로 한마디로 "지속가능한(sustainable) 경영"이라고 표현할 수 있다. 이러한 지속가능한 경영의 개념은 이전부터 사용했다. 그러나 2020년 1월 세계적인 투자사인 BlackRock의 CEO인 래리 핑크(Larry Fink)가 단순한 재무성과가 아닌 기업의 지속가능성을 투자기준으로 삼는다고 발표함으로써 ESG 이슈가 크게 부각되었다.

한편 국내에서도 리스크는 경영의 필수요소가 되었다. 이창용 한국은행 총재는 2024년도 신년사를 통해 세계 교역의 분절화, 중동 · 동유럽 지역의 지정학적 리스크, 주요국의 선

〈표 6-1〉 Global Risks Perception Survey 결과

순위	당면한 리스크	2년 시계의 리스크	10년 시계의 리스크
1	기상이변	오류 및 거짓 정보	기상이변
2	AI가 생산하는 오류 및 거짓 정보	기상이변	지구시스템(Earth systems)의 중대한 변화
3	사회 · 정치적 양극화	사회적 양극화	생물다양성 및 생태계 파괴
4	생활물가 급등	사이버 공격	천연자원의 고갈
5	사이버 공격	국가간 군사적 충돌	오류 및 거짓 정보
6		경제적 기회의 부족	AI 기술의 역효과
7		인플레이션	비자발적 이주
8		비자발적 이주	사이버 보안
9		경제 불황	사회 양극화
10		공해	공해

자료 : The Global Risks Report 2024, World Economic Forum, 2024.1.

리스크(transition risks)로 나누어 설명하였다. 물리적 리스크(physical risks)는 기후 변화(태풍, 폭설, 해수면 상승 등)가 경제성장을 둔화시키는 것으로 설명하고, 전환 리스크(transition risks)는 글로벌 경제가 탄소 제로 경제(a net-zero economy)로 전환되는 과정에서 발생할 수 있는 자산 가치의 하락이나 거액의 비용 지출로 설명하였다. 자세한 내용은 아래 영란은행 보고서 등을 참고하기 바란다. https://www.bankofengland.co.uk/quarterly-bulletin/2022/2022-q4/climate-change-possible-macroeconomic-implications ; https://www.diligent.com/insights/esg/transition-risk/ ; https://www.gresb.com/nl-en/products/transition-risk-tool/

거 결과에 따른 국제 정세의 급변 가능성 등 외부여건의 불확실성에 대한 리스크 관리의 중요성을 강조하였다.

전국경제인연합회에서는 2021년 8월 글로벌 기업의 ESG 리스크 관리 실태를 연구 발표하여 국내 기업의 ESG 경영에 참고하도록 하였으며, 2021년 8월 31일 국회에서는 2030년까지 온실가스 배출량을 2018년 대비 35%로 감축하는 탄소중립 · 녹색성장기본법을 제정했다. 이와 함께 산업통상자원부는 2020년 12월 9일 국내 기업의 지속가능경영을 지원하기 위하여 지속가능경영 평가지표를 마련하는 등의 추진방안을 발표하였다.

이처럼 리스크의 개념은 이미 국내외적으로 기업 경영은 물론 정부기관, 비영리기관에 이르기까지 널리 사용되고 있다.

그러나 우리가 '리스크'라고 할 때 가장 먼저 떠올리는 단어는 '위험'과 '사고'이다. 1994년 10월 21일 성수대교가 무너져 30여 명이 사망한 사고, 2014년 4월 세월호 참사로 많은 고귀한 생명이 희생된 사고, 2018년과 2019년 Boeing 737 Max 기종의 연이은 추락, 2022년 10월 서울 용산에서 발생한 핼러윈 행사 사고와 같은 사건 사고를 연상하게 된다. 이런 것도 당연히 리스크와 관련이 있다. 그러나 조직 경영에서 말하는 리스크는 이런 사건 사고뿐만이 아니라 '조직의 목표를 달성하는 데 방해가 되는 것'이라면 어떤 것도 리스크가 된다([그림 6-2]).

재무담당 경영자(CFO)가 분식회계를 한 사실이 적발되어 주가가 폭락하고 자금조달이 어려워지는 것이나, 새로 출시한 신제품에 결함이 발생하여 대량 리콜을 하는 것도 리스크이고, 반도체 공장의 생산라인 설계가 부실하여 수율이 적정수준으로 올라가지 않는 것도 리스크이다. 최근 들어서는 전산시스템 운용과 관련하여 많은 고객이 사용하는 인터넷뱅킹 시스템 가동이 중단되거나 신용카드사의 고객정보가 외부로 유출되는 것도 심각한 리스크 사건이다.

그러나 이처럼 거창한 것만이 리스크의 전부는 아니다. 기업의 채용 담당자가 적합한

리스크(risk) : 목표 달성을 방해하는 요소

[그림 6-2] 리스크

인재를 선발하지 못해 해당 업무가 제대로 수행되지 못하는 것이나, 컴퓨터에 바이러스가 침투하여 프로젝트 수행이 지연되는 것, 학교에서 교육이 제대로 이루어지지 않아 학생들의 학업성적이 저하되는 것, 심지어는 복사지가 제때 공급되지 않아 프린터와 복사기 사용이 중단되는 것도 리스크이다. 이처럼 리스크는 어떤 조직, 어떤 업무에나 내재되어 있다. 따라서 영리기업은 물론 정부조직이나 공공기관, 학교나 군대, 병원과 같은 비영리조직(not-for-profit organization)에 이르기까지 모든 조직에서 리스크에 대한 올바른 인식과 리스크 관리가 필요한 것이다.

그러고 보면 리스크 관리는 조직 경영과 분리된 별개의 개념이 아니라 오히려 경영의 중요한 부분인 것을 알 수 있다. 리스크 관리가 효과적으로 실시되면 사고가 감소할 뿐만이 아니라 조직성과가 향상되고 업무효율성이 증대되며 궁극적으로 조직목표를 달성하게 된다. 이런 이유로 미국과 유럽 등의 국가에서는 리스크 관리가 중요한 경영기법으로 널리 활용되고 있다.

2. 리스크 관리의 등장

리스크 관리(risk management)는 1980년대 영국, 미국, 호주 등 영미권 국가를 중심으로 시작되었다. 당시 이들 국가에서는 다수의 회계부정과 주가조작 등의 사건이 발생하여 굴지의 대기업이 파산하고 투자자의 신뢰를 상실하는 문제가 발생하였다. 이들 국가는 이러한 문제점을 해결하기 위한 수단으로 리스크 관리를 활용하기 시작하였다.

우리나라에서도 1997년 외환위기(소위 'IMF 사태'[3])와 1999년 대우사태가 발생하여 경제·사회적으로 엄청난 파장을 몰고 왔다. 이런 위기 이후 우리나라에서도 해외 증시에 상장된 기업을 중심으로 리스크 관리 시스템이 도입되어 운용되고 있다. 그러나 아직도 많은 기업에서 회계부정 사건이 끊이지 않고 있는 점 등을 고려할 때 우리나라도 정부와 기업에서 제대로 된 리스크 관리 및 내부통제 시스템을 갖추도록 제도를 강화할 필요가 있다. 이하에서 리스크 관리가 등장하게 된 배경을 좀 더 잘 이해할 수 있도록 1980년대 이후 국내외 주요 회계부정 사건을 요약 소개한다.

---

3) 1997년 우리나라의 외환위기를 'IMF 사태'라고 부르고 있으나, IMF에서는 이것이 IMF의 위기가 아닌 한국의 위기이므로 'IMF 사태'로 부르는 것은 적합하지 않다고 주장한다.

2.1 기네스[4] 주가 조작(1986년)

기네스(Guinness)는 1759년 아일랜드 더블린에서 시작한 아이리시(Irish) 맥주 회사이다. 일반인에게 기네스 맥주보다는 각종 세계 진기록을 수록한 기네스북[5](Guinness Book)으로 더 유명하다. 1986년 기네스는 음료 · 제약회사인 Distillers를 인수하기 위해 경쟁업체인 Argyll과 치열한 경쟁을 벌이고 있었다. 기네스 대표인 Earnest Saunders는 증권회사 직원과 공모하여 회계부정과 주가조작을 저질렀고 이를 바탕으로 Distillers를 인수하는 데 성공하였다.

이 사건은 그대로 묻힐 수도 있었으나 1990년 미국 검찰이 사건에 관여한 월가의 내부자거래 전문가를 기소하는 과정에서 사전형량조정제도(plea bargain)를 통해 기네스의 회계부정과 주가조작 사실을 자백받아 세상에 드러나게 되었다. 영국 법원은 이 사건에 연루된 4명에 대해 회계부정, 주가조작, 절도 등의 혐의로 징역, 벌금, 작위 박탈 등의 엄중한 처벌을 하였다.

2.2 베어링스 파산(1995년)

베어링스(Barings)는 1762년 영국 런던에서 설립된 오랜 전통을 자랑하는 은행이었다. 1986년 동 은행은 싱가포르 금융시장에서 비즈니스를 강화하기 위하여 싱가포르 베어링스 선물(Baring Futures Singapore : BFS)을 설립하였다.

BFS는 딜링룸 매니저 겸 결제업무 팀장 업무를 함께 수행할 직원으로 닉 리슨(Nick Leeson)을 선임하였다. 그는 영국 증권감독기관에 허위 업무보고서를 제출한 경력으로 인해 금융회사 취업에 부적격한 인물임에도 허술한 채용심사 과정을 통과해 동 직위에 배치되었다. 특히 동 직원이 딜링업무(front office)와 결제업무(back office)를 함께 수행하는 것은 직무분리의 원칙(segregation of duties)을 현저히 위반한 것이었다.

리슨은 1992년부터 선물거래를 통해 상당한 수익을 올리고 있는 것으로 본부에 보고하였다. 그러나 사실 그는 손실금을 에러 계좌(88888계좌)에 숨기고 런던 본부에는 회계장부를 조작하여 보고하는 방식으로 손실을 은폐함에 따라 보이지 않는 손실 규모가 급격히 증가하게 되었다. 그는 1995년 1월 16일 일본 증권시장의 선물거래에 거액의 베팅을 하였는데 다음 날인 1월 17일 고베 대지진이 발생하여 일본 증시가 폭락하면서 리슨이 투자한 상

4) Guinness는 1997년 Grand Metropolitan과 합병하여 현재 Diageo社의 맥주 브랜드로 남아 있다.

5) Guinness World Records가 정식 명칭으로, Guinness는 애주가들이 술을 마시면서 별난 기록에 대해 논쟁하는 것에 착안하여 1955년부터 이 책을 발간하기 시작하였다.

품에서 천문학적 규모의 손실이 발생하게 되었다.

그가 최종적으로 베어링스 은행에 입힌 손실은 8억 2,700만 파운드로 한화로 약 1.2조 원 이상에 해당하며 이는 동 은행 자기자본의 약 2배에 달하는 금액이었다. 이로 인해 베어링스는 지급불능을 선언하고 파산하여 ING에 1파운드에 매각[6]되었다. 리슨은 싱가포르 사법당국의 판결에 따라 징역형의 선고를 받았다. 이때 그는 28세에 불과하였다.

2.3 엔론 게이트(2001년)

1985년 미국 텍사스 휴스턴에서 두 에너지 회사의 합병으로 설립된 엔론(Enron)은 한때 주목받는 기업이었다. 40개국에 2만여 명의 직원을 고용한 동사는 미국에서 7위(매출액)의 거대기업으로 성장하였다. 또한 Fortune은 1996년부터 2001년까지 동사를 가장 혁신적인 기업으로 선정하기도 하였다. 동사는 2000년 후반 에너지 선물거래와 정보통신 분야에 대한 투자에서 막대한 손실이 발생하였음에도 회계조작을 통해 이를 숨겨왔는데 여기에는 동사의 회계감사를 맡은 Arthur Anderson의 공모도 한몫하였다.

그러나 비밀은 오래 갈 수 없었다. Moody's 등 신용평가사가 엔론의 신용등급을 하향조정할 것이라는 전망이 발표되면서 한때 주당 90달러까지 상승하였던 동사의 주가는 휴지조각으로 바뀌었다. 동사는 2001년 12월 파산신청을 하였는데, 부채가 131억 달러로 당시까지는 미국 파산 역사상 최고 금액에 해당하는 것이었다. 특히 이 사건이 '엔론 게이트'로 비화된 것은 동사가 백악관, 의회 등 정치권에 막대한 로비자금을 뿌렸기 때문이다.

2.4 월드컴 회계 조작(2002년)

엔론 사태가 마무리될 무렵 그보다 훨씬 규모가 큰 월드컴(WorldCom) 사태가 닥쳐왔다. 월드컴은 1983년에 미국 미시시피주의 지역 통신사업자로 출발하였다. 동사 대표인 Bernard Ebbers는 공격적인 인수합병으로 회사를 미국 내 5위의 장거리 통신사업자로 성장시켰다.

그러나 그는 재무담당이사(CFO)와 공모하여 대규모 회계조작을 지속하고 있었다. 즉 비용으로 처리하여야 할 지출을 투자계정으로 처리하거나 현금흐름표를 조작하는 등의 방법으로 이익을 부풀렸는데 회계분식 금액이 110억 달러로 엔론의 3배에 달하는 엄청난 규모였다.

6) Barings는 여러 번의 매각을 거쳐 2020년 8월 현재 MassMutual의 자회사로 남아 있다.

엔론 및 월드컴 회계부정 사건에 대응하여 2002년 7월 미국은 사베인스-옥슬리법(Sarbanes-Oxley Act)을 제정하여 회계보고와 관련한 경영자 및 회계감사인의 책임을 크게 강화하는 한편 기업의 리스크 관리 시스템을 체계화하는 계기가 되었다.

2.5 대우 사태(1999년)

1967년 대우실업으로 출발한 대우그룹은 다수의 부실기업을 인수하고 동남아, 구 공산권 국가, 아프리카 등의 신시장을 개척하여 1998년 우리나라 재계 2위 규모로 성장하였다. 특히 1993년부터 '세계경영'을 모토로 공격적으로 해외사업을 추진하던 김우중 회장은 전 세계 경영인의 우상이 되었다.

그러나 동사는 지나치게 차입에 의존한 경영을 지속한 데다 외환위기로 차입금리가 급등한 상황에서 대규모 회계조작 사실이 적발됨에 따라 1999년 8월 채권금융기관에서 기업재무구조 개선작업(워크아웃)을 실시한 것을 시작으로 그룹이 해체되고 소속사가 인수 · 합병되거나 청산되었다. 대우사태는 더 이상 '대마불사'(Too Big to Fail)식 경영이 통하지 않는다는 것을 보여준 중요한 사건이었다. 대우사태는 단순히 동 그룹이 정리되는 수준에 머물지 않고 동 그룹에 대출한 다수의 금융기관이 덩달아 부실화되어 혹독한 구조조정을 겪었으며 이 과정에서 우리나라 정부도 약 30조원의 공적자금을 투입하는 등 국내외적으로 대우사태의 파장이 상상을 초월하였다.

〈참고 6-1〉 리스크 관리의 역사

어떤 이는 '펠로폰네소스 전쟁사'를 쓴 그리스 역사가 투키디데스(Thucydides)가 리스크 관리의 아버지라고 주장[7]한다. 그러나 이것은 의학의 기원이 에덴동산에서 신이 아담의 갈비뼈로 하와를 만든 것이라고 주장하는 것과 같다. 현대적인 모습의 리스크는 1914년 미국 필라델피아 은행들이 로버트 모리스 협회(Robert Morris Association)를 구성하여 대출업무와 관련하여 차주들의 신용리스크를 평가한 데서 시작되었다.

1952년에는 마코위츠(Harry Markowitz)가 포트폴리오 이론에서 투자안 선택은 포트폴리오 수익률의 평균과 분산(리스크)에 의해 결정한다고 주장하면서 리스크를 계량적으로 측정할 수 있게 되었다. 그는 이 공로로 1990년 노벨경제학상을 수상하였다.

현재와 같은 리스크 관리는 호주, 영국, 미국 등의 국가에서 먼저 도입되었다. 1986년 이후 영국의 Guinness(1986), Polly Peck Int'l(1989), Maxwell(1991), Baring Futures(1995), 미국의 Enron(2001), AIB(2002), WorldCom(2002), Xerox(2002), Anderson(2002) 등이 대규모 회계부정[8]에 연루되자 이에 대응하여 각국은 리스크 관리를 강화하기 시작하였다.

영국은 1992년 Cadbury Report를 기초로 리스크 관리를 강화하였다. 동 규제는 현재 영국 Financial Reporting Council에서 제정한 'The UK Corporate Governance Code(July 2018)[9]'로 발전하였다.

> 미국도 2002년 사베인스-옥슬리法(Sarbanes-Oxley Act)을 제정하여 내부회계관리제도에 대한 통제를 강화하는 한편, 2004년에는 AICPA 등 5개 기관으로 구성된 COSO에서 전사적 리스크 관리 통합체계(Enterprise Risk Management - Integrated Framework[10])를 만들었다.
> 한편 국제결제은행(BIS)도 금융기관의 안전성을 제고할 수 있도록 은행, 증권, 보험 등 금융회사의 자본규제에 리스크 개념을 적용한 Basel I · II · III를 단계적으로 도입하였다.
> 그러나 1995년 호주와 뉴질랜드가 세계 최초로 리스크 관리 표준인 AS/NZS 4360:1995(1999, 2004년 개정)를 발표하여 명실상부하게 리스크 관리의 선도국이 되었다. 최근 여러 나라의 리스크 관리 담당자, 내부감사자가 호주를 방문하여 리스크 관리 체계를 배워가는 것도 이 때문이다.
> 이밖에 캐나다 정부는 미국의 COSO와 유사한 COCO(Criteria of Control)를 제정하여 효과적인 리스크 관리를 위한 내부통제 체계를 갖추고 있다.
> 우리나라는 금융감독 규제를 받는 금융기관, 해외증시 상장기업 및 외국계 기업 등을 제외하고 국제기준에 맞는 리스크 관리를 시행하는 곳은 많지 않다. 아직까지 정부 또는 감사원에서도 리스크 관리의 법제화에 관심을 보이지 않고 있지 않다.
> 다만 1999년 9월 한국ESG기준원[11](KCGS)이 '기업지배구조 모범규준' 등을 제정하고 상장기업을 대상으로 기업지배구조 등에 대한 평가를 실시하고 있다.

3. 리스크의 의미

앞의 리스크에 대한 인식에서 리스크의 의미를 충분히 설명하였으므로 추가적인 설명이 필요하지 않을 수도 있다. 그러나 리스크 관리에 관한 기준을 설정하는 주요 기구들이 정의한 리스크의 의미를 정리해 볼 필요가 있다. 리스크 관리 체계를 규정한 주요 국제기구로 국제표준화기구(ISO), 국제감사인협회(IIA), 호주 표준협회(Standards Australia), 미국의 COSO, 캐나다 정부 등이 있다. 이들 기구가 정의한 리스크의 정의를 〈표 6-2〉와 같이 정리하였다.

---

7) Robin Lane Fox, The Classical World: An Epic History from Homer to Hadrian, Basic Books (2008), p.157.
8) Guinness, Baring Futures, Enron, WorldCom의 사례는 본문 참조.
9) https://www.frc.org.uk/getattachment/88bd8c45-50ea-4841-95b0-d2f4f48069a2/2018-UK-Corporate-Governance-Code-FINAL.PDF.
10) Enterprise Risk Management-Integrating with Strategy and Performance로 개정(2017.9).
11) 2022년 9월 (사)한국기업지배구조원에서 (사)한국ESG기준원으로 개칭.

〈표 6-2〉 리스크의 정의

국제표준화기구 (ISO)	목표 달성의 불확실성의 영향	Effect of uncertainty on objectives
COSO[12)]	전략 및 경영목표 달성에 영향을 주는 사건이 발생할 가능성	The possibility that events will occur and affect the achievement of strategy and business objectives.
국제감사인협회 (IIA)	목표 달성에 영향을 주는 사건이 발생할 수 있는 불확실성	The uncertainty of an event occurring that could have an impact on the achievement of objectives.
The Global Risks Report 2024 (World Economic Forum)	글로벌 리스크는 그것이 발생하면 GDP, 인구, 자연자원 등에 상당한 부정적인 영향을 미칠 수 있는 사건의 발생가능성	Global risk is defined as the possibility of the occurrence of an event or condition which, if it occurs, would negatively impact a significant proportion of global GDP, population or natural resources.
Standards[13)] Australia	목표 달성에 영향을 주는 것의 발생가능성	The chance of something happening that will have an impact on objectives.
Canadian[14)] Government	목표 달성의 불확실성의 영향	The effect of uncertainty on objectives

〈표 6-2〉에서 보는 바와 같이 리스크 관리와 관련한 여러 기관들의 리스크에 대한 정의를 정리해 보면 리스크(risk)란 '사건(event)이 발생하여 목표 달성에 부정적인 영향을 미칠 가능성'이다.

리스크(risk)란 '사건(event)이 발생하여 목표 달성에 부정적인 영향을 미칠 가능성'

리스크의 개념을 제대로 모르고 리스크 관리를 한다면 확실히 첫 단추를 잘못 끼운 것이다. 첫 단추를 잘못 끼우고 나서는 리스크 관리를 아무리 잘 해봐야 단계마다 빗나가게 된다. 이제부터 리스크를 실전적으로 이해해 보자.

예를 들어 보자. A는 ○○회사 인사부장이다. 그는 최근 인사부장 직위에 보임되었다. A부장은 신입사원을 채용하는 데 있어 리스크 관리 방식에 의해 업무를 수행한다. 먼저 신

12) COSO(Committee of Sponsoring Organizations of the Treadway Commission) : 1985년 미국에서 효과적인 내부통제체계 확립하기 위해 AICPA, AAA, FEI, IIA, IMA 등 5개 단체가 공동으로 설립한 위원회 조직.

13) Risk Management Guidelines, HB436-2004(Standards Australia).

14) https://www.canada.ca/en/treasury-board-secretariat/corporate/risk-management/guide-integrated-risk-management.html#toc2_1.

입직원 채용 목표를 설정한다. 신입사원 채용 목표는 '업무수행 능력을 갖추고 조직문화 적응력이 뛰어나서 회사에 장기간 근무할 수 있는 직원 30명 채용'이라고 설정한다. 리스크 관리는 목표를 설정하는 데서 시작한다. 목표가 없으면 리스크 관리도 없다.

A인사부장이 이러한 목표를 세웠으면 이것이 달성될 수 있도록 노력하여야 한다. 우선 이런 목표를 달성하는 데 방해가 되는 요소들을 찾아본다. 다음은 그가 찾아낸 목표 달성을 방해하는 요소들의 예시이다.

〈참고 6-2〉 신입사원 채용과 관련하여 목표 달성을 방해하는 요소들

① 채용공고가 충분히 전파되지 않아 지원자수가 많지 않을 가능성
② 이력서, 자기소개서를 제대로 심사하지 못해 부적격 지원자를 채용할 위험
③ 면접관의 능력이 부족하여 면접과정에서 업무능력이 부족한 지원자를 선발할 가능성
④ 지원자의 외국어 공인 점수가 높음에도 실질적 외국어 구사 능력이 부족하여 외국 바이어와 상담을 제대로 할 수 없는 위험
⑤ 신입사원이 조직문화에 적응하지 못하여 조기 퇴사할 가능성
⑥ 채용 과정에서 남녀고용평등법, 개인정보보호법 등 법률을 위반하여 소송을 당하거나 벌금을 물 가능성
⑦ 신입직원에게 지급할 인건비를 제때 조달하지 못할 위험 등

위에 열거한 것이 목표 달성을 방해하는 요소들이다. 그리고 이런 것을 리스크라고 한다. 리스크 관리에서 인식하고 있는 리스크가 무엇인지 이제는 감을 잡을 수 있을 것이다. 위 ①부터 ⑦까지 항목을 살펴보면 끝말이 '가능성' 또는 '위험'이다. 리스크 관리 실무에서는 구체적으로 리스크를 예시할 때 (어떤 부정적 일이 발생할) 가능성 또는 위험으로 적고 있다는 것을 밝혀둔다.

우리는 종종 리스크를 '위험'이라고 부르고 있다. 이해할 만도 하다. risk를 영어사전에서 찾아보면 제일 먼저 '위험'이라고 번역되어 있다. 그리고 실제로도 많은 리스크가 조직경영을 위태롭게 할 수 있는 '위험'요소들이기 때문이다. 그러나 리스크를 '위험'이라고 번역하는 것은 우리말의 어감을 고려할 때 다소 만족스럽지 못하다. '위험'은 아무래도 인명 피해

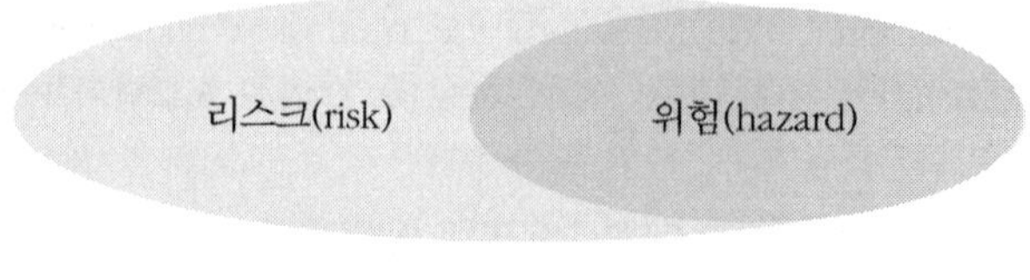

[그림 6-3] 리스크(risk)와 위험(hazard)

가 발생하거나 화재, 지진, 홍수, 전염병, 인명 사고, 전산시스템 가동 중단 등 다분히 물리적인 사고를 연상할 가능성이 높기 때문이다. 이런 사고 가능성을 표현하는 용어는 리스크(risk)보다 위험(hazard)이 더 적당하다.

리스크 관리에서 말하는 리스크는 이런 위험요소들을 포함하는 것은 물론 조직목표 달성을 방해하는 어떤 요소라도 리스크가 될 수 있기 때문에 이를 위험이 아닌 '리스크(risk)'라고 하는 것이다.

한편 리스크는 사건이 발생할 '가능성'이라고 기술하는 경우가 많은데, 이것은 이미 그 사건이 발생한 것이 아니라 발생할 가능성이 있다는 뜻이다. 그러므로 이미 전산시스템 가동이 중단되었거나 건물에 화재가 발생한 경우 '리스크가 발생하였다'고 말하지 않고 '리스크가 현실화되었다(crystallized)' 또는 '리스크 사건(event)이 발생하였다'라고 표현하는 것이 적절하다.

리스크(risk)는 '이미 사건이 발생한 것'이 아닌 '사건이 발생할 가능성'

리스크 관리를 이해하기 쉽도록 예시를 한 가지 더 든다. A기업은 제품을 납품하기 위해 화물차 5대를 운용중이다. 동사는 원활한 차량 운행을 위하여 6명의 운전기사를 고용하고 있다. 동사는 최근 지방에 소재한 수요처로부터 신규주문이 증가하고 있어 운전기사들의 장거리 운전이 급증하고 있다. 이와 관련한 A기업의 리스크 관리 개요를 정리해 본다.

① 목표(objective)
- 주문받은 상품을 안전운전으로 수요처에 적기에 납품

② 리스크 원천(risk source)
- 운전기사들의 장거리 운전이 급증

③ 리스크(risk)
- 사고 발생에 따른 납품 차질
- 사고 발생에 따른 보험료 할증, 피해자 보상으로 재무 손실 발생

④ 리스크 사건(event)
- 차량 사고 발생
- 운전기사가 가해자로 판정되어 ○억원 배상
- 운전기사가 음주운전으로 면허를 취소당해 무면허 상태에서 사고를 내어 보험회사에 보험금을 청구하지 못함
- 사고를 낸 운전기사의 재무상태가 취약하여 구상권 행사 불가

⑤ 발생가능성(likelihood)

- 과거의 경험으로 미루어 연 2회 정도 차량 사고 발생 예상

⑥ 영향(consequence)

- 납기 지연에 따른 지체상금 연간 1천만원
- 사고 배상금 5천만원, 보험료 할증액 연 2백만원

⑦ 통제활동(control)

- 안전운전을 하고 음주운전을 하지 않도록 정기적으로 교육 실시
- 음주운전시 인사조치 강화
- 6개월마다 운전면허 보유확인서 제출 의무화

⑧ 리스크 관리(risk management)

- ①~⑦의 일련의 과정을 말함

4. 리스크의 종류

리스크는 그 성격에 따라 여러 형태로 분류한다. 업종별로 상이한 형태의 리스크가 있기 때문이다. 그러나 일반적으로는 전략리스크, 법적 리스크, 재무리스크, IT리스크, 운영리스크 및 평판리스크 등으로 구분한다.

4.1 전략리스크

전략리스크(strategic risk)는 주로 최고경영자 또는 이사회의 의사결정과 관련한 리스크이다. 최고경영자(CEO) 또는 이사회가 잘못된 의사결정을 하거나, 대규모 투자가 수반되는 신사업, M&A, 중장기 경영전략 등과 관련하여 목표 달성에 실패할 가능성을 포함한다.

전략리스크 관리에 실패한 대표적인 사례는 미국의 필름 제조업체인 이스트먼 코닥(Eastman Kodak)을 들 수 있다. 동사는 1973년 세계 최초로 디지털카메라를 개발하였음에도 디지털카메라가 세상을 지배하는 추세에 제대로 대처하지 못함으로써 기업이 파산하는 상황에까지 내몰리게 되었다.

4.2 법적 리스크

업무수행 과정에서 법률, 규정을 위반하여 재무적 손실이 발생하거나 조직의 평판이 저

하될 가능성이다. 최근 지식재산권 보호, 법정근로시간 조정, 소비자 권익 향상, 환경보호, 부정청탁 금지, 개인정보 보호 등과 관련한 규제가 강화되고 있다.

다국적기업이나 수출입 거래가 있는 기업의 경우에는 미국이 주도하는 규제(이란, 북한 등과의 거래 제한 등)도 엄격하여 이를 위반할 경우에는 국제 비즈니스가 심각한 타격을 입을 수도 있으므로 주의를 요하는데, 이러한 것이 모두 법적 리스크에 해당한다.

최근 부각되고 있는 지속가능 경영과 관련한 ESG 인증은 법적 리스크로 분류하되 ESG 경영과 관련한 리스크가 많고 이의 통제에 많은 시간과 자원이 소요된다면 ESG 리스크를 별도 항목으로 분류할 수도 있다.

4.3 재무리스크

기업의 자금관리와 관련한 리스크이다. 가장 대표적인 것이 자금조달 차질이다. 필요한 자금을 적시에 조달하여 운용해야 하는데 이를 실패할 경우에는 흑자도산의 위험성도 있다. 자금조달에 실패하는 것은 금융기관 차입이 어려워지는 것뿐만이 아니라 외상매출금의

〈표 6-3〉 리스크 종류

구 분	예 시
전략리스크 (strategic risk)	- 이사회, 최고경영층의 중요 의사결정과 관련된 리스크 - 신사업 추진, M&A, 대규모 투자 관련 리스크
법적 리스크 (compliance risk)	- 법규 위반, 지적재산권 침해, 소송 - 새로운 규제 신설
재무리스크 (financial risk)	- 금리, 환율, 주가, 원자재, 가상통화 등 시장에서 상품가격 변동에 따른 재무적 손실[15] - 차주의 상환불능 또는 신용등급 변화에 따른 채권가격 하락 - 유동성 부족, 자금조달 차질
IT리스크 (IT risk)	- 전산시스템 가동 중단, 전산처리 오류, 데이터 손실 - 바이러스 침투, 해킹, 정보 유출
운영리스크 (operational risk)	- 사업 목표 달성 차질, 업무처리 비효율, 품질 불량 - 원자재 조달 차질, 고객 상실 - 회계부정, 횡령, 보안사고
평판리스크 (reputational risk)	- 여론 악화에 따른 기업가치 하락 - 다른 리스크가 현재화될 경우 따라오는 리스크

* 이러한 리스크 종류는 유일한 분류 기준이 아니며 조직 특성에 따라 다양한 리스크를 추가(인적리스크, 정책리스크, 시장리스크, 기후환경리스크, ESG 리스크 등)하거나 제외할 수 있다.

15) 이를 따로 시장리스크(market risk)라고도 한다.

회수 불능과 같은 거래처 신용관리상의 문제도 있다.

특히 은행, 증권, 보험 등 금융회사의 경우에는 재무리스크 또는 시장리스크의 비중이 크다. 이하에서는 시장리스크를 세부적으로 나누어 설명한다.

① 금리리스크(interest rate risk)는 금리 변화에 따른 재무적 손실 발생 가능성이다. 은행은 금리가 변화하면 자산과 부채의 만기 구조에 따라 손실 또는 이익이 발생하게 된다. 은행으로부터 자금을 차입하는 기업의 경우에도 예상치 못한 금리 인상은 자금 운용에 차질을 초래한다. 1997년 외환위기 이후 금리가 급등함에 따라 부채 규모가 큰 기업이 다수 파산한 것이 금리리스크의 예이며 대우사태도 회계부정 사건과 함께 금리리스크가 주된 요인으로 작용하였다.

② 환리스크(currency risk 또는 FX risk)는 환율 변화에 따른 재무적 손실 발생 가능성이다. 환율이 변하면 대외거래가 많은 기업의 경우 손실 또는 이익이 발생한다. 수출기업의 경우 환율이 하락하면 환차손이 발생하고, 수입기업의 경우 환율이 상승하면 환차손이 발생한다. 우리나라에서 환리스크 현재화 사례는 여러 번 있었는데, 1998년의 KIKO 사태와 엔화 차입 사태가 널리 알려져 있다.

③ 주가리스크(equity risk)는 주식시장의 가격 변화에 따른 재무적 손실 발생 가능성이다. 주식시장에 투자하는 금융투자회사(증권, 투자신탁, 기금 등)는 물론 여유자금을 주식에 투자하는 일반기업도 항상 주가리스크에 노출되어 있다.

④ 원자재리스크(commodity risk)도 있다. 이는 원유, 광물, 곡물 등 원자재 가격이 등락함에 따른 재무적 손실 발생 가능성이다. 우리나라의 경우 원유, 광물 등을 거의 대부분 해외에서 수입함에 따라 국제시장에서 원자재 가격의 등락은 매우 민감한 사안이다. 가장 대표적인 예로 1977년의 1, 2차 원유 파동을 들 수 있다. 또한 최근에는 우리나라의 주력 수출상품인 반도체의 국제가격이 급등락하면서 리스크 요인이 되고 있다.

⑤ 최근 투자대상으로 부각되는 것이 가상통화(virtual currency risk)이다. 대표적인 가상통화인 비트코인(Bitcoin)의 가격이 한때 2,880만원까지 상승하였으나 이후 폭락을 거듭하여 2020년 1월 기준으로 800만원 수준까지 떨어짐에 따라 많은 투자자가 큰 손실을 입은 것으로 보인다.

4.4 IT리스크

IT리스크는 전산시스템 운용과 관련한 리스크이다. 전산시스템의 가동 중단, 데이터 처리 오류, 데이터 손실 등의 위험이 있으며, 최근에 가장 중요하게 다루어지는 IT리스크는 바이러스 침투 등에 의한 해킹 및 정보 유출 가능성이다. 최근 사회 전반적으로 디지털화가 가속화되면서 IT리스크 관리의 중요성이 더욱 강조되고 있음에도 다수의 고객 정보가 외부로 유출되는 사례가 빈번히 발생하고 있어 IT리스크의 체계적인 관리가 필요하다.

IT리스크가 더욱 부각되는 것은 폐쇄형 시스템(closed private system)보다는 인터넷뱅킹 같은 개방형시스템(open system)이 증가함에 따라 외부해킹 등의 리스크에 노출되어 있는데다 고객 데이터와 같은 사적(private) 정보의 보호에 대한 중요성이 증가하기 때문이다. 나아가 ICT, 인공지능(AI), 사물인터넷(IoT), 가상현실(VR), 드론(Drone), 자율주행차, 3D 프린팅 등으로 표상되는 4차 산업혁명(The 4th Industrial Revolution)의 가속화와 함께 IT 리스크는 경영 및 리스크 관리에서 차지하는 비중이 압도적으로 커질 것으로 예상된다.

4.5 운영리스크

운영리스크는 조직의 일상적인 업무 운영과 관련하여 발생할 수 있는 사건이다. 운영리스크는 전체 리스크 가운데 가장 범위가 넓으며 모든 업무에서 운영리스크를 찾아볼 수 있다. 사업목표의 달성 차질, 업무처리의 비효율, 품질 불량, 원자재 조달 차질, 고객 상실 등이 이에 해당한다.

운영리스크는 일상적인 업무 운영과 관련하여 발생할 수 있는 리스크로서 리스크 가운데 가장 범위가 넓다.

가장 중요시되는 것은 회계부정 방지이다. 본래 리스크 관리는 회계부정을 방지하고자 시작된 것으로서 이를 위해서 기업 자체적으로도 회계부정 방지를 위한 시스템을 갖추어야 함은 물론 국가적으로도 회계부정 방지를 위한 다양한 통제제도를 운용하고 있다. 미국에서는 회계부정 방지를 위해 2002년 사베인스-옥슬리법(Sarbanes-Oxley Act)을 제정한 것이 대표적이다.

운영리스크는 주로 부서 또는 팀 단위 조직을 중심으로 관리를 하게 되며, 따라서 모든 조직원이 직접적인 리스크 관리자가 되어 상시적으로 자기 직무와 관련된 리스크를 관리할 책임을 지게 된다. 앞에서 신입직원 채용과 운전업무와 관련된 리스크의 예를 제시하였는데 이러한 방식으로 모든 업무에서 운영리스크를 찾아내어 관리하여야 한다. 만일 운영리스크 개수가 많을 경우 이를 세분화하는 것이 좋다. 예를 들어 임직원의 행위와 관련된 인적리스크, 제품 생산과 관련된 제품리스크, 수출입 등과 관련된 국제업무 리스크 등으로 분류한다.

4.6 평판리스크

평판리스크는 앞에서 설명한 다른 리스크 사건이 현실화됨에 따라 조직의 평판(reputation)이 악화될 가능성이다. 따라서 평판리스크를 여기서와 같이 따로 분류하기보다는 다른 리스크 사건이 발생하면 더불어 따라오는 리스크로 이해하는 것이 좋겠다.

평판을 얻는 데는 20년이 걸리지만 그것을 잃는 데는 5분이면 족하다.
당신이 이것을 이해한다면 분명히 달리 행동할 것이다. - 워런 버핏

이런 이유로 어떤 조직에서는 리스크의 종류에 평판리스크를 넣지 않고 다른 리스크 가운데 언론보도 등으로 평판이 악화될 가능성이 있는 경우에 평판리스크를 부가적으로 기술하고 있는 실정이다. 왜냐하면 그 조직의 업종 특성상 상시적으로 언론보도에 노출될 경우 웬만한 리스크는 사건이 발생할 때마다 평판이 악화되는 것을 피할 수가 없기 때문이다.

부정적 사건 사고가 언론보도, 인터넷 또는 SNS 등을 통하여 실시간으로 전파되는 현실에서 평판리스크 관리는 매우 중요하다. 지금도 사업장 내 사고, 화재 발생, 임직원의 비윤리적 행위, 소유주의 경영권 다툼, 언론 인터뷰에서 실언, 심각한 법률 위반, 재무상태 악화, 회계부정, IT기업에서의 전산시스템 가동 중단, 제품 불량 또는 서비스의 질 저하 등으로 기업의 평판이 악화되고 이는 종종 기업의 주가 하락을 동반하게 된다.

평판리스크가 다른 리스크에 동반되는 것이 현실이라 하더라도 굳이 평판리스크를 따로 분류한다면 그것은 평판리스크 관리를 위한 통제활동이 중요하기 때문이다. 예를 들어 정부기관에서는 기자실을 두어 평상시 언론과 우호적인 관계를 유지한다거나 신문 가판에서 부정적인 보도가 났을 경우 이를 완화하기 위한 대응요령을 마련하는 것 등이 그것이다.

5. 리스크 관리의 필요성

리스크란 목표 달성을 방해하는 사건이 발생할 가능성이다. 당연히 경영자는 이러한 리스크가 현실화되지 않도록 예방조치를 취해야 한다. 이를 위해서 경영자는 직무별로 목표를 인식하고 목표 달성에 방해가 되는 리스크를 식별하고, 식별된 리스크가 중요성이 높은 것인지 아닌지 평가하며, 궁극적으로 이러한 리스크가 현실화되지 않도록, 그래서 조직 경영에 부정적 영향을 초래하지 않도록 적절한 예방조치(통제활동)를 취하여야 한다. 이런 일련의 과정을 리스크 관리(risk management)라고 한다.

그런데 리스크 관리 개념이 없던 때도 경영자들은 암묵적으로 리스크 관리활동을 해왔다. 리스크 관리 개념이 도입되기 이전이라고 하여 경영자들은 목표 의식도 없고 목표 달성을 방해하는 요소(리스크)가 무엇인지 인식하지도 않고 리스크가 현재화되지 않도록 여러 가지 노력을 기울이지도 않은 것이 아니다. 사실상 이미 하고 있던 것이다. 그렇다면 리스크 관리는 무엇이 다른가? 리스크 관리가 왜 필요한가?

5.1 개인의 능력에 의존한 관리 vs. 시스템적 관리

전통적 경영활동 또는 암묵적 리스크 관리가 주로 개인의 역량에 의존하는 인적(人的) 관리시스템이었다면, 현대적 리스크 관리는 개인의 역량과 관계없이 리스크 관리 기법에 의해서 '시스템적'으로 이루어지는 매니지먼트 도구라는 점에서 차이가 있다. 때로는 인적(人的) 관리시스템이 빛을 볼 때도 없지는 않겠지만 개인의 역량에 따라 실적 차이가 난다면 조직으로서도 그리 바람직스러운 것은 아니다.

앞의 예에서 신입사원 채용과 관련하여 인사부장 A가 업무경험이 많고 주도면밀한 경영자라면 직관적으로 '그럭저럭' 업무를 처리해 갈 것이다. 그러나 인사부장 A가 인사업무 경험이 부족한 데다 일을 할 때도 덤벙거리는 스타일이라고 하더라도 리스크 관리 기법에 따라 채용업무를 시스템적으로 수행한다면 리스크를 효과적으로 통제하면서 업무 목표를 만족스럽게 달성할 수 있을 것이다.

5.2 목표지향적 관리

경영자는 항상 업무 목표를 의식하고 있거나 적어도 무의식적으로라도 업무 목표를 인식하면서 직무를 수행한다. 그러나 현실에서는 제한된 시간에 복잡다기한 업무를 수행하다 보면 발등에 떨어진 불을 끄다가 목표를 잃어버리는 경우가 종종 있다.

리스크 관리는 첫 단추가 내 직무 목표가 무엇인가를 설정하고 들어가므로 리스크 관리 경로를 따라가다 보면 최소한 업무 목표를 놓치지는 않게 된다. 따라서 리스크 관리를 '잘' 하였는데도 업무 목표를 달성하지 못했다면 업무 목표를 잘못 이해하였거나 리스크 인식 단계에서 업무 목표 달성을 방해하는 핵심 리스크 요소를 누락하였을 가능성이 높다. 즉 리스크를 효과적으로 관리한 경우에는 반드시 업무 목표를 달성해야 한다는 것을 기본 전제로 하고 있다.

5.3 정보의 공유

조직 규모가 커짐에 따라 팀, 부서, 사업부, 부문, 본·지사 간 업무 정보가 공유되지 않는 경향이 있다. 사일로 효과(Organizational silos effect)를 말한다. 양곡회사는 커다란 저장창고인 사일로(silo)에 곡식을 보관하고 있다. 한 사일로와 다른 사일로 사이에는 통로가 없어 아무런 소통이 이루어지지 않는다. 이처럼 조직 내부에서 커뮤니케이션이 막히면 비효율이 발생하기 마련이다.

리스크 관리에서는 모든 직무마다 리스크를 인식하고 그러한 리스크가 현재화되어 조직에 부정적 영향을 가져오지 않도록 어떤 대응조치(통제활동)를 취해야 할지를 열거하고 있는데, 이러한 리스크 관리 과정에서 팀, 부서, 부문 간 협력이 필수적이다.

예를 들어 서비스센터에서 A제품 수리 건수가 일정 수치 이상 증가할 경우 이를 리스크 지표(risk indicator)로 인식하여 이 정보가 제품개발부서와 생산부서에 전달되고 이들 부서는 즉시 필요한 조치를 취하게 된다.

뿐만 아니라 리스크 관리가 성숙하게 되면 리스크에 관한 정보가 데이터베이스로 구축되어 전 직원이 공유함으로써 정보의 공유가 한층 촉진되게 된다. 리스크 관리가 성숙한 조직에서는 리스크 관리의 효율화를 위해서 필수적으로 리스크 관리 전산시스템을 구축하게 마련이다.

5.4 직원의 책임의식 향상

리스크 관리에서는 각 리스크마다 누가 책임을 지는지 표시한다. 가령 다수 사원들이 빈번히 지각하여 업무에 지장을 초래한다면 이런 리스크는 인사팀의 근태 담당 책임자의 리스크가 될 것이다. 또 은행에서 고객에게 현금을 잘못 지급하여 시재가 부족해질 리스크는 출납업무를 담당하는 직원이 책임져야 한다.

직원들은 새로운 직무를 맡을 때마다 먼저 리스크 관리 시스템에서 '나의 리스크(my risk)'를 확인하게 된다. 신입사원이라도 이 '나의 리스크(my risk)'를 확인하고 리스크 사건이 발생하지 않도록 통제활동을 수행한다면 업무 오류가 감소하고 빠른 시일 내에 업무처리 능력이 향상되게 된다. 리스크 관리가 신입사원 훈련에 유용한 점을 리스크 관리자들이 경험하고 있는 것이다.

리스크 관리는 조직구성원에게 '나의 리스크(my risk)'를 부여함으로써
직무책임성(accountability)을 높이고 신입직원의 업무능력 향상에 기여한다.

이러한 리스크 정보는 현재 그 리스크를 책임지고 있는 직원이 혼자서 만든 것도 아니고 전임자, 그 전임자부터 계속 축적해온 소중한 업무 지식인 것이다. 새로운 리스크 사건이 발생하면 이 정보를 리스크 관리 시스템에 추가하여 같은 사건이 발생하지 않도록 하고 주기적인 재검토를 거쳐 누적된 지적 자산으로 현 직위에 있는 직원에게까지 상속된 것이다. 이렇게 되면 사실상 전임·후임 직원 간에 업무인계를 따로 할 필요가 없어진다. 업무수행에 필요한 중요사항들이 망라된 리스크 정보가 데이터베이스로 존재하므로 '나의 리스크(my risk)'가 무엇인지만 넘겨주면 된다.

5.5 국제적인 추세에 부합

아직까지 우리나라에서 리스크 관리가 보편화되어 있지는 않으나 유럽 등 서구에서 리스크 관리는 필수적인 경영도구가 되었다. 예를 들어 내부감사와 관련한 국제 세미나에 참석하여보면 100% 리스크 관리에 관한 내용이 나온다. 이제 리스크 관리를 모르고서는 시대에 뒤떨어진 사람이 된다.

영국의 경우 정부기관 등에서 리스크 관리를 사실상 의무화[16]하고 있다. EU(유럽연합)에서는 매년 회원국에 거액의 개발자금을 지원하고 있는데 학교 신축과 같은 사업의 경우에는 자금지원에 앞서 반드시 리스크 분석을 하도록 요구하고 있다. EU에서는 투자사업에 대한 리스크 분석 결과가 적정하게 나오지 않으면 자금지원을 하지 않는 것이다.

미국의 경우 리스크 관리와 관련된 5개 단체가 공동으로 조직한 COSO 위원회를 중심으로 전사적 리스크 관리체계(Enterprise Risk Management - Integrated Framework)를 구축하여 기업 등이 이를 준수하도록 요구하고 있다. 그 밖에 캐나다, 호주, 뉴질랜드 등도 자국의 사정에 맞추어서 리스크 관리 제도를 법제화하여 기업 등이 반드시 지키도록 강제하고 있다.

---

16) Comply or Explain Principle : 리스크 관리기준을 따르되 이를 준수하지 않을 경우 그 이유를 설명하도록 함

6. 전사적 리스크 관리

6.1 개 요

전사적 리스크 관리(Enterprise Risk Management, ERM)란 '조직목표를 달성하기 위해 경영자와 전체 조직원이 참여하여 전략 수립을 포함한 업무 전반에 대해 리스크를 찾아내어 관리하는 과정'이다. 리스크 관리가 조직의 일부분 또는 조직구성원의 일부만 참여하여 일부 기능에 대해서만 수행되는 것이 아니라 전체 조직, 인력 및 직무분야가 참여하는 문자 그대로 전사적(全社的) 차원에서 수행한다는 점에서 전사적 리스크 관리(ERM)라고 한다. 현대 리스크 관리는 전사적 리스크 관리이다. COSO에서는 ERM을 다음과 같이 학술용어를 사용하여 기술한다.

전사적 리스크 관리란 조직이 가치를 창출하고 보존하며 실현하기 위한 리스크 관리에 있어 기초가 되는 것으로서 전략 수립 및 실행과 통합된 조직문화, 역량 및 업무 관행이다.

전사적 리스크 관리의 밑바탕은 조직문화이다. 조직마다 미션(mission), 전략, 사업목적이 다르며 조직구성원의 사고방식도 다르다. 따라서 리스크 관리 사이클의 첫 단추는 리스크 환경을 분석하고 이를 바탕으로 리스크를 식별하는 데서 출발한다.

또한 조직은 자신의 강점과 약점, 기회와 위협 요인을 분석하여 이를 바탕으로 조직목표를 달성하기 위한 제반 역량을 갖추어 나가야 한다. 이러한 조직 역량은 최고경영층으로부터 말단에 이르기까지 의사결정 및 결정된 사항의 실행 과정에서 조직목표를 달성하는 데 저해가 되는 리스크를 인식하고 이러한 정보를 공유하기 위해 조직 상하좌우간 커뮤니케이션 채널을 효과적으로 가동해야 한다.

한편 리스크 관리의 초점은 미션과 비전으로부터 출발하여 경영전략과 최하위 실무자의 세부 직무 목표에 이르는 전 과정이 일관성을 가져야 하며 이 모든 과정은 궁극적으로 조직 가치(value)를 창출하는 데 연결되어야 한다.

6.2 ERM 구성요소

COSO는 2017년 개정된 전사적 리스크 관리체계[17]를 발표하면서 ERM의 구성요소로 다음과 같은 5가지를 들고 있다.

① 거버넌스 및 조직문화(Governance & culture)
② 전략 및 목표 설정(Strategy & Objective-Setting)
③ 리스크 관리 수행(Performance)
④ 재검토 및 조정(Review & Revision)
⑤ 정보, 커뮤니케이션, 보고(Information, Communication & Reporting)

이들 요소의 핵심만 설명하면, 최고경영층을 중심으로 한 거버넌스가 경영철학(organization's tone)을 결정하는 한편 ERM을 강화하고 이를 감독하도록 하고 있다. 또한 조직문화의 키워드(keyword)는 조직윤리의식 제고와 리스크에 대한 이해를 높이는 것이다.

전략, 목표 설정 및 리스크 관리는 불가분의 관계로서 경영전략과 사업 목표에 맞추어 리스크 성향[18](risk appetite)을 설정하며 이를 바탕으로 체계적인 리스크 관리가 수행되어야 한다. 앞 단계에 이어서 리스크 관리 및 통제활동을 적절히 수행하고 그 결과를 이해관계자와 공유하여야 한다.

재검토 및 조정은 리스크 관리의 수행에 따른 필수적인 절차로서 앞 단계의 ERM 요소들이 적절하게 수행되는지 확인하고 상황에 따라 필요한 조정을 하여야 한다. 끝으로 ERM은 필요한 정보를 상시 입수하고 공유하여야 한다.

이러한 5가지 ERM 요소들은 이전까지 널리 활용되던 COSO ERM cube model을 변경한 것이다. 그러나 이전 모델의 8가지 요소 – 내부 환경, 목표 설정, 리스크 식별, 리스크 평가, 리스크 대응, 통제활동, 정보 및 커뮤니케이션, 모니터링 – 가 완전히 사라진 것이 아니라 실제로는 2017년 ERM 모델로 녹아들어 간 것으로 보는 것이 좋겠다.

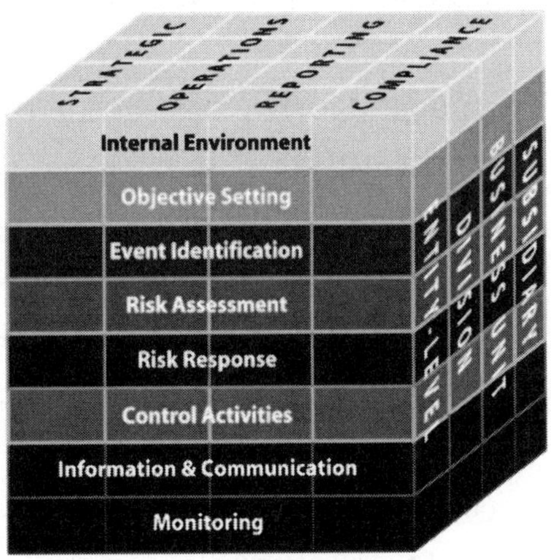

[그림 6-4] COSO ERM model

다만 새로운 ERM 모델에서는 ERM의 정의에서 나타난 것처럼 전략수립 및 수행과의 통합 연계, 가치(value) 창출, 조직문화 및 ERM 의사결정에 대한 강조 등이 강화되었다. ERM의 구성요소 및 제반 원리는 제7장 리스크 관리의 실제에서 많은 예시와 함께 더 구체적으로 설명한다.

17) COSO Enterprise Risk Management Integrating with Strategy and Performance 2017.
18) 리스크 추구(risk aggressive), 리스크 회피(risk averse), 리스크 중립(risk neutral) 등으로 구분.

자료 : COSO, Enterprise Risk Management integrating with strategy and performance.

[그림 6-5] COSO Risk Management Components

6.3 ERM의 기대효과

COSO에서 제시하는 리스크 관리의 효과[19]를 요약하면 다음과 같다.

① **비즈니스 기회의 확장** : 리스크 관리를 위해 다양한 가능성(possibility)을 검토하는 과정에서 새로운 사업기회(opportunity)를 발견할 수 있음

② **파급되는 리스크의 발견** : 다른 사업부문 · 부서 · 팀 또는 조직 전체에 파급될 수 있는 리스크를 찾아내어 관리할 수 있음

③ **수익성 제고** : 리스크 관리는 원가절감 및 이익 확대에 기여함

④ **경영안정성 확보** : 미래지향적, 선제적으로 리스크를 관리함에 따라 불의의 사고가 줄어들고 경영 변동성(variability)이 완화됨

⑤ **자원배분의 효율성** : 리스크 우선순위를 고려한 자원(자금, 인력, 시간 등) 배분으로 자원 사용의 효율성이 제고됨

⑥ **경영의 지속가능성 확보** : 리스크 관리는 급변하는 경영환경 하에서 조직의 복원력(resilience)을 확보할 수 있도록 함

---

19) COSO, Enterprise Risk Management 2017 - Integrating with Strategy and Performance, Executive Summary.

7. 리스크 관리와 GRC

앞 장에서 거버넌스(Governance)를 소개할 때 설명하였지만 다시 한번 거버넌스와 리스크 관리 및 통제활동의 관계를 도해하면 다음과 같다.

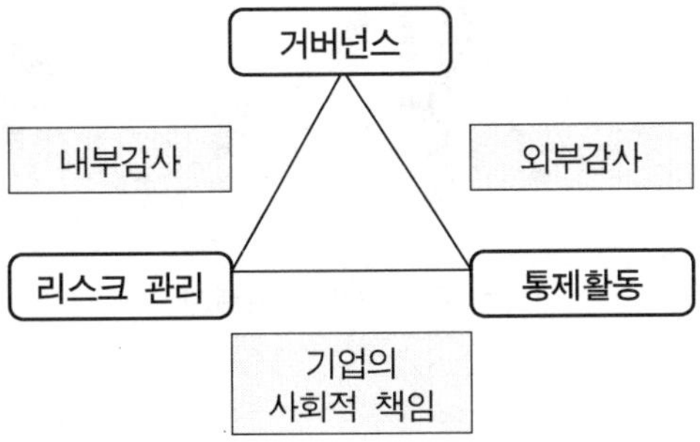

[그림 6-6] 리스크 관리와 GRC

이 책에서 GRC로 칭하고 있는 거버넌스(G), 리스크 관리(R) 및 통제활동(C)은 [그림 6-6]에서 보는 것처럼 경영의 3대 축이다. 거버넌스가 조직의 설립과 존재 이유, 규정 및 톱매니지먼트 등을 의미한다면, 리스크 관리는 이러한 존재 이유 또는 조직목표를 달성할 수 있도록 방해요소를 찾아내 관리하는 제반 활동을 말한다.

더불어 통제활동[20]은 리스크 관리 과정에서 인식된 리스크가 현실화되지 않도록 통제하는 제반 활동을 말한다. 이 3대 축은 따로 떼어서 말할 수도 있지만 서로 밀접하게 연계되어 있으므로 하나의 프레임워크(framework)로 이해하여야 한다.

이러한 GRC 활동이 효과적으로 수행되고 있는지 독립적으로 검증하고 개선방안을 제시하는 기능이 내부감사와 외부감사이다. 그리고 기업의 사회적 책임(CSR : corporate social responsibility)도 GRC 활동을 감시하는 기능으로 자리매김하고 있다.

특히 '리스크 관리 3선 방어개념'(3 lines of defense)이 있는데 업무현장에서 리스크를 관리하는 리스크 관리자(1선), 리스크 관리 정책을 수립하고 리스크 관리업무를 총괄하는 부서(2선) 및 리스크 관리가 효과적으로 시행되는지 감사하는 내부감사 부서(3선)에 의한 3중 방어체계를 말하는 것이다.

---

20) 내부통제가 리스크 관리에 포함된다고 주장하는 이도 있고 리스크 관리와 별개라고 주장하는 이도 있다.(COSO ERM Integrating with Strategy and Performance 2017, Appendices, p.5 참조)

[그림 6-7] 3중 방어체계

8. 리스크 관리 관련 국제기준

8.1 영 국

영국은 Maxwell, BCCI 등의 회계부정사건이 잇따라 발생함에 따라 1991년 5월 '기업 거버넌스개선위원회(The Committee on the Financial Aspects of Corporate Governance)'[21]를 구성하여 런던증권거래소(London Stock Exchange)에 상장된 기업들의 거버넌스 개선방안을 검토하였다.

1992년 12월 동 위원회는 최고경영자와 이사회 의장의 분리, 사외이사제 도입, 감사위원회 설치 등의 모범규준을 담은 'Financial Aspects of Corporate Governance'[22] 보고서(Cadbury Report)를 작성하였다. 동 보고서는 거버넌스(corporate governance)의 현대적 의미를 최초로 정의[23]하였으며 GRC에 관한 기준의 시발점이 되었다. 이어서 1995년 7월 경영자의 보수를 규제하는 Greenbury Report가 나왔고 1998년 6월에는 그때까지 제시된 거버넌스에 관한 각종 규제를 하나의 규정으로 통합하여 The Combined Code라고 명명하였다.

---

21) 위원장인 Sir. George Adrian Hayhurst Cadbury(1929~2015)는 Cadbury 초콜릿 상표로 유명한 영국 Cadbury의 회장을 역임하였으며 영국 기업의 거버넌스 개선의 선구자적 역할을 수행하였다.

22) https://ecgi.global/sites/default/files//codes/documents/cadbury.pdf.

23) The system by which companies are directed and controlled.

특히 1999년에는 영국 회계사협회 주관으로 상장기업의 리스크 관리 및 내부통제를 의무화한 Internal Control : Guidance for Directors on the Combined Code(일명 Turnbull Report)를 제정하였다. 한편 2001년 미국에서 Arthur Anderson 및 Enron 회계부정 사태가 발생함에 따라 영국은 2003년 1월 독립성을 가진 감사위원회 설치를 의무화한 Smith Report를 제정하였으며 이처럼 복잡한 GRC 관련 규정들은 현재 Financial Reporting Council이 주관하는 'UK Corporate Governance Code'[24]로 통합 관리되고 있다.

영국 GRC 관련 규정의 특징은 기업이 모범규준을 준수하되 만일 이를 따르지 못할 경우, 반드시 그 이유를 설명하도록 하는 'comply or explain' 원칙을 고수한다는 것이다.

8.2 미 국

영국과 마찬가지로 미국에서도 1970년대 이후 기업들의 회계부정과 뇌물 스캔들이 이어짐에 따라 미국 국회(U.S. Congress) 및 증권거래위원회(U.S. Securities and Exchange Commission)를 중심으로 기업 거버넌스의 개선방안을 모색하게 되었다.

이에 따라 미국 기업의 GRC 규제와 관련된 5개 민간단체[25]는 1985년 'Committee of Sponsoring Organizations of the Treadway Commission'(COSO)을 설립하여 기업의 GRC를 개선하기 위한 방안을 연구하였다. 동 위원회는 1992년부터 1994년까지 미국 기업의 내부통제에 관한 제반 기준을 마련한 'Internal control : integrated framework'를 발표하였다.

그러나 동 규정 시행에도 불구하고 2001년 Enron 및 2002년 WorldCom 등의 회계부정 스캔들이 연이어 발생함에 따라 2002년 7월 미국 국회에서 기업의 내부통제를 한층 강화한 Sarbanes-Oxley Act of 2002를 제정하였다. 이에 따라 COSO에서는 리스크 관리를 규정한 'Enterprise Risk Management — Integrated Framework'를 추가로 제정하게 되었다.

COSO에서 제정 운영하는 GRC 관련 두 축은 내부통제에 관한 'Internal Control : Integrated Framework'와 리스크 관리에 관한 'Enterprise Risk Management : Integrated Framework'로서 이후 두 규정은 개정을 거듭하여 '2013 Internal Control - Integrated Framework' 및 '2017 Enterprise Risk Management - Integrating with Strategy and Performance'이 최신 version[26]으로 나와 있다.

---

24) https://www.frc.org.uk/getattachment/88bd8c45-50ea-4841-95b0-d2f4f48069a2/2018-UK-Corporate-Governance-Code-FINAL.pdf.

25) The Institute of Management Accountants(IMA), the American Accounting Association(AAA), the American Institute of Certified Public Accountants(AICPA), the Institute of Internal Auditors(IIA), and Financial Executives International(FEI).

이러한 COSO 규정은 세계에서 미국이 차지하는 비중을 반영하여 기업의 통제활동 및 리스크 관리에 관한 전형으로 인정받아 각국에서 GRC 제도 운영에 COSO 규정을 널리 참고하고 있는 실정이다.

한편 우리나라의 감사원에 해당하는 미국 회계감사원(U.S. Government Accountability Office, GAO)은 연방정부기관에 적용할 내부통제기준인 Standards for Internal Control in the Federal Government(Green Book)을 제정하여 운용하고 있다. 동 기준은 대체로 COSO에서 정한 Internal Control - Integrated Framework를 반영하고 있다. 회계감사원은 동 기준이 우선 연방정부기관에 적용되지만 다른 지방자치단체나 비영리기관에서도 동 기준에 따라 통제활동을 실시할 것을 권장하고 있다.

8.3 호주/뉴질랜드

영국과 미국에서 거버넌스에 대한 논의와 제도화가 진행되는 것에 발맞추어 호주와 뉴질랜드에서는 세계 최초로 현대화된 리스크 관리 제도를 발전시켰다.

1999년 호주와 뉴질랜드는 양국의 표준협회 주관으로 리스크 관리 표준[27]을 제정하여 운영하였는데 이 표준은 리스크 관리에 관한 국제적 모델로 인정받아 이후 제정된 국제기준도 이를 따르고 있는 실정이다. 이러한 점을 반영하여 2009년 국제표준화기구(ISO)에서도 호주/뉴질랜드의 리스크 관리 표준을 거의 그대로 반영한 리스크 관리 표준[28]을 채택하였으며 이후 많은 국가에서도 호주/뉴질랜드 리스크 관리 모델을 따르고 있다.

이 책에서 설명한 리스크 관리에 관한 내용은 대부분 호주/뉴질랜드 표준협회가 정한 리스크 관리기준을 기초로 하고 있다.

8.4 캐나다

1995년 CPA Canada는 미국 COSO를 기초로 자국 실정에 맞게 보완한 The Criteria of Control(CoCo)을 제정하여 기업의 내부통제를 강화하였다. 2001년 캐나다 재무부는 리스크 관리에 관한 기준(Guide to Integrated Risk Management)[29]도 마련하였다.

---

26) https://www.coso.org/Pages/default.aspx.

27) Australia and New Zealand Standard on Risk Management(AS/NZS 4360 : 1995).

28) International Standard(ISO31000) ; Risk Management – Guideline.

29) https://www.canada.ca/en/treasury-board-secretariat/corporate/risk-management/guide-integrated-risk-management.html#toc2_1.

8.5 국제표준화기구(ISO)

2009년 국제표준화기구(ISO)에서도 리스크 관리에 관한 표준을 제정(ISO 31000 : 2009)하였는데, 동 기구는 2018년 동 표준을 일부 개정(ISO 31000 : 2018)[30]하였다.

국제표준화기구(ISO)의 리스크 관리에 관한 표준은 대체로 호주/뉴질랜드의 리스크 관리 표준을 따르고 있다.

〈참고 6-3〉 국제표준화기구(ISO)의 리스크 관리 용어

① 리스크(risk) : 목표 달성의 불확실성
② 리스크 관리(risk management) : 리스크와 관련하여 지시/통제하는 협력적 활동(coordinated activities to direct and control an organization with regard to risk)
③ 리스크 요인(risk source) : 리스크 사건이 발생할 수 있는 가능성을 내포한 제반 요소들(element which alone or in combination has the potential to give rise to risk)
④ 리스크 사건(event) : 특정한 경영여건의 발생 또는 변화(occurrence or change of a particular set of circumstances)
⑤ 영향(consequence) : 목표 달성에 영향을 미치는 리스크 사건의 결과(outcome of an event affecting objectives)
⑥ 발생 가능성(likelihood) : 리스크 사건이 발생할 가능성/확률(chance of something happening)
⑦ 통제활동(control) : 리스크 사건이 발생하지 않도록 유지/관리하는 조치(measure that maintains and/or modifies risk)

8.6 국제감사인협회(IIA)

한편 국제감사인협회(The Institute of Internal Auditors, IIA)는 리스크 관리의 3차 방어선 역할을 감당하는 내부감사인의 모임으로서 리스크 관리 및 내부통제의 한 축을 담당하고 있다. IIA의 중심적 역할은 리스크 기반 감사(Risk-based Internal Audit, RBA)이다. 리스크 기반 감사(RBA)란 1차 및 2차 방어선의 리스크 관리가 유효하게 수행되고 있는지를 검증하고 문제점에 대한 개선방안을 제시하는 역할을 것을 의미한다. 이를 위해 동 기구는 국제내부감사수행기준(International Professional Practices Framework, IPPF)을 제정하여 운용하는 한편 국제공인내부감사사(Certified Internal Auditor)를 양성하고 있다.

30) https://www.iso.org/standard/65694.html.

9. 우리나라의 리스크 관리 실태 및 과제

9.1 리스크 관리 실태

경영기법으로서의 리스크 관리는 서구에서 개발되어 우리나라에 들어온 것으로서 아직까지 우리나라 정부기관 및 기업에 충분히 정착되지 못하고 있는 것이 사실이다. 리스크 성숙도 평가기준에 따라 현재 우리나라 정부기관 및 기업의 리스크 관리 성숙도를 평가해 본다면 5단계(초보 - 인식 - 정의 - 관리 - 강화) 가운데 초보~정의 수준이라고 보아야 할 것이다.

미국, 영국, 호주, 뉴질랜드 등의 국가에서는 정부기관 및 상장기업을 중심으로 기업 거버넌스, 리스크 관리 및 통제활동(GRC)의 한 축으로 리스크 관리를 사실상 의무화하고 있는 것과 비교해 우리나라에서는 아직 이를 의무화하는 법제가 마련되어 있지 않다.

한국ESG기준원에서는 환경경영 모범규준(Code of Best Practices for Environmental Management)(E), 사회책임경영 모범규준(Code of Best Practices for Socially Responsible Management)(S), 기업지배구조 모범규준(Code of Best Practices for Corporate Governance)(G) 등을 제정하고 이를 근거로 상장기업에 대한 ESG평가를 실시함으로써 리스크 관리를 포함한 ESG 경영의 정착을 유도하고 있다.

한국ESG기준원이 제정한 「기업지배구조 모범규준」의 '이사회 리더십 - 이사회의 역할과 책임' 항목에서 리스크 관리의 필요성 등의 내용을 정하고 있으며, 「환경경영 모범규준」 및 「사회책임경영 모범규준」에서도 환경경영 및 사회책임경영과 관련한 리스크 관리 세부 내용을 별도로 기술하고 있다. 이 중 「기업지배구조 모범규준」에서 정한 리스크 관리에 관한 권고 내용은 다음과 같다.

〈참고 6-4〉「기업지배구조 모범규준」 중 리스크 관리에 관한 내용

1.5 이사회는 체계적인 리스크 관리를 위하여 내부통제 및 리스크 관리체계를 마련하여 운영할 것을 권고한다.

(리스크 관리의 필요성)

리스크 관리는 금융위기나 신종 바이러스 팬데믹과 같은 불확실하거나 예측하기 어려운 위험의 발생 가능성이 커져 그 중요성이 커지고 있다. 기업은 생존을 위하여 비재무 요소인 ESG 리스크를 포함한 리스크 관리에 만전을 기하여야 한다.

(이사회 내 소위원회에 리스크 관리 위임)

합리적이고 체계적인 내부통제 및 리스크 관리를 위하여 이사회 내에 리스크관리위원회를 설치할 것

> 을 권고한다. 이사회는 여건에 따라 감사위원회 등 리스크관리위원회에 준하는 독립성과 전문성을 갖춘 이사회 내 위원회에 해당 업무를 위임할 수 있다.
> (리스크 관리 전담인력)
> 기업은 전담인력의 배치와 책임자의 지정을 통하여 체계적인 리스크 관리 활동을 수행하도록 하여야 한다.
> (이사회의 내부통제 책임)
> 이사회는 내부통제를 중시하는 조직문화 확산을 유도해야 하며, 실효적인 내부통제시스템 구축, 내부통제 체계 구축·운영과 관련된 기본방침과 정책 결정 등 내부통제에 대한 최종적인 책임이 있다.
> (리스크 관리 및 내부통제시스템 검토)
> 이사회는 기업의 리스크 관리 및 내부통제 시스템을 매년 검토하고 검토내역을 공시하여야 한다.

한국ESG기준원 정재규 선임연구위원에 따르면 우리나라 「기업지배구조 모범규준」은 "일정한 기준을 제시하는 데 그치고 그 규율대상인 기업에 대한 구속력은 없는 것으로 판단된다"고 주장하여,[31] 미국 및 유럽국들에 비해 리스크 관리를 강하게 추진할 여건이 미흡한 것으로 평가된다. 예를 들어 유가증권시장 상장업무를 담당하는 한국거래소가 제정한 「유가증권시장상장규정」 및 「2024 유가증권 상장심사 가이드북」에서도 기업 거버넌스 및 내부통제제도에 관한 심사기준이 있으나 구체적으로 리스크 관리에 관한 내용을 찾아볼 수 없는 실정이다. 다만 뉴욕증권거래소(NYSE)나 런던증권거래소(LSE)에 상장한 국내기업과 국제결제은행(BIS)에서 규정한 Basel Ⅲ 규제를 받는 금융회사의 경우 감독기관의 요구에 따라 나름대로 실효성 있는 리스크 관리 시스템을 갖추고 있다. 한편 일부 정부기관과 공공기관에서는 자율적으로 리스크 관리 시스템을 도입 운용하고 있는데 형식적인 수준에 그치는 경우가 많다.

9.2 리스크 관리 도입이 부진한 요인

우리나라 정부기관, 공공기관 및 기업의 리스크 관리 도입이 부진한 것은 무엇보다도 리스크 관리에 관한 법적 규제가 불비하기 때문이다. 앞에서 기술한 것처럼 민간조직인 한국ESG기준원에서 제정한 「기업지배구조 모범규준」이 가시적인 법적 규제에 해당하나 구속력이 약하여 크게 주목을 받지 못하고 있는 실정이다.

다음으로 국내 정부기관 및 기업 등의 리스크 관리에 관한 이해부족이다. 리스크 관리가 우리나라에서 발원한 것이 아니고 외국에서 도입한 것이다 보니 기업의 최고경영자나

31) 정재규, 기업지배구조 개선을 위한 모범규준의 활용과 '기업지배구조 공시제도'의 개선, 기업지배구조리뷰, Vol. 88, 한국기업지배구조원(현 한국ESG기준원), 2018.10.10.

정부의 고위관료는 물론 조직에서 GRC 업무를 맡고 있는 담당자들조차 리스크 관리에 대한 이해가 부족한 것이 사실이다. 예를 들어 어느 정도 리스크 관리에 익숙한 사람들도 종종 리스크 관리를 '사고예방 체크리스트' 정도로 인식하는 경향이 있다.

어떤 제도를 제대로 이해하지 못한다면 이를 도입하는 것은 요원한 과제일 것이다. 매년 많은 공공기관 및 기업에서 리스크 관리에 관한 연구와 국내외 연수를 반복하고 있음에도 리스크 관리 성숙도가 계속 낮은 수준에 머물고 있는 것이 안타까울 따름이다.

끝으로 우리나라 공공기관 및 기업의 조직문화와도 관련이 있다. 우리나라 정부기관, 공공기관 및 기업 등은 거미줄처럼 촘촘한 규정 체계를 갖고 있는데 이와 같이 정교한 규정 체계가 사실상 리스크 관리와 통제활동(control)의 훌륭한 대체품 역할을 하고 있어 구태여 비슷한 성격의 리스크 관리 및 통제활동 시스템을 새로 도입할 필요성을 느끼지 못하는 것도 리스크 관리의 국내 정착이 부진한 요인이라고 판단된다.

9.3 제도화의 필요성 및 방향

우리나라의 리스크 관리는 법적 제도가 갖추어지지 않은 데다 리스크 관리에 대한 이해도 부족하고 규정 시스템 등 서구와는 다른 조직문화로 인해 아직까지 제대로 정착되고 있지 않다. 그러나 다음과 같은 리스크 관리의 유용성을 고려할 때 우리나라도 빠른 시일 내에 리스크 관리 제도를 법제화할 필요성이 있다.(제6장 "5. 리스크 관리의 필요성" 항목 참고)

① **기업경영 및 내부통제의 시스템적 관리** : 조직경영과 내부통제를 개인의 역량이 아닌 시스템에 의해 체계적으로 수행하므로 초보 경영자나 관리자라 할지라도 단기간에 일정한 수준의 경영과 내부통제를 수행할 수 있다.

② **목표지향적 관리** : 리스크 관리의 출발점은 경영자가 목표를 인식하는 데서 출발하고 최종적으로 목표 달성에 의해 리스크 관리의 효과성을 평가하는 목표지향적 관리 시스템이다.

③ **정보의 공유** : 모든 조직구성원이 전체 조직의 리스크, 통제활동, 대응조치 등의 정보를 온라인 시스템을 통하여 실시간으로 공유하므로 부서간, 구성원간 정보의 공유가 효과적이다.

④ **책임의식 향상** : 리스크마다 책임자를 명시("나의 리스크")하므로 담당 직무(리스크)에 대한 책임의식이 높아진다.

⑤ **국제적인 추세에 부합** : EU 등 국제기구는 물론 주요국 정부, 기업 등의 경우 리스

크 관리가 의무화되어 있는 점을 고려할 때 리스크 관리의 도입은 국제적인 추세에 부합한다.

이와 같이 리스크 관리를 제도화할 때 몇 가지 고려할 사항이 있다.

첫째, 서구의 리스크 관리제도를 그대로 모방하지 말고 한국식 리스크 관리시스템("K-리스크 관리시스템")을 제정할 필요가 있다. 그리고 이러한 시스템이 잘 정착될 경우 아시아권 국가 등을 대상으로 리스크 관리 모범사례로 전파할 수 있을 것이다. 앞서 기술한 것처럼 우리나라의 조직문화는 서구와 달라 세부적인 내부규정을 갖추고 있으므로 이를 리스크 관리 시스템에 접목시켜 우리만의 효과적인 리스크 관리 시스템을 갖추어 나갈 필요가 있다. 많은 조직에서 리스크 관리 도입을 주저하는 것은 리스크 관리 및 통제활동 시스템이 기존의 내부규정 체계와 중복되는 문제점 때문으로 보인다. 따라서 이러한 문제점을 충분히 고려하여 서구식 리스크 관리체계를 모범규준(best practise)으로 그대로 도입하는 대신 우리의 조직문화 현실에 부합하는 적절한 리스크 관리모델을 개발해 나갈 필요가 있다.

서구식 리스크 관리체계를 그대로 도입하기보다는 우리 조직문화에 맞는 리스크 관리모델을 개발해 나갈 필요가 있다.

둘째, 서구의 리스크 관리 시스템은 지나치게 정교하고 전산시스템 구축에 따른 투자비용도 상당한 수준이나, 우리나라의 경우 리스크 관리의 실효성과 가성비를 고려하여 이를 핵심사항 위주로 간략화하여 도입할 필요가 있다. 서구에서는 리스크 관리 전산시스템을 패키지 프로그램 소프트웨어로 만들어 판매하는데, 우리나라의 경우 IT 산업의 강점을 살려 국산 소프트웨어를 신속하게 개발할 수 있을 것이다. 동 제도가 의무화될 경우 소프트웨어 분야의 새로운 생태계를 만들어 갈 수 있을 것이다.

셋째, 리스크 관리 제도를 법제화할 때에 리스크 관리 시스템의 주기적인 업데이트를 의무화하여야 한다. 조직의 업무 목표, 업무 환경, 업무 처리방식 등이 지속적으로 변화하는 데 발맞추어 리스크 관리 콘텐츠를 업데이트하지 않으면 결국 리스크 관리가 진부화되어 효과를 잃게 될 것이다. 현재 정부에서 시행하는 많은 제도의 경우 일정한 주기로 제도의 유효성을 재검토하도록 의무화하고 있는 점을 참고할 필요가 있다.

〈제6장 요약〉

리스크는 사건이 발생하여 목표 달성에 부정적인 영향을 미칠 가능성이다. 따라서 목표 달성에는 리스크 관리가 필수적이다. 리스크 관리는 리스크 정책을 수립하여 리스크를 식별·평가하고 이를 관리하여 목표 달성에 기여하고자 하는 경영기법이다.

리스크 관리는 영국, 미국, 한국 등에서 회계부정사건 등과 관련하여 도입되기 시작하였다. 각국은 자국의 상황에 맞게 리스크 관리기준을 만들고 대부분 이를 강제하기 위한 법제를 갖추고 있다. 그러나 우리나라는 아직 리스크 관리를 강제하는 규준을 갖추지 않고 있다.

리스크는 전략리스크, 법적 리스크, IT리스크, 재무리스크, 운영리스크, 평판리스크 등으로 분류하며 조직 특성에 따라 다양하게 리스크를 추가하거나 제외할 수 있다. 전략리스크는 조직의 중장기 경영전략과 관련된 리스크이고, 재무리스크에는 주가, 환율, 금리, 원자재 가격 등의 변동과 관련한 시장리스크와 자금관리와 관련한 유동성 리스크 등이 있다. 최근 들어 비즈니스의 IT 의존도 심화에 따라 IT리스크는 점점 중요하게 인식되고 있다. 운영리스크는 일상적 업무 수행과 관련된 리스크로 그 범위가 가장 넓다.

전사적 리스크 관리(Enterprise Risk Management, ERM)란 조직목표를 달성하기 위해 경영자와 전체 조직원이 참여하여 전략 수립을 포함한 업무 전반에 대해 리스크를 찾아내어 관리하는 과정으로, 효과적인 리스크 관리를 위해서는 전사적 리스크 관리(ERM)가 필요하다.

리스크 관리는 시스템적 경영, 목표지향적 경영, 정보의 공유, 임직원의 직무책임 강화 및 국제적 경영추세에 부합한다는 장점이 있다.

chapter

7

리스크 관리의 실제

생각해 볼 점

- 일반적인 리스크 관리 절차는 무엇인가?
- 리스크 정책의 의미 및 중요성은 무엇인가?
- 리스크 분석에 널리 활용되는 방법론은 무엇인가?
- 통제활동의 정의 및 내용은 무엇인가?
- 리스크 대응조치는 어떻게 분류하며 어떤 대응조치가 있는가?
- 리스크 관리를 위한 3선 방어 개념이란 무엇인가?
- 리스크 관리에 유용한 도구에는 어떤 것이 있는가?

"좋은 평판을 얻는 데는 20년이 걸리지만 그것을 잃는 데는 5분이면 족하다. 당신이 이것을 이해한다면 분명히 달리 행동할 것이다."

(*It takes 20 years to build a reputation and five minutes to ruin it. If you think about that, you'll do things differently.*)

- 워런 버핏(Warren Buffett)

제7장에서는 제6장의 리스크 관리에 대한 이해를 바탕으로 국내외 실제 리스크 관리 사례를 활용하여 리스크 관리 실무 절차를 설명한다.

리스크 관리 프로세스는 리스크 환경 분석 및 리스크 평가기준 설정, 리스크 인식, 리스크 분석, 리스크 관리 우선순위 결정, 리스크 대응조치 등의 절차에 따르며 이를 위해 사전에 리스크 관리 정책을 수립한다.

인식된 리스크는 리스크 등록부에 등록하고 발생가능성 및 영향도에 따른 총위험을 산출한 후 리스크 관리 정책에 따라 리스크 대응조치 및 통제활동을 실시한다. 효과적인 리스크 관리를 위하여 3선 방어 개념에 의한 리스크 관리 등이 요구된다.

리스크 관리의 실제와 관련된 핵심사항은 다음과 같다.

- 권장되는 리스크 관리 절차
- 리스크 성숙도 및 리스크 환경 분석 방법
- 리스크 분석을 위한 발생가능성, 영향도, 총위험 산출방법
- 리스크 대응조치 및 통제활동의 주요 방법
- 3선 방어 개념
- 효과적인 리스크 관리에 필요한 도구들

1. 리스크 관리 개요

본격적으로 리스크 관리의 구체적인 방법론에 대해 이야기할 차례이다. 제6장에서 설명한 것처럼 리스크 관리란 목표 달성을 방해하는 리스크를 찾아내어 그 리스크가 현재화되지 못하도록 통제활동을 하는 데까지 이끌어 가는 것이다. 그리고 그 열매는 조직의 '목표 달성'이 된다.

이런 일련의 절차는 유일무이의 규칙이 있는 것은 아니다. 가장 널리 알려진 리스크 관리 절차는 국제표준화기구(ISO), 미국의 COSO, 호주의 Standards Australia 등이다. 무엇보다도 리스크 관리의 원조격인 호주 및 뉴질랜드 정부가 공동으로 제정한 「리스크 관리 가이드라인 안내서」[1]에 리스크 관리 절차가 일목요연하게 나와 있다. 동 가이드라인 제정 이후 만들어진 국제표준화기구(ISO)의 리스크 관리 절차[2]는 대체로 동 가이드라인을 따른 것으로 보인다. 호주/뉴질랜드 정부가 제정한 리스크 관리 절차는 [그림 7-1]과 같다.

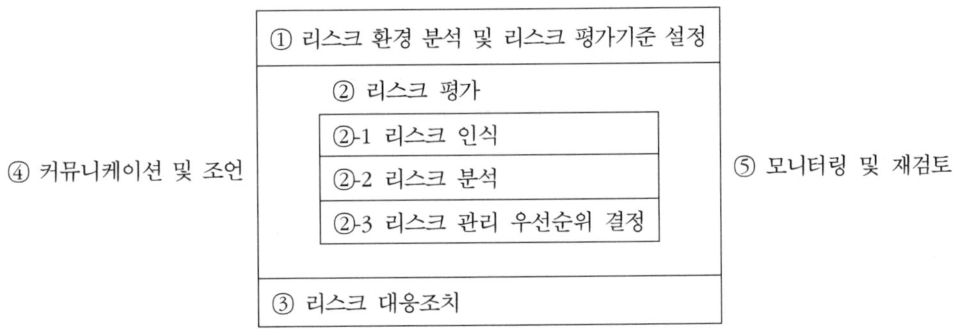

[그림 7-1] 호주/뉴질랜드의 리스크 관리 절차

① **리스크 환경 분석 및 리스크 평가기준 설정** : 리스크 관리를 위해서는 먼저 자신의 조직의 리스크 환경을 분석해 보아야 한다. 그리고 리스크 평가에서 적용할 기준을 설정하게 된다. 리스크 관리를 처음으로 도입하는 경우에는 사전에 설정한 기준이 시행착오를 거치면서 사후적으로 조정된다 하더라도 정기적으로 리스크 평가를 실시하는 경우에는 사전에 기준을 설정하는 것이 절대적으로 필요하다.

1) Risk Management Guidelines, Companion to AS/NZS4360:2004

2) ISO31000:2018-Risk Management Guidelines

② **리스크 평가** : 리스크 관리자는 담당 업무별로 구체적인 리스크를 도출하여야 한다.(②-1, 리스크 인식) 이에는 조직의 경영전략과 관련된 전략적 리스크도 있고 실무자 수준에서 관리해야 하는 운영리스크도 있다. 다음은 리스크 평가기준에 따라 개별 리스크의 발생가능성 및 영향도와 이들 두 요소를 종합적으로 평가한 리스크 점수를 산출한다.(②-2, 리스크 분석) 이어서 어떤 리스크를 어떤 방식으로 관리하여야 하는지 즉 리스크 관리 우선순위를 결정하여야 한다.(②-3, 리스크 관리 우선순위 결정)

③ **리스크 대응조치** : 리스크 관리 우선순위가 결정되었으면 그에 따라 리스크 대응조치를 취하여야 한다. 예를 들어 리스크 점수가 일정한 수준보다 높은 경우에는 이를 목표수준 이내로 낮추기 위한 조치를 취하게 된다.

④ **커뮤니케이션 및 조언** : 성공적인 리스크 관리를 위해서는 조직 내부 및 외부의 이해관계자들(stakeholder)과 원활한 의사소통이 필요하다. 예를 들어 기업의 경영전략과 관련한 리스크를 도출하기 위해서는 대주주의 의견(조언)을 듣는 것이 필요하며 아울러 리스크 대응조치가 효과적으로 실시되기 위해서는 조직 내부자들과의 소통이 절대적으로 필요하다.

⑤ **모니터링 및 재검토** : 끝으로 리스크 관리 사이클이 원활히 순환되고 있는지에 대한 상시적인 관리감독이 필요하며 이 과정에서 문제점이 발견될 경우 문제점을 검토하고 이를 해결해 나가야 한다.

이상으로 리스크 관리 전체 흐름을 개괄적으로 설명하였으며 이제부터는 단계별로 구체적인 조치내용을 알아보자.

2. 리스크 관리 준비

처음으로 리스크 관리를 시작하고자 할 때에는 전문가의 자문을 받는 것이 보통이다. 우리나라에도 리스크 관리 자문을 제공하는 회계법인이 몇 군데 있다. 그러나 리스크 관리를 도입하는 조직이 대기업이 아니라면 반드시 거액의 자문료를 지불하여 전산시스템을 도입할 필요는 없다. 리스크 관리에 관한 자격증(CPA, CIA,[3] CRMA[4])을 갖춘 전문가를 활용하여도 무방할 것이다.

---

3) 공인내부감사사(Certified Internal Auditor)

4) 리스크관리 자격증(Certification in Risk Management Assurance)

컨설팅을 통하여 리스크 관리 시스템을 구축하는 경우에는 흔히 리스크 관리 환경에 대한 진단을 한다. 설문조사를 통하여 경영층과 직원들의 리스크에 대한 인식 수준, 조직에 내재된 리스크의 종류와 심각성, 리스크 통제활동 수준 등을 조사한 후 리스크 관리 시스템의 구축 방향을 설정한다. 만일 그 조직의 리스크 관리 성숙도가 높은 경우에는 비교적 수월하게 시스템을 구축해 나갈 수 있지만, 반대로 리스크 관리 성숙도가 낮은 경우에는 경영층 및 직원에 대한 리스크 교육부터 시작하게 된다. 그리고 은행의 지점과 같이 동일한 업무를 수행하는 부서가 다수 있는 경우에는 모든 부서를 대상으로 리스크 설문조사를 실시할 필요는 없으며 가장 대표성이 높은 부서를 선정하여 시스템 구축 과정에 참여토록 하는 것이 효율적이다.

준비단계에서 가장 어려운 것은 최고경영층이 리스크 관리의 필요성을 인식하는 것이다. 적지 않은 시간과 비용이 소요되는 데다 새로운 경영관리 기법이 도입되므로 최고경영층의 전폭적인 지지가 없으면 제대로 추진하기 어렵다. 따라서 리스크 관리 컨설턴트는 보통 시작 단계에서 최고경영층을 면담하여 리스크 관리의 필요성을 이해시키고 리스크 관리 시스템 구축작업이 원활히 진행될 수 있도록 협조를 구한다.

3. 리스크 환경 분석 및 리스크 관리기준 설정

3.1 리스크 환경 분석

리스크 관리의 첫걸음은 조직의 존재 이유 또는 목적을 정의하는 것이다. 주식회사의 존재이유는 '주주이윤 극대화'라고 간단히 정의할 수도 있으나 정부기관 등 비영리조직의 경우에는 조직의 존재이유를 잘 정립해야 한다. 사실 대부분 조직에서 조직의 존재이유는 조직의 가치(value), 비전(vision) 등의 비전 체계를 통해 이미 정의되어 있는 경우가 많다.

리스크 관리의 궁극적인 목적은 바로 조직목표를 효과적으로 달성하기 위한 것이며 리스크 관리는 이러한 조직목표를 달성하는 데 방해가 되는 요소(리스크)를 통제하는 것이다. 따라서 리스크 관리를 잘 하였음에도 조직목표 달성에 실패하였다는 것은 매우 우스꽝스러운 말이다.

이제 조직목표를 정점으로 하고 조직이 어떠한 환경에 놓여 있는가를 파악하여야 한다. 손자병법에 지피지기백전백승(知彼知己百戰百勝)[5]이라는 말이 있듯이 리스크 관리는

5) 『손자』(孫子)에는 '지피지기자 백전불태(知彼知己者 百戰不殆)'로 나옴.

조직환경을 이해하는 것이 매우 중요하다.

우선 외부적 환경에는 다음과 같은 것이 있다.

① 비즈니스 영역, 사회 · 문화 · 정치적 환경, 규제, 경쟁관계, 재무환경
② 조직의 강점, 약점, 기회 및 위협 분석(SWOT 분석)
③ 외부 이해관계자(주주, 채권자, 투자자, 주요 거래업체, 협회 등)
④ 핵심 비즈니스 역량(key business drivers) 등

특히 이해관계자가 가지고 있는 인식과 가치를 충분히 고려하여야 한다. 예를 들어 주주가 시장점유율을 중시하는 경우에는 시장점유율 목표 달성과 관련한 리스크를 통제하는 데 리스크 관리의 중점을 두어야 한다.

그러므로 주주 등 외부 이해관계자와 효과적인 커뮤니케이션이 필요한데 이것은 이해관계자의 인식과 가치를 리스크 관리에 반영하기 위한 것일 뿐만 아니라 리스크 관리 대응조치를 실시할 때 이러한 이해관계자의 협조를 얻을 수 있기 때문이다.

대부분의 조직은 이런 외부환경 분석이 이미 이루어져 있으므로 이를 쉽게 마무리할 수 있을 것이다. 다음으로 조직 내부환경 분석이다. 내부환경에는 다음과 같은 것이 있다.

① 조직문화
② 내부 이해관계자(직원, 노동조합 등)
③ 조직구조
④ 인적자원, 업무 프로세스, 시스템, 자본 등
⑤ 조직(사업부문, 부서, 팀, 계 등) 목표 및 장단기 전략 등

리스크 관리에 '내부'통제(internal control)[6]가 있는 것은 리스크 관리의 실행주체가 조직 '내부'자(경영자, 직원 등)이기 때문이다. 리스크 관리 주체인 조직 내부자가 리스크 관리에 능동적으로 참여하여야만 리스크 관리가 성공할 수 있음은 자명하다.

처음으로 리스크 관리 제도를 도입하는 조직에서는 외부전문가(리스크 관리 전문가 또는 컨설팅사)의 도움을 받게 된다. 외부전문가는 조직의 목표 설정, 조직 이해관계자 분석과 함께 SWOT 분석[7]을 실시하게 된다.

SWOT 분석은 리스크 관리시스템이 조직목표 달성을 저해하는 리스크 즉 위협(threats)을 통제하고 조직목표 달성에 기여할 수 있는 유용한 기회(opportunities)를 발견하는 수단

6) 내부통제(internal control)는 통제활동(control)으로 부르기도 함.

7) 조직의 강점(strengths), 약점(weaknesses), 기회(opportunities) 및 위협(threats)을 분석하여 경영전략 수립, 마케팅 등 경영활동에 활용하는 경영기법.

이 되기 때문이다. 실제로 리스크 관리 전문가는 리스크 환경분석 단계에서부터 조직목표 달성에 기여할 수 있는 해결방안(opportunities, solutions)을 제안하는 것이 일반적이다.

3.2 리스크 관리기준 설정

리스크 환경 분석에 이어서 리스크 관리기준(risk management criteria) 또는 리스크 정책(risk management policy)을 설정한다. 리스크 관리기준은 당연히 앞 단계에서 실시한 환경 분석 결과를 바탕으로 결정한다.

리스크 관리기준은 모든 조직구성원들이 리스크 관리를 할 때 참고해야 할 기준으로서 주요 내용은 다음과 같다.

① 리스크 관리의 목적
② 리스크 관리 방향
③ 기대효과
④ 리스크의 정의
⑤ 리스크 관리조직 및 담당자
⑥ 리스크 관리조직 및 담당자별 역할
⑦ 리스크 관리절차(리스크 인식, 리스크 분석, 등급 분류 등)
⑧ 리스크 통제활동 등

처음으로 리스크 관리를 도입하는 경우에는 다른 유사한 조직에서 사용하는 모범규준(best practice)을 참고하여 설정하게 된다. 이 기준은 다음 단계의 리스크 평가와 리스크 대응조치 단계를 거치면서 시행착오(try and error) 방식으로 조정해 나가는 것이 실용적인 방법이다.

4. 리스크 인식

4.1 리스크 원천 탐색

리스크를 찾기 전에 리스크가 어디서 오는가(sources)를 정리해 본다. 조직마다 경영환경이 다르므로 어느 조직에나 들어맞는 정답은 없다. 영국 Airmic Ltd.는 리스크 원천을 [그림 7-2]와 같이 제시하고 있다. [그림 7-2]에서 리스크 원천은 내부원천과 외부원천 그리

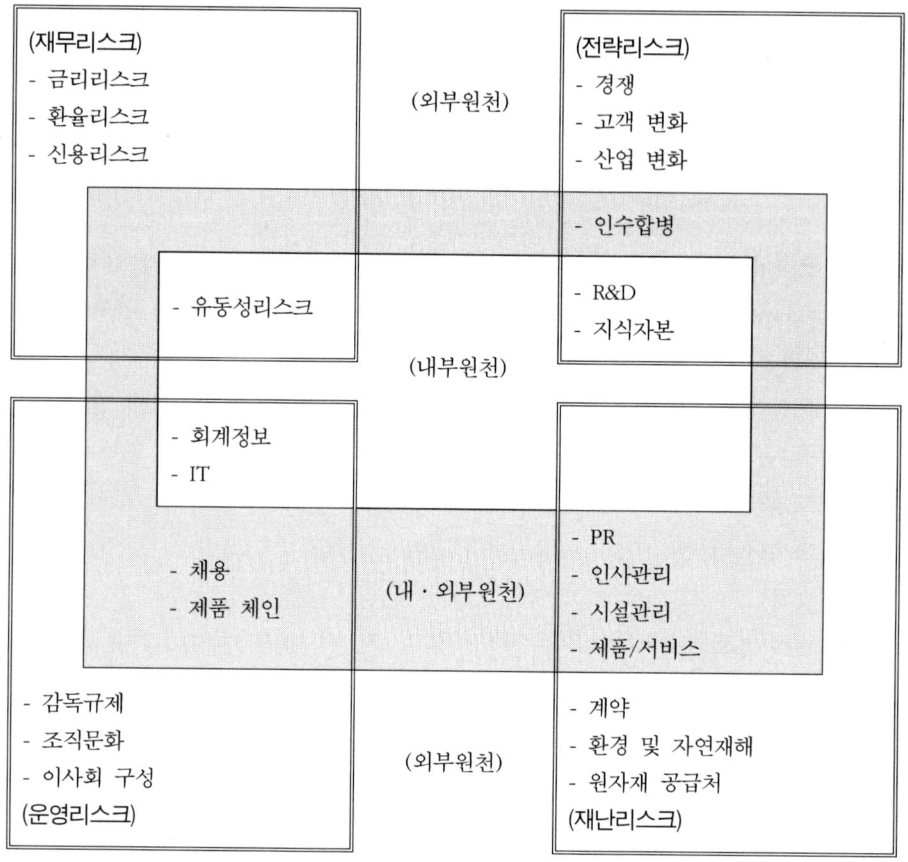

* 음영 부분은 내부요인과 외부요인이 겹치는 원천

[그림 7-2] 리스크 원천[8)]

고 내 · 외부원천이 섞여 있는 경우가 있다.

내부원천은 조직 내부에서 발원한 리스크이다. 우선 재무리스크에 해당하는 유동성리스크가 있다. 기업의 자금조달 및 운용이 부적절하여 은행차입금의 원리금 상환을 연체하거나 거래처에 외상매입금을 제때 지급하지 못하거나 직원의 임금을 늦게 지급하는 등의 사건이 유동성리스크에 해당된다. 재무관리 담당자라면 이러한 유동성리스크가 현재화되지 않도록 자금조달과 운용스케줄을 관리하여야 한다.

다른 내부원천은 회계정보와 관련한 운영리스크이다. 회계장부를 제대로 기록되지 않거나 부정거래(fraud)가 발생하는 것, 나아가 중요한 회계정보를 적시에 경영진에게 제공하지 않아 의사결정 기회를 놓치는 것 등이 이에 해당한다.

---

8) Airmic Ltd.(2002) ALARM, IRB

또 다른 내부원천은 IT 리스크이다. 최근 각종 비즈니스의 IT 의존도가 심화되고 있어 어느 조직에서나 IT와 관련한 리스크의 비중이 큰 편이다. 나아가 AI, IoT 등 4차 산업혁명의 진전과 함께 IT 리스크는 그 비중이 계속 증가할 것이 확실하다.

은행의 경우 인터넷뱅킹시스템 가동이 중단되면 대고객 서비스에 치명적 손실을 입게 된다. 최근 부각되고 있는 IT 리스크는 해킹과 개인정보 유출과 관련한 리스크이다. 이는 내·외부원천 리스크이지만 근본적으로 내부에서 이를 어떻게 관리하는가가 결정적 변수가 된다. 비즈니스의 IT 의존도가 높을수록 IT와 관련한 리스크의 개수와 영향도의 비중이 높을 수밖에 없다. 그 밖에 R&D 등 조직의 경영전략과 관련한 것도 중요한 리스크 원천이다.

외부원천 리스크 요인의 대표는 금융시장의 변화에 따른 리스크이다. 재무리스크는 대부분 외부원천 리스크로서 금융시장에서 금리, 환율, 주가 등의 변화는 리스크의 중요한 외부원천에 해당한다. 다른 외부원천에 의한 리스크 요인으로는 전략리스크에 속하는 '경쟁'이 있다. 자기 회사가 지금까지 시장 우위를 점하던 제품이 갑자기 나타난 경쟁자에게 시장을 뺏기며 몰락하는 사례는 수없이 많다. 예를 들어 한때 세계 핸드폰 시장 1위를 차지했던 핀란드의 노키아(Nokia)는 애플, 삼성 등 새로운 스마트폰 강자들의 등장에 따라 한순간에 시장에서 퇴출되었다.

최근에 부각되는 외부원천 리스크는 환경 및 재난과 관련된 리스크이다. 2019년 12월 중국에서 시작한 코로나19 바이러스 팬데믹(pandemic)은 세계적으로 경제활동에 막대한 지장을 초래하였다. 뿐만 아니라 환경보호 강화 추세에 따라 공해, 오염물질 배출이나 산업재해에 더욱 민감해지고 있다. 따라서 이러한 리스크에 노출된 조직의 경우에는 재난리스크에도 민감해야 한다.

한편 내·외부원천에 기인한 리스크도 많다. 대표적으로 사후서비스 업무와 관련한 리스크이다. 사후서비스와 관련한 리스크 요인은 근본적으로 기업이 생산한 제품 또는 서비스의 만족도에 관한 문제이기도 하지만 때로는 블랙컨슈머와 같은 악의적 소비자가 만들어내는 리스크도 적지 않다. 이러한 리스크는 내·외부원천에 의한 리스크이다. 이처럼 리스크를 식별하기 위해서는 업무별로 리스크가 발생할 수 있는 내부 및 외부 원천을 열거하고 이를 분석하는 것이 필요하다.

역사가 오래된 조직이라면 리스크의 원천을 탐색하는 것은 어렵지 않다. 예를 들어 직무분장표 또는 직무기술서는 개인별 직무를 일목요연하게 정리한 것이므로 이것으로 보고서 리스크 원천을 탐색할 수 있다. 또 다른 리스크 원천의 탐색수단은 내부감사 보고서이다. 내부감사 보고서는 조직의 문제점을 잘 정리해 놓았으므로 감사 결과 지적된 문제점이나 개선방안은 리스크의 결정적인 원천이 된다. 왜냐하면 이러한 지적사항이 재발하지 않는 것이 리스크 관리의 하나이기 때문이다.

만일 리스크 탐색에 필요한 기초자료가 아무것도 없는 경우에는 개인별로 자신이 하는 일을 일기장처럼 적어가는 방법이 있다. 하루 또는 일주일 동안 자신이 한 일을 분 단위로 일기장에 적은 후 이것을 활용하여 직무를 분류하고 그 직무와 관련된 리스크 원천이 어떤 것이 있는지 찾아보는 것이다. 이 방법은 신설 조직이나 아무런 자료를 활용할 수 없는 특수한 경우에 어쩔 수 없이 사용하는 방법이다.

4.2 리스크 분류기준(risk library)

앞에서 리스크 원천을 탐색하는 방법을 알아보았다. 리스크 원천을 정리한 후 이것에서부터 개인별, 팀별, 부서별 목표를 정의하고 이 목표를 달성하는 데 장애가 되는 요인들을 찾는 것이 리스크를 인식하는 것이다.

일단 리스크를 찾아낸 후 수백, 수천 개의 리스크를 아무 기준 없이 열거할 수는 없다. 따라서 리스크 분류기준을 만들어 이 기준에 따라 리스크를 분류한다. 〈표 7-1〉은 리스크

〈표 7-1〉 리스크 분류기준 예시

<table>
<tr><th>대분류</th><th>중분류</th><th>소분류</th></tr>
<tr><td rowspan="14">운영리스크</td><td rowspan="2">법적 리스크</td><td>법률, 규정 위반</td></tr>
<tr><td>계약위반</td></tr>
<tr><td rowspan="3">IT 리스크</td><td>정보보안</td></tr>
<tr><td>전산시스템 조달</td></tr>
<tr><td>전산시스템 운영</td></tr>
<tr><td rowspan="3">인적리스크</td><td>채용</td></tr>
<tr><td>인사관리</td></tr>
<tr><td>사람에 의한 실수</td></tr>
<tr><td rowspan="4">비즈니스 리스크</td><td>비즈니스 프로세스 설계 실패</td></tr>
<tr><td>매출</td></tr>
<tr><td>마케팅</td></tr>
<tr><td>사후서비스</td></tr>
<tr><td rowspan="2">환경리스크</td><td>천재지변</td></tr>
<tr><td>법률 등 경영환경 변화</td></tr>
<tr><td rowspan="5">비운영리스크</td><td rowspan="3">재무리스크</td><td>금융시장 변화</td></tr>
<tr><td>자금조달 및 운용</td></tr>
<tr><td>회계 및 세무</td></tr>
<tr><td rowspan="2">전략리스크</td><td>경영전략</td></tr>
<tr><td>R&D</td></tr>
</table>

분류기준(risk library)의 예이다.

리스크 분류는 유일무이한 기준이 있는 것이 아니며 업종 또는 직무의 성격에 따라 다양하게 분류할 수 있다. 조직 규모가 커질수록, 직무 성격이 다양할수록 분류 항목이 늘어나고 조직 규모가 작거나 직무 성격이 동질적인 경우에는 분류 항목이 줄어들게 된다.

4.3 리스크 찾기(risk identification)

리스크 찾기는 '리스크 식별' 또는 '리스크 인식'이라고 할 수 있다. 이미 제6장에서 신입사원 채용과 관련한 리스크를 다수 예로 들었으므로 리스크가 무엇인지는 어느 정도 이해가 되었을 것이다.

이제는 리스크 관리의 가장 중요한 단계인 개별 리스크를 찾을 단계이다. 리스크 원천을 한 개씩 더듬으면서 자신이 맡고 있는 업무의 목표가 무엇이고 그 목표를 달성하는 데 방해가 되는 요소가 무엇인지 구체적으로 정리하는 것이 리스크 찾기이다.

이 개별 리스크 찾기는 그 업무의 경험이 많은 직원이 하는 것이 좋다. 왜냐하면 과거에 그 업무와 관련한 실제 리스크 사건을 알고 있을 뿐만이 아니라 미래에 발생할 수도 있는 리스크 사건을 예상할 수 있기 때문이다. 앞서 설명한 것처럼 내부감사 기구가 발견한 지적사항도 개별 리스크를 정리하는 데 크게 도움이 된다. 감사 지적사항 자체가 리스크 요인이기 때문이다. 미리 밝혀두지만 이런 이유로 리스크 관리와 내부감사는 아주 밀접하게 연관이 되어 있다. 이처럼 내부감사를 리스크 개념에 입각하여 실시하는 것을 리스크 기반 감사(risk-based internal audit)라고 한다. 가장 이상적인 리스크 관리는 리스크 기반 감사를 포함하고 있다.

4.4. 리스크 등록부(risk register) 작성

최선의 노력으로 개별 리스크를 인식하였으면 이것을 하나의 목록으로 만들어야 한다. 리스크 등록부[9](risk register)는 리스크 관리의 기초가 되는 도구이므로 이것을 잘 만드느냐 아니냐에 따라 리스크 관리의 성패가 결정된다. 따라서 리스크 관리 시스템을 도입할 때 이 리스크 등록부를 제대로 만드는 데 전력을 다하여야 한다.

〈표 7-2〉는 리스크 등록부의 예시이다.

9) 사용자에 따라서는 risk profile, risk sheet, 리스크 목록표, 리스크 명세서 등으로 부르고 있음.

〈표 7-2〉 리스크 등록부 예시

리스크 번호	부서	팀	단위업무	리스크	대분류	중분류	소분류	발생가능성(A)	영향도 (B)	총위험 (AxB)	위험 등급	통제활동
00001	전산부	정보관리팀	정보보호	외부해킹으로 고객정보가 유출	운영	IT	정보유출 방지	2	5	10	고	검증된 방화벽 설치 모의해킹 훈련
00002	“	주전산팀	주전산기 운영	주전산기가 기계적 결함, 프로그램 오류, 전원공급 중단으로 가동중단	운영	IT	전산시스템 운영	2	5	10	고	주기적 시스템 점검 검증된 SW 사용 UPS 설치
00022	기획부	법률팀	소송	상품에 하자가 발생하여 소송 발생	운영	법적	소송 처리	1	5	5	중	고객 민원에 대한 초기 대응 유사 소송사례 연구
00030	“	보안팀	경비	외부인이 무단 침입하여 테러, 정보유출 등 사고 발생	운영	보안	정문 경비	2	3	6	중	출입자 신원확인 카메라, USB 휴대반입 금지
00050	자금부	회계팀	회계	직원이 회계장부를 조작하여 현금을 사취	운영	인적	회계관리	1	5	5	중	중요업무는 이중확인 일정금액 이상은 현금사용 금지
00130	인사부	인사팀	인사관리	직장내 성희롱이 발생하여 언론에 노출	운영	인적	준법	2	5	10	고	정기적인 성희롱 예방 교육 성희롱 처벌규정 제정
00131	“	인사팀	비정규직 관리	비정규직에 대한 차별 대우로 소송을 당함	운영	인적/ 법적	준법	1	5	5	중	비정규직 인사관리에 대한 모니터링 수시 애로사항 청취
00200	기획부	경영전략팀	전략수립	해외 마케팅 전략을 잘못 수립하여 시장점유율 하락	전략	전략	마케팅	2	5	10	고	최신 해외시장 정보 신속 입수 경쟁사 정보 입수

이 등록부에 수록된 개별 리스크는 적어도 수십 개에서 많게는 수천 개까지 방대할 수가 있다. 리스크 개수는 아무래도 조직 규모에 비례할 수밖에 없는데 조직 규모 이외에도 리스크가 매우 큰 직무인 경우에는 그 직무와 관련한 리스크의 개수가 증가할 수밖에 없다.

리스크 등록부(risk register)는 개별 리스크를 리스크 분류기준에 따라 분류하여 수록한다. 리스크 등록부는 개별 리스크의 내용을 수록할 뿐만이 아니라 이후 단계에서 실시하는 리스크 평가 내용과 리스크를 체계적으로 관리할 수 있도록 통제활동(controls)도 함께 기록할 수 있는 칸을 만들어 리스크를 체계적으로 관리할 수 있는 종합장부의 역할을 하게 된다.

리스크 등록부는 비유하자면 학교의 학생 성적표와 같다고 할 수 있다. 성적표에 학생 이름과 과목별 성적, 총점, 등위 등이 일목요연하게 나오는데 리스크 등록부도 이와 같다. 이 리스크 등록부를 제대로 만드는 것이 리스크 관리의 기초가 된다. 더불어 리스크 등록부는 학교의 학생 성적표와 마찬가지로 조직의 비즈니스 기밀에 해당하므로 일반적으로 외부에 공개하지 않는 것이 원칙이다.

5. 리스크 분석

앞 단계에서 개별 리스크를 인식하고 이를 리스크 등록부로 정리하였으면 이제는 이러한 개별 리스크를 발생가능성 및 영향도에 따라 분석(risk analysis)[10]하고 그 결과에 따라 리스크 중요도 등급을 결정할 단계이다. 리스크 관리기준 설정 단계에서 리스크 사건의 발생가능성(likelihood) 및 영향도(impact) 결정기준을 설정하였으므로 리스크 분석 단계에서는 개별 리스크를 이 기준에 따라 평가하게 된다.

리스크 관리를 처음 실시하는 경우에는 사전에 리스크 관리기준을 설정하였다 하더라도 이 단계에서 그 기준의 적합성을 검증하면서 시행착오(try and error) 방식으로 기준 자체를 수정할 수도 있겠다. 그러나 상당한 기간 동안 리스크 관리를 실시한 경우에는 리스크 관리기준이 성숙되어 있어서 이러한 문제점이 크게 발생하지 않는다.

10) risk analysis, risk evaluation 및 risk assessment를 상호 교환하여 사용할 수 있다.(Australian/New Zealand Standard(AS/NZS4360:1995) ; Risk management, p.2.

5.1 발생가능성

발생가능성(likelihood)이란 리스크 사건이 현실화될 가능성이다. 예를 들면 '창고에 보관중인 제품이 관리 부실로 인해 도난당할 가능성'이라는 리스크를 인식하였다면 제품 도난이 실제로 발생할 가능성을 수치로 표시한 것이다. 발생가능성은 보통 '1년에 3회'와 같은 일정한 기간에 ○회가 발생한다는 방식으로 기술한다.

발생가능성은 5등급으로 나누어 관리하는 것이 세계적 추세이다. 그러나 더 정교한 리스크 관리를 위해서 7등급 또는 그 이상으로 나누거나 반대로 리스크 관리 노력을 경감하기 위해서 3등급으로 축소할 수도 있다. 소규모 조직이라면 3등급으로 충분할 수 있으며 리스크 특성이 복잡한 대기업이라면 5등급 또는 7등급 분류가 적절할 것이다.

COSO에서 제시한 발생가능성의 예시를 아래에 제시한다.

〈표 7-3〉 COSO의 발생가능성 분류 기준 예시

등 급	연간 발생 건수		확률적 설명
5	frequent(자주)	2년에 1회 이상	90% 이상의 발생 확률
4	likely(가능성 높음)	2~25년에 1회	65~90% 발생 확률
3	possible(가능성 있음)	25~50년에 1회	35~65% 발생 확률
2	unlikely(가능성 낮음)	50~100년에 1회	10~35% 발생 확률
1	rare(드물게)	100년 이상에 1회	10% 이하의 발생 확률

그런데 현실적으로 발생가능성을 결정하는 것은 다소 애매하다. 왜냐하면 능력이 탁월한 직원이 담당할 때에는 리스크 사건의 발생가능성이 줄어드는 반면 그렇지 못한 직원이 담당할 경우에는 발생가능성이 높아지기 때문이다.

그러면 무엇을 기준으로 발생가능성을 정하여야 하는가? 이때에는 능력이 탁월한 직원 또는 그 반대의 극단적 직원을 기준으로 발생가능성을 정의하기보다는 평균적인 직원을 기준으로 정의하는 것이 합리적이다. 능력이 탁월한 직원을 기준으로 발생가능성을 정의하였다가 그렇지 않은 직원이 직무를 담당하게 되면 리스크 사건이 크게 증가할 위험성이 있기 때문이다.

발생가능성은 분석하는 사람의 주관적 판단에 영향을 받을 수밖에 없다. 그러므로 다음과 같은 객관적인 자료를 활용할 필요가 있다.

- 과거의 리스크 사건 발생 기록
- 담당직원의 경험과 지식

- 공적인 기관이 작성한 출판물
- 시장조사기관의 조사 자료
- 리스크 관리 전문가의 조언
- 전문적인 훈련을 받은 리스크 관리자와의 인터뷰
- 잘 설계된 설문지에 의한 조사
- 해당 업무에 정통한 여러 직원들이 모여서 하는 브레인스토밍 등

5.2 영향도

개별 리스크에 대한 발생가능성을 분석함과 동시에 리스크 사건이 조직 경영에 미치는 부정적 영향의 정도(impact 또는 consequences)를 평가한다.

발생가능성과 마찬가지로 영향도도 5등급 체계로 평가하는 것이 국제적인 대세이다. 그러나 조직별로 규모가 다르고 업종 성격도 다르므로 영향도 역시 조직 실정에 맞게 등급 수를 줄이거나 늘려서 사용하는 것이 적절하다.

등급수뿐만이 아니라 영향도 결정 기준의 내용도 조직별로 차이가 있음은 물론이다. 예를 들어 재무위험 비중이 큰 금융기관의 경우에는 재무적 영향을 중심으로 영향도를 평가하고, IT기업은 IT리스크를 중심으로 평가기준을 정하게 된다. 특히 공공기관, 대기업 등의 경우에는 평판리스크의 영향도도 비중 있게 고려하여야 한다. 〈표 7-4〉에 COSO의 영향도 분류기준을 소개한다.

5.3 총위험

개별 리스크 사건의 발생가능성과 영향도를 가지고 총위험(total risk)을 산출한다. 총위험은 발생가능성과 영향도의 곱으로 계산한다. 예를 들어 발생가능성 3등급, 영향도 4등급이면 총위험은 12점(3×4=12)이 된다.

총위험(total risk) = **발생가능성**(likelihood) X **영향도**(impact)

이렇게 계산된 총위험을 내재리스크(inherent risk)라고 부르기도 한다. 리스크 관리를 정교하게 실시하는 경우에는 통제활동을 적용하기 이전의 리스크를 내재리스크(inherent risk)라고 하고 통제활동을 실시한 후에도 남아 있는 리스크를 잔여리스크(residual risk)라고 정의한다. 그러나 실무적으로는 이 둘을 가리기가 쉽지 않을 뿐만이 아니라 리스크 관

〈표 7-4〉 COSO에서 권장하는 영향도 분류기준 예시

등 급	설 명	정의 예시
5	extreme (매우 중요)	- ○○○억원 이상의 재무적 손실 - 국제적인 평판 악화에 따라 세계시장 점유율의 심각한 하락 - 최고경영층의 구속, 피소, 거액의 벌금 추징 - 고객, 종업원, 거래선의 사망 등 심각한 인명사고 - 여러 핵심 경영층의 이직
4	major (중요)	- ○○억원 이상 ○○○억원 미만의 재무적 손실 - 국내적인 평판 악화에 따라 국내시장 점유율의 심각한 하락 - 정부, 감독당국으로부터 중대한 지적을 받아 시정조치 필요 - 고객, 종업원, 거래선의 치료가능한 인명사고 - 일부 핵심 경영층의 이직, 숙련공의 잦은 이직
3	moderate (보통)	- ○억원 이상 ○○억원 미만의 재무적 손실 - 국내적인 일시적 평판 악화 - 정부, 감독당국으로부터 일반적인 지적을 받아 시정조치 - 고객, 종업원, 거래선의 일반적 인명사고 - 종업원의 광범위한 도덕적 해이 및 직원들의 잦은 이직
2	minor (경미)	- ○천만원 이상 ○억원 미만의 재무적 손실 - 일부 지역에서의 평판 악화 - 정부, 감독당국에 사고 발생 및 조치 결과 보고 - 고객, 종업원, 거래선의 경미한 인명사고 - 종업원의 도덕적 해이 및 직원들의 이직 증가
1	incidental (부수적)	- ○백만원 이상 ○천만원 미만의 재무적 손실 - 일부 지역에서의 부정적 언론보도에 신속한 대응조치 - 일부 종업원의 불만

리가 번거로워지는 등의 문제가 있어서 리스크 관리는 내재리스크 위주로 실시하는 것이 현실이다.

내재리스크(total risk) - **통제활동**(control) = **잔존리스크**(residual risk)

리스크 사건의 발생가능성과 영향도를 각각 5등급으로 평가한 경우에는 총위험이 최저 1점(발생가능성 1 × 영향도 1 = 총위험 1)에서부터 최고 25점(발생가능성 5 × 영향도 5 = 총위험 25)까지 나오게 된다. 이러한 총위험을 기준으로 리스크 관리에 필요한 총위험등급을 결정하게 된다. 현실적으로는 1점 또는 2점의 리스크는 식별되지 않는다. 리스크를 식별하는 단계에서 리스크 수준이 낮은 것은 사전에 걸러 버리기 때문이다.

6. 리스크 관리 우선순위 결정

리스크 등급은 보통 高·中·低 3등급으로 구분한다. 모든 리스크를 동일한 비중으로 관리할 필요가 없다. 高위험 리스크는 조직의 목표 달성에 가장 큰 영향을 미치므로 더 많은 인력과 시간을 투자해서 관리해야 하고 반대로 低위험 리스크는 가성비(價性比) 위주로 관리하는 것이 합리적이다.

이와 같이 어떤 조직에서 리스크 관리 우선순위를 정하는 기준을 만드는 것을 리스크 성향(risk appetite)이라고도 한다. 즉 리스크 회피형(risk aversion) 경영자는 리스크 평가 점수가 상대적으로 낮은 경우에도 高위험으로 분류하여 엄정한 통제활동을 하는가 하면, 리스크 추구형(risk taking) 경영자의 경우에는 리스크 평가 점수가 낮은 경우에는 과감히 低위험으로 분류하여 통제활동에 소요되는 시간, 인력 및 예산을 절약하는 것이다.

영국 A지방자치단체에서는 15점 이상을 高위험(가장 진한 부분)으로 분류하였고 5점 이상 12점 이하를 中위험(중간 진한 부분), 4점 이하를 低위험으로 분류하고 있다.

〈표 7-5〉 영국 A지방자치단체의 리스크 등급 평가기준

		영향도				
		1	2	3	4	5
발생 가능성	1	1	2	3	4	5
	2	2	4	6	8	10
	3	3	6	9	12	15
	4	4	8	12	16	20
	5	5	10	15	20	25

그러나 일반적으로 발생가능성보다는 영향도에 더 큰 비중을 두고 리스크를 관리하는데, 이는 발생가능성이 낮더라도 영향도가 아주 큰 리스크의 경우 한 번 현재화되면 조직 경영에 큰 영향을 주기 때문이다. 예를 들어 건물에 화재가 발생하는 리스크는 발생가능성이 높지 않으나 한 번 사건화되면 치명적인 손실을 초래하므로 高위험으로 분류하여 통제활동을 철저히 하는 것이다.

리스크 관리 우선순위는 발생가능성보다는 영향도에 더 높은 비중을 두고 결정한다.

이런 종류의 리스크에는 금융기관에서 거액 현금이 도난될 위험, IT기업에서 전산시스템 가동이 장기간 중단될 위험, 인터넷몰에서 개인정보가 유출될 위험, 제조기업에서 유해 폐수가 하수로 유출될 위험, 핵심 경영층이 갑자기 공석이 될 위험 등이 있다.

高위험으로 분류된 리스크는 반드시 회피해야 할 핵심 리스크이므로 즉각적인 통제활동 및 개선조치가 필요하다. 中위험 리스크도 상대적으로 중대한 리스크이므로 면밀한 모니터링과 효율적인 통제활동이 필요하다. 低위험 리스크는 비록 리스크가 현재화되더라도 수용 가능하다고 보며 다만 정기적인 리뷰와 적절한 통제활동이 필요하다.

그러나 리스크를 3단계가 아닌 4단계 이상 또는 2단계로 구분하여 관리할 수도 있다. 다음은 호주 Standards Australia에서 제시하는 4단계 리스크 등급(low, medium, high, very high)이다. 조직 규모가 크고 업무가 방대한 경우에는 더 정교한 리스크 관리를 위하여 4단계 이상으로 구분하여 관리하는 것도 권장된다.

〈표 7-6〉 호주 Standards Australia의 리스크 등급 평가 예시

		영향도				
		1	2	3	4	5
발생 가능성	1	low	low	medium	medium	high
	2	low	low	medium	medium	high
	3	low	medium	high	high	high
	4	medium	medium	high	high	very high
	5	medium	high	high	very high	very high

등 급	비 고
very high	- 최고경영층의 조치 필요
high	- 구체적 대응조치 및 경영층의 관리책임을 명시해야 함
medium	- 지속적인 모니터링 및 대응조치 필요 - 담당 책임자의 관리책임을 명시해야 함
low	- 일상적 업무 과정에서 통제활동

독자들이 리스크 인식 및 리스크 등급 분류 업무에 도움이 될 수 있도록 실제 리스크 등급 결정 사례를 하나 더 수록한다. 다음은 영국의 A대학에서 운용하는 리스크 등록부로서 동 대학에서는 발생가능성과 영향도를 모두 5등급으로 구분하고 이에 따라 총위험을 25점 만점 기준으로 구분하여 리스크 등급을 부여하고 있다.

이 대학은 적정한 수의 신입생을 유치하는 데 실패하는 리스크와 학교 운영자금 확보를 위한 외부 용역사업 유치에 실패하는 리스크를 고위험으로 분류하고 있다. 이것은 대부

분의 우리나라 대학에서도 마찬가지일 것으로 생각된다. 또한 학업성취도의 공정한 평가에 실패하거나 전산시스템의 가동이 중단되는 것을 中위험으로 분류하고 있다.

〈표 7-7〉 영국 A대학의 리스크 등급 결정 사례

리스크 번호	업무명	리스크	발생가능성 (likelihood)	영향도* (materiality)	총위험 (total risk)	리스크 등급
6	학교행정 전략	적정수의 학생을 확보 유지하는 데 실패	4	5	20	고
7	〃	자금 확보를 위한 외부 용역사업 획득 실패	3	5	15	고
8	학사운영	학업성취도의 공정한 평가 실패	2	5	10	중
9	전산운영	Moodles 전산시스템 가동 중단	2	5	10	중

* 영향도를 materiality로 사용하고 있음

이상에서 설명한 것이 가장 일반적인 리스크 분석기법이나 리스크 사건 발생가능성, 영향도, 총위험 및 리스크 평가등급 결정을 다른 방식으로 할 수도 있다. 다음은 총위험을 리스크 사건 발생가능성과 영향도의 곱 방식이 아닌 주관적 방식(no multiplication)에 의한 결정의 예이다.

〈표 7-8〉 주관적 방식에 의한 리스크 등급 결정 사례(예시)

		영향도		
		Low	Medium	High
발생 가능성	Low	LL = 1	LM = 3	LH = 6
	Medium	ML = 2	MM = 5	MH = 8
	High	HL = 4	HM = 7	HH = 9

低위험 中위험 高위험

다음은 영국감사협회(IIA UK & Ireland)에서 주관적 방식에 의한 리스크 등급결정 사례를 예시한 것이다.

〈표 7-9〉 리스크 분석 결과 예시

직무 목표	리스크	영향도	발생 가능성	총위험	리스크 등급
고객기반(customer base) 확대를 통한 매출 증대	경쟁제품 등장에 따른 고객 이탈	C	H	9	고
	불법행위 등에 의한 평판 악화로 고객 상실	C	H	9	고
매출총이익 확보를 위한 원가 절감 및 합리적인 가격 설정	경쟁 심화 및/또는 환율 상승으로 인한 재료비 원가 상승	S	M	5	중
	판매가격 설정 오류	N	M	2	저
순이익 확보를 위한 기타 원가 절감	인건비 상승	S	M	5	중
	물류비 상승	S	M	5	중
안정적인 현금흐름 유지	적정 수준의 제품 수량 확보 지연	C	M	8	고
제품 카탈로그에 제시된 납기 준수	택배 납기 준수 실패	C	M	8	고
	유능한 물류 관리 직원 확보 실패	N	M	2	저
제품 보관 관리	해외 수출입 과정에서 도난 사고 발생	C(수입) N(수출)	H(수입) M(수출)	9(수입) 2(수출)	고 저
	창고에서 제품 도난사고 발생	C	M	8	고
경영의사결정, 세금, 법적 보고서 작성 등에 필요한 회계기록의 정확성 확보	세금제도 및 법적 보고서의 변경 내용을 제때 파악하지 못함	S	M	5	중
	유능한 재무회계 기록 관리직원 확보 실패	N	M	2	저
유능한 직원 확보	현장직 인력 확보 실패	N	M	2	저
인명사고가 발생하지 않도록 안전 관리	창고에서 제품을 수송하다 인명 사고 발생	N	H	4	중
	판매 과정에서 고객의 인명 또는 재산상 손실 초래	C	H	9	고
전산시스템 운용	전산시스템 사고로 데이터가 소실되거나 영업이 중단됨	S	H	7	고

1) 영향도
  C (Critical, 연간 10만 파운드 초과 손실 가능성)
  S (Significant, 연간 10만 파운드 이하 1만 파운드 이상 손실 발생 가능성)
  N (Noticeable, 연간 1만 파운드 미만 손실 발생 가능성
2) 발생가능성 : High(H), Medium(M), Low(L)

7. 리스크 대응조치

리스크를 관리하는 목적은 조직목표 달성을 저해하는 리스크를 찾아내 그 리스크가 현재화되지 않도록 적절한 대응조치를 함으로써 목표를 차질 없이 달성할 수 있도록 하는 것이다. 따라서 앞 단계에서 리스크를 인식하고 리스크를 평가 분석하여 리스크 관리 우선순위를 결정하였으면 리스크 관리정책에 따라 구체적으로 리스크를 관리(risk treatment)한다.

리스크 대응조치는 통제활동(control)이라고 한다. 통제활동은 조직 내에서 이루어지므로 내부통제(internal control)라고도 한다. 통제활동은 분명히 리스크 관리의 한 부분임에도 지금까지 설명한 리스크 관리 정책, 리스크 인식 및 리스크 분석 등과 분리하여 따로 독자적인 분야로 설명하기도 한다.

미국의 리스크 관리 및 통제활동에 관한 총괄조직인 COSO에서는 리스크 대응조치의 종류를 다음과 같이 5가지로 나누고 있다.

① **리스크 수용**(accept) : 특별한 리스크 대응조치를 취하지 않는다. 현재의 통제활동이 효과적이어서 추가적인 통제활동을 취하지 않아도 현재의 리스크 성향(risk appetite)에 부합하게 리스크가 관리되는 경우이다. 이것은 대부분 低위험 리스크에서 선택하게 된다.

② **리스크 회피**(avoid) : 리스크가 너무 크거나 적절한 통제활동을 찾을 수가 없어서 사업 자체를 포기하는 것이다. 어떤 상품라인을 포기하거나 신시장 개척을 중단하는 것 등이다.

③ **리스크 추구**(pursue) : 리스크를 증가시켜 더 큰 수익성을 추구하는 것을 의미한다. 신상품 도입, 신시장 개척, 시장점유율 확대 등의 경영전략에서 선택될 수 있다.

④ **리스크 감축**(reduce) : 현재의 총위험을 줄이는 쪽으로 통제활동을 추가하는 것을 의미한다. 현실적으로 대부분의 리스크는 리스크 감축을 위한 통제활동을 찾기 마련이며 따라서 리크스 등록부에 통제활동란을 만들어 리스크 감축 방안을 찾아서 기록하고 이에 따라 관리하도록 하고 있다. 리스크 대응조치 가운데 가장 일반적인 선택안이다. 국제표준화기구(ISO)는 이를 발생가능성을 감축하는 방안과 영향도를 감축하는 방안으로 나누기도 한다.

⑤ **리스크 전가**(transfer) : 리스크를 다른 조직에 이전시키는 것이다. 가장 대표적인 전가 수단은 해당 업무의 아웃소싱, 보험 가입이며 금융상품의 경우에는 헤징을 위한 파생금융상품 거래이다.

개별 리스크마다 대응조치가 결정되면 리스크 등록부에 그 통제활동 내용을 기록하게 된다. 다음은 리스크별로 통제활동을 기록한 예시이다.

〈표 7-10〉 통제활동을 기록한 리스크 등록부 예시

리스크	발생 가능성	영향도	총위험	위험 등급	통제활동	대응조치 구분*
외부해킹으로 고객정보가 유출될 위험	2	5	10	고	검증된 방화벽 설치 모의해킹 훈련	감축
주전산기가 기계적 결함, 프로그램 오류, 전원공급 중단으로 가동이 중단될 위험	2	5	10	고	주기적 시스템 점검 검증된 SW 사용 UPS 설치	감축
상품에 하자가 발생하여 소송 발생	1	5	5	중	고객 민원에 대한 초기 대응	감축
					배상책임보험 가입	전가
외부인이 무단 침입하여 테러, 정보유출 등 사고 발생	2	3	6	중	출입자 신원확인 카메라, USB 휴대반입 금지	감축
직원이 회계장부를 조작하여 현금을 사취	1	5	5	중	중요업무는 이중확인 일정금액 이상은 현금 사용 금지	감축
					책임보험 가입	전가
파키스탄 신시장 개척	4	5	20	고	사업 보류	회피
홈페이지 일시 가동 중단	2	2	4	저	통제활동 불요	수용
틈새시장 개척	2	5	10	고	전담조직 신설 시장 조사	추구

* 리스크 대응조치의 종류는 독자의 편의를 위해 추가한 것이며 실제 리스크 등록부를 작성할 때에는 이 항목을 둘 필요는 없다.

8. 커뮤니케이션 및 조언

리스크 관리는 리스크 관리 현장책임자 또는 리스크 관리 전담부서가 독단적으로 수행할 수 없다. 우선 리스크 관리 현장책임자와 리스크 관리 전담부서 간에 긴밀한 커뮤니케이션이 필요하며 더불어 주주, 최고경영층 및 외부 이해관계자와의 커뮤니케이션도 중요하다.

여기서는 내부 하위조직간 의사소통을 커뮤니케이션(communication)으로 정의하고, 주주, 최고경영층, 외부 감독기관 등의 이해관계자 등과의 소통을 조언(consultation)이라고 정의한다.

이러한 커뮤니케이션과 조언은 조직에 새로 리스크 관리를 도입하는 경우에는 더욱 중요하다. 리스크 관리의 필요성 및 구체적인 실시방법을 제대로 알지 못한다면 효과적인 리스크 관리가 어렵기 때문이다. 사전에 충분한 커뮤니케이션을 통하여 리스크 관리 필요성이 공감될 때 비로소 현장책임자들의 자발적 참여하에 효과적인 리스크 관리가 이루어지게 된다. 따라서 리스크 관리 전담부서는 리스크 관리를 위한 커뮤니케이션 및 조언 전략을 수립하여야 한다.

우선 조언과 관련하여 리스크 관리 전담부서는 자기 조직의 이해관리자가 누구인지 식별하여야 한다. 주식회사의 경우에는 주주가 1차적인 이해관계자가 될 것이며 상위 감독기관이 있는 경우에는 정부 또는 감독기관도 이해관계자에 포함되어야 한다.

조직은 이해관계자와 소통을 통하여 리스크 성향(risk appetite)을 파악하여야 한다. 예를 들어 대주주 또는 최고경영자가 공격적인 경영을 추구할 경우에는 이를 반영하여 리스크 관리 우선순위를 정하여야 한다. 또한 감독기관의 감독정책이 있는 경우에는 이것도 충분히 고려하여야 한다. 특히 감독기관의 엄정한 감독을 받는 금융기관, 제약회사, 교육기관, 병원, 공공기관, 공기업, 방사능 등 위험물질을 다루는 기관 등의 경우에는 감독기관이 제시하는 리스크 관리기준을 충실히 반영하여 리스크 관리정책을 마련하여야 한다.

한편 조직 내부적으로는 리스크 관리 현장책임자와 리스크 관리 전담조직의 소통이 매우 중요하다. 리스크 인식과 리스크 평가 및 통제활동 결정은 리스크 관리 전담조직의 지휘 하에 리스크 관리 현장책임자가 구체적으로 시행하므로 이들의 호흡은 절대적으로 중요하다.

따라서 리스크 관리 전담조직은 수시로 현장 리스크 관리 책임자들과의 소통을 통하여 리스크 관리 필요성과 리스크 관리의 구체적인 절차를 충분히 전달하고 적극적인 협조를 이끌어 내야 한다. 또한 리스크 관리 실무를 진행하면서 발생하는 리스크 사건이 빠짐없이 리스크 관리 전담조직으로 보고하도록 하고 이러한 피드백을 바탕으로 리스크 관리 전담조직은 조직 전체적인 입장에서 리스크 관리정책을 이끌어나갈 수 있는 것이다.

9. 모니터링 및 재검토

효과적인 리스크 관리를 위해서는 리스크 관리 상황에 대한 상시적 모니터링이 필수적이다. 모니터링(monitering)이란 주로 당초 목표와 실제 목표 달성 여부를 상시적으로 확인하는 과정이다. 예를 들어 특정 로트에서 생산된 제품에 대해 상시적으로 샘플링 검사를 실시하여 불량률이 일정수준(목표 비율)을 넘는다면 이를 목표 비율 이내로 유지하기 위해 통제활동을 취하여야 한다.

재검토(review)란 특정 부문에 대해 정기적 또는 수시로 문제점이 있는지 집중적으로 점검하는 것이다. 예를 들어 여행업을 영위하는 회사에서 코로나 사태로 인해 국내외 여행 수요가 급감할 것으로 예상되는 경우에 이에 대한 대처방안을 집중 점검하는 것이다. 모니터링과 재검토는 특히 다음과 같은 분야에 집중되어야 한다.11)

- 高위험 업무
- 중대한 전략적 차질이 예상되는 분야
- 높은 발생가능성이 있는 리스크 분야
- 현재 리스크 수용 한도가 중대한 부정적 결과를 초래할 수 있는 경우
- 신기술의 등장으로 더 효과적이고 더 저비용으로 생산성을 높일 수 있는 경우 등

모니터링과 재검토의 구체적인 형태로는 우선 상시 모니터링(continuous monitoring)이 있다. 상시 모니터링의 대표적인 예로 미세먼지 수준을 지속적으로 측정하여 미세먼지가 일정 수준을 초과하는 경우 이를 저감시키기 위한 조치를 취하는 것을 들 수 있다.

효과적인 상시 모니터링을 위해서 전산시스템을 활용하는 경우가 많다. 많은 조직에서 업무가 전산처리를 통하여 수행되므로 핵심 리스크 요인이 나타날 때 이를 대시보드를 통해 감독자에게 알리고 문제점이 발견될 경우 실시간으로 대응조치를 취할 수 있게 하는 것이다. 예를 들어 금융기관에서 장기간 거래가 없던 고객이 갑자기 거액의 현금을 인출하는 경우 이를 전산시스템이 감지하여 감독자로 하여금 거래의 정당 여부를 점검토록 함으로써 보이스피싱 피해를 방지하는 것이다.

상시 모니터링이라고 해서 반드시 24시간 계속하여 특정 지표를 감시하는 것을 의미하지는 않는다. 금융기관에서 매일 영업을 마감하여 다음날 영업에 필요한 현금을 적정하게 보유하고 있는지 점검하는 것이나 감사 담당자가 매일의 전표를 점검하여 특이한 거래가 있었는지 점검하는 것도 상시 모니터링의 한 종류로 볼 수 있다.

또 다른 점검기법으로 상위직(line management)에 의한 감독을 들 수 있다. 예를 들어 일정한 금액 이상의 경비를 지출하는 경우에는 상위직의 사전 승인을 받도록 하는 것이나 금융기관에서 그날의 영업을 마감한 후 현금 잔액이 장부와 일치하는지를 제3자가 확인하는 것 등이다.

---

11) Risk Management Guidelines(Standards Australia)

끝으로 감사 기능을 활용하는 것이다. 일정한 규모 이상의 조직에서는 내부감사 부서를 두어 정기 또는 수시로 영업부서의 업무를 감사하도록 되어 있다. 또한 법에 따라 외부회계법인이나 행정당국의 감사를 받기도 한다. 종전에는 이러한 감사 기능이 건수 위주의 지적에 치중하여 업무 목표 달성에 도움을 주지 못한다는 인식이 있었으나 리스크 관리 시스템이 도입된 이후에는 리스크 기반 감사(Risk-based Audit)를 실시함에 따라 감사의 목표가 영업부서의 리스크 관리가 적정하게 수행되는지 점검하여 그 부서의 목표 달성에 직접적으로 기여하는 방향으로 감사를 하게 되었다.

이상의 모니터링 및 재검토 형태를 종합 정리하면 상시 모니터링은 주로 일상적이고 반복적인 업무를 실무 현장에서 점검하는 데 중점을 두고 있고, 상위직에 의한 감독은 상시 모니터링보다 범위가 좁고 상대적으로 전략적인 분야를 점검하는 것이며, 내부감사 또는 외부인에 의한 감사는 극히 핵심적인 분야를 수시로 집중하여 점검하는 것으로 구별할 수 있다.

10. 통제활동

10.1 통제활동의 개요

통제활동(control)이란 리스크가 현재화되지 않도록 하는 모든 활동이다. 하위직이 검토한 조치방안을 상위직이 보고받고 문제점이 없는지 검토하는 것도 통제활동이며 권한이 없는 자가 전산시스템에 접근하지 못하도록 시스템 아이디(ID)와 비밀번호(password)로 통제하는 것도 통제활동이고 이사회에서 경영환경을 분석하여 중장기계획을 수립하는 것도 통제활동에 해당한다. 그러고 보면 조직에서 이루어지는 모든 경영관리 활동이 통제활동에 해당한다고 할 수 있다.

앞에서 설명한 것처럼 이러한 통제활동은 전사적 리스크 관리체계(Enterprise Risk Management, ERM)의 한 부분에 해당한다. 그러나 많은 경우 통제활동을 리스크 관리와 밀접한 관련성을 받아들이되 동시에 리스크 관리와 쌍벽을 이루는 별도의 기능으로 인식하여 관리하는 것이 현실이다. 2017년 개정된 COSO의 Enterprise Risk Management Framework에서는 리스크 관리와 통제활동의 관계와 관련하여 다음과 같이 자세히 설명[12] 하고 있다.

---

12) https://www.coso.org/Documents/COSO-ERM-Presentation-September-2017.pdf.

- COSO Enterprise Risk Management - Integrating with Strategy and Performance(전사적 리스크 관리 체계)는 COSO Internal Control - Integrated Framework(통제활동 체계)를 대체하는 것이 아님
- ERM과 Internal Control은 각자 독자적인(distinct) 것인 동시에 상호 보완적인(complementary) 관계임
- ERM과 Internal Control은 각자 구성요소와 관리원칙의 구조를 가짐

〈참고 7-1〉 COSO ERM Framework와 COSO Internal Control Framework의 관계

COSO ERM Framework(전사적 리스크 관리, 좌측)와 COSO Internal Control(통제활동, 우측)이 각자 대등하면서 독자적인 상태로 있으며 이 둘은 서로 긴밀하게 연결되어 있음을 보여주고 있다.

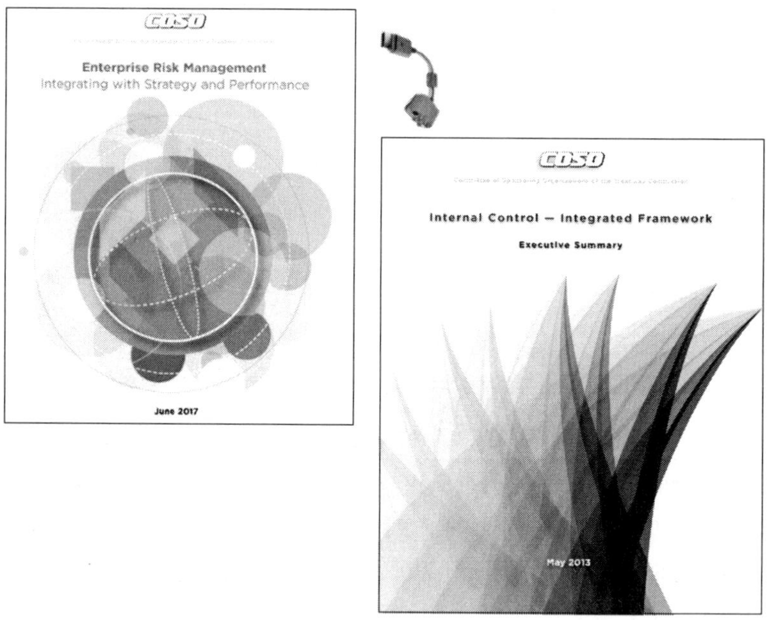

이하에서는 통제활동을 리스크 관리와 구분하여 더 구체적으로 설명하고자 한다.

10.2 통제활동의 정의

주요 국제기구마다 통제활동(control)에 대한 정의를 다양하게 내리고 있다. 그러나 처음으로 통제활동의 틀을 만든 COSO에서는 Internal Control - Integrated Framework를 통하여 통제활동을 다음과 같이 정의한다.

통제활동은 업무 수행, 보고 및 규정 준수 등과 관련한 목표를 달성할 수 있다는 적정한 보장을 제공하기 위하여 이사회, 경영자 등이 취하는 조치를 말한다.

이와 같이 정의하면 통제활동은 리스크 대응조치와 개념이 중복될 수밖에 없다. 예를 들어 해킹을 방지하기 위하여 시스템 방화벽을 설치한 것은 '시스템에 저장된 데이터 보호'라는 조직목표를 달성하기 위하여 외부인에 의한 해킹이라는 리스크에 대응한 조치임과 동시에 COSO 등이 정의한 통제활동에 해당하기 때문이다. 이런 이유로 많은 경영자와 리스크 관리자들이 두 개념을 혼동[13]하고 있는 실정이다.

따라서 우리는 두 개념이 사실상 동일하지만 통제활동을 따로 구분하여 보다 체계적으로 설명할 수 있다는 것을 이해할 필요가 있다. 이러한 설명은 이어서 설명하는 통제활동의 구성요소에서 상세히 설명된다.

〈표 7-11〉 통제활동의 정의

국제표준화 기구(ISO)	리스크를 유지/관리하는 조치	Measure that maintains and/or modifies risk
COSO[14]	내부통제는 업무 수행, 보고 및 규정 준수 등과 관련하여 목표를 달성할 수 있다는 적정한 보장을 제공하기 위하여 이사회, 경영자 등이 취하는 조치를 말함	Internal control is a process, effected by an entity's board of directors, management, and other personnel, designed to provide reasonable assurance regarding the achievement of objectives relating to operations, reporting, and compliance.
국제감사협회 (IIA)	· 리스크를 관리하고 설정된 목표를 달성할 가능성을 높이기 위해 경영자, 이사회 등이 취하는 모든 조치 · 경영자는 조직목표를 달성할 수 있다는 적정한 보장을 제공하기 위해 충분한 대응조치를 계획하고 조직하며 지휘함	Any action taken by management, the board, and other parties to manage risk management and increase the likelihood that established objectives and goals will be achieved. Management plans, organizes, and directs the performance of sufficient actions to provide reasonable assurance that objectives and goals will be achieved.
미국 감사원 (GAO)[15]	내부통제는 경영자가 조직목표를 달성하도록 돕는 과정	Internal control is a process used by management to help an entity achieve its objectives.

13) COSO ERM Integrating with Strategy and Performance 2017, Appendices, p.5 참조.

14) COSO Internal Control - Integrated Framework

15) U.S. Government Accountability Office

10.3 통제활동의 구성요소

1992년 COSO에서 Internal Control - Integrated Framework를 제정할 당시에는 다음 왼쪽 그림과 같은 1차원 모델을 제시하였으나, 2000년대초 COSO에서 전사적 리스크 관리 체계(Enterprise Risk Management)를 도입함에 따라 현재는 오른쪽 그림과 같은 3차원 모델(cube)을 활용하고 있다. 이 모델은 통제활동 구성요소와 조직 및 조직목표의 범주를 일목요연하게 보여주고 있다.

(초기) (현재)

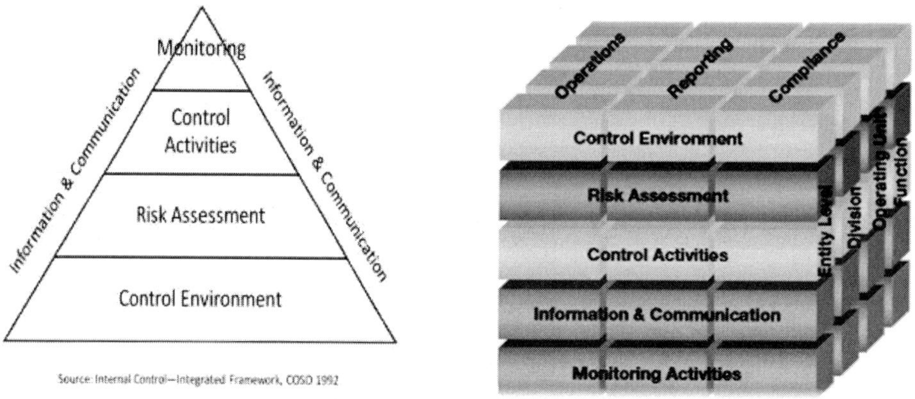

[그림 7-3] COSO Internal Control Model

COSO에서는 통제활동 구성요소로서 (1) 통제환경(control environment), (2) 리스크 평가(risk assessment), (3) 통제활동(control activities), (4) 정보 및 커뮤니케이션(information and communication), (5) 모니터링(monitoring)의 5가지를 제시하고 있다. 주목할 점은 통제활동의 구성요소에 리스크 평가(risk assessment)가 포함된다는 것이다. 이것을 볼 때 통제활동은 리스크 관리와 불가분의 관계에 있다는 것을 알 수 있다.

10.3.1 통제환경

리스크 관리의 출발점이 리스크 환경 분석인 것과 마찬가지로 통제활동의 출발점은 통제환경(control environment) 분석이다. 통제환경이란 조직의 통제활동을 수행하기 위한 기준, 절차 및 구조를 말한다. 특히 이사회 및 최고경영층의 통제활동 성향(the tone at the top)이 매우 중요하다. 최고경영층의 통제활동에 대한 의지가 확고하다면 그만큼 통제활동의 효과성이 높아질 수 있지만 그렇지 않은 경우 통제활동의 효과를 기대하기 어렵다. 최고경영자가 리스크 추구형(risk aggressive)인지 아니면 리스크 회피형(risk averse)인지도 매우 중요한 통제환경 요소이다.

대표적인 통제환경 요소는 조직윤리(행동강령), 이사회의 구조(이사회, 리스크관리위원회, 감사위원회, 임원보수결정위원회, 최고경영자선정위원회 등), 유가증권 상장기업의 내부회계관리제도 준수 여부 등을 들 수 있다. 통제환경은 통제활동 전반에 광범위한 영향을 미친다. COSO에 따르면 바람직한 통제환경이 갖추어야 할 핵심요소는 다음과 같다.

- 이사회, 경영자 및 조직구성원은 조직윤리 및 성실성에 충실해야 함
- 이사회는 경영자로부터 독립성[16]을 갖고 독자적으로 통제활동 실태를 감시 감독함
- 경영자는 이사회 감독하에 조직구조, 결재 및 보고라인, 직무권한을 결정함
- 조직목표 달성에 적합한 인력을 확보하고 훈련시켜야 함
- 조직구성원이 목표 달성에 필요한 통제활동에 책임을 질 수 있도록 해야 함

10.3.2 리스크 평가

통제활동이 효과적으로 수행되기 위해서는 통제활동이 필요한 근본 요인, 즉 리스크를 식별하고 평가하여야 한다. 리스크의 정의 및 리스크의 인식, 분석 및 평가 절차에 대해서는 앞에서 충분히 설명하였으므로 여기서는 자세한 내용은 생략한다. 통제활동의 한 요소로서 리스크 평가는 다음과 같은 점에 중점을 두어야 한다.

- 조직목표를 명확히 함으로써 목표 달성을 저해하는 요인인 리스크를 인식하고 평가할 수 있도록 함
- 전사적으로 조직목표 달성을 저해하는 리스크를 식별 · 관리하기 위해 리스크를 분석함
- 특히 불법행위(fraud)[17]의 발생 가능성을 고려함
- 통제활동에 심각하게 영향을 줄 수 있는 요인들을 식별하고 평가함

10.3.3 협의의 통제활동

통제 리스크 평가, 모니터링 등을 포함한 전체가 통제활동이라면 협의의 통제활동

---

16) 기업의 소유자 또는 경영자로부터 독립된 사외이사가 이사회의 구성원이 되어 조직의 통제활동을 감시할 수 있음을 의미한다. 특히 영국의 경우 사외이사가 이사회 의장을 맡도록 하고 있다.

17) fraud는 사기라고 번역되기도 하지만 일반적으로 자신 또는 제3자의 금전적 이득 등을 위해 고의로 남을 기망하거나 불법행위를 하는 것을 말함. 형사 또는 민사상 책임을 부담하게 됨

(control activities)은 특정 리스크의 관리를 위한 '구체적인' 행동(actions)을 의미한다. 통제활동의 종류는 다음과 같다. 그러나 통제활동의 분류는 절대적인 것이 아니며 하나의 통제활동이 적발 통제와 예방 통제에 동시에 해당하기도 한다.

〈표 7-12〉 통제활동의 분류

구 분	예 시
적발 통제	재고조사, 금융기관의 현금 검사, 경비증빙 심사, CCTV 운용, 내부감사, 생산품 샘플링, 상시모니터링,[18] 민원인에 대한 설문조사
예방 통제	규정 제정, 사전 결재, 사전 감사, 이중 확인(double checking), 직무분리(segregation of duty), 대조확인(reconciliation)
지도 통제	연수, 교육
예상 통제	리스크 시나리오 작성, BCP[19] 계획 수립

예방 통제 가운데 직무 분리(segregation of duty)는 직무 설계에 있어 매우 중요한 개념이다. 가장 쉬운 예는 금융기관의 금고관리 업무를 들 수 있다. 거액의 현금이 보관된 금고를 한 직원이 단독으로 관리하는 경우는 없으며 반드시 2인 이상이 열쇠를 나누어 가짐으로써 한 직원이 단독으로 금고를 열어 현금을 절취하는 리스크를 예방할 수 있는 것이다.

이런 사례는 어디에서나 발견할 수 있다. 군부대에서는 무기고를 관리하는 보직을 복수로 지정하여 단독으로 무기고에 접근할 수 없도록 하는 것이나, 학교에서 시험지를 보관할 때 2인 이상이 공동으로 관리하도록 하는 것 등을 들 수 있다. 더 보편적인 직무 분리는 회계업무에 있어 장부 기장(bookkeeping)과 현금 관리(cash) 직무를 분리하는 것이다. 장부 기장과 현금 관리를 한 사람이 담당하면 장부를 조작하여 현금을 횡령하는 사고를 막을 수가 없다.

우수한 통제활동은 다음과 같은 사항들이 포함되어야 한다.

- 위험 수준이 리스크 관리 정책에서 정한 범위를 넘어서는 리스크는 총위험을 감소시키기(mitigate) 위한 통제활동을 마련함
- 특히 IT시스템을 포함한 신기술에 대한 통제활동을 강화함
- 정책, 규정, 매뉴얼 등을 만들 때 리스크 요인을 고려하여 통제활동을 포함시킴

18) 강기승, 전산상시감사시스템의 효과성에 관한 실증 분석(감사원 감사논집, 16호, 2011.2) 참고.
19) Business Continuity Plan(업무지속계획)

10.3.4 정보 및 커뮤니케이션

효과적인 리스크 관리를 위해서는 적기에 필요한 정보와 데이터를 입수하여야 한다. 조직 내부적으로는 경영자와 실무직원의 커뮤니케이션이 적절히 이루어져야 하며 조직 외부적으로도 리스크 관리에 영향을 미치는 정보를 신속하게 입수하는 한편 외부의 이해관계자들에게도 필요한 정보를 제공함으로써 리스크가 사건화되지 않도록 소통 채널을 구축해야 한다. 이를 위해서는 다음과 같은 조치가 필요하다.

- 통제활동에 필요한 정보를 생산, 획득하여 활용함
- 통제활동에 관한 정보를 경영층 및 관련 직원들과 공유함
- 외부의 이해관계자와 커뮤니케이션 채널을 확보함

10.3.5 모니터링

리스크 관리는 계획하고 실행하는 것이 전부가 아니며 이러한 프로세스가 계획한 대로 실행되고 있는지 지속적으로 모니터링해야 한다. 즉 통제환경, 리스크 평가, 통제활동, 정보 및 커뮤니케이션 활동의 각 단계별로 모니터링 담당자에 의해 점검되어야 한다. 모니터링은 다음 사항을 포함한다.

- 제3의 객관적인 평가자를 통해 리스크 관리가 제대로 작동하는지 모니터링을 통해 확증
- 모니터링 결과 취약점이 발견되어 통제활동 조치가 필요한 경우 이를 즉시 해당 리스크 관리자에게 알림. 중요한 사항은 최고경영자 및 이사회에도 보고함

11. 리스크 관리의 유용한 도구

지금까지 설명한 것은 순수하게 리스크 관리의 표준적 업무 흐름을 보여준 것이며 이러한 업무를 제대로 수행하기 위해서는 몇 가지 갖추어야 할 것이 있다.

규모가 있는 조직이라면 리스크 관리에 관한 조직 설계와 업무 분장이 필요하며 리스크 관리에 관한 규정을 갖추는 것이 좋다. 또한 많은 조직에서는 리스크 관리 전산시스템을 도입하기도 한다. 이하에서는 효과적인 리스크 관리를 위해 갖추어야 할 필요사항을 정리해 본다.

11.1 리스크 관리 규정

리스크 관리 규정 또는 업무매뉴얼은 조직구성원들이 리스크 관리를 어떻게 하는지, 리스크 관리와 관련한 어떤 의무가 있는지 이해할 수 있도록 돕는다. 이러한 규정에는 리스크 관리와 관련한 용어의 정의, 리스크 관리 조직 및 인력, 경영층 또는 리스크 관리 위원회의 역할, 리스크 관리 담당자별 직무 책임과 권한, 리스크 인식 · 평가 및 통제활동의 구체적인 방법, 핵심 리스크의 선정 및 관리, 리스크 관리 보고서의 종류 양식, 전산시스템 운용 책임 등에 관한 내용이 포함된다.

11.2 리스크 관리 조직

소규모 조직이 아니라면 효과적인 리스크 관리를 위해서 리스크 관리 전담부서 또는 팀을 두는 것이 일반적이다. 리스크 관리 조직과 관련하여 가장 중요한 개념이 3선 방어 개념이다. 3선 방어(3 lines of defense) 개념이란 쉽게 말해 리스크가 현재화되어 조직목표 달성을 저해하지 않도록 3중으로 방어선을 치는 것을 뜻한다.

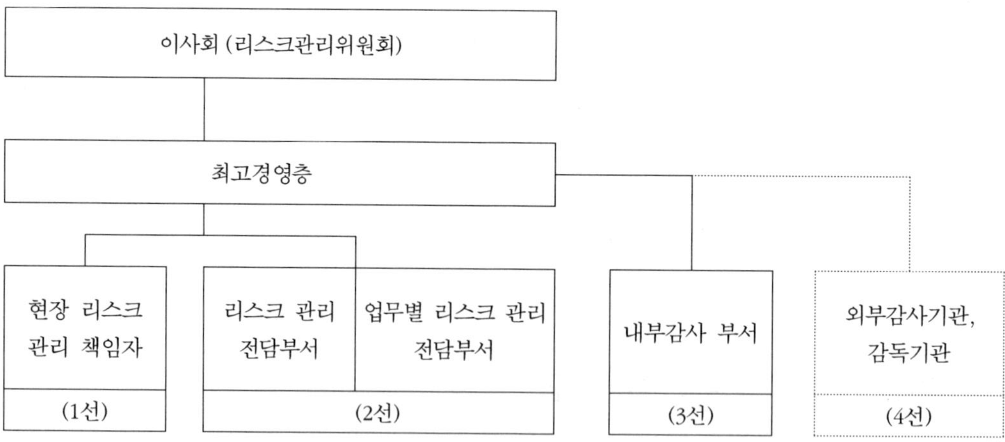

[그림 7-4] 3선 방어 개념에 의한 리스크 관리 조직

11.2.1 1차 방어선

1차 방어선(The First Line)은 실제 업무 현장에서 상시적으로 직접적으로 개별 리스크를 관리하는 담당자 또는 그 책임자를 의미한다. 예를 들어 은행에서 현금을 다루는 직원은 현금 취급 과정에서 과부족이 발생하지 않도록 관리하는 리스크의 책임자가 되며 만일 현금과부족이 발생하면 이는 1차적으로 그 직원의 책임이 된다. 1차 방어선의 리스크 관리 담당자의 주요 직무는 다음과 같다.

(리스크 관리 담당자/책임자의 직무)

- 담당 직무와 관련한 리스크 인식
- 리스크의 발생가능성 및 영향도 평가
- 리스크 사건이 발생하지 않도록 통제활동 실시
- 리스크 사건 발생 시 보고 및 대응조치
- 리스크 관리 전담부서와 커뮤니케이션

11.2.2 2차 방어선

2차 방어선(The Second Line)은 조직내 리스크 관리 전담부서(팀) 또는 전담직원과 특정 부분에 대한 리스크 관리 총괄담당자를 의미한다. 인력규모가 일정수준 이상인 중·대규모 조직에서는 효과적인 리스크 관리를 위해 리스크 관리를 전담하는 조직과 인력을 둘 필요가 있다. 또한 IT, 보안 등 여러 사업부·부서에서 공통적으로 수행되는 기능과 관련된 리스크를 관리하기 위한 업무별 리스크 관리 전담조직·인력을 지정하는 것도 필요하다.

(리스크 관리 전담부서/팀의 직무)

- 전사적 리스크 관리 실무 총괄
- 리스크 관리 규정 제정
- 리스크 관리 계획 수립 및 경영층 앞 보고
- 리스크 관리 관련 커뮤니케이션 총괄
- 리스크 관리에 필요한 서식 제정
- 리스크 인식, 평가업무 총괄
- 리스크 등록부 작성업무 총괄
- 전사적 리스크 프로파일 작성
- 개별 리스크 관리 담당자의 리스크 통제활동 지원
- 리스크 통제 자가진단(Risk-Control Self Assessment) 총괄
- 리스크 관리 전산시스템 구축·운용
- 리스크 관리 대시보드 운용
- 핵심 리스크 선정 및 모니터링 총괄
- 경영층, 1차 방어선 및 3차 방어선과의 커뮤니케이션

- 리스크 관리 제도와 관련한 조사 및 국내외 동향 파악 등

(업무별 리스크 관리 전담조직의 직무)

- 담당 업무와 관련한 리스크 관리업무 총괄
- 담당 업무와 관련한 핵심 리스크 선정 및 모니터링
- 담당 업무와 관련한 리스크 감축방안 마련
- 담당 업무와 관련한 리스크 통제활동 점검
- 담당 업무와 관련한 리스크 사건 발생 시 대응방안 마련 등

업무별 리스크 관리 전담조직은 개별 조직별로 다양하다. 가장 공통적인 것은 IT업무이다. IT업무는 다른 업무에 비해 전문성이 높고 또 모든 업무와 연관성이 있기 때문에 IT 부서에서 조직 전체의 IT 리스크를 종합적으로 관리하는 것이 더 효과적이다. 모든 부서에서 수행되지만 각 부서가 각자 알아서 IT 리스크를 관리하기보다는 IT 기능에 대한 전문성을 가진 IT부서가 전산시스템 운영, 개인정보 보호, 해킹 방지 등의 IT 리스크와 관련한 통제활동을 종합적으로 계획하고 통제하는 것이 더 효과적일 것이다.

IT업무 외에도 업무별 전담부서에서 리스크를 종합적으로 관리할 수 있는 업무로는 인사관리, 보안업무, 금융기관의 예금대출업무 등을 들 수 있다. 즉 이러한 리스크는 1선인 각 부서의 업무담당자가 리스크를 관리하되 2선인 업무별 리스크 관리 담당에서도 1선의 리스크 관리를 지휘 총괄하는 형식인 것이다.

11.2.3 3차 방어선

3차 방어선(The Third Line)은 내부감사부서이다. 감사부서는 리스크 관리에 관한 최후 방어선으로서 1차 방어선 및 2차 방어선의 리스크 관리 및 통제활동이 효과적으로 실시되고 있는지 점검하고 문제점이 발견되면 개선방안을 제시하게 된다.

(내부감사부서의 직무)

- 리스크 기반 감사[20](risk-based audit) 실시

---

20) 국제내부감사인협회(IIA)의 리스크 기반 감사 정의: 내부감사란 조직의 가치를 높이고 개선하기 위한 독립적이고 객관적인 보증 및 컨설팅 활동이다. 이는 거버넌스, 리스크 관리 및 통제활동(GRC)의 효과성을 평가하고 개선하기 위해 체계적이고 훈련된 기법을 활용함으로써 조직이 목표를 달성하도록 돕기 위한 것이다.(https://na.theiia.org/standards-guidance/mandatory-guidance/Pages/Definition-of-Internal-Auditing.aspx)

- 1차 · 2차 방어선의 리스크 관리 및 통제활동이 효과적으로 이루어지고 있는지 점검
- 감사 결과 리스크 관리 및 통제활동이 효과적으로 이루어지고 있으면 이를 보증(assurance)하고 취약점이 발견된 경우에는 이의 개선방안을 제시(consultation)

종전에는 내부감사가 조직의 비리나 문제점을 찾아내 혼내주는 경찰(policeman) 역할을 했다면 리스크 관리 개념이 도입된 이후에는 조직이 리스크 관리 및 통제활동을 효과적으로 실시하여 목표를 달성할 수 있도록 점검하고 도와주는 역할을 하는 것으로 바뀌었다.

물론 어느 나라 어느 사회나 조직 내에 비리와 사기성 거래(fraud)가 잔존하는 현실에서 내부감사 부서가 이러한 비리 등을 찾아내 바로잡는 역할을 완전히 포기할 수는 없겠지만 이런 것까지도 리스크 기반 감사의 범위에 포함하여 감사 기능을 리스크 기반 감사로 현대화할 필요가 있다.

11.2.4 4차 방어선

마지막으로 4차 방어선(The Fourth Line)에 해당하는 리스크 관리 조직으로 정부, 감독기관 및 외부 회계감사기관 등이 있다. 아직까지 이들을 4차 방어선[21]이라고 부르지는 않지만, 이들도 조직의 리스크 관리에 실질적으로 상당한 역할을 수행하고 있는 것이 사실이므로 미래에는 4차 방어선 리스크 관리 개념에 포함될 가능성이 있다.

이와 관련하여 2015년 국제결제은행(BIS)에서는 금융기관의 4차 방어선 구축 필요성을 제시[22]하기도 하였다.

11.2.5 이사회 및 경영층

글로벌 표준은 이사회에 사외이사가 중심이 되는 리스크 관리 위원회를 두는 것이다. 이사회에 소속된 리스크 관리 위원회는 조직의 리스크 정책을 결정하고 연간 리스크 관리 계획을 승인하며 고위험 리스크 등 중대한 리스크 사건에 대해서는 리스크 관리 위원회가 최종 의사결정권자가 된다.

특히 최고경영자의 리스크 관리 방향(the tone of the top)은 조직의 리스크 관리에 결정적 영향을 미친다. 공격적 경영자는 리스크 수용도가 높을 것이고 반대의 경우에는 리스크를 회피하는 쪽으로 관리하도록 한다. 앞에서 설명한 것처럼 이사회와 경영자의 경영전

---

21) T.F. Ruud(University of St. Gallen, Swiss)는 정부, 감독기관 및 외부감사인을 4선 개념에 포함할 필요가 있다고 주장하였다.

22) 자료 : Bank for International Settlement, Financial Stability Institute/ The "four lines of defence model" for financial institutions, Occasional Paper No.11, 2015.

략은 리스크 관리 방향과 일관성이 있어야 한다. 공격적 경영자가 리스크 회피형(risk averse)인 것도 부조화를 이루고 보수적인 경영자가 적극적으로 리스크를 수용하는(risk aggressive) 것도 리스크 관리의 혼란을 부채질하게 될 것이다.

11.3 리스크 관리 전산시스템

조직 규모가 큰 경우에는 리스크 관리를 수작업으로 처리하기 어렵게 된다. 따라서 리스크 관리 전담부서 주관하에 리스크 관리 전산시스템을 구축할 필요가 있다. 리스크 관리 전산시스템은 크게 (1) 리스크 데이터 관리, (2) 핵심리스크 요소에 대한 조기경보 체계, (3) 리스크 관리 행정에 관한 부분으로 구성할 수 있다.

11.3.1 리스크 데이터 관리

이는 개별 리스크에 관한 정보를 데이터베이스 형식으로 구축하여 관련자들이 상시 열람하고 업무에 활용할 수 있도록 하는 것이다. 즉 리스크 레지스터(risk register)의 데이터베이스화이다. 개별 리스크 관리 담당자들은 이 시스템에 접근하여 '나의 리스크(my risk)'를 확인하고 이것을 책임지고 관리하게 되는 것이다.

만일 팀 또는 부서의 장이 자기 조직에 속한 전체 리스크를 관리하고자 한다면 그 팀장 또는 부서장은 시스템에서 자신의 부서에 배정된 리스크를 확인하고 그 리스크가 제대로 관리되고 있는지 관리 감독할 수 있게 된다.

11.3.2 핵심 리스크에 대한 조기경보 체계

이는 실제적으로 리스크 관리에 매우 중요한 역할을 한다. 모든 리스크를 같은 비중으로 관리할 필요는 없다. 그 조직의 목표달성에 결정적인 영향을 미치는 리스크를 따로 지정하여 특별히 관리할 수 있다. 이러한 핵심 리스크 사건이 현재화될 조짐을 보이는 전조 즉 특이거래가 실행되면 이를 감지하여 해당 리스크 관리자에게 알려준다면 리스크 사건의 현재화를 예방할 수 있게 될 것이다. 예를 들어 은행에서 6개월 이상 거래가 없던 고객이 창구에서 1천만원 이상의 현금을 인출하고자 신청하면 전산시스템이 이를 감지하여 경보를 발령하고 해당 리스크 관리자를 포함한 복수의 직원이 고객의 현금인출이 정당한 거래인지 확인하는 절차를 취함으로써 보이스피싱과 같은 사고를 방지할 수 있게 되는 것이다.

핵심 리스크(key risk)에 대한 조기경보는 그 데이터가 전산시스템으로 관리되는 데이터인 경우 실시간(on-line realtime)으로 1차 및 2차 방어선 및 필요한 경우 3차 방어선에게 알려주는 체계를 구축하게 된다. 아울러 조직의 리스크 관리 실태를 한 눈에 확인할 수 있도록 대시보드(dash board)를 구축하는 경우도 있다. 조직의 전체 리스크 관리 실태를 한 화면에 보여주는 대시보드는 상위직 리스크 관리자 및 2차 및 3차 방어선 리스크 관리자에게 특히 유용하다.

11.3.3 리스크 관리 행정

리스크 관리 프로세스를 전산시스템으로 처리할 수 있다. 예를 들어 정기적으로 실시하는 리스크-통제 자가진단(Risk-Control Self Assessment, RCSA)을 일일이 수작업으로 종이에 정리하여 취합하는 것이 아니라 그 결과를 리스크 관리 전산시스템에 직접 입력하도록 함으로써 리스크 관리 행정을 위한 인력을 절감할 수 있게 해 준다.

지금까지 설명한 리스크 관리 전산시스템은 비용 대비 효과 분석(cost benefit analysis)을 통해 그 효용성(가성비)이 인정된 경우에만 활용할 필요가 있으며 소규모 조직에서는 Excel과 같은 범용 전산프로그램을 활용하는 것이 더 유리할 것이다.

11.4 리스크-통제 자가진단

리스크-통제 자가진단은 리스크 관리 및 통제활동에 필수적인 도구로 인정받고 있다. 각 리스크 관리 담당자는 상시적으로 나의 리스크(my risk)를 인지하고 통제활동을 수행하여야 한다. 그러나 이와 병행하여 정기적으로 리스크 및 통제활동 전반에 대해 스스로 진단해 보는 시간을 갖는 것이 필요하다.

리스크-통제 자가진단(RCSA)을 통하여 정기적으로 전사적 리스크 관리 실태를 종합적으로 재평가하고 개선방안을 마련한다.

RCSA는 보통 2차 방어선이 리스크 관리 전담부서의 요청에 따라 각 리스크 관리 담당자(1차 방어선 및 업무부문별 2차 방어선)가 자신이 담당한 리스크와 통제활동을 종합적으로 재검토하는 것이다. 상시적으로 개별 리스크에 대한 통제활동을 수행하는 것을 미시적 통제활동(micro control)이라고 한다면 RCSA는 나의 리스크에 대해 종합적이고 근본적으로 재검토를 하는 거시적 통제활동(macro control)이라고 할 수 있다. RCSA를 통해 점검해야 할 것은 다음과 같다.

- 새롭게 추가되거나 소멸된 업무가 있는가?

- 조직목표 달성에 필요한 리스크가 모두 식별되었는가?
- 환경 변화 및 업무수행 절차 변경으로 인해 불필요하게 된 리스크 또는 새롭게 추가하여야 할 리스크는 없는가?
- 리스크 발생가능성, 영향도 수준 및 리스크 등급은 적절한가?
- 리스크 관리에 필요한 통제활동은 모두 포함되었는가?
- 현재 통제활동으로 리스크가 목표 수준 이내로 감축될 수 있는가?
- 환경 변화 및 업무수행 절차 변경으로 인해 불필요하게 된 통제활동 또는 새롭게 추가할 통제활동은 없는가?
- 통제활동은 리스크 등록부에 기록된 대로 실천되고 있는가?
- 핵심 리스크 지표(key risk indicators) 선정은 적절한가?

즉 RCSA를 통해서 좁게는 리스크 등록부(risk register), 넓게는 리스크 관리 실태 전반에 대해 재검토하고 도출된 문제점을 바탕으로 리스크 추가 식별/삭제, 리스크 평가 내용(발생가능성, 영향도, 등급 등) 변경, 통제활동 변경, 통제활동 이행 독려, 리스크 등록부 수정 등의 조치를 취하게 된다. 이러한 점검(평가)을 리스크 담당자가 스스로 수행하게 되므로 자가진단(self-assessment)이라고 한다.

RCSA는 3차 방어선인 내부감사의 기능과도 중복된다. RCSA가 1차 및 2차 방어선이 자체적으로 리스크 관리 및 통제활동 실태를 종합적으로 점검하는 것이라면, 내부감사도 같은 방식으로 해당 업무 수행의 적정성을 검증함으로써 보다 체계적으로 감사업무를 수행할 수 있게 된다.

11.5 핵심 리스크 지표 관리

많은 리스크 가운데 특히 조직목표 달성에 결정적인 영향을 미치는 리스크를 핵심 리스크(key risks)라고 한다. 모든 리스크를 완벽하게 관리하고 통제하는 것이 이상적이지만 시간과 예산 제약으로 인해 이렇게 하는 것이 불가능하므로 특히 중요한 리스크를 집중 관리할 필요가 있다.

핵심 리스크는 조직마다 상이하다. 금융기관의 경우 현금 사고 및 재무리스크가 큰 비중을 차지하고, 제조업의 경우에는 품질관리 및 매출실적과 관련한 리스크가 핵심 리스크가 될 것이다. 또한 교육기관이라면 학생들의 출석률, 학업성취도, 진학률 등이 핵심 리스크가 되고, 항공업이라면 항공사고, 정시 이착륙, 탑승률 등이 고려될 수 있을 것이다.

조직목표 달성에 긴요한 핵심 리스크(key risks)를 선정하여 집중적으로 관리함으로써 리스크를 효과적으로 관리할 수 있다.

업무별로는 IT업무의 경우 시스템 가동중단(halt), 해킹 및 정보유출을 우선적으로 고려할 수 있으며, 인사업무와 관련하여서는 이직률, 성희롱 등 윤리강령 위반 등을 고려할 수 있다. 운송업무와 관련하여서는 정시도착률과 차량 사고 발생 건수를 지표로 선정하여 관리하는 것이 좋으며 품질관리와 관련하여서는 고객 클레임 건수, 샘플링 결과 불량률 등을 핵심 리스크 지표로 선정할 수 있겠다.

핵심 리스크는 너무 적게 선정하여서도 곤란하며 그렇다고 너무 많이 선정하면 제대로 관리하기가 어렵게 된다. 국내 A기업(인력 규모 2,000~3,000명)에서는 총 50개 정도의 핵심 리스크를 선정하여 관리하고 있다.

핵심 리스크는 1차 방어선에서 우선적으로 관리하되 2차 및 3차 방어선에서도 핵심 리스크의 현재화 여부 및 사고에 준하는 특이사항 정보를 상시 입수하고 관리하여야 한다. 이를 위해 핵심 리스크 사건은 최단 시간 내에 관련자에게 보고되고 가능하면 대시보드(dash board)를 통해 실시간으로 정보를 공유할 필요가 있다.

핵심 리스크 지표(key risk indicator, KRI)는 RCSA 과정에서 지표 선정의 적정성을 점검하고 필요한 경우 새로운 지표를 추가하거나 불필요한 지표는 핵심 리스크 지표에서 제외하여야 한다.

〈제7장 요약〉

호주/뉴질랜드의 기준에 따르면 리스크 관리 프로세스는 리스크 환경 분석 및 리스크 평가 기준 설정, 리스크 인식, 리스크 분석, 리스크 관리 우선순위 결정, 리스크 대응조치, 커뮤니케이션 및 조언, 모니터링 및 재검토 등의 과정을 따른다.

리스크 관리의 첫 단계로 전문가에 의한 리스크 관리 성숙도 및 리스크 환경 분석이 선행되고, 이를 바탕으로 리스크 식별 및 분류 기준 등을 해설한 리스크 관리 정책을 수립한다. 리스크 관리 정책에 따라 리스크 찾기, 리스크 분류 및 등록, 리스크 분석 및 평가, 리스크 대응조치 등을 실시한다.

리스크 분석에는 발생가능성 및 영향도를 활용하며 총위험을 산출하고 리스크 정책에 따라 리스크 총위험 크기 등에 따라 리스크 수용, 회피, 추구, 감축, 전가 등의 대응조치를 취하게 된다.

통제활동(internal control)은 업무수행, 보고 및 규정 준수 등과 관련한 목표를 달성할 수 있다는 적정한 보장을 제공하기 위하여 이사회, 경영자 등이 취하는 조치를 말하며 리스크 대응조치와 동전의 양면이다.

효과적인 리스크 관리를 위하여 3선 방어 개념에 의한 리스크 관리, 주기적인 리스크-통제 자가 평가(RCSA), 리스크 관리 대시보드 활용, 업무흐름도 작성, 리스크 시나리오 활용 등이 권장된다.

chapter 8

내부통제와 부정의 실무

생각해 볼 점

- 우리 기업이 내부통제를 구축 운영하는 근본 목적은 무엇인가?
- 우리 기업의 내부통제 수준은 몇 시인가?
- CEO, 이사, 감사의 내부통제 대한 법적 책임은?
- 금융사고 발생의 원인을 COSO 관점에서 진단한다면?

“내부통제는 사람에 의하여 수행되며, 단순한 방침을 정한 매뉴얼이나 시스템, 형식이 아니다. 조직의 모든 계층에 있는 사람과 행동에 대한 것이다. 내부통제를 구축 · 운영함에 모든 조직 구성원의 참여가 필수적이다. 내부통제는 당해 기업의 CEO, 이사회, 임직원 및 기타 구성원에 의하여 설계되고 유지되며, 조직 내의 사람들의 인식과 행동으로 이루어진다. 당해 기업의 목적을 설정하는 것도 사람이고, 통제시스템을 설계하는 것도 사람이다.”

“특히 회사 업무의 전반을 총괄하여 다른 이사의 업무집행을 감시 · 감독하여야 할 지위에 있는 대표이사가 회사의 목적이나 규모, 영업의 성격 및 법령의 규제 등에 비추어 높은 법적 위험이 예상되는 경우 이와 관련된 내부통제시스템을 구축하고 제대로 작동되도록 하기 위해 노력하여야 한다. 위와 같은 시스템을 통한 감시 · 감독의무의 이행을 의도적으로 외면한 결과 다른 이사 등의 위법한 업무집행을 방지하지 못하였다면, 이는 대표이사로서 회사 업무 전반에 대한 감시 의무를 게을리한 것이라고 할 수 있다.” (대법원 2021.11.11. 선고 2017다222368 판결)

이 장에서는 국제적인 COSO 내부통제 프레임워크와 내부회계관리제도에 대해 기본적 이해를 갖도록 한다. 금융사고 사례의 분석을 통해 부정에 대한 이해를 갖도록 한다. 최근 내부통제와 관련된 대법원 판례를 분석하여 이에 대한 경영층의 교훈을 제시한다.

1. 내부통제의 중요성

내부통제는 조직의 목적 달성과 성과증진에 기여한다. 급변하는 규제와 경영환경을 반영하여 조직의 내부통제는 신속하게 변화에 적응하여야 한다. 효과적인 내부통제는 조직의 관계 법규와 절차의 엄격한 준수 이상의 것이다. 임직원의 건전한 판단이 요구된다. 경영층과 이사회는 충분한 내부통제가 구축·운영되고 있는지에 대하여 판단하여야 한다.

최근 금융회사의 내부통제 책임강화를 위한 임원의 책무구조도가 도입 시행되었다. 책무구조도란 금융회사 임직원들의 직책별 내부통제와 위험관리에 대한 책임을 명시한 문서다.[1] 책무구조도는 금융권에서 끊이지 않는 배임, 횡령 등 금융사고를 막기 위해 새롭게 도입한 규제장치다. 임직원마다 책무를 명확히 해 내부통제의 부실에 대한 책임을 명확히 하기 위한 것이다. 금융감독원 자료에 따르면 2023년 금융권의 횡령액은 약 643억원으로 5년 전인 2018년(57억원) 대비 약 1,046% 급증했다. 횡령액은 2021년 처음으로 100억원대에 진입한 이후 좀처럼 줄어들 기미가 보이지 않고 있다. 2024년 들어서도 우리은행에서 100억원대 횡령사고가 터졌고, KB국민 NH농협 등 시중은행에서도 각각 수백억원대 금융사고가 발생했다.

최근 발생한 우리은행 대출 횡령사고를 분석 요약해 보면 다음과 같다.

■ **배경 : 사고자**

경남 김해지점의 대리급 직원 A씨(30)로, 일을 잘하는 소위 '에이스'라서 대부분 믿었다. 영업점에서는 대출을 실행하면 다음 날 바로 전산에 올라오고 이 점검을 지점장이 해야 하는 데도 의심하지 않았다는 지적이 있다. '잘하는 직원이니 알아서 하겠지'라고 방관한 것이다. 오히려 대출이 반복적으로 실행되니 지점의 기업대출 실적은 계속 올라가고, 돌려막기를 잘 했으니 연체 등 문제도 발생하지 않았다. 그러다가 투자에서 손실이 발생하고 상환할 방법이 없어 자수하면서 180억원 횡령사태가 터진 것이다.[2]

■ **주요 사고의 동기 및 유인**

횡령한 돈으로 가상자산에 투자하였으며 약 60억원의 투자손실을 본 것으로 전해졌다. A씨는 가상자산 구입 등에 약 150억원, 대출 채무 돌려막기에 약 27억원, 그 외에 전세보증금 지급, 생활비 등 개인용도에 약 3억원을 사용했다.[3]

---

1) 금융사 직책별 책임 명문화… 금융사고땐 CEO도 제재한다, 동아일보, 2024.7.3.

2) [우리은행 금융사고] ② 문제는 구조인가 사람인가, 오피니언뉴스(opinionnews.co.kr).

■ **횡령수법**

A씨는 2023년 7월부터 2024년 5월까지 약 10개월간 총 35차례에 걸쳐 개인 · 기업체 등 고객 17명 명의의 '여신거래약정서' 등 대출서류를 위조하였다. 해당 직원은 기업대출을 3개월 만기로만 신청했다. 운영자금 대출이면 차주들은 대출 실행 후 3개월 만기쯤에 자금 중 회사운영에 썼는지를 증빙해서 은행에 제출해야 한다. 사고자는 3개월 안에 상환하면 전산상에 증빙의무가 뜨지 않는다는 점을 노렸다. 대출금으로 코인에 투자해서 수익을 올리고 다시 상환하고 대출받고를 반복하면서 소위 돌려막기를 한 것이다.

■ **내부통제 취약점의 악용**

A씨는 결재권자가 부재한 상황에서 관행적으로 실무 담당자가 결재를 대신 한다는 점, 지점 대출요청을 받은 본점이 대출명의자가 아닌 지점으로 먼저 대출금을 보내면 지점에서 대출금을 처리하도록 하는 경우가 있는 점을 악용했다.

위와 같은 횡령사고에 대하여 다음과 같은 근본적 물음을 갖게 한다.

- 우리은행에 횡령사고가 지속적으로 발생하는 근본원인은 무엇인가?
- 위와 같은 책임자급(대리, 차장) 은행원의 도덕적 해이가 발생하는 원인은 무엇인가?
- 위와 같은 횡령사고를 예방하기 위한 내부통제시스템이 효과적으로 작동하지 않은 주요 원인은 무엇인가?

우리은행은 내부통제 강화를 강조한 2024년에도 178억원의 횡령사고가 발생해 위기관리대응이 '보여주기식' 내부통제라는 비판이 제기되고 있다. 우리금융그룹 회장은 "부당한 지시, 잘못된 업무처리 관행, 기회주의적인 일부 직원들의 처신, 여전히 허점이 있는 내부통제 시스템 등이 이번 사건의 원인이다. 전적으로 우리금융과 우리은행을 이끄는 경영진의 피할 수 없는 책임"이라고 공식 사과했다.[4] 감독당국은 "최근 금융사고는 개인 금전 취득 등 사적유용 목적이 강해졌다. 디지털화된 영업점 대출 프로세스에서 다수 사고가 발생하는 등 양태가 변화하고 있다. 구체적으로 소득 · 재직서류, 임대차계약서 등 증빙서류가 스캔 보관됨에도 증빙원본의 진위성 확인을 위한 절차가 미비하다"는 판단이다. 현재 추진 중인 내부통제 강화방안과 함께 은행원의 도덕적 해이를 방지하고 준법 · 윤리의식을 고취하기 위한 방안도 시행돼야 한다는 의견이 제기되고 있다. 금융감독당국도 준법 · 윤리의식이 조직 내 모든 임직원의 영업행위 · 내부통제활동에 깊이 스며들 수 있도록 조직문화 차

3) '100억 횡령' 간 큰 W은행 직원 "코인으로 60억 날렸다," 한국경제, 2024.6.11.

4) [위기관리] ① 우리금융 위기관리 리스크↑… 내부통제 한계 땜빵 대응, NSP통신(nspna.com).

원에서 과감한 변화가 필요함을 강조하고 있다.[5] 위와 같이 금융사고 예방을 위한 내부통제는 단순히 내부통제 관련 규정이나 시스템의 문제를 넘어서 거버넌스, 경영윤리, 조직문화 등을 포함한 전사적 차원의 현안을 포함하는 것으로 인식할 필요가 있다.

2. COSO 내부통제 통합프레임워크

2.1 배경

COSO는 Committee of Sponsoring Organizations of the Treadway Commission의 약자로 1985년 미국에서 효과적인 내부통제 체계를 확립하기 위해 AICPA, AAA, FEI, IIA, IMA 5개 민간단체가 공동 설립한 조직이다. 1992년, COSO는 미국의 기업들이 재무보고에 대한 내부통제 시스템을 설계, 구현 및 수행하고 그 효과를 평가하기 위해 일반적으로 사용하는 내부통제 - 통합프레임워크(Internal Control - Integrated Framework, 1992)를 발표했다. 2004년, COSO는 "전사적 리스크 관리: 통합프레임워크(Enterprise Risk Management - Integrated Framework)"를 발표했다. COSO는 이러한 통합프레임워크가 내부통제에서 확장된 비즈니스 리스크 관리에 보다 강력하고 통합적인 접근방식을 제공할 것으로 기대했다.

IT를 비롯한 기술과 글로벌 비즈니스 트렌드의 중요한 변화가 거버넌스와 내부통제의 중요성을 증가시켰다. COSO는 2013년 내부통제의 전반적인 원칙의 적용을 위한 강화된 지침을 포함한 내부통제 - 통합프레임워크(Internal Control - Integrated Framework 2013, 이하, '내부통제 프레임워크')를 발표했다. 이러한 '내부통제 프레임워크'가 모든 산업과 기업 규모에 광범위하게 보편적으로 적용되고 있다.

내부통제 프레임워크는 경영층, 이사회, 외부 주주 및 기타 이해관계자의 내부통제에 대한 이해에 도움이 된다. 이는 다음과 같이 내부통제시스템의 구성과 효과적인 운영에 대한 이해와 통찰력을 제공한다.

- 조직(예, 회사, 비영리법인)이나 산업, 조직의 단위(예, 자회사, 본부, 팀)에 관계없이 내부통제 프레임워크를 적용할 수 있다.
- 원칙중심의 접근(Principle-based approach)으로 내부통제의 설계, 구현, 실행에 있어서 판단에 유연성을 제공한다. 아울러 전사적 관점의 회사, 각 사업부서, 기능부서

5) 금융당국이 "취약한 지배구조"라 지적한 우리금융… M&A가 능사?, EBN, 2024.6.28.

전문팀 등의 적용에 있어서도 원칙에 의한 접근으로 융통성을 발휘할 수 있다.

- 내부통제시스템의 효과성은 모든 내부통제의 구성요소와 원칙에 함께 적용되어 어떻게 실질적으로 운영되고 있는가에 달려 있다.
- 부정방지(Anti-Fraud measures)에 초점을 두어 리스크를 확인하고 분석하여, 기업의 리스크를 수용가능한 수준으로 관리하고 대응할 수 있도록 하는 수단이 된다.
- 재무보고에 대한 내부통제를 넘어서 운영 및 준법, 지속가능경영 보고 목적 등에 대한 내부통제에 확대 적용할 수 있다.
- 조직의 목적 달성에 비효과적인, 중복된, 비효율적인 통제를 제거할 수 있는 기회를 갖게 한다.

2.2 내부통제의 개념

내부통제(Internal control)는 기업의 운영, 보고, 준법에 관련된 목적 달성에 대한 합리적 확신을 제공하기 위하여 조직의 이사회, 경영진 및 임직원에 의해 지속적으로 실행되는 일련의 과정(Process)이다.[6]

내부통제의 본질적 특성은 다음과 같다.

첫째, 내부통제는 관계 법규의 준수, 운영의 효율성과 효과성, 재무와 경영보고의 신뢰성 확보와 같은 조직의 목적 달성을 위한 것이다. 내부통제는 조직의 목적을 위한 것이지 조직 구성원을 통제하기 위한 것이 아니다.

둘째, 내부통제는 하나의 사건(event)이 아니라 조직의 업무를 관통하는 일련의 활동으로, 조직 내에서 행해지는 역동적이고 통합적인 지속적 프로세스이다.

셋째, 내부통제는 사람에 의하여 수행되며, 단순한 방침을 정한 매뉴얼이나 시스템, 형식이 아니다. 조직의 모든 계층에 있는 사람과 행동에 대한 것이다. 내부통제를 구축 운영함에 모든 조직 구성원의 참여가 필수적이다. 내부통제는 당해 기업의 CEO, 이사회, 임직원 및 기타 구성원에 의하여 설계되고 유지되며, 조직 내의 사람들의 인식과 행동으로 이루어진다. 당해 기업의 목적을 설정하는 것도 사람이고, 통제시스템을 설계하는 것도 사람이다. 내부통제는 사람의 행동에 영향을 미친다.[7]

넷째, 내부통제는 경영층과 이사회에 회사의 목적 달성에 관한 합리적인 확신(reasonable assurance)을 제공한다. "절대적 확신"이 아닌 "합리적 확신"이라는 개념은 모

6) Framework-Executive-Summary.pdf(보안)(coso.org).

7) 서완석(2012), 내부통제시스템의 본질과 내부통제 의무위반에 대한 법적 책임, 상사법연구, 제31권 제2호, p.283.

든 내부통제에 한계가 존재하고, 정확하게 예측할 수 없는 불확실성과 위험이 존재한다는 것을 인정하는 것이다. 이러한 한계로 인해 경영진과 이사회는 회사의 목적 달성에 대한 절대적인 확신을 갖지 못하게 된다.

상기한 내부통제의 기본적 개념은 어떻게 조직에 내부통제를 설계, 구축, 운영할 것인가에 대한 기초가 된다. 기업에 건전한 내부통제의 구축 · 운영을 위해서는 내부통제의 본질적 특성에 대한 다각적이고 다면적인 이해가 필수적이다. 내부통제를 구축 · 운영하는 방식은 각 기업의 경영층의 철학과 방침, 규모, 복잡성, 관계기관의 규제 정도 등에 따라 다양하다.

내부통제의 기본적 개념을 그림으로 요약해 보면 [그림 8-1]과 같다.

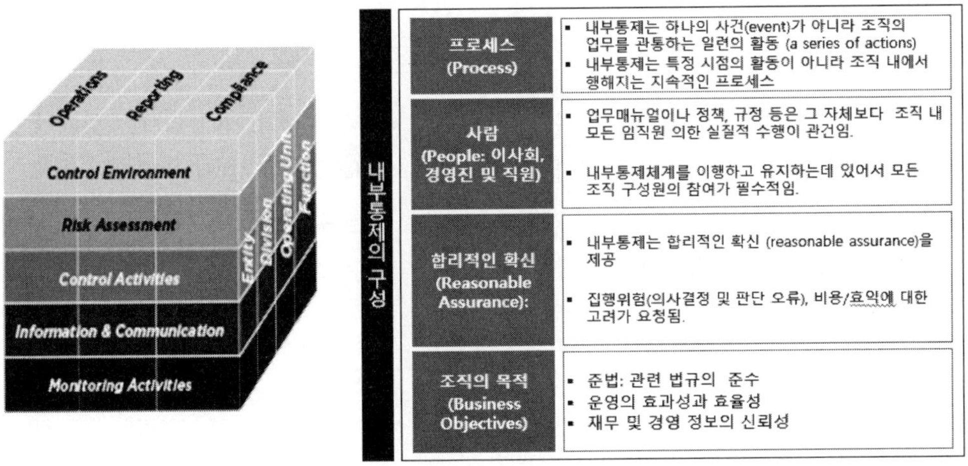

자료 : 이재권, 글로벌 경쟁력 제고를 위한 내부통제 운영전략, 서강대 내부감사전문과정 강의자료, 2010. 11.20, p.34.

[그림 8-1] 내부통제의 기본적 개념

2.3 내부통제의 목적

내부통제의 목적은 다음과 같이 3가지로 구분할 수 있다.

■ **업무운영의 효율성과 효과성**

기업의 경영목표 달성과 업무운영의 효율성과 효과성을 확보하기 위한 내부통제이다. 예를 들면, 금융회사에서 업무의 효율성 제고를 위해 대출관련 프로세스를 디지털화하고 있다. 이에 따라 영업점에서 대출 관련 증빙인 소득, 재직서류, 임대차계약서 등 증빙서류를 스캔 보관하고 본부의 심사부서 등에 보고 승인하게 된다. 임대차계약서를 위조한 횡령사고를 예방하기 위해서는 증빙의 진위성을 확인하는 검증 프로세스를 보다 강화할 필요가 있을 것이다.

■ **신뢰할 수 있는 재무 및 경영보고**

내외부에 공시되는 경영 및 재무보고의 신뢰성을 확보하기 위한 내부통제이다. 상장회사의 경우 외부의 재무보고를 위한 내부통제 즉 내부회계관리제도는 외감법에 의해 구축·운영이 법제화되어 있다. 내부목적 보고에 대한 통제가 취약한 경우 횡령사고로 연계될 수 있다. 우리은행의 경우, 1일의 재무보고 및 영업보고(예: 대출금, 본지점 계정) 결산의 검증프로세스 취약성이 사고의 주요 요인일 수 있다.

■ **법규 및 제반지침의 준수**

조직의 관계 법규 및 제반 규정의 준수를 위한 내부통제이다. 금융회사는 고객의 자금을 다루는 신용을 바탕으로 한 산업이다. 우리은행 사건의 경우, 고객 17명 명의의 '여신거래약정서'를 위조하고 대출금을 지인 계좌로 빼돌린 사건은 근본적으로 관계 법규를 위반한 사기 사건이다. 이는 준법경영이 단순한 관계 법규의 준수를 넘어서 조직문화 및 경영윤리적 관점에서 내부통제와 함께 구축 운영할 필요가 있음을 시사하고 있다.

2.4 내부통제의 구성부문과 주요 원칙

내부통제는 다음과 같이 통제환경, 리스크 평가, 통제활동, 정보 및 의사소통, 모니터링 활동의 5가지 구성부문과 각 구성부문별로 달성되어야 할 원칙으로 이루어진다. 내부통제의 구성부문과 주요 원칙의 연관관계를 보면 [그림 8-2]와 같다.

- **통제환경**: 지배구조 감독의 강화와 관련하여 통제환경의 주요 원칙으로 임직원의 정직과 성실, 윤리적 가치, 이사회의 감독 책임, 조직과 보고 체계와 권한 및 업무분장이 제시되고 있다. 기업의 적격한 인재의 채용, 육성, 관리와 내부통제활동 책임이 통제환경으로 중시되고 있다. 통제환경은 내부통제의 기반을 이루는 것으로 임직원의 건전한 도덕성과 윤리적 가치를 기반으로 상기 원칙이 실질적으로 구축 운영되어야 한다.
- **리스크 평가**: 내부통제제도의 목적 달성을 저해하는 리스크를 식별하고 평가 및 분석하는 활동을 의미한다. 통제 목적을 구체화하고, 리스크의 식별 및 분석이 중시된

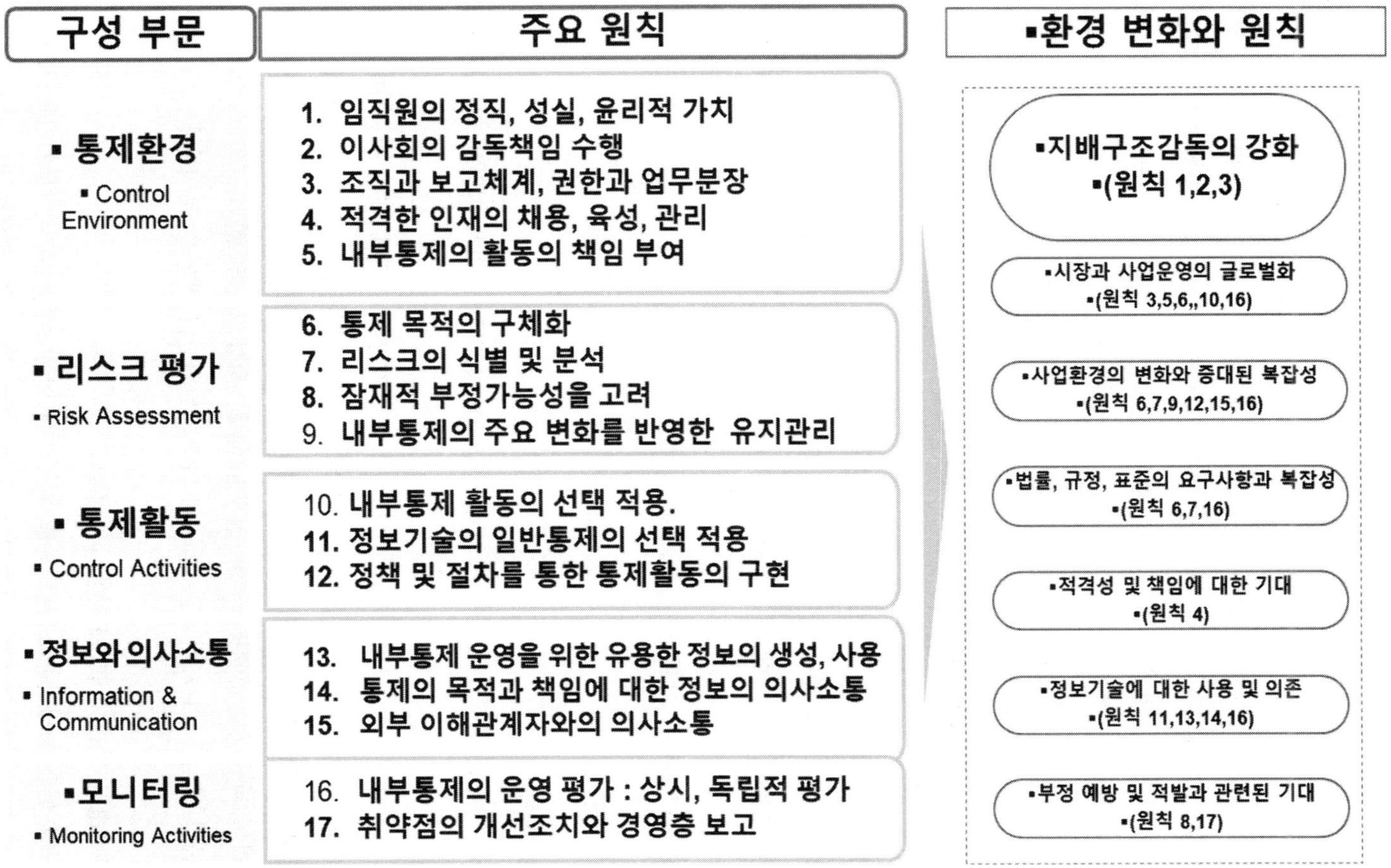

자료 : 이재권, 내부통제의 최근 동향과 COSO 프레임워크, 내부통제 이해와 실무, 2019.4.5, p.18.

[그림 8-2] 내부통제 구성부문과 주요원칙

다. 부정의 예방 및 적발에 대한 주주 및 채권자 등 이해관계자의 기대를 고려하여 잠재적 부정가능성을 고려하여야 한다. 기업의 비즈니스 환경의 변화와 복잡성 등을 고려하여 기존에 평가한 리스크를 지속적으로 유지관리하여야 한다.

- **통제활동** : 조직 구성원이 이사회와 경영진이 제시한 경영방침이나 지침에 따라 업무를 수행할 수 있도록 마련된 정책 및 절차가 준수될 수 있는 통제활동체계를 포함한다. 통제활동은 경영진의 업무수행의 검토, 정보기술의 일반통제, 승인, 물리적 통제 등 다양한 방법이 포함된다. 특히 기업의 AI 등 정보기술의 사용 의존도가 심화되고 확대됨에 따라 IT일반통제를 비롯한 통제활동이 중시된다.
- **정보와 의사소통** : 임직원이 내부통제제도의 책임을 수행할 수 있도록 유용한 정보의 생성과 사용, 통제의 목적과 책임에 대한 정보의 의사소통과 외부 이해관계자와의 의사소통 원칙이 중요하다.
- **모니터링 활동** : 내부통제제도의 설계와 운영의 효과성을 평가하고 유지하기 위해 상시적인 모니터링과 독립적인 평가 또는 두 가지의 결합을 고려한 평가를 수행하고, 발견된 취약점을 적시에 개선조치하고 경영층에 보고할 수 있는 체계를 포함한다.

2.5 내부통제의 주요 원칙과 실무사례 교훈

2.5.1 통제환경

■ **주요 원칙**

- CEO를 비롯한 조직의 임직원은 정직과 성실성, 윤리적 가치에 기반한 업무를 수행한다.
- 이사회는 경영층으로부터 독립되어 내부통제의 개발과 성과에 대해 감독한다.
- 경영층은 조직의 목적 달성을 위해 이사회의 감독을 비롯한 조직과 보고 체계, 적절한 권한과 업무 분장을 수립하여야 한다.
- 조직의 목적 달성을 위한 적격한 인재를 채용, 육성 및 관리한다.
- 조직목적 달성을 위한 내부통제활동에 대한 각 개인의 책임을 부여한다.

■ **실무사례 1. CEO 미공개정보 단기매매**

전 재무관리팀장이 회삿돈 2,215억원을 횡령한 사실이 밝혀지며 내부통제 시스템에 문제점을 노출했던 오스템임플란트가 이번엔 CEO가 내부의 미공개 정보를 이용해 단기매매 차익을 챙긴 사실이 드러나 금융당국의 제재를 받았다. 내부 조직의 불법행위를 감시하고 이를 책임져야 할 CEO가 스스로 사적 이익을 위해 편법과 부정을 자행함으로써 기업 이미지를 훼손하고 있다는 지적이다. 업계에선 최대주주 변경과 자진 상장폐지를 거치며 기업 체질 개선에 박차를 가할 것으로 기대됐던 오스템임플란트가 여전히 가족경영 스타일을 벗어나지 못한 채 잇달아 내부통제에 허점을 노출하자 대대적 지배구조 개선이 뒤따라야 할 것이라고 지적한다. 지난해 어닝서프라이즈를 기록하긴 했지만, 지속적인 성장을 위해 이제 내부통제 리스크를 확실히 관리하고 장기적 관점에서 전략을 다시 짜야 할 때라는 주문이다.8)

■ **교 훈**

내부통제의 핵심은 CEO을 비롯한 임직원의 정직과 성실에 기초한 윤리적 가치에 있음을 보여주고 있다. 기업의 임원이나 팀장 선발시 무엇보다 건전한 윤리에 기반한 Integrity를 갖추고 있는지가 무엇보다 중요하다. 전문적 역량을 갖춘다고 하더라도 그릇된 윤리의식과 직업관을 갖는다면 조직의 명성과 신뢰에 예기치 않은 피해를 가져올 수 있다.

2.5.2 리스크 평가

■ **주요 원칙**

- 조직의 목적과 관련된 리스크의 확인과 평가를 할 수 있도록 통제목적을 구체적으로 설정한다.
- 조직 전체에 걸쳐 목적 달성을 위한 리스크를 확인하고, 분석관리한다.
- 조직목적 달성을 위한 리스크 평가시 잠재적 부정 가능성을 고려한다.
- 조직은 내부통제시스템에 유의한 영향을 미칠 변화를 확인하고 평가하여 내부통제를 유지 관리한다.

■ **실무사례 2. 새마을금고 PF부실: 실무자 부적합 판정**

새마을금고 경영진이 무리하게 PF를 남발한 영향도 크다. 거제 고현항의 경우, 2020년 말 사업자가 주상복합 건축을 위해 일반상업용지 3, 4블록에 브리지론을 신청했을 때 중앙회 실무자는 '부적합' 판단했다. 두 달 전 대출해준 2블록과 3, 4블록 사업이 도로 하나를 사이에 두고 진행되는 터라, 부동산 침체시 '폭탄'이 될 수 있다는 이유에서다. 하지만 윗선 지시로 3, 4블록 대출이 실행됐고, 실무자 우려는 현실이 됐다. 현재 두 대출건 모두 경·공매 절차를 밟고 있다.9)

---

8) 엄태관 대표 '사익 추구' 신공, 잇몸까지 무너진 오스템임플란트 내부통제, 뉴스웰, 2024.3.26.

9) 첫 삽도 못 뜨고 공사 중단… 끝나지 않은 '새마을금고 PF 리스크', 한국일보, 2024.1.24.

■ **교 훈**

PF 리스크에 대해 리스크 관리나 평가팀의 실무전문가의 의견을 경영층이 정무적 판단을 앞세워 무시하고 진행하여 사후 부실화되는 경우가 왕왕 발생되고 있다. 이사장이나 CEO의 내부통제 무시(override)를 어떻게 통제할 것인가 하는 물음을 갖게 한다. 최근 새마을금고 중앙회 전임 회장의 전횡과 관련된 사태는 거버넌스(G), 리스크 관리(R), 내부통제(C)를 통합적 사고의 관점에서 접근하여 이에 대한 경영관리체계를 구축 운영하여야 한다는 교훈을 주고 있다.

2.5.3 통제활동

■ **주요 원칙**

- 조직목적 달성을 위해 허용 가능한 수준으로 리스크를 완화시킬 수 있는 통제활동을 선택하여 구축한다.
- 조직목적 달성을 위한 정보기술에 대한 일반통제를 선정하여 적용한다.(예 : 정보시스템의 기획, 개발, 운영에 대한 통제 및 정보보안 등)
- 조직목적 달성을 위한 정책과 이를 실행하기 위한 절차를 통해 통제활동을 구현한다.

■ **실무사례 3. 대출서류 위조 횡령**

2023년도 약 177억 7,000만원을 횡령한 W은행 경남지역 행원 A씨가 구속기소됐다. A씨는 결재권자가 부재한 상황에서 관행적으로 실무 담당자가 결재를 대신한다는 점, 지점 대출요청을 받은 본점이 대출명의자가 아닌 지점으로 먼저 대출금을 보내면 지점에서 대출금을 처리하도록 하는 경우가 있는 점을 악용했다. A씨가 2023년 7월부터 2024년 5월까지 약 10개월간 총 35차례에 걸쳐 개인 · 기업체 등 고객 17명 명의의 '여신거래약정서' 등 대출 서류를 위조했다고 보고 있다. 거짓으로 꾸민 서류를 활용해 W은행에 대출을 신청하고, 대출금은 지인 계좌로 빼돌렸다. 은행 관계자는 "A씨는 범죄 이전에 '에이스'로 불렸다"면서 "똑똑한 친구가 은행 감시망의 허점을 파악해 이 같은 범죄를 벌여 은행의 신뢰와 명예를 실추시킨 것이 매우 안타깝다"고 말했다.

■ **교 훈**

내부통제적 측면에서 사람, 시스템, 업무지침 및 관행 등의 관점에서 종합적으로 검토하여 볼 시점이다.

- 정말 '에이스(A급)' 대리 직원인가?

• 상위 관리책임자는 사고가 지속된 10개월 동안 어떤 통제활동을 수행하였는가?
• 특히 결재권자가 부재한 시기에 A씨가 승인한 대출거래의 정당성을 검증하기 위한 내부통제는?

인사관리적 측면에서 여신, PF투자 등의 고위험 직군의 보직에 대하여는 주기적으로 부정위험 예방을 위한 윤리성 테스트 등을 다각적으로 수행하여 최종 임명을 결정할 필요가 있음을 시사하고 있다.

2.5.4 정보와 의사소통

■ **주요 원칙**

• 내부통제 운영을 지원하기 위해 목적 적합하고 품질을 갖춘 정보를 확보, 생성하고 사용하여야 한다.
• 조직이 내부통제의 목적과 운영에 필요한 정보를 내부적으로 의사소통한다.
• 조직은 내부통제 운영에 영향을 미치는 사항에 대해 외부 이해관계자와 의사소통한다.

■ **실무사례 4. 고객 보이스피싱 피해 방지**

전화금융사기(보이스피싱) 범죄를 직감하고 기지를 발휘해 피해를 예방한 은행원과 택시기사 등이 경찰로부터 감사장을 받았다. 2024년 5월 30일 오전 11시 30분쯤 W은행의 지점직원 A(26)씨는 접수창구에서 근무하던 중 고객인 60대 여성 B씨로부터 "현금 3천만 원을 인출하려고 하니 도와달라"는 요청을 받았다. 당시 B씨는 이 은행 ATM을 이용해 자신 명의 계좌에서 500만 원을 먼저 인출했다. 이후 ATM의 인출한도 제한으로 더 이상 돈을 찾을 수 없게 되자 3천만원의 현금을 더 찾기 위해 A씨에게 요청했던 것이다. A씨는 B씨가 거액의 현금을 인출하려는 데에 수상함을 느끼고 현금 사용 용도에 대해 물었으나 그가 제대로 답변하지 못하자 해당 지점 부지점장과 함께 112에 신고했다. B씨는 3천500만원의 돈을 모두 지킬 수 있었다.

■ **교 훈**

보이스피싱으로부터 고객을 보호한 창구 직원의 적극적인 활동은 조직적으로 표창하며 장려하는 문화가 필요하다. 예방적 내부통제활동은 조직과 고객을 보호하며 우리 사회의 신뢰의 문화를 창출하는 선순환의 계기를 만들어 준다. 내부통제 자체평가(Control Self Assessment)를 활용하여 조직의 사고를 예방하고 혁신한 우수사례를 전사적으로 발표하고 표창하는 것도 내부통제 문화 확산에 도움이 될 것이다.

2.5.5 모니터링

■ **주요 원칙**

- 조직은 상시적인 평가 또는 독립적 평가를 선택·적용하여 내부통제 구성요소가 적절히 설계, 운영되는지 확인하여야 한다.
- 조직은 내부통제의 미비점(취약점)에 대해 평가하고 적시에 개선조치를 취할 수 있도록 경영층을 포함한 관계자와 의사소통한다.

■ **실무사례 5. 이상거래방지시스템(FDS)의 보이스피싱 피해 예방**

S카드에 따르면 2024년 5월 23일 오전 10시경 발생한 카드론 1,500만원 거래가 이상거래방지시스템(Fraud Detection System, 이하 FDS)에서 '피싱 의심 거래'로 주의 알림이 떴다. FD팀 K차장은 이후 해당 거래와 관련해 피싱으로 의심되는 여러 정황을 포착했고, 고객 본인이 직접 대출을 신청한 것인지 확인하기 위해 전화를 시도했다. 고객은 본인의 필요에 의해 대출을 신청한 것이라 완강하게 주장했으나, K차장은 오랜 경험을 바탕으로 '검찰 사칭에 의한 피싱'임을 확신했고 휴대폰에 악성 앱이 설치되어 있을 것으로 의심했다. 휴대폰에 악성 앱이 설치되면 고객의 휴대폰 발신번호 조작이 가능해 금융 및 공공기관으로 전화를 걸어도 보이스피싱범이 전화를 가로채는 경우가 많고 통화 목록·문자 내용 등 정보가 유출돼 추가적인 피해가 발생할 가능성이 높다. K차장은 고객과의 전화가 끊기지 않도록 차분하게 통화를 이어 나가는 한편, 신속히 거주지 112에 신고하여 경찰 출동을 요청했다. 경찰 출동 결과 고객은 검사를 사칭하는 보이스피싱범이 보낸 공소장까지 보유한 상태로 확인됐으며, 고객에 보이스피싱을 인지시켜 피해를 막을 수 있었다.

■ **교 훈**

카드의 이상거래방지시스템과 같은 모니터링 시스템은 경고등의 알람에 적극적으로 적시에 대처하는 것이 무엇보다 중요하다. 상시모니터링의 실질적 효익을 누리기 위해서는 상시모니터링 대상 거래와 조건, 효과성 등에 대한 주기적인 평가를 통해 시스템을 개선시켜야 할 것이다. 또한 모니터링 실무 담당자들의 성공 및 실패 사례를 공유할 필요가 있다.

2.6 효과적인 내부통제와 한계

효과적인 내부통제는 업무프로세스를 평가하고, 위험을 관리하는 데 기여함으로써 회사의 목표를 효율적으로 달성하고 위험을 회피 또는 관리할 수 있도록 한다. 그리고 직원의 위법 및 부당행위(횡령, 배임 등) 또는 내부정책 및 절차의 고의적인 위반행위뿐만 아니라 개인적인 부주의, 태만, 판단상의 착오 또는 불분명한 지시에 의해 야기된 문제점들을 신속하게 포착함으로써 회사가 시의적절한 대응조치를 취할 수 있게 해 준다. 내부통제를 구축 운영함에 있어서 다음과 같은 본질적 한계로 내부통제 목적을 달성하지 못할 수 있음을 유의할 필요가 있다.

첫째, 의사결정과정에서 인적판단이 잘못될 가능성이 있다. 우리 인간은 인식이나 판단 등에서 한계가 있음을 인정하고 이를 고려한 내부통제의 설계 운영이 필요하다. 예를 들면, 현업부서가 수행한 업무를 준법부서나 리스크 관리부서의 검토시 반대의견이 있는 경우이다. 이러한 상황에서 사실에 기초하여 검토하여 투명하고 개방적인 토의를 통한 의사결정을 하는 경영문화가 중요하다.

둘째, 개인적인 부주의로 내부통제가 와해될 가능성이 있다. 예를 들면, 업무가 과다하거나 외부적 기한 요구를 맞추어야 하는 경우 집중력 분산이나 피로 등으로 오류나 부주의가 발생할 가능성이 있다. 이와 같은 환경에서 개인적인 부주의를 최소화할 수 있는 시스템적 내부통제 운영이 효과적일 수 있다.

셋째, 경영진의 내부통제 무시로 인한 무력화 가능성(management override)이 있다. 특히 CEO을 비롯한 최고경영층이 내부통제를 무력화시키는 경우 조직에 큰 혼란을 가져오며 법적책임 문제가 제기될 수 있음을 명심하여야 한다.

넷째, 업무 관련자가 공모하는 경우이다. L카드는 마케팅 팀장을 포함해 직원 2명이 협력업체 대표와 공모해 해당 업체를 프로모션 협력업체로 선정했다. 이 업체는 프로모션 실적이 불분명했는데도 카드 발급 회원당 1만 6,000원을 정액 선지급하는 조건으로 계약을 체결했다. 이에 총 105억원을 지급하고 이 중 직원 2명은 부동산 개발 투자에 66억원을 썼으며, 나머지 39억원은 협력업체 대표가 챙겼다. 이러한 협력사와의 거래는 공모가능성이 높다.

다섯째, 대부분의 내부통제는 일상적인 거래를 대상으로 한다. 예외적 거래가 발생하거나 거래의 처리 환경이 변경되는 경우 기존 통제절차가 부적절하게 되거나 내부통제 준수에 대한 검토나 점검이 쉽지 않을 수 있다. 최근 발생되고 있는 대출 관련 횡령사고는 영업점 대출시스템이 전산화되고 관련 증빙을 스캔하여 보관처리함에 따른 내부통제의 취약점을 이용한 사건들이다. 농협은행에서도 직원 B씨가 부동산 가치를 부풀려 대출가능액을 초과한 대출을 내어주는 '초과 대출'로 109억원 규모의 업무상 배임 사고가 발생한 바 있다. 소득증빙 같은 서류를 위변조하거나 담보대출 시 담보가치를 부풀리는 방법이 활용되고 있다. 증빙서류가 '스캔보관'되는데도 원본의 진위성을 확인하는 절차가 없고, 부동산 담보대출에 있어서도 담보가치 적정성 등 확인 절차가 미흡했다.

내부통제는 업무성과를 측정하고, 업무프로세스를 평가하고, 위험을 관리하는 데 기여함으로써 회사의 목표를 효율적으로 달성하고 위험을 회피 또는 관리할 수 있도록 한다. 그리고 직원의 위법 및 부당행위(횡령, 배임 등) 또는 내부정책 및 절차의 고의적인 위반행위뿐만 아니라 개인적인 부주의, 태만, 판단상의 착오 또는 불분명한 지시에 의해 야기된 문제점들을 신속하게 포착함으로써 회사가 시의적절한 대응조치를 취할 수 있게 해 준다. 또한, 효과적인 내부통제제도는 정보의 신뢰성을 향상시킨다.

3. 내부회계관리제도

3.1 배 경

2001년에 들어 미국의 엔론, 타이코, 월드컴 등의 대규모 회계부정 사건이 발생했다. 사건 이후 미국은 회계투명성을 보장하기 위해 2002년에 미국 회계개혁법(Sarbanes-Oxley Act, SOX)을 제정하여 내부통제시스템을 강화하고자 하였다. 2004년부터 미국 회계개혁법(SOX) 제404조에 따라 상장법인의 경영진은 재무보고를 위한 내부통제시스템을 구축하고 이를 유지해야 하며, 외부감사인은 경영진이 작성한 내부통제보고서에 대한 감사를 수행해야 한다.

한국에서는 1997년 금융위기 이후 기업구조조정촉진법에서 내부회계관리시스템을 한시적으로 도입했다. 2003년 주식회사 등의 외부감사에 관한 법률(이하 '외감법')에 따라 내부회계관리제도가 영구적으로 법제화되었다. 내부회계관리제도 모범규준 및 검토기준은 2005년 6월에 제정되었다. 최초 적용은 2006년 1월 1일부터였다. 2005년 5월 발족한 상장회사협의회 산하 내부회계관리제도 운영위원회에서 내부회계관리제도 모범규준을 발표하고, 한국공인회계사회에서는 내부회계관리제도 검토기준을 발표하였다. 내부회계관리제도 모범규준 발표 후 내부회계관리제도 관련 국내·외적 환경에 큰 변화가 있었다.

글로벌 환경변화는 2013년 5월에 COSO가 국내 내부회계관리제도 모범규준 및 적용해설서의 준거기준으로 사용한 '내부통제 통합 개념체계(Internal Control-Integrated Framework, 이하 'COSO 개념체계')'를 전면 개정·발표하였다. 국내에서는 내부회계관리제도에 대한 외부감사인의 인증수준이 검토에서 감사로 강화되었다. 내부회계관리제도 운영위원회는 위와 같은 국내외 환경변화에 대응하기 위하여 모범규준 등을 개정하였다. 개정된 모범규준 등에서는 내부통제 구성요소별로 반드시 달성되어야 하는 17가지 '원칙(Principles)'을 정의하고, 각 원칙별로 갖추어야 하는 '원칙 달성을 위한 중점 고려사항

(Point of Focus)'을 제시하였다. 실무자가 모범규준 등을 기반으로 내부통제를 설계 및 운영할 때 고려해야 할 주요 개념을 명확히 하는 등 '원칙기반 접근법(Principles-Based Approach)'을 모범규준 등의 전반적인 체계로 구조화하였다.[10)]

2017년 10월에 외감법을 개정하여 내부회계관리제도 감사를 전면 시행키로 하였다. 신외감법 하에서는 2019년부터 기업규모에 따라 기업의 내부회계운영관리 실태를 회사의 대표이사가 직접 주주총회에 보고하도록 의무화되었다. 상장회사는 내부회계관리제도를 외부감사인의 인증수준이 기존 '검토'에서 '감사'로 상향돼 강화되었다. 내부회계관리제도 감사는 회사의 자산 규모에 따라 그 시행 시기가 순차적으로 적용되었다. 예컨대, 직전연도 자산규모가 2조원이 넘는 상장사는 2019년부터, 5천억원 이상은 2020년부터, 1천억원 이상은 2022년부터 적용되었다. 그리고 자산규모 1천억원 미만 상장사는 2023년부터 적용될 예정이었으나, 중소기업의 규제 준수 부담을 고려하여 내부회계관리제도 외부감사가 면제되었다.[11)] 이는 소규모 상장자사의 경우 감사 이행비용이 편익을 초과한다는 지적이 제기됨에 따라 자산 1000억원 미만 상장회사는 내부회계관리제도에 대한 외부감사의무를 면제한 것이다. 따라서 자산규모 1천억원 미만 상장사는 현행처럼 내부회계관리제도에 대한 외부감사인의 '검토'를 받게 된다. 금융위원회는 외감법 시행령을 개정하여 자산 규모 2조원 미만 상장사에 대한 연결 내부회계관리제도 도입시기를 2024년에서 2029년으로 5년 유예하였다. 또한 자산 5000억원 미만 상장회사는 2025년에서 2030년으로 연기하였다. 다만, 자산 2조원 이상 상장사는 계획대로 2023년부터 도입했다.[12)] 신외감법 이후 내부회계관리제도에 대한 보고는 다음과 같이 3단계로 운영되고 있다.[13)]

- 대표자 또는 내부회계관리자의 이사회, 감사위원회, 주주총회 보고 : 운영실태보고서
- 감사위원회의 이사회 보고(회사내 2차 보고) : 내부회계관리제도평가보고서
- 외부감사인의 감사보고서 제출

---

10) 내부회계관리제도 운영위원회, 내부회계관리제도 설계 및 운영 개념체계 등 개정 전문(前文), 2018. 6.28 제정, pp.1-2.

11) 박종일 외 2인, 내부회계관리제도의 감사가 감사노력(실제와 표준감사시간의 차이)과 감사품질에 미치는 영향, 한국공인회계사회, 회계·세무와 감사 연구, 제66권 제2호(통권 제99호), 2024년 6월, pp.140-141.

12) 회계제도 보완을 통해 기업의 외부감사 부담이 완화, 금융위원회, 보도자료, 2023.12.13.

13) 정남철, 내부회계관리제도에 외부감사제도의 변천과 부정방지를 위한 금융회사 내부통제 강화, 한국감사인연합회 제14회 감사인 정책세미나, 2024.2.25, p.13.

3.2 내부회계관리제도의 검토와 감사

내부회계관리제도 적용 대상인 회사의 경우에는 내부회계관리제도를 구축 · 운영하여야 하며, 주권상장법인의 경우에는 외부감사인에 의한 감사를 받아야 한다. 외부감사인은 재무제표에 대한 감사의견 이외에 별도로 내부회계관리제도에 대한 감사의견을 표명한다.

외부감사인은 회사의 법규 준수여부 및 내부회계관리제도 운영실태 보고내용에 대해 종합의견을 표명하며, 기존에 수행했던 질문위주의 절차가 아닌 문서검사, 재수행 등 강화된 절차를 수행하고 내부회계관리제도에 대한 감사의견을 제시한다. 검토와 감사를 검증대상과 수행 절차 관점에서 비교하여 보면 다음과 같다.14)

① 검증대상 : '검토'는 회사가 내부회계관리제도를 자체점검하고, 그 결과를 보고한 운영실태보고서를 대상으로 주로 검증을 실시한다. 점검결과, 미비점 및 시정계획, 직전년도 시정조치 이행결과 등이 포함된다. '감사'는 운영실태보고서 외에도 매출, 구매, 생산 등 주된 활동과 관련된 회사의 주요 내부통제 자체(설계와 운영)를 검증함에 따라 검증대상이 크게 확대된다.

② 수행절차 : '검토'는 감사인이 회사의 내부통제에 대하여 담당자와의 질문 위주의 검

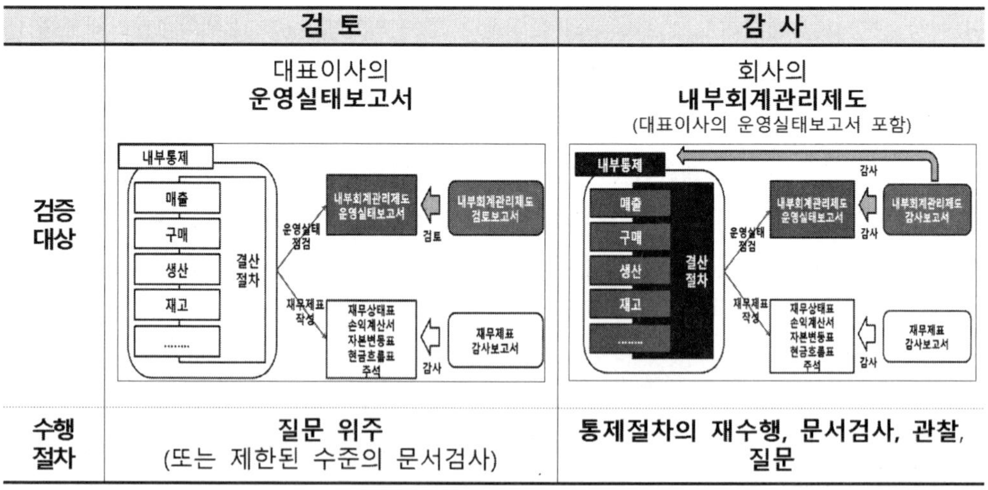

자료 : 금융감독원, 2019회계연도 상장법인 내부회계관리제도 감사의견 분석 및 시사점, 보도자료, 2020. 9.29.

[그림 8-3] 내부회계관리제도에 대한 검토와 감사 비교

14) 금융감독원, 2019회계연도 상장법인 내부회계관리제도 감사의견 분석 및 시사점, 보도자료, 2020.9. 29.

증절차를 수행한다. '감사'는 내부통제와 관련하여 회사가 작성한 문서를 검사하고 중요한 통제활동에 대하여 재수행하거나 회사의 통제활동을 현장에서 관찰하는 등 내부회계관리제도가 효과적으로 설계 및 운영되는지를 감사인이 직접 검증절차를 수행한다. 내부회계관리제도에 대한 검토와 감사를 요약하여 비교하면 [그림 8-3]과 같다.

3.3 내부회계관리제도 설계 및 운영 개념체계[15)]

3.3.1 목 적

내부회계관리제도 설계 및 운영 개념체계(이하 "설계 · 운영 개념체계"라 함)는 주식회사 등의 외부감사에 관한 법률(이하 "외감법"이라 함) 제8조의 규정이 적용되는 회사가 내부회계관리제도를 설계 및 운영하는 데 필요한 기본 원칙을 제시함에 있다. 회사가 합리적이고 효과적인 내부회계관리제도를 구축하도록 지원하고, 이를 통해 회사가 공시하는 재무제표(주권상장기업의 경우에는 연결재무제표를 포함한다. 이하 같다)의 신뢰성을 제고하는 것을 그 목적으로 한다.

3.3.2 적 용

설계 · 운영 개념체계는 내부회계관리제도에 적용할 수 있는 내부통제제도 체계(이하 "내부통제체계"라 함)를 제시한 것으로서, 회사는 내부회계관리제도를 설계 및 운영함에 있어 일반적으로 인정된 다른 기준을 적용할 수 있다. 설계 · 운영 개념체계가 회사별로 상이한 업종의 특성과 고유한 사업환경을 모두 고려할 수는 없으므로 각 회사는 본 설계 · 운영 개념체계를 기본으로 하여 자체적으로 고유의 내부회계관리제도를 설계 및 운영하여야 한다. 따라서 각 회사는 본 설계 · 운영 개념체계를 참고하여 회사의 실정에 맞는 내부회계관리규정, 내부회계관리제도 지침서 등을 구비할 필요가 있다. 다만, 회사는 본 설계 · 운영 개념체계를 적용함에 있어 회사의 규모, 관련 비용과 효익 등을 고려하여 합리적인 수준에서 그 내용을 조정할 수 있다.

3.3.3 내부회계관리제도 설계 및 운영에 관한 체계와 평가 및 보고기준의 관계

내부회계제도의 설계 및 운영 체계와 평가 및 보고기준의 관계를 보면 [그림 8-4]와 같다.[16)]

---

15) 내부회계관리제도 운영위원회, 내부회계관리제도 설계 및 운영 개념체계』, 2021.10.1.

16) 대기업 내부회계관리제도 설계 운영, 삼일회계법인, 2022.9.5, p.15.

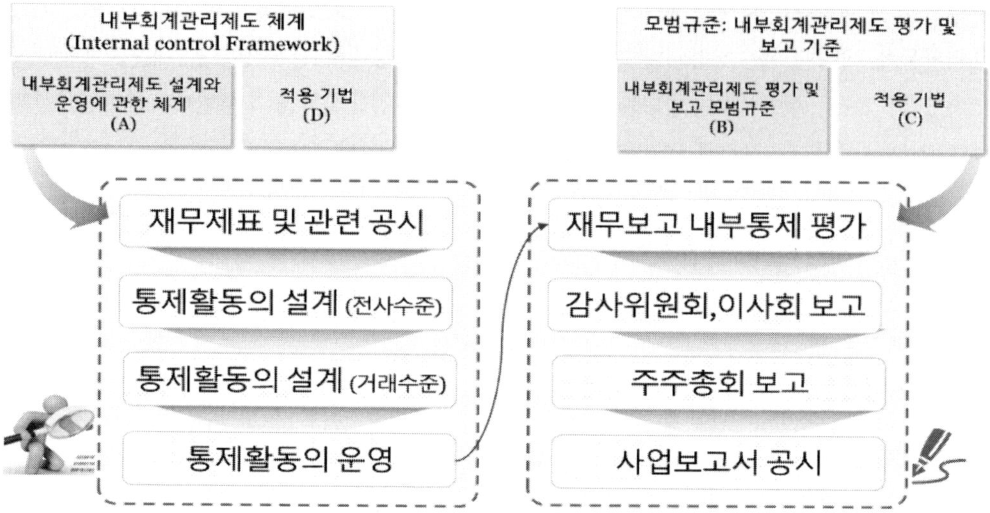

자료: 대기업 내부회계관리제도 설계 운영, 삼일회계법인, 2022.9.5, p.15.

[그림 8-4] 내부회계관리제도 설계와 운영체계와 평가 및 보고 기준

3.3.4 내부회계관리제도의 개요

(1) 정 의

내부회계관리제도는 회사의 재무제표가 일반적으로 인정되는 회계처리기준에 따라 작성·공시되었는지에 대한 합리적 확신을 제공하기 위해 설계·운영되는 내부통제제도의 일부분으로서, 회사의 경영진과 이사회를 포함한 모든 구성원들에 의해 지속적으로 실행되는 과정을 의미한다.

(2) 범 위

내부회계관리제도는 내부통제제도의 보고정보의 신뢰성 가운데 외부에 공시되는 재무제표의 신뢰성 확보를 목적으로 한다. 이에는 자산의 보호 및 부정방지 프로그램이 포함된다. 또한, 운영목적이나 법규준수목적 등 다른 목적과 관련된 내부통제제도가 재무제표의 신뢰성 확보와 관련된 경우 해당 내부통제제도는 내부회계관리제도의 범위에 포함된다.

자산의 보호와 관련된 통제라 함은 재무제표에 중요한 영향을 미칠 수 있는, 승인되지 않은 자산의 취득, 사용, 처분을 예방하고 적시에 적발할 수 있는 체계를 의미한다. 예를 들어, 경영진의 권한남용 및 통제무시(management override) 위험 등에 대한 적절한 부정방지 프로그램이 존재하지 않는 경우 이는 내부회계관리제도상 중요한 취약점이 될 수 있다.

실무사례 : ㈜대우의 재무제표 조작[17]

당시 대우는 무역부문과 건설부문이라는 두 업무 영역이 조직상 뚜렷이 구분되어 운영되었고 회계도 마찬가지였다. 당시 회사의 내부적인 사무분장에 의하면 회사 전체의 회계자료 통합 및 결산재무제표 작성 업무는 무역·관리부문 부사장 소관으로서 무역·관리부문의 회계본부장의 지휘·감독하에 무역·관리부문의 회계조직이 수행하였다. - 중략 -
회계분식은 1998.1.경 대우의 자기자본이 완전히 잠식되어 부채비율을 산출할 수 없을 뿐만 아니라 막대한 적자가 발생하였다. 배당조차 할 수 없게 되는 등 재무구조 및 경영성과가 부실한 것으로 나타난 자체 결산보고를 받은 피고 1이 무역·관리부문 사장에게 대우의 부채비율을 400% 이하로 조작하고, 배당률을 2%로 맞추되, 단기차입금을 1996년도의 실제 금액 수준으로 줄이라고 지시하자 피고 4, 피고 10은 피고 7에게 그대로 지시하고, 피고 7은 다시 건설부문 재무관리실장인 소외 1에게는 건설부문에서, 무역회계팀장 소외 2에게는 무역·관리부문에서 각자 최대한 재무제표를 조작하여 위 지시에 맞추도록 지시함에 따라 이루어졌다.

(3) 효과적인 내부회계관리제도

내부회계관리제도는 내부통제제도의 일반적인 5가지 구성요소(통제환경, 위험평가, 통제활동, 정보 및 의사소통, 모니터링 활동)와 각 구성요소별 원칙을 모두 고려하여 설계하고, 이사회, 경영진, 감사(위원회) 및 중간관리자와 일반 직원 등 조직 내 모든 구성원들에 의해 운영된다.

내부통제제도는 다음과 같이 통제환경, 위험평가, 통제활동, 정보 및 의사소통, 모니터링 활동의 5가지의 구성요소와 각 구성요소별로 달성되어야 할 원칙으로 이루어진다. 내부통제제도의 구성요소별로 달성되어야 할 원칙은 〈표 8-1〉과 같다.

〈표 8-1〉 내부통제 구성요소와 원칙

내부통제제도 구성요소	원 칙
통제환경	원칙 1-5
위험평가	원칙 6-9
통제활동	원칙 10-12
정보 및 의사소통	원칙 13-15
모니터링 활동	원칙 16-17

자료 : 내부회계관리제도 운영위원회, 내부회계관리제도 설계 및 운영개념체계, 2021.10.1. p.4.

17) 대법원 2008.9.11. 선고 2006다68636 판결 일부 발췌 인용.

- 효과적인 내부회계관리제도는 외부 재무보고의 신뢰성 확보라는 목적 달성을 저해할 수 있는 위험을 합리적인 수준에서 감소시킬 수 있으며, 그러한 목적은 다음의 요건이 모두 충족될 때 달성될 수 있다.
- 내부회계관리제도의 각 구성요소와 관련 원칙이 존재하고 기능한다.
- 내부회계관리제도의 구성요소가 연계되어 통합적으로 운영된다.
- 각 구성요소와 관련 원칙들이 존재하고 기능하며, 구성요소들이 연계되어 통합적으로 운영되는지 여부를 평가함에 있어 경영진의 판단을 필요로 한다. 원칙은 구성요소와 밀접하게 연계되어 있는 기초 개념으로서 특정 원칙이 존재하지 않거나 기능하지 않고 있다면, 관련 구성요소는 존재하지 않거나 기능하지 않고 있다고 판단할 수 있다.
- 내부회계관리제도 구성요소와 관련 원칙들이 존재하고 기능하는지 여부를 판단함에 있어 다른 원칙과의 연관성을 고려한다.

(4) 내부회계관리제도의 구성요소와 원칙 : 존재와 기능

내부회계관리제도의 구성요소와 원칙은 모든 기업에 적용된다. 원칙은 각 내부회계관리제도 구성요소와 관련된 근본적인 개념으로 각 구성요소가 존재하고 기능하는 데 중대한 영향을 미친다. 따라서 관련된 원칙이 존재 · 기능하지 않는 경우 해당 내부회계관리제도 구성요소가 존재 · 기능할 수 없다. 그러나 관계 법령, 산업 및 운영환경 상의 특성에 따라 특정 원칙이 적용 가능하지 않다고 경영진이 판단할 수 있는 극히 예외적인 경우가 있을 수 있다. 특정 원칙이 회사에 적용 가능성이 없다고 결론을 내리기 위해서는 해당 원칙이 부재함에도 불구하고 관련 구성요소가 어떻게 존재하고 기능할 수 있는지에 대한 합리적인 근거로 경영진의 판단을 뒷받침하여야 한다.

■ 구성요소 및 원칙의 존재와 기능

- 존재와 기능은 내부회계관리제도 구성요소 및 원칙에 적용되는 개념으로 다음과 같은 의미를 갖는다. “구성요소 및 원칙이 존재한다” 함은 내부회계관리제도 구성요소 및 관련 원칙이 설계 및 구축되어 있다고 판단할 수 있어야 함을 의미한다. “구성요소 및 원칙이 기능한다” 함은 내부회계관리제도 구성요소 및 관련 원칙이 계속적으로 운영되고 있다고 판단할 수 있어야 함을 의미한다.
- 내부회계관리제도 구성요소가 “연계되어 통합적으로 운영된다” 함은 5가지 구성요소가 상호 유기적으로 연계되고 운영되어 외부 재무보고 신뢰성을 저해하는 위험을 감소시킨다고 합리적 수준에서 판단할 수 있어야 함을 의미한다.

(5) 내부회계관리제도의 설계, 운영, 평가시 고려사항

경영진은 내부회계관리제도의 5가지 구성요소와 관련 원칙을 달성하기 위해 구성요소 내에 통제를 설계하고 구축한다. 어떤 통제를 설계 및 운영할 것인가는 회사의 다양한 특성을 고려한 경영진의 결정 사항이다. 다만 경영진은 구성요소와 관련 원칙이 존재하고 기능하고 있다는 결론을 뒷받침하기 위해 설득력 있는 근거를 갖추어야 하며, 이를 위해 구성요소 및 원칙과 관련된 통제를 고려하여야 한다. 통제는 회사의 정책 및 절차와 긴밀히 연계되어야 한다. 정책은 효과적인 통제를 위해 반드시 수행되어야 하는 경영진의 지시사항을 반영한다. 절차는 정책을 실행하기 위한 다양한 활동으로 구성된다. 따라서 정책이나 절차가 연계되지 않은 통제는 효과적이지 않을 것이다.

효과적인 내부회계관리제도를 설계 및 운영할 수 있도록 설계 · 운영 개념체계에서는 5가지 구성요소에 대한 17가지 원칙 및 각 원칙을 달성하기 위한 중점 고려사항을 제시하고 있다. 내부회계관리제도 구성요소 및 17가지 원칙은 효과적인 내부회계관리제도의 필수적인 요구사항이며, 원칙달성을 위한 중점 고려사항은 회사의 상황에 따라 적절히 조정하여 적용할 수 있다.

■ 원칙 달성을 위한 중점 고려사항

설계 · 운영 개념체계는 내부회계관리제도의 구성요소별 원칙 달성을 위한 중요한 항목으로 중점 고려사항을 제시하고 있다. 회사의 특수한 환경을 고려하여 일부 중점 고려사항

자료 : 내부회계관리제도 운영위원회, 내부회계관리제도 설계 및 운영개념체계, 2021.10.1, p.9.

[그림 8-5] 원칙 달성을 위한 중점 고려사항

을 적용하는 것이 적합하지 않거나 필요한 경우 중점 고려사항을 변경 또는 추가할 수 있다. 중점 고려사항은 경영진이 내부회계관리제도의 설계 및 운영 그리고 관련된 원칙이 실질적으로 존재하고 기능함을 평가하는 데 유용하게 사용될 수 있다. 경영진은 내부회계관리제도를 설계, 운영 및 평가함에 있어 각 구성요소와 원칙을 필수적인 사항으로 고려하여야 하나, 원칙을 실현하기 위한 중점 고려사항은 개별 회사의 상황에 따라 적절히 조정하여 적용할 수 있다([그림 8-5]).

3.4 내부회계관리제도의 평가 및 보고[18)]

내부회계관리제도의 평가 및 내부회계관리제도 평가 · 보고 지침의 제 · 개정 권한이 금융감독원에 부여되었다. 금융감독원은 외감제도 보완방안 및 외부감사규정 개정사항을 반영하여 「외부감사 및 회계 등에 관한 규정 시행세칙」 (이하 '시행세칙')에 내부회계관리제도의 평가 · 보고 기준을 2023년 12월 29일 제정하였다. 이는 기존 한국상장회사협의회가 제정 · 운영하던 「내부회계관리제도 평가 및 보고 모범규준」을 준거하여 내부회계관리제도 평가 · 보고 절차에 적합하게 구성한 것이다. 2024.1.1일 이후 시작되는 사업연도부터 적용할 수 있도록 하였다.

회사는 설계 및 운영은 신모범규준을 적용하고 내부회계관리제도의 평가 및 보고는 금융감독원의 내부회계관리제도의 평가 및 보고기준, 가이드라인을 준거하여 수행하게 된다. 단, 기존 평가 및 보고기준은 한시적으로 2024년 적용이 가능하다. 외부감사인의 내부회계관리제도의 감사는 "감사기준서 1100 내부회계관리제도의 감사"를 적용한다.

3.4.1 내부회계관리제도의 평가 및 보고 기준

(1) 목 적

이 기준은 주식회사 등의 외부감사에 관한 법률 제8조, 동법 시행령 제9조 및 외부감사 및 회계 등에 관한 규정 제6조에 따라 내부회계관리제도 평가 및 보고에 관한 기준과 그 절차를 정하는 데 필요한 사항을 정함을 목적으로 한다.

(2) 내부회계관리제도의 평가의 목적

내부회계관리제도에 대한 평가는 신뢰할 수 있는 회계정보의 작성과 공시를 위한 회사

18) 내부회계관리제도자료(상세) 〉 내부회계관리제도 〉 회계 〉 업무자료(fss.or.kr), 2024.9.10 검색 분석 요약 인용함.

의 내부회계관리제도가 회계연도 말 현재 회사에 적합한 형태로 효과적으로 설계·운영되는지에 대한 합리적인 확신을 제공하는 것을 목적으로 한다.

(3) 내부회계관리제도의 평가 절차

내부회계관리제도 평가의 기본 절차는 다음과 같다.[19)]

1 재무보고위험 식별	2 통제의 식별	3 통제의 설계·운영 효과성 평가	4 평가결과 문서화
■ 재무보고의 양적, 질적 요소 고려 ■ 부정위험 고려	■ 핵심통제 선정 ■ 전사적 수준의 통제 효과성을 고려 ■ 정보기술 일반통제	■ 통제위험 평가 ■ 평가 증거자료 결정 ■ 평가대상 사업단위 선정 ■ 설계 효과성 평가 ■ 운영 효과성 평가	■ 경영진의 평가근거 문서화 ■ 결론도출근거 문서화

3.4.2 내부회계관리제도의 평가 결과 보고

회사의 대표이사(내부회계관리자)는 내부회계관리제도를 평가하여야 한다. 회사의 대표이사는 내부회계관리제도를 평가한 뒤 미비점에 대한 평가 및 조치 후 운영실태보고서를 작성하여 주주총회·이사회·감사(위원회)에 보고하여야 한다. 내부회계관리제도의 평가 결과 보고 절차는 다음과 같다.

1 미비점에 대한 평가	2 미비점에 대한 조치	3 내부회계관리제도 운영실태보고서 작성	4 운영실태 보고
■ 개별·결합하여 중요한 취약점인지 고려 ■ 양적·질적요소 고려 ■ 보완통제 영향 평가 ■ 미비점이 중요한 취약점인지 평가	■ 적시시정체계 마련 ■ 개선방안을 감사(위원회) 보고 ■ 감사(위원회) 권고를 고려하여 필요한 조치 ■ 사후 이행여부 확인	■ 발견된 취약점을 고려하여 효과성에 대한 결론 ■ 운영실태보고서 포함 내용	■ 주주총회·이사회·감사(위원회)에 내부회계 관리제도 운영실태 보고

자료: 내부회계관리제도 평가·보고 기준과 지정 감사인의 산업전문성 기준 등을 마련, 금융감독원, 2023.11.15 보도자료.

19) 내부회계관리제도 평가·보고 기준과 지정 감사인의 산업전문성 기준 등을 마련, 금융감독원, 2023.11.15 보도자료.

3.5 자금부정을 예방 및 적발하기 위한 통제활동의 공시[20)]

금융감독원은 상장회사와 대형 비상장회사는 '25사업연도부터 '내부회계관리제도 운영실태보고서'에 횡령 등 자금부정을 예방 · 적발하기 위한 통제활동을 추가 공시하도록 하였다. '내부회계관리제도 운영실태보고서'는 매년 대표이사가 회사의 내부회계관리제도 운영실태를 점검하여 주주 · 이사회 · 감사(위원회)에 보고하는 서류(사업보고서 및 감사보고서 첨부)이다.

3.5.1 공시의무 대상회사

외감법 및 동법 시행령에 따라 내부회계관리제도(이하, '내부회계') 운영의무가 있는 회사이다. 자금부정 통제 공시 서식은 2024년 1월 1일 이후 시작되는 사업연도부터 적용하되, 2025사업연도부터 의무적용하도록 하고 있다.

자금부정 통제 공시 서식 대상 및 의무 적용시기

<table>
<tr><th>구 분</th><th>내부회계 감사</th><th>내부회계 검토</th></tr>
<tr><td>상장회사</td><td>자산 1천억 원 이상 ('25년 의무적용)</td><td>자산 1천억 원 미만 ('26년 의무적용)</td></tr>
<tr><td rowspan="2">대형
비상장
회사</td><td rowspan="2">해당 없음</td><td>사업보고서 제출 대상
공시대상 기업집단 소속 ('26년 의무적용)
기타 비상장회사</td></tr>
<tr><td>금융회사 ('25년 의무적용)</td></tr>
</table>

3.5.2 공시의무

자금부정을 방지하기 위해 '회사가 수행한 통제활동'과 '실태 점검 결과'를 명료하게 기재하도록 상세 기준을 「내부회계 평가 및 보고 가이드라인」에 제시하고 있다. 전사적 수준 통제와 자금통제, 기타 업무수준 통제에 대한 통제활동과 이에 대한 점검결과를 공시하도록 하고 있다.

3.5.3 전사적 수준의 통제

전사적 수준 통제의무는 자금 관련 부정위험을 예방 또는 적발하는 데 관련된 것으로

---

20) 금융감독원, 횡령 등 자금부정을 예방 · 적발하기 위한 통제활동 공시 세부 작성 지침, 보도자료, 2024.11.11.

판단한 통제로서, 내부회계 설계 · 운영의 주요 원칙에 대응하여 판단한다. 대부분의 회사에서 전사적 수준 통제로 활용되는 내부회계 구성요소인 '① 통제환경, ② 위험평가, ③ 통제활동, ④ 정보 및 의사소통, ⑤ 모니터링 활동' 관련 총 17개의 원칙을 참고(「내부회계 설계 및 운영 개념체계」)한다.

'자금부정 위험에 관련된' 전사적 수준 통제 예시

구 분	설계 및 운영 개념체계	판단 사유 등
ㅁ 경영진의 의지 및 실질적인 내부회계 운영	▶ (원칙1, 원칙14) 부정위험 방지 프로그램	(적발) 부정 적발 관련 경영진의지를 통한 자금부정 예방 (단, 윤리강령 등 선언적 통제는 제외)
ㅁ 부정위험 평가	▶ (원칙8) 부정위험 평가	(예방) 전사적 수준에서의 부정위험 평가 수행을 통해 자금부정 위험을 식별하여 통제 설계 및 운영에 반영
ㅁ 업무분장 체계 구축	▶ (원칙10) 전사적 수준에서 통제별 업무분장 체계적 관리	(예방) 자금부정의 유인과 기회를 사전에 제거
ㅁ 상시 · 수시 모니터링, 이상 거래 모니터링	▶ (원칙16) 상시 모니터링	(예방 · 적발) 자금부정 사전 방지(수시) 또는 조기 식별(상시)
ㅁ 순환근무 · 강제명령휴가	-	(예방) 자금부정의 유인과 기회를 사전에 제거

자금통제는 자금 관련 부정위험을 예방 또는 적발하는 데 직접 관련된 것으로 판단한 핵심통제로서, 동 핵심통제를 선별하는 데 다음의 기준을 참고할 수 있을 것이다.

① 자금 관련 부정위험을 예방하거나 적발하기 위한 통제인가?
② 효과적으로 설계 및 운영되지 않는 경우, 발생할 수 있는 횡령 등 자금 관련 부정이 명확히 식별되는가?
③ 효과적으로 설계 및 운영되지 않는 경우, 횡령 등 자금 관련 부정의 발생 가능성이 낮지 않은가?

기타 업무수준 통제는 전사적 수준 통제와 자금통제외 자금 관련 부정위험을 예방 또는 적발하는 데 직접 관련된 것으로 판단한 핵심통제로서, 동 핵심통제 선별 시 자금통제와 동일한 판단기준을 적용한다. 실무적으로는 전사적 관점에서 자금부정위험에 대한 내부통제의 설계 및 운영의 효과성을 평가하고 이에 기초하여 자금통제와 기타 업무수준 통제를 평가하게 된다. 내부통제의 설계운영의 실태 점검은 관련 규정이나 문서화보다는 실질적인 내부통제 구축 운영의 효과성에 중점을 두어 수행되어야 할 것이다.

4. 부 정

4.1 배 경

최근 세계 및 국내 경제의 침체, 주식시장 불안, 부동산 등 물가 상승, 소득 감소 등 경제적 압박이 심해질수록 부정한 경제적 유혹에 빠질 우려가 있다. 부정은 다른 사람을 속이기 위해 고안된 의도적인 행위(intentional act) 또는 의도적인 누락(omission)으로서, 피해자는 손실을 입고, 가해자는 이득을 얻는 결과를 가져온다. 부정은 광범위한 위반(irregularities)과 불법행위(illegal acts)를 포함하며, 의도적인 속임수(intentional deception)나 의도적인 허위 진술(misrepresentation)의 특징을 가지고 있다. 불법적인 행동은 기만(deceit), 은폐(concealment), 또는 신뢰위반(violation of trust)의 특징이 있다. 부정은 금전이나 재산이나 서비스를 획득하기 위해 또는 사적인 또는 사업상의 이득을 확보하기 위해 개인이나 여러 사람(parties)과 조직이 저지른다.[21] 부정은 기업에 재무적 손실, 신용 및 이미지 훼손, 사회적 평판 등에 부정적인 영향을 미친다. 부정의 유형은 임직원의 횡령, 자산의 유용, 허위 재무보고, 폰지형 사기(Ponzi schemes)까지 다양하다. 특히, 기업 및 금융회사 등의 규모가 확대되고 전문화되어 거래가 복잡다기화됨에(예 : PF거래, 가상자산 거래, 복합파생상품 등) 따라 부정 위험이 높아지고 있다. 업무 및 거래처리가 디지털화되면서 조직적이며 체계적인 상급 관리자의 검토와 승인이 이루어지지 않을 경우 예기치 않은 횡령 사고 등이 우려된다.

4.2 부정의 이해 : 부정 삼각형(Fraud Triangle)

미국의 유명한 범죄학자인 도널드 크레시(Dr. Donald R. Cressey)가 제시한 부정 삼각형(Fraud Triangle) 이론은 부정의 원인을 설명하는 데 널리 사용되고 있다. 일반적으로 부정은 동기/압력, 기회, 합리화의 3가지 요소가 모두 결합하였을 때 발생한다는 것이다.

---

21) IIA, Fraud Prevention and Detection in an Automated World, Global Technology Audit Guide (GTAG) 13, 2009.12, pp.3-4.

- 동기/압력(Incentive/Pressure) : 경제적 어려움(예 : 주식투자의 실패에 따른 손실, 과도한 부채 등) 등 부정행위를 행하도록 유도하는 상황으로 개인적인 동기를 의미한다. 예를 들면, 주식 및 코인 투자, 투기, 유흥 음주, 도박, 마약, 한탕주의 등 개인적 성향으로 인해 정상적인 수입만으로 자신의 욕망을 감당하기 어려운 경우이다.
- 기회(Opportunity) : 기회는 부정을 행하고도 적발되지 않을 능력이다. 부정행위자는 그들의 행동이 적발되지 않을 것이라고 믿을 때만 부정을 저지른다. 기회는 내부통제나 관리가 허술할 때, 경영층이나 상급관리자의 감독이 없을 때 또는 자신의 직위나 권한을 사용하여 통제를 무력화시킬 수 있을 때 증가한다. 부정을 적발할 효과적인 절차가 수립되어 있지 않으면 부정이 발생할 기회는 증가한다.
- 합리화(Rationalization) : 부정행위를 행하면서 스스로 합리화하는 요인이다. 예를 들어 부정행위자는 기업이나 사회보다 그 자신을 우선으로 생각한다. 즉 자기중심적이다. 이 사람들은 부정을 가족이나 사랑하는 사람을 구한다는 평계로 정당화하기도 한다. 또는 기업의 기존 관행이라고 합리화한다. 조직규정이 그들에게는 적용되지 않는 것으로 생각함으로써 그들의 행동을 합리화할 수 있다. 횡령자들은 '급박한 사정에 의해 잠시 회사 자금을 빌리는 것이다. 이는 공금의 유용이 아니라 일시적인 대출이다'라고 합리화한다.

상기한 부정 삼각형을 그림으로 표시하면 [그림 8-6]과 같다.

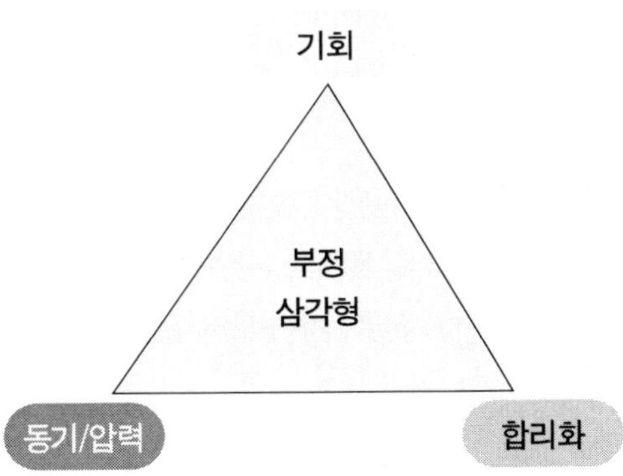

자료 : 이재권, 글로벌 경쟁력 제고를 위한 내부통제 운영전략, 서강대 내부감사전문과정 강의자료, 2010.11.20, p.29.

[그림 8-6] 부정 삼각형

CEO는 정직과 윤리에 대한 명확한 기업의 경영방침과 솔선수범을 통해 조직에 부정을 합리화하는 것을 감소시킬 수 있다. 예를 들어 공정한 업무수행과 공정한 보수지급, 직원에 대한 공평하고 일관된 처우, 공사구분의 엄정한 자금관리, 최고경영진의 목소리(예 : 정직과 성실성, 경영윤리의 강조) 등이 그 예이다. 효과적이고 지속되는 부정위험관리 시스템을 구축하고 이행하는 데 있어서, 부정행위자의 동기에 대하여 통찰력을 얻고, 모든 조직에 노출되어 있는 위협을 인식하는 것이 출발점이 될 수 있을 것이다.

4.3 글로벌 부정의 동향

최근 글로벌 부정 동향을 미국 부정조사전문기관의 '2024년 ACFE 부정에 대한 분석 보고서'22)에 의해 살펴보면 다음과 같다. 부정(Occupational fraud)은 규모, 산업 또는 지역에 관계없이 모든 조직의 운영에 광범위한 부정적 영향을 미치고 있다. 부정은 크게, 자산횡령(Asset Misappropriation), 부패(Corruption), 재무제표 부정(Financial Statement Fraud) 세 가지 유형으로 분류할 수 있다.

- 부정으로 인해 조직은 매년 매출의 5%의 손실을 보는 것으로 추정되고 있다.
- 부정 사례의 89%에서 자산의 횡령이 공통적으로 발생되고 있으며 2022년 비해 부정 손실 금액이 20% 증가하고 있다.
- 부정으로 보고된 경우 48%가 부패(corruption)와 연루되어 있다.
- 전형적인 부정 사례를 보면, 부정은 적발되기 전까지 12개월 지속되고 있다.

4.3.1 자산의 횡령

- 지출(예 : 위변조 문서)과 관련한 부정이 현격히 증가하고 있다.
- 부정을 감추기 위해 부당한 물리적 문서와 전자문서나 파일의 부당한 생성과 변경, 회계정보시스템에 부정거래의 생성이나 변경, 전자문서나 물리적 문서의 파기, 부정한 전표의 생성 등을 활용하고 있다
- 대부분의 거래 및 업무처리가 디지털화됨에 따라 부당한 전자문서나 파일의 생성이나 변경, 파괴 등의 범죄은폐가 증가하고 있다. 원시문서 등 물리적 증거는 부정의 예방, 탐지, 적발을 위해 여전히 중요하다.

---

22) ACFE(Association of Certified Fraud Examiners), Occupational Fraud 2024 : A Report to the Nations, pp.7-15.

4.3.2 부정의 최초 적발 계기

부정이 최초 적발된 경우 내부고발자의 제보(43%)에 의한 경우가 가장 많다. 이는 다른 어떤 사례보다 세 배 이상 많다. 이는 이전의 부정에 대한 연구 결과와도 일치한다. 다음은 내부감사(14%)와 경영진과 관리자 검토(13%)이다. 이 세 가지 방법에 의한 적발이 70%를 차지했다(〈표 8-2〉).[23)]

부정 제보자는 종업원(52%), 고객(21%), 익명(15%), 공급업체(11%), 기타(7%) 주주나 오너(1%), 경쟁자(1%)로 조사되었다. 이는 내외부 이해관계자로부터 부정에 대한 원활한 커뮤니케이션이 중요함을 시사하고 있다.

〈표 8-2〉 부정이 어떻게 처음 적발되었는가?

구 분	비 율	비 고
내부고발	43%	제보에 의함
내부감사	14%	
경영진과 관리자의 검토	13%	
문서검증	6%	
회계조정	5%	
사고에 의한 노출	5%	
외부감사	3%	
모니터링 : 자동화된 거래, 데이터	3%	
감 시	2%	
기 타	2%	
감독기관 등의 통지	2%	
자 백	1%	

4.3.3 내부고발 제보 방법

내부고발의 경우 절반 이상(53%)이 핫라인과 같은 공식적 메커니즘을 통해 제보되었다. 지난 5건의 분석 결과, 내부고발자가 사용한 메커니즘은 전화에 의한 것이었다. 그러나 2018년부터 이메일과 web-based 온라인 보고에 의한 것이 전화 핫라인을 추월했다. 최근 새로운 보고방법인 문자 메시지(text message)가 증가하고 있다. 이는 내부고발자가 선호하는 사기 신고 방법이 다양하다는 것을 시사한다. 특히 온라인 및 전자 양식과 관련하여 진화하고 있다. 핫라인 메커니즘을 사용하지 않은 경우 내부고발은 직속 상사(29%)가 가장

23) ACFE(2024), pp.23-25.

많은 비율을 차지했다. 다음은 경영진(16%), 내부감사(14%), 부정조사팀(13%) 순으로 분석되고 있다.

내부고발자는 직속상사, 경영진, 내부감사 및 부정조사 팀과 같은 잠재적 부정에 대한 정보를 가진 다양한 그룹에 연락할 수 있다. 비공식적인 불만 사항을 접수할 가능성이 높은 내부감사, 준법감시인, 부정조사팀 등의 관계 임직원에 부정혐의를 처리하는 방법에 대한 지침과 교육을 제공하여야 한다.

4.3.4 부정 발생의 원인

부정 발생의 원인을 파악하면 가장 큰 요인은 내부통제의 취약(32%), 기존 내부통제의 무력화(19%), 경영진과 관리자의 검토 부실(18%), 감독(oversight) 역량 부족 등으로 분석되고 있다. 요약하면, 전체 사례의 절반 이상이 내부통제시스템이 미흡하여 발생했음을 의미한다(〈표 8-3〉).[24]

〈표 8-3〉 부정의 발생원인 분석

구 분	전체 비율	비 고
내부통제 취약	32%	
기존 내부통제시스템의 무력화	19%	
경영진과 관리자의 검토 부실 (lack of management review)	18%	
감독(oversight)의 전문성과 역량 부족	9%	
최고경영층의 의지와 실행 취약 (Poor tone at the top)	8%	
독립적인 검증과 감사 부실	5%	
임직원의 부정에 대한 교육 부실	3%	
업무분장의 명확성 부족	1%	
보고라인의 불명확	1%	
기 타	4%	
계	100%	

조직의 계층에 따라 각 개인은 부정에 대한 다양한 압박과 기회를 경험하게 된다. 내부통제의 취약이 모든 직급에 있어서 부정행위의 가장 큰 원인이었다. 그러나 오너, 임원이 저지른 부정은 최고경영층의 의지와 실행의 부족이 주된 원인이었다. 중간 직급의 관리자와 직원의 부정은 경영진과 관리자에 의한 검토가 부실(lack of management review)한 경

24) ACFE(2024), pp.48-49.

우 발생할 가능성이 높을 것으로 분석되고 있다. 부정이 발생한 주요 부서를 살펴보면, 영업(14%), 회계(12%), 판매(12%), 고객서비스(9%), 임원(9%) 등으로 나타나고 있다. 모든 부서에 걸쳐 부패가 공통적인 부정 형태로 나타나고 있다.

4.4 금융회사 내부통제: 책무구조도

금융사고는 통상 업무상 미흡 또는 임직원의 도덕적 해이 등에 따른 운영위험(operational risk) 관리의 실패로부터 비롯된다. 운영위험은 재무적 위험과는 달리 정량화하기 어렵고 금융회사의 특성 및 사업부문 등에 따라 중점 관리해야 하는 위험 유형이 다를 수 있어 회사 자체적인 내부통제 노력이 중요하다. 금융당국도 내부통제에 대해서는 획일적 모델 대신 금융규제를 통해 달성하려는 목적 및 내부통제기준 마련 의무만을 규정하고 구체적인 준수 방법을 개별회사가 스스로 정하도록 하는 원칙중심규제(principle-based regulation)를 적용해 왔다. 금융위원회는 금융사 임원은 책무구조도상 책임 영역별로 내부통제를 관리하고 이사회의 내부통제 역할과 책임을 명확히 하는 내부통제 개선방안을 법제화하였다.

책무구조도란 금융회사 임원이 담당하는 직책(function)별로 책무(responsibility)를 배분한 내역을 기재한 문서이다.[25] 「금융회사의 지배구조에 관한 법률」(이하 '지배구조법')이 개정되어 금융기관은 앞으로 스스로 각자의 특성을 고려하여 임원 직책별로 책무 및 책무의 구체적인 내용을 기술한 문서(책무기술서)와 임원의 직책별 책무를 도식화한 문서(책무체계도)를 금융당국에 제출해야 한다. 이때 책무는 전사적 업무, 영업 관련 부문별 업무, 경영관리 관련 업무 등으로 구분하여 임원별로 편중되지 않게 배분되어야 한다. 책무구조도 제출 이후 임원은 소관 업무에 대해 내부통제기준을 마련하고 해당 기준 마련의 적정성 및 효과적 집행 · 운영 여부를 점검하는 등 내부통제 관리 의무를 수행해야 한다. 대표이사 등에게는 내부통제기준 위반을 초래할 수 있는 잠재적 위험 및 유사 위반사례 발생가능성 점검 등 내부통제의 총괄 관리 의무가 부여된다.

책무구조도 도입은 향후 금융권의 내부통제 행태에 큰 변화를 가져올 가능성이 있다. 내부통제기준 마련에서 더욱 나아가 CEO까지 내부통제에 대한 책임이 강화되고, 주요 업무별 최종책임자를 특정함으로써 내부통제 책임을 하부로 위임할 수 없도록 하는 원칙을 구현하고 있기 때문이다. 이는 금융사고에 대한 책임소재를 더욱 명확히 하고 관리의무 이행 실패의 책임을 경영진에 직접 물을 수 있게 되어 임원의 책임 회피를 더욱 어렵게 하는

25) 금융위원회, 금융회사 지배구조법상의 내부통제 개선방안, 2023.6, p.4.

요인으로 작용할 수 있다. 한편 상당한 주의를 다하여 내부통제 의무를 충실히 이행한 임원은 예측 및 통제할 수 없는 불의의 사고 발생시 책임을 감경 또는 면제받게 된다. 이러한 조치는 임원진이 내부통제에 대한 인식을 개선하고 실질적인 관리책무를 이행하도록 유도하는 효과를 비교적 단기간에도 유발할 수 있을 것으로 보인다.

4.5 금융사고 사례 분석

국회 정무위원회가 금융감독원으로부터 제출받은 '금융권 금융사고 발생현황'에 따르면, 지난 2018년 1월부터 2023년 8월까지 5년 8개월 동안 총 452건의 금융사고가 발생했으며, 피해규모는 약 1조 1,068억원에 달한다.[26] 금융사고는 사기, 횡령 · 유용, 업무상 배임, 도난 · 피탈 등으로 구분된다. 유형별로 살펴보면, 사기로 인한 피해 금액이 7,515억원으로 전체의 68%를 차지해 가장 많았다. 이어 횡령 · 유용(2,043억원), 배임(1,153억원) 순으로 많았다.

업권별로 보면, 증권사와 자산운용사 등 금융투자 부문 피해금액이 7,040억원으로 전체의 64%에 달했다. 이어 은행(2,620억원), 보험(540억원), 저축은행(412억원), 여신전문금융회사(387억원) 순으로 많았다. 내부통제의 관점에서 경남은행 투자금융부의 횡령 사례[27]를 분석해 보면 다음과 같다.

■ 사고 규모와 현황

- 사고자는 투자금융부에서 장기간(15년간) PF대출 업무를 담당하면서 '09.5월~'22.7월 기간 중 본인이 관리하던 17개 PF사업장에서 총 2,988억원을 횡령하였음
- 사고 현황

① 허위 대출 취급을 통한 대출금 횡령: 1,023억원

사고자는 '12.12월~'22.7월 기간 중 PF대출 차주(5개 시행사)가 대출 취급을 요청한 사실이 없음에도 자금인출요청서 등 대출서류를 위조하여 허위대출을 취급(실행)함. 허위 대출금을 무단 개설한(추정) 차주 명의 계좌 또는 사고자 가족, 지인 및 관련 법인(대표이사 사고자 가족) 명의의 계좌로 이체하는 방식으로 총 13회에 걸쳐 1,023억원을 횡령하였음.

② 허위 서류 작성을 통한 대출 원리금 상환자금 횡령: 1,965억원

사고자는 '09.5월~'22.5월 기간 중 PF대출 차주(16개 시행사)가 대출 원리금 상환자금

26) 지난 5년간 금융사고 452건 발생… "경남은행 보고의무 위반 6건," 비즈트리뷴, 2023.9.12 기사 분석 요약.

27) 금융감독원, 경남은행 횡령사고에 대한 검사결과(잠정), 2023.9.20 보도기사 분석 인용.

을 정상 납입하였음에도 자금집행요청서 등 대출 서류를 위조함. 해당 차주의 대출계좌가 아닌 다른 차주의 대출계좌로 송금(기존 횡령 은폐 목적)하거나, 사고자 가족, 지인 및 관련 법인(대표이사 : 사고자 가족) 명의의 계좌로 이체하는 방식으로 총 64회에 걸쳐 1,965억 원을 횡령하였음.

〈내부통제 관점에서의 분석〉

- 사고자가 15년간 동일 부서에 PF업무를 수행하여 왔으나 명령휴가 대상에 한 번도 선정되지 않았다는 것은 부정방지를 위한 업무순환(job rotation), 강제휴가(mandatory vacation)와 같은 통제절차가 은행 전체적으로 적절히 설계 운영되지 않음을 시사한다.
- 본점 투자금융부와 같이 소수의 책임자가 대출 실행 및 사후관리를 수행하여 업무분장이 이루어지지 않는 환경에서 부실한 자점감사로 사고가 장기간 발각되지 않았다. 금융회사의 자점감사나 자체점검이 실질적으로 수행되고 있는가에 대한 깊은 성찰이 요구된다.
- 거액의 여신 실행이 이상거래 모니터링 대상에 포함되지 않아 조기 적발이 되지 않았다는 것은 이상거래 모니터링과 전사적 부정위험평가(fraud assessment)가 체계적으로 연계하여 갱신되지 않고 기존 시스템을 형식적으로 운영한 결과일 것이다.
- 경남은행의 PF대출이 2020년부터 증가하고 있는 환경에서 BNK금융지주가 내부통제에 대한 테마점검을 실시하면서, 고위험 업무인 PF대출 취급 및 관리에 대해서는 점검을 실시한 사례가 없다는 것은 지주사의 점검 및 감사가 형식적으로 운영되고 있음을 시사한다. 장기간에 걸친 거액의 횡령사고가 발생할 경우 조직적인 부정방지 프로그램(Anti-Fraud Program)에 종합적인 진단을 통한 내부통제 개선이 요청된다.

4.6 대법원 판례 : COSO 내부통제 관점에서 검토

내부통제와 관련된 주요 대법원 판례를 COSO의 내부통제 관점에서 검토하여 보면 다음과 같다.

1. 대표이사의 법규준수(공정거래)에 대한 내부통제 감시의무 (대법원 2021.11.11. 선고 2017다222368 판결)

■ **배 경**

- 유니온스틸 주식회사(이하 '유니온스틸'이라고 한다)는 철강제조 및 가공업 등을 영위

하는 회사로서 2015. 1. 2. 동국제강 주식회사에 흡수합병되어 해산하였고, 피고는 2004. 3. 16.부터 2011. 3. 15.까지 유니온스틸의 대표이사로 재직하였다.

• 내부통제시스템은 비단 회계의 부정을 방지하기 위한 회계관리제도에 국한되는 것이 아니라, 회사가 사업운영상 준수해야 하는 제반 법규를 체계적으로 파악하여 그 준수 여부를 관리하고, 위반사실을 발견한 경우 즉시 신고 또는 보고하여 시정조치를 강구할 수 있는 형태로 구현되어야 한다. 특히 회사 업무의 전반을 총괄하여 다른 이사의 업무집행을 감시·감독하여야 할 지위에 있는 대표이사가 회사의 목적이나 규모, 영업의 성격 및 법령의 규제 등에 비추어 높은 법적 위험이 예상되는 경우임에도 이와 관련된 내부통제시스템을 구축하고 그것이 제대로 작동되도록 하기 위한 노력을 전혀 하지 않거나 위와 같은 시스템을 통한 감시·감독의무의 이행을 의도적으로 외면한 결과 다른 이사 등의 위법한 업무집행을 방지하지 못하였다면, 이는 대표이사로서 회사 업무 전반에 대한 감시의무를 게을리한 것이라고 할 수 있다.

■ COSO 내부통제 관점의 분석

• 대법원은 내부통제시스템은 비단 회계의 부정을 방지하기 위한 회계관리제도에 국한되는 것이 아니라는 점을 분명히 하고 있다. 대표이사가 회사의 목적이나, 규모, 영업의 성격 및 법령의 규제 등에 비추어 높은 법적 위험이 예상되는 경우 이와 관련된 내부통제시스템을 구축하고 그것이 제대로 작동되도록 하여야 한다고 강조하고 있다.

• 회사가 사업운영상 준수해야 하는 제반 법규를 체계적으로 파악하여 그 준수 여부를 관리하고, 위반사실을 발견한 경우 즉시 신고 또는 보고하여 시정조치를 강구할 수 있는 형태로 구현되어야 한다.

• COSO의 내부통제 관점에서 볼 때 통제환경(예: 법규), 리스크 평가(예: 법적 위험), 통제활동(예: 준수여부의 관리), 정보 및 의사소통(예: 위반 사실의 즉시 신고 및 보고), 모니터링(예: 시정조치)이 구축 운영되어야 함을 지적하고 있다.

• 회사 업무의 전반을 총괄하여 다른 이사의 업무집행을 감시·감독하여야 할 지위에 있는 대표이사는 높은 법적 위험이 예상되는 경우 다음과 같은 측면을 고려하여 감시의무를 수행하여야 할 것이다.

(1) 법적 위험이 높은 경우 이와 관련된 내부통제시스템을 구축하여 제대로 작동되도록 하기 위한 활동을 충실히 수행하고 있는가?

(2) 시스템을 통한 감시·감독의무를 수행하여 실질적으로 다른 이사 등의 위법한 업무집행을 적시에 예방하고 있는가?

2. 사외이사 등 평이사(대표이사나 업무집행이사가 아닌)에 대하여 준법통제 관련 감시의무 책임을 인정한 대법원 판결(대법원 2022.5.12. 선고 2021다279347 판결)

■ **대법원 판결 주요 사항**

- 이사의 감시의무의 구체적인 내용은 회사의 규모나 조직, 업종, 법령의 규제, 영업상황 및 재무상태에 따라 크게 다를 수 있다. 특히 고도로 분업화되고 전문화된 대규모 회사에서 대표이사나 일부 이사들만이 내부적인 사무분장에 따라 각자의 전문 분야를 전담하여 처리하는 것이 불가피한 경우에도, 모든 이사는 적어도 회사의 목적이나 규모, 영업의 성격 및 법령의 규제 등에 비추어 높은 법적 위험이 예상되는 업무와 관련해서는 제반 법규를 체계적으로 파악하여 그 준수 여부를 관리하고 위반사실을 발견한 경우 즉시 신고 또는 보고하여 시정조치를 강구할 수 있는 형태의 내부통제시스템을 구축하여 작동되도록 하는 방식으로 감시의무를 이행하여야 한다(대법원 2021.11.11. 선고 2017다222368 판결 등 참조).
- 다만 회사의 업무집행을 담당하지 않는 사외이사 등은 내부통제시스템이 전혀 구축되어 있지 않는데도 내부통제시스템 구축을 촉구하는 등의 노력을 하지 않거나 내부통제시스템이 구축되어 있더라도 제대로 운영되고 있지 않다고 의심할 만한 사유가 있는데도 이를 외면하고 방치하는 등의 경우에 감시의무 위반으로 인정될 수 있다.

■ **COSO 내부통제의 관점의 검토**

- 대법원은 이사는 입찰담합 등 임직원의 위법행위에 관하여 합리적인 정보 및 보고시스템과 내부통제시스템을 구축 운영하고 제대로 작동하도록 관리할 의무가 있다는 점을 명시하고 있다. 윤리강령, 윤리세칙, 기업행동강령 등의 제정 시행이나 임직원을 대상으로 윤리경영교육, 건설 하도급 공정거래법 교육 등의 실시는 단지 임직원의 직무수행에 관한 추상적이고 포괄적 지침 또는 사전 교육에 불과할 뿐 입찰담합 등의 통제장치라고 볼 수 없다. 이는 기업의 준법을 위한 형식적인 윤리규정이나 강령 제정 및 교육 등에 대해 실효성 있는 내부통제시스템을 구축 운영할 것을 요구하고 있다. 즉 내부통제가 윤리강령 등의 규정이나 시스템으로 설계, 운영이 된다는 사실이 중요한 것이 아니라 실질적으로 내부통제 목적을 달성하고 있느냐에 초점을 두고 있음을 시사한다.
- 특히 입찰담합 등의 위법행위가 관행적으로 이루어지고, 입찰담합에 관여한 임직원들에 대하여 독립적인 조사절차 또는 징계절차도 전혀 운용하지 않은 점 등을 지적

하며 내부통제시스템의 부재로 판단하였다. 이는 기업의 관행적인 편법적 준법 경영 또는 내부통제 시스템의 형식적 운영에 경종을 울리는 판결이다.

5. 내부통제 혁신 방향

우리 기업과 금융회사 등에서 지속적으로 발생되고 있는 횡령 등의 금융사고, 불완전 판매, 개인 및 신용정보 유출 등에 대응하기 위해서는 다음과 같은 관점에서 내부통제 혁신이 이루어져야 할 것이다.

(1) 건전한 윤리와 조직문화에 기반한 전사적 리스크 관점의 내부통제

선진국 감독당국이 내부통제를 '전사적 운영리스크 관리'의 개념으로 발전시킨 반면, 국내외 금융회사는 내부통제를 '컴플라이언스 준수' 등 좁은 의미로 인식해왔다. 세계화와 정보기술의 발전으로 금융회사의 업무가 확대되고 복잡해진 가운데 금융사고 발생도 끊이지 않고 있다.[28] 또한 금융상품이 복잡 다기화되고, 디지털기반의 금융서비스가 지속적으로 확산되고 있다. 위와 같은 경영환경에 대처하기 위해서는 전사적 리스크 관점에서의 내부통제의 실질적 구축 운영을 다각적으로 검토할 시점이다. 전사적 리스크 관리(Enterprise Risk Management, ERM)는 '조직목표를 달성하기 위해 경영자와 전체 조직원이 참여하여 전략 수립을 포함한 업무 전반에 대해 리스크를 찾아 관리하는 과정'이다. 리스크 관리가 특정 리스크 관리 전문부서나 팀이 아닌 업무 및 영업 전반에 내재화되어 수행되어야 한다. 아울러 전사적 리스크 관리에 기반한 내부통제의 구축 운영은 CEO을 비롯한 임직원의 건전한 윤리와 조직문화가 전제되어야 함을 명확히 인식할 필요가 있다.

(2) 임직원의 자발적 참여에 의한 내부통제 개선 : RCSA 활성화

현재 금융회사 등이 내부통제를 '형식적 · 절차적 의무'로 인식할 뿐, 임직원의 의식과 행동 변화를 이끌어내지 못하고 있다는 비판이 제기되고 있다. 특히 금융사고시마다 직원들에 대한 옥상옥의 감시 및 감독 또는 모니터링 강화는 직원을 감시의 대상으로 여긴다는 불만 내지 비판을 가져올 수 있음을 고려하여야 한다. CEO을 비롯한 임직원의 자발적 참여에 의한 내부통제의 평가 및 개선의 선순환이 이루어지도록 하기 위한 제도적 유인이 강화될 필요가 있다. 예를 들면, 각 영업점 내지 각 부서 및 팀 자체가 리스크-통제 자가진단

---

28) 이효섭, 금융회사의 내부통제 개선 방향, 자본시장연구원 자본시장 포커스, 2021-09호, p.1.

(RCSA, Risk Control Self Assessment)을 통하여 정기적으로 리스크와 내부통제실태를 평가하고 개선하도록 장려하는 것이다. 아울러 우수 사례를 표창하여 전파하는 방안이 있을 것이다. 우량 외국계 은행에서는 리스크-통제 자가진단(RCSA)이 정착되어 사고 예방과 리스크 관리 활동의 도구로 활용되고 있다.

(3) 금융감독의 검사활동 등의 4차 방어선 역할의 활성화

금융회사는 금융감독당국의 정기검사 내지 특별검사를 받게 된다. 금융회사 자체의 내부감사도 독립적인 입장에서 감사업무를 수행하게 된다. 그러나 실무적 측면에서 기획, 여신정책, 인사부서 등에 대한 엄정한 내부감사 업무수행에는 한계가 있을 수 있다. 위와 같은 실태를 고려하여 금융당국의 검사와 외부감사인의 활동이 4차 방어선(The Fourth Line)으로 역할을 수행하도록 하는 방안을 다각적으로 검토하여 적용할 시점이다. 국제결제은행(BIS)에서도 금융기관의 4차 방어선 구축 필요성을 제기[29]하고 있다([그림 8-7]).

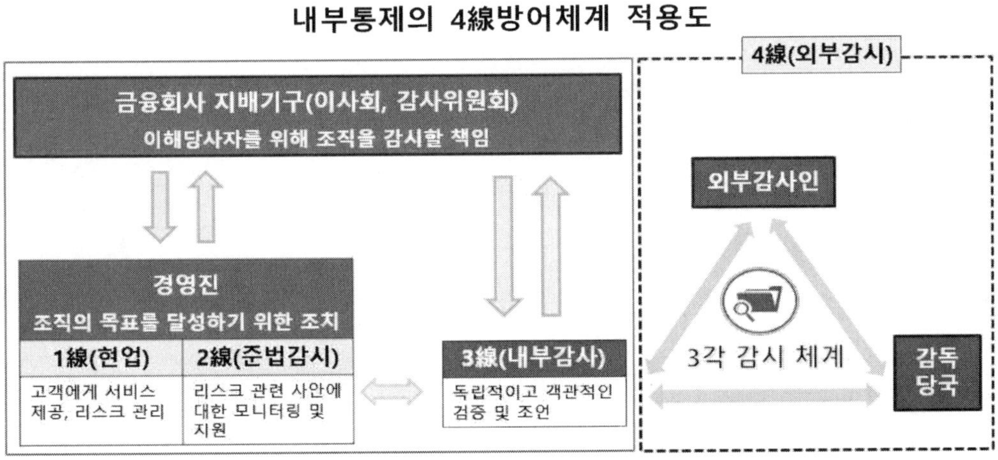

자료 : 금융감독원, 금융회사 내부통제 개선 회계법인 간담회, 2023.1.11 보도자료, p.2.

[그림 8-7] 4선 방어체계의 활용

(4) 내부통제의 퇴화/AI-RPA환경에 대응한 통제

내부통제가 초기에는 통제 목적을 달성하기 위해 적절히 설계 운영되나 시간이 경과함에 따라 내부통제 운영이 외부 감독 등에 대비하여 보여주기 위한 형식적 운영으로 퇴화될 수 있다. 또한 업무의 AI/RPA(Robotic Process Automation)의 도입 확산에 따른 새로운 내

29) Bank for International Settlement, Financial Stability Institute, The "four lines of defence model" for financial institutions, Occasional Paper No.11, 2015.

부통제의 취약점이 적시에 보완되지 않을 수 있다. 위와 같은 내부통제의 퇴화 및 진부화 리스크 대응한 내부통제의 지속적인 재평가 및 혁신이 요청된다.

(5) 건전한 내부통제의 구축 운영을 위한 3요소

건전한 내부통제의 구축 운영을 위해서는 Rule(정책 및 규정, 지침 등), Tool(통제기법 및 시스템), Human(사람-윤리, 경영문화)에 대한 고려가 필수적이다. 우리 기업 및 금융회사의 내부통제시스템의 구축 운영에는 내부통제 관련 법제도나 내부통제시스템의 구축 운영에 지금까지 많은 투자와 노력을 기울여왔다. 그러나 상대적으로 임직원의 경영윤리나 경영문화에 대한 인식과 이에 대한 관심은 적었다. CEO을 비롯한 기업의 구성원인 사람이 당해 기업을 움직이는 원동력이고, 조직의 모든 내부통제 시스템의 기반이 된다는 점을 새롭게 인식할 필요가 있다. 이를 위해 경영층을 비롯한 임직원의 정직, 성실, 윤리적 가치를 정립하기 위한 실질적인 교육을 위한 다각적인 노력이 요청된다.

〈제8장 요약〉

내부통제(Internal control)는 기업의 운영, 보고, 준법에 관련된 목적 달성에 대한 합리적 확신을 제공하기 위하여 조직의 이사회, 경영진 및 임직원에 의해 지속적으로 실행되는 일련의 과정(Process)이다. 내부통제의 본질적 특성은 다음과 같다. 첫째, 내부통제는 관계 법규의 준수, 운영의 효율성과 효과성, 재무와 경영보고의 신뢰성 확보와 같은 조직의 목적 달성을 위한 것이다. 내부통제는 조직의 목적을 위한 것이지 조직 구성원을 통제하기 위한 것이 아니다. 둘째, 내부통제는 하나의 사건(event)이 아니라 조직의 업무를 관통하는 일련의 활동으로 내부통제는 특정 시점의 활동이 아니라 조직 내에서 행해지는 역동적이고 통합적인 지속적 프로세스이다. 셋째, 내부통제는 사람에 의하여 수행되며, 단순한 방침을 정한 매뉴얼이나 시스템, 형식이 아니다. 조직의 모든 계층에 있는 사람과 행동에 대한 것이다. 내부통제를 구축 운영함에 모든 조직 구성원의 참여가 필수적이다. 내부통제는 당해 기업의 CEO, 이사회, 임직원 및 기타 구성원에 의하여 설계되고 유지되며, 조직 내의 사람들의 인식과 행동으로 이루어진다. 당해 기업의 목적을 설정하는 것도 사람이고, 통제시스템을 설계하는 것도 사람이다. 내부통제는 사람의 행동에 영향을 미친다. 넷째, 내부통제는 경영층과 이사회에 회사의 목적 달성에 관한 합리적인 확신(reasonable assurance)을 제공한다. '절대적 확신'이 아닌 '합리적 확신'이라는 개념은 모든 내부통제에 한계가 존재하고, 정확하게 예측할 수 없는 불확실성과 위험이 존재한다는 것을 인정하는 것이다. 이러한 한계로 인해 경영진과 이사회는 회사의 목적 달성에 대한 절대적인 확신을 갖지 못하게 된다.

내부통제시스템은 비단 회계의 부정을 방지하기 위한 회계관리제도에 국한되는 것이 아니라, 회사가 사업운영상 준수해야 하는 제반 법규를 체계적으로 파악하여 그 준수 여부를 관리하고, 위반사실을 발견한 경우 즉시 신고 또는 보고하여 시정조치를 강구할 수 있는 형태로 구현되어야 한다. 특히 회사 업무의 전반을 총괄하여 다른 이사의 업무집행을 감시·감독하여야 할 지위에 있는 대표이사는 회사의 목적이나 규모, 영업의 성격 및 법령의 규제 등에 비추어 높은 법적 위험이 예상되는 경우임에도 이와 관련된 내부통제시스템을 구축하고 제대로 작동하도록 하여야 할 의무가 있다.(대법원 2021.11.11. 선고 2017다222368 판결).

대법원은 기업의 준법을 위한 형식적인 윤리규정이나 강령 제정 및 교육 등에 대해 실효성 있는 내부통제시스템을 구축 운영할 것을 요구하고 있다. 즉 내부통제가 윤리강령 등의 규정이나 시스템으로 설계, 운영이 된다는 사실이 중요한 것이 아니라 실질적으로 내부통제 목적을 달성하고 있느냐에 초점을 두고 있음을 시사한다.

PART

IV

기후변화와 인권경영

제9장에서는 최근 중시되고 있는 기후변화와 기후변화 리스크를 이해하도록 한다. 기후위기에 대응하기 위한 탄소중립과 기후변화 적응정책과 실무현안을 파악하도록 한다. 제10장에서는 글로벌 탄소중립 동향과 우리나라의 탄소중립 목표와 전략을 이해하도록 한다. EU 지속가능성실사지침 등 기후변화에 대한 규제와 지속가능성 공시에 대하여 다룬다. 제11장에서는 최근 기업의 주요 현안으로 대두되고 있는 산업안전 등과 관련된 인권경영의 배경과 국제적 요구 등에 대하여 이해하도록 한다. 우리나라의 산업안전, 직장내 괴롭힘, 소비자 보호 등의 현안을 사례를 통해 파악하도록 한다.

chapter

9

기후변화와 대응

생각해 볼 점

- 최근 기후변화의 동향은?
- 우리 삶에 기후변화의 영향은 무엇인가?
- 기업의 관점에서 기후변화의 리스크는 무엇인가?
- 기후변화에 대응한 기업 CEO의 역할은 무엇인가?

"온실가스 배출량을 급격히 줄이는 것만이 지구 온도 상승을 막을 수 있는 유일한 방법이다"

- 코페르니쿠스 기후변화연구소의 서맨사 버지스 부소장

최고경영진은 환경경영의 전략적 중요성을 이해하고 이에 대한 실천의지 및 지원활동을 경영활동에 반영하여야 한다. 이를 위해 최고경영진은 '환경방침'을 통하여 환경경영에 대한 확고한 의지와 투자계획을 대내외적으로 표명할 필요가 있다. 환경경영전략은 전 가치사슬을 고려한 관점에서 기업이 외부에 미치는 환경적 영향을 최소화하고 기업 내부의 환경성과를 높이며, 나아가 경영성과와 연계할 수 있는 구체적인 실행방법을 제시하여야 한다.

이 장에서는 최근 중시되고 있는 기후변화와 기후변화 리스크를 이해하도록 한다. 기후위기에 대응하기 위한 탄소중립과 기후변화 적응정책과 실무현안을 파악하도록 한다.

1. 기후변화의 심각성

1.1 최근 동향

2024년, 지구는 폭염으로 큰 타격을 입었다. 미국 북동부에서는 6월 '열돔' 현상으로 기록적인 폭염이 발생해 워싱턴 DC에 있는 에이브러험 링컨 대통령 밀랍 조형물이 녹아내리는 사건이 벌어졌다. 인도 북부에서는 52도를 넘는 극한의 기온으로 약 2만 6,000명의 열사병 환자가 발생했고, 190명이 사망했다. 사우디아라비아 메카에서 하지 순례 중 폭염으로 인해 1,300명 이상이 사망하는 비극적인 사건도 있었다. 미국 기후 저널리스트 제프 구델은 저서 'The Heat Will Kill You First(더위가 당신을 죽일 것이다)'에서 "폭염은 더 이상 남의 문제가 아닌 당신의 문제"라고 경고하며 "한 해 전세계 폭염 사망자가 48만 9,000명에 달한다"고 강조했다.

폭염뿐만 아니라 홍수와 태풍도 전 세계 곳곳에서 큰 피해를 일으켰다. 2024년 초, 동아프리카에 내린 폭우로 케냐, 탄자니아, 부룬디에서 대규모 홍수가 발생해 수백 명이 사망하고 70만명이 피해를 입었다. 브라질 최남단 히우그란지두술(Rio Grande do Sul)에서는 기록적인 대홍수로 최소 126명이 사망하고, 약 34만명이 이재민이 되었다. 사막 기후인 아랍에미리트 두바이에서는 12시간 동안 1년 치 강우량에 맞먹는 비가 쏟아졌다.[1)]

우리나라의 2024년 여름은 한반도 기상 관측 사상 가장 더웠던 여름으로 기록되었다. 최악의 폭염이 발생했던 1994년과 2018년의 각종 기록이 2024년 줄줄이 경신됐다. 특히 전국 평균기온과 열대야 일수 등 핵심 지표가 역대 1위 기록을 세웠다. 기온이 크게 오르면서 역대급 폭염과 열대야도 이어졌다. 여름 전국 평균 열대야 일수는 20.2일로 평년(6.5일)의 3.1배에 달했다. 육지뿐 아니라 바다도 뜨거웠다. 우리나라 주변 해역의 여름철 해수면 온도는 23.9도로 최근 10년(2015~2024년) 평균인 22.8도보다 1.1도 높았다. 이는 최근 10년 중 가장 높은 수치다.[2)] 기후변화로 우리나라의 기후 특성마저 변하는 양상을 보이고 있다.

심각해지는 지구온난화는 비단 자연재해 피해만의 문제가 아니다. 경제적으로도 심각한 타격이 될 수 있다는 전문가들의 경고가 잇따르고 있다. 지구온난화로 지구 온도가 1℃ 상승할 때마다 전 세계 국내총생산(GDP)이 12%씩 감소하며 전쟁에 버금가는 피해를 가져올 수 있다는 연구 결과가 나왔다. 하버드대 경제학자 에이드리언 빌랄과 노스웨스턴대 디

1) [기획] 전 세계 기상이변 속출… 기후변화 심각성, 행동이 필요하다 〈 기획·분석 〈 기획·특집 〈 기사본문, 제주도민일보(jejudomin.co.kr), 2024.9.23.

2) 밤낮 없는 더위에 장마철도 후끈… 최악의 폭염 기록 줄줄이 경신, 동아일보(donga.com), 2024.9.10.

에고 칸지그는 최근 발표한 연구 논문에서 2100년까지 화석연료 사용으로 인해 지구 온도가 3℃ 오를 경우 전 세계의 생산 및 자본, 소비가 50% 넘게 급락할 것이라고 예측했다.[3)]

한국은행이 발표한 '이상기후가 실물경제에 미치는 영향' 보고서에 따르면 2023년 이후 우리나라 물가 상승분의 10%가량은 폭염 · 폭우 등 이상기후가 원인이라 분석했다. 폭우와 폭염의 여파로 채소 가격은 대폭 올랐다. 특히 배추의 경우 한낮 기온 33도를 웃도는 찜통더위가 장기화하면서 지난해보다 배추 재배 면적이 감소해 출하량이 줄어 가격이 뛰어올랐다.[4)] 한국은행 보고서는 "정부가 국내 기후 환경에 적합한 농작물의 품종 개발 등을 통해 기후변화에 대한 대응력을 강화해야 한다"고 권고하고 있다.

1.2 지구온난화의 가속화

앞으로 5년 안에 지구 기온 상승폭이 1.5도를 돌파할 가능성이 80%에 달한다는 전망이 발표되고 있다. 1.5도는 과학자들이 기후변화의 '티핑 포인트'(급격한 변화를 야기하는 지점)로 제시한 수치다. 안토니오 구테흐스 유엔(UN) 사무총장은 "인류가 파리협정 목표를 달성할 경로에서 벗어나 있다는 암울한 현실을 보여주는 수치"라며 "우리는 지금 지구와 러시안 룰렛 게임을 하고 있다"고 경고했다.

2024년 6월 5일 발표된 세계기상기구(WMO)의 '전 지구 1년~10년 기후 업데이트(GADCU) 보고서'에 따르면, 2024~2028년 전 지구 평균기온은 산업화(1850~1900년) 이전 대비 1.1~1.9도 높을 것으로 예상된다. 이 기간 1.5도를 넘어서는 해가 나타날 확률은 80%로 나타났다. 지난해 발표된 5년 내(2023~2027년 사이) 1.5도 초과 상승 확률(66%)에서 크게 오른 수치다.[5)] 전 세계 195개국은 2015년 파리기후변화협약(COP21)에서 산업화 이전 대비 지구 평균기온 상승폭을 1.5도 이내로 유지하기로 목표를 정한 바 있다.

지구온난화가 심화하면서 1.5도를 넘어서는 시점이 앞당겨지고 있다는 연구 결과도 나오고 있다. 미국 기후분석단체 버클리 어스는 2023년 이미 1.5도 이상 높아졌다고 추정하기도 했다. "2023년 온난화 가속화로 지구 평균기온과 전 세계 해수면 평균온도가 역대 최고치를 기록했다"고 전했다.[6)] 전문가들은 온난화를 막기 위한 행동에 나서야 한다고 지적했다. 영국 왕립기상학회장인 리즈 벤틀리 교수는 "1.5도를 넘어서는 것은 심각한 문제이며 잘못된 방향으로 나아가는 또 다른 단계이다. 그러나 우리는 (온난화를 막기 위해) 해야 할

3) '지구온난화' 환경만의 문제?… 경제 심각한 타격, 한국일보, 2024.6.3.

4) [기획] 식자잿값 '껑충', 밥상물가 얼마나 올랐나, 매일일보(m-i.kr), 2024.8.21.

5) 기후위기 임계점 온다… 5년 내 기온 1.5도 더 오를 확률 80%, 중앙일보, 2024.6.5.

6) 지구온난화 가속화… 기온 상승폭 처음으로 1.5도 넘어서, 아시아경제, 2024.2.8.

일을 알고 있다"고 지적했다. 코페르니쿠스 기후변화연구소의 서맨사 버지스 부소장도 "온실가스 배출량을 급격히 줄이는 것만이 지구 온도 상승을 막을 수 있는 유일한 방법"이라고 말했다.

1.3 국제사회의 기후변화에 대응: 파리협정

국제사회는 기후변화 문제의 심각성을 인식하고 이를 해결하기 위해 선진국에 의무를 부여하는 '교토의정서' 채택(1997년)에 이어, 선진국과 개도국이 모두 참여하는 '파리협정'을 2015년 채택했고, 국제사회의 적극적인 노력으로 2016년 11월 4일 협정이 발효되었다. 파리협정의 목표는 산업화 이전 대비 지구 평균온도 상승을 2℃보다 훨씬 아래(well below)로 유지하고, 나아가 1.5℃로 억제하기 위해 노력해야 한다는 것이다.

지구온도 상승을 1.5℃ 이내로 억제하기 위해서는 2050년까지 탄소 순배출량이 0(zero)이 되는 탄소중립 사회로의 전환이 필요하다. 이를 위해 전 세계 125개국 이상이 2050년 이전 탄소중립을 선언하였으며, 우리나라는 2020년 10월 2050년 탄소중립을 선언하였다. 탄소중립이란 온실가스 배출을 최대한 줄이고, 남은 온실가스는 흡수(산림 등), 제거(CCUS)해서 실질적인 배출량이 0(ZERO)이 되는 개념이다. 즉, 배출되는 탄소량과 흡수되는 탄소량을 같게 해 탄소 '순배출량이 0'이 되게 하는 것으로 '넷 제로(Net-Zero)'라 명칭한다. 우리나라의 탄소중립 목표와 추진전략은 본서 제10장 "2050 탄소중립선언"에서 보다 상세히 설명할 것이다. 탄소중립의 실현을 위해서 탄소중립의 활동의 주축인 국가와 기업, 국민 모두의 보다 적극적이고 실질적인 노력이 필요한 시점이다.

국제사회는 지구온난화에 따른 기후변화에 적극적으로 대처하기 위하여 1988년 유엔총회 결의에 따라 기후변화에 관한 정부간 협의체(IPCC, The Intergovernmental Panel on Climate Change)를 세계기상기구(WMO)와 유엔환경계획(UNEP)이 공동으로 설립하였다. 기후변화에 관한 정부간 협의체(IPCC)는 3개 실무그룹(1그룹: 기후변화과학, 2그룹: 영향·적응·취약성, 3그룹: 기후변화 완화)으로 구성되어 있으며 1990년 제1차 평가보고서(Assessment Report, AR)를 발간한 이래 2023년 제6차 평가보고서까지 발간하였다. IPCC 평가보고서는 기후변화에 관한 포괄적인 최신의 정보를 제공하고, 전 세계 학계, 정부 및 산업 부문으로부터 기후변화와 관련된 표준 참고자료로 인정받으며, 유엔기후변화협약(UNFCCC) 등에서 정부간 협상의 근거자료로 활용되고 있다. 특히, IPCC는 제3차 평가보고서(2001년)부터 기후변화 시나리오를 사용하여 미래의 기후변화 위험 예측 결과를 제시하고 있다.

1.4 기후변화의 영향과 대책

기후변화는 오늘날 인류가 직면한 가장 시급한 도전 중 하나이다. 지구의 기후는 일정한 범위 내에서 늘 변화해 왔다. 최근 과학자들은 지구 기온이 자연적인 변화폭을 넘어서고 있다는 사실에 주목하고 있다. 인간의 활동이 빚은 온난화로 기후 시스템이 불안정해지고 있다. 기후변화의 원인으로 꼽히는 주요 온실가스는 이산화탄소(CO_2), 메탄(CH_4), 이산화질소(NO_2) 등이다. 온실효과를 일으키는 온실가스에 의해 지구가 더워지는 현상을 우리는 지구온난화라 한다. 지구온난화는 장기적인 기온상승을 뜻한다. 기후변화는 일시적인 가뭄, 홍수, 한파까지를 포함하는 불안정한 기후현상이 포함되어 있다. 전반적으로 기후변화가 지구온난화보다 더 포괄적인 개념이다. 온실가스에는 자연적인 온실가스와 인위적인 온실가스가 있다. 자연적인 온실가스는 지구의 평균기온을 생명체가 살기에 적당한 온도로 유지하는 역할을 한다.

하지만 산업혁명 이후로 화석연료 사용이 증가하면서 증가한 인위적인 온실가스는 지구 평균기온을 점점 더 상승시켜 지구온난화와 기후변화를 불러일으키고 있다. 1860년을 전후로 지구의 평균기온은 올라가기 시작해 1906년~2005년 사이 평균 0.74℃가 상승했다. 이는 지난 1,000년 동안의 온도상승 폭을 뛰어넘는 수준이다. 지구온난화로 인한 지구 표면의 온도상승은 해수와 대기의 흐름에 영향을 미쳐 강수의 양과 패턴을 변화시킨다. 이에 따라 기상이변이 잦아지고 있는데 우리는 이를 기후변화라고 부른다. 기후변화로 인한 기상이변에는 가뭄, 홍수, 태풍, 폭염, 한파 등이 있고 이는 모두 인류의 생존에 큰 영향을 미치는 것들이다. 기상이변은 인류에게 직접적인 피해를 줄 뿐만 아니라 생물다양성의 감소, 건강악화, 식량생산 감소 등을 초래한다. 또한 수온 증가에 따른 바닷물 팽창으로 예상되는 해수면 상승 또한 많은 국가들의 생존기반을 위협하고 있다.

위와 같은 기후변화의 주요 원인으로 온실가스 배출뿐만 아니라 무분별한 삼림벌채 등과 같은 활동도 영향을 주고 있음을 인식할 필요가 있다. 이산화탄소(CO_2), 메탄(CH_4), 그리고 이산화질소(NO_2)와 같은 온실가스의 과도한 배출이다. 이 가스들은 지구 대기에 열을 가둬 놓는데, 이는 지구의 온도 상승으로 이어진다. 또한 삼림벌채로 인한 숲의 파괴는 지구의 이산화탄소 흡수 능력을 감소시켜 대기 중 온실가스 농도를 높이는 데 기여한다. 아울러 석탄, 석유 및 천연가스와 같은 에너지를 위한 화석연료의 연소는 많은 양의 이산화탄소를 대기로 방출하여 온실효과를 더욱 증대시킨다.

기후변화로 인해 태풍, 허리케인, 사이클론, 홍수, 폭염, 가뭄 등과 같은 극단적인 기후현상이 발생할 가능성이 높다. 또 지역에 따라서는 물 부족과 식량 생산량의 감소가 우려된다. 동식물들은 서식지 변화가 적응 속도에 비해 빠를 경우 멸종위기에 처하게 될 것으로 예상되고 있다. 세계보건기구(WHO) 등은 말라리아, 수인성 전염병, 영양실조 등으로 수백만 명이 건강 피해를 입게 될 것이라고 경고하고 있다. 기후변화 피해는 지역별로 큰 차이를 보일 수밖에 없다. 특히 아시아 · 태평양 지역과 아프리카 나라들이 가장 많은 피해를 입게 될 것으로 예상되고 있다. 기후변화의 영향을 예시해 보면 다음과 같다.

첫째, 기온 상승이다. 지구온난화는 기온 상승으로 이어지고, 이것은 생태계를 방해하고, 농업에 영향을 미치고, 폭염을 심화시킬 수 있다. 폭염과 폭우라는 여름철 극한기상이 동시 다발적으로 한반도를 덮치고 있다. 폭염과 폭우 등 극한기후 현상이 연속적이거나 동시 다발적으로 나타나는 복합재해(complex hazards)에 대응해야 한다는 기상학자들의 경고가 나오고 있다.[7)]

둘째, 빙하와 극지방의 만년설이 녹는 것은 해수면 상승에 기여하고, 해안지역 사회와 저지대를 위협한다. 온난화로 해수면 상승과 관련된 바닷물 침입, 홍수와 기반시설 피해 증가가 군소 도서지역, 저지대 해안지역, 삼각주의 인간계와 생태계에 더 많은 위험을 초래할 것이다.

셋째, 기후변화는 허리케인, 가뭄, 홍수, 산불과 같은 극한 날씨 사건의 증가와 관련이 있으며, 이는 인구와 생태계 모두에 파괴적인 결과를 가져온다.

넷째, 생물다양성 손실이다. 온도와 서식지의 변화는 생태계의 변화를 초래하여 종의 생존과 생물다양성에 영향을 미칠 수 있다.

다섯째, 지구온난화는 곡물 수확량의 감소(특히 사하라 인근 아프리카, 동남아시아, 중남미)와 쌀과 밀 영양분의 질적 저하도 일으켜, 더 많은 사람들이 기아에 노출된다.

여섯째, 지구온난화로 변동성이 커져 물 부족에 시달리는 인구가 많아진다.(1.5℃ 지구온난화일 때보다 2℃일 때 최대 50% 더 증가). 물과 관련된 질병률 및 사망률이 높아지고, 말라리아와 뎅기열 같은 매개체 감염 질병 리스크도 높아질 것으로 전망된다.

상기한 기후변화의 원인과 영향을 요약해 보면 [그림 9-1]과 같다.[8)]

기후변화에 대처하기 위한 다음과 같은 다각적인 방안들이 제시되고 있다.

1. **재생가능 에너지와 원전 전환**: 화석연료에서 태양열, 풍력, 수력과 같은 재생 가능한 에너지원과 원자력으로 전환하면 온실가스 배출을 크게 줄일 수 있다.
2. **재림과 조림**: 숲을 보호하고 복원하는 것뿐만 아니라 새로운 나무를 심는 것은 탄소 제거에 도움이 되고 지구의 이산화탄소 흡수 능력을 향상시킬 수 있다.
3. **에너지 효율**: 산업, 운송 및 건물의 에너지 효율을 개선하면 전체 에너지 소비를 줄

7) 서울 6월 평균 30도 사상 최고, 폭염 폭우 '복합재해' 온다, 중앙일보, 2024.7.1.

8) 기후정보포털 〉 기후변화 영향정보란?(climate.go.kr), 2024.6.18 검색 분석 요약 인용.

자료: 기상청 기후정보포털, 기후변화 영향정보.

[그림 9-1] 기후변화의 영향

이고 배출을 제한할 수 있다.

4. **지속가능한 농업**: 지속가능한 농업 관행을 시행하는 것은 식량안보를 보장하면서 농업의 배출을 줄이는 데 도움이 될 수 있다.
5. **국제협약**: 국가간의 협력은 필수적이다. 파리협약과 같은 협약은 지구의 온도 상승을 제한하기 위한 노력으로 국가간의 노력을 통합하는 것이 중요하다.
6. **대중의 인식과 교육**: 대중에게 기후변화의 중요성에 대해 교육하고 지속가능한 생활방식 선택을 장려하는 것은 개인과 집단행동을 촉진할 수 있다.

2. 기후변화 리스크와 기회

2.1 2024년 글로벌 리스크: 환경적 리스크

세계경제포럼(WEF)이 공개한 '2024년 글로벌 리스크 보고서(Global Risk Report 2024)'에서 향후 10년간 세계가 직면할 글로벌 리스크 중 상당수가 기후대응 실패와 연관돼 있는 것으로 나타났다. WEF는 세계를 위협할 요소들을 기간으로 나눠 분석한다. 당해 연도 단기(2~5년), 장기(5~10년) 순이다. 환경적 리스크(Environmental risks)가 장단기간 모두에 걸쳐 중요한 리스크로 분석되고 있다. 장기 리스크는 새롭게 등장하거나 빠르게 가속해 향후 10년에 걸쳐 인류를 위협하는 문제를 말한다. 2034년까지 세계가 당면할 장기 리스크 상위 10개 중 5개는 기후환경 문제와 관련되어 있다. 그중에서도 기상이변이 가장 큰 위협으로 꼽혔다. 이어 급격한 지구 시스템 변화와 생물다양성 손실, 천연자원 위기가 뒤를 잇고 있다.

상기한 기후변화 리스크에 대한 주요 내용을 요약하여 살펴보면 다음과 같다.[9)]

- 기상이변(Extreme weather events): 극한 기상 변화로 인한 인명 손실, 생태계 손상, 재산 파괴 및 재정적 손실, 기후변화로 인해 악화되는 것을 포함하여 육지기반의 들불, 홍수, 폭염 등을 포함한다.
- 지구 시스템의 중대한 변화(Critical change to Earth systems): 장기적이고, 잠재적으로 회복될 수 없는 지속적인 지구 행성계에 대한 중대한 변화이다. 지역적 또는 세계적 차원에서 중요한 기후변화의 임계점 또는 '티핑 포인트(climate tipping points)'를 넘어섬으로써 발생한다. 지구나 인류의 건강에 갑자기 심각한 영향을 미칠 수 있다. 예를 들면. 빙하의 붕괴로 인한 해수면 상승, 시베리아의 영구 동토층의 해빙 등으로 인한 탄소 방출, 대기 흐름의 붕괴 등이다.
- 생물다양성과 생태계 붕괴(Biodiversity loss and ecosystem collapse): 육상 생태계와 해양 생태계 모두에 걸쳐 종의 멸종이나 감소로 인한 자연자본의 붕괴로 인한 환경, 인류 및 경제활동에 심각한 결과를 초래한다.
- 자연자원의 부족(Natural resource shortages: food, water): 인간, 산업 또는 생태계 사용을 위한 식량 또는 물의 공급 부족이다. 인간의 과도한 개발과 중요한 천연자원

9) WEF, The Global Risks Report 2024, p.96.

의 잘못된 관리, 기후변화(가뭄, 사막화 포함), 적절한 기반시설의 부족으로 인해 지역 또는 글로벌 수준의 식량 및 물 공급의 불안정이 발생할 수 있다.

기상이변과 급격한 지구 시스템 변화, 생물다양성 손실 모두 서로 연결돼 있고 상호 강화될 것으로 보고 있다. 기후변화 대응과 AI 통합이란 2가지 대규모 변화가 전 세계 노동시장에 혼란을 초래할 가능성이 높다고 세계경제포럼(WEF)은 예상하고 있다. 세계경제포럼은 이를 '쌍둥이 전환(Twin Transitions)'[10]이라 표현하고 있다. 녹색전환, AI에 따른 일자리 변화가 전 산업군의 극적인 재편을 가져올 수 있음을 시사하고 있다. WEF는 "향후 10년간 각국의 경제와 일자리 창출은 기후나 기술 관련 전환에 대한 접근과 투자에 따라 실질적으로 달라질 것"이라고 강조하고 있다.

2.2 최근의 기상이변 : 사례

■ **글로벌 폭염 피해**[11]

2024년 엄청난 무더위가 전 세계를 덮쳤다. 이집트 등 아프리카 북부를 덮친 온난 기단의 영향력이 그리스 등 남부 유럽까지 번지면서 관광지가 운영을 중단하고 대형 산불이 발생하는 등 피해가 이어지고 있다. 그리스에서는 폭염으로 주요 관광지인 아테네의 아크로폴리스가 낮 동안 폐쇄됐다. 그리스 문화부는 정오부터 오후 5시까지 아크로폴리스를 폐쇄하였다. 중국, 미국 등 다른 북반구 국가들도 예년보다 빠른 무더위에 일제히 비상이 걸렸다. 중국의 많은 지역에 폭염주의보가 발령된 2024년 6월 12일 일부 지역 지표온도는 70도를 넘었다고 중국 언론들이 보도했다. 이날 허베이성의 최고 기온은 42도까지 치솟았으며 가뭄 등으로 인한 농작물 피해 우려도 커지고 있다. 미국 남서부에도 뜨거운 공기를 가두는 열돔(Heat Dome) 현상으로 인한 무더위가 계속 이어지고 있다.

■ **브라질 대홍수의 교훈**[12]

화석연료를 태운 인류 탓에 2024년 브라질 남부를 휩쓴 대홍수 발생 가능성이 2배 이상 높았다는 연구 결과가 나왔다. 당시 단 사흘 만에 두 달 치 '물 폭탄'이 쏟아지는 등 유례없는 폭우에 영국 면적과 맞먹는 브라질 남부의 90%가 황폐해졌다. 2024년 4월 24일~5

10) https://www.weforum.org/agenda/2022/10/twin-transition-playbook-3-phases-to-accelerate-sustainable-digitization, 2024.6.24 검색.

11) http://www.sisunnews.co.kr/news/articleView.html?idxno=211732.

12) 화석연료 태운 인간 때문에… '172명 사망' 브라질 폭우 가능성 '2배'↑, 한국일보, 2024.6.5.

월 4일 브라질 최남단 히우그란지두술주(州)에 쏟아진 폭우로 인한 홍수는 인간이 화석연료와 삼림을 무분별하게 태웠기 때문에 발생 가능성이 2배 이상 높았다는 주장이 제기되고 있다. 최소 172명의 생명을 앗아간 이 기록적 홍수는 "100~250년에 한 번 발생할 것으로 예상되는 극히 드문 현상"이었다. 히우그란지두술주 주도인 포르투알레그리에서는 사흘 만에 평년의 두 달 치를 넘는 258.6㎜의 물 폭탄이 쏟아졌다. 경제적 피해액만 10억 달러(약 1조 4,000억원)를 넘어설 것으로 추산된다. 이 같은 폭우 가능성은 화석연료 사용으로 인해 2배 이상 더 커졌고, 강도도 6~9% 더 세졌다는 것이다. 무분별한 삼림벌채는 폭우가 내렸을 때 재난 발생 가능성을 키웠다. 세계기후특성(WWA, World Weather Attribution)은 삼림벌채와 급속한 도시화도 피해를 악화시켰다고 지적했다. 40년도 채 안 되는 동안 이 지역의 토착 식생 중 22%가 사라지고, 이 중 대부분이 콩을 대량 경작하는 플랜테이션 농장으로 바뀌었다. 이들 지역이 기후변화로 인한 홍수에 더 취약해질 것이라는 잇단 경고에도 주 정부가 방재시설에 대한 투자를 줄인 것도 대규모 피해 원인 중 하나라는 것이다. 적십자사 기후센터의 마야 발베르그는 "이번 홍수의 무서운 점은 이전에 경험하지 못한 극한상황에 대비해야 한다는 걸 전 세계에 보여줬다는 것"이다.

■ 생태계 붕괴: 제주 남방큰돌고래

국제 멸종위기종인 남방큰돌고래는 국내에서는 제주도에서만 볼 수 있다. 해양수산부는 중요성과 보호의 필요성을 인정해 지난 2012년 해양보호생물로 지정했다. 이후 2019년에는 세계자연보전연맹(IUCN)이 멸종위기 직전 상태인 적색목록상 '준위협종'으로 분류했다. 이는 남방큰돌고래가 멸종위기 직전 상태 또는 보호조치가 중단될 경우 멸종위기에 놓일 가능성이 높다는 것을 시사한다.[13] 과거 남방큰돌고래는 제주 앞바다에서 1,000마리 이상이 발견되기도 했다. 그러나 서식 환경이 악화되면서 남방큰돌고래의 개체수는 매년 줄어드는 추세다. 개체수가 줄어드는 까닭은 다양하지만 큰 틀에서는 동일하다. 인간이 만든 환경오염이다. 주로 해양쓰레기, 무분별한 관광선박, 대규모 해상풍력발전사업 등을 위기 원인으로 꼽는다. 먼저 폐플라스틱, 폐어구 등 해양쓰레기의 경우 돌고래의 서식지를 파괴하고, 먹이 활동과 휴식 등을 방해한다. 특히 폐어구 등에 지느러미나 꼬리가 잘리는 경우도 발생했으며, 낚싯바늘이 돌고래 몸통에 깊이 박히는 경우도 포착됐다. 아울러 환경단체는 입지조건을 면밀히 따지지 않고 지어지는 대규모 해상풍력발전단지와 연안 난개발 등이 돌고래를 위협하며 특히 공사 소음과 선박 운항 등으로 인해 음파로 의사소통을 하고 지형을 파악하는 돌고래에는 최악의 상황이라는 것이다. 이들은 "제주 연안 가까운 바다에서 대

13) 한반도 생태계 재편] ② "1년 새 7마리 죽어"… 남방큰돌고래, 법적권리 갖나, 한스경제, 2024.6.5.

규모로 진행되는 해상풍력사업은 연안 생태계 보호를 위해 철회하고, 해안선에서 10km 이상 이격해 연안에 미치는 영향을 최소화해야 한다"고 강조했다.

■ **아프리카 : 가뭄과 홍수피해**

아프리카는 온실가스 배출량이 상대적으로 크지 않지만 가뭄과 홍수 등 기후변화가 불러온 악영향에는 치명적으로 노출돼 있다. 세계기상기구(WMO)는 2023년 9월 '2022 아프리카 기후현황 보고서'를 통해 "지난해 아프리카 대륙에서 1억 1천만명이 넘는 사람들이 홍수·가뭄 등의 영향을 직접적으로 받았으며 85억 달러(11조 2천억여원) 이상의 경제적 피해를 봤다"고 밝혔다. 보고서는 "지난해 물 관련 피해로 발생한 사망자 수는 5천명 정도가 보고됐고 이 가운데 48%는 가뭄, 43%는 홍수와 관련을 맺는다"고 지적했다. 아프리카의 기온 상승 속도는 최근 수십 년간 가속했으며 핵심산업인 농업은 기후변화의 직접적인 타격을 받고 있다.[14] 농업 생산성 증가율은 1961년 이후 지난해까지 34% 감소한 반면 식량 수입은 가파른 증가세를 이어갈 것으로 예상됐다. "사하라 사막 이남의 많은 국가에서 기후변화로 인해 농업 생산력이 있는 땅이 부족해졌다. 토지와 물, 목초지 등을 둘러싼 갈등으로 폭력사태가 증가하기도 했다"고 전했다.

WMO는 기후변화의 원인인 온실가스 배출을 상대적으로 덜 일으키는 아프리카가 그 악영향에는 고스란히 노출된 현실에 국제사회가 주목해야 한다고 강조했다. 아프리카 대륙은 남극 대륙을 포함한 전 세계 육지 면적의 5분의 1가량을 차지한다. 아프리카 국가들의 1인당 온실가스 배출량은 2021년 기준으로 1.04톤으로, 전 세계 평균인 4.69톤과 비교하면 상당히 낮은 수치다. 페테리 탈라스 WMO 사무총장은 "아프리카가 전 세계 온실가스 배출량에서 차지하는 비율은 10% 미만이지만 기후변화의 부정적 영향에서는 가장 취약한 대륙"이라고 짚었다. 그는 "홍수와 가뭄이 지역사회에 치명적인 영향을 미치면서 위험에 처한 사람들이 증가하고 있지만 아프리카 국가들의 기상관측 역량은 다른 국가들과 큰 격차가 있다"면서 "아프리카에 기상 조기경보 서비스 도입이 절실하다"고 말했다.

2.3 기후변화 관련 위험과 기회

기후변화가 경제에 미치는 영향과 관련하여 다음과 같이 리스크를 분류해 볼 수 있다.

"기후리스크"란 기상이변에 따른 물리적 피해나 저탄소경제로의 전환과정에서 발생하는 경영악화 등이 금융부문으로 파급될 위험을 말한다. "물리적 리스크"란 태풍, 홍수 또는

---

14) 아프리카 1억명 이상이 홍수·가뭄 영향… 11조원대 경제피해, 연합뉴스, 2023.9.4.

폭염과 같은 이상기후의 증가와 장기적 기후패턴의 변화에 따라 발생하는 경제적 비용과 금융손실을 의미하며, 기상현상 및 광범위한 환경변화에 따른 영향으로 발생한다. 산업계는 기후변화의 직접적이고 물리적인 영향을 받는다. 기후변화로 인한 전 지구의 온도 상승과 거기서 파생되는 태풍, 홍수, 호우, 폭풍, 해일, 폭설, 가뭄, 지진, 황사, 적조 등 자연재해의 증가는 산업계에 기후변화의 영향을 미치며 이로써 야기되는 화재, 붕괴, 폭발, 생산시설 파손, 작업효율 하락 등의 여러 가지 결과는 산업계의 리스크로 작용한다. 이에 따라 각 기업은 기후변화의 영향에 대해 피해를 줄이고 기회를 이용하려 적응 수단을 발굴하고 채택하게 되는데, 기후변화의 영향과 영향을 받는 정도인 민감도, 그리고 피해를 줄이거나 기회를 이용하기 위한 조절능력인 적응역량의 크기에 따라 산업계의 기후변화 취약성이 결정된다. 산업계 중 특히 보험산업, 농업, 어업, 산림업, 부동산업, 관광산업 등 물리적인 환경에 크게 의존하는 부문과 재난에 취약한 지역에 위치한 석유화학산업, 수도·전기·가스 등 극한기상에 취약한 기반산업, 보건산업 등이 기후변화의 물리적 영향에 특히 취약한 것으로 알려져 있다.[15)]

기후변화와 관련하여 기업은 직·간접적으로 온실가스 배출에 대한 책임을 지고 있으며 동시에 영향을 받고 있다. 따라서 기업은 기후변화로 인한 심각한 환경문제를 인식하고 부정적 영향을 최소화하기 위해 기후변화와 관련된 위험과 기회를 파악해야 하며, 글로벌 시장과 연계된 새로운 규제를 고려해야 한다. 동시에 기후변화로 인한 규제와 물리적 요소의 변화는 저탄소 경제체제로의 전환, 신재생에너지 도입, 새로운 제품 및 서비스의 개발, 새로운 시장에 대한 접근성 향상 등을 통해 기업에 새로운 비즈니스 기회가 될 수 있다.

기업은 기후변화와 관련된 위험은 물리적 위험과 전환적 위험으로 분류할 수 있다. 물리적 위험은 태풍, 홍수, 가뭄, 또는 폭염 같은 기상사건으로부터 발생하는데, 그 심각성 및 빈도가 증가하고 있다. 만성 물리적 위험은 강수량과 온도의 변화를 포함한 기후패턴의 장기적 변화로 발생하며, 해수면 상승, 수자원 가용성 감소, 생물다양성 손실 및 토양 생산성 변화로 이어질 수 있다. 이러한 위험은 자산에 대한 직접적 손상으로 인한 비용이나 공급망 붕괴의 간접적 영향과 같이 기업에 재무적 영향을 미칠 수 있다. 기업의 재무성과는 공업용수의 조달 및 수질, 사업장, 공급망, 운송수요 및 종업원 건강 및 안전에 영향을 미치는 극심한 기온변화에 의해 영향을 받을 수 있다. 기후 관련 전환위험은 저탄소 경제로 전환하기 위한 노력에서 발생하는 위험이다. 전환위험은 정책적, 법률적, 기술적, 시장 및 평판 위험을 포함한다. 이러한 위험은 신설 또는 개정된 기후 관련 규제로 인한 운영비용의 증가 또는 자산 손상과 같은 재무적 영향을 기업에 미칠 수 있다. 또한, 기업의 재무성과는

15) 국가기후위기적응정보포털, 산업계(kei.re.kr), 2024.7.1 검색.

변화하는 소비자 수요와 신기술의 개발 및 보급에 따른 영향을 받을 수 있다. 이를 요약하여 보면 〈표 9-1〉과 같다.[16]

〈표 9-1〉 기후관련 위험

위험 유형	위험 요인	주요 내용
물리적 위험 (Physical risks)	단기(Acute)	허리케인, 태풍, 홍수 등과 같은 단기적 기후현상의 빈도 및 강도 증가로 인한 위험
	장기(Chronic)	장기적 기후패턴변화(예: 평균기온의 지속적 상승)로 인한 해수면 상승 또는 이상고온현상 지속 등으로 인한 위험
전환적 위험 (Transition risks)	법규(Legal)	모든 유형의 기후변화와 관련된 소송 기후변화 관련 규제 및 정책
	시장(Market)	특정 원자재, 제품 및 서비스에 대한 수요·공급의 변화
	평판(Reputation)	저탄소 경제로의 전환에 대한 기업의 기여 또는 저항에 대한 소비자 또는 사회의 인식 변화와 연결되는 모든 위험
	기술(Technology)	저탄소, 에너지 고효율 경제시스템을 촉진하는 기술의 개발 및 혁신과 관련한 모든 위험

자료: 한국ESG기준원, 환경모범규준, 2021.8, p.14.

기업은 기후변화로 인한 환경규제와 저탄소 경제체제로의 전환, 새로운 친환경 제품 및 서비스의 개발, 새로운 시장의 출현 등은 기후변화와 관련하여 기업에 새로운 비즈니스 기회가 될 수 있다. 위와 같은 기회 요인으로 작용할 수 있는 주요한 것들을 예시하여 보면 〈표 9-2〉와 같다.

금융회사는 사업 및 리스크관리 전략의 일부로 기후리스크의 영향에 대한 복원력을 제고하는 것이 중요하다. 기후리스크 관리 정책 및 절차 수행과 함께 금융회사는 녹색금융 및 투자활동을 통해 자본을 제공함으로써 환경적으로 지속가능한 경제로의 전환에 중요한 역할을 수행할 수 있다. 금융회사의 점진적인 기후리스크 관리는 물리적 리스크, 이행리스크 및 평판리스크도 완화할 수 있다. 고객에 대한 대출 및 투자시 기후리스크를 적절히 고려함으로써 녹색금융환경 조성에 기여할 수 있다. 금융회사는 환경문제에 대한 상호이해를 촉진하기 위해 고객, 감독당국, 신용평가사, 학계 및 시민사회 등 이해관계자와 협력할 수 있으며, 환경문제에 대한 국제협력에 기여할 수 있다.[17] "이행리스크"란 저탄소 경제로 급격하게 전환하면서 발생할 수 있는 금융손실을 의미하며, 공공정책의 변화, 급진적인 기술

16) 한국ESG기준원, 환경모범규준, 2021.8, p.14.

17) 기후리스크 관리 지침서, 금융감독원, 2022.12, p.5.

〈표 9-2〉 기후관련 기회 요인

기회 요인	주요 내용
자원효율성	- 효율성 높은 제품 및 물류 시스템의 이용 - 효율성 높은 운송수단의 이용 - 재활용/재이용 - 효율성 높은 건물의 이용 - 물 사용량 및 소비량 저감 - 기타
에너지원	- 저탄소 에너지 이용 - 재생에너지에 대한 정책 인센티브 활용 - 신기술 이용 - 탄소시장 참여 - 분산전원 이용 - 기타
제품 및 서비스	- 저탄소 제품 및 서비스의 개발 및 확대 - 기후변화 적응대책 및 상품 개발 - R&D 및 혁신을 통한 신제품 및 서비스 개발 - 사업군의 다변화 - 소비자 선호도 변화 - 기타
시장	- 새로운 시장에 대한 접근성 증가 - 제품 및 서비스에 대한 수요와 공급의 변화 - 공공섹터의 인센티브 활용 - 녹색채권 및 인프라의 인수, 자금조달 - 기후리스크를 고려한 금융상품 개발 - 기타
회복탄력성	- 재생에너지 프로그램 참여 및 에너지 효율 향상 수단 도입 - 대체자원의 확보 및 다변화 - 회복탄력성을 고려한 새로운 제품 및 서비스 도입 - 기후변화 적응 역량 강화 - 장기적 재무/금융 부문의 투자 강화 - 기타

자료 : Recommendations of the Task Force on Climate-Related Financial Disclosures, TCFD, June 2017.(한국ESG기준원, 환경모범규준, 2021.8, p.14에서 재인용)

개발, 고객 및 투자자의 선호 변화 등 지속가능한 경제로의 조정 과정에서 발생한다. "평판 리스크"는 금융회사에 대한 외부의 부정적인 여론 때문에 금융회사가 시장에서 신뢰를 상실하여 발생하는 위험을 말한다.

3. 기후위기 대응

기후위기는 기후변화가 극단적인 날씨뿐만 아니라 물 부족, 식량 부족, 해양산성화, 해수면 상승, 생태계 붕괴 등 인류 문명에 회복할 수 없는 위험을 초래하여 획기적인 온실가스 감축이 필요한 상태를 말한다. 기후위기에 대응하기 위한 방안은 온실가스의 감축과 기후위기 적응 2가지로 나눌 수 있다.

■ **온실가스 감축**

기후변화를 완화 또는 지연시키기 위하여 대기 중 온실가스 농도가 인간활동에 의해 더 증가되지 않도록 온실가스 배출량을 줄이거나 흡수원을 보호하고 강화하여 온실가스 배출량과 전 지구적 흡수량이 균형을 이룰 수 있도록 수행하는 모든 활동을 말한다.

■ **기후위기 적응**

기후위기에 대한 취약성을 줄이고 기후위기로 인한 건강피해와 자연재해에 대한 적응 역량과 회복력을 높이는 등 현재 나타나고 있거나 미래에 나타날 것으로 예상되는 기후위기의 파급효과와 영향을 최소화하거나 유익한 기회로 촉진하는 모든 활동이다. 우리는 기후변화의 위협을 과학적으로 이해하고 온실가스 감축뿐만 아니라 장기적 관점에서 변화에 적응 또는 피해를 완화하기 위한 정책이 병행되어야 한다.[18]

3.1 국가 온실가스 감축목표와 전략

우리정부는 2030년까지 국가 온실가스를 2018년 대비 40% 감축하는 방안을 2021년 10월 확정했다. 정부는 2021년 11월 영국에서 열리는 제26차 유엔 기후변화협약 당사국 총회(COP)에서 우리나라의 국가온실가스 감축목표를 국제사회에 발표했다.[19] "2030 국가온실가스 감축 목표(NDC)는 2030년까지 온실가스 배출량을 2018년 대비 40% 감축하는 것으로 기존 목표치인 26.3%에서 대폭 상향했다([그림 9-2])."[20]

---

18) 김성균, 기상위기 현상과 탄소중립, 탄소중립정책 포럼 자료, 2023.6.27, p.25.

19) 국제사회는 2015년 채택한 파리협정을 통해 지구 평균온도 상승을 산업화 이전 대비 2℃ 이내, 나아가 1.5℃ 이하로 제한하기 위한 첫걸음으로 2020년까지 회원국들이 유엔에 자국의 장기저탄소발전전략과 국가온실가스감축목표를 제출하기로 합의한 바 있다.

20) 홍보자료 〉 카드뉴스, 대통령직속 2050 탄소중립녹색성장위원회(2050cnc.go.kr).

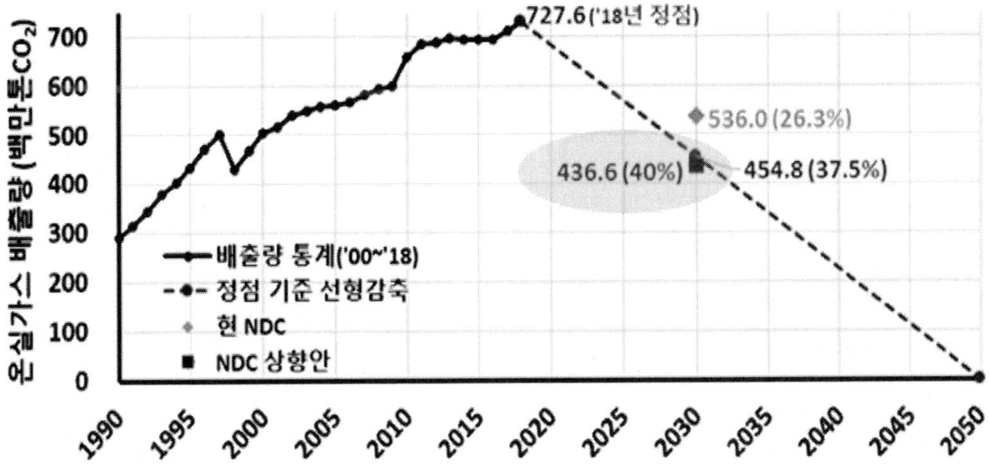

자료 : 대통령직속 2050 탄소중립녹색성장위원회(2050cnc.go.kr).

[그림 9-2] 대한민국 NDC 상향 수준

정부는 2023년 4월 '2050 탄소중립 녹색성장 실현'을 위한 「제1차 국가 탄소중립 · 녹색성장 기본계획」을 발표하였다. 탄소중립 · 녹색성장의 최상위 계획으로서 정책의 비전을 제시하고 있다. 탄소중립기본법 제8조제1항 및 동법 시행령 제3조제1항에 명시된 2030 온실가스 감축목표를 이행하기 위한 연도별 · 부문별 감축목표를 포함하고 있다.[21] 기본계획에서는 2030까지 국가 온실가스 배출량을 "2018년의 국가 온실가스 배출량 대비 40% 감축"하는 것을 목표(2030 NDC)로 제시하고, 이러한 목표 달성을 위해 ① 연도별 · 부문별 감축목표 및 세부 추진과제, ② 부문별 온실가스 감축 정책 및 ③ 탄소중립 사회로의 이행 기반 강화 정책에 관하여 규정하고 있다. 국가비전으로 2050년까지 탄소중립을 목표로 탄소중립 사회로 이행하고 환경과 경제의 조화로운 발전을 도모한다고 하였다. 이를 달성하기 위한 국가전략으로 다음과 같은 4가지를 제시하고 있다.

- 책임감 있는 탄소중립 : 구체적 효율적으로 온실가스 감축
- 민간이 이끌어가는 혁신적인 탄소중립 및 녹색성장
- 모든 사회 구성원의 공감과 협력을 통한 함께하는 탄소중립
- 기후위기와 국제사회를 주도하는 능동적인 탄소중립

21) 탄소중립 녹색성장 국가전략 및 제1차 국가 기본계획 요약(3).pdf, 2024.6.25 검색.

3.2 온실가스와 온실가스 배출량

3.2.1 온실가스의 정의

온실가스란 적외선 복사열을 흡수하거나 재방출하여 온실효과를 유발하는 대기 중 가스상태의 물질로서 이산화탄소(CO_2), 메탄(CH_4), 아산화질소(N_2O), 수소불화탄소(HFCs), 과불화탄소(PFCs), 육불화황(SF_6) 및 그 밖에 대통령령으로 정하는 물질을 말한다.[22] 국제적으로는 위의 6개 온실가스 물질에 삼불화질소(NF_3)를 포함하여 총 7가지 물질을 온실가스로 규정하고 있으며(파리협약, 2015), 염화불화탄소(CFCs)는 생산 및 사용이 전면 금지되었다(몬트리올의정서, 1987). 온실가스는 현재 그 양이 지나치게 많아지면서 온실효과로 인한 기후변화와 지구온난화를 유발하게 되어, 온실가스를 감축하여 탄소중립을 하는 노력은 필수적이다.

3.2.2 온실가스 범주 : Scope 1, 2, 3

온실가스 배출범위가 다양하고 넓기 때문에 배출범위(Scope)를 분류하여 온실가스량을 측정하게 된다. 2001년 온실가스프로토콜(GGP)에서 처음 사용하였다.

■ **Scope 1 (직접 배출)**

기업이 직접 배출하는 온실가스(Direct GHG emissions)로 기업이 소유하거나 통제하는 배출원으로부터의 배출을 의미한다. 예를 들면, 기업이 철강제품을 생산하기 위해 유류와 석탄 등을 연소시 발생하는 온실가스가 대표적이다. 기업이 직접 통제할 수 있는 범위로서, 감축전략으로는 에너지효율 개선, 친환경에너지 사용, 공정 개선 등을 들 수 있다.

■ **Scope 2 (전력구매 등의 간접 온실가스 배출)**

기업이 외부에서 구매한 전력, 열, 증기 등의 에너지를 사용함으로써 발생되는 간접적인 온실가스 배출이다. 공장이나 사무실에서 사용하는 전기나 난방 등의 에너지는 발전소나 열원 공급업체에서 유류, 석탄, 가스 등을 연소하여 얻은 에너지이다. 이 과정에서 온실가스를 배출하게 된다. 기업이 외부에서 구입한 전기나 열 등의 사용이 증가하게 되면, 온실가스 배출이 증가하게 된다. 기업이 외부 에너지 공급계약을 통해 영향을 줄 수 있는 범위로, 온실가스 감축전략으로는 에너지 절약, 재생에너지 구매 사용 등을 들 수 있다.

22) 기후위기 대응을 위한 탄소중립 · 녹색성장 기본법 제2조의5.

■ **Scope 3 (기타 간접 온실가스 배출)**

기업조직이 소유나 관리하지 않지만, 기업활동과 연관된 가치사슬 전체에서 발생하는 기타 간접적인 온실가스 배출이다. 기업 공급망에서 볼 때, 원자재나 부품의 생산 및 운송, 출장 등 upstream과 생산된 제품 운송, 유통, 사용 폐기 등의 downstream에서 배출되는 온실가스이다. 감축전략으로는 친환경 원자재와 부품 개발, 친환경 운송 및 유통 효율화, 소비자 교육 등을 들 수 있다.

Scope 2와 Scope 3는 간접 온실가스 배출(Indirect GHG emissions)로 기업이 소비한 전력이나 스팀 사용으로 인해 발생하는 온실가스와, 기업이 소유하거나 통제하지 않는 배출원으로부터 발생하는 배출을 의미한다. 이를 정리해 보면 <표 9-3>과 같다.[23]

<표 9-3> 온실가스 범주: Scope 1, 2, 3

범 주	정 의	대 상
Scope 1 (직접 배출)	사업자가 직접적으로 소유하고 통제하는 배출원에서 발생하는 직접 온실가스 배출량	- 전기, 열 또는 증기생산으로 인한 배출 - 물리적 또는 화학적 공정으로 인한 배출 - 자재, 제품, 폐기물, 직원의 운송으로 인한 배출 - 비산배출(연결 부위, 봉인, 포장 등이 벌어지거나 균열이 생기면서 발생하는 누출)
Scope 2 (전력사용 간접 배출)	사업자가 구매하거나 취득하여 사용한 전기, 증기, 난방 또는 냉각에서 발생하는 간접 온실가스 배출량	- 사업자가 소비한 전력 사용 - 사업자가 소비한 스팀(열) 사용
Scope 3 (기타 간접 배출)	기업의 사업활동으로 인해 발생하지만 기업이 소유하거나 통제하지 않는 배출원으로 발생하는 간접배출	- Scope 2에 포함되지 않는 전력 관련 활동 - 구입한 제품의 추출 및 생상, 운송 관련 활동 - 대여자산과 프랜차이즈 활동

3개의 범주는 범주간의 중복이 발생하지 않으며, 3개의 범주의 합산은 기업의 활동으로 발생한 탄소배출 총량을 보여준다. 따라서, 각각의 범주에 대한 산정방법 등 관리체계가 필요한데, 이를 관리하기 위한 체계가 "온실가스 인벤토리"이다.

---

23) 환경책임투자종합플랫폼 〉 기후변화 대응지원 〉 온실가스의 정의(gmi.go.kr).

3.2.3 온실가스 인벤토리

온실가스 인벤토리는 기업의 생산, 운영 등의 활동으로 인하여 발생되는 온실가스 배출원인을 파악하여 배출량을 시각적으로 확인할 수 있도록 계산하고 월별, 연도별 기록, 유지관리를 통해 감축이행을 가능하도록 온실가스를 목록화하는 것이다. 실무적 측면에서는 온실가스 인벤토리는 기업이 정한 조직경계 안에서 직·간접적인 온실가스 배출원을 규명하고, 배출원으로 인한 각각의 온실가스 배출량을 산출 및 목록화하여, 이에 대한 관리체계를 구축하는 것이다.[24] 제조업의 경우 제품 생산과 관련하여 배출되는 온실가스를 도식화해 보면 [그림 9-3]과 같다.

자료: 환경부, 중소기업의 자발적 온실가스 인벤토리 구축 가이드라인, p.8.

[그림 9-3] 제조업 온실가스 배출: 예시

온실가스 인벤토리 구축의 효익은 다음과 같다.

첫째, 에너지 비용절감 및 우선순위 평가의 근거자료로 활용

온실가스의 대부분은 에너지 사용으로 배출된다. 온실가스 인벤토리를 구축함에 따라 각 사업장 내 설비별 에너지 사용량 및 효율을 파악함으로써 장기적인 에너지 관리 계획을 수립할 수 있다. 또한 감축사업 발굴을 통해 에너지 손실을 예방하고 에너지 원단위 개념을 도입하여 각종 에너지 저감사업들 중에서 가장 비용효과적인 사업을 우선적으로 선택하고 추진할 수 있다.

24) 환경부, 중소기업의 자발적 온실가스 인벤토리 구축 가이드라인, 2015.1, p.8.

둘째, 고객, 국가 등에게 검증된 온실가스 관련 데이터 제공

기업의 온실가스 배출량 정보 및 기후변화협약 관련 활동들이 기업의 사회적 책임으로 인식되면서 기관투자자나 시민단체 등에서 기업평가요소로서 기후변화 대응활동 등을 평가하고 있다. 이에 따라서 기업은 온실가스 인벤토리 구축으로 인해 객관적이고 입증 가능한 배출량 자료를 확보 제공함으로써 보다 적극적으로 시장의 흐름에 대응할 수 있다.

셋째, 글로벌 탄소공급망 관리 등에 대한 정보

EU 등의 일부 국가에서는 온실가스 배출량이 높은 제품에 더 높은 수입관세를 부과하는 '탄소 국경세'를 도입 운영하고 있다. 위와 관련하여 우리나라 기업과의 수출 계약시, 탄소 공급망 관리정보 등의 요구시 대처할 수 있는 기반이 된다.

우리나라 기업도 자발적인 온실가스 감축 활동이 요구되고 있다. 이는 시간의 흐름에 따라 그 요구사항이 점점 강화될 것이다. 온실가스 인벤토리 구축을 통해 기업은 자발적인 온실가스 감축 노력을 정량화하여, 사전 감축 노력을 투자자를 비롯한 금융회사 등 이해관계자들에게 보고할 수 있는 증거자료로 활용할 수 있다.

3.2.4 구축 절차[25)]

온실가스 인벤토리를 구축하기 위해서는 온실가스를 배출하는 배출원에서 사용하는 연료, 원료, 기간 및 해당 시설 등을 파악하는 단계부터 시작한다. 사업장에서 보유하고 있는 공정배출, 건물, 차량을 확인하고 이러한 배출시설에서 사용하는 연료, 원료 등 일정기간에 따라 사용하고 있는 사용량을 조사한 후 적합한 산정방법론을 선정하는 등 [그림 9-4]와 같은 방법으로 인벤토리를 구축한다.[26)]

이런 단계를 통해서 온실가스 배출량을 산정한다. 이와 같은 온실가스 인벤토리 구축 절차는, 기본적으로 국제적인 온실가스 산정 가이드라인을 따르고, 온실가스 규제를 실시하는 국가는 해당 실정에 맞는 가이드라인을 개발 · 적용하고 있다. 우리나라에서는 온실가스 · 에너지 목표관리제 운영 등에 관한 지침을 준수토록 하고 있다.

3.2.5 온실가스 배출량 산정 : 예시

조직경계가 설정이 되면 조직경계 내 배출활동을 확인하고 구분한다. 배출활동 확인 · 구분은 사업장의 하위 시설 단위 연료, 원료 등 배출원을 파악하여, 기업의 온실가스 배출 유형을 결정하는 단계로 "운영 경계"를 설정하는 것이다([그림 9-5] 참조).

25) 온실가스 인벤토리 구축에 대한 기본적 이해를 위해 단순한 중소 제조업의 경우를 가정한다.

26) 환경부(2015), p.13.

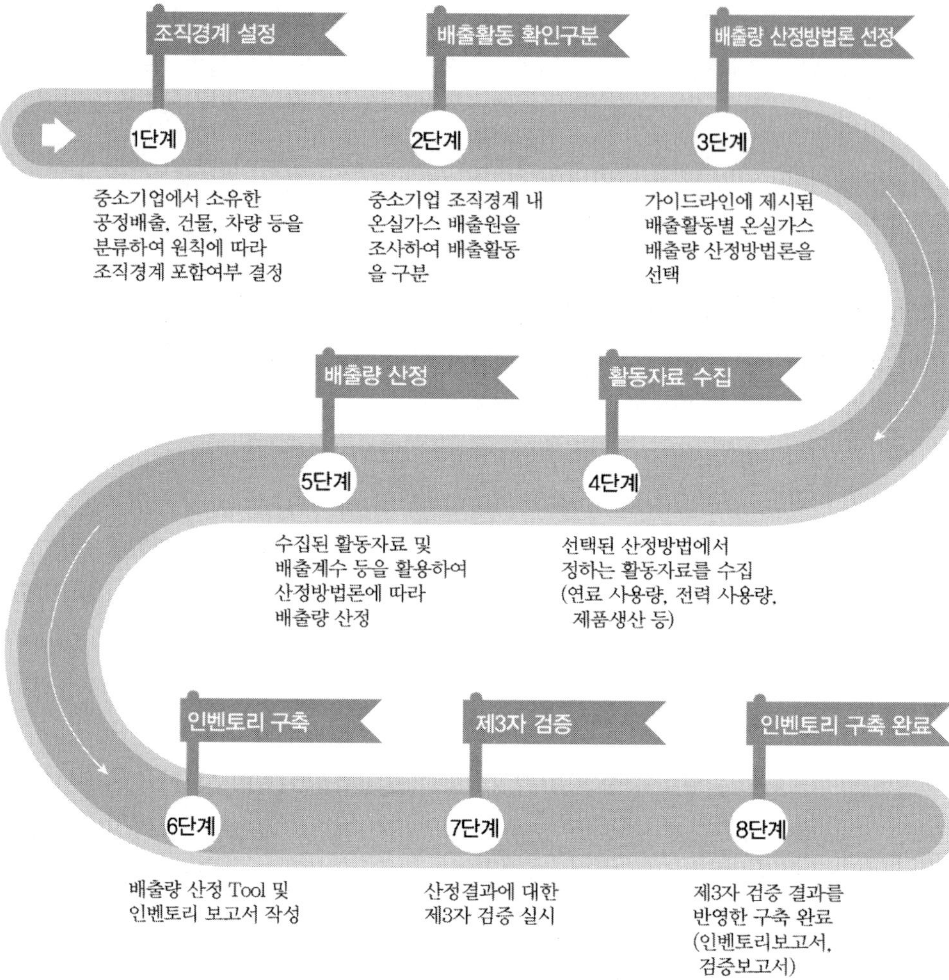

자료 : 환경부, 중소기업의 자발적 온실가스 인벤토리 구축 가이드라인, p.13.

[그림 9-4] 온실가스 인벤토리 구축 절차

직접배출(Scope 1)은 에너지의 사용과 온실가스의 배출이 모두 기업의 조직경계 내에서 일어나는 배출이고, 간접배출(Scope 2)은 에너지의 사용은 조직경계 내에서 일어나지만 온실가스 배출은 조직경계 밖에서 일어나는 것을 의미한다. Scope 3은 기타 간접배출로서 온실가스 배출과 에너지 사용이 모두 조직경계 밖에서 일어나게 되는 것으로 기업의 통제범위 즉, 조직경계 외에서 존재하는 온실가스 배출이다. 따라서 온실가스 배출량 산정은 직접배출(Scope 1)과 간접배출(Scope 2)만 산정하게 된다.

조직경계를 설정한 후에 온실가스를 배출하는 배출원과 그 배출시설에서 실질적으로 배출되는 온실가스 종류를 파악해야 한다. 제조업의 경우를 예시해 보면 〈표 9-4〉와 같다.

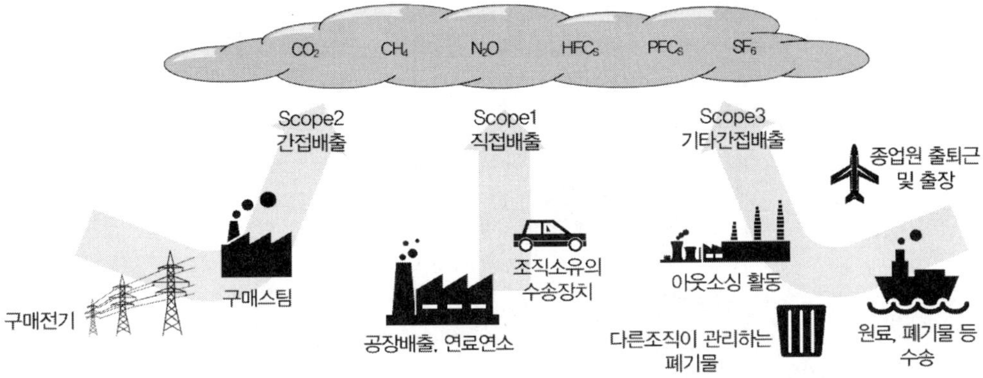

자료 : 환경부, 중소기업의 자발적 온실가스 인벤토리 구축 가이드라인, p.24.

[그림 9-5] 온실가스 범주와 배출량

〈표 9-4〉 온실가스 배출원별 온실 가스 종류

구 분			정의 및 해당 항목					
대분류	중분류	소분류	CO_2	CH_4	N_2O	HFC_S	PFC_S	SF_6
Scope 1 직접 배출원	고정연소 배출원	보일러	○	○	○			
		비상발전기	○	○	○			
	이동연소 배출원	승용차	○	○	○			
		화물차	○	○	○			
		지게차	○	○	○			
	공정 배출원	전기유도로	○	○	○			
		탄산염 사용						
		유리제조						
		반도체LCD 등						
Scope 2 간접 배출원	간접 배출원	전력사용	○	○	○			
		열/스팀사용	○	○	○			

자료 : 환경부, 중소기업의 자발적 온실가스 인벤토리 구축 가이드라인, p.25.

■ **온실가스 배출량 산정 : 예시**

고정연소는 일반적으로 액체, 기체, 고체 연료로 구분된다. '조직경계 설정'(1단계)에서 '활동자료수집'(4단계)까지 완료 후 온실가스 배출량을 산정한다.[27] 기업의 고정 연소 배출원에서 배출되는 온실가스 배출량 산정을 예시하면 다음과 같다.

27) 환경부(2015), p.52.

• 예 시_고정연소 배출량 산정 과정

$$EF_{i,j} = Q_i \times EC_i \times EF_{i,j} \times f_i \times F_{eq,j} \times 10^{-6}$$

온실가스 배출량= 연료사용량 × 순발열량(해당연료) × 배출계수(해당연료) × 산화계수(1) × 지구온난화지수(GWP)

$E_{i,j}$: 연료(i)연소에 따른 온실가스(j)별 배출량(CO_{2-eq} ton)

Q_i : 연료(i) 사용량(측정값, kℓ, 톤, 천m^3–연료)

EC_i : 연료(i)의 열량계수(연료 순발열량, MJ / kℓ, 톤, 천m^3–연료)

$EF_{i,j}$: 연료별(i) 온실가스(j) 배출계수(kg–GHG / TJ–연료)

f_i : 연료(i)의 산화계수

$F_{eq,j}$: 온실가스(j)별 CO_2 GWP(CO_2 = 1, CH_4 = 21, N_2O = 310)

매개변수			A	B	C	D	E	F	G
배출시설	활동자료	단위	Q	EF (kgGHG/TJ)			EC	f	단위환산
				CO_2	CH_4	N_2O			
일반보일러시설	LNG	천m^3	12,650.012	56,100	1	0.1	39.40	1	10^{-6}
비상발전기	경유	kℓ	3.320	74,100	10	0.6	35.30	1	10^{-6}
식당	LPG	천m^3	0.5	63,100	5	0.1	57.70	1	10^{-6}
실내 난방	휘발유	kℓ	2.312	69,300	10	0.6	30.30	1	10^{-6}
일반보일러시설	프로판	톤	0.460	63,100	5	0.1	46.30	1	10^{-6}

*참고: 연료 단위를 천m^3 으로 대입하기 때문에 단위 환산 값은 10^{-6}으로 산정

〈 해 설 〉 [일반보일러시설] 배출량 산정 예시

① CO_2배출량 = A×B×E×F×G×1(GWP) = 12,650.012×56,100×39.40×1×10^{-6} = 27,960.828

② CH_4배출량 = A×C×E×F×G×21(GWP) = 12,650.012×1×39.40×1×10^{-6}×21 = 10.467

③ N_2O배출량 = A×D×E×F×G×310(GWP) = 12,650.012×0.1×39.40×1×10^{-6}×310 = 15.451

∴ 배출량 = ① + ② + ③ = 27,986.747

자료 : 환경부, 중소기업의 자발적 온실가스 인벤토리 구축 가이드라인, p.52.

3.3 기후변화 적응

기후변화 적응(Adaptation)은 기후변화로 인한 피해를 완화시키고 기회를 이용하는 것을 말한다. 이는 기후변화로 인한 취약성을 줄이고 적응능력을 향상하기 위해 준비하는 모든 사항을 포함한다.[28] 기후변화 적응을 위한 주요방안으로는 기후변화를 과학적으로 관리하여 기후변화로 인한 영향을 모니터링 및 예측하고, 기후변화 취약계층 보호, 취약지역의 시설관리를 강화하고 생물다양성을 확보하기 위해 서식처 관리 및 생태계 복원 등의 활동이 포함된다. 이외에도 기후변화로 인한 국지성 호우 혹은 강수량 증가로 인한 피해를 줄

28) [네이버 지식백과] 기후변화 적응 [Climate Change Adaptation] 두산백과 두피디아, 두산백과.

이고자 건물주변에 차수벽을 설치하거나 폭염 피해를 최소화하기 위해 쿨링포그 설치, 그리고 바람길이나 도시숲 조성 사업 또한 기후변화 적응 사례에 해당된다.

정부는 2015년 파리협정에 따른 신기후체제(POST 2020)의 출범에 따라 2020년 10월 '2050 탄소중립' 목표를 선언하고, 기후위기 대응체계를 정비하기 위해, 2021년 9월 녹색성장법을 폐지하고 「탄소중립기본법」을 제정하였다. 정부는 환경부 총괄, 관계부처 합동으로 기후변화 적응의 기본계획인 「기후변화대응 기본계획」 등을 수립하고 있으며 2008년 12월 최초의 국가 단위 기후변화 적응대책인 「국가 기후변화 적응 종합계획」을 수립한 이래, 현재 「제3차 국가 기후변화 적응대책」(2021~2025년)을 수립 운영하고 있다.

환경부는 「탄소중립기본법」 제38조에 따라 국가 기후위기 적응대책을 관계 중앙행정기관과 협의하여 5년마다 수립·시행하여야 하며, 지자체와 기후위기 취약공공기관은 같은 법 제40조 및 제41조에 따라 관할 지역 및 시설에 대한 기후위기 적응대책을 수립하여 환경부에 제출하여야 한다. 환경부는 「탄소중립기본법」 제39조 및 같은 법 시행령 제42조 등의 규정에 따라 기관별 기후위기 적응대책의 전년도 추진상황을 점검하는 등 기후위기 적응대책 업무를 총괄하고 있다.

■ **국가기후위기적응 제3차 강화대책**[29)]

정부는 국가기후위기적응 제3차 강화대책을 수립 운영하고 있다. 기본 추진방향을 보면 다음과 같다.

- 과학적 기후 감시 예측 및 적응 기반 고도화
- 기후재난 극복을 통한 안전사회 실현
- 기후위기에 적응하는 사회기반 구축
- 모든 주체(국가-지자체, 산업-금융 등)가 추진하는 기후위기

상기한 국가위기적응 강화대책의 비전, 목표, 4대정책을 보면 [그림 9-6]과 같다.

기후변화의 영향은 전지구적으로 광범위하게 나타나며, 그 속도 또한 점차 빨라지고 있다. 온실가스 배출량을 감축하더라도, 지금까지 배출된 온실가스로 인한 기후변화로 인한 피해는 일어날 수밖에 없으며, 이러한 피해를 최소화하기 위한 기후변화 적응 대책은 지역 단위가 아닌 국가 단위의 대응과 계획 수립이 필수적이다. 즉, 기후변화 감시 혹은 관측을 통한 데이터를 확보하여 기후변화로 인한 피해 정도를 예측하고 사전 대응할 수 있도록 시

29) 제3차 2023-25 국가위기 적응 강화대책, 2023.6, pp.49-51.

비전	기후위기에 안전하고 회복력 높은 대한민국
목표	◈ 과학적 예측에 기반한 적응대책 지원 ◈ 기후재난 예방으로 국민피해 최소화 ◈ 모든 적응 주체가 함께하는 역량 제고

4대 정책		
4대 정책	[1] 과학적 기후 감시·예측 및 적응 기반 고도화	• 기후위기 감시 체계 및 예측 강화 • 기후위기 적응정보 생산 및 기술개발 촉진
	[2] 기후재난·위험을 극복한 안전사회 실현	• 홍수·가뭄 대비 물관리 강화 • 산사태·산불 등 산림재해 예방 • 폭염·한파 등 이상기온 대비 건강피해 사전예방 강화
	[3] 기후변화에 적응하는 기반 구축	• 기후변화에 따른 주택·도시·기반시설 재해대응력 강화 • 기후변화에 적응하는 항만·해양공간 조성 • 지속가능한 농수산 환경 조성 • 생태계 안정성 유지
	[4] 모든 주체가 함께하는 기후적응 추진	• 기후변화 취약계층 등에 대한 국가적 보호 강화 • 기후재난 대비 대응역량 제고 • 적응 거버넌스 강화

자료 : 환경부, 국가기후위기 강화대책 수립, 2023.6.22, p.4.

[그림 9-6] 국가기후위기적응 목표와 정책

스템이 구축되어야 한다. 그러나 기후변화는 그 불확실성으로 인해 감시 혹은 관측을 통한 데이터를 확보한다고 하더라도 그 피해 정도를 정확하게 예측하여 완벽하게 대응하기에 어려움이 있다.

3.4 기후위기 사례의 교훈 : 청주 궁평 지하침수 사건

■ 사건 개요

오송 참사는 2023년 7월 15일 오전 8시 40분쯤 궁평2지하차도가 물에 잠겨 시내버스 등 자동차 17대가 침수되고 14명이 숨진 사고다. 궁평2지하차도의 전체길이는 685m, 터널 구간만 430m이다. 청주 오송 지하차도 침수 원인은 인근 미호강 범람과 오전까지 내린 390mm의 많은 비이다. 인근 미호강 미호천교 지점의 수위는 홍수경보 기준(8m)을 넘긴 9.57m이었다. 미호강이 범람하면서 순식간의 물이 차올랐고 다수의 운전자, 승객들이 차량에서 빠져나오지 못하고 고립된 상황이었다. 당시 궁평2지하차도에서 불과 350여m 떨어진 임시제방이 터지면서 많은 양의 강물이 삽시간에 지하차도를 덮쳐 참사로 이어졌다. 궁평2

지하차도 관리책임 주체인 충북도 공무원들은 사고 당일 미호천교 지점 수위 확인을 제대로 하지 않고, 통제 기준 수위에 도달했음에도 차량 통제를 하지 않는 등 비상대응을 부실하게 한 혐의를 받고 있다. 미호천의 유지와 보수를 담당하는 청주시 공무원들은 사고 원인으로 지목된 제방의 안전점검을 부실하게 수행해 이를 방치하게 한 혐의를 받고 있다. 사고 당일 임시제방이 무너져 미호천이 범람한다는 재난 신고를 받고도 보고와 전파 등을 제대로 하지 않은 혐의도 받고 있다.[30]

■ **수해방지계획서에 의한 임시제방**

2023년 7월 충북 청주시 오송읍 궁평2지하차도 침수사고를 유발한 미호강 임시제방 공사 책임자 2명에게 중형이 선고됐다. 미호천교 신축 공사 현장소장 전모(55)씨와 감리단장 최모(66)씨에게 각각 징역 7년 6개월, 징역 6년을 선고했다.[31] 재판부는 "전씨 등이 임시제방을 축조하면서 관계기관 허가를 받지 않은 데다 규정도 지키지 않았다. 기존 제방을 절개하려면 하천법에 따라 하천점용 목적과 위치, 성토, 토지 형질변경, 원상회복 방법 등을 명시한 하천점용허가서를 대전지방국토관리청과 금강유역환경청에 제출해야 한다. 피고인들은 하천점용허가를 받으면서 기존 제방 절개와 대체 제방 축조, 원상회복 등에 관한 내용을 넣지 않고 임의로 제방을 축조했다. 우기를 코앞에 둔 2023년 6월 29일부터 축조한 임시제방은 기준에도 맞지 않았다. 하천 제방 공사표준시방서에 따르면 제방 높이는 계획홍수위보다 1.5m 높아야 한다. 사고 당시 미호천교 일원 계획 홍수위는 29.02m였고, 자연제방 높이는 32.65m로 여유가 있었다. 하지만 법원이 변호인이 제출한 수해방지계획서와 현장증거 영상으로 추정한 임시제방 높이는 29.63~29.69m에 불과했다. "제방을 임의 절개하거나, 원상 복구했더라면 월류가 발생하거나 궁평2지하차도 배수펌프 용량을 초과하는 강물 유입이 없었을 것이다."

사고 직후 전문가들은 재난 안전시설과 안전 매뉴얼의 문제를 사고 원인으로 지적하고 있다.[32]

■ **경영층 교훈 : 미래의 기후변화를 고려한 방재목표와 방재정책**

- 참사가 벌어진 충북 청주시 흥덕구 오송읍 궁평리 일대는 이미 '홍수위험' 지역으로 분류되어 있었다. '100년에 한 번 올 정도로 많은 비가 내리면' 침수가 될 수 있는 구역이었다. 그러나 여전히 한국에서는 과거의 데이터를 기반으로 위험을 예측한다.

---

30) 오송 지하차도 참사 관련 충북도·청주시 공무원 10명 추가 기소(chosun.com).
31) 판사 "1억 아끼려 부실제방?"… '오송참사' 책임자 법정최고형, 중앙일보, 2024.6.19 기사 분석 요약.
32) [오송참사 1주기] 지하차도 수해 예방시설·대응 시스템 무엇이 바뀌었나, 뉴시스(newsis.com).

전문가들은 도시계획의 '효율'에 치중해 안전을 예측할 때 기후변화를 고려하지 않은 게 근본적인 원인이라고 지적한다. 특히 매년 여름마다 반복되는 폭우로 인한 인재가 갈수록 증가하고 있어 국가의 재난 대응 시스템에 대한 근본적인 개혁이 필요하다는 목소리도 높아지고 있다.

- 감사원은 국가 사회기반시설에 대한 기후위기의 적응 및 대응실태에 대한 감사 수행 결과 다음과 같은 방재정책의 개선을 권고하고 있다.
  "기후변화의 영향으로 홍수방어시설의 능력을 초과하는 이상강우의 발생 증가와 방재성능목표를 초과하는 강우 사례가 발생하고 있다. 최근 빈발한 도심 침수피해 사례 등을 종합해 보면 과거 30년간의 강우 패턴과 단기간(2040년) 기준으로 SSP (Shared Socioeconomic Pathways) 기후변화 시나리오의 평균값을 적용하여 도출한 현재의 방재성능목표와 이를 적용한 방재정책으로는 미래에 발생할 기후위기에 제대로 대비하지 못할 가능성이 높다. 미래의 기후변화 진행상황에 부합하게 강우증가율을 예측하여 미래 기후변화 취약지역 및 공공주택지구의 침수방지에 기여할 방재 성능목표를 수립할 필요가 있다."[33] 상기한 감사원의 감사권고와 같이 기상이변을 고려한 방재정책의 전면적 개선이 필요한 시점이다.
- 법원 판결에서 제시한 바와 같이, 수해방지를 위해서는 임시제방의 절개, 축조공사에 있어서 기상이변(예: 홍수)을 고려한 공사 수행이 필수적이다. 건설현장에서 이상기후의 변화를 고려한 체계적인 방재성능 목표와 이를 적용한 방재정책이 수립 운영되어야 함을 일깨워 주고 있다.

3.5 기업의 대응실태와 과제

3.5.1 국내 온실가스 다배출기업

국내 온실가스 다배출기업(배출권거래제, 목표관리제 1,000개사 중 390개사 응답)을 대상으로 '탄소중립 대응실태와 과제'를 조사한 결과, 탄소중립 투자 리스크를 어떻게 평가하는지에 대해 '높다'(71.7%) 또는 '매우 높다'(17.4%)고 응답한 기업이 89.1%에 달했다. 탄소중립 투자 리스크가 낮다고 응답한 기업은 10.9%에 그쳤다. 탄소중립 추진이 앞으로 기업에게 기회로 작용할 것을 알지만 지금 당장은 투자 리스크가 높다고 평가한 것이다.[34] 탄소중립 추진이 기업 경쟁력에 긍정적인 영향을 줄 것으로 응답한 기업이 60.3%로 부정적으

33) 감사원, 감사보고서: 기후위기 적응 및 대응실태 II(사회기반시설 분야), 2024.2.
34) 대한상의, 온실가스 多배출기업의 탄소중립 대응실태와 지원과제 조사, 2023.3.28.

로 응답한 기업(39.7%)보다 많았다. 다만 긍정적인 응답이 2022년 34.8%에서 2023년 68.8%로 두 배 증가했다가 올해는 60.3%로 지난해보다 8.5%p 하락했다.

3.5.2 중소 · 중견기업의 현황

대한상공회의소가 국내 공급망에 속한 중소 · 중견기업 1,278개사의 '22~'23년 ESG 실사데이터 분석 결과, ESG 경영수준을 점수화했을 때 환경(E) 2.45점, 사회(S) 5.11점, 지배구조(G) 2.70점을 기록했고, 종합평점은 3.55점으로 나타났다.[35] 환경(E) 부문 중 평점이 가장 낮은 항목은 '재생에너지 사용량 측정'으로 재생에너지 수급이 아직 충분치 못한데다 온실가스 측정 등 대기오염물질 감축에 관한 준비가 미흡한 중소 · 중견기업들의 어려운 여건을 여실히 보여주었다. 생물다양성 보전 노력도 매우 미흡한 항목 중 하나로 나타났다. 생물다양성 보전에 관한 구체적 정보가 부족하고 생태계 온전성의 장기적 가치에 대한 인식 부족 등이 그 원인으로 분석됐다. 이외에 '친환경 제품 및 서비스 관리', '재활용 원부자재 사용량 측정', '제품 함유물질 모니터링' 순으로 취약한 항목들이 파악되었다(〈표 9-5〉).

〈표 9-5〉 공급망 내 중소 · 중견기업 환경(E) 부문 취약지표 5항목*

취약지표 5항목	평균점수
재생에너지 사용량 측정	0.32
생물다양성 보전 노력	0.33
친환경제품 및 서비스 관리	0.55
재활용 원부자재 사용량 측정	0.61
제품 함유물질 모니터링	0.65

* 평균점수가 낮을수록 취약한 것으로 평가.

3.5.3 국내 기업 ESG : "실제 경영전략과 연계 부족"

국내 기업들의 ESG경영이 과거에 비해 확장 및 개선되고 있으나 아직 "국내 기업들은 ESG의 전략적 통합이 부족하다. ESG는 ESG대로, 기업경영은 기업경영대로 분리되어 있는 게 문제"라는 의견이 제기되고 있다.[36] 해외 ESG경영 선진 사례로 아웃도어 브랜드 파타고니아와 영국의 소비재 기업 유니레버, 프랑스의 에너지 공기업 EDF 등 미국이나 유럽의 선도기업은 ESG경영과 기업의 비즈니스 환경이 완전히 합쳐져 있다. 이들 기업이 "어떻게 하

35) 대한상의, 중소·중견기업 ESG 경영 실사 분석 결과, 2023.4.3.

36) [ESG경제 포럼] 국내 기업 ESG, "실제 경영전략과 연계 부족," ESG경제포럼 〉 ESG경영 〉 기업 · 거버넌스 〉 기사본문, ESG경제, 2024.10.23.

면 ESG를 받아들이면서 돈을 많이 벌까를 고민하고, 선제적으로 ESG를 받아들여 돈을 벌면서 경쟁력을 갖추고 정부에 새로운 규제를 만들어달라고 하는 등 굉장히 적극적"이라는 주장이다.

한국경제인협회(한경협)의 설문조사에 의하면, 국내 500대 기업 중 42.3%가 ESG경영의 주된 이유를 '기업 이미지 제고'로 삼고 있는 등 "한국 기업들은 여전히 단기적인 재무성과를 우선시하고, ESG 요소에 대한 고민이 부족하기 때문에 전반적인 ESG 접근이 수동적"이다. 아울러 "ESG가 재무적 가치와 연결되기보다 주로 규제와 평가 대응을 위한 접근에 한정되는 경우가 많다"고 밝혔다. 기업이 환경과 사회적 책임을 경영전략의 핵심으로 삼고, 장기적인 관점에서 구체적인 목표와 실행 방안을 마련하는 것이 중요하다.

4. 환경모범규준[37)]

한국ESG기준원이 발표한 기업경영을 위한 환경모범규준을 개관한다.

4.1 배경 : 전문 및 목적

기업경영에 있어 환경문제가 기업의 지속가능한 발전에 중요한 영향을 미치고 있다. 우리 기업도 환경경영을 통해 기업의 지속가능성과 수익성을 동시에 고려하려는 세계적 흐름에 적극적이고 능동적으로 대처할 필요가 있다. 특히 환경의 질을 개선하려는 활동에 대한 관심이 지속적으로 증대됨에 따라 기업의 경영활동이 환경에 미치는 영향은 기업의 생존가능성과 경쟁력에 중요한 요소가 되고 있다. 이러한 시대적 요청에 부응하여 국내기업들은 환경경영을 수행하기 위해 지속적으로 노력하여야 하며, 주주를 포함한 다양한 이해관계자들의 신뢰를 얻기 위하여 체계적으로 환경경영을 수행할 수 있도록 경영체제를 구축할 필요가 있다. 아울러 기업의 장기적인 발전을 위해 기업과 그 구성원은 투철한 환경경영 의식을 가져야 할 것이다. 본 모범규준은 미래지향적인 관점에서 국내기업들이 대내외적으로 신뢰받을 수 있는 바람직한 환경경영의 방향을 제시하여 관련 활동 수행에 도움을 주는 것을 목적으로 제정되었다.

개정 환경모범규준은 전사적 환경경영의 관점을 본격적으로 도입하였다. 리더십과 이를 뒷받침할 거버넌스, 위험관리 등을 신설하여 전사적 위험관리 프로세스에 환경경영의

---

37) 한국ESG기준원, 환경모범규준, 2021.8의 주요 내용을 발췌 인용하였음.

통합관리를 유도하고 있다. 전 세계적으로 환경정보 공개 요구가 급증함에 따라 CDP (Carbon Disclosure Project)나 TCFD(Task Force on Climate-Related Financial Disclosures) 등과 같은 자율 정보공개 관련 글로벌 가이드라인을 대폭 반영하였다. 기후변화 관련 규제가 점차 강화되고 금융기관 및 기관투자자의 기후변화 위험에 대한 인식이 높아짐에 따라 관련 위험 관리가 더욱 중요해질 전망으로, 우리 기업은 이에 대한 대비가 필요하다. 이 밖에도 제품 및 서비스 전 과정 관점에서의 자원순환을 고려한 순환경제 (Circular Economy) 구현이 요구된다.

4.2 구 성

본 모범규준은 국내외 환경정책과 관행에 부합하는 환경경영의 원칙과 기준, 미래지향적인 관점에서 국내기업들이 추구하여야 할 바람직한 환경경영의 방향을 제시하고 있다. 상장기업을 비롯한 공개기업을 적용대상으로 하고 있다. 그러나 비공개기업도 모범규준을 준수하는 것이 바람직하다. 기업활동이 환경에 미치는 영향은 기업의 산업적 특성 및 상황에 따라 상이하며 끊임없이 변화하고 있으므로 환경경영 또한 유연하고 탄력적으로 운영되어야 한다.

본 모범규준은 전문, 리더십과 거버넌스, 위험 관리, 운영 및 성과, 이해관계자 소통, 부록 등 네 부문의 본문과 부록으로 구성되어 있다(〈표 9-6〉).

〈표 9-6〉 환경모범규준의 기본 구성

부 문	주요 구성
리더십과 거버넌스	환경경영 리더십 환경전략 및 목표 환경경영 거버넌스
위험관리	환경위험과 기회 식별, 평가, 관리 기후변화 위험과 기회 위험관리체계
운영 및 성과	친환경 제품 및 서비스 친환경 공급망 친환경 사업장 성과관리 환경회계 생태계 보전
이해관계자 소통	이해관계자 설정 이해관계자 대응활동 환경정보 공개

4.3 환경경영 리더십과 거버넌스

환경경영이란 기업의 경영활동에서 자원과 에너지 절약 및 효율적 이용을 통해 온실가스 배출과 환경오염의 발생을 최소화하면서 사회적 · 윤리적 책임을 다하는 경영을 의미한다. 최고경영진은 환경경영의 전략적 중요성을 이해하고 이에 대한 실천의지 및 지원활동을 경영활동에 반영하여야 한다. 이를 위해 최고경영진은 '환경방침'을 통하여 환경경영에 대한 확고한 의지와 투자계획을 대내외적으로 표명할 필요가 있다. 기업은 환경경영전략을 수립하여야 한다. 이때 환경경영전략은 기업 전략 및 방침과 통합되어야 한다. 환경경영전략이란 기업이 책임 있는 환경경영을 수행하기 위한 방향 설정 및 효율적 자원배분 관리방법을 의미한다. 환경경영전략은 전 가치사슬을 고려한 관점에서 기업이 외부에 미치는 환경적 영향을 최소화하고 기업 내부의 환경성과를 높이며, 나아가 경영성과와 연계할 수 있는 구체적인 실행방법을 제시하여야 한다.

기업은 환경경영 목표를 달성하고 효율적인 환경경영을 수립하기 위하여 주요 환경이슈에 대한 예방적 조치와 환경경영 활동을 주도적으로 실행할 수 있는 전사적 환경경영 체계를 갖추어야 한다. 이를 위해, 환경경영 수행을 위한 적절한 조직체계가 구성되고 인적자원이 배분되어야 하며 환경경영 및 성과에 대한 책임과 권한을 부여하여야 한다. 나아가 이를 대외적으로 공개하는 것이 바람직하다. 더불어, 현존하거나 잠재적인 환경적 위험 사항에 대해 적극적으로 보고할 수 있는 보고체계를 갖추는 것이 바람직하다.

〈제9장 요약〉

코페르니쿠스 기후변화연구소의 서맨사 버지스 부소장도 "온실가스 배출량을 급격히 줄이는 것만이 지구 온도 상승을 막을 수 있는 유일한 방법"이라고 말했다. 위기에 대응하기 위한 방안은 온실가스의 감축과 기후위기 적응 2가지로 나눌 수 있다.

- 온실가스 감축 : 기후변화를 완화 또는 지연시키기 위하여 대기 중 온실가스 농도가 인간활동에 의해 더 증가되지 않도록 온실가스 배출량을 줄이거나 흡수원을 보호하고 강화하여 온실가스 배출량과 전 지구적 흡수량이 균형을 이룰 수 있도록 수행하는 모든 활동
- 기후위기 적응 : 기후위기에 대한 취약성을 줄이고 기후위기로 인한 건강피해와 자연재해에 대한 적응역량과 회복력을 높이는 등 현재 나타나고 있거나 미래에 나타날 것으로 예상되는 기후위기의 파급효과와 영향을 최소화하거나 유익한 기회로 촉진하는 모든 활동

기업들이 온실가스를 감축하기 위해서는 먼저 온실가스 배출 범위를 이해하고 배출량을 파악할 필요가 있다. GHG(Greenhouse Gas) 프로토콜은 온실가스 산정 및 보고의 목적상 직·간접배출원을 규명하고, 투명성을 개선하며, 다양한 조직형태와 다양한 종류의 기후변화 대책 및 사업목표의 효용성을 제고하기 위해 3개의 범위(Scope)를 도입하였다.

- Scope 1(직접 배출) : 직접 온실가스 배출(Direct GHG emissions)로 기업이 소유하거나 통제하는 배출원으로부터의 배출을 의미한다.
- Scope 2(전력 구매 등의 간접 온실가스 배출) : 기업이 외부에서 구매한 전력, 열, 증기 등의 에너지를 사용함으로써 발생되는 간접적인 온실가스 배출이다
- Scope 3(기타 간접 온실가스 배출) : 기업 조직이 소유나 관리하지 않지만, 기업활동과 연관된 가치사슬 전체에서 발생하는 기타 간접적인 온실가스 배출이다.

온실가스 인벤토리는 기업의 생산, 운영 등의 활동으로 인하여 발생되는 온실가스 배출 원인을 파악하여 배출량을 시각적으로 확인할 수 있도록 계산하고 월별, 연도별 기록, 유지관리를 통해 감축이행을 가능하도록 온실가스를 목록화하는 것이다.

환경경영이란 기업의 경영활동에서 자원과 에너지 절약 및 효율적 이용을 통해 온실가스 배출과 환경오염의 발생을 최소화하면서 사회적·윤리적 책임을 다하는 경영을 의미한다. 최고경영진은 환경경영의 전략적 중요성을 이해하고 이에 대한 실천의지 및 지원활동을 경

영활동에 반영하여야 한다. 이를 위해 최고경영진은 '환경방침'을 통하여 환경경영에 대한 확고한 의지와 투자계획을 대내외적으로 표명할 필요가 있다. 환경경영전략은 전 가치사슬을 고려한 관점에서 기업이 외부에 미치는 환경적 영향을 최소화하고 기업 내부의 환경성과를 높이며, 나아가 경영성과와 연계할 수 있는 구체적인 실행방법을 제시하여야 한다.

chapter 10

글로벌 환경규제와 지속가능성 공시

1. 기후변화 대응
2. 글로벌 주요 환경규제
3. 지속가능성 정보 공시

〈제10장 요약〉

생각해 볼 점

- 탄소중립 녹색성장 국가전략의 기업경영에 리스크와 기회는 무엇인가?
- EU의 지속가능성실사지침의 우리 기업에 영향은?
- 글로벌 지속가능성 공시의 요구는 무엇인가?
- 그린워싱 및 기후 허위 공시 사례와 이에 대한 SEC 규제는?

기후변화 대응 및 탄소중립을 위해 전 세계 국가들의 활동이 본격화됨에 따라 기업의 지속가능성 정보 공시 및 관리에 대한 중요성이 강조되고 있다. 특히, IFRS ISSB, EU ESRS, 미국 SEC 등 주요국에서 ESG 공시기준 제정 등 의무화가 추진되고 있다. 이에 따라 앞으로 산업별, 국가별 지속가능성 공시의 비교가능성이 제고될 것으로 예상되며, 지속가능성 공시에 대한 중요성이 점증할 것으로 예측된다.

전 세계 국가들의 탄소중립 목표 선언과 함께 탄소 감축 관련 입법 및 정책 도입 경향이 강화되고 있다. 특히, EU와 미국을 중심으로 역내 산업보호 및 경쟁력 강화를 위해 무역장벽형 법 및 제도의 도입이 증가하고 있으며, 관련 투자 또한 증가하는 추세에 있다. EU 집행위원회에서 발표한 '기업지속가능성실사지침(CSDDD)'이 2024년 7월 발효되었으며, EU의 '기업지속가능성공시지침(CSRD)'에 의한 공시가 2025년부터 시작된다.

이 장에서는 탄소중립 2050 전략을 이해하고, 최근 EU을 중심으로 한 주요 환경규제의 동향을 파악하도록 한다. 기후변화의 공시와 관련하여 지속가능성 공시기준 등에 대해 이해를 갖도록 한다. 지속가능성 공시와 관련하여 그린워싱, 허위공시 등에 대한 실무사례를 통해 주요 현안을 이해하도록 한다.

1. 기후변화 대응

1.1 배 경

국제사회는 인간이 배출한 온실가스에 따른 지구온난화에 대한 심각성을 인식하고, 기후위기에 대응하기 위해 노력하고 있다. 기후변화협약(1992년)을 맺고 교토의정서(1997년)와 파리협정(2015년) 채택을 통해 지구 평균기온 상승 억제를 논의해왔다.[1)]

2015년 12월 파리협정에서는 산업혁명 이전(1850~1900년 평균) 대비 2℃보다 훨씬 아래로 유지하고, 나아가 1.5℃ 아래로 억제하기 위해 노력해야 한다는 목표를 설정하였다. 파리협정은 국가별로 스스로 감축범위 등을 결정한 자체 분석을 바탕으로 하고 있다. 각 참여국가가 탄소배출 규모를 정하여 부담한다는 국가온실가스 감축목표 NDC(nationally determined contribution) 관리방식이다.

기후변화에 대한 정부간 협의체(IPCC)는 2018년 1.5℃ 특별보고서를 발표하였다. 이를 통해 지구 평균온도 상승을 1.5℃ 이내로 억제하기 위해서는 전 지구적으로 2030년까지 온실가스 배출량을 2010년 대비 45% 이상 감축해야 하고, 2050년에는 탄소중립을 달성해야 한다고 제시했다. 이에 국제사회에서는 2050년 탄소배출 중립 목표를 이루기 위해 많은 노력을 기울이고 있다. 산업화 이후 현재까지 기후변화가 지속되었음에도 그 영향이 급격히 나타나지 않은 것은 지구시스템을 구성하는 다양한 요소가 기후변화 영향을 완충하였기 때문이다. 기후변화로 인해 기존 지구시스템의 상호작용 방식이 급변하여 기후위기가 시작됐고, 이에 기후저지선(1.5℃)을 설정하게 되었다. 기후저지선은 인류 생존 및 생태계 보전을 위해 넘지 말아야 할 최후의 한계선을 뜻한다. 기후저지선은 2009년 코펜하겐 당사국 총회에서 최종적으로 2℃ 기후저지선이 채택되었다. 다양한 과학적 근거를 통해 지구 평균기온이 2℃ 상승할 경우 '돌이킬 수 없는' 기후변화가 나타날 수 있다는 사실이 받아들여져 2015년 파리협정 체결시 1.5℃가 기준선이 되었다.

세계기상기구(WMO)에서 매년 발표하는 지구 기후현황 보고서(State of the Global Climate)에서는 온실가스 농도, 해수 온도, 해양 산성화, 해수면 상승 4가지를 핵심지표로 삼고 있다. 온실가스 배출원은 에너지, 산업공정, 농업, 폐기물 등으로 구분되는데, 전 세계적으로 주된 배출원은 에너지 부문이다. 우리나라 온실가스 전체 배출량 중 에너지 부분은 전체의 87%에 달한다. 다음은 산업공정에서 발생하는 것이 7%을 차지하고 있다. 한국의

---

1) 탄소중립 정책포털(gihoo.or.kr), 2024.6.18 검색.

경우에 1990년에서 2020년 사이 에너지 부문 온실가스 배출량이 137% 증가하였다. 한국의 온실가스 배출량은 교토의정서에서 온실가스 감축 기준 연도로 설정한 1990년 2억 9,210만 톤(이산화탄소 환산 기준)에서 2020년 6억 5,620만 톤으로 125% 증가하였다. 이 기간 동안 온실가스 배출량 증가율은 연평균 2.7%를 기록하였다.

1.2 2050 탄소중립선언

1.2.1 탄소중립선언

우리나라는 국제사회의 노력에 동참하고 건강한 미래를 만들기 위해 2020년 10월 '2050 탄소중립선언'을 선포하였다. 탄소중립은 대기 중 온실가스 농도가 인간활동에 의해

자료: 2050 탄소중립녹색성장위원회(2050cnc.go.kr).

[그림 10-1] 2050 탄소중립 추진전략

더 증가되지 않도록 순배출량이 0이 되도록 하는 것으로 '넷제로(Net-Zero)'라고도 한다.

정부는 탄소중립이라는 新패러다임 전환 기로에서 능동적 대응을 통해 탄소중립과 경제성장, 그리고 국민 삶의 질 향상을 동시에 달성할 수 있는 기반을 마련하는 데 목표를 두고 있다. 우리 경제 · 사회의 부담은 최소화하고, 역량은 최대한 활용하는 방향으로, 탄소중립 실현 정책방향은 '경제구조 저탄소화, 저탄소 산업생태계 조성, 탄소중립사회로의 공정전환'이라는 3대 정책방향과 '탄소중립 제도기반 강화'라는 소위 「3+1」의 전략틀을 제시하였다.[2] 2050 탄소중립 추진전략을 보면 [그림 10-1]과 같다.[3]

1.2.2 기후위기 대응을 위한 탄소중립기본법

'기후위기 대응을 위한 탄소중립 · 녹색성장 기본법'(이하 '탄소중립기본법')이 2022년 3월부터 시행되고 있다. 이는 2050 탄소중립이라는 국가목표 달성을 위한 법정 절차와 정책수단을 담은 법률이다. 「탄소중립기본법」은 우리나라의 기후대응을 위한 대표적인 국내법으로, 국가 탄소중립 녹색성장 기본계획의 수립, 정의로운 전환, 녹색성장 시책, 탄소중립 사회 이행과 녹색성장의 확산, 기후대응기금의 설치 및 운용 등의 내용을 포괄적으로 담고 있다. 기후위기 대응이라는 목표 아래 비전 · 목표 · 이행체계 및 시책을 규정하고 있다. 「탄소중립기본법」 체계를 보면 [그림 10-2]와 같다.[4]

「탄소중립기본법」은 기후위기의 심각한 영향을 예방하기 위하여 온실가스 감축 및 기후위기 적응대책을 강화하고, 탄소중립 사회로의 이행 과정에서 발생할 수 있는 경제적 · 환경적 · 사회적 불평등을 해소하며 녹색기술과 녹색산업의 육성 · 촉진 · 활성화를 통하여 경제와 환경의 조화로운 발전을 도모함으로써, 현재 세대와 미래 세대의 삶의 질을 높이고 생태계와 기후체계를 보호하며 국제사회의 지속가능발전에 이바지하는 것을 목적으로 하고 있다.

탄소중립 사회로의 이행과 녹색성장은 다음 기본원칙에 따라 추진되어야 한다.

1. 미래세대의 생존을 보장하기 위한 세대 간 형평성의 원칙과 지속가능발전의 원칙에 입각한다.
2. 범지구적인 기후위기의 심각성과 그에 대응하는 국제적 경제환경의 변화에 대한 합리적 인식을 토대로 종합적인 위기대응 전략으로서 탄소중립 사회로의 이행과 녹색

---

2) "2050 탄소중립 추진전략" 발표, 보도 · 참고자료, 기획재정부.
3) 2050 탄소중립녹색성장위원회(2050cnc.go.kr) 2024.6.18 검색.
4) https://korea.kr/briefing/pressReleaseView.do?newsId=156500253, 탄소중립기본법 시행(3.25), 2022.3.22, 국무조정실, 2024.6.19 검색 분석 요약.

< 탄소중립·녹색성장기본법안 체계 >

총 괄

- **(비전)** 2050 탄소중립 + 환경·경제 조화
- **(전략목표)** 국가전략 + 중장기 온실가스 감축목표
- **(이행 체계)** 탄소중립 녹색성장 기본계획(국가·시도·시군구)

분야별 시책

온실가스 감축	기후위기 적응	정의로운 전환	녹색성장
• 기후변화영향평가 • 온실가스감축인지예산 • 배출권·목표관리 • 탄소중립 도시 • 지역 에너지 전환 • 녹색건축·교통 • 흡수원·CCUS • 국제 감축사업 • 종합정보관리	• 감시·예측 • 기후위기 적응대책 (국가, 지방, 공공기관) • 지역 기후위기대응 • 물 관리 • 녹색국토 • 농림수산 전환 • 적응센터	• 사회안전망 • 특별지구 • 사업전환 • 자산손실 최소화 • 국민참여 • 협동조합 활성화 • 지원센터	• 녹색경제 • 녹색산업 • 녹색경영 • 녹색기술 • 조세제도 • 녹색금융 • 정보통신 • 순환경제

기 반

- **탄소중립·녹색성장 이행 확산**(지자체, 생산·소비, 녹색생활, 탄소중립 지원센터 등)
- **기후대응 기금**

자료 : 2050 탄소중립녹색성장위원회 보도자료, 탄소중립기본법 시행(3.25).

[그림 10-2] 탄소중립 녹색성장 기본법안 체계

성장을 추진한다.

3. 기후변화에 대한 과학적 예측과 분석에 기반하고, 기후위기에 영향의 모든 분야를 포괄적으로 고려하여 온실가스 감축과 기후위기 적응에 관한 정책을 수립한다.
4. 기후위기로 인한 책임과 이익이 사회 전체에 균형 있게 분배되도록 하는 기후정의를 추구함으로써 기후위기와 사회적 불평등을 동시에 극복하고, 탄소중립 사회로의 이행 과정에서 피해를 입을 수 있는 취약한 계층 · 부문 · 지역을 보호하는 등 정의로운 전환을 실현한다.
5. 환경오염이나 온실가스 배출로 인한 경제적 비용이 재화 또는 서비스의 시장가격에 합리적으로 반영되도록 조세체계와 금융체계 등을 개편하여 오염자 부담의 원칙이 구현되도록 노력한다.
6. 탄소중립 사회로의 이행을 통하여 기후위기를 극복함과 동시에, 성장 잠재력과 경쟁

력이 높은 녹색기술과 녹색산업에 대한 투자 및 지원을 강화함으로써 국가 성장동력을 확충하고 국제경쟁력을 강화하며, 일자리를 창출하는 기회로 활용하도록 한다.
7. 탄소중립 사회로의 이행과 녹색성장의 추진 과정에서 모든 국민의 민주적 참여를 보장한다.
8. 기후위기가 인류 공통의 문제라는 인식 아래 지구 평균기온 상승을 산업화 이전 대비 최대 섭씨 1.5도로 제한하기 위한 국제사회의 노력에 적극 동참하고, 개발도상국의 환경과 사회정의를 저해하지 아니하며, 기후위기 대응을 지원하기 위한 협력을 강화한다.

최근 정부가 2031년 이후 온실가스 감축량을 설정하지 않은 것은 국민의 기본권을 충분히 보호하지 못해 헌법에 어긋난다는 헌법재판소 결정이 나왔다. 청소년 단체인 '청소년기후행동'이 2020년 3월 온실가스 감축 목표의 적정성을 다투는 헌법소원을 제기하였다. 정부의 현행 감축 목표로는 지구 평균기온 상승을 산업화 이전 대비 섭씨 2도 또는 1.5도 수준으로 억제하기 위한 '파리협정'을 이행할 수 없다고 주장했다. 헌법재판소는 청소년·시민단체·영유아 등이 제기한 헌법소원 4건에서 재판관 전원일치 의견으로 「탄소중립기본법」 제8조 제1항에 헌법불합치 결정을 내렸다. 정부는 2030년의 국가 온실가스 배출량을 2018년 배출량 기준 40%만큼 감축하겠다고 정했지만, 그 이후로는 아무런 기준도 마련하지 않았다.

헌재는 "탄소중립기본법 제8조 제1항은 2031년부터 2049년까지의 감축목표에 관해 그 정량적 수준을 어떤 형태로도 제시하지 않았다는 점에서 과소보호금지원칙 및 법률유보원칙에 반해 기본권 보호 의무를 위반해 환경권을 침해한다"고 판단했다.[5] 이번 결정에 따라 정부는 2031년 이후의 구체적인 온실가스 감축 목표를 수립해 2026년 2월 28일을 시한으로 법령에 반영해야 한다. 향후 정부가 2031년 이후까지 포함하는 기후 대응 관련 정책 수립 시 미래 세대에 대한 과중한 부담 이전을 하지 않도록 강조한 헌법재판소의 결정을 고려해야 한다.

5) 탄소중립법 헌법불합치… "2031년 이후에도 감축목표 설정해야"(종합), 연합뉴스(yna.co.kr).

1.3 탄소중립 · 녹색성장 국가전략 등[6)]

1.3.1 배 경

2015년 파리협정 체결(2016. 11월 발효)을 계기로 선진국 · 개도국 포함 모든 국가에 온실가스 감축 의무에 대한 요구가 증대하고 있다. 국제사회에서는 RE100 확대, 탄소국경조정제(CBAM) 도입 등 탈탄소 경제체계 구축을 위해 급속히 전환중이다. 탄소중립을 위한 주요국 동향을 요약하여 보면 [그림 10-3]과 같다.

〈 주요국 동향 〉

EU	○ (감축목표) '50년까지 탄소중립, '30년까지 '90년 대비 55% 감축 ○ (탄소국경조정제도) 철강 등 6개 품목에 대해 탄소배출에 대한 규제('26~) ○ (RePowerEU) △에너지 소비절감, △공급망 다변화, △재생e 보급 확대 등 발표('22.5월)
미국	○ (감축목표) '50년까지 탄소중립, '30년까지 '05년 대비 50~52% 감축 ○ (인플레이션감축법) 기후변화 대응에 3,690억$ 투자 추진('22~)
영국	○ (감축목표) '50년까지 탄소중립, 30년까지 '90년 대비 최소 68% 감축 ○ (원전확대) 에너지안보를 위하여 '50년까지 최대 8기 추가 건설 계획 발표('22)
일본	○ (감축목표) '50년까지 탄소중립, 30년까지 '13년 대비 46% 감축

자료 : 탄소중립 · 녹색성장 국가전략 및 제1차 국가 기본계획 요약, 2023.4, p.4.

[그림 10-3] 탄소중립을 위한 주요국 동향

기후 · 에너지 위기에 대응하기 위한 국가 전체적인 사회 · 경제 패러다임 전환에 대한 이해와 행동이 필요한 시점이다. 이를 위해 국가 탄소중립 녹색성장 전략과 기본 계획의 주요 내용을 살펴본다.

1.3.2 국가 탄소중립 녹색성장 전략

정부는 "2050년까지 탄소중립을 목표로 하여 탄소중립 사회로 이행하고, 환경과 경제의 조화로운 발전을 도모한다"는 국가비전을 설정하였다. 이를 달성하기 위하여 '국가 탄소중립 녹색성장 전략'을 수립(탄소중립기본법 제7조 제2항)하고 있다. 국가탄소중립 녹색성장 전략 목표로 "탄소중립과 녹색성장의 글로벌 중추 국가로의 도약"을 설정하였다. 이를 실행하기 위한 3대 정책방향을 보면 다음과 같다.

---

6) 법령 · 정책 〉 국가 탄소중립 · 녹색성장 기본계획, 대통령직속 2050 탄소중립녹색성장위원회(2050cnc.go.kr), 탄소중립 · 녹색성장 국가전략 및 제1차 국가 기본계획 요약, 2023.4, pp.1-4.

- 책임이 있는 실천: 과학과 합리에 바탕한 의사결정과 정책 추진
- 질서 있는 전환: 법과 절차의 준수, 협력과 사회적 합의
- 혁신주도의 탄소중립/녹색성장: 혁신에 기반한 온실가스 감축 및 경제사회구조 전환

자료: 탄소중립·녹색성장 국가전략 및 제1차 국가 기본계획 요약, 2023.4, p.7.

[그림 10-4] 국가 탄소중립 녹색성장전략

국가 탄소중립 녹색성장 전략을 보면 [그림 10-4]와 같다.

1.4 중장기 감축목표[7)]

2030년 배출량 목표는 436.6백만톤(2018년 대비 40% 감축)으로 유지하여 지난 2021년 국제사회에 약속한 NDC[8)] 상향안의 감축 목표를 준수한다. 부족한 감축량(800만톤)은 ① 전환 부문(태양광 · 수소 등 청정에너지)과 ②국제감축 부문을 각 400만톤씩 확대하여 국가목표를 달성한다(〈표 10-1〉 참조).

〈표 10-1〉 부문별 감축목표

(단위: 백만톤CO_2e, 괄호는 '18년 대비 감축률)

구분	부문	2018년 배출량	2030 목표	
			기존 NDC ('21.10)	수정 NDC ('23.3)
배출량 합계		**727.6**	**436.6 (40.0%)**	**436.6 (40.0%)**
배출	전 환	269.6	149.9 (44.4%)	**145.9 (45.9%)[1)]**
	산 업	260.5	222.6 (14.5%)	**230.7 (11.4%)**
	건 물	52.1	35.0 (32.8%)	35.0 (32.8%)
	수 송	98.1	61.0 (37.8%)	61.0 (37.8%)
	농축수산	24.7	18.0 (27.1%)	18.0 (27.1%)
	폐기물	17.1	9.1 (46.8%)	9.1 (46.8%)
	수 소	(-)	7.6	**8.4[2)]**
	탈루 등	5.6	3.9	3.9
흡수 · 제거	흡수원	(-41.3)	-26.7	-26.7
	CCUS	(-)	-10.3	**-11.2[3)]**
	국제감축	(-)	-33.5	**-37.5[4)]**

※ 기준연도('18) 배출량은 총배출량 / '30년 배출량은 순배출량 (총배출량 – 흡수 · 제거량)

1) 태양광, 수소 등 청정에너지 확대로 400만톤 추가 감축

2) 수소수요 최신화(블루수소 +10.5만톤), 블루수소 관련 탄소포집량은 CCUS 부문에 반영(0.8백만톤)

3) 국내 CCS 잠재량 반영(0.8백만톤), CCU 실증경과 등을 고려한 확대(0.1백만톤)

4) 민관협력 사업 발굴 및 투자 확대 등을 통해 국제감축량 400만톤 확대

자료 : 탄소중립 · 녹색성장 국가전략 및 제1차 국가 기본계획 요약, 2023.4, p.10.

---

7) 대통령직속 2050 탄소중립녹색성장위원회(2023), p.10.

8) NDC(Nationally Determined Contribution, 국가별 결정적 기여)는 각 국가가 감축할 온실가스 배출량을 목표로 설정하는데, 이때 기준이 되는 것이 바로 절대량과 집약도이다.

1.5 국가 기본계획체계와 적응대책

2030년까지 온실가스 40% 감축을 위한 국가기본계획과 기후변화 적응대책을 살펴보면 [그림 10-5]와 같다.

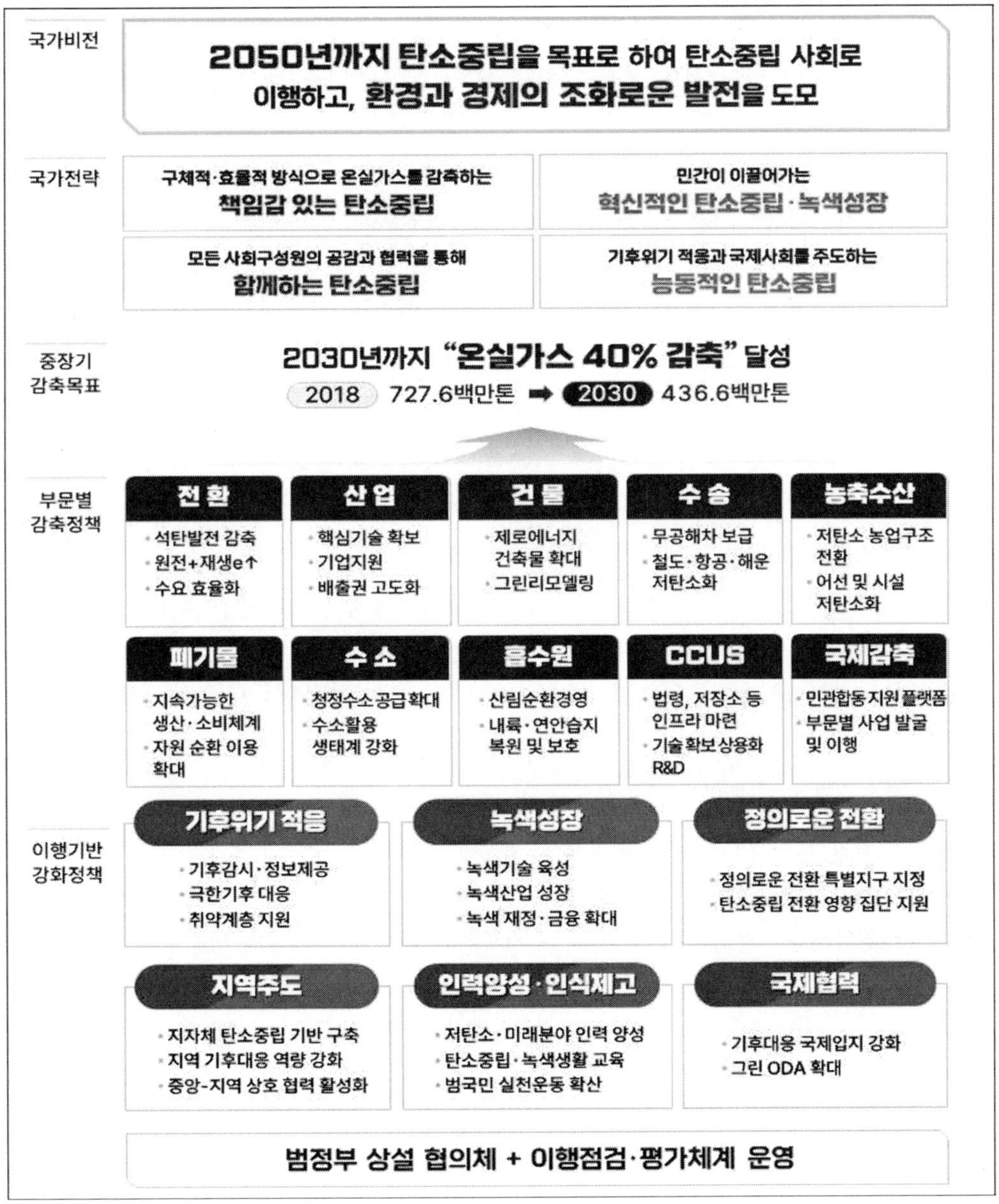

자료 : 탄소중립 · 녹색성장 국가전략 및 제1차 국가 기본계획 요약, 2023.4, p.12.

[그림 10-5] 국가기본 계획체계

최근 기상이변과 관련하여 중시되는 기후변화 적응대책을 살펴보면 다음과 같다.[9)]

(1) 과학기반의 기반의 기후위기 감시 예측 및 적응정보 고도화

- 지상관측망, 위성을 활용하여 입체적 감시역량을 강화하고 기후변화 상황지도를 활용하여 기후변화 예측정보의 제공
- 폭염, 홍수 등 위험요인별 기후위험지도를 구축하고 적응정보 플랫폼을 구축하여 부문별 적응정보 제공 일원화 : 가뭄, 홍수, 산불 등 요인별 위험도 표출

(2) 적응 인프라 대응체계 개선으로 극한기후에 안전한 사회 구현

- 홍수, 가뭄 : AI홍수 예보로 예보시간을 단축하고, 가뭄 취약지구 구축 및 침수 범람 방지 인프라 확충
- 폭염, 한파 : 취약계층 대상 맞춤형 정보제공, 무더위, 한파 쉼터를 확대하고 범부처 이상기온 대응 피해 예방

(3) 보건, 환경, 농수산업의 변화를 극복한 지속가능한 사회 실현

- 보건 : 폭염, 한파 대비 응급실 감시체계를 강화하고, 기후위기에 기인한 감염병 대응기술 개발 확대
- 생태계 : 위성센서 모니터링 기반 확충하고 생물다양성 증진 추진
- 농수산 : 농장 맞춤형 기상재해 조기경보시스템 구축 확산하고 기후적응형 생산기술 개발 보급

(4) 적응주체가 함께하는 기후적응 추진

- 협력기반 : 시민사회, 청년 등이 함께하는 거버넌스를 구축하고, 적응사회 실현에 필요한 법적 기반 구축
- 취약계층 : 저소득층, 고령층 등 기후위기 취약계층 에너지 바우처 지급 등을 통한 부담경감, 보건복지 안전망 구축

---

9) 대통령직속 2050 탄소중립녹색성장위원회(2023), p.18.

1.6 최근 디지털 전환을 통한 탄소중립 추진 동향

최근 지구온난화 임계점이 앞당겨지며 세계 각국이 디지털 기술에 주목하고 있다. 세계경제포럼(WEF)에서는 자원, 에너지, 건물, 수송 등에 디지털을 적용해 2050년까지 전 세계 탄소배출량을 최대 20%까지 감축할 수 있다는 의견이 제시되었다. 이는 제조업과 수출 중심 경제구조인 우리나라의 경쟁력 제고에 중요한 시사점을 주고 있다. 최근 에너지 효율화, 탄소배출량의 추적 · 관찰 등 탄소 감축의 핵심역량인 디지털 기술을 산업과 일상에 적용해 탄소중립을 촉진하기 위해 '디지털 전환을 통한 탄소중립 촉진 방안'이 추진되고 있다.[10)]

주요 내용을 살펴보면 첫째, 산업과 일상 전반에 인공지능(AI), 사물인터넷(IoT), 디지털 트윈 등 디지털 기술을 바탕으로 탄소배출량을 감축하는 그린 디지털 전환을 도입 · 확산한다. 에너지 생산 · 배분, 육상 · 해상 · 항공 등 수송 부문 에너지 저감, 건물 부문 에너지 수요관리, 농 · 축 · 수산 생산성 제고, 자원순환 및 폐기물 수거, 디지털 라이프 탄소저감 등 자원 · 에너지 효율화를 위한 기술 및 솔루션을 개발한다. 시장을 중심으로 그린 디지털 전환이 자발적으로 확산될 수 있도록 전문기업을 육성하는 한편 지자체 · 중소기업을 중심으로 그린 디지털 전환 솔루션 도입을 지원하는 등 초기수요 · 시장을 형성한다.

둘째, 그린 디지털 전환으로 향후 증가할 것으로 예상되는 디지털 부문의 탄소배출량을 감축하기 위해 데이터센터 · 네트워크 등 디지털 전환 인프라를 저전력화한다. 데이터센터 및 유 · 무선 네트워크의 에너지 저감을 위해 소재 · 부품 · 장비 고효율화, 냉각 · 공조 및 전력 설비 등 기반시설의 저전력화, 에너지 소비 모니터링 · 최적화를 위한 통합제어 솔루션 개발 등을 추진한다. 기존 데이터센터 인증을 보완하는 IT장비 에너지 효율성 평가 모델을 마련하고 IT 장비를 도입하거나 해외 진출을 준비하는 디지털 장비 기업에 가이드라인을 제공하여 에너지 효율화 장비 사용 · 생산을 유도한다.

마지막으로 통일성 있는 정책추진과 탄소중립 데이터에 대한 접근성 강화를 통해 공공 · 민간에서 그린 디지털 전환 추진을 쉽게 추진할 수 있도록 그린 디지털 생태계를 구축한다. 공공 · 민간을 아우르는 체계적인 디지털 탄소중립 정책 추진을 위한 범부처 협의체를 구축하고 탄소중립 관련 데이터의 수집 · 관리 및 개방 · 공유 방안과 관련 규제 및 법령 등 개선과제를 발굴한다. 탄소배출량 측정 · 보고 · 검증지원 플랫폼을 개발해 데이터 기반 탄소중립 의사결정을 지원하고 온실가스 공간정보지도, 건물 에너지 통합관리 시스템 등 탄소중립 관련 데이터 플랫폼을 고도화해 원활한 그린 디지털 전환을 위한 데이터 환경을

10) 탄소중립녹색성장위원회, 녹색 신산업 육성… 신성장 동력 창출, 투데이에너지, 2023.11.23.

조성한다.

최신의 AI 기술을 활용하여 기후변화를 효과적으로 예측하고 대응하는 것은 국민생활 편의뿐만 아니라 관련 산업 혁신에 미치는 영향이 크다. 국제에너지기구(IEA)의 최근 보고서에 따르면 AI가 전력망 관리, 수요예측 및 관리, 소비자 편익과 행태변화 등 탄소중립 에너지 솔루션의 핵심으로 떠오르고 있고, 재생에너지 출력 조정, 전기차와 전력망 연결 등에 필요한 엄청난 데이터 처리도 AI 덕분에 훨씬 수월해지고 있다. 구글의 경우 머신러닝에만 전체 사용에너지의 15%를 쓸 만큼 AI 활용에 투입되는 막대한 전기량은 또 다른 도전이다. AI 활용시 문제해결을 위해 저전력·고효율·실용적 생성 AI 서비스 전용 반도체 기술 개발 및 내재화 필요성과 신뢰할 수 있는 AI 위험 관리 플랫폼 구축 필요성이 제기되고 있다. 수출기업이 직면한 EU의 그린딜(Green Deal) 등 규제에 대비한 준비가 시급하며, DPP (Digital Product Passport, EU에 유통되는 모든 제품에 대해 전체 생애주기 정보를 디지털로 수집·저장·공유하는 제도) 등 데이터에 기반한 규제에 정부와 민간이 함께 협력해 선제 대응이 필요하다는 의견이 제시되고 있다.

2. 글로벌 주요 환경규제

2.1 글로벌 탄소중립 동향

전 세계 국가들의 탄소중립 목표 선언과 함께 탄소 감축 관련 입법 및 정책 도입 경향이 강화되고 있다. 특히, EU와 미국을 중심으로 역내산업 보호 및 경쟁력 강화를 위해 무역장벽형 법 및 제도의 도입이 증가하고 있으며, 관련 투자 또한 증가하는 추세에 있다. 최근 미국과 EU를 비롯한 주요국들이 기후변화 대응을 내세우며 자국의 친환경 산업·기술을 지원하는 법제 도입을 추진함에 따라 탄소중립은 환경을 넘어 경제안보 이슈가 되고 있다.[11)]

- 2022년 8월에 미국은 「인플레이션 감축법(IRA : Inflation Reduction Act)」을 입법하며 총 3,690억 달러의 예산을 에너지 안보 및 기후변화 대응에 편성하였다. 특히 에너지 전환을 유도하고 청정에너지 공급 능력을 확충하기 위해 청정 전기 및 탄소배출 감축, 청정연료, 친환경 자동차 및 청정에너지 제조 관련 투자 등에 세액공제를

11) 신동원 외, 미국 인플레이션 감축법과 EU 그린딜산업계획에 대응하는 기후정책 방안, 한국환경연구원, KEI 정책보고서 23-14, 2023.12, pp.1-2.

비롯한 재정지원을 확대하였다. 이로써 미국은 IRA를 통해 전기차, 배터리 등을 비롯한 미국 내 친환경산업 부문에 대한 제조업 역량을 제고하고 친환경에너지 생산설비 밸류체인을 미국 내에 확보함으로써 탄소중립을 이행하는 신산업에 대한 성장동력을 강화하고 있다.

- EU는 역내 청정기술산업의 경쟁력을 강화하고 탄소중립으로의 전환을 가속화하고자 2023년 2월에 「그린딜산업계획(GDIP : Green Deal Industry Plan)」을 발표하였다. 그중 「탄소중립산업법(NZIA : Net-Zero Industry Act)」은 2030년까지 EU 역내 연간 탄소중립 기술 수요의 최소 40%를 자체적으로 조달한다는 목표 아래 배터리, 재생에너지(풍력, 태양광, 히트펌프 등), 수소, 바이오메탄, CCS 등의 제조 능력 확대를 위한 보조금 지급 및 규제 환경 개선에 대한 지원 내용을 담고 있다. 「핵심원자재법(CRMA: Critical Raw Material Act)」은 EU의 녹색 전환에 필요한 안전하고 지속가능한 공급망을 확보하기 위한 법안으로 2030년까지 단일 제3국의 전략적 원자재 의존도를 역내 전체 소비량의 65% 미만으로 낮추는 것을 목표로 하고 있다.
- 일본 정부는 탄소중립 실현과 녹색전환 과정에서 경쟁력을 확보하고자 2023년 7월에 '녹색전환(GX : Green Transformation) 추진전략'을 발표하며 안정적인 에너지 확보, 탄소가격제 도입 등을 제시하였다. 특히 녹색시장 형성과 국제협력을 도모하고자 아시아 제로 배출 공동체(AZEC : Asia Zero Emission Community)를 제안하며 글로벌 공급망을 개편하려는 의지를 드러냈다.
- 프랑스 정부는 미국 IRA에 대한 대응과 일자리 창출, 탄소배출량 감축 등을 목표로 2023년 10월에 녹색산업법을 공표하며 녹색산업 관련 세액공제 및 신축 공장 허가 기간 단축, 민간자금 동원, 인력 양성과 탄소발자국을 반영한 전기차 보조금 산정기준을 제시하였다.

공통적으로 상기 법안들은 탄소중립선언 이후 이를 이행하기 위해 녹색산업을 육성하고자 녹색기술 개발 및 보급에 대한 재정지원과 규제 정비, 인력 양성 및 국제협력 등의 포괄적인 정책을 제시하고 있다. 주요국의 탄소중립을 위한 신산업정책은 다음의 네 가지 특성을 갖고 있다. ① 녹색산업 육성을 위한 장기적인 재정지원이 필요하며, ② 중점기술 선정 후 투자를 위한 구체적인 세액공제 혹은 보조금의 수단이 이행되어야 하며, 이를 지원하기 위한 ③ 구체적인 재원 마련 방법이 뒷받침되어야 하며, 마지막으로 ④ 재정적인 지원 외에도 규제환경 개선 및 인력 양성, 국제협력을 도모해야 한다.

2.2 글로벌 공급망 관련 주요 규제

글로벌 환경규제가 확립되어 감에 따라 환경, 사회 및 지배구조의 위험이 곧 재무적 위험으로 직결된다는 점을 여러 기업을 통해 체감하고 있다.[12] 기업가치사슬에서의 환경 및 인권은 전세계 경제의 기반이자 기업 경쟁력, 거래처 협상력의 중요요소로 전환되고 있다. 최근 유럽과 미국을 중심으로 기업의 지속가능 공급망 구축을 촉진하는 공식적 법적 규제가 활발하게 전개되고 있다.

2015년 영국의 현대 노예법, 2019년 네덜란드의 아동실사법이 제정되었다. 2023년부터는 독일공급망 실사법, 2022년 2월 EU 집행위원회에서 발표한 '기업지속가능성실사지침(CSDDD)'이 2024년 7월 발효되었다. EU를 중심으로 우리 기업의 무역 투자 및 글로벌 비즈니스에 영향을 미칠 수 있는 다양한 규제가 시행을 앞두고 있다. 다양한 규제들은 목적과 규율범위가 다양하지만, 공통적으로 공급망에 대한 실사를 통해 제품 제조 과정에서의 외부 영향을 식별하고 개선하도록 하고 있다.

지금까지 기업은 공급망 관리에 있어서 제품과 서비스를 생산하여 시장에 공급하는 범위에 한정하였다. 주로 비용과 품질, 납기 중심의 경영의사결정이었다. 이에 대하여 앞으로는 제품 서비스 전 생애주기 관점의 다각적인 리스크 관리가 요구되고 있다. 즉 제품 및 서비스의 시장 공급 이후의 소비 및 사용, 재활용 및 폐기의 단계까지 기업이 미치는 영향을

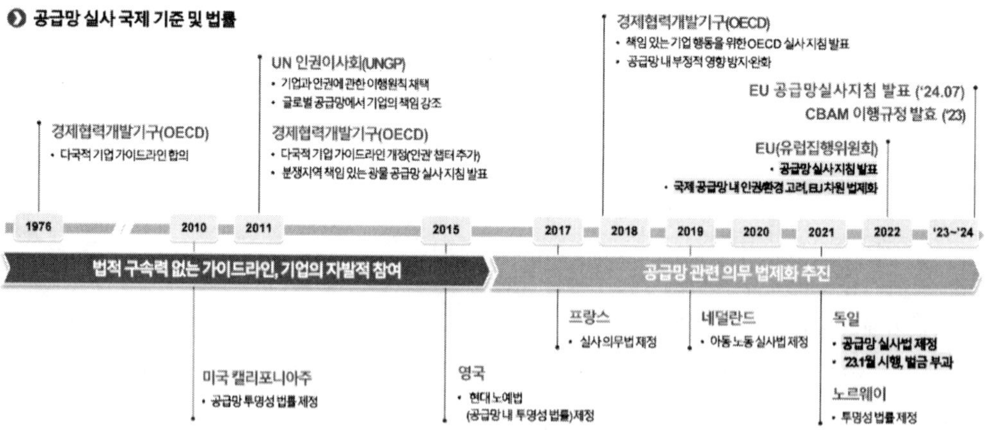

자료 : 공급망 규제 대응을 위한 Traceability 체계, 삼일 PwC, 2024.11.25, 세미나 자료, p.5.

[그림 10-6] 공급망 실사 국제기준 및 법률

---

12) 주요 글로벌 ESG 규제 동향과 2024년 전망, 법무법인 세종, 2024.1.18

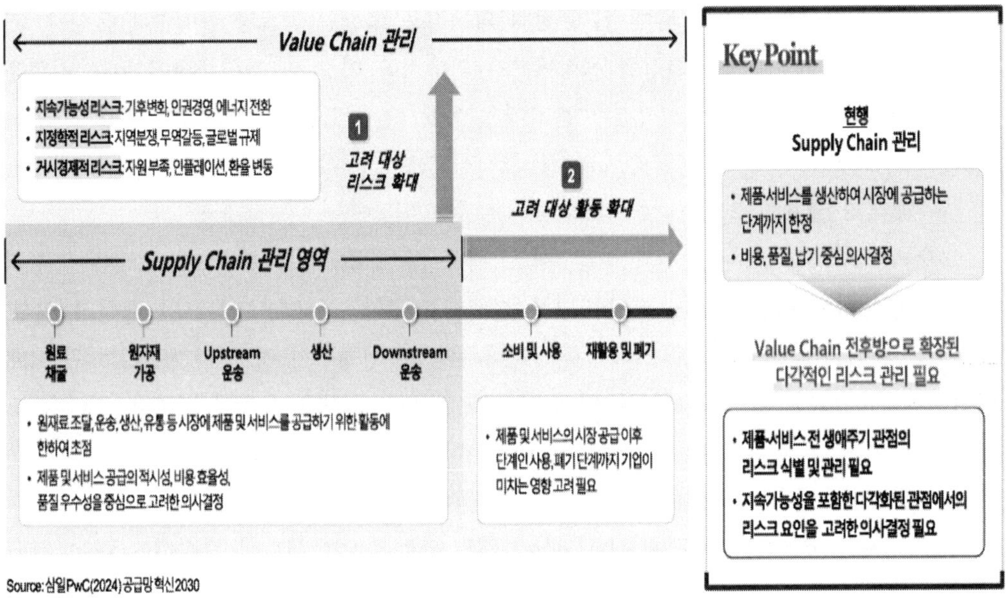

자료 : 삼일 PwC(2024), 공급망혁신2030.

[그림 10-7] 공급망 관리 범위의 확대

고려하여야 한다. 이를 요약하면 [그림 10-7]과 같다.[13)]

■ **탄소국경조정제도(Carbon Border Adjustment Mechanism, CBAM)**

탄소국경조정제도는 EU로 수입되는 역외 제품에 대해 EU 배출권거래제(EU-ETS)와 동등한 탄소가격을 부과 · 징수하는 제도로, 2023년 10월부터 6개 품목(시멘트, 철강, 알루미늄, 비료, 전력, 수소)을 대상으로 시범 시행중이다. 이 제도는 2026년 1월부터 본격 시행된다. 제품가격에 직접적인 영향을 미칠 뿐만 아니라 향후 석유 · 화학, 플라스틱 등 대상 품목이 추가될 예정이어서 기업들이 큰 부담을 느끼는 것으로 파악된다. 철강, 알루미늄 등 6개 품목을 유럽연합에 수출하는 기업은 제품 생산 과정에서 발생한 온실가스 배출량을 유럽연합 수입업자를 통해 의무적으로 보고해야 한다.

■ **EU 산림전용(轉用) 규제**

2023년 6월, EU의 산림전용 방지규정(Regulation on Deforestation-free products)이 발효되었다. 이에 따르면 EU에 코코아, 커피, 팜유, 고무, 대두, 목재 및 관련 파생제품을 출시하는 운영자는 해당 제품이 산림전용 방지규정을 준수하였음을 실사하였다는 선언서를

13) 삼일 PwC(2024), p.6.

제공해야 한다. 특히 2024년 말에 위 규정의 의무적용 대상인 공급망 참여주체(운영자, 거래자)와 국가별 위험수준이 결정될 예정이므로 의무적용 대상 및 실사대상이 되는 기업은 2024년 실사에 따른 2025년 실사결과 보고에 대응할 수 있도록 미리 준비할 필요가 있다.

■ 배터리 규제

2023년 8월, 배터리의 원자재 조달, 제조, 사용 및 재활용을 다루는 EU 배터리 규정이 발효되었다. 이에 따라 2024년 탄소발자국 선언서 제출을 시작으로 2025년 배터리 실사, 2025-6년 배터리 주요 정보 표시(라벨링), 배터리의 전 생애주기 정보 디지털 이력관리(배터리 여권)와 2036년까지의 재활용 원료 사용률에 대한 규정을 준수해야 한다.

■ 에코디자인 규정(ESPR)

에코디자인 규정(ESPR)은 제품의 생산, 유통, 판매 단계에서부터 준수해야 하는 환경 및 에너지 효율에 관한 요구사항을 명시한 규정이다. ESPR은 제조사, 수입자, 판매자들이 제품의 설계를 할 때 환경 및 에너지 효율을 고려해야 한다는 측면에서 중요한 역할을 한다. 이를 통해 소비자 제품과 관련된 폐기물을 줄이고 재사용을 촉진하려는 목적이 있다. 유럽의회는 2024년 4월 23일 기존의 '에코디자인 지침'(Ecodesign Directive)을 개정하는 '에코디자인 규정'(Ecodesign for Sustainable Product Regulation, 이하 '본 규정안')을 의결하였다.[14)]

본 규정은 주로 에너지 효율성을 강조하였던 기존 에코디자인 지침과는 달리, 제품의 전 생애주기 내구성, 재활용 가능성, 에너지효율성 등의 지속가능성 요건을 부여하고 있고, 생산업체, 수입업체, 유통업체에게 시장에서 판매되는 모든 물리적 품목과 관련하여 에코디자인 요구조건을 준수하여야 할 의무를 부과하고 있다. 제품의 전 생애주기에 걸쳐 전자여권을 통해 제품의 지속가능성에 관한 정보를 공개하도록 하고 있다. 이에 따라 제품의 설계 단계에서는 에너지 사용 및 에너지 효율성, 물 사용 및 물 사용 효율성(energy use and energy efficiency, water use and water efficiency) 등의 정보를, 판매 · 유통 단계에서는 탄소 및 환경발자국(carbon and environmental footprint) 등의 정보를, 폐기 단계에서는 재활용가능성, 예상 폐기물 발생량(reusability and expected generation of waste) 등의 정보를 공개하여야 한다. 이에 따라 다양한 이해관계자들은 판매되지 않은 제품의 폐기에 관한 정보까지 포함하여 제품의 전 생애주기에 걸쳐 모든 지속가능성 정보를 공유할 수 있게 된다. 이처럼 본 규정은 제품이 전 생애주기 동안 발생시킬 수 있는 환경적 영향을 줄이고,

14) 법무법인 세종, EU 에코디자인 규정 유럽의회 통과 – 에코디자인 요구조건 강화, 2024.5.22.

지속가능성을 강화하기 위한 목적에서 생산업체, 수입업체, 유통업체 등의 경제주체에게 에코디자인 요구 조건을 준수하고, 관련된 정보를 공개하여야 할 의무를 부과하고 있다. 따라서 유럽시장에 진출하였거나 향후 유럽시장 진출을 계획하고 있는 국내 기업들로서는 초기 제품 디자인 단계부터 에코디자인 요건을 고려하여야 할 필요가 있다.

■ **포장 · 포장재 폐기물 지침 강화 개정안(PPWR, 이하 포장재 규제안)**

유럽연합이 플라스틱 포장 폐기물을 줄이는 조처에 잠정 합의했다. 과일과 채소에 사용되는 비닐, 호텔 내 일회용 플라스틱 포장 형태는 오는 2030년부터 사용이 금지된다. '포장 · 포장재 폐기물 지침 강화 개정안(PPWR, 이하 포장재 규제안)'에 지난 2024년 3월 잠정 합의했다. 규제안의 핵심은 1994년부터 EU가 시행해온 포장재 규제를 '지침'에서 '규정'으로 강화한 것이다. 2030년부터 과일 · 채소의 일회용 플라스틱 포장이 전면 금지되기 때문이다. 케첩 · 설탕 등 일회용 개별 포장도 불가능하다. 호텔 같은 숙박업소는 일회용 세면용품을 제공할 수 없다. 포장재 규제안 속 내용은 크게 ① 재사용 · 리필 선택지 장려, ② 재활용 증진, ③ 과불화화합물(PFAS)로 만든 식품 포장재 퇴출 등을 꼽을 수 있다.[15)]

2.3 EU 지속가능성실사지침(Corporate Sustainability Due Diligence Directive, CSDDD)

2.3.1 배 경

유럽발 '공급망 실사'가 세계 전역으로 확산되고, 인권을 필두로 한 공급망 실사가 앞으로 기업경영에서 핵심요소로 자리잡게 되었다. 자사뿐 아니라 납품업체에서 인권 · 환경 침해가 일어나면 벌금을 부과받는 등 제재를 받게 되어 기업경영 전반의 대변화가 예상된다. 유럽연합(EU) 역내외 기업에 공급망 내의 인권 환경 실사를 의무화하는 것을 골자로 한 '기업지속가능성실사지침(Corporate Sustainability Due Diligence Directive, CSDDD)'이 EU의회를 2024년 4월 통과하였다. 2022년 EU집행위원회가 지침 초안을 발표한 지 2년 만이다. '(EU) 공급망 실사법'으로 불리는 지침(Directive)은 2024년 5월 24일 장관급 이사회 승인을 받아 채택됐다. 관보 게재 후 20일이 지나면 효력을 발휘하는데, EU 27개 회원국은 2년 이내에 이 지침을 근거로 법을 제정해야 하고 2027년부터 기업 규모에 따라 순차적으로 시행된다.[16)]

---

15) EU, 포장재 규제안(PPWR) 잠정 합의… "2030년 모든 포장재 재활용 · 재사용 계획서 한발 후퇴," 그리니엄(greenium.kr), 2024.3.5.

2.3.2 공급망 실사의 이해

공급망 '실사(Due Diligence)'는 기업이 부정적 영향을 방지하도록 스스로 점검하는 제도이다. 실사는 인권경영이나 환경 · 사회 · 지배구조(ESG)에서 사용하는 인권실사(Human rights due diligence)에서 출발했다. 기업의 인권존중책임에 대한 요구는 이미 여러 국제규범에서 표현됐다. 유엔의 '세계인권선언'(1948년)은 인간은 누구나 인권을 향유하며 그러한 인권존중의무는 국가뿐 아니라 사회의 모든 조직과 개인에게도 부과된다고 선언했다(제28조 내지 제30조). 즉, 국가가 인권을 보호하고 증진하는 일차적인 의무를 가지지만, 기업도 사회조직의 일원으로서 모든 사람의 인권을 보호, 존중, 증진하지 않으면 안 된다는 의미다. 유엔의 '시민적, 정치적 권리에 관한 국제규약'(1966년, 자유권 규약)과 '경제적, 사회적, 문화적 권리에 관한 국제규약'(1966년, 사회권규약)을 비롯, 많은 인권 관련 협약, 국제노동기구(ILO) 헌장과 8대 핵심협약 등에 기업이 지켜야 할 인권목록(인권존중책임의 영역)이 명기돼 있다.

2.3.3 실사 프로세스와 범위 등

공급망 실사 지침에 따르면 원청기업은 협력업체를 포함한 공급망 전체에 대해 기업활동이 인권과 환경 등에 미치는 부정적 영향을 평가하고 관리할 의무를 진다. 구체적인 실사의무(제5조, 세부내용 제7조에서 16조)는 (1) 실사의무의 내재화(실사정책 수립 및 관리 시스템에 통합), (2) 인권 및 환경에 대한 부정적 영향의 식별 및 평가, 우선순위 지정, (3) 잠재하는 부정적 영향의 예방 · 완화 및 실재하는 부정적 영향의 제거 · 최소화, (4) 실제 부정적 영향에 대한 구제책 제공, (5) (기업활동 전반에 걸쳐) 이해관계자의 의미 있는 참여, (6) 불만처리 절차 수립 및 유지, (7) 실사 정책 및 조치 효과성 모니터링, (8) 공중과의 소통(실사 결과 공시) 등이다. 8단계로 구성된 실사 프로세스는 'OECD의 책임 있는 사업 행위에 관한 실사지침(OECD Due Diligence Guidance for Responsible Business Conduct)'이 정의한 6단계를 포괄했다.

실사 범위는 기업의 '활동사슬(Chain of activity)'이다. 활동사슬은 업스트림 즉 비즈니스 파트너의 생산, 서비스, 설계, 채굴, 조달, 운송, 보관, 원자재 · 상품 · 부품 공급, 상품개발과 다운스트림 비즈니스 파트너의 유통, 운송, 보관 등을 의미한다. EU의회, 집행위원회, 이사회 3자 협의 과정에서 논의한 폐기(분해, 재활용, 매립 등) 부문은 실사 범위에서 제외되었고, 금융산업은 우선 업스트림에만 적용하고 발효 후 2년 내에 확대 여부를 재검토할

---

16) 유럽발 '인권 · 환경' 실사… 대변화 피할 수 없게 됐다, 오마이뉴스(ohmynews.com), 2024.6.6 기사 분석 요약.

예정이다.

실사 주요 항목(제1조)[12]은 크게 ① 인권(국제적인 인권협약] 관련 권리와 금지, 부속서 I), ② 환경(국제적인 환경협약 관련 금지와 의무, 부속서 II) 관련 부정적 영향에 대한 기업의 의무 및 의무 위반에 대한 책임, ③ 기후변화 대응 목표 달성(파리기후협약(2015년)과 글래스고 기후협약(2021년)에 근거하여, 산업화 이전 대비 지구 평균기온 상승폭 1.5℃ 이내 유지를 위한 '2050 글로벌 넷제로 목표' 달성을 위한 전환계획 채택 및 실행(제22조)으로 나뉜다.

2.4 탄소국경조정제도(Carbon Border Adjustment Mechanism, CBAM)

2023년 10월 유럽연합(EU, European Union)의 탄소국경조정제도(CBAM, Carbon Border Adjustment Mechanism) 전환기간이 개시되었다. EU 역내로 수입되는 재화에 역내에서 부과되는 것과 동일한 온실가스 배출 비용을 부담하도록 하는 제도로서, 온실가스 배출 규제가 무역정책과 결합한 형태로 평가된다. 탄소국경조정제도의 전환기간은 2023년 10월 1일부터 2025년 12월 31일까지로, 적용 품목은 탄소집약도가 높으면서 탄소 누출 위험이 높은 철강, 알루미늄, 시멘트, 비료, 수소, 전력 등 총 6개 제품군이다. 그러나 EU는 2030년까지 CBAM 대상 품목을 배출권거래제(ETS, Emissions Trading System) 적용 업종 전체로 확대할 계획이다. 전환기간 EU 수입업자의 의무는 분기별 보고의무로 제한되어 수입 품목의 내재 배출량 등에 대한 정보를 담은 CBAM 보고서를 EU 집행위원회에 제출해야 한다. 보고의무 등을 준수하지 않으면 과태료가 부과되기 때문에 EU 수입업자는 수출업자들에게 필요한 정보를 요구하게 된다.[17)]

2026년 1월 1일 확정기간에 들어서면 EU의 수입업자에게 인증서(certificates) 제출 의무가 발생해, 수입업자는 2027년부터 매년 5월 31일까지 직전 연도에 신고된 내재 배출량에 대한 인증서를 제출해야 한다. 우리나라는 2022년 기준 총 346만톤의 철강재를 EU에 수출하였으며, 이는 전체 철강재 수출량의 14%에 해당한다. 특히 고부가가치 철강재의 최종 고객사인 완성차 제조사와 해운사 등이 EU 지역에 포진해 EU 시장을 잃는 것은 고부가가치 제품 시장에서의 점유율 상실로 이어질 수 있다. 현재 고부가가치 제품은 주로 일관제철 공정을 통해 생산되고 있는데, 우리나라의 일관제철 공정 철강 제품의 탄소집약도는 EU 제품 대비 13% 높은 것으로 파악된다.

철강 다음으로 CBAM 적용제품 중 많은 비중을 차지하는 알루미늄은 2022년 기준 총

17) 글로벌 온실가스 배출 규제와 국내 산업계 영향, 환경부 온실가스종합센터, 기후변화와 탄소중립, 온실가스종합센터, 2023.12, pp.28-30.

15만 톤(전체 알루미늄 수출량의 12%)이 EU로 수출되었다. 알루미늄은 전력 사용으로 인한 배출 비중이 높은 제품인 만큼, 스웨덴 등 재생에너지가 풍부한 국가들을 중심으로 기존 제품 대비 탄소배출량을 75% 이상 줄인 저탄소 제품이 이미 시장에서 거래되고 있다. 우리나라 알루미늄 산업은 이미 제련·가공된 잉곳(ingot)을 수입하여 재가공하여 수출하는 형태의 산업활동이 주로 이루어져 현재 판매 제품의 내재 배출량 산정에서부터 어려움을 겪고 있는 것으로 알려져 있다

탄소국경조정제도는 2023년 10월부터 시범 시행되었고, 탄소 집약적 제품(철강, 알루미늄, 비료, 수소, 시멘트, 전력 등 6개 품목)을 EU로 수출 시 생산과정에서 배출한 탄소량에 상응하는 인증서 구매를 의무화하는 제도로, 2025년까지 약 2년간의 전환기간(보고의무만 있음)을 거쳐 2026년부터 본격 시행된다.[18)]

중국 관리들과 관련 협회에서는 중국 제조업체와 수출업체들을 대상으로 EU의 탄소국경조정제도에 대비하여 탄소배출 모니터링 시스템을 개선하고 저탄소 전환을 가속화할 것을 요청하고 있다. 탄소국경조정제도는 시멘트, 철강, 알루미늄, 비료, 전기, 수소 등 6개 산업에 우선적으로 적용된다. 2023년 10월부터 시행 중이며, 2025년까지의 이행기간에는 수입업자는 제품의 탄소집약도에 대한 정보만 제공하면 된다.[19)] 중국국제무역촉진위원회(China Council for the Promotion of International Trade) 상업법률서비스센터 소장은 "중국 당국이 중국 에너지 시스템의 저탄소 전환을 가속화하고 있으며, 탄소배출 목표를 달성하고 새로운 규칙에 대처하기 위해 자체 탄소세와 시장가격 책정 메커니즘을 최적화하고 있다. 중국 기업들도 탄소배출량 목표를 설정하고 EU의 탄소세 관련 정책을 최대한 빨리 이해하여 제품에 탄소배출량이 많다는 이유로 세금을 부과받지 않도록 해야 한다. 저탄소 개발 접근법으로 글로벌 경쟁의 변화에 대응하는 것이 필수적이다"라는 의견을 제시하고 있다.

2.5 국내 기업의 대응 현안

최근 EU에서 ESG 수출규제가 확대되고 있는 가운데 국내기업들의 규제 인식 및 대응 수준이 크게 미흡하다는 조사결과가 나왔다. 대한상공회의소가 최근 국내 수출기업 205개사를 대상으로 '국내 수출기업의 ESG 규제 대응현황과 정책과제'를 조사한 결과, 6개 주요 ESG 수출규제에 대한 인식수준은 100점 만점에 '42점', 대응수준은 '34점'으로 전반적으로

---

18) EU 탄소국경조정제도(CBAM) 대응 중소기업 지원방안 발표, 뉴스캠프, 2024.5.22.

19) 한국무역협회, 중국, EU 탄소국경조정제도(CBAM) 대비 업계에 '탄소배출 추적 개선 및 저탄소 전환 가속화' 주문, 2023.12.26 기사 재인용.

낮게 나타났다.[20] 기업들은 부담이 되는 ESG 수출규제로 '탄소국경조정제도'(48.3%)를 가장 많이 꼽았다. 이어 '공급망 지속가능성 실사'(23.9%), '포장재법'(12.2%), '기업 지속가능성 보고지침 및 공시기준'(10.7%), '배터리 규제'(2.9%), '에코디자인 규정'(2.0%) 순이었다.

탄소국경조정제도 대응 관련 가장 큰 애로사항은 '탄소배출량 측정 어려움'(52.7%)이 꼽혔다. 그 뒤를 이어 '탄소저감시설 투자 자금 부족'(41.0%), '전문인력 부족'(37.1%), 최신정보 부족'(24.4%) 등의 순으로 나왔다. 기업들은 탄소국경조정제도 대응을 위한 정책과제로 '탄소배출량 검증시 국내 검증기관 인정 필요'(54.1%), '탄소배출량 보고 의무 완화'(53.7%) 등을 요청했다. 조사대상 업체들은 대부분 공급망 실사를 시행하지 않고 있는 것으로 나타나 이에 대한 정책지원이 필요한 것으로 나타났다. '공급망 실사를 시행하고 있느냐'는 질문에 전체의 81.4%가 '시행하지 않고 있다'고 답했고, 이밖에 '시행하고 있다' 또는 '시행할 계획이다'라는 응답은 각각 9.3%에 불과했다. 특히, 해외에 소재한 협력업체에 대한 공급망 실사 대응 수준을 묻는 질문에 대해서는 '대응하지 못하고 있다'는 응답이 67.9%를 차지해 기업들이 해외 협력업체 관리에 큰 어려움을 겪고 있는 것으로 드러났다. '전혀 대응하지 못하고 있음'(51.9%), '잘 대응하지 못하고 있음'(16.0%), '보통'(20.8%), '어느 정도 대응하고 있음'(10.4%), '매우 잘 대응하고 있음'(0.9%)으로 나타났다.

ESG 수출규제와 관련한 애로사항으로 '시설 교체 · 시스템 구축 등 비용부담'(53.7%)이 가장 크다고 응답했다. 업계 현실과 동떨어진 목표 설정'(37.6%), '관세 장벽화 및 보호무역주의 강화'(31.2%), '과징금 · 부담금 등 제재 등이다. ESG 수출규제에 대응하기 위한 정책과제로 '대응계획 및 방안 수립을 위한 교육 · 가이드라인 제공'(52.7%)에 대한 목소리가 높았다. '금융 · 세제 혜택 등 비용 지원'(44.9%)과 함께 '규제 및 법안 관련 동향정보 전달'(27.8%)에 대한 요청도 많았다. 다음으로 'ESG 전문인력 양성 · 보급'(18.0%), 'ESG 우수기업 인센티브 확대'(17.1%), '국내 산업계 의견 청취 및 전달'(15.1%) 등이다. EU를 중심으로 한 ESG 수출규제가 갈수록 환경 및 인권, 소비자 보호 등에 대한 법제가 정교화되고 있는 환경에서 우리 기업들이 수출경쟁력을 유지하기 위해서는 기업현장에서 실제 적용할 수 있는 더욱 체계적이고 실질적인 정책지원과 기업 현장 요구에 대한 다각적인 지원이 요청된다.

20) 대한상공회의소, 국내 수출기업의 ESG 규제 대응현황과 정책과제 조사, 2024.3.26.

3. 지속가능성 정보 공시

기후변화 대응 및 탄소중립을 위해 전 세계 국가들의 활동이 본격화됨에 따라 기업의 지속가능성 정보 공시 및 관리에 대한 중요성이 강조되고 있다. 특히, IFRS ISSB, EU ESRS, 미국 SEC 등 주요국에서 지속가능성 공시기준 제정 등 의무화가 추진되고 있다. 이에 따라 앞으로 산업별, 국가별 지속가능성 공시의 비교가능성이 제고될 것으로 예상된다. 지속가능성 정보가 자본시장에서 투자정보로서 중요성과 활용성이 높아짐을 의미한다. 기업의 가치 산정에 있어 재무적 정보뿐만 아니라 지속가능성 정보가 필수적으로 이용됨에 따라 기후변화를 비롯한 지속가능성 정보 공시에 대한 이해가 중시되고 있다.

3.1 EU 지속가능성 보고지침(Corporate Sustainability Reporting Directive, CSRD)

EU는 2017년부터 전 세계 최초로 기업의 비재무정보에 대한 공개의무화지침(NFRD, Non-Financial Reporting Directive)을 모든 EU회원국에서 실시하였다. 비재무보고지침(NFRD)에 따라 제공되는 비재무정보가 비교 가능성·신뢰성·연관성이 부족하여 기준의 개정이 요구되었다. EU는 환경 및 사회 등에 관한 정보가 비재무정보에 국한된 것이 아니라 기업의 재무에도 영향을 미친다는 관점을 갖고 지속가능성 보고지침을 준비하였다.

EU는 지속가능성 보고지침(CSRD)을 2023년 1월 6일 공식 발표하였다. EU 회원국은 18개월 이내 자국 법률에 CSRD 내용을 반영하고 시행해야 하며, 비재무보고지침(NFRD에 따른 의무 공시 기업은 2024년 회계연도에 대한 정보를 2025년 1월부터 공시해야 한다.

3.2 유럽 지속가능성 보고기준(EU Sustainability Reporting Standards, ESRS)

지속가능성 보고지침(CSRD)에 의한 공시를 위한 기준서인 유럽지속가능성 보고기준(ESRS)에 대한 이해가 필요하다. 유럽 지속가능성 보고기준은 공통기준 2개와 환경, 사회, 거버넌스 주제로 한 10개의 기준서로 구성되어 있다.[21] 유럽 지속가능성 보고지침(CSRD)과 지속가능성 보고기준(ESRS) 관계를 보면 [그림 10-8]과 같다.

21) 삼일 PwC, EU CSRD · ESRS 이해 및 대응방안, 2023.9, p.5.

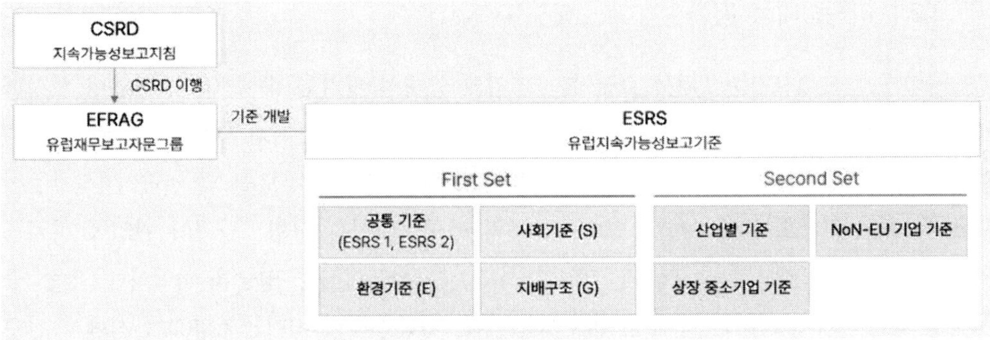

자료 : 삼일 PwC, EU CSRD · ESRS 이해 및 대응방안, 2023.9, p.5.

[그림 10-8] 지속가능성보고지침(CSRD)과 지속가능성 보고기준(ESRS) 관계

유럽 지속가능성 보고기준에 대해 개관해 보면 다음과 같다. 지속가능성 보고기준(ESRS)은 일반기준과 환경 · 사회 · 지배구조(ESG)를 주제로 하는 주제별 기준으로 구성돼 있으며, ESRS 1은 기본적인 원칙, ESRS 2부터는 본격적인 공시사항을 담고 있다. 특히 주제별 기준을 살펴보면 우선 기후변화, 환경오염, 물 및 해양자원, 생물다양성 및 생태계, 자원사용 및 순환경제의 환경(E) 분야의 리스크 및 기회를 관리하기 위한 정책을 수립 · 공시해야 한다. 사회(S) 분야에서는 임직원, 가치사슬 근로자, 지역사회, 소비자 및 고객에 관련한 목표를 수립하고 이를 공시해야 한다. 지배구조(G) 분야에서는 기업문화, 윤리, 부패방지, 공급망 관리 등과 관련된 비즈니스 활동 전반에 내용을 공시해야 한다([그림 10-9] 참조).

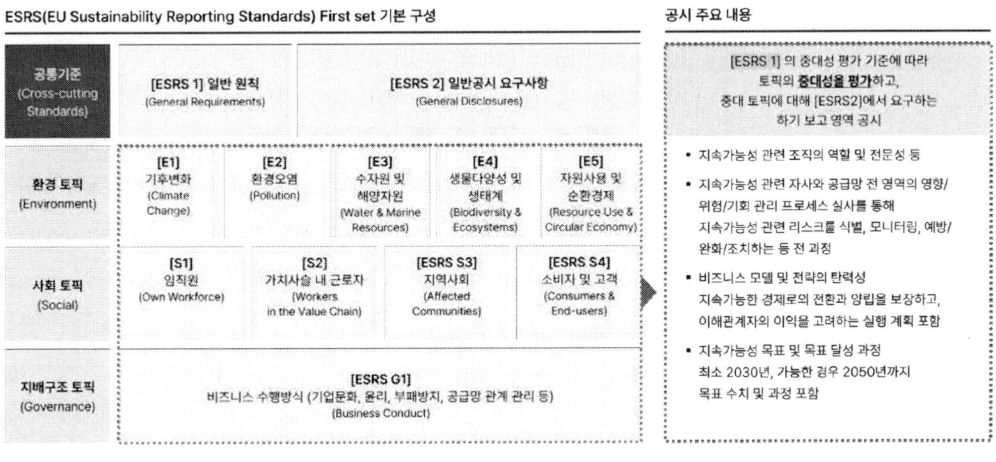

자료 : 삼일 PwC, EU CSRD · ESRS 이해 및 대응방안, 2023.9, p.5.

[그림 10-9] EU 지속가능성보고기준(ESRS)의 기본 구성

3.2.1 이중중대성 평가

지속가능성 보고기준 1에서 요구하는 기업의 중대성 평가를 수행한 후, 기업이 선정한 중대한 토픽에 대해 지속가능성 보고기준 2가 요구하는 사항(조직의 역할 및 전문성, 자사와 공급망 전 영역의 영향 · 위험 · 기회 관리 프로세스, 비즈니스 모델 및 전략, 지속가능성 목표 등)을 보고하도록 요구하고 있다. ESRS의 이중중대성은 사회 · 환경이 기업에 미치는 영향을 파악하는 '재무적 중요성'과 기업이 사회 · 환경에 미치는 영향을 파악하는 '영향 중대성'을 동등하게 고려하는 중대성 평가 방법이다. 이중중대성 평가는 CSRD 공시에서 필수적 요소이다.

3.2.2 일반공시 요구사항

유럽 지속가능성 보고기준은 기후변화 관련 재무정보공개협의체(TCFD) 프레임워크를 반영하고 있다. TCFD가 기후변화 토픽에 국한되어 있다면, ESRS는 지속가능성 전 영역 10개 토픽을 모두 포함하는 것이 가장 큰 차이점이다. 유럽 지속가능성 보고기준 2는 기준서 중 유일하게 모든 기업에 적용되는 의무 요구사항으로, 지속가능성에 대한 지배구조, 리스크/기회 관리에 대한 부분, 회사의 비즈니스 모델/전략과의 연계, 그리고 성과지표, 목표에 대한 측정 방법이나 경과에 대해 공시할 것을 요구하고 있다. 이를 요약하면 〈표 10-2〉와 같다.

〈표 10-2〉 ESRS2 일반공시 요구사항

지배구조	GOV	1. 운영, 관리 및 감독기구의 역할 2. 상기 기구에 제공된 정보 및 지속가능성 이슈 3. 지속가능성 관련 성과의 보상정책 통합 4. 지속가능성 실사보고서 관련 정보 5. 지속가능성 보고 관련 위험관리 및 내부통제
영향 위험 및 기회관리	IRO	1. 지속가능성 관련 중요한 영향 위험기회를 식별하고 평가하기 위한 절차 2. 지속가능성보고서에서 포함된 ESRS 공시 요구사항 (중대성 평가결과에 따른 공시지표 Index)
전략	SBM	1. 마켓포지션, 전략, 비즈니스 모델 및 가치사슬 2. 이해관계자의 관심 및 견해 3. 중요한 영향/위험/기회와 전략/비즈니스 모델간의 연계
지표 및 목표	DC-M and DC-T	1. 설정한 목표에 대한 경과 및 성과 측정 방법

자료 : 삼일 PwC, EU CSRD · ESRS 이해 및 대응방안, 2023.9, p.6.

3.3 국제지속가능성기준위원회의 지속가능성 공시기준

3.3.1 배 경

G20과 IOSCO(국제증권관리위원회기구)를 포함한 각국 정부와 정책당국 등으로부터 국제적으로 통용될 수 있는 ESG 공시표준을 제정해 달라는 요구가 있었다. 이에 따라 2021년 11월 유엔기후변화협약당사국총회(COP26)에서 IFRS재단 이사회는 IFRS 재단내 새로운 국제지속가능성기준위원회인 ISSB(International Sustainability Standards Board)의 설립을 발표하였다. 지난 2020년에 주요 5대 이니셔티브(SASB, IIRC, CDSB, CDP, GRI)가 ESG 공시기준을 통합하기로 하였다. ISSB(국제지속가능성기준위원회)는 2023년 6월에 최초의 IFRS 지속가능성 공시기준을 발표하였다. 세계 자본시장에서 지속가능성 공시의 새로운 시대를 여는 기준서로서 IFRS S1 '일반 요구사항' 및 IFRS S2 '기후 관련 공시'이다. 이 기준서는 기업의 지속가능성 관련 공시정보의 신뢰성을 개선하여 투자자의 의사결정에 도움이 될 것으로 기대되고 있다.

3.3.2 IFRS S1과 S2 개요

국제지속가능성기준위원회는 기후변화 관련 재무정보 공개 협의체(TCFD) 권고안 등을 완전히 통합하여 IFRS S1과 S2를 제정하였다. IFRS S1은 일반목적재무보고의 이용자가 기업에 자원을 제공하기 위한 의사결정을 할 때 유용한 지속가능성 관련 위험 및 기회에 대한 정보를 제공토록 요구하고 있다. IFRS S2 기후 관련 위험 및 기회가 기업에 미치는 영향을 투자자가 평가할 수 있도록 대응 전략 및 물리적 위험, 전환위험 파악과 계획 수립 등과

〈표 10-3〉 IFRS S1과 S2 요약

공시기준 명칭	IFRS S1 일반 요구사항(General Sustainability-related Disclosures) IFRS S2 기후 관련 공시(Climate-related Disclosures)
IFRS S1 일반요구사항	일반목적재무보고 이용자의 의사결정에 유용한 모든 지속가능성 관련 위험 및 기회 정보 공시에 필요한 일반 요구사항 규정
IFRS S2 기후 관련 공시	기후 관련 위험 및 기회에 대한 공시를 요구하며 산업전반 및 산업기반 공시 요구사항 규정 (TCFD 권고안 통합)
시행일	'24.1.1일 이후 최초로 시작하는 회계연도부터 유효
주요 경과규정	IFRS S1 · S2 기준 적용 첫해, 다음 경과규정 제공 ① 기후 外 지속가능성 관련 사안에 대한 정보는 미공시 허용 ② 관련 재무제표와 동시가 아닌, 차년도 반기 재무제표 발표 시점에 공시 허용 ③ Scope 3 GHG 배출량 정보에 대한 미공시 허용

같은 중요한 정보에 대한 지표 등의 구체적인 요구사항을 제시해야 한다. 주요 사항을 요약하면 〈표 10-3〉과 같다.

3.3.3 IFRS S1 일반 요구사항의 주요 내용[22)]

IFRS S1 일반 요구사항을 요약하여 살펴보면 〈표 10-4〉와 같다.

〈표 10-4〉 S1 일반 요구사항 요약

목 적	일반목적재무보고의 이용자가 기업에 자원 제공을 위한 의사결정을 할 때 유용한 모든 지속가능성 관련 위험 및 기회에 대한 정보 제공 요구
적용범위	단기, 중기 또는 장기적으로 기업 전망에 영향을 미칠 것으로 합리적으로 예상할 수 있는 지속가능성 관련 위험 및 기회
시행일	'24.1.1일 이후 최초로 시작하는 회계연도부터 유효
경과규정	기준 적용 첫해에 한정하여, - 비교정보의 미공시 허용 - 기후 外 사안에 대한 정보 미공시 허용 - 관련 재무제표와 동시 시점이 아닌 차년도 반기 재무보고 시점에 공시 허용
핵심요소	지속가능성 관련 위험 및 기회와 관련하여 네 가지 핵심요소인 거버넌스, 전략, 위험관리, 지표 및 목표에 대한 정보 공시

3.3.4 S2 기후관련 공시 주요 사항[23)]

기후 관련 공시에 대한 요구사항을 개관하면 〈표 10-5〉와 같다.

〈표 10-5〉 S2 기후 관련 공시 개요

목적	일반목적재무보고의 이용자가 기업에 자원을 제공하기 위한 의사결정을 할 때 유용한 기후 관련 위험 및 기회에 대한 정보를 제공토록 요구
적용범위	단기, 중기 또는 장기적으로 기업 전망에 영향을 미칠 것으로 합리적으로 예상할 수 있는 기후 관련 위험 및 기회
시행일	'24.1.1일 이후 최초로 시작하는 회계연도부터 유효
경과규정	기준 적용 첫해에 한정하여, - 이전 기간에 대한 비교정보의 미공시 허용 - Scope 3 온실가스(GHG) 배출량 정보 미공시 허용 - GHG 프로토콜 외 측정방법 사용 허용

22) 한국회계기준원, IFRS S1 및 S2 주요 내용 요약, 2023.7, pp.4-9.

23) 한국회계기준원(2023), pp.10-15.

공시를 요구하고 있는 네 가지 핵심요소는 거버넌스, 전략, 위험관리, 지표 및 목표이다. 상기한 핵심요소별 공시 요구사항을 개관하면 <표 10-6>과 같다.

〈표 10-6〉 핵심요소별 공시내용

거버넌스	기후 관련 위험 · 기회를 모니터링 · 관리 · 감독하는 의사결정기구와 경영진의 역할
전 략	기후 관련 위험 · 기회가 기업의 사업모형 · 가치사슬, 전략 · 의사결정, 재무상태 · 재무성과 · 현금흐름에 미치는 영향, 그리고 기업의 전략사업모형의 기후 회복력
위험관리	기후 관련 위험 · 기회를 식별하고 평가하는 데 사용하는 프로세스와 정책, 그리고 이러한 절차가 기업 전체 위험관리 프로세스에 통합되는 방식
지표 및 목표	산업특성과 무관한 산업전반 지표, 산업특성별로 달라질 수 있는 산업기반 지표, 그리고 기업의 기후 관련 목표와 목표의 진척도

이용자가 기업에 자원을 제공하기 위한 의사결정(예 : 자본 투자, 대출 제공)할 때 유용한 기후 관련 위험 및 기회에 대한 정보를 제공토록 요구하고 있다. 단기, 중기 또는 장기적으로 기업의 전망에 영향을 미칠 것으로 합리적으로 예상할 수 있는 기후 관련 위험 및 기회에 대한 것이다. 예를 들면, 기후변화가 기업에 미치는 잠재적인 부정적 영향으로 홍수나 가뭄으로 인한 공업용수의 부족과 같은 물리적 위험과 기후변화 관련 규제의 법제화에 따른 운영비용 증가 및 자산 손상 등의 전환위험에 대한 것이다. 기후변화로 인해 기업에 발생하는 긍정적인 효과로는 신제품이나 서비스 개발, 신규 사업의 창출 등이다.

3.4 미국 증권거래위원회의 기후 관련 공시

3.4.1 배 경

미국 증권거래위원회의 기후공시 규정은 2021년부터 논의되기 시작하였다. 상장업체의 기후 관련 위험의 재무적 영향에 대한 신뢰할 수 있는 정보를 제공받길 희망하는 투자자들의 요구에 부응하기 위한 목적이었다. 미국 SEC(증권거래위원회)는 2024년 3월 기후공시 규칙을 발표했다. 전 세계 이해관계자로부터 의견 수렴 후, SEC의 규칙 제정 방향은 기업에 부담이 되지 않는 선에서 투자자에게 유용한 정보 제공에 집중한 것으로 분석된다.

3.4.2 기후공시 규칙의 구성[24)]

기후 공시 규칙은 크게 정기보고서(10-K, 20-F) 및 증권신고서에 공개해야 할 내용이 담긴 Regulation S-K(*) 1500번대 항목과 재무제표 주석으로 공시하는 내용이 담긴 Regulation S-X(**) 14번대 항목으로 구성되어 있다(〈표 10-7〉).

〈표 10-7〉 기후공시 규칙의 구성

* Regulation S-K (정기보고서 및 증권신고서 공시 요구사항)	
Items 1500~1504	· 기후 관련 정의 · 기후 관련 거버넌스 · 기업의 전략, 비즈니스 모델, 전망에 미치는 기후 관련 위험 영향 · 기후 관련 위험 관리 · 기후 관련 지표 및 목표 등
Items 1505 ~ 1506	· 온실가스 배출량 (Scope 1&2) · 온실가스 배출량 인증
Item 1507	· 기후 관련 공시 세이프 하버
Item 1508	· 공시 일정 및 XBRL 등
**** Regulation S-X (재무제표 공시 요구사항)**	
Article 14-01 ~ 14-02	· 기후 관련 재무지표 등

미국 상장사(해외기업의 미국 상장사 포함)는 정기보고서(10-K, 20-F), 증권신고서 그리고 재무제표 주석에 기후 관련 정보 공시가 요구되고 있다.

3.4.3 SEC 기후공시 규정 도입 보류

미국 증권거래위원회가 기후 공시 규정을 발표한 직후 미 공화당, 미국상공회의소 등 미국 내 반대론자들이 SEC 기후 공시 시행을 저지하기 위하여 소송을 제기하였다. 규정에 대한 반발과 소송이 잇따르자 SEC는 2024년 4월 기후공시 규정 도입 보류를 선언하였다.[25)]

24) 삼일 PwC, 미국 SEC 기후공시 규칙 최종안, 2024.3.24 분석 요약 인용함.

SEC는 성명을 통해 "(기후공시기준) 최종안의 법적 유효성을 법정에서 적극적으로 방어해 나갈 것"이라며 "신속한 해결을 기대한다"는 입장을 밝혔다. SEC의 기후공시가 기업의 탄소 배출량을 낮추도록 유도하기 위한 환경정책이 아니라 투자자가 필요로 하는 정보를 제공하도록 요구하는 정책이라는 점을 법원이 납득할 수 있도록 설명해야 한다는 얘기다. SEC는 공시기준을 만드는 기관이자 증권감독기관이다. 따라서 투자자에게 필요한 정보를 제공하도록 하는 일은 SEC의 핵심적인 역할이라는 관점이다.

3.5 한국 지속가능성 공시기준[26)]

3.5.1 배 경

한국회계기준원 지속가능성기준위원회(KSSB)는 우리 기업과 경제의 지속가능한 성장 및 발전을 촉진하고 우리 기업이 글로벌 자본시장에 비교가능하고 양질의 지속가능성 재무정보를 제공할 수 있도록 국내 지속가능성 공시기준의 공개초안을 2024년 4월 발표하였다.

최근 지속가능한 성장에 대한 관심이 고조되면서 유럽연합(EU), 미국, 일본 등 전 세계 주요 국가들도 지속가능성 공시기준을 제정 및 시행하고 있으며 관련 공시제도 수립을 적극적으로 추진중이다. 위와 같은 글로벌 ESG 규제 강화에 국내 기업이 효과적으로 대응하고 국내기준 적용에 과도한 부담이 되지 않도록 국제기준과 정합하며 국내 기업의 공시역량과 준비상황을 균형 있게 고려한 국내 지속가능성 공시기준을 제정하였다.

3.5.2 제정원칙

국제 정합성과 국내 수용가능성을 균형 있게 고려하여, 투자자에게 유용한 정보를 제공하는 공시기준을 제정하기 위해 다음과 같은 원칙에 준거하였다.

- **국제 정합성** : ISSB 기준을 시작점으로 하여 EU · 美 등의 공시기준과 상호 운용 가능하도록 하고, 해외 주요국의 규제 대상이 되는 국내 기업(해외에서 활동하거나 자금을 조달하는 기업, 글로벌 공급망에 속한 수출 기업 등)의 이중 공시부담을 최소화하였다.
- **정보 유용성** : 투자자에게 비교가능하고 신뢰성 있는 양질의 지속가능성 관련 재무정보를 제공한다.

25) SEC, 기후공시 도입 일단 보류… 소송에는 적극 대응, ESG경제, 2024.4.5 분석 요약.
26) 한국회계기준원, 국내 지속가능성 공시기준 공개초안 발표, 2024.4.30 분석 요약 인용.

- 기업의 수용가능성 : 국내 산업의 상황과 특성 및 국내 기업의 공시 역량과 준비 상황을 고려하여 공시 기준 적용이 기업에 과도한 부담이 되지 않도록 하였다.

3.5.3 지속가능성 공시기준의 주요 내용

(1) 공시기준 구성

기업이 준수해야 하는 의무공시기준(제1호 및 제2호)과 적용 여부를 선택할 수 있는 선택공시기준(제101호)으로 〈표 10-8〉과 같이 구성되었다.

〈표 10-8〉 공시기준 구성

구 분	번 호	명 칭	비 고
의무공시기준	제1호	지속가능성 관련 재무정보 공시를 위한 일반사항	지속가능성 사안과 관련된 개념적 기반과 일반사항 제시(IFRS S1 기반)
	제2호	기후 관련 공시사항	기후 관련 위험 및 기회 관련 공시 요구사항 제시(IFRS S2 기반)
추가공시(선택)기준	제101호	정책목적을 고려한 추가공시(선택)사항	지속가능성 관련 사안 중 정책목적에 따라 공시가 권유되는 사안을 다룸

(2) 공시기준 주요 내용

공시기준을 개관하면 다음과 같다.

- 기후 의무 공시(제1호) : 기업 전망에 영향을 미칠 것으로 합리적으로 예상할 수 있는 기후 관련 위험 및 기회를 공시해야 한다. 기후 관련 사안은 다른 지속가능성 관련 주제들보다 정량화가 용이하여 기업의 공시 부담이 상대적으로 낮다. 다만 기업이 기후 외 다른 지속가능성 관련 사안을 공시하고자 한다면 선택하여 공시할 수 있도록 공시기준을 제시하고 있다.
- 보고기업(제1호) : 재무제표의 보고기업과 동일한 보고기업(연결실체)에 대해 작성한다. 지속가능성 관련 재무공시와 재무제표 간의 연계성을 고려하면, 보고기업이 재무제표와 동일할 때 자본시장 이용자에게 유용한 정보가 제공될 수 있다. 따라서, 연결재무제표를 작성하는 기업은 연결실체 입장에서 지속가능성 관련 재무정보를 공시해야 한다.
- 온실가스 배출량(제2호) : 공시기준 공개초안에서는 온실가스 배출량(스코프 1 · 2 · 3) 관련 측정방법 등 기준을 제시하고 있다. 온실가스 측정의 어려움 등을 감안하여 국제기준(GHG 프로토콜)뿐만 아니라 국내에서 요구하는 다른 측정 방법(예 : 탄소중립기본법상 기준)의 사용도 허용하고 있다. 다만, 스코프 3 온실가스 배출량 공시의

의무화 여부, 의무화 시기 등은 관계부처 협의를 거쳐 결정할 예정이다.

- **정책목적을 고려한 추가 공시사항(제101호)** : 기업은 제101호의 적용 여부를 선택할 수 있으며, 공시 요구사항 항목별로도 선택하여 공시할 수 있다. 현재 법률이나 규정에 따라 다양한 위치에 산발적으로 공개하고 있는 지속가능성 관련 정보를 지속가능성 재무정보와 함께 공시하도록 하여 정보유용성을 향상시켰다. 육아 친화 경영, 산업안전, 인권경영, 장애인 고용 등 정부가 추구하는 정책의 이행을 독려하기 위한 목적이다.

3.6 그린워싱

3.6.1 최근 동향

기업의 친환경, ESG 경영이 구매 및 투자 결정에 중요한 비중을 차지하게 되면서 실제로는 친환경 경영을 추구하지 않지만 친환경 경영을 추구하는 것처럼 홍보하는 그린워싱 사례가 급증하고 있다. 위와 같은 기업의 그린워싱은 소비자 또는 투자가로 하여금 허위 또는 과장된 정보를 기반으로 구매·투자 결정을 내리도록 유도해 직접적인 피해를 입힐 수 있다. 특히 그린워싱이 소비자 기만행위로 여겨지면서 향후 해당 브랜드 및 제품, 기업

〈표 10-9〉 그린워싱의 유형

구 분	내 용	사 례
상충효과 감추기	친환경적 일부 속성에만 초점을 맞추어 다른 속성이 미치는 전체 환경 여파를 숨기는 경우	제작환경이 환경에 미치는 영향을 고려하지 않은 재활용 종이
증거 불충분	증거가 불충분한 환경 주장의 경우	뒷받침 정보나 제3자 인증 없이 'all natural'이라고 주장하는 샴푸
애매모호한 주장	문구의 정확한 의미 파악이 어려운 광범위한 용어의 사용	무독성(non-toxic) 세제
관련 없는 주장	관련성 없는 내용을 연결시켜 왜곡시키는 경우	용기가 재활용됨을 표시하면서 'green'이라는 용어 사용
거짓말	취득하지 못하거나 인증되지 않은 인증마크를 도용하는 경우	
유해상품 정당화	친환경적 요소는 맞지만 환경에 해로운 상품에 적용하여 본질을 속이는 경우	유기농 담배, 녹색 해충약
부적절한 라벨	인증서와 비슷한 이미지를 부착하여 공인된 상품처럼 위장하는 경우	no bpa(유해물질 없음) 인증마크로 흉내 내어 위장

자료 : 한국소비자원, 2012.

에 대한 신뢰도 하락과 직결될 수 있다.[27] 최근 임팩트 투자(Impact investing)[28]가 증가세에 있어, 투자가 역시 투자 대상 기업의 그린워싱 여부를 정확히 식별하고 투자하는 것에 집중하는 추세이다. 미국 내 투자가 대상 조사 결과 50%의 투자가가 임팩트 투자 시 그린워싱이 우려되며, 그린워싱에 대한 중요성이 전년대비 증가했다고 응답하고 있다. 그린워싱의 유형을 요약 정리해 보면 <표 10-9>와 같다.

3.6.2 그린워싱-환경 관련 소송

최근 미국내 소비자 및 환경단체들이 적극적으로 그린워싱 기업에 대응중이며, 소비자가 주체적으로 기업의 그린워싱 행태를 고발하는 사례가 빈번하게 발생하고 있다. 실제로 2022년 미국 ESG 관련 소송(3천건) 중 그린워싱-환경 관련소송이 1,467건으로 최대 비중을 차지하고 있다. 미 증권거래위원회(SEC)에 화석연료 기업셸(Shell)의 잘못된 라벨링에 대해 벌금 부과를 요구하고 있다. 셸이 연간 지출의 12%를 재생에너지 및 에너지 솔루션 부문에 지출하고 있다고 주장하고 있으나, 실제로는 전체의 1.5%만이 태양광 및 풍력 발전에 지출되고 있다는 주장이다. 그린워싱 의심 소송 사례를 보면 <표 10-10>과 같다.

나이키가 지속가능하고 환경 친화적인 제품으로 "허위 및 오해의 소지가 있는 마케팅을 하고 있다"는 사유로 미주리주 연방법원에 피소(2023.5)되었다. 동 소송은 미주리주 개인 소비자에 의한 것으로, 나이키의 친환경 제품 판매가 미주리상품화 관행법(Missouri Merchandising Practices Act) 위반이라고 주장(Madtimes, 2023)하였다. 지속가능성 컬렉션에 나열한 2,452개 제품 중 실제 재활용 소재 제품은 10%(239개)에 불과함에도 불구하고 친환경 프리미엄 가격으로 소비자에게 판매했다는 것이다.

3.6.3 정책당국의 규제 강화

미 증권거래위원회(SEC)는 2022년부터 그린워싱 문제를 더욱 면밀히 검토할 것을 밝히고 있다. 그린워싱으로부터 소비자들을 보호하고 친환경 기업들의 피해를 방지하기 위해 미국 내 관련 규제들이 지속 강화중이다. 연방거래위원회(Federal Trade Commission, FTC) 역시 그린 가이드(Green Guides)를 개정해 기업이 ESG 마케팅 활동 중에 그린워싱을 하지 않도록 개정을 추진중이다. 뉴욕주는 '지속가능한 패션과 사회적 책임법(The Fashion Sustainability and Social Accountability Act)' 발의를 통해 뉴욕에서 영업하는 연매출 1억 달러의 의류 및 신발 브랜드를 대상으로 의류 생산 전 과정에 걸친 환경·사회적

27) 미국 ESG트렌드와 공급망에 주는 시사점, KOTRA, Global Market Report 23-018, 2023.8, pp. 21-26.
28) Impact investing : 재무적 수익 창출과 동시에 사회·환경적으로 긍정적인 영향(임팩트)을 미칠 수 있는 분야에 투자하는 전략.

〈표 10-10〉 미국에서 영업중인 글로벌 기업 그린워싱 의심 소송 사례

기업명	사 례	세부내용
코카콜라	플라스틱 포장 관련 허위 광고 	- 미국 환경단체 어스 아일랜드, 코카콜라를 플라스틱 쓰레기방출을 묵인해 소비자보호절차법(CPPA)을 위반한 혐의로 컬럼비아 고등법원에 소송 제기('21.9) - 코카콜라는 그간 해양 플라스틱 폐기물 또는 재활용 가능한 플라스틱을 재활용해 음료 용기를 만든다고 마케팅해 왔음 - 그러나 정작 코카콜라의 플라스틱병 자체가 오염의 주범이라는 것을 드러내지는 않고 폐기물을 재활용한다는 것만 강조하고 있어 소비자들이 본질을 보지 못하도록 유도하고 있음
나이키 (Nike)	허위 또는 오해의 소지가 있는 재활용제품 마케팅 	- 미주리주 개인 소비자, 나이키를 미주리주 연방법원에 고소 - 나이키는 그간 재활용 '지속가능한(sustainable)' 라벨을 붙인 제품들을 판매하며 해당 제품들이 재활용 소재나 섬유를 활용해 만들어진 친환경 제품으로 마케팅 해옴 - 나이키가 '지속가능한' 라벨을 붙여 판매한 제품 2,452개 중 실제 재활용 소재로 만들어진 제품은 239개에 불과한 것으로 밝혀짐
H&M	허위 광고 및 소비자 기만 	- 뉴욕 SUNY 대학 마케팅 전공 개인, 뉴욕 남부지방 법원에 스웨덴 패션 기업인 H&M을 상대로 뉴욕시민 집단소송을 제기(2022) - 실제는 아닌데도 상품이 친환경적인 것처럼 그린워싱 마케팅 추진 - 예 : 일반 드레스에 비해 물 사용을 20% 절약했다고 홍보한 제품은 실제 20% 이상 더 많은 물을 사용해 제작되었고, 재활용 솔루션도 없음. - 자사 리사이클링 프로그램(scorecard)에서도 제품들이 실제보다 훨씬 과장되어 친환경 제품인 것처럼 기록되어 있음 - 친환경 컬렉션 제품에 대해 일반 상품과 동일한 품질이지만 더 많은 비용을 청구해 소비자 부담을 가중시켰음

자료 : 미국 ESG 트렌드와 공급망에 주는 시사점, KOTRA, Global Market Report 23-018, 2023.8, p.23.

영향을 측정 및 관리하고 관련 보고서를 공개하도록 요구하고 있다.

3.6.4 기업의 대응 방안

그린워싱 감시체제 강화와 함께 실질적 친환경 경영을 위한 전략 마련이 필요하다. 영국공정거래위원회(2021)는 그린워싱 사례 중 50% 이상은 소비자의 정보 부족에서 발생한 것으로 분석되고 있다. 제품에 대해 소비자가 판단할 수 있을 만큼의 충분하고 정확한 정보를 제공하는 것이 무엇보다 중요하다. 다음의 미국 엑손모빌 사례가 전형적이다.

미국 캘리포니아주가 미 최대 석유화학 기업인 엑손모빌을 상대로 "플라스틱 재활용에 대한 거짓말로 소비자를 속였다"며 소송을 제기했다. 미국 주 정부가 플라스틱 환경 공해를 이유로 글로벌 석유화학 기업을 제소한 건 처음이다. 캘리포니아주 법무부에 따르면 일회용 플라스틱 소재인 '폴리머'의 세계 최대 생산업체인 엑손모빌은 캘리포니아주 공해방지법

과 허위광고금지법 등을 위반한 혐의를 받고 있다. 엑손모빌의 허위 홍보가 소비자에게 일회용 플라스틱 구매를 유도했다고 강조했다. "엑손모빌은 플라스틱 재활용이 폐기물과 오염 위기를 해결할 수 있다고 대중을 반세기 동안 속여 왔지만, 이것이 불가능하다는 것을 분명히 알고 있었다. 환경과 건강을 위협할 수 있음에도 불구하고 수익을 늘리기 위해 거짓말을 한 것"이라고 밝혔다. 엑손모빌이 '환경적으로 처리'했다고 주장하는 플라스틱 폐기물 중 실제 재활용되는 비중은 8%에 불과하다. 법무부는 또 엑손모빌이 '고도(advanced) 재활용'을 통해 모든 플라스틱을 재활용할 수 있다고 홍보해 대중을 속였다고 보고 있다. 고도 재활용이란 플라스틱을 가열해 녹이는 열분해 공정을 거치는 방식으로 환경에 유해하다는 논란이 제기돼 왔다.[29)]

장기적인 관점에서 기업의 지속가능성 목적에 부합하는 실질적인 경영정책 수립 운영이 요구된다. 단순히 친환경 제품 제작 또는 녹색경영 홍보에만 집중할 것이 아니라 기업이 자체적으로 탄소중립 · 윤리경영 · 정보공개 등 지속가능경영에 해당하는 요소들이 실질적으로 관리되고 있는지 여부에 대한 주기적인 검증과 이에 대한 고객 및 지역사회의 피드백(Feed-back)의 중요성이 점증할 것으로 보인다.

3.7 미국의 허위 · 과장 ESG 공시 규제 동향[30)]

3.7.1 배 경

지속가능 경영철학을 바탕에 둔 기업경영이 빠르게 확산되고 특히 투자대상 선정에 있어 지속가능성이 중요한 판단기준이 됨에 따라, 전 세계적으로 지속가능성 공시 규제가 강화되고 있다. 미국 증권거래위원(SEC)의 기후 관련 정보 공시(안) 등이 발표되면서 기후 관련 정보 공시를 의무화하고자 하는 규제 활동이 확산되고 있다. 미국 증권거래위원회(SEC)는 2022년 활동내역 공개 보도자료를 통해 투자자에 대한 ESG 중요성이 높아짐에 따라 SEC 또한 상장사 및 투자상품에서 발생하는 ESG 이슈에 대해 관심을 기울이고 있다는 점을 강조하고 있다. 특히 기업공시의 중요성 및 정확성, 신인의무(fiduciary duty)의 관점에서 규제를 집행하고 있음을 밝히고 있다.

29) "엑손모빌, 플라스틱 재활용 거짓말로 소비자 속였다," 동아일보(donga.com), 2024.9.25.

30) 미국의 허위 · 과장 ESG 공시 규제 동향, 한국ESG기준원, KCGS Report 제13권 3호, 2023.3, pp.2-7 분석 인용함.

3.7.2 Vale S.A. 소송 사례

2022년 4월 28일, SEC는 브라질의 광산회사이자 세계 최대의 철강석 생산업체인 Vale S.A.를 기소하였다. Vale S.A.는 안정성 문제가 있는 댐에 대해, 지역사회 및 투자자에게 댐의 안전에 대해 허위 및 오해의 소지가 있는 주장을 한 혐의이다. 2019년 1월, 브라질 남동부 브루마지뉴 지역 내 Vale사 철광산 광산의 폐기물 저장댐 붕괴로 270명이 사망하고 환경 및 지역사회에 대한 피해가 발생하였다. Vale의 시가총액이 40억 달러가량 하락하여 투자자들의 손실로 이어졌다. 광산댐 붕괴로 2만명 이상이 대피하였으며 철, 망간, 알루미늄, 구리 등 광물이 포함된 독성 진흙이 290헥타르에 달하는 지역에 퍼져 주변의 강과 저수지가 오염되었다. 뉴욕 증권거래소(NYSE)에 상장된 Vale은 매년 지속가능보고서를 발간하였는데, 2015~2019년 지속가능보고서는 댐 안정성 평가에 있어 '가장 엄격한 국제관행을 준수'하고 있으며, 댐의 안정성 상태는 100%라는 인증을 획득하였다고 공시하였다.

SEC는 증권거래소법(Securities Exchange Act of 1934 ; Exchange Act) Section 13(a) 보고규정 위반 및 증권법(Securities Act) Section 17(a) 사기 방지조항 위반을 근거로 고의에 의한 허위공시임을 주장하며 소송을 진행중이다. 소송과정에서 SEC는

(1) Vale가 브루마지뉴 댐 안정성 평가결과를 통해 국제표준은 물론이고 Vale사 자체 안전표준 또한 충족하지 못함을 인식했다는 점,
(2) 특별감사의 일환으로 이루어진 브루마지뉴 댐 안정성 인증과정에서 Vale사의 의견의 수용을 거부한 감사인을 해임한 후 다른 감사인을 협박하여 허위의 인증을 취득한 점을 들어
(3) 지속가능보고서 내 댐 안정성 관련 진술은 고의에 의한 허위공시, 오해의 소지가 있는 공시라고 주장하고 있다.

특히 뉴욕 동부지방법원에 제출한 SEC의 소장 청원서에서는, Vale사가 미국 자본시장 상장을 통해 투자금을 유치하면서 폐기물 저장댐의 안전성을 은폐한 행위는 투자자들에 대한 증권사기이며, 기업 재무상황 및 환경과 인권에 중대한 영향을 미치는 경영활동은 공개되어야 함을 강조하고 있다.

법원 또한 Vale사의 주장을 기각하고 관련 집단소송을 허용하는 등 ESG 관련 법적 분쟁 중에서는 보기 드물게 적극적인 입장을 취하고 있다. 2020년 5월 20일, 법원은 '안전 및 지속가능성에 대한 보고서 내 진술은 너무 추상적이고 일반적인 진술에 해당하여 기업이 이행할 수 없다'는 Vale사의 주장을 기각하면서 '지속가능성은 핵심 사업 · 경영사항의 일부이며, 광산업에게 있어 환경적, 사회적, 경제적 지속가능성은 생존의 문제'라고 판결하였다.

상기한 사건은 우리 기업에 다음과 같은 교훈을 주고 있다. 미국 SEC의 ESG 이슈에 대한 규제는 단기적인 이벤트가 아닌 지속적으로 강화될 것임을 시사하고 있다. 실무적 관점에서 기업이 자본시장에 제공하는 지속가능성보고서의 Integrity에 대하여 기업의 CEO와 CFO 등의 법적 책임이 있을 수 있음을 유의할 필요가 있다. 아울러 지속가능성 보고와 관련된 제3자의 인증에 있어서도 SEC 등의 규제가 강화될 여지가 있음을 시사하고 있다. 미국 SEC가 강조하고 있는 기업공시의 중요성 및 정확성, 신인의무(fiduciary duty) 등의 관점에서 모든 지속가능경영 관련 공시사항을 객관적으로 엄정하게 검증하여 공시하는 Best Practice가 구축·운영되어야 할 것이다.

〈제10장 요약〉

기후변화로 인해 기존 지구시스템의 상호작용 방식이 급변하여 기후위기가 시작되었다. 이에 기후저지선(1.5℃)을 설정하게 되었다. IPCC는 2018년 발표한 지구온난화 「1.5℃ 특별보고서」를 통해 전 지구적으로 지구 평균온도 상승을 1.5℃ 이내로 억제하기 위해서는 전 지구적으로 2030년까지 온실가스 배출량을 2010년 대비 45% 이상 감축해야 하고, 2050년에는 탄소중립을 달성해야 한다고 제시했다.

우리나라는 국제사회의 노력에 동참하고 건강한 미래를 만들기 위해 2020년 10월 '2050 탄소중립선언'을 선포하였다. 우리나라의 탄소중립을 위한 국가 감축목표는 2030년 배출량 436.6백만톤(2018년 대비 40% 감축)으로 유지하여 지난 2021년 국제사회에 약속한 NDC상향안의 감축 목표를 준수한다.

전 세계 국가들의 탄소중립 목표 선언과 함께 탄소 감축 관련 입법 및 정책 도입 경향이 강화되고 있다. 특히, EU와 미국을 중심으로 역내 산업보호 및 경쟁력 강화를 위해 무역장벽형 법 및 제도의 도입이 증가하고 있으며, 관련 투자 또한 증가하는 추세에 있다. EU 집행위원회에서 발표한 '기업지속가능성실사지침(CSDDD)'이 2024년 7월 발효되었으며, EU의 '기업 지속가능성공시지침(CSRD)'에 의한 공시가 2025년부터 시작된다.

기후변화 대응 및 탄소중립을 위해 전 세계 국가들의 활동이 본격화됨에 따라 기업의 지속가능성 정보 공시 및 관리에 대한 중요성이 강조되고 있다. 앞으로 산업별, 국가별 지속가능성 공시의 비교가능성이 제고될 것으로 예상되며, 지속가능성 공시에 대한 중요성이 점증할 것으로 예측된다.

chapter **11**

기업과 인권 : 인권경영

생각해 볼 점

- 최근 기업의 인권에 대한 국제적 동향은?
- 인권경영은 무엇인가?
- 인권실사(Human rights due diligence)란 무엇인가?
- 우리 기업에 인권실사의 효익은 무엇인가?

"모든 기업이 국제적으로 승인된 모든 종류의 인권을 존중(respect)하며 인권존중의 정책을 선언하여야 한다. 아울러, 인권실사(due diligence)를 수행하며 이미 발생한 인권침해에 대하여 구제조치를 취해야 한다."

- 유엔 기업과 인권 이행원칙

"인권침해의 위험은 공급망의 하층으로 갈수록, 그리고 특히 공급망이 해외에 뻗어 있을수록 더 높아진다."

- UN 인권이사회 실무그룹 한국 조사보고서

기업은 적절한 인권실사를 수행함으로써 인권에 대한 부정적인 영향을 효과적으로 예방 · 완화할 수 있음은 물론, 기업이 사회에 미치는 긍정적인 영향력을 극대화할 수 있다. 효과적인 인권실사를 통해 이해관계자와의 관계를 개선할 수 있고, 궁극적으로 우호적인 기업평판을 유지하는 데 도움을 준다.

이 장에서는 최근 대두되고 있는 기업의 인권경영과 인권실사에 대한 기본적 이해를 갖도록 한다. 기업과 인권에 관한 표준적 국제규범인 'UN 기업과 인권 이행원칙'의 배경과 주요 내용에 대하여 알아본다. 이에 기초하여 인권경영(인권실사 포함)에 대해 이해하고 우리 기업의 현안을 사례를 통해 파악한다. 사회책임경영의 모범규준을 이해하도록 한다.

1. 기업의 인권존중 강화

1.1 배 경

기업이 사회 및 환경에 미치는 영향력이 확대됨에 따라 기업의 인권경영 이슈에 대한 중요성이 증대되고 있다. '인권경영(business and human rights)'이란 기업활동 전반에 있어서 인권을 존중하고 증진시키며 인권과 관련된 부정적 영향이 발생하지 않도록 노력하는 활동을 의미한다. 전통적으로 인권은 국가권력에 의한 사인의 권리 침해를 다루어 왔다. 그러나 기업의 영향력이 확대되고 단일국가가 통제할 수 없는 다국적기업이 등장함에 따라 기업 관련 인권문제를 새로운 방식으로 다룰 필요가 있다는 공감대가 형성되었다. 이에 국가가 직접 인권을 통제하기보다 기업에게 인권존중을 요구하는 방식으로 전환되었고, 이러한 기업에 대한 요구영역과 범위는 글로벌로 확대되어 가는 추세이다.[1)]

EU의 '기업지속가능성실사지침'(Corporate Sustainability Due Diligence Directive, CSDDD)이 2024년 4월 EU 의회를 통과하면서 인권경영의 중요성이 더욱 부각되고 있다. 기업지속가능성실사지침에 따르면 앞으로 유럽에서 사업을 영위하는 기업은 기업 공급망의 인권과 환경 보호가 제대로 이뤄지는지를 점검하고 관리하는 실사(due diligence)를 시행해야 한다. EU 회원국들에서 법제화를 거쳐 2027년부터 시행될 예정이다. 인권경영이 이제 기업의 윤리적 의무로서뿐만 아니라 국제통상이슈가 될 정도로 사업 운영의 필수 요건이 되고 있음을 의미한다.[2)] 기업지속가능성실사지침은 기업의 전체 공급망에서 발생할 수 있는 강제노동 등 인권에 대한 부정적 영향을 파악하고 이에 대한 문제 해결을 위한 각종 의무를 부여하는 것을 목적으로 마련된 법이다. 이를 관리하기 위한 실사 프로세스를 갖출 것을 기업에 요구하고 있다. EU의 글로벌 공급망에 연계된 우리 기업들은 인권 및 환경에 대한 글로벌 기준을 이해하고 이를 적용하기 위한 체계적인 활동이 요구된다.

1.2 국제사회의 동향: 기업의 인권존중

기업의 인권존중의무가 국제사회에서 직접 논의되기 시작한 것은 1970년대이다. 대표적으로 '경제협력개발기구(OECD) 다국적기업 가이드라인'(1976년)과 'ILO 다국적기업과 사회정책 원칙의 3자 선언'(1977년)을 들 수 있다. 2000년대에 들어 유엔이 기업의 인권존중

1) 국가인권위원회, 민간기업 인권경영 정보공시 제도화 권고, 2023.9.14, p.3.

2) [DBR] 의무화되는 인권 실사… '인권경영' 시대가 온다, 동아일보(donga.com), 2024.5.20.

책임에 적극적으로 대처하기 시작하면서 2000년 '유엔 글로벌 콤팩트(UNGC)'가 출범했다. 인권실사의 뿌리는 2008년과 2011년에 유엔이 승인한 '유엔 기업과 인권에 관한 보호·존중·구제 프레임워크'와 '유엔 기업과 인권 이행원칙'(UNGPs, UN Human Rights Guiding Principles on Business and Human Rights)에 있다. '유엔 기업과 인권 이행원칙'은 기업의 인권존중책임을 위해 ① 인권정책을 수립하고 서약하며, ② 인권실사를 하고, ③ 구제절차를 제공할 것을 요구한다. 인권실사는 기업활동이 인권에 미치는 부정적 영향을 식별·방지·완화하고 인권 영향에 어떻게 대처할 것인지 설명하는 일련의 절차다. 인권존중을 위해 주의의무를 기울여야 할 '프로세스'를 말한다. 국제표준화기구(ISO)의 조직의 사회적 책임에 관한 표준인 ISO 26000에 인권실사 프레임워크가 반영되는 등 '유엔 기업과 인권 이행원칙'의 파급력이 커지고 있다. 전 세계 정부 역시 기업 및 인권과 관련해 구속력 있는 법률을 제정해 나가고 있다. 미국, EU, 영국, 호주 등 선진국들의 인권 관련 공시요구가 강화되고 있으며, 현재 52개국에서 기업과 인권에 관한 국가행동계획을 수립 추진하고 있다. EU에서는 그린딜(GreenDeal)을 신성장 전략으로 공표하며 2024년에는 기업지속가능성실사지침(CSDDD)을 제정하였다. 우리 정부도 국가인권위원회와 법무부, 고용노동부 등을 중심으로 기업과 인권 논의를 추진해 오고 있다. 공공기관의 경영평가 기준에 인권 이슈를 반영함에 따라 국내에서도 인권경영에 대한 실무가 확산되고 있다. 최근 국가인권위원회는 국내 상장기업에 적용될 지속가능성 공시기준에 인권경영 관련 내용을 포함하는 방안을 금융위원회에 권고하고 있다.

1.3 기업활동과 인권실사(Human Rights Due Diligence)

기업이 임직원을 비롯한 이해관계자의 인권에 미치는 영향은 국가의 인권정책이 시민에게 영향을 주는 것만큼 중요하다. 기업이 어떠한 정책을 수립 집행하는가에 따라 이해관계자(예: 임직원, 하청업체, 일용근로자, 지역사회 등)에 광범위한 영향을 미치게 된다. 기업의 활동은 인권에 긍정적, 부정적 영향을 모두 미칠 수 있다. 기업이 글로벌화됨에 따라 발생되는 인권침해의 형태도 다양해지고 있다. 고객이나 임직원의 건강권 및 생명권 침해 등이 대표적이다. 기업에 의한 인권침해 유형은 기업이 인권침해를 유발하거나 기여하는 경우, 또는 사업상 관계로 인권침해에 연관되는 경우로 구분할 수 있다. 기업의 인권침해의 유형의 사례를 예시하면 〈표 11-1〉과 같다.

기업의 임직원 등에 대한 인권의 존중 및 개선은 사회 구성원으로서 기업의 기본적인 책무이다. 특히 산업재해, 아동노동, 강제노동과 같은 인권문제 해결을 위해서는 기업의 역할이 필수적이다. 기업에 인권이 적절히 관리되지 않는다면 인권침해로 이어질 수 있고 이

〈표 11-1〉 인권침해 유형과 사례

구 분	정 의	사 례
인권침해 유발	기업이 직접 인권침해를 초래하는 경우	근로자들을 유해 화학물질에 노출시킴
		지속적으로 고객을 차별대우함
		공장의 폐수 배출로 인한 식수 오염
인권침해 기여	제3자에 의한 인권침해에 기업이 기여한 경우	고객 개인정보를 권위주의적 정부에 넘김으로써 반체제 인사 추적 및 탄압에 일조
		원청업체가 마감이 임박해 납품조건을 변경하여 하청업체가 근로기준을 위반함
		식품회사가 설탕 함량이 높은 음료를 제조, 판매함으로써 소아 비만을 유발
인권침해 연관	기업이 인권침해를 유발하거나 기여하지 않았지만, 인권침해와 사업관계로 연결된 경우	해외 하청업자가 아동노동을 이용함
		불법적 강제퇴거를 수행하는 개발업체에 대출을 제공함
		인신매매를 통해 인력을 조달한 의혹이 있는 회사와의 합작사업

자료 : 기업과 인권 길라잡이, 법무부, 2021.12, p.13.

는 기업 전체의 피해로 이어진다. 반면, 성공적인 인권에 대한 관리는 기업 이미지 개선 및 사회책임투자 유치를 통해 기업가치 증진으로 이어질 수 있다. 기업의 인권존중은 투자자나 주주 등의 이해관계자의 이익에 관계없이 지켜져야 할 절대적 가치이다. 국제사회에서 인권은 기업이 존중하여야 할 최고의 가치로서 기업의 인권존중책임을 위한 규범과 지침이 마련되어 왔다. 그러나 인권이 매우 중요한 요소임에도 불구하고 우리 기업에서는 이에 대한 명확한 인식과 CEO을 비롯한 경영층의 관심이 상대적으로 적었다.

기업의 인권존중책임과 관련하여 국제사회에서 논의되고 있는 인권실사(Human Rights Due Diligence)는 인권에 대한 기업활동의 부정적인 영향과 위험을 파악하고 이를 예방하고 관리하기 위한 절차이다. 즉 기업이 모든 경영활동에 인권존중을 위해 충분히 주의를 기울이는 시스템을 의미한다.[3] 인권실사제도는 기업활동 등으로 인한 인권침해를 방지하기 위한 목적을 가진 것으로 기업의 지속가능한 성장을 실현시키는 기제로 볼 수 있다. 국제기구의 기업 인권지침뿐만 아니라 미국, 영국, 프랑스, 호주 등에서 개별 법률을 통해 실사제도가 도입되었다. EU에서 인권실사제도 도입을 의무화하였고 독일에서도 공급망 실사를 의무화하는 법률이 제정됨에 따라 세계적으로 인권실사제도의 법제화가 확대될 것으로 전망된다. 또한 인권실사 불이행에 대한 제재를 가하는 입법을 제정하고 있어 기업의 인권은 종전의 연성법(soft law)에서 경성법(hard law)으로 변화하고 있다.

이하에서는 최근 우리 기업의 주요 현안으로 대두되고 있는 인권실사에 대하여 기본적

3) 기업의 사회적 가치 실현을 위한 인권실사제도 도입에 관한 연구, 한국법제연구원, 2021.10.15, p.32.

이해를 위해 먼저 기업 인권경영의 근간이 되는 'UN 기업과 인권 이행원칙'(UN Guiding Principles on Business & Human Rights, 이하 UNGP)을 살펴본다. 그리고 이에 기초하여 EU의 지속가능성지침(CSDDD)과 한국기업의 인권존중의 현안을 파악하도록 하였다. 다음으로 우리 기업의 인권경영과 관련 현안을 UN 인권이사회 실무그룹의 한국에 대한 조사보고서와 사례를 통해 살펴본다.

2. UN 기업과 인권 이행원칙과 EU 지속가능성실사지침

기업 인권경영의 방향과 지침을 제시한 'UN 기업과 인권 이행원칙'과 EU 지속가능성실사지침(CSDDD) 등을 중심으로 인권실사제도에 대한 이해를 갖도록 한다.

2.1 배 경

기업의 초국가적 경제활동이 증가한 1990년대 기업의 인권문제가 주요한 글로벌 현안이 되었다. UN은 초기에는 국제규범을 통해 기업에게 인권존중 의무를 국제법상 직접 적용하려고 하였으나 정부와 기업의 반대로 무산되었다. 2005년 유엔 사무총장은 기업과 인권에 관한 현황을 파악하고 연구하기 위해 존 러기(John Ruggie) 하버드 대학교 교수를 인권 특별대표로 임명하였다.[4] 6년간 정부, 기업, 시민사회 등 전 세계 이해관계자들과의 광범위한 논의 및 조사 작업을 통해 'UN 기업과 인권 이행원칙'(UN Guiding Principles on Business & Human Rights, 이하 UNGP)을 마련했다. 'UN 기업과 인권 이행원칙'은 기업과 인권문제 해결을 목표로 만들어진 원칙으로, 2011년 6월 유엔 인권이사회에서 만장일치로 채택되었다. 'UN 기업과 인권 이행원칙'은 기업과 인권분야의 국제적 표준이 되어 많은 국가와 기업이 이에 기초하여 인권정책과 기업의 인권경영을 추진하고 있다.

2.2 기본적 체계와 적용

'UN 기업과 인권 이행원칙'은 기업의 부정적인 인권 영향의 방지, 완화, 제거를 위한 측면을 강조하고 있다. 'UN 기업과 인권 이행원칙'은 국가의 인권 보호의무, 기업의 인권존중책임, 구제책에 대한 접근성의 3대 기본 축으로 구성되어 있다.

---

4) 한국법제연구원(2021), pp.55-56.

첫째, 국가의 인권보호의무는 적절한 정책 및 규제, 심사를 통해 기업을 포함한 제3자에 의한 인권침해로부터 보호할 국가의 의무이다.

둘째, 기업의 인권존중책임은 타인의 권리를 침해하지 않고 부정적 영향을 주는 문제를 해결하기 위한 실사의무를 충실히 하는 기업의 활동이다.

셋째, 구제책에 대한 접근성은 사법적, 비사법적 방식을 포함한 구제책에 대한 피해자의 접근성 확대를 의미한다.

'UN 기업과 인권 이행원칙'은 기업활동에서 야기되는 부정적인 인권영향의 방지와 해결을 위한 정부와 기업의 의무와 책임을 정의하고 있는 권위 있는 글로벌 프레임워크이다. 전 세계 모든 지역에 적용된다. 인권이사회 외에도, 각 정부와 기업, 시민사회와 노동조합, 국가인권기구, 투자자들은 프레임워크를 승인하고 채택하였다. 국제표준화기구(International Organization for Standardization : ISO)와 경제협력개발기구(Organization for Economic Cooperation and Development : OECD)와 같은 다자간 기구는 기업과 인권 분야의 자체적 이니셔티브를 개발하는 데 있어서 본 프레임워크를 참고하고 있다.

2.3 주요 내용

2.3.1 일반지침

'UN 기업과 인권 이행원칙'은 "보호, 존중, 구제" 프레임워크의 실행을 위해 다음 사항을 인정하는 것을 근거로 한다.5)

(a) 국가는 인권과 기본적 자유를 존중, 보호, 충족할 기본적 의무를 갖고 있다.
(b) 기업은 상품과 서비스를 제공하는 사회의 조직으로서 모든 해당 법률을 준수하고 인권을 존중하는 사회적 기대에 부응하는 역할을 한다.
(c) 인권이 침해되었을 때에는 적절하고 효과적인 구제책을 요구할 권리와 제공할 의무가 있다.

'UN 기업과 인권 이행원칙'은 모든 국가는 물론, 모든 규모, 업종, 소유 형식이나 구조

5) 국가인권위원회, 기업과 인권 이행지침 : UN '보호, 존중, 규제' 프레임워크 실행, 2011.7, p.26. https://www.humanrights.go.kr/site/program/board/basicboard/view?menuid=001003001003&searchselect=boardtitle&searchword=%EC%9D%B4%ED%96%89%EC%A7%80%EC%B9%A8&pagesize=10&boardtypeid=17&boardid=602052.

를 막론한 초국적 기업과 기타 비즈니스 기업에게 적용된다. 'UN 기업과 인권 이행원칙'은 일관된 전체로서 이해되어야 한다. 기업과 인권에 관한 기준과 활동을 강화하려는 목표에 대해 개별적으로 또 총체적으로 판단되어야 한다. 이는 피해를 입은 개인 및 지역사회를 위한 가시적 결과를 달성하고 사회적으로 지속가능한 세계화에 기여하기 위한 것이다.

2.3.2 국가의 인권보호의무[6] : 기본지침

국가는 영토 및 관할권 내에서 기업을 포함한 제삼자와 관련된 인권침해를 방지해야 한다. 효과적인 정책, 법률, 규제, 판결을 통하여 예방, 조사, 처벌, 시정을 위한 적절한 단계를 밟을 필요가 있다. 국가는 해당 영토 및 관할권에 소재한 모든 기업들이 사업운영에 있어 인권을 존중하도록 하는 기대를 명확히 설정하여야 한다.

국가의 인권보호의무를 달성하기 위해 :

(a) 기업에 인권존중을 요구하고 기대하는 결과를 가져오기 위한 법을 시행하고 정기적으로 관련 법의 적절성을 평가하여 그 결함을 개선한다.
(b) 회사법과 같이 기업의 설립과 현행 활동을 통제하는 법과 정책이 합리적으로 기업의 인권을 존중하도록 보장한다.
(c) 기업에게 사업 활동에 있어서의 인권존중 방법에 대한 효과적인 지침을 제공한다.
(d) 기업이 인권에 대한 영향력 범위 내에서 수행하는 인권존중 활동에 대하여 적절한 커뮤니케이션을 하도록 장려하고 필요시 요청한다.

국가는 국가가 소유·통제하는 기업이나, 수출신용기관, 공적투자보험 및 보증기관과 같이 국가기관으로부터 실질적인 지원과 서비스를 받는 기관이 인권을 보호할 수 있도록 하여야 한다. 이를 위해 인권에 대한 상세한 주의 절차 실행을 요구하는 것을 포함하여 인권을 보호하는 추가적인 조치를 취해야 한다. 국가는 기업의 인권존중을 육성하기 위해 국내외적, 자발적, 강제적 수단을 효과적으로 결합하는 것을 고려해야 한다. 기업의 인권존중을 직·간접적으로 규제하는 현행법 시행의 실패는 국정 운영에 실패를 가져올 수 있다. 이 중에는 노동차별금지법, 환경법, 재산법, 사생활보호법, 뇌물수수방지법 등 범위가 다양하다. 따라서 국가는 어떤 관련 법이 효과적으로 시행되지 못하는 경우 이유가 무엇인지, 그러한 상황을 바로잡기 위한 적절한 방책은 무엇인지 고려하는 것이 중요하다. 예를 들면, 우리나라의 현행 중대재해처벌법의 실효성에 대해 다각적 측면에서 재검토가 필요하다는

6) 국가인권위원회(2011), pp.27-31.

의견이 제기되고 있다.

2.3.3 기업의 인권존중책임[7] : 기본지침

기업은 인권을 존중해야 한다. 이는 타인의 인권을 침해하는 것을 피하고 기업이 연루되어 인권에 부정적 영향을 미치는 경우 그 문제를 적극적으로 해결하는 것을 의미한다. 기업의 인권존중책임은 국제적으로 인정된 인권을 참고한다. 최소한 국제권리장전(International Bill of Human Rights)과 국제노동기구(International Labour Organization, ILO)의 '노동에 있어서의 기본 원칙과 권리에 관한 ILO 선언'에서 설명하고 있는 기본적인 권리에 대한 원칙을 포함한다.

기업의 인권존중책임은 다음과 같은 책임도 포함한다.

(a) 기업의 활동이 인권에 부정적인 영향을 미치는 원인이 되거나, 이에 기여하는 것을 방지하고, 발생한 경우, 그 문제를 다룬다.

(b) 만약 기업이 부정적인 영향에 기여하지 않았더라도, 기업의 사업관계에 운영, 생산, 서비스와 직접적으로 연관된 인권에 대한 부정적인 영향을 예방하도록 노력하여야 한다.

기업의 인권존중책임은 규모, 업종, 경영환경, 소유, 구조에 상관없이 모든 기업에 적용된다. 그러나 기업의 인권존중을 보장하기 위한 방법은 기업의 규모와 복잡성, 기업이 인권에 미치는 영향의 심각도 등에 따라 달라진다. 인권존중책임을 다하기 위해, 기업은 자신의 규모와 환경에 맞는 다음과 같은 정책과 절차를 마련해야 한다. 첫째, 인권존중책임을 충족시키는 정책적 의지이다. 둘째, 인권에 미치는 부정적 영향을 파악, 방지, 완화하고, 인권에 영향을 주는 활동에 대한 책임을 지게 하는 인권에 대한 상세한 주의절차이다. 셋째, 기업이 야기하였거나 기여한 인권에 미치는 어떠한 부정적인 영향이라도 구제가 가능하도록 하는 과정이다. 기업의 인권존중책임은 모든 기업의 활동에서 장소에 상관없이 기대되는 글로벌 기준이다. 이는 국가의 인권보호의무를 수행하는 능력 및 또는 의지와는 독립적으로 존재하며 그 의무는 축소되지 않는다. 그리고 이러한 책임은 인권을 보호하는 국내법과 규제를 준수하는 것 이상으로 존재한다.

---

7) 국가인권위원회(2011), pp.38-54

2.3.4 기업의 인권존중책임 : 운영지침[8)]

기업이 인권존중책임에 대한 운영지침을 살펴보면 다음과 같다.

- 기업은 인권존중책임을 실천하는 토대가 되는 인권존중 정책에 서약하여야 한다.(정책적 서약)
- 인권에 미치는 부정적 영향을 파악 · 방지 · 완화하고 기업의 행동에 책임을 지기 위해, 기업은 인권에 대한 상세한 주의를 실행해야 한다.(인권실사)
- 인권 리스크를 평가하기 위해 기업은 사업관계의 결과로 또는 기업의 활동으로 인해 인권에 미칠 수 있는 실재적 또는 잠재적 부정적 영향을 파악하고 평가하여야 한다.
- 기업은 인권에 대한 부정적 영향을 예방하고 완화하기 위한 조치를 취하여야 한다.
- 인권의 부정적 영향에 대한 기업의 대응이 효과적인지 평가하여야 한다.
- 기업은 인권에 대한 정당한 주의 활동에 대해 공개적으로 보고해야 한다.
- 기업이 부정적 영향을 야기하거나 기여하였다고 파악한 경우, 기업은 정당한 과정을 통해 이를 개선하거나 협력해야 한다.
- 기업은 기업이 활동하는 모든 곳에서 적용되는 법과 국제적으로 인정된 인권을 준수하여야 한다.

2.4 인권실사(Human rights due diligence)

기업은 인권을 존중해야 한다. 인권존중이란 기업이 다른 사람의 인권을 침해하지 말아야 하며, 자신이 개입된 부정적 인권영향에 대해 대처하여야 한다. 'UN 기업과 인권 이행원칙'은 기업이 인권존중책임을 다하기 위해 어떠한 정책과 절차를 갖추어야 하는지를 제시하고 있다. 이때 인권실사의 개념이 사용되고 있다. 즉 인권실사란 기업이 인권존중책임을 준수하기 위해 수립하고 이행하여야 하는 절차적인 체계에 해당된다.

기업과 인권 이행원칙(UNGPs, 15)[9)]에 의하면, 인권존중책임을 다하기 위해, 기업은 자신의 규모와 환경에 맞는 다음과 같은 정책과 절차를 마련해야 한다.

- 인권존중책임을 충족시키는 정책적 의지

---

8) 국가인권위원회(2011), pp.41-52.

9) 국가인권위원회(2011), p.41.

- 인권에 미치는 부정적 영향을 파악, 방지, 완화하고, 인권에 영향을 주는 활동에 대한 책임을 지게 하는 인권에 대한 상세한 주의 절차[10]
- 기업이 야기하였거나 기여한 인권에 미친 어떠한 부정적인 영향이라도 구제가 가능하도록 하는 과정

기업은 인권존중에 관련된 정책과 절차를 마련하지 않으면 기업이 인권을 존중하고 있다는 것을 가시적으로 보여줄 수 없다. 인권실사는 다음의 네 가지 개념을 필수적 구성 요소로 하고 있다. (1) 인권영향평가의 실시, (2) 인권영향평가의 결과를 경영에서 실행하는 것, (3) 경영에서의 실행한 것이 소기의 성과를 얻고 있는지 추적하는 것, (4) 이러한 절차와 결과에 대해 공개하는 것이다. 인권실사제도의 의미는 기업이 자신의 사업활동이 다른 사람의 인권을 침해할 소지가 있는지 인권영향 평가를 통해 파악하여 이에 대한 방지, 완화하는 활동을 통해 인권침해가 발생하지 않도록 유의하고 그 활동의 진행상황과 결과를 공개하는 것이다.[11]

인권실사에 관하여 'UN 기업과 인권 이행원칙'의 II. 기업의 인권존중책임(17~21)에 규정되어 있다. 기업의 인권에 대한 상세한 주의실행과 관련한 주요 사항을 살펴보면 다음과 같다.

인권에 미치는 부정적 영향을 파악 · 방지 · 완화하고 기업의 행동에 책임을 지기 위해, 기업은 인권에 대한 상세한 주의를 실행해야 한다.[12] 이 절차는 인권에 대한 실재적 · 잠재적 영향을 평가하고 통합하며, 발견한 사실에 따라 행동하고, 그 반응에 대해 기록하고 어떻게 영향을 다루었는지 커뮤니케이션하는 것을 포함한다. 인권에 대한 상세한 주의는 다음과 같은 특징을 가진다.

- 기업의 운영, 생산, 서비스와 직접적으로 연관된 비즈니스 관계 혹은 기업활동이 인권에 부정적인 영향을 야기하였거나 기여한 것을 다루어야 한다.
- 기업의 규모와 인권에 미치는 위험도의 수준, 사업운영 성격과 환경에 따라 그 범위와 복잡성이 다양하다.
- 기업의 활동과 사업 운영 환경이 변화함에 따라 인권에 미치는 위험도 변화한다는 것을 인식하면서 지속적으로 진행되어야 한다.

---

10) 국가인권위원회(2011), p.107.

11) 한국법제연구원(2021), pp.56-57.

12) 국가인권위원회(2011), pp.43-45.

인권 리스크는 기업이 인권에 대해 잠재적으로 부정적 영향을 미치는 것으로 이해될 수 있다. 이미 일어난 실제적인 영향은 구제의 대상이 되어야 하며, 잠재적 영향은 방지와 완화를 통해 다루어져야 한다. 인권에 대한 상세한 주의가 단순히 기업 자신의 물질적 리스크를 파악하고 관리하는 것을 넘어서 권리주체에게 미칠 수 있는 리스크를 포함한다. 인권에 대한 상세한 주의는 광범위하게 기업의 리스크 관리체계에 포함될 수 있다. 인권침해의 리스크가 계약서나 다른 협정을 맺는 단계에서 증가되거나 완화될 수 있다. 기업 합병이나 인수를 통해 전달될 수 있음을 고려할 때, 인권에 대한 상세한 주의는 새로운 활동이나 관계를 형성할 때 가능한 조기에 시작되어야 한다.

기업이 많은 협력업체와 일하는 경우, 그들 모두에 대해 인권에 대한 상세한 주의를 실행하는 것이 불가능할 수도 있다. 이때 기업은 특정 협력업체나 고객의 운영 환경, 특정 제품이나 서비스와 관련되어 있는지 상관없이 인권침해의 리스크가 높은 보편적 영역을 파악하여야 한다. 인권침해가 높은 영역의 협력업체에 대해 인권에 대한 상세한 주의를 우선적으로 실행하도록 하여야 한다. 인권에 대한 상세한 주의를 적합하게 실행하는 것은, 기업이 인권침해라고 주장되는 활동에 연루되지 않기 위해 모든 적당한 조치를 취했음을 보여준다. 이를 통해 기업에 대한 법적 배상 리스크를 예방할 수 있도록 돕는다. 그러나 이러한 상세한 주의를 실행한다고 해서 기업이 그 자체로 인권침해를 저지르거나 기여하는 책임으로부터 자동으로 그리고 완전히 면제되었다고 생각해서는 안 된다.

2.5 주요국의 인권실사 의무화13)

2011년 「UN 기업과 인권 이행원칙」이 각국 정부, 기업, 시민사회, 국제기구 등에 의하여 광범위하게 수용되면서 기업과 인권에 관한 표준적 국제규범으로 정착되었다. OECD도 기업과 인권에 관한 많은 지침을 생산하였다. EU도 여러 기업과 인권 관련 연성규범을 생산하였을 뿐만 아니라, 일정 규모 이상의 기업에게는 인권을 포함한 비재무정보의 공개를 의무화하는 규정을 운영하고 있다.

주요국에서는 이행원칙 채택 이후 기업과 인권과 관련된 법률이 제정되고 있는 추세이다. 영국과 호주의 현대판 노예방지법, 미국의 도드프랭크법, 네덜란드의 아동노동실사법 및 스위스의 민사의무법(개정안)은 특정 인권문제에서의 실사를 의무화하였다. 프랑스의 실사법, 노르웨이의 투명성법, 독일의 공급망 실사법에서는 전면적인 인권실사를 의무화하였다. 영국 현대판 노예방지법(Modern Slavery Act, 2015)은 영국 내에서의 현대적 노예를

13) 법무부, 기업과 인권 길라잡이, 2021.12, pp.19-20.

전면적으로 금지하고 이 법을 위반한 기업과 개인에 대해서는 강력하게 처벌한다. 다만 해외공급망에서 발생하는 현대적 노예에 대해서는 기업이 이를 방지하기 위한 실사를 시행하고 그 결과를 공지하도록 의무화하였다. 프랑스 실사법(2017)은 일정 규모 이상의 기업에게 인권 및 환경에 관한 실사계획을 수립하고 그것을 효과적으로 이행할 의무를 부과하였다. 기업은 매년 실사계획과 이행성과를 공시해야 한다. 만약 기업이 이를 이행하지 않으면 이해관계자는 법원에 독촉명령을 신청할 수 있고, 실사의 불이행으로 인한 손해배상이 발생한 경우 피해자는 손해배상을 청구할 수 있도록 하였다. 노르웨이 투명성법(2021)은 일정 규모 이상의 기업에게 자신과 공급망의 인권, 노동, 환경에 관한 실사의무를 부과하고 이를 공지하도록 하였다. 또 기업에게 관련 정보를 추가적으로 요청하는 정보접근권을 모든 사람에게 부여하였다. 실사의무를 위반하거나 정보접근권을 보장하지 않는 기업에게는 벌금을 부과한다. 독일 공급망 실사법(2021)은 일정규모 이상의 기업에게 환경 및 인권실사의무를 부과하고 실사보고서를 공개할 의무를 부과하였다. 기업이 제출한 보고서는 정부가 취합하여 그 적절성을 검토하고 필요한 경우 보고서의 개선 혹은 기업행태의 개선을 명령할 수 있도록 하였다. 법위반에 대한 강력한 제재의 내용도 담고 있다.

EU의 회원국에서 실사의무화 법제가 도입되는 것과 별도로 EU차원에서 인권실사를 의무화하는 법제를 추진하였다. 이는 모든 회원국에서 공히 실사를 의무화함으로써 역내에 공정한 시장질서를 만들겠다는 의도를 반영한 것이다. 다만 EU에서 사용하는 목재나 분쟁광물에 대해서는 이미 관련 기업에게 실사의무를 부과하고 있다.

2.6 EU 기업지속가능성실사지침[14](CSDDD)

유럽연합(EU)은 역내외 기업에 공급망 내의 인권 환경 실사를 의무화하는 것을 골자로 한 '기업지속가능성실사지침'(CSDDD)을 제정하였다. 독일, 프랑스 등 EU 일부 회원국에서 이미 공급망 실사 관련 개별법을 시행중에 있으나 EU 차원 통합적 기준의 필요성이 제기되어 추진되었다. 기업의 공급망 안에서 발생할 수 있는 환경 및 인권 관련 위험을 관리하기 위해 기업에게 실사와 정보공개 책임을 의무화한 지침이다. EU회원국은 2026년까지 CSDDD를 국내법으로 전환할 예정에 있다. 실사의무는 2027~2029년부터 순차 적용하고, 공시의무는 2028~2029년 순차 적용한다(〈표 11-2〉).

14) KDB, EU 공급망 실사지침의 주요 내용과 파급효과, 제822호, 2024.5 분석 요약 인용함.

〈표 11-2〉 EU 기업지속가능성실사지침(CSDDD) 적용시기

구 분	적용대상	적용시기	
		실사의무	공시의무주)
EU 역내 기업	① 평균 직원수 5,000명 초과 & 전세계 순매출 15억 유로 초과	2027년	2028년
	② 평균 직원수 3,000명 초과 & 전세계 순매출 9억 유로 초과	2028년	2029년
	③-1 평균 직원수 1,000명 초과 & 전세계 순매출 4억 5천만 유로 초과 ③-2 로열티 수령액 2,250만 유로 초과 & 전세계 순매출 8천만 유로 초과	2029년	2029년
EU 역외 기업	① EU내 순매출 15억 유로 초과	2027년	2028년
	② EU내 순매출 9억 유로 초과	2028년	2029년
	③-1 EU내 순매출 4억 5천만 유로 초과 ③-2 로열티 수령액 2,250만 유로 초과 & EU 역내 순매출액 8천만 유로 초과	2029년	2029년

주) 공시대상 회계연도 기준

자료 : KDB, EU 공급망 실사지침의 주요 내용과 파급효과, 제822호, 2024.5, p.7.

2.6.1 실사대상과 실사의무

실사대상은 자사의 활동사슬(chain of activities) 내에 있는 직접적·간접적 비즈니스 파트너 회사이다. 직접적 비즈니스 파트너는 회사와 상업적 계약을 체결한 기업을 의미하며, 간접적 비즈니스 파트너는 계약은 체결하지 않았지만 공급망 내에서 업무를 수행하는 기업을 의미한다. 적용기업은 활동사슬 내에 어떤 기업이 실사 대상에 해당하는지 매년 검토하여야 한다. CSDDD에 따르면 원청기업은 협력업체를 포함한 공급망 전체에 대해 기업활동이 인권과 환경 등에 미치는 부정적 영향을 평가하고 관리할 의무를 진다. 구체적인 실사의무(제5조, 세부내용 제7조에서 16조)는 (1) 실사의무의 내재화(실사정책 수립 및 관리 시스템에 통합), (2) 인권 및 환경에 대한 부정적 영향의 식별 및 평가, 우선순위 지정, (3) 잠재하는 부정적 영향의 예방·완화 및 실재하는 부정적 영향의 제거·최소화, (4) 실제 부정적 영향에 대한 구제책 제공, (5) 기업활동 전반에 걸쳐 이해관계자의 의미 있는 참여, (6) 불만처리 절차 수립 및 유지, (7) 실사 정책 및 조치 효과성 모니터링, (8) 대중과의 소통(실사 결과 공시) 등이다.

2.6.2 실사 주요 항목

인권, 환경오염에 대해 실사하며 기후변화에 대해서는 실사의무는 없으나 적용기업에 한하여 기후변화 대응의무(전환계획 수립)를 부담한다. 지침에 명시된 기후대응 의무의 주요 내용을 보면 다음과 같다. 지속가능경제로의 전환과 파리협정에서 부합하는 사업전략이

포함된 전환계획을 수립하고 채택할 것, 전환계획에 포함되어 할 사항으로는 ① 기후변화 목표(2030년 목표, 2050년까지의 5단위의 목표, Scope 1, 2, 3 탄소감축목표), ② 목표 달성을 위한 탈탄소화 수단에 대한 설명 및 주요 조치계획, ③ 전환계획 이행을 위한 투자 및 자금에 대한 설명 및 정량화, ④ 전환계획과 관련된 행정, 관리, 감독기구들의 역할에 대한 설명이다. EU CSRD 공시의무를 이행하는 경우에는 기후변화 대응의무는 면제된다.

2.6.3 우리 기업의 대응[15)]

기업이 실제적으로 적용받게 되는 법은 CSDDD가 아니라 이 법을 반영시킨 각 회원국의 국내법이다. 이에, 진출했거나 진출할 예정인 국가의 입법 현황을 보다 면밀하게 주시해 대비해야 한다. CSDDD가 EU 배터리 규정이나 산림전용방지법 등 다른 EU 법과 충돌하는 경우, 더 구체적인 의무를 규정하는 법안이 우위를 지닌다. 예를 들어, 산림전용방지법과 배터리 규정에는 제품에 대한 실사의무가 더 구체적으로 나와 있으므로, CSDDD보다는 해당 법에 규정된 실사내용을 준수해야 한다. 지침을 직접적으로 적용받지 않는 공급사들이 CSDDD 대상 기업의 공급망 위에 놓여 있는 경우, 해당 기업으로부터 실사 관련 데이터 제공, 행동강령 이행 등을 요구받을 수 있으므로 지침을 숙지해 두어야 할 필요가 있다. 기업지속가능성보고지침(Corporate Sustainability Reporting Directive, CSRD)과 중복으로 적용을 받는 기업들은 CSDDD에 따른 실사 공시, 기후전환 계획의 채택 의무로부터 면제된다.

3. 인권경영의 이해

현대사회에서 기업은 더 이상 물건이나 서비스를 생산·판매하는 전통적 역할에만 머무르지 않는다. 기업의 활동이 국경을 넘어 세계화됨에 따라, 강제노동·아동노동 금지나 현지 주민과 소비자의 인권 보호, 환경권 및 산업안전 보장, 책임 있는 공급망 관리 및 노동권 보장과 같이 인권보호 주체로서의 기업의 역할이 어느 때보다 강조되고 있다. 우리 기업에서도 산업안전, 직장내 괴롭힘, 소비자 인권보호, 협력 및 하청업체 등에 대한 갑질 등이 지속적으로 발생됨에 따라 인권경영에 대한 사회적 기대와 요구가 높아지고 있다. 최근 발생된 아리셀 화재 사고를 보면, 외국인 노동자의 생명과 인권을 경시하며 파견근로의 편법적인 운영이 산재사고의 근본적인 요인 중 하나임을 보여주고 있다.

경기도 화성시 리튬 배터리 공장 아리셀에서 발생한 화재로 숨진 희생자 23명 중 18명

15) KOTRA 한국생산성본부, 우리 기업을 위한 EU ESG 통상정책 가이드북, 2024.11, p.25.

이 외국인인 것으로 확인됐다. 아리셀은 인력파견 대상 업종도 아니고, 외국인 고용 허가 대상 사업장도 아니다. 허가조건은 피하면서 값싼 노동력을 짧게 쓰고 계약을 해지해 왔을 가능성이 크다. 이번 참사는 근본적으로 배터리 안전관리의 허술함에서 시작됐지만, 외국인 노동자 100만 명 시대에 걸맞은 안전대책을 총체적으로 점검하는 계기가 되어야 한다는 의견이 제기되고 있다.[16] 파견법은 원칙적으로 32개 업종만 파견근로를 허용하며, '제조업 직접생산공정업무'는 파견이 가능한 업종이 아니다. 이번에 희생된 외국인 노동자들이 맡았던 군용 일차전지 검수와 포장 업무는 제조업 직접생산공정업무에 해당할 가능성이 매우 크다. 헌법재판소는 2017년 제조업 직접생산공정업무에 근로자 파견을 금지한 조항 위헌소원 심판 결정문에서 '제품을 검사 및 포장하는 업무'도 제조업 근간이 되는 핵심업무로서 직접생산공정업무에 해당한다고 판단했다.[17] 기업은 기업의 운영과 활동으로 인해 실재적 · 잠재적으로 피해를 받는 사람들의 인권을 적극적으로 보장해야 한다. 세계화에 따라 기업의 활동범위가 넓어지고 영향력이 확대되면서, 기업에 의해 발생되는 인권문제의 위험성과 심각성이 커지고 있다. 기업의 부정적 영향은 국경을 넘어 수많은 사람들의 삶에 영향을 미칠 수 있기 때문에 인권경영의 중요성이 더욱 중시되고 있다.

3.1 인권경영의 개념

인권경영은 국제적으로 인정되는 주요 인권규범과 원칙을 존중함으로써, 기업 내 · 외부 이해관계자들의 권리를 보호하고 신장하는 것을 목표로 하고 있다.[18] 인권경영은 인권을 존중하는 기업문화를 만들기 위한 노력으로, 인권리스크에 대한 실사와 문제 발생 시 적절한 구제책을 제공하는 것이 핵심이다. 기업의 운영과 활동이 임직원, 협력업체, 지역주민, 소비자 등 기업 내 · 외부 이해관계자들의 인권에 부정적 영향을 초래한 경우 해결 방안을 적극적으로 모색해야 한다. 사업관계에 있는 다른 기업을 통해 간접적인 방식으로 이해관계자들의 권리가 침해될 수 있다는 점도 유의해야 한다.

인권경영의 의미는 기존에 널리 활용되어 온 준법경영, 윤리경영, 청렴경영, 기업의 사회적 책임과 유사하지만 중요한 차이가 있다. 준법경영은 기업활동 과정에서 각종 법률을 준수해야 한다는 것으로 인권경영의 출발점이다. 그러나 법률은 최소한의 기준만을 제시하기 때문에 관련 법률을 준수했다는 것이 인권존중을 위한 모든 노력을 다했다는 것을 뜻하는 것은 아니다. 윤리 · 청렴경영은 기업윤리 및 투명성을 강조하고 부패를 방지하는 데 초

16) 외국인 노동자 100만명… 그들의 안전보호가 국격, 중앙일보, 2024.6.27.

17) 화성 화재 아리셀 '불법파견' 정황 짙어져… 모회사도 의혹, 2024.6.26.

18) 법무부, 인권경영 표준지침 개발연구, 2019.5, pp.3-4.

점이 있지만, 인권경영은 다양한 이해관계자들의 인권존중이라는 포괄적 목표를 설정하고 있다.[19]

기업의 사회적 책임(CSR)은 기업이 다양한 이해관계자들의 입장을 고려한다는 점에서 인권경영에 중요한 실마리를 제공한다. CSR에 관한 국제표준인 ISO 26000은 지배구조, 노동, 환경, 소비자 이슈, 공정거래 관행, 지역사회 참여와 함께 인권을 하나의 중요한 사회적 책임 영역으로 제시하고 있다. 기업책임경영은 「OECD 다국적기업 가이드라인」 및 「OECD 기업책임경영 매뉴얼」을 통해 국제사회의 표준규범으로 자리 잡고 있다. 기업책임경영은 실사의 한 유형으로 인권실사를 포함함으로써, 인권을 기업 책임경영의 축으로 설정하고 있다. 그러나 국제 인권규범과 원칙을 폭넓게 고려하지 않아 인권원리가 경영에 충분히 반영되지 못하는 한계가 있다. 인권경영을 정착시키기 위해서는 국제적으로 인정되는 주요 인권규범과 원칙을 숙지하고 이를 지켜야 한다. 대표적 규범으로 「세계인권선언」, 「시민·정치적 권리에 관한 규약」, 「경제·사회·문화적 권리에 관한 규약」, 「인종차별철폐협약」, 「여성차별철폐협약」, 「아동권리협약」, 「장애인권리협약」, 「이주민노동자권리협약」 등이 있다. ILO의 노동 관련 핵심 원칙, UN의 「기업과 인권 이행원칙」 등도 기업이 지켜야 할 중요한 원칙이다.

3.2 인권경영의 필요성

인권경영은 인권을 존중·개선하고, 기업활동의 리스크를 관리하는 것으로 글로벌 인권경영 확산에 선제적으로 대처하기 위해 적극적인 도입 정착이 요청된다. 인권경영의 필요성을 요약하여 살펴보면 다음과 같다.

(1) 인권존중 및 개선

인권의 존중 및 개선은 사회 구성원으로서 기업의 기본적인 책무이다. 국가에 의한 개인 또는 법인에 대한 권리 침해 방지를 강조했던 고전적인 인권 개념은 점차 현대사회의 모든 구성원들의 상호적 책무로 발전되어 왔다. 따라서 기업도 예외 없이 보편적 인권을 존중해야 한다. 기업이 기존에 국가가 수행하던 핵심적인 기능을 분담하게 되면서, 인권존중 및 개선을 위한 책임도 나누어 맡아야 한다는 인식이 커지고 있다. 특히 기후변화, 빈곤퇴치와 같은 전 지구적인 문제 해결을 위해서는 기업의 참여가 필수적이다. 따라서 인권경영은 글로벌 기업시민의 책무로 받아들여지고 있다.

---

19) 법무부(2019), p.5.

(2) 지속가능경영을 위한 인권 리스크 관리

인권 리스크가 적절히 관리되지 않는다면 인권침해로 이어질 수 있고 이는 기업 전체의 피해로 이어진다. 반면, 성공적인 인권 리스크 관리는 기업 이미지 개선 및 사회책임투자 유치를 통해 기업가치 증진으로 이어질 수 있다. 국내에서도 기업 인권침해 사례가 늘어나면서 인권경영에 대한 관심이 높아지고 있다. 기업은 사업과정에서 발생하게 되는 인권리스크는 기업의 지속가능성에 대한 심각한 위협이 될 수 있다. 기업이 인권침해 상황에 연루되면 법적 분쟁 과정에서 많은 비용이 들고, 소비자 및 투자자로부터 외면받게 되며, 매출 및 주가하락으로 이어지게 된다. 일단 인권침해 기업이라는 이미지가 만들어지면 회복하기도 어렵지만, 이 과정에서 많은 비용이 발생한다. 근래 발생한 가습기 살균제 참사가 대표적인 사례이다. 전 세계에서 일어난 바이오사이드 재앙인 가습기 살균제 사건을 살펴보면 다음과 같다.

■ 사례: 가습기 살균제 사건

〈배경〉

가습기 살균제가 우리나라에서 본격적으로 판매되기 시작한 것은 1994년이다. '가습기메이트'란 이름으로 유공(현 SK이노베이션)이 제품을 내놓은 후 SK케미칼, 옥시PB, 애경산업 등이 산업에 뛰어들었다. 초음파를 이용한 가습기에 끼는 물때와 세균을 제거한다는 핑계로 '어린아이에게도 안전한 살균 · 세정제'를 개발했다. 가습기 살균제 사건의 주요 원인은 가습기 살균제에 사용된 화학물질이다. 당시 시중에서 판매된 가습기 살균제에는 주로 폴리헥사메틸렌구아니딘(PHMG)와 메틸이소티아졸리논(MIT) 같은 화학물질이 포함되어 있었다. 화학물질들은 세균과 곰팡이를 효과적으로 제거하는 데 사용되었지만, 사람에게는 매우 독성이 강한 물질이다. 이 화학물질들이 가습기를 통해 공기 중으로 퍼져나가면서 사람들의 호흡기와 폐에 심각한 손상을 입혔다. 특히 영유아, 어린이, 노인, 그리고 호흡기 질환이 있는 사람들은 더 큰 피해를 보게 되었다. 이로 인해 많은 사람들이 폐렴, 천식, 그리고 심지어 사망에 이르는 경우도 발생했다. 일부 임산부에게 나타난 특이한 폐섬유증이 가습기 살균제 때문이었다는 사실이 확인된 것은 2011년이었다.[20] 2011년 폐질환으로 임신부와 영유아 등이 잇따라 사망했고, 그 원인으로 가습기 살균제가 지적되면서 관련 문제가 불거졌다.

---

20) 한국환경정책 · 평가연구원 엮음, 생태문명 생각하기, 서울 크레파스북, 2018.2, pp.561-569.

〈소비자 피해〉

소비자 894만명이 가습기 살균제의 '살인적 사용법'에 무방비로 노출됐다. 95만명이 적지 않은 피해를 경험했고, 그중 2만명이 사망했다고 추정하는 분석도 있다. 환경부가 확인한 피해자는 2024년 8월말 기준 사망자 1,868명을 포함해 7,956명뿐이다.[21] 그동안 부분적이라도 보상을 받은 피해자는 약 1% 수준이다. 피해자들은 2012년 살균제 제조 및 판매업체를 상대로 손해배상을 청구했다. 최대 가해업체로 지목된 옥시는 공론화 후 5년 만에야 "신속하고 적합하게 대책을 내놓지 못한 것에 대해 전적으로 책임을 지겠다"고 사과했다. 이후 옥시 전 대표는 2018년 대법원에서 징역 6년이 확정됐다. 2019년에는 SK케미칼 전 대표 등 8명이 구속기소되고 환경부 서기관 등 26명도 불구속기소되었다. 2심에서는 1심 판결을 뒤집고 금고 4년형을 선고했다. 재판부는 "사실상 장기간에 걸쳐 전 국민을 상대로 가습기 살균제의 만성 흡입독성 시험이 행해진 사건"이라고 판단했다. 가습기 살균제 사건은 기업의 윤리의식과 정부의 안이한 행정처리가 겹친 건국 이래 최악의 화학 재해였다.[22] 가습기 살균제 사건은 기업이 소비자의 생명권·건강권을 중대하게 침해한 대표적 사례로 기록되고 있다.

(3) 글로벌 공급망 차원의 인권경영 요구

UN「기업과 인권이행원칙」의 도입 이후 두드러진 글로벌 기업 환경의 변화는 인권경영과 관련된 다각적인 법제화이다. 유럽과 미국에서는「기업과 인권이행원칙」채택 이후 인권경영과 관련된 법률이 제정되고 있다. 영국과 호주의「현대판 노예방지법(Modern Slavery Act)」, 미국의「도드-프랭크법(Dodd-Frank Act)」은 인권경영의 도입을 촉구하고 있다. 프랑스의「기업인권 모니터링법(Corporate Duty of Vigilance Law)」에서는 인권실사가 강조되었고, 독일도 일정 규모 이상의 기업들에 대해 인권실사를 의무화하고 있다. 이 법안들은 해당 국가에 법인을 설립했거나 해당 국가의 기업에 수출을 하는 국내 기업에도 적용될 수 있기 때문에 국내 기업의 적극적인 대응이 필요하다. 최근 한국회계기준원은 지속가능성 공시기준 101호 '정책 목적을 고려한 추가공시사항'에 인권경영, 산업안전, 강제노동 예방, 부정경쟁방지 등에 대한 사항을 선택적 공시를 하는 방안을 제시하고 있다.

---

21) 가습기살균제 참사 13년… 피해자의 '번아웃'(hani.co.kr).

22) 13년 걸린 승소, 가습기 살균제 사건은 아직 끝나지 않았다, 뉴스토마토, 2024.2.14.

3.3 인권경영의 영역[23)]

인권경영의 주요 영역에는 인권경영 체계 구축, 고용상의 비차별, 결사 및 단체교섭의 자유 보장, 강제노동 및 아동노동 금지, 산업안전 보장, 직장내 괴롭힘 및 갑질 방지, 책임 있는 공급망 관리, 현지주민의 인권보호, 환경권 보장, 소비자 인권 보호 등이 있다. 이는 기업의 주요 이해관계자인 임직원, 공급망, 현지주민, 소비자 등에게 적용된다.

(1) 인권경영 체계 구축

인권경영의 제도화를 위해서는 효율적인 체계 구축이 선행되어야 한다. 인권경영위원회 및 실무부서 구성, 인권경영선언, 인권경영 정보공개 및 교육, 영향권 내 확산의 과정이 선순환되는 것을 목표로 인권경영 체계를 구축한다.

(2) 고용상의 비차별

기업은 근로자를 고용함에 있어서 인종, 종교, 장애, 성별, 출생지, 정치적 견해 등을 이유로 차별해서는 안 된다.

(3) 결사 및 단체교섭의 자유 보장

기업은 근로자들이 자유롭게 노동조합을 결성하는 것을 허용하며 노동조합에의 가입이나 활동을 이유로 불이익을 주어서는 안 된다. 정당한 이유 없이 단체교섭을 거부해서는 안 되며 단체교섭의 결과를 존중하고 성실하게 이행해야 한다.

(4) 강제노동 및 아동노동의 금지

기업은 직·간접적으로 강제노동 및 아동노동을 이용하거나 이를 통한 영업적 이득을 얻어서는 안 된다.

(5) 산업안전 보장

기업은 법률, 규정 및 일반적인 노동관계 및 고용관행의 기본틀 내에서 직업상 건강 및 작업 중 안전을 보장하기 위한 적절한 조치를 취해야 한다.

---

23) 법무부(2019), p.10.

(6) 직장내 괴롭힘

강압적 업무지시, 기강잡기, 폭언, 괴롭힘 행위 등이 해당된다. 상사의 부당하거나 위법한 지시가 문제가 되기도 한다.

(7) 책임 있는 공급망 관리

기업이 공급망에서 부정적 영향을 야기하는 리스크를 파악한 경우, 그 영향을 중단하거나 예방하기 위해 필요한 조치를 취해야 한다. 영향권 내에서 계약 관계를 통해서 최대한의 영향력을 행사해야 하고, 문제가 시정되지 않으면 거래를 중단하는 것도 고려해야 한다.

(8) 현지주민의 인권보호

어떤 지역에 기업이 들어서면 현지주민의 삶에 큰 영향을 미치게 된다. 따라서 기업은 현지주민의 문화와 주거권에 대한 보호, 환경보호 등의 문제에 대해 유의해야 한다. 한국기업의 해외 투자가 증가하면서 현지 노동자 및 주민에 대한 인권침해 사례도 늘어나고 있기 때문에 이 문제에 더욱 관심을 기울여야 한다.

(9) 환경권 보장

인간의 삶은 자연환경에 의존하여 유지되기 때문에 환경오염은 사람들의 생명과 건강에 직접적인 영향을 미치는 중대한 인권침해이다. 기업은 환경경영체제를 수립 · 유지해야 하고, 필요한 경우 환경영향평가를 실시하여 환경침해를 사전에 방지하거나 완화하는 조치를 취해야 한다.

(10) 소비자 인권 보호

소비자는 일방적으로 기업의 제품을 이용하는 입장이기 때문에, 기업은 소비자를 보호하는 의무를 가진다. 기업은 제품의 안전성을 보장하고, 소비자들이 충분한 정보를 가지고 선택할 수 있도록 제품에 대한 정확하고 상세한 정보를 제공해야 한다. 공정하며 효과적인 분쟁 해결 및 배상 절차를 제공해야 하고, 소비자의 프라이버시를 존중하고, 개인정보에 대한 합리적인 보안조치를 마련해야 한다.

3.4 인권경영체계 구축[24)]

인권경영체계를 구축하는 것은 인권경영의 시작이라고 할 수 있다. 우선, 인권경영위원회와 실무조직을 구성한다. 다음으로 인권경영선언을 통해 인권경영 실천의지를 널리 알린다. 정기적으로 인권경영 관련 정보를 공시하고 인권교육 프로그램을 운영하는 것도 중요하다. 기업의 영향권 내에서 인권경영체계를 최대한 확산시키기 위해 노력한다. 인권경영의 실행을 제도적으로 뒷받침할 수 있는 경영시스템 구축이 필요하다. 의사결정기구인 인권경영위원회, 집행기구인 인권경영 실무부서, 독립적으로 구제절차를 담당하는 인권침해 구제위원회 외에 태스크포스로 인권경영 워킹그룹도 활용할 수 있다. 인권경영위원회는 사내의 인권경영과 관련된 전반적 의사결정을 담당하므로 최고경영자의 인권경영 실천의지가 구조적으로 반영되도록 설계해야 한다. 인권경영 실무부서는 기업의 여건에 따라 전담부서를 만들거나 유관부서에 역할을 부여한다.

인권경영선언은 기업의 인권존중 의지, 인권리스크에 대한 실사, 구제조치의 도입 의사를 공개적으로 드러내기 위한 것이다. 인권리스크를 기업의 리스크 관리 과정에 포함시키기 위해 기업 특성에 따른 인권 리스크의 우선순위를 설정하는 것이 중요하다. 인권경영선언문의 작성과정에서 다양한 이해관계자들의 의견을 적극적으로 수렴하여 인권경영의 필요성에 대한 공감대 형성을 유도할 필요가 있다. 작성된 인권경영선언문은 기업 내외에 널리 배포하고, 필요에 따라 인권경영 내부지침을 별도로 작성한다.

인권경영 정보공개 정책은 기업의 특성 및 규모, 비용, 사업기밀 등을 고려하여 수립한다. 예측 가능한 인권리스크 요인, 인권경영체계, 인권실사 결과, 구제책 등의 내용은 반드시 포함되어야 한다. 인권경영의 성과에 대한 보고는 공개적, 정기적으로 진행되어야 한다. 임직원들의 인권의식 함양을 위한 정기적인 인권교육을 실시한다. 인권리스크가 큰 업무에 종사하는 임직원을 위한 전문적인 인권교육 프로그램도 마련해야 한다.

기업은 인권경영의 확산을 위해 영향권 내에서 자신의 영향력을 최대한 행사해야 한다. 대기업은 협력사가 인권경영을 적극적으로 도입할 수 있도록 계약조건에 인권경영체계 구축을 포함하는 것을 권장한다. 인권경영의 제도화를 위해서는 효율적인 체계 구축이 선행되어야 한다. 인권경영의 토대를 마련하는 것은 모든 기업의 공통 과제지만, 그 진행 방식은 기업에 따라 달라질 수 있다 인권경영 시급도는 기업 규모, 사업장의 위치, 공급망에서의 위치, 제품 및 서비스의 성격 등 다양한 요인에 의해 결정된다.

24) 법무부(2019), pp.12-13.

3.5 인권실사의 과정 및 절차[25)]

인권실사란 기업이 끼치는 부정적 인권영향을 식별하고 방지·완화하며, 이러한 노력을 대내외에 천명하는 포괄적 절차를 뜻한다. 상기한 포괄적 절차는 실재적·잠재적 인권리스크에 대한 평가, 그 결과를 기업운영과 활동 전반에 반영하고 실천하는 과정, 취해진 조치의 효과성에 대한 모니터링, 그리고 이 모든 절차에 대해 이해관계자와 소통하는 단계로 구성되어 있다. 인권실사는 기업에 의한 인권침해나 차별을 방지하기 위한 것이다. 기업은 자사의 운영이나 활동 과정에서 직접적으로 유발했거나 기여한 부정적 인권영향은 물론, 기업이 속해 있는 공급망과 사업관계 내에서 발생했거나 발생 가능한 간접적인 부정적 인권영향 역시 방지해야 한다.

인권실사는 '인권리스크'를 식별하고 예방하는 것을 목표로 하지만, 이때 리스크는 통상적 '리스크 관리'에서 전제하는 재무적 성과와 관련된 위험성만을 뜻하지 않는다. 더 중요한 것은 기업의 운영과 사업활동이 사람의 인권을 침해하거나 제한할 위험성이다. 기업은 적절한 인권실사를 수행함으로써 인권에 대한 부정적인 영향을 효과적으로 예방·완화할 수 있음은 물론, 기업이 사회에 미치는 긍정적인 영향력을 극대화할 수 있다. 효과적인 인권실사를 통해 이해관계자와의 관계를 개선할 수 있고, 궁극적으로 우호적인 기업평판을 유지하는 데 도움을 준다. 또한 인권침해 및 차별을 야기하거나 연루되지 않는 한편, 인권을 보호하기 위한 모든 합리적 조치를 취했다는 것을 대내외에 보여줌으로써 미래의 잠재적인 법적 분쟁을 예방하고 또 대비하는 데 도움을 줄 수 있다.

인권실사의 절차와 방법은 천편일률적(one-size fits all)이지 않다. 기업의 규모 및 가용자원, 기업이 대내외적으로 직면한 인권리스크의 수준 및 심각성 등에 따라 유연하게 적용될 수 있다. 각 기업은 현실 가능한 선에서 출발하여 중장기 로드맵을 수립하고 점진적으로 인권실사 시스템을 구축하기를 권장한다. 인권실사는 일시적인 절차가 아니라, 기업의 인권경영과 책임경영을 달성하기 위해 연속적이고 일관되게 진행되어야 할 새로운 경영실천이다. 인권실사의 기본 흐름은 인권실사 계획 수립, 인권리스크 식별 평가, 기업 기능과 절차에 통합, 모니터링과 효과성 추적, 이해관계자의 소통이다. 인권리스크 식별평가 이해관계자의 인권보호를 위한 구제가 필요한 경우 구제수단을 제공하게 된다.

25) 법무부, 2021 기업과 인권 길라잡이, 2021.12, p.39.

3.6 인권영향평가 : 인권리스크 식별평가

인권영향평가의 핵심이 되는 중요한 인권리스크가 발생될 수 있는 영역을 예시하여 보면 〈표 11-3〉과 같다.

〈표 11-3〉 인권리스크의 주요 영역과 내용

구 분	영 역	내 용	우려, 고충, 인권이슈 사례
A	기업과 인권 체계 구축	기업과 인권 체계의 신뢰성과 효과성	기업과 인권 선언의 실효성, 구제절차의 신뢰성, 독립적 전문가 역할 부재
B	고용상의 비차별	인종, 종교, 장애, 성별, 출생지, 고용상 지위 등에 따른 차별 방지	성희롱 · 성폭력, 고용승진 시 차별, 비정규직 차별
C	결사 및 단체교섭의 자유 보장	노동조합 결성과 활동에 대한 자유 보장	노동조합 결성 방해 및 활동 제한 행위
D	강제노동 금지	강압적인 형태의 노동 금지	하청업체 내의 강압적인 장시간 노동 관행
E	아동노동 금지	아동 고용 금지	아동의 위험한 육체노동
F	산업안전 보장	직업상 건강 및 작업 중 안전을 보장하는 조치 이행	안전사고, 산업재해, 열악한 노동환경
G	직장내 괴롭힘 방지	강압적 업무지시, 기강잡기, 폭언 등 괴롭힘 행위 방지	직장내 괴롭힘 발생
H	책임 있는 공급망 관리	인권을 침해하지 않는 사업 관계를 유지하기 위해 노력	저가입찰, 불공정무역, 뇌물제공 및 수수, 원청기업 갑질
I	현지주민의 인권보호	해외법인 및 공장이 위치한 지역에서의 주민 인권 보호	관습적 권리에 의해 인정된 토지권과의 충돌로 인한 토지분쟁 및 강제퇴거, 선주민 문화 파괴
J	환경권 보장	환경오염을 방지하고 지구 온난화 방지를 위해 노력	삼림 파괴, 원유유출, 탄소 초과 배출
K	소비자 인권 보호	제품의 안전성을 보장하고 소비자들의 다양한 권익 보호	소비자권리 침해, 개인정보 유출 및 침해, 차별적 광고

자료 : 법무부, 2021 기업과 인권 길라잡이, 2021.12, p.44.

기업은 기업운영과 사업활동, 그리고 공급망을 포함한 사업관계 전반에 걸쳐 발생할 수 있는 실재적 또는 잠재적인 부정적 인권영향을 식별하고 평가한다. 채용, 승진, 임금관련 관행 변화, 제품 · 서비스 신규개발, 구조조정, 기업 인수합병, 하청계약 등의 기업운영과 활동, 그리고 사업 관계에서 어느 정도로, 어떻게 인권에 부정적인 영향이 만들어지는지를 분석한다. 이때 인권은 기업 내 근로자, 공급업체 근로자, 진출 지역 주민들의 인격권, 노동권, 단결권, 차별받지 않을 권리 등이 포함된다. 이 단계는 통상 '인권영향평가'라고 불리며,

이후 실사과정 전반(내재화, 모니터링, 정보 공개)의 성패를 좌우한다.[26]

4. 우리나라 기업의 인권경영 현안

기업의 인권경영을 이해하기 위해 우리 기업의 주요 현안이 되고 있는 산업안전, 직장 내 괴롭힘 및 갑질, 소비자 안전 등에 대하여 사례를 통해 살펴본다. UN 인권이사회 실무그룹의 한국방문 조사보고서를 통해 국제적 관점에서 우리 기업 인권경영의 주요 문제점과 개선방안을 파악하도록 한다.

4.1 산업재해

4.1.1 중대재해처벌법[27]의 논쟁

중대재해처벌법이 시행 3년차에 접어든 가운데 2024년 1분기 사업재해 사망자가 2023년 같은 기간 대비 7.8% 늘어난 것으로 나타났다. 중대재해법이 사망사고를 줄이는 데 역할에 대한 의문이 제기되고 있다. 고용노동부가 발표한 2024년 '1분기 산업재해 현황 부가통계'에 따르면 1분기 재해조사 대상 사고사망자는 138명(136건)으로 2023년 같은 기간 대비 10명(7.8%), 12건(9.7%) 각각 증가했다. 규모별로 보면 50인 미만은 78명(76건)으로 전년 대비 1명(1.3%) 감소했는데, 50인 이상은 60명(60건)으로 집계돼 지난해 동기 대비 11명(22.4%), 12건(25.0%)씩 증가했다.[28] 중대재해법은 2022년 1월부터 50인 이상 사업장(건설업 공사대금 50억원 이상)에 먼저 적용됐다. 2024년부터는 상시근로자 50인 미만 사업장에도 적용되기 시작했다.

이번 통계에서 50인 이상 사업장의 산재사고 사망자가 오히려 늘었다. 최근 중소기업중앙회가 개최한 '중대재해처벌법 개선 및 산재예방 방안 토론회'에서는 법 적용의 실효성에 관한 비판이 제기됐다. 안전공학과 교수는 "중대재해법은 엄벌 만능주의의 산물로 중대

---

26) 법무부(2021), pp.43-44.

27) 기업에서 사망사고 등 중대재해가 발생했을 때 사업주에 대한 형사처벌을 강화하는 내용의 법으로, 2021년 1월 8일 국회 본회의를 통과해 2022년 1월 27일부터 시행됐다. 중대재해처벌법은 사업주·경영책임자의 위험방지의무를 부과하고, 사업주·경영책임자가 의무를 위반해 사망·중대재해에 이르게 한 때 사업주 및 경영책임자를 형사처벌하고 해당 법인에 벌금을 부과하는 등 처벌수위를 명시하고 있다. [네이버 지식백과] 중대재해 처벌 등에 관한 법률(시사상식사전, pmg 지식엔진연구소).

28) 중대재해처벌법 3년 차에도 1분기 산업재해 사망자 7.8% 증가, 세계일보, 2024.5.29.

재해 감소에 기여하지 못한다. 중대재해법은 명확성의 원칙, 과잉금지의 원칙 등 헌법원칙과 안전원리에 배치되는 부분이 많아 수사기관의 자의적 법집행이 우려되고 오히려 재해예방에 부정적 영향을 끼친다"는 점을 지적하고 있다. 중대재해처벌법(이하 중대재해법)이 공사금액 50억원 미만 건설현장으로 확대 적용하고 6개월여가 지났지만 소규모 건설현장에서는 근로자들의 생명을 위협하는 사고가 계속되고 있다. 건설업계에서는 정부의 사고예방 정책이 중소건설현장의 특성을 반영하지 못하고 있으며, 이를 해결하기 위해 제도를 개선해야 한다는 의견이 제기되고 있다. "건설업의 재해증가는 중소규모 건설현장에서 산업재해가 많이 발생하기 때문이다. 현행 고용노동부의 사업장 산재예방 정책은 건설업처럼 생성과 소멸을 반복하는 사업장과 이동이 잦은 일용직 근로자로 구성된 중소규모 건설현장의 특성을 반영하지 못한다"고 진단했다. 실제 건설업 종사자의 상당수는 비정규 · 일용직이다. 통계청 국가통계포털에 따르면 2024년초 기준 건설업 임금근로자 중 일용직 취업자 수는 87만 7,000명에 달한다. 건설한파의 여파로 일용직 근로자 수가 17만명 이상 줄었음에도 전체 건설업 종사자의 절반가량을 차지했다. 반면 고용부의 산재예방정책은 고정된 사업장과 정규직 근로자 위주로 편제돼 제대로 된 효과를 발휘하기 어려운 실정이다.[29)]

대표적인 산재예방정책인 '패트롤점검'은 위험성평가 기반의 불시점검을 통해 고위험요인을 개선한다는 목표로 도입됐으나 점검 인력의 한계 · 일시적인 점검 효과 등의 한계점을 드러냈다. 최근 확대되고 있는 기술지도의 경우 각종 기관의 난립 및 과당경쟁으로 기술지도의 품질이 하락, 형식적인 수준으로 변질되었다. 사고가 주로 발생하는 중소건설현장 중 상당수는 ① 현장안전관리 담당자를 찾기 어려움, ② 적정 안전관리비가 계상되지 않음, ③ 현장의 무관심 · 정보력 부족 등으로 지원제도 접할 기회 적음, ④ 근로자 교육 의지 및 능력 부족, ⑤ 짧은 공기로 안전시설에 관심 없음, ⑥ 근로자의 이동 빈번, ⑦ 사업주의 의식부족, ⑧ 규제변화에 취약, ⑨ 빈약한 재정으로 외부충격 흡수 곤란 등의 영향으로 재해예방에 취약하다는 문제가 있다. 위와 같은 환경에서 중대재해를 예방하기 위한 정부의 정책이 일선 건설현장에 스며들지 못하고 있다.

4.1.2 화성 화재사고 : 산업재해 사례

예고된 참사로 비판을 받고 있는 화성 아리셀 배터리공장 화재 사고를 근로자 보호를 위한 산업안전 관점에서 살펴보면 다음과 같다. 근로자 23명이 목숨을 잃은 2024년 6월 24일 경기 화성시 아리셀 배터리공장 화재 참사는 제도의 공백과 공장의 안전 무대책이 맞물려 빚어낸 인재(人災)였음이 속속 드러나고 있다. 이번 참사처럼 화학반응열이 원인인 화재

29) 중대재해법 확대에도 사고 계속… 소규모 건설현장 해법 없나, 대한경제, 2024.7.4.

가 해마다 수백 건씩 발생하지만 이 공장은 소방당국의 '화재안전 중점관리 대상'에서 빠져 있었다. 공장 연면적이 기준(3만㎡) 이하라는 이유다. 불이 난 아리셀 공장 작업장도 불량 배터리 발화 위험이 상존하는 데도 제대로 된 비상구가 없는 채 방치됐다.[30] 90분을 버티는 방화벽이 국제표준이라는데 아리셀 공장은 화재에 극히 취약한 샌드위치 패널로 지어졌다. 이번 사고 이틀 전에도 불량 배터리에서 불이 났지만 작업자가 진화한 뒤 생산을 재개했고, 소방당국엔 신고도 하지 않았다고 한다. 현장엔 화재 시 연쇄 폭발하는 배터리가 무더기로 적치되어 있을 정도였다.

아리셀 중대재해 참사 대책위원회가 철저한 진상규명과 재발방지를 요구하고 나섰다. "이번 화재는 유해위험에 대한 관리를 사업장에만 맡겨주는 현재 관행이 빚어낸 위험의 외주화로 인한 참사"이다. "철저한 진상규명과 재발방지, 피해자 권리 보장 등 고위험 사업장 안전관리 시스템이 필요하다"는 주장이다. 사업주들은 이주근로자의 생명보다 이윤만을 중요하게 생각하고 있어 이주근로자들은 3D에서 죽음이 더해진 4D 업종에서 일하고 있다. 대책위는 ① 철저한 진상규명 및 재발 방지, ② 피해자 권리 보장 및 지자체의 고위험사업장 안전관리, ③ 참사로부터 안전한 사회 조성 등을 요구했다.[31]

화성시 소재 리튬 배터리 제조기업인 아리셀 공장에서 화재가 발생해 23명이 숨지고 8명이 다쳤다. 사망자 국적은 한국인 5명, 중국인 17명, 라오스인 1명 등이다. 외국인 노동자 18명을 포함해 23명이 숨진 화성 리튬전지 제조업체 공장 화재 참사 이후 정부가 안전보건교육 확대에 나서고 있지만, 교육받을 수 있는 자격요건이 되는 외국인 노동자는 극히 일부인 것으로 파악됐다. 고용노동부가 주관하는 '외국인 노동자 안전보건교육' 사업은 주로 공단 등 정부의 취업교육기관에 한정돼 있다. 특정 비자를 발급받은 경우에만 대상자가 된다. 안전보건교육을 받은 외국인 노동자가 국내 취업 외국인 10명 중 1명 수준에 그치는 이유다. 취업 이후 안전보건교육 강사 지원사업도 사업장에서 신청하는 경우에만 들을 수 있기 때문에 사용자의 선의에 기대야만 하는 구조다.[32] 실제로 아리셀 참사에서 희생된 외국인 노동자 18명 중 정부가 주관하는 안전교육을 받은 사람은 단 한 명도 없었다.

■ 경영층의 성찰

경기 화성의 화재는 우리의 기존 산업안전 관리의 제도와 관행에 대하여 전면적인 재검토가 필요함을 시사하고 있다. 31명의 사상자가 발생한 경기 화성 배터리 공장 화재는 결국 '안전불감증'이 낳은 인재로 드러났다. 이번 참사 이틀 전에도 화재가 발생했지만 아리

30) 관리 대상서 빠지고, 이틀 전 화재는 쉬쉬… 예고된 참사였다, 동아일보, 2024.6.27.

31) 화성 아리셀 참사 대책위 "위험의 외주화 즉각 중단하라," 경기일보, 2024.6.26.

32) 10명 중 1명 그친 외국인 노동자 안전교육… 오늘도 '바늘구멍', 서울신문, 2024.7.4.

셀 측은 별다른 신고도 없이 넘어갔고, 일반 소화기로는 진화가 되지 않는 리튬을 대량으로 보관하고 있었음에도 특수 소방기구를 충분히 비치하지 않았던 것으로 드러났다. 특히 소방당국이 3개월 전 화성 배터리 공장 화재 시 인명피해가 발생할 가능성이 있다는 점을 경고했다. 그러나 회사측은 아무런 조치도 하지 않았다. 희생자 대다수를 차지한 외국인 노동자에 대한 관리 · 교육 역시 허울에 그쳤던 것으로 확인됐다. 복수의 '전조 증상'을 무시한 결과는 역대 최악의 화재 참사였다.[33] 우리 기업 경영층과 관리자는 "하인리히 법칙"이 우리 기업 현장에 언제 어느 곳에서나 항상 발생될 수 있음을 명심하여야 할 것이다.

■ **하인리히 법칙[Heinrich's law]**

미국 산업안전의 선구자로 평가받는 허버트 윌리엄 하인리히(Herbert William Heinrich)는 1931년 재해발생 과정에서 일련의 통계적 법칙을 제시했다. 수많은 산업재해 자료를 분석한 결과 '1 : 29 : 300 법칙'을 제시했다. 하인리히는 한 건의 심각한 재해(major injury)가 발생하기 전에 29번의 경미한 사고(minor injuries)가 발생하고, 300번 이상의 불안전한 행동 또는 아차사고(near misses)의 징후가 나타난다고 주장했다. 이를 바탕으로 중대재해를 예방하기 위해서 기업은 아차사고 및 경미한 사고 징후를 조직적으로 분석하고 사고예방 대책을 수립 · 운영해야 할 것이다.[34]

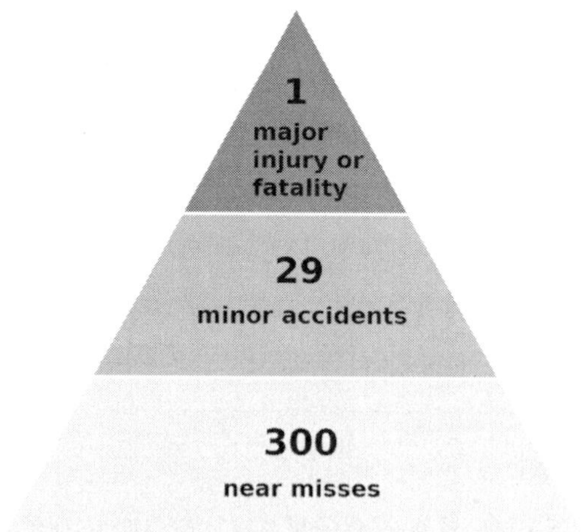

[그림 11-1] 하인리히 법칙 '1 : 29 : 300의 법칙'

33) 안전불감증 대한민국… 결국 '인재(人災)', 뉴스토마토, 2024.6.26.

34) 윤양배, 안전문화 혁명, 경기 지구문화사, 2019.11.25, p.167.

4.2 직장내 괴롭힘과 갑질

4.2.1 직장내 괴롭힘

직장내 괴롭힘은 사용자 또는 근로자가 직장에서의 지위 또는 관계의 우위를 이용하여 업무상 적정 범위를 넘어 다른 근로자에게 신체적 · 정신적 고통을 주거나 근무환경을 악화시키는 행위를 말한다. 문제된 행위를 피해자와 같은 처지에 있는 일반적이고 평균적인 사람의 입장에서 바라보았을 때 신체적 · 정신적 고통이나 근무환경 악화가 발생할 수 있다는 점이 인정되어야 한다. 또한 피해자가 실제적으로 신체적 · 정신적 고통을 받았거나 근무환경이 악화되었다는 결과가 발생해야 한다.[35] 직장에서의 지위 · 관계의 우위를 이용했는지, 업무상 적정 범위를 넘었는지, 신체적 · 정신적 고통을 주거나 근무환경을 악화시켰는지 3가지 요건을 모두 충족하면 직장내 괴롭힘으로 판단할 수 있다.

개정 근로기준법은 ① 직장내 괴롭힘의 법적 금지, ② 사용자의 조치 의무, ③ 예방 및 발생 시 조치사항에 관한 취업규칙 필수 기재 의무, ④ 직장내 괴롭힘 신고를 이유로 해고

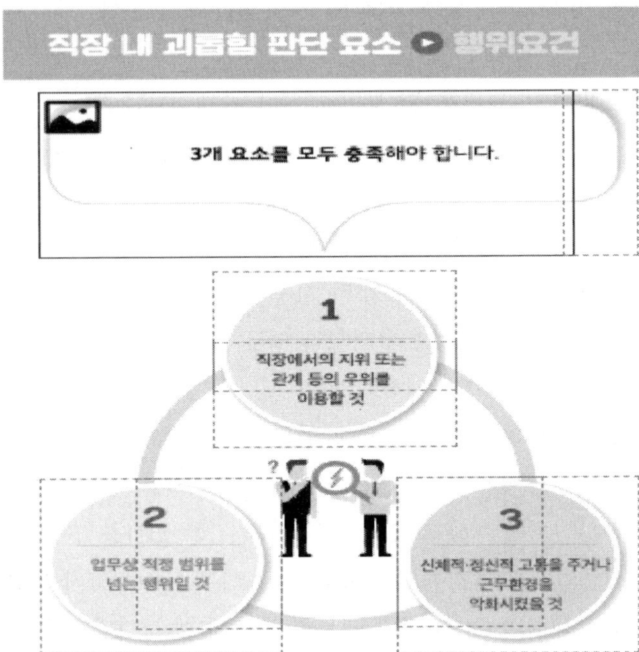

자료 : 고용노동부, 직장내 괴롭힘 예방 및 판단 매뉴얼, 2019.5, p.17.

[그림 11-2] 직장내 괴롭힘 판단 요소

---

35) 고용노동부, 직장내 괴롭힘 예방 및 판단 매뉴얼, 2019.5, p.17.

등 불이익 조치 시 형사처벌 등의 내용을 규정하고 있다. 「산업재해보상보험법」은 직장내 괴롭힘으로 인한 정신적 스트레스가 원인이 된 질병을 업무상 질병에 포함했으며, 「산업안전보건법」은 직장내 괴롭힘 예방을 위한 조치기준 마련과 지도 및 지원을 정부의 책무로 규정했다. 이외 행위자의 특정 행위에 대해서는 개별 법률에 따라 처벌받을 수 있다. 직장내 괴롭힘 신고가 들어오면 회사는 즉시 조사에 착수해야 하며, 필요한 경우 피해자 의사에 반하지 않는 선에서 유급휴가 등의 조치가 가능하다. 또한, 조사 후 피해사실이 확인되면 가해자에 대해 징계 등의 조치를 해야 한다. 회사가 신고자에게 해고 등의 불이익을 조치할 경우에는 3년 이하의 징역이나 3천만원 이하의 벌금형을 받을 수 있다.

4.2.2 직장내 괴롭힘 사례

네이버 직장내 괴롭힘 사건의 책임자로 지목된 최○○ 전 네이버 최고운영책임자(COO, 부사장)가 재단법인 해피빈 대표직도 물러나며 네이버에서 떠나게 됐다. 피해직원이 사망한 지 11개월 만이다. 1999년 네이버 입사 창립 멤버인 최 전 COO는 창업자 이해진 글로벌투자책임자(GIO)와 삼성SDS 시절부터 함께 한 최측근 인사로 알려져 있다. 한때 차기 네이버 최고경영자(CEO)로 거론되기도 했지만, 2023년 5월 직장내 괴롭힘으로 한 직원이 극단적 선택을 하면서 COO와 등기이사, 금융 자회사 네이버파이낸셜 대표, 광고 부문 사업부 비즈 사내독립기업(CIC) 대표 등 보직을 잇따라 내려놨다.[36]

고용노동부는 직장내 괴롭힘으로 노동자 사망사건이 발생했던 네이버를 대상으로 진행한 특별근로감독 결과를 2021년 7월 발표했다. 고용부는 특별감독에서 근로기준법상 직장내 괴롭힘을 중심으로 노동관계법 위반사항에 대해 중점적으로 점검했다. 조사 결과 사망한 노동자는 직속상사(책임리더 · 임원급)로부터 지속적으로 폭언과 모욕적 언행을 겪고, 의사결정 과정에서도 의도적으로 배제됐으며 과도한 업무 압박에 시달려 왔던 것으로 확인됐다. 이러한 행위는 근로기준법에서 금지하고 있는 직장내 괴롭힘에 해당됐다. 근로기준법은 직장에서의 지위나 관계상의 우위를 이용해 업무상 적정범위를 넘어 정신적 · 신체적인 고통을 준 행위를 직장내 괴롭힘으로 규정하고 있다. 아울러 네이버는 사망 노동자에 대한 직장내 괴롭힘 사실을 사전에 인지하고서도 사실확인을 위한 조사를 진행하지 않은 것으로 드러났다. 이는 근로기준법에서 규정한 사용자의 조치 의무를 이행하지 않은 것이다. 고용부는 특별감독 과정에서 네이버 내 '직장내 괴롭힘 신고채널'이 적정하게 운영되고 있는지에 대해서도 점검했다. 점검 결과 직속상사의 모욕적 언행, 과도한 업무부여, 연휴기간 중 업무강요가 직장내 괴롭힘에 해당된다는 신고에 대해 회사가 불인정한 사실이 확인됐다.[37]

---

36) [직썰 CEO↓] 네이버 '직장내 괴롭힘' 책임자 최인혁, 회사 떠난다, 직썰, 2022.4.18.

37) "직속상사 시달림 못 이겨 직원 사망"··· 네이버 직장내 괴롭힘 만연, 이투데이, 2021.7.27.

4.2.3 직장내 괴롭힘 실태

직장갑질119는 여론조사 전문기관 '글로벌리서치'에 의뢰해 2024년 2월 14~23일 만 19세 이상 1,000명에게 직장내 괴롭힘 관련 설문조사를 실시했다. 조사 결과에 따르면 응답자의 30.5%가 지난 1년 내 직장내 괴롭힘을 경험했다고 답했다. 이들이 경험한 괴롭힘 유형은 모욕 · 명예훼손(17.5%), 부당 지시(17.3%), 업무 외 강요(16.5%), 폭언 · 폭행(15.5%), 따돌림 · 차별(13.1%) 순이었다. 괴롭힘을 당했다는 응답자의 46.6%는 괴롭힘 수준이 '심각하다'고 밝혔다. 특히 비정규직이나 30인 미만 영세 사업장 직장인들이 '괴롭힘이 심각하다'고 답했다.[38] 절대다수인 90% 안팎의 직장인들이 부당한 갑질을 당하고도 대응할 수단을 찾지 못하고 있다는 끔찍한 얘기다.

직장내 괴롭힘을 당했을 때 대응 방법으로 '참거나 모르는 척했다'고 답한 응답자는 60.6%에 달했다. 이처럼 불합리한 상황을 묵과한 이유에 대해서 '대응을 해도 상황이 나아질 것 같지 않아서'라는 응답이 53.9%로 가장 많았고, '인사 불이익에 대한 우려'라는 응답이 32.9%로 뒤를 이었다.[39] '개인 또는 동료들과 항의했다'(27.2%)는 답변은 있었으나 '회사 또는 노동조합에 신고했다'(8.1%), '고용노동부, 국가인권위 등 관련 기관에 신고했다'(2.2%) 등 공식기구를 통해 신고한 비율은 매우 낮았다. 이처럼 문제를 공식적으로 제기했다는 답변이 전반적으로 소수에 그친 것은 그만큼 갑질 상황을 닥쳤을 때 문제를 삼는 일이 득(得)보다는 실(失)이 많은 현실을 그대로 반영한다고 해석할 수 있다. 경영진을 포함한 모든 직장인이 '직장내 갑질'의 폐해를 정확하게 인식하고 관행을 청산할 의지를 갖도록 만들어야 한다. 기업의 CEO을 비롯한 경영층은 임직원의 진정한 인권존중이 지속가능경영의 선결요건임을 명확히 인식하여야 할 것이다.

4.3 소비자의 인권 보호

소비자의 인권 및 생명보호 관점에서 최근 주요 현안이 되고 있는 사례를 살펴본다.

서울시에 따르면 쉬인 · 테무 · 알리익스프레스에서 판매중인 아동용 · 유아용 섬유제품 12개에 대한 안전성 검사 결과, 6개 제품에서 국내 기준치를 넘는 유해물질이 나왔다. 어린이용 장화에서는 프탈레이트계 가소제인 '디에틸헥실프탈레이트(DEHP)'와 '디부틸프탈레이트(DBP) 2종이 검출됐다. 장화의 리본 부위에서 기준치 대비 약 680배, 투명한 연질 부분과 테두리 연질 부분에서도 해당 물질이 기준치를 약 483배, 44배 초과하는 것으로 조사됐

38) 직장인 30 % 모욕, 부당한 지시 경험 절반 이상은 신고도 못해, 동아일보, 2024.4.16.

39) 직장내 괴롭힘 신고 고작 10%… 두려움 해소책 시급, 경기신문, 2024.7.4.

다. 프탈레이트계 가소제는 내분비계 장애물질로, 불임 · 조산 등 생식기능에 영향을 미친다. 이 중 DEHP는 국제암연구소가 지정한 인체발암가능물질이다.[40]

중국 알리와 태무가 한국에서 플랫폼 이용률 2~3위에 올랐다. 쿠팡을 제외하고 한국 다른 플랫폼을 이기고 이미 820만명 정도 이용자수가 도달했다. 그러나 한국 중금속 기준치 60배가 넘는 중국산 제품이 발견됐다. 전체 제품 25%가 한국 기준치를 초과했다.[41] 한국에서 철저하게 금지하고 있는 카드뮴, 납 등이 발견된 것이다. 카드뮴과 납은 인체에 치명적인 영향을 준다. 특히 어린아이가 입안에 넣는 치발기의 경우 제품이 망가지면 기도를 막을 수 있다. 카드뮴과 납 같은 중금속은 아주 위험한 물질로 생리불순을 가져오고 임신을 막는 치명적 금속이다.

소비자 시민단체 소비자주권시민회의는 2024년 4월 알리 · 테무를 개인정보보호법 및 정보통신망법 위반 혐의로 경찰에 고발했다. 소비자주권시민회의는 "알리 · 테무는 저가상품을 미끼로 한국 이용자들에게 강제적인 개인정보 동의를 요구하고 있다. 더 나아가 상품 구매와 관련 없는 '위치 정보', '사용하고 있는 핸드폰 기종 및 프로그램 종류', '공동현관문 비밀번호' 등 개인의 사생활 정보까지 비식별화를 하지 않고 자동 수집하고 있다"[42]는 것이다. 알리 · 테무에서 소비자들이 상품 구매를 위해 회원가입을 하려면 개인정보의 해외이전, 접속기기 정보 등 광범위한 개인정보 수집을 담은 약관에 '필수적으로' 동의해야 한다. 국내 이커머스 플랫폼과 달리 동의 여부를 선택할 수 있는 항목들도 없다. 알리 · 테무도 국내 법인을 두고 국내 이커머스 단체와 똑같이 온라인에서 물건을 판매하고 있는 만큼, 국내 개인정보보호법에 따라 처벌해야 한다는 주장이 제기되고 있다.

4.4 유엔 인권이사회 실무그룹의 한국 조사보고서

2011년, 유엔 인권이사회(United Nations Human Rights Council)는 기업과 인권 이행원칙(Guiding Principles on Business and Human Rights)의 효과적 전파와 포괄적 이행을 위해 5명의 독립 전문가로 구성된 기업과 인권에 관한 실무그룹(Working Group on Business and Human Rights, 이하 '실무그룹')을 구성하였다. UN 인권이사회 '실무그룹'의 "대한민국 방문 조사보고서(2017)" 주요 사항을 요약해 살펴보면 다음과 같다.

40) 해외직구 어린이용 장화에서 기준치 680배 발암물질 검출, 매일경제, 2024.7.4.

41) 중국산 중금속 저가제품, 철저하게 관리하라, 천지일보, 2024.4.8.

42) 알리 · 테무 싸서 좋긴 한데, 내 위치 · 휴대폰 기종은 왜 수집하나요, 한겨레, 2024.5.5.

4.4.1 방문 목적

방문의 목적은 유엔 기업과 인권 이행원칙: 유엔 "보호, 존중, 구제" 프레임워크에 부합한 기업 관련 활동의 부정적 인권영향을 예방하고 이에 대한 진단을 하기 위한 것이었다.

4.4.2 제기된 문제

(1) 공급망 인권침해에 대한 보호[43)]

기업 관련 인권침해에 대한 핵심적 주장은 원청기업(lead companies)이 자신들의 공급망을 적절하게 감독하는 데 실패하였다는 점과 기업들의 사업 수행과 관련하여 발생한 인권에 대한 영향을 예방하거나 완화하는 책임을 부담하려는 기업의 의지가 부족하다는 점이다. 대기업이 연루된 여러 사안들은 하청업체에 고용된 비정규직 노동자들이 견뎌야 하는 침해적인 노동조건, 높은 인권침해 위험을 수반하는 하청과 이른바 "물량팀"(야간노동자들로 구성된 비공식 공급망)과 관련된다. 인권침해의 위험은 공급망의 하층으로 갈수록, 그리고 특히 공급망이 해외에 뻗어 있을수록 더 높아진다.

국가인권위원회가 2014년 수행한 산재 고위험군에 대한 연구에 따르면, 많은 하청 노동자들은 직영 노동자들에 비하여 열악한 노동조건에 처해 있고 안전교육도 적게 받는다. 기업은 자신의 공급망 전반에서 인권을 존중할 책임을 부담하여야 하고, 사업 수행의 모든 부분에서 인권에 끼치는 부정적인 영향 문제를 처리하여야 한다. UN 기업과 인권에 관한 실무그룹에 따르면, "원칙적으로, 어떤 기업도 공급망 내에 있는 한 다른 당사자와의 사업 관계의 결과로서 인권침해를 유발하거나 기여하거나 직접 연관되는 방식으로 인권침해에 연루될 수 있다"는 점을 강조하고 있다. '실무그룹'은 공급망에서의 인권실천과 점검의무에 대한 다양한 접근방식에 대한 여러 입장들을 들었다. 다른 기업들의 경우 공급업체와의 관계를 의지와 신뢰의 문제라고 설명하였다. 원청기업이 자사의 정책을 공급업체들에게 강제하는 것은 부적절하며, 따라서 1차 공급업체들에게 자사의 행동강령을 전달하고 이러한 기준을 준수할 것을 권장할 수 있을 뿐이라고 말했다. 대체로, 심지어 인권기준의 준수가 공급업체들에게 강제되는 경우에도, 원청기업의 인권실천과 점검의무는 1차 공급업체에 대한 감독으로 한정되었다. 그리고 자신들보다 공급망에서 더 하위에 있는 공급업체들이 인권을 존중하고 원청기업의 행동강령을 준수하도록 할 책임은 이들 1차 공급업체에게 주어졌다.

고충사안을 보고하는 데 사용되는 전화 핫라인과 방문 조사는 주로 원청기업에 직접

---

43) UN 인권이사회 기업과 인권 실무그룹(2017), Report of the Working Group on the issue of human rights and transnational corporations and other business enterprises on its visit to the Republic of Korea. 2017.5.1, pp.27-32 분석 요약 인용.

고용된 노동자들을 위한 것이었고, 그 이하의 공급망에서 일하는 노동자들을 위한 것은 아니었다. 일부 기업들의 경우 하청을 주는 주요한 이유가, 예를 들어 열악한 작업장 안전에서 기인하는 위험 등 위험을 외주화[44]하기 위함이었다. 이들 기업들은 직접 협력업체를 넘어서는 공급망을 다 감독하는 것은 현실적으로 불가능하다고 주장하였다. 복잡한 공급망 구조를 가진 기업들은 가장 심각한 부정적인 인권영향이 있는 분야를 파악하고 우선적으로 처리하여야 한다. 기업들은 부정적인 인권영향을 파악할 수 있는 고충처리 메커니즘을 마련하여야 한다. 이러한 메커니즘은 부정적인 영향을 받을 수 있는 모든 노동자와 개인에게 제공되어야 한다. 산업재해 고위험군에서의 사업 수행은 투명해야 하고, 안전 조건을 증진시키는 하청업체의 노력을 장려하여야 한다. 원청기업들은 하청 노동자들이 효과적인 고충처리 메커니즘에 접근할 수 있도록 자신들의 영향력을 사용하여야 한다.

(2) **국외에서의 인권침해**[45]

기업들의 활동이 점차 초국경화되고 있는 사실을 반영한다. 기업들이 해외에서 인권침해에 연루될 위험은 보다 약한 규제체계를 가지고 있는 나라에서 더 높다. 실무그룹은 해외에서 활동하는 기업들이 해외 사업과 관련된 인권실천 및 점검의무의 보다 높은 필요성에 별다른 주의를 기울이지 않는다는 점을 우려한다. 정부와 기업 대표들은 이 영역에서 보다 많은 노력을 기울일 필요가 있음을 인정하였다. 기업들은 피해가 확대되는 것을 막기 위해 고충사항을 즉시 인지할 수 있도록 하는 제도를 마련하여야 한다. 한국 정부와 대사관들은 기업들이 해외 활동과 관련된 인권위험을 식별, 예방 및 완화할 수 있도록 지원을 제공하여야 한다. 정부와 기업들은 해외에서 활동하는 기업들이 인권침해 유발을 방지하기 위한 인권실천 및 점검의무를 어떻게 이행하는지에 대해 보다 주의를 기울일 필요가 있다. '실무그룹'은 기업의 해외사업과 관련된 인권침해 사안과 관련 구제에 대한 접근성 증진의 중요성을 강조하는 바이다. 기업들이 해외에서 부정적 인권 영향을 미치지 않도록 예방하고 문제가 있으면 최대한 신속하게 대응하는 것은 국익에 부합한다.

---

44) 기업들이 유해하고 위험한 업무를 법과 제도의 사각지대에 있는 하청업체 노동자 등 외부에 떠넘기는 현상을 말한다. 원청기업이 위험 업무를 외주화할 때 비용을 깎고 책임까지 하청에 떠넘기면서 안전관리가 제대로 이루어지지 않는다는 점에서 꾸준한 비판의 대상이 되고 있다. [네이버 지식백과] 위험의 외주화(시사상식사전, pmg 지식엔진연구소).

45) UN 인권이사회 기업과 인권 실무그룹(2017), p.33.

(3) 중소기업과 대기업[46)]

‘실무그룹’이 한국 정부와 시민사회 대표자들과 면담할 때 모두가 공감한 우려사항은 대기업과 중소기업 공급업체의 불균형적인 관계이다. 대기업이 모든 입찰조건을 지배하면서 중소기업들이 서로 보다 낮은 입찰가를 제시하며 경쟁하도록 압력을 행사한다는 것이다. 또한 대기업과 중소기업의 근로조건, 임금, 복지혜택에도 차이가 있다는 것을 알게 되었다. 대기업의 부당한 관행으로부터 중소기업을 보호하기 위해 대 · 중소기업 상생협력 촉진에 관한 법률(2006년 제정)과 같은 방안들이 시행중에 있다. 이 법은 “대기업과 중소기업 간 상생협력을 촉진하기 위한” 시책을 수립하는 것을 목적으로 하고 있고, 여기에는 대기업과 중소기업 간 기술 및 인력 교류의 촉진에 관한 사항과 임금격차 완화에 관한 사항이 포함되어야 한다(동법 제2조). 중소기업을 지원하는 기업을 장려하기 위해 한국 정부는 동반성장지수를 개발하였고, 이에 따라 대기업은 기획재정부 주도하에 매년 독립적인 기관으로부터 동반성장 수준을 평가받고 우수사례에 대해서는 포상을 한다. 그러나 이러한 계획에는 인권실천과 점검의무가 명시적으로 포함되어 있지 않다. 이 점은 분명히 언급되어야 하고, 인권에 관한 기준이 반드시 포함되어야 한다.

(4) 지속가능성보고서[47)]

실무그룹이 면담한 모든 기업은 지속가능성 연례보고서를 발간하였다. 이 중 일부는 인권에 대한 언급이 있었고 그 정도에는 차이가 있었다. 실무그룹이 만난 대부분의 기업은 인권에 관한 기준을 포함하고 이행원칙을 언급하고 있는 GRI G4 지속가능경영보고서 가이드라인(Global Reporting Initiative G4 Guidelines)을 따르고 있다고 밝혔다. 그러나 이러한 보고서들은 전반적으로 인권침해 위험을 평가하고, 예방 및 구제하기 위한 구체적인 방안에 대해서는 언급하지 않았다. 실무그룹은 모든 기업이 지속가능성보고서에 상기한 인권침해위험 평가 등의 사항을 포함할 것을 권장한다. 이행원칙을 준수하기 위한 핵심적인 도구의 하나로 인권 보고 및 검증 프레임워크 이니셔티브(Human Rights Reporting and Assurance Frameworks Initiative)에서 발전된 틀을 들 수 있다. 실무그룹은 한국 정부가 지속가능보고서에 이행원칙과 기타 현존하는 보고서 기준에 따른 인권실천과 점검의무 절차를 포함하도록 하는 요건을 마련하도록 권장한다. 한국 정부는 ‘UN 기업과 인권 이행원칙’과 책임 있는 기업행동을 증진하기 위해 기존의 제도를 활용할 수도 있다. 이에는 지속가능경영센터와 산업통상자원부가 대기업을 대상으로 매년 윤리경영을 평가하는 기업윤리지수, 위에 언급한 동반성장지수와 국가인권위원회의 인권경영 가이드라인 및 체크리스트

46) UN 인권이사회 기업과 인권 실무그룹(2017), pp.39-40.
47) UN 인권이사회 기업과 인권 실무그룹(2017), p.41.

를 들 수 있으며 이는 사기업으로 확대될 수 있을 것이다.

4.4.3 결론 및 권고 사항[48)]

(1) 총 평

'실무그룹'은 이행원칙과 기업과 인권이라는 주제에 대한 정부의 약속을 환영한다. 실무그룹은 행동을 약속하는 데에서 더 나아가서 기업의 공급망 전체에 걸쳐서 대한민국 내와 국외에서의 모든 상업활동 및 기업활동에 이행원칙을 통합하는 것이 중요함을 강조하고자 한다. 실무그룹은 일터에서의 안전, 공급망 관리, 기업문화와 여성에 대한 영향, 국외에서의 기업활동, 이주노동자들에 대한 불이익 등 광범한 도전과제들을 확인하였다. 실무그룹은 기업과 인권 국가인권정책 기본계획을 개시하고 완전한 다자 이해관계자 대화를 장려할 것을 정부에 촉구한다.

(2) 정부에 대한 권고

- 다자 이해관계자(multi-stakeholder) 참여와 실무그룹의 지침에 의거하여 기업과 인권 국가인권정책 기본계획을 마련한다.
- 이행원칙에 따라 부정적 인권영향을 예방하고 처리할 정부의 의무와 공기업을 포함한 기업의 책임에 관한 공무원 및 국회의원들의 인식을 제고하고 역량을 강화한다.
- 기업, 특히 중소기업을 대상으로 기업의 인권존중책임에 대한 지침을 제공한다.
- 기업활동 전반에 걸쳐서 인권이 존중되도록 원청기업이 취해야 할 조치들에 대한 지침을 제공한다.
- 기업의 국외 활동과 관련 지침을 제공하고 이러한 활동을 규제한다.
- 관련 정책에 있어서 기업이 기업활동 전반에 걸쳐 인권을 존중하여야 하며 기업의 국내외 활동과 관련 인권실천 및 점검의무를 수행할 것에 대한 기대를 강조한다.
- 기업과 인권 사안에 대하여 정부, 기업, 시민사회 간 열린 대화가 가능하도록 한다.
- 공공조달 정책 및 계약에 기업의 인권보호 책임을 보다 명확히 명시한다.
- 국내 및 국외에서의 활동과 관련, 이행원칙과 OECD 가이드라인의 준수를 강제하고 이를 준수하는 공기업의 모범사례를 확산한다.

(3) 기업에 대한 권고

- 기업 정책 및 현장, 운영 단계를 포함하여 전사적으로 기업의 가치망 전체와 해외

48) UN 인권이사회 기업과 인권 실무그룹(2017), pp.59-93 분석 요약 인용.

활동 관련 내용을 포함, 이행원칙을 인지하고 이행하도록 한다.

- 인권정책을 채택하고 부정적 인권영향을 식별, 예방, 완화하며 이를 어떻게 시정하고 있는지를 설명할 수 있도록 인권실천 및 점검의무를 이행함으로써 인권존중책임을 다한다.
- 부정적 인권영향의 실질적 또는 잠재적 피해자 모두와 유의미한 협의를 추진하고, 이들에게 영향을 미치는 사안들에 대한 충분한 정보를 시의적절하게 제공한다.
- 일터에서의 양성 불평등을 시정하고, 인권위험이 여성, 아동, 남성에게 다르게 작용한다는 사실을 인식하고 개선한다.
- 이주노동자들과 장애인들이 당면한 인권위험문제를 해결한다.
- 부정적 인권영향을 파악하고 시정하기 위하여 이행원칙 31의 효과성 기준에 부합하는 기업 차원의 고충처리제도를 개발 및 운영한다.
- 기업과 인권 국가인권정책 기본계획 수립에 참여한다.
- 시민사회와 충분히 소통하여 공급망 전체에 걸쳐 인권위험과 부정적 관행에 대한 시민사회의 우려에 귀를 기울이고 정보를 수집 활용한다.
- 피해자들이 공개적으로 목소리를 내고 적절한 구제를 받을 수 있는 환경을 조성한다.
- 현행 산업안전보건기준에 따라 일터에서의 안전 문제를 더 효과적으로 개선한다.

4.5 산업안전을 위한 제안

UN 인권이사회 실무그룹의 조사보고 사항은 우리 기업의 인권경영의 주요 현안을 국제적 관점에서 객관적으로 검토할 수 있는 좋은 정보가 되고 있다. 최근 지속적으로 반복되고 있는 산업재해와 관련하여 정책적으로 검토하여야 할 주요 현안을 예시하면 다음과 같다.

첫째, 국가의 기본적 책무는 국민의 생명과 재산을 보호하는 것이다. 특히 기업현장에 근무하고 있는 임직원과 관련 생태계의 업무 종사자(예: 협력 및 하청업체, 파견직원, 일용직, 외국인 노동자 등)의 생명과 인권의 보호가 법규 준수의 차원을 넘어 실질적으로 이루어지도록 하여야 할 것이다. ILO 등에서 제시하는 글로벌 수준의 근로자의 산업안전, 근무환경 등이 조성되도록 법제적 노력을 하여야 할 것이다. 아울러 실질적인 인권경영이 정착되도록 책임 있는 산업안전, 고객보호 활동을 수행하는 우량기업에 대한 사회적인 인센티브를 제공하여 사회적 선순환이 이루어지도록 하여야 할 것이다.

둘째, 기업은 산업안전, 소비자 안전을 비롯한 인권친화적인 경영활동을 실질적으로 수행하고 있는지 점검해 보아야 한다. 유엔 인권이사회 실무그룹의 권고와 같이 기업 공급망

가치사슬 전체에 걸쳐 인권실사를 조직적으로 수행하여야 할 것이다. 이에 기초한 인권에 대한 부정적 영향을 방지하거나 완화하기 위해 해당 사업의 주요 의사결정뿐 아니라, 기업 전체의 의사결정과정, 정책 및 지침, 예산, 감사절차에 평가 결과를 반영해야 할 것이다. 특히, 노동자의 안전과 건강을 보장하기 위해서는 실질적인 예방적 조치를 취하는 것이 무엇보다 중요하다. 지금까지의 법규 준수를 위해 형식적인 산업안전, 소비자 안전 등을 수행하던 기업 관행을 지양하고 글로벌 수준으로 인권경영을 정착 확산시켜 나아가야 한다.

셋째, 기업으로 인한 인권침해에 대한 구제책이 피해자의 관점에서 실질적으로 운영될 수 있도록 법제와 실무 운영의 개선이 요구된다. 특히 근로계약상의 상대적 약자의 위치에 있는 하청업체, 파견직원, 일용직, 외국인 노동자 등에 대해 적시에 인권보호와 구제활동이 수행되어야 할 것이다. 이를 위해서 기업, 정부, 노동자, 시민사회의 산업재해 없는 공동체를 향한 솔직한 이해와 공감, 그리고 연대적 활동 노력이 무엇보다 요구된다.

넷째, 실무적으로는 기업활동 전반에 걸쳐서 인권이 존중되도록 원청기업 및 하청기업, 파견회사 등이 취해야 할 조치들에 대한 체계적인 산업안전 실무지침과 교육에 기초한 건전한 인권경영의 실무관행이 문화가 되어 정착되어야 한다. 외국인과 장애인 노동자 등이 작업현장에서 직면하고 있는 현안을 체계적으로 파악하여 개선하여야 한다. 열악한 작업장 안전에서 기인하는 위험 등 위험의 외주화와 관련하여 파생될 수 있는 노동자의 생명과 인권침해 관련 리스크를 종합적으로 파악하여 이에 대한 실질적인 법제적 개선방안이 수립 운영되어야 한다.

“모든 사고를 인적 과실로 설명하기 이전에 시스템의 실패와 구조적 불평등을 직시해야 한다. 인간이 실수하는 것을 막는 것은 불가능하기 때문에 과실을 예상하고 그것이 생사의 문제로 이어지지 않도록 환경을 바꾸는 것이 더 중요하다”는 미국의 안전시스템 구축 활동 전문가 제시 싱어의 주장을 깊이 있게 성찰할 시점이다.[49]

---

49) 인간은 실수하는 존재… 가해자 비난하다 끝나면 시청역 역주행 사고는 반복된다, 한국일보, 2024. 7.5.

5. 사회모범규준[50)]

5.1 배 경

지속가능경영에 대한 사회적 인식 고조와 기업의 글로벌화 및 다양한 이해관계자의 등장 등으로 기업의 사회적 책임에 대한 관심이 증대되고 있다. 특히 국제화된 자본시장에서 기업의 사회적 책임 이행은 투자자들의 의사결정에 매우 중요한 요소로 등장하고 있다. 따라서 기업의 사회책임은 더 이상 사회적 요구에 대한 수동적 대응의 문제가 아니며, 기업의 자금조달과 투자에 중대한 영향을 미치는 요소로 대두되고 있다.

2010년에 제정되어 발표된 사회모범규준은 그동안 국내 상장기업의 사회책임경영 개선을 선도해 왔다. 또한 지난 10년간 국제적으로 사회책임 이슈가 기업가치에 미치는 영향에 대한 다양한 연구와 관련 정보가 확대되어 왔으며, 국내에서도 인권, 공정한 거래 및 경쟁, 안전 등을 중심으로 사회이슈에 대한 관심이 더욱 커지고 있다. 2021년 8월 개정에서는 리더십과 이를 뒷받침할 거버넌스, 비재무 위험관리 등을 신설하고, 사회책임경영의 핵심 이슈를 재편하였다. 이는 인권, 노동관행, 공정운영관행, 지속가능한 소비, 정보 보호, 지역사회 참여 및 개발로, 우리 기업이 지속적으로 관심을 둬야 할 이슈들이다. 특히 협력사와의 관계가 점차 중요해짐에 따라, 동반성장을 전제로 한 공급망 관리의 중요성이 커지고 있다.

본 모범규준은 관련 이해관계자에게 사회적 책임경영에 대한 원칙 및 규준 등 정보를 제공하는 근거를 제공하고, 기업에게는 사회적 책임 활동에 대한 자발적인 참여와 개선을 위한 지침을 제공한다. 따라서 본 모범규준 제정은 미래지향적인 관점에서 우리나라 기업의 특성을 고려한 글로벌 기준을 제시함으로써 우리나라 현실에 부합하는 사회책임기업의 모범규준을 정립하고, 궁극적으로는 기업의 장기 가치를 극대화함을 목적으로 한다.

5.2 구 성

모범규준은 우리 기업이 처해 있는 경영환경의 특수성을 고려하면서 동시에 국제적인 사회책임경영에 부합하는 원칙 및 규준을 제시하고 있다. 모범규준은 전문, 리더십과 거버넌스, 비재무 위험관리, 운영 및 성과, 이해관계자 소통, 부록 등 네 부문의 본문과 부록으로 구성되어 있다.

---

50) 한국ESG기준원, 사회모범규준, 2021.8 분석 요약 인용함.

〈표 11-4〉 사회모범규준의 기본 구성

부 문	주요 구성
리더십과 거버넌스	리더십 전략과 방침 조직과 의사결정 기업문화
비재무 위험관리	비재무위험 통합적 관리 비재무위험과 기회의 인식 비재무위험의 대응
운영 및 성과	인권 노동관행 : 공정한 고용과 합리적 보수, 노사 공정운영관행 : 공급망 위험관리, 경제질서 지속가능한 소비 : 제품 및 서비스 안전성 등 정보보호 : 개인정보보호 등 지역사회 참여 개발
이해관계자 소통	이해관계자 참여와 소통 정보공개

5.3 지속가능경영의 리더십과 거버넌스

기업의 최고경영진이 기업의 사회적 책임에 대한 중요성을 인식하는 것은 지속가능경영의 첫걸음이다. 사회책임경영의 실행을 위해 최고경영진은 기업의 사회적 책임에 대한 이해, 태도, 관여 수준을 철저히 파악하여야 한다. 최고경영진의 기업의 사회적 책임에 대한 이해는 사회책임경영을 실행하고 주도하는 데 큰 역할을 한다. 따라서 사회책임경영의 중요성을 제대로 이해할 수 있도록 지속적인 노력이 뒷받침되어야 한다. CEO의 리더십 발휘는 기업의 주요 의사결정뿐 아니라 임직원들로 하여금 기업의 사회적 책임을 기업문화로 통합하고 실행하도록 하는 동기가 된다. 따라서 리더십은 사회책임경영의 효과적인 거버넌스 구축을 위한 결정적인 요소이다.

사회책임경영을 위한 거버넌스는 기업의 사회적 책임 실현을 위한 체계와 절차를 의미한다. 사회책임경영 거버넌스는 공식적 메커니즘과 비공식적 메커니즘으로 구성된다. 공식적 메커니즘은 전략, 의사결정 체계 및 기구와 같은 합의된 구조와 절차를 기반으로 한다. 비공식적 메커니즘은 기업의 문화, 가치와 같이 참여자들에게 직접적인 영향을 받을 수 있는 요인으로 구성된다. 기업의 사회책임경영 거버넌스는 기업의 크기, 유형 및 각 기업이 처한 경제적, 환경적, 정치적, 문화적, 사회적 맥락에 따라 다를 수 있다. 사회책임경영 거버넌스는 기업이 자신의 결정과 활동의 영향에 대한 책임을 받아들이고, 기업 내외부 관계를 통해 사회적 책임을 통합하기 위한 가장 핵심적인 요소이다. 효과적인 거버넌스를 구축하기 위해서는 사회책임경영의 원칙을 의사결정 및 이행 체계로 통합하여야 한다. 이러한 원칙에는 책임성, 투명성, 윤리적 행동, 이해관계자 존중, 법규 준수, 국제행동규범 준수, 인권존중 등이 포함된다. 이와 더불어 기업은 사회적 책임의 핵심 이슈와 관련 관행을 검토하여야 한다. 효과적인 거버넌스는 기업이 목표를 수립하는 데 필요한 통찰, 구조, 문화, 목표 달성을 위한 수단 등과 관련 위험을 이해하는 기반을 제공한다.

〈제11장 요약〉

기업이 사회 및 환경에 미치는 영향력이 확대됨에 따라 기업의 인권경영 이슈에 대한 중요성이 증대되고 있다. 인권경영이란 기업활동 전반에 있어서 인권을 존중하고 증진시키며 인권과 관련된 부정적 영향이 발생하지 않도록 노력하는 활동을 의미한다. 국가가 직접 인권을 통제하기보다 기업에게 인권존중을 요구하는 방식으로 전환되었고, 이러한 기업에 대한 요구 영역과 범위는 글로벌로 확대되어 가는 추세이다. 인권경영은 국제적으로 인정되는 주요 인권규범과 원칙을 존중함으로써, 기업 내 · 외부 이해관계자들의 권리를 보호하고 신장하는 것을 목표로 하고 있다. 인권경영은 인권을 존중하는 기업문화를 만들기 위한 노력으로, 인권리스크에 대한 실사와 문제 발생 시 적절한 구제책을 제공하는 것이 핵심이다. 인권경영을 통해 인권침해에 직간접적으로 연루될 수 있는 리스크를 줄일 수 있을 뿐 아니라 지속가능성을 향상시키고 경쟁력을 제고할 수 있다. 또한 우수한 인재를 확보하고 생산성 및 기업 평판을 높이는 동시에 투자 기회를 증대시키는 선순환 효과를 발휘할 수 있다.

인권실사란 기업이 끼치는 부정적 인권영향을 식별하고 방지 · 완화하며, 이러한 노력을 대내외에 천명하는 포괄적 절차를 뜻한다. 상기한 포괄적 절차는 실재적 및 잠재적 인권리스크에 대한 평가, 그 결과를 기업운영과 활동 전반에 반영하고 실천하는 과정, 취해진 조치의 효과성에 대한 모니터링, 그리고 이 모든 절차에 대해 이해관계자와 소통하는 단계로 구성되어 있다. 인권실사는 기업에 의한 인권침해나 차별을 방지하기 위한 것이다. 기업은 자사의 운영이나 활동 과정에서 직접적으로 유발했거나 기여한 부정적 인권영향은 물론, 기업이 속해 있는 공급망과 사업관계 내에서 발생했거나 발생가능한 간접적인 부정적 인권영향 역시 방지해야 한다.

기업은 적절한 인권실사를 수행함으로써 인권에 대한 부정적인 영향을 효과적으로 예방 · 완화할 수 있음은 물론, 기업이 사회에 미치는 긍정적인 영향력을 극대화할 수 있다. 효과적인 인권실사를 통해 이해관계자와의 관계를 개선할 수 있고, 궁극적으로 우호적인 기업 평판을 유지하는 데 도움을 준다. 또한 인권침해 및 차별을 야기하거나 연루되지 않는 한편, 인권을 보호하기 위한 모든 합리적 조치를 취했다는 것을 대내외에 보여줌으로써 미래의 잠재적인 법적 분쟁을 예방하고 또 대비하는 데 도움을 줄 수 있다.

인권실사 의무화는 기업의 인권존중책임을 강화하여 사회적 가치를 증진하고 지속가능한 발전을 도모하기 위한 것이다. 기업에 대한 영향뿐만 아니라 사회와 환경에 대한 영향이 중대하므로 기업가치 창출과 사회적 책임과 함께 기업의 인권존중책임이 중시되고 있다.

PART

V

인간존중의 윤리적 리더십

건전한 GRC 운영을 위해서는 임직원의 Integrity 확보가 관건이다. 제12장에서는 인간존중의 윤리적 리더십 확보를 위한 전제로서 인간에 대한 이해와 윤리적 의사결정을 실무사례를 통해 이해할 수 있도록 하였다.

chapter 12

경영윤리 실패사례의 교훈

1. 21세기 시대정신 : Integrity
2. 인간에 대한 이해
3. 윤리적 의사결정과 윤리적 딜레마
4. 경영윤리 실패사례의 교훈
5. 윤리적 리더십의 실천

〈제12장 요약〉

생각해 볼 점

- 우리 인간은 어떤 존재인가?
- 윤리적 딜레마, 어떻게 극복할 것인가?
- 조직의 의사결정, 왜 실패하는가?
- 윤리적 리더의 길은?

"Integrity는 경영자에게 요구되는 단 하나의 절대적 가치이다."(*Integrity is one absolute requirement of managers*) - 피터 드러커(Peter F. Drucker)

"겸손은 자신의 오만을 인정하고, 개선하려는 의지와 노력이다." - 마하트마 간디

조직에서 중요한 것은 조직문화가 기업의 윤리적 문화를 형성하는 것이다. 윤리적 문화는 조직이 건전한 윤리적 양심(ethical conscience)을 갖고 있느냐 문제이다.

건전한 GRC 운영을 위해서는 임직원의 Integrity 확보가 관건이다. 이 장에서는 인간존중의 윤리적 리더십 확보를 위한 전제로서 사회심리학적 관점에서 인간에 대한 이해를 갖도록 하였다. 기업 실무현장에서 윤리적 의사결정과 경영윤리 실패사례를 분석하여 제시함으로써 CEO 윤리적 리더십과 실무적 교훈을 갖도록 하였다.

1. 21세기 시대정신 : Integrity

윤리(ethics)는 인류의 역사만큼이나 오래 지속되어 온 개념이다. 기업, 금융회사, 정부와 공공기관 등이 윤리적 실패로 인한 경영위험을 줄이고 구성원의 윤리적 행동 변화를 이끌기 위한 다각적인 노력을 기울이고 있다. 오늘날 조직 임직원의 비윤리적 행위는 기업뿐만 아니라 사회에 미치는 파급력이 매우 크다. 최근 발생된 W금융지주 전임회장의 친인척 부당대출로 인한 W은행의 경영에 대한 사회적 불신,[1] 싱가포르 기반 전자상거래(이커머스) 플랫폼 큐텐의 계열사인 위메프 · 티몬의 정산 지연 사태로 전자상거래 산업의 신뢰의 붕괴[2]는 기업 경영에 있어서 윤리의 중요성을 일깨워 주고 있다.

우리는 기업을 비롯한 이해관계로 얽힌 조직 속에 살고 있다. 특히 물질적 성공과 성취를 중시하는 자본주의 사회에서 생활하면서 정신과 물질의 균형을 이루는 삶의 자세가 중시된다. 최근 기업들이 위기상황을 초래하는 사건을 보면서 우리는 21세기 물질자본의 세계를 뒷받침하는 인간의 정신세계가 얼마나 취약한지 주위에서 쉽게 체험하고 있다.

2. 인간에 대한 이해

우리의 성숙한 삶을 위해서는 인간에 대한 기본적 이해가 필요하다. 사회심리학적 관점에서 이를 살펴보면 다음과 같다.

2.1 인간의 이해

우리 인간은 태생적으로 불완전한 존재이다. "네가 있어야 내가 완전해지는 존재이다. 따라서 모든 것이 너로부터 온다고 생각해야 한다." 성숙한 인간관계는 '너와 나'의 친밀한 관계이다. 이 관계를 맺기 위해서는 '나'보다는 '너'를 먼저 생각하고, 너의 관점에서 세상을 바라보는 '공감'능력이 필요하다.[3] 불완전함을 부정하는 것은 자신의 존재를 부정하는 것이다. 끊임없이 자기 자신의 한계를 인지하는 자기 인식과 자신의 불완전함을 받아들이는 정직한 마음이 필요하다. 자신의 연약함을 아는 이가 다른 사람의 연약함을 긍휼히 여길 수

1) 회장님 처남댁 · 처조카에… 우리銀, 수백억대 부정 대출, 서울경제, 2024.8.12.

2) 신뢰의 위기 이커머스… '티메프'가 드러낸 민낯, 중앙일보, 2024.7.26.

3) 한성열, 심리학자의 마음을 빌려드립니다, 21세기북스, 2016.12, p.56.

있다. 우리가 결점이 있고 불완전한 존재이기 때문에 다른 사람으로부터 도움을 받기도 하고 주기도 한다. 나 자신을 다른 사람들과의 공동체 속에서 발견하는 과정을 통해 자신을 보다 깊이 이해하게 된다.

우리 마음속에 천사와 악마가 공존한다고 한다. 우리가 떠올리는 인물이 '지킬 박사와 하이드'이다. 지킬박사와 하이드는 한 사람 안에서 함께 살아가는 마음의 두 가지 측면을 대변한다. 한 번 자기 모습을 가만히 들여다보면, 모두의 마음속에 지킬 박사와 같은 면과 하이드 같은 면을 함께 가지고 있을 것이다. 원래 우리 마음속에는 이 두 가지 특성이 분리되어 있지 않고 공존해 있는 것이다. 자아의 중재로 나름대로의 역할을 나누기 하며 공존하기도 한다.[4] 심리학자 폴 블룸 예일대 교수가 아기들의 행동을 분석해서 선악(善惡)의 진화심리학을 밝혀내려 했다. 블룸이 1세 아기에게 인형극 실험을 해본 결과, 공을 돌려주는 '착한 인형'과 공을 훔치는 '못된 인형'을 구분할 줄 알았다. "아기들이 '도움'이라는 선한 사회적 상호작용에 반응하는 본능이 있다"며 이를 본능적 도덕 감각이 존재한다는 근거로 내세웠다. 도덕성이란 완벽한 것은 아니어서 타인에게 적대적이거나 배타적인 태도를 보이기도 했다. 아기는 단순하게 '착한 존재'나 '나쁜 존재'로 규정할 수 없었다. 단지 '무한한 가능성의 존재'였다. 블룸은 "도덕성의 씨앗은 이미 우리 속에 심어져 있지만 이 씨앗을 튼튼한 나무로 자라게 하기 위해선 교육과 사회화를 통한 이성적 진화가 필요하다"고 말한다.[5]

서로 경합하는 욕구를 균형 있게 조절하고 인간 본성의 어두운 면을 관리하는 것은 도덕능력의 본질이다. 경합하는 욕구들 가운에 선택하는 것은 도덕의 본질이다. 선택이 없으면 도덕도 없다. 우리가 경합하는 욕구들 가운데 선택을 할 때 도덕적 선택이 필요한 경우가 있다. 우리가 진정 인간다울 수 있는 것은 도덕능력 즉 경합하는 욕구들을 균형 있게 조절하는 능력이 있기 때문이다.[6] 우리의 심리적 문제는 우선 그 사실을 아는 것으로부터 출발해야 한다. 내가 감정적으로 솔직하지 못하다는 것을 인정할 필요가 있다. 우리는 평소에 자신이 느끼는 감정을 자연스럽게 표현하는 방법을 터득해야 한다. 우리는 감정을 좋은 감정과 나쁜 감정으로 분류한다. 그리고 좋은 감정은 표현하도록, 그러나 나쁜 감정은 억누르고 표현하지 못하도록 교육을 받았다. 좋은 면은 좋아하고 나쁜 면을 싫어하는 것은 지극히 당연하고 자연스럽다. 사랑하는 감정을 자연스럽게 표현하도록 하는 것이 중요한 것처럼, 싫어하는 감정도 자연스럽게 표현해야 한다. 그래야 마음속에 부정적인 감정이 쌓여 언젠가 감당할 수 없는 방식으로 표출되는 것을 막을 수 있다. 우리 자신을 정직하게 직시하며 겸허하게 받아들이며 절제하는 마음의 자세가 무엇보다 중요하다.

---

4) 한성열(2016), pp.119-128.

5) 아기 행동 분석하며 "인간은 善인가 惡인가" 묻다(chosun.com), 조선일보, 2024.10.5.

6) 도그 렌닉 지음, 정준희 옮김, 이제는 도덕이다, 북스넛, 2010.11, p.65.

자아를 실현하고 싶다면 절대 규율을 무시해서는 안 된다. '자와 컴퍼스가 없으면 사각형이나 원을 그릴 수 없다.' 규범을 지키지 않으면 이룰 수 있는 것이 없다. 세상에 절대적 자유란 없다. 규율은 정상 질서를 유지하기 위해 정해진 것이고, 자유는 규율이 정하는 범위에서 실행되는 것이다. 자발적인 행동습관을 만들어 규범 속에서 자유를 누리며 자신의 재능을 마음껏 발휘하고 치열한 경쟁에서 이길 수 있다. '자신에게 엄격하고 사회 및 조직의 규율에 따라 착실하게 자신의 행동을 규범화하라.' 양심은 사물의 가치를 변별하고 자기의 행위에 대하여 옳고 그름과 선과 악의 판단을 내리는 도덕적 의식이다. 인간만이 자신이나 타인의 행동에 대해 옳고 그름을 따져 판별하는 능력이 있다. 양심은 생활하면서 주위 사람들로부터 '잘 했다'고 칭찬받거나 혹은 '잘못했다'고 처벌받는 경험이 반복되면서 우리 마음속에 내재화된 규범이다. 일단의 선악의 판단기준이 내재화되면 스스로 판단하게 된다. 양심은 본질적으로 사회적인 것이다. 욕구와 양심이 서로 조화를 이루면 마음이 편하고 자아가 방어기제를 쓸 필요가 없어진다.

성숙한 삶이란 행동과 마음이 일치하는 삶이다. 성숙으로 가기 위해서는 내가 얼마나 부족한 사람인가에 대한 깨닫는 일이 중요하다.[7] 문제를 직시하는 능력이 의식화이다. 우리가 성숙해진다는 것은 나와 너, 세상에 대한 믿음의 크기를 키워간다는 말과 같다. 우리는 모두 불완전한 인간이기 때문에 결점이 다 있다. 성숙하게 산다는 것은 결점 없이 완벽하게 사는 것을 의미하는 것은 아니다. 다만 '내가 싫은 것을 남에게 시키지 않고, 내가 하고 싶었던 것을 다른 사람들이 하게끔 도와주면서 즐겁게 사는 것'이 성숙한 삶이다. 이것이 인생의 황금률이다.[8] 성숙한 삶을 산다는 것은 남보다 뛰어난 삶을 산다거나 도덕적으로나 윤리적으로 흠이 없는 삶을 산다거나 또는 사회적으로 크게 성공했다는 것과 다른 개념이다. 성숙한 삶이란 내가 무엇이 부족한지, 나의 약점이 무엇인지 알고 인정하는 삶이다. 살아가는 데 있어서 누구나 어려움을 겪게 된다. 문제는 그것에 반응하는 양상이다. 그 양상에 따라 우리는 성숙한 삶을 살 수도 있고 미성숙한 삶을 살 수도 있는 것이다. 결국 성숙한 삶을 살기 위해서는 현실 속에서 구체적 경험을 통해 나의 자아가 커져야만 한다. 자아는 실제 경험을 통해 확장되는 것이지 어떤 지식을 많이 배우는 것으로 성장하는 것은 아니다.

인본주의 심리학에서는 사람을 'being' 존재로 보지 않고 'becoming'의 존재로 본다. 우리는 이미 완성되어 있는 존재가 아니라 항상 만들어져 가는 존재라는 것이다.[9] 우리는 나이를 먹으면 성숙해지지 않나 생각하는 데 그렇지 않다. 심리적 성숙이라는 것은 단지 나

7) 한성열(2016), pp.150-151.
8) 한성열(2016), pp.194-195.
9) 한성열(2016), p.215.

이를 먹는다고 저절로 생겨나는 것이 아니다. 우리 삶의 방향은 세 가지로 구분된다. 앞으로 좀 더 바람직한 방향을 나아가느냐(성숙), 안 그러면 이 자리에 머물러 있느냐(고착), 아니면 뒤로 물러서느냐 (퇴행). 성숙한 삶을 산다는 것은 완벽하게 살아가는 것이 아니다. 내가 얼마나 부족한 점이 많이 있고, 얼마나 개선해야 할 점이 많은가를 솔직하게 인정하고 노력하는 삶이다.

오스트리아 정신의학자 빅터 프랭클에 따르면 사람은 가치와 의미를 추구하고 실현하는 존재이다. 사람은 본질적으로 '의미에의 의지'(will to meaning)를 가지고 태어난다. 인간은 견딜 수 없고 변화시킬 수 없는 절망적인 운명에 직면하더라도 그 상항에 대해 취하는 태도에 따라 어떤 가치를 실현시킬 수 있는 존재이다. 즉 인간은 절망적 상황에서도 의미 있는 태도를 취할 수 있고 의미 있는 행동을 할 수 있다. 자유와 책임의 주체인 인간에게 있어서 가장 중요한 것은 인생에 대해 어떤 태도를 취하고 어떻게 살아가느냐 하는 것이다. 우리는 진지하고 성실하게 우리 삶에게 "나는 이런 의미를 가지고 살아가고 있다"고 대답해야 할 의무가 있다. 이 대답 내용에 따라 우리의 삶이 달라질 것이다. 그리고 그 의미는 우리 자신의 삶에 우리가 스스로 부여하는 것이다. 의미는 내가 만드는 것이다.[10]

2.2 리더에 필요한 근본적 자질: 도덕능력

McGill University 교수이자 철학자인 찰스 테일러(Charles Taylor)의 그의 저서 『진정성의 윤리』(The Ethics of the Authenticity)에서 문화적 상대성과 포스트모더니즘이 인간의 기본적인 윤리기준을 무너뜨렸다고 주장했다. "모든 이들이 자신의 상황과 문화를 토대로 자신만의 도덕관을 갖고 있다." 위와 같은 문화적 상대성 때문에 도덕적 무정부 상태에 빠지게 되었다. 문화적 상대성이 자기중심주의와 이기주의를 낳고 있으며, 그로 인해 모든 이가 자기만의 세계 속에 빠져 살고 있다는 것이다. 어떤 사람들은 자신의 이익을 더 크게 얻기 위해 남을 해친다. 그들의 가치관 중심에는 '더 큰 이익'만이 자리하고 있다. 기업과 사회를 이끄는 리더들이 결코 지녀서는 안 되는 공동악이다. 지금 우리에게 필요한 것은 모든 사람이 이해하고 받아들일 수 있는 '보편원칙'이다. 그 원칙은 도덕능력으로 실현될 수 있다.[11]

리더십 컨설턴트로서 30여년간 〈포천〉이 선정한 500대 기업의 CEO와 간부들에게 감성 교육을 해 온 도그 렌닉(Doug Lennick)은 사업의 지속적인 성공을 위해 리더에게 필요한 보다 근본적인 자질은 '도덕적 능력'이라고 결론짓고 있다.[12] 탁월한 도덕적 능력이 리

10) 한성열(2016), pp.300-302.

11) 도그 렌닉(2010), p.8.

더로서의 성공에 기본적 요소일 뿐 아니라 기업에도 막대한 이익이 된다. 기업에 가장 성공한 리더들은 일련의 굳은 도덕적 신념을 행동으로 옮기는 실천력을 갖춘 경우가 많다. 이들은 사생활이나 사회생활에 길잡이 역할을 하는 분명한 도덕적 잣대를 갖고 있음을 알 수 있었다. '어떠한 일에든 솔직하자', '올바른 것을 옹호하자', '행동에 책임을 지자', '잘못과 실수를 용서하자' 같은 신념을 드러냈다. 리더가 자신의 가치관과 신념을 분명히 밝히고, 그에 일치하는 목표와 전략, 비전을 세우며 그에 일치하게 행동할 때, 추종자들은 리더에 깊은 신뢰로 답할 것이다.

2.2.1 마음의 GPS(Global Positioning System)

도덕적 능력이 발달할수록 직장에서뿐 아니라 개인적인 생활에서도 보다 긍정적인 변화를 가져올 수 있다. 인생이라는 여행길에서 우리는 차량항법장치처럼 마음의 GPS를 활용하는 지혜가 필요하다. 우리의 도덕능력을 MPS(Moral Positioning System)라 생각할 수 있다. 차에 달린 GPS처럼, 도덕적 능력은 당신이 갖고 있는 모든 자원, 지식과 지능, 감성능력, 네트워크 등을 보다 효과적으로 이용하여 중요한 목표를 달성하도록 도와준다. 개인으로서, 조직 일원으로 성공하는 데 필요한 네 가지 원칙은 다음과 같다.

- 성실 : 우리는 올바르다고 생각되는 것을 성실하게 행하여야 한다.
- 책임 : 자신의 행동과 결과에 책임을 지어야 한다.
- 배려 : 다른 사람을 배려한다는 것은 존중하는 마음을 전할 뿐 아니라 우리가 동정을 필요로 할 때 동정을 받을 수 있는 분위기를 이끈다.
- 용서 : 우리가 서로 불완전한 존재임을 인식함으로써 타인의 잘못을 용서하고 서로 협력하여 서로의 이익을 증진시킬 수 있을 것이다.

도덕적 능력은 '인간의 보편원칙들이 개인의 가치관과 목표, 행동에 어떻게 적용되어야 하는지를 결정짓는 심적 능력'이다. 즉 '보편원칙'에 따라 옳고 그름을 구분하는 능력이다. 인간의 보편원칙들은 문화, 사회, 언어, 심리, 그리고 행동의 보편적인 특성들로 구성되어 있다. 인류학자들이 조사 연구한 결과에 의하면, 세계 주요 종교들의 공식적인 교의 등은 다음과 같은 보편적 원칙을 지지하고 있다.

- 자신보다 위대한 무엇인가에 헌신한다.

12) 도그 렌닉(2010), pp.10-13.

• 자아를 존중하되 겸손하고 절제하며 개인적인 책임을 다한다.
• 다른 사람을 존중하고 보살핀다.
• 다른 생명체와 환경을 보살핀다.

2.2.2 일치하는 삶[13)]

우리는 자신의 도덕적 가치관과 목표, 말과 행동이 일치를 갈망한다. 위와 같이 도덕적으로 일치를 이루는 상태를 '일치하는 삶'이라 부른다. 이는 다음과 같은 세 가지 틀의 상호관계 차원에서 생각할 수 있다.

첫 번째 틀은 도덕적 잣대로 기본적인 도덕원칙, 개인의 가치관과 신념이다. 당신의 행동에 길잡이 역할을 하는 신념, 원칙, 가치관으로 구성되어 있다. 모든 사람이 도덕적 잣대를 갖고 있다. 우리의 도덕적 잣대는 대개 보편적 원칙을 토대로 하고 있다.

두 번째 틀은 삶의 목적, 목표, 바람이다. 인생의 고매한 목적 및 일상의 평범한 목표(예 : 새 아파트의 구입)에 이르기까지 다양하다. 인간행동 연구학자들에 의하면, 인간은 삶의 의미를 부여하려는 욕구를 갖고 태어난다고 한다. 우리들은 대부분 인생의 의미를 알고 싶어한다. 사람마다 인생의 목적은 다르지만 인생의 목적이 성실, 책임, 배려, 용서와 같은 보편원칙과 일치해야 하는 것은 분명하다.

세 번째 틀은 당신의 행동이다. 여기에는 당신의 사고와 감정, 외적인 활동이 포함된다. 당신의 올바른 행동들은 사람들이 리더로서 당신을 따르도록 고취한다. 일치하는 삶이란 당신의 행동이 목표와 일치하고, 당신의 목표가 도덕적 잣대와 일치하는 삶을 의미한다. 일치하는 삶을 살면, 당신은 궤도를 이탈하지 않고, 지속적으로 인생의 목적을 향해 나아갈 것이다. 그리고 당신이 맡고 있는 모든 역할을 훌륭히 수행할 수 있을 것이다.

도덕적 잣대와 목표에 당신의 말과 행동을 지속적으로 일치시키는 것은 유능한 리더로서 갖추어야 하는 필수조건이다. 우리는 모두 행동보다 말이 앞서기 쉽다는 것을 알고 있다. 도덕적 잣대와 가치 있는 목표를 달성하기 위해 노력하지 않는다면, 말은 아무 의미가 없다. 가치관과 목표에 일치하지 않는 행동을 한다면 주위의 신뢰를 잃게 된다. 우리는 자신이 하겠다고 말한 것을 행동으로 옮기는 사람을 믿는다. 즉 언행일치(言行一致), 말과 행동이 하나로 들어맞는 삶이 신뢰의 초석이 된다.

13) 도그 렌닉(2010), pp.71-81.

2.3 인간의 한계

2.3.1 조하리의 창

심리학에는 조하리의 창이란 이론이 있다. 조하리란 고안자인 루프트(Luft, J)와 잉햄(Ingham, H)의 이름을 결합한 것으로 일명 '마음의 창' 또는 '마음의 4가지 창'이라고도 하며, 대인인지훈련과 대인관계능력에 활용되고 있다. 그 창은 밭전(田)자처럼 네 개의 창틀로 되어 있는데, 위의 두 창은 남이 알고 있는 내 마음 즉 자아의 부분이다. 그중 왼쪽 창틀은 개방적으로 나와 남이 모두 알고 있는 마음의 부분, 즉 열린 창(공개영역)이고, 오른쪽에 있는 창틀은 나의 재능이나 단점 등 남은 알고 있으나 나는 모르고 있거나 은폐하고 싶은 부정적인 내 마음, 즉 보이지 않는 창(맹인영역)이다. 그리고 아래쪽 두 창은 남이 모르는 내 마음이다. 왼쪽 창은 자신은 알고 있으나 맹목적으로 억제하여 노출을 시키지 않아 타인이 모르는 내 마음, 즉 숨겨진 창(비밀영역)이고, 오른쪽 부분은 타인도 자신도 모르는 무의식의 자아, 즉 미지의 창(미지의 영역)이다([그림 12-1]).

	자신은 안다	자신은 모른다
타인은 안다	**열린 창** open	**보이지 않는 창** blind
타인은 모른다	**숨겨진 창** hidden	**미지의 창** unknown

[그림 12-1] 조하리의 창

사람은 커뮤니케이션 과정에서 열린 창 즉 공개영역을 극대화해나가야 하지만 사람에 따라 이 네 부분의 크기가 상대적으로 크고 작을 수 있다. 즉 문화나 교육, 개인의 성향 등에 따라 어느 부분이 더 크고 더 작고 하는 차이가 생기게 마련이다. 여기서 남이 알고 있는 나의 부분을 '공적 자기'라 하고, 남이 모르는 나의 부분을 '사적 자기'라고 한다. 이 이론에 비춰 한국인과 서양인의 의식차이를 비교해 보면 무의식층은 동서 두 민족이 비슷하다. 사적인 자기층은 서양인에 비해 한국인이 엄청나게 큰 반면, 공적인 자기층은 월등히 작게 나타났다. 이로 볼 때 한국인은 서양인에 비해 남에게 알리는 자신의 부분을 최소화하고 남에게 알리지 않으려는 자기 부분을 극대화하려는 의식구조를 가지고 있음을 알 수 있다.

이러한 폐쇄적이고 드러내지 않으려는 한국인의 표현구조는 일상생활에서 고스란히 드러난다. 한국인은 보다 소수의 사람들과 선택적으로 접촉하며 미지의 사람과는 가급적 접촉을 적게 함으로써 자기노출의 위험을 최소화시키려 한다는 것이다. 이 네 개의 창에서 우리가 주목해야 할 것은 맹인 영역인 '보이지 않는 창(blind)'이다. 이 창은 나는 인지하지 못하지만 다른 사람들이 인지하고 있는 나의 또 다른 자아를 의미하기 때문이다. 이 맹인 영역은 피드백 즉 상대방의 조언과 책망을 통해 우리 자신에 대해 알아갈 수 있게 되고 문제점을 개선할 수 있게 된다. 이 창은 조직에 확장하여 집단이나 조직 전체의 상태에 대입해 볼 수도 있다. 집단이나 조직 내부의 '보이지 않는 창'의 문제점을 개선할 수 있어 조직이 보다 바람직한 방향으로 발전하는 계기가 될 수 있다.[14)]

2.3.2 지식의 착각 : 집단지성, 지식공동체

인간은 대부분 자신이 실제로 아는 것보다 더 많이 안다는 '지식의 착각' 속에 산다. 한 개인이 세상에 대해 알고 있는 매우 한정되어 있다. 그러나 우리는 대체로 큰 문제없이 살아간다. 우리 모두가 '지식공동체' 안에서 살기 때문에 가능한 일이다. 우리는 자신이 무지하다는 생각을 하지 못하기 때문에 늘 자신의 의견이 옳다고 주장한다. 지식의 착각을 이해하면 교육의 목적이 지식을 통달하는 데 있지 않다는 점을 깨닫게 된다. 우리는 우리의 머릿속이 아니라 타인의 머릿속에 든 지식에 기대어 살아가므로 어떤 주장이 타당한지, 누가 아는지, 그 사람이 진실을 말해 줄 것 같은지를 배우는 과정이 더 중요하다. 개인의 지식을 단순히 늘리는 것이 아니라 가지고 있는 지식으로 팀워크를 이끌어내는 것, 지식공동체 활용에 대한 교육이 중시된다.

사람들이 생각하듯 인류의 위대한 업적은 어느 영웅적인 한 개인의 손에서 탄생한 것이 아니다. 과학적 업적은 그때까지 쌓인 연구들을 바탕으로 꽃을 피우고, 민주주의를 비롯한 현대의 사회적·정치적 제도들은 오랜 시간 동안 이 문제에 헌신해온 사람들 덕분에 우리 사회에 안착했다. 이것은 지식공동체의 유산이 대를 이어 발전하며 인류를 더 나은 방향으로 이끈다는 반증이다. 지식공동체의 핵심은 개인의 지능이 아니라 팀워크다. 지식공동체에 속한 사람들이 저마다의 분야에서 협력한다면 서로가 서로에게 힘입어 빛나는 아이디어를 빚어낼 수 있다. 진정한 '초지능'은 인간의 의도를 공유할 수 없는 인공지능 로봇이 아니라, 집단지성에서 발견될 것이라고 예견한다.

좋은 지도자는 사람들이 스스로 어리석다고 생각하지 않게 하면서 무지를 일깨워야 한다. 우수한 기술자나 연구자들의 최종 결과물은 개인이 아니라 집단이 이루어 낸 결과물이다. 개인 수행 능력보다 구성원들이 얼마나 함께 잘하는지 집단 수행 능력에 따라 결과가

---

14) 조하리의 창이 주는 시사점, 경북매일, 2017.7.13 기사 분석 인용.

달라질 수 있다. '한 개인을 가르치기보다는 세계와 타인에게 의지해 학습하고 상호 작용해 사실을 알아내고 정보를 보유하는 인간을 교육해야 한다.' 아울러 다른 사람과 함께 일하는 기술로 공감과 경청을 그리고 의사소통을 통해 생각을 나누게 해야 한다. 우리는 우리도 모르게 지식공동체를 이루고 협력하며 사회를 발전시켜 왔다.

2.4 실패하는 CEO의 습관 : 교훈

미국 경제전문지 포브스는 '실패한 CEO들의 7가지 습관'을 분석 소개했다.[15] 파산보호를 신청한 미국 선물중개회사 MF글로벌 존 코자인(Jon Corzine) 최고경영자(CEO)는 회사를 추락시킨 주범으로 지목됐다. 코자인은 유럽 재정위기는 아랑곳하지 않고 유로존 국가 국채에 대거 투자했다. 회사를 투자은행으로 만들겠다는 목표였다. 그는 이 의견에 반대하는 목소리는 모두 무시했다. 그리고 대부분의 투자 주문을 직접 했다. "사업에 실패한 CEO들은 대개 코자인처럼 본인만이 답을 알고 있다는 착각을 한다"고 분석했다. 과거의 성공방식에 집착하는 CEO들은 대부분 쓴맛을 보는 것으로 나타났다.

미국 장난감업체 마텔을 이끌었던 질 바라드(Jill E. Barad) 전 CEO는 교육 소프트웨어 시장 진출을 시도했다가 실패했다. 자신이 고안해 성공시킨 바비인형 유통 방식을 소프트웨어 부문에도 적용해야 한다고 고집한 탓이었다.

자신에게 반대하는 사람들을 내쫓은 것도 실패한 CEO들의 공통점이었다. 로저 스미스(Roger Smith) 제너럴모터스(GM) 전 회장은 반대 목소리를 내는 이들을 모조리 해임하거나 지사로 내려보냈다. 언론에 노출되는 것을 지나치게 즐기는 경향도 있었다. 회사를 홍보한다는 명분으로 이미지 관리에만 집중하는 CEO들은 대개 회사 경영에는 소홀한 것으로 나타났다. 실패하는 CEO의 습관을 요약해 보면 다음과 같다.

- 장애물을 과소평가한다.
- 과거의 성공방식에 지나치게 집착한다.
- 자신과 회사가 업계를 장악하고 있다고 착각한다.
- 자신이 모든 답을 알고 있다고 생각한다.
- 본인의 의견에 반대하는 사람을 쫓아낸다.
- 언론에 노출되는 것을 지나치게 즐긴다.
- 본인과 회사를 지나치게 동일시한다.

---

15) 실패하는 CEO의 습관, 한국경제, 2012.1.3 기사 요약.

CEO 실패를 실무사례를 통해 분석한 결과에 의하면,[16] 주된 실패의 사유로 다음과 같은 것을 들고 있다.

- CEO의 윤리의식의 부재
- 지나친 성과지상주의와 인수합병 등을 통한 그룹확장주의
- 외형적 성장의 추구 '따라하기식' 경영
- 제한된 yes-man의 정보에 의존한 의사결정

실패의 주된 원인은 CEO로서 윤리의식이 부족하고, 환경변화를 제대로 읽지 못하고, 외형적 성장이나 과도한 성과주의를 추구하는 것으로 분석되고 있다. 특히 자신이 모든 것을 알고 있다고 착각하며 yes-man에 둘러싸인 제한된 정보에 의존할 경우 실패의 가능성이 높음을 특히 유념할 필요가 있다. 역사에서도 조직의 리더의 만용은 조직 전체를 파멸로 이끌 수 있음을 보여 주고 있다.

3. 윤리적 의사결정과 윤리적 딜레마

3.1 윤리적 의사결정의 이해

조직에서 윤리적 의사결정을 증진시키기 위해서는 개인이 조직환경에서 어떻게 윤리적 의시결정을 하는지 이해하여야 한다. 기업환경에서 기존에 연구된 윤리모형 등에 기초한 윤리적 의사결정 프레임워크를 살펴본다. 이는 조직에서의 임직원의 윤리적 행태의 이해와 윤리교육 프로그램 개발에 도움이 될 것이다.

[그림 12-2]는 기업환경에서 윤리적 의사결정 프로세스를 이해를 위한 윤리적 의사결정 프레임워크를 요약한 것이다. 윤리적 의사결정에는 윤리 현안에 대한 민감성, 개인의 가치관 및 철학과 같은 개인적 요소, 조직 구조나 위계, 문화 등의 조직적 요소, 외적 및 조직 내적 통제가 영향을 미치게 된다. 위와 같은 상호 연계된 요소들은 윤리적 내지 비윤리적 행위를 가져오는 윤리적 결정에 대한 의사결정자의 평가와 의지에 영향을 주게 된다. 이는 윤리적 의사결정과 관련된 요소와 프로세스를 이해에 도움을 주기 위한 것이다.[17]

---

16) 이연수, 똑똑한 CEO가 실패한 이유, LG주간경제 2003.6.18, pp.19-24 분석 요약.

17) John Fraedrich, O.C. Ferrell, Linda Ferrell, Ethical Decision Making For Business, 8th edition, South-Western, Cengage Learning, 2011, p.232.

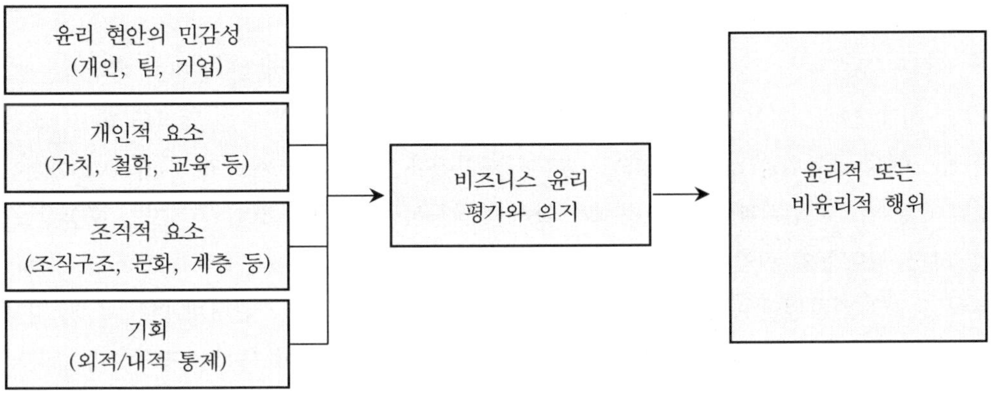

자료 : John Fraedrich, O.C. Ferrell, Linda Ferrell, Ethical Decision Making For Business, 8th edition, South-Western, Cengage Learning, 2011, p.232.

[그림 12-2] 윤리적 의사결정 이해를 위한 프레임워크

3.2 윤리적 현안의 인식

윤리적 의사결정의 첫 번째 단계는 윤리적 이슈를 인식하는 것이다. 윤리적 이슈의 강도(ethical issue intensity)는 개인이나 그룹, 조직의 관점에서 윤리적 이슈의 관련성이나 중요성으로 정의될 수 있다. 이는 특정 시기와 장소, 상황과 개인적인 압박 속에서 가치와 믿음, 욕구, 인식을 조화시키는 개인적인 제약에 대한 것이다. 조직의 시니어나 관리자들은 윤리적 강도에 크게 영향을 미친다. 이들은 윤리적 이슈에 대하여 조직의 관점에서 지시할 수 있는 위치에 있기 때문이다. 예를 들면, 신입 여직원 외모 등에 대한 성희롱적 대화에 대하여 상급 관리자가 이는 우리 조직에서 허용될 수 없음을 명확히 하는 것이다. 이를 통해 직원들의 성인지 감수성[18]을 높일 수 있을 것이다. 성추행 사건에 연루된 Y시장의 사건을 살펴보면서 우리를 성찰해 보자.

Y부산시장이 2020년 4월 전격 사퇴했다. 사퇴가 사전 예고도 없이 돌연 발표된 것도 놀랍지만, 그 이유가 성추행이라는 점은 더욱더 충격적이다. Y시장은 부산시의 핵심 보직을 두루 거치고 해양수산부 장관까지 지내는 등 잔뼈가 굵은 행정 전문가이다. 정책이나 정치적인 문제가 아닌 개인적 일탈, 그것도 공직사회에서 가장 경계해야 할 성 관련 비위로 중도사퇴한 것은 참으로 안타깝고 참담한 일이다. 시장 집무실에서 한 여성 공무원과 면담

---

18) 성인지 감수성은 성별 간의 불균형에 대한 이해와 지식을 갖추어 일상생활 속에서 성차별적인 요소를 감지해 내는 민감성을 의미한다. 법조계에서 성범죄와 같은 관련된 사건을 심리할 때도 사용되곤 했는데 피해자가 처한 상황의 맥락에서 사건을 바라보고 이해해야 한다는 개념으로 쓰인다.

하던 도중 이 여성의 신체 특정부위를 만진 것으로 알려졌다.

더 큰 문제는 Y시장이 '미투'와 관련한 구설에 오른 것이 이번 한 번뿐이 아니라는 것이다. 2018년에는 회식 자리에서 여성 노동자들을 양옆에 앉혀 비판을 받기도 했고, 2019년에도 여성 공무원을 성추행했다는 의혹이 제기됐다. 그를 둘러싸고 이런 잡음이 이어진 것은 근본적으로 인식과 처신에 문제가 있음을 방증하는 것이다. 고위 공직자를 포함한 소위 '사회 지도층'의 빈약한 성인지 감수성은 비단 Y시장만의 문제는 아니다. 차기 대선의 유력 후보로 거론됐던 A 전 충남지사는 지난해 9월 비서와 업무상 위력에 의한 추행, 강제추행 등 혐의로 대법원에서 징역 3년 6개월 형의 확정판결을 받아 사실상 정치생명이 끝났다. 고위 공직자, 국회의원, 지방 단체장, 지방의회 의원 등의 부적절한 행위도 끊이지 않는다. 공직사회뿐 아니다. 조그만 권력이라도 있으면 이를 악용해 다양한 형태의 인권 침해를 때로는 드러내놓고, 때로는 교묘하게 자행하는 '갑질'이 사회 곳곳에서 횡행하고 있다.[19]

이러한 인권침해 사례는 기본적으로 성인지 감수성의 결여가 원인이 될 수 있다. 성인지 감수성은 크게 보면 도덕적 민감성의 한 부분으로 볼 수 있다. 도덕적 민감성은 주변의 상황이나 사건이 가진 도덕적 의미를 민감하게 받아들이고 이에 반응하는 태도를 의미한다.[20] 개인의 도덕적 민감성이 높으면 높을수록 비윤리적 행동을 할 가능성은 낮아질 수 있다. 성인지 감수성 나아가 도덕적 민감성을 높이려면 조직 내의 일상에서 벌어지는 여러 환경에서 자신의 행위가 상대방에게 어떻게 받아들여지는지를 성찰하고 상대방의 입장을 공감하는 노력이 필요하다.

우리 기업의 현장에 도움이 될 윤리적 실무적 지침을 제시해 보면 다음과 같다.

- 다양한 가치와 배경을 가진 임직원 등으로 구성된 조직(예 : 이질적인 종교 및 문화 집단)의 경우 예상되는 윤리적 이슈에 대한 실질적 이해와 공감적 토론이 중요하다.
- 임직원이 직면하게 될 윤리적 이슈와 리스크를 파악하는 것은 조직의 윤리적 의사결정 역량을 발전시킴에 큰 도움이 된다.(예 : 성인지 감수성)
- 조직은 윤리적 이슈에 대한 실제적인 윤리적 및 법적 리스크를 평가하여야 한다.
- 윤리적 이슈에 대한 인식은 종업원의 윤리적 판단과 행동에 강한 영향을 준다. 즉 윤리적 이슈의 중요성에 대한 인식이 높을수록 비윤리적 행위를 할 가능성이 낮아진다.
- 기업현장에 발생하는 윤리적 실패사례를 윤리적 현안의 민감성 등의 차원에서 분석하여 이를 사례 중심의 토론 교육을 하는 것이 온라인상의 단순한 정보전달 교육보다 효과적이다.

---

19) 사회지도층 빈약한 '성인지 감수성', 세계일보, 2020.4.24.

20) https://www.doopedia.co.kr/search/encyber/new_totalSearch.jsp(두산백과 2025.2.24 검색)

3.3 개인적 요소

사람들은 일상생활에서 윤리적 이슈의 해결에 있어서 자신의 가치와 옳고 그름에 대한 원칙에 기초한다. 사람들은 위와 같은 가치와 원칙을 가족, 친구 및 사회적 그룹, 종교 및 정규교육 등의 사회화 과정을 통해 배운다. 기업 부정 스캔들에 연루된 CEO, CFO 등의 행동을 관찰해 보면, 개인적 인성과 Integrity에 대하여 의문을 갖게 한다. 개인의 윤리적 인식, 판단, 의지, 행동에 영향을 주는 것은 성별, 교육, 직장 경험, 나이, 국적, 외적이나 내적 통제성 등이다. 연구에 의하면 남성과 여성의 윤리적 의사결정에 큰 차이가 없다. 다만 여성이 남성보다 윤리적 사안에 보다 민감하고 비윤리적 행위에 덜 관용적인 것으로 파악되고 있다. 일반적으로 교육과 직업 경력이 많을수록 보다 윤리적인 의사결정을 하는 것으로 나타나고 있다. 좋은 가치는 비윤리적 행위를 줄이고 긍정적 태도를 가져온다. 개인의 가치는 도덕철학에 기초한다. 반면 개인이 파괴적 가치를 갖고 있는 경우에 조직성과에 30~40%의 손실을 가져온다는 연구 결과도 있다. 또한 개인의 윤리적 결정은 기업의 정책이나 문화에 크게 영향을 받는다. 최근 아파트 공사감리업체 선정과 관련한 다음 기사를 보면, 건축감리 심사위원로서의 철학과 가치가 얼마나 중요한지를 실감하게 한다. 건설업계의 부패의 고리 속에서 전문가 윤리 의식의 실종과 도덕적 불감증은 부실 아파트 사고를 가져오는 근본 원인이 되고 있음을 명확히 인식하여야 할 것이다.

아파트 및 지하주차장 등의 붕괴 참사 원인이 건설업계의 '부패고리'에서 비롯됐음이 여실히 드러났다. 한국토지주택공사(LH) 아파트와 병원 등 공공건물의 시공을 관리·감독할 감리업체를 선정하는 과정에서 업체들이 입찰을 담합하고 심사위원들에게 뇌물을 제공해 나눠 먹은 것으로 밝혀졌다. 감리업체와 심사위원의 카르텔 및 부정부패가 부실감리·부실시공으로 이어진 고리다.[21] 국토교통부와 LH는 최저가 낙찰로 감리 품질이 저하되거나 일부 업체에 낙찰이 편중되는 부작용을 막기 위해 2019년 각각 심사위원 정성평가 비중을 늘리고 기술력 위주로 평가하는 '종합심사낙찰제'와 '상위업체 간 컨소시엄 구성 제한' 규정을 도입했다. 감리업체들은 이에 담합으로 대응하며 상향된 낙찰금액을 이용해 심사위원들에게 전방위적으로 로비했다.

심사위원의 도덕적 해이도 심각했다. 일부 심사위원은 업체끼리의 경쟁, 소위 '레이스'를 붙여 더 높은 뇌물 금액을 제시하게 하거나 경쟁업체에 최하위 점수(속칭 '폭탄')를 주고 웃돈을 받았다. 심사위원인 전·현직 대학교수와 시청 공무원 등 18명은 총 6억 5000만원을 받았다. 이런 관행은 LH가 발주하는 공공사업에서 특히 만연해 있었다. 비싸게 낙찰되

21) 檢 공공건물 감리 입찰 담합·금품수수 수사 유수 감리업체들 심사위원들에 전방위 로비 감리업체와 심사위원들의 도덕성 회복 절실, 스카이데일리 사설, 2024.8.1.

면 감리업체들은 더 많은 이윤을 남길 수 있고, 뇌물과 접대비도 거기서 마련했다.[22] 우리 한 사람의 도덕적 불감증은 생태계의 부패고리와 연계되어 우리 사회에 큰 손실과 해악을 가져올 수 있음을 명심하여야 할 것이다.

3.4 조직적 요소

연구에 의하면, 비즈니스 환경에서 개인의 윤리적 선택을 할 때, 조직의 가치가 개인의 가치가 보다 큰 영향을 주는 것으로 밝혀졌다. 기업에서 윤리적 선택은 같이 일하는 동료, 선후배 그룹 등과 대화와 회의를 통해 이루어진다. 종업원은 윤리적 의사결정을 가정이나 학교, 직장에서 배운 것과 다른 사람들의 의견을 수렴하여 하게 된다. 결과는 각 개인의 가치, 비윤리적 행동의 기회, 윤리적이나 비윤리적으로 행동하는 사람들과 접촉할 위험에 따라 결정된다. 예를 들면, 기업의 구매책임자로 업체 선정에 있어서 신규 거래를 희망하는 업체가 납품을 조건으로 리베이트 제공을 제안해 올 경우 어떻게 처리할 것인가 하는 문제이다. 이때, 자신의 윤리적 가치보다 자신의 상사나 동료, 조직의 관행 등에 따라 의사결정이 달라질 수 있다. 특히 수직적 계층적 조직이나 관료제적 문화가 심한 경우 개인의 윤리적 가치보다는 조직의 상사의 암묵적 지시, 동료의 제안 내지 기존의 관행이 개인의 가치보다 더 크게 작용할 수 있다. 조직 내의 상사, 동료, 후배 등 중요한 영향력을 미치는 사람들이 일상적인 업무수행의 윤리적 의사결정에 보다 큰 영향을 미치는 것으로 조사되고 있다.[23]

기업 현장에서 임직원이 윤리 이슈를 보다 민감하게 인식할수록 비윤리적 행위나 사건이 적게 발생한다는 연구 결과가 있다. 다양한 가치와 교육을 배경으로 한 임직원으로 구성된 회사일수록 윤리교육이 필수적이다. 특히 정규직원, 계약직원, 외국인 근로, 아웃소싱 업체 등의 업무를 수행하는 경우 업무 및 안전, 직장내 괴롭힘, 성희롱 등에 대한 교육이 보다 체계적으로 수행되어야 함을 시사하고 있다. 모든 조직에는 문화가 있다. 조직구성원의 사고와 행동에 영향을 준다. 조직이 공유하는 신념, 가치, 규범, 문제해결 방식 등에 의하여 형성된다. 조직문화는 의사결정이 어려울 때 방향성을 제시하고 조직을 지탱하는 기본적 가치관이 될 수 있다. 예를 들면 America Express Card는 고객이 어려운 상황에 있는 경우 직원은 최선을 다해 돕도록 한다는 방침을 강조하고 있다. 고객을 위해 자신의 직무 이상으로 고객을 도운 많은 사례를 통해 고객에 대한 충성도를 높이고 있다. 조직에서 중

22) 순살아파트 사태 부른 한 뇌물심사위원의 변명, 동아일보, 2024.8.7.

23) John Fraedrich, O.C. Ferrell, Linda Ferrell, Ethical Decision Making For Business, 8th edition, South-Western, Cengage Learning, 2011, pp.236-237.

요한 것은 조직문화가 기업의 윤리적 문화를 형성하는 것이다. 윤리적 문화는 조직이 건전한 윤리적 양심(ethical conscience)을 갖고 있느냐의 문제이다. 윤리적 문화는 윤리에 대한 회사의 정책과 방침, 윤리 이슈에 대한 최고경영층의 리더십, 같이 일하는 동료 및 선후배의 영향력, 비윤리적 행위 기회 등의 함수이다.

많은 종업원들이 기업윤리 이슈에 대해 단순히 상사의 지시에 따라 업무를 수행하는 것으로 나타나고 있다. 특히 상사에 대한 존중을 강조하는 위계적 조직(예, 군대, 경찰, 관료적 정부조직)의 경우 구성원은 상사의 업무지시가 개인의 도덕적 기준에 위배될지라도 명령이 수행하여야 한다는 감정을 갖게 된다. 이후 구성원의 판단이 잘못된 것으로 판단되면, "나는 단지 명령에 따라 수행했다" 또는 "상사가 위와 같은 방식으로 처리하라고 이야기했다"는 책임 논쟁에 휩싸이게 된다.

글로벌 우량기업인 도요타 그룹의 품질인증의 부정관련 사건을 살펴보면 다음과 같다. 세계 1위 완성차 업체인 일본 도요타자동차그룹에서 1989년부터 64개 차종의 충돌 · 배기가스 · 연비 시험 등 과정에서 174건의 부정이 이루어진 사실이 발견됐다. 35년간 지속된 품질 사기가 이제야 드러난 것이다. 일본 사회에서는 가장 윗선인 도요타가 계열사에 주문을 넣으면 이유를 불문하고 반드시 납기를 채워야 하는 조직문화가 이번 사태를 야기시킨 본질로 보고 있다. 실제 도요타 내부조사 보고서에서는 직원들이 "생산 일정을 늦추면 회사에 피해를 주게 된다"거나 "개발이 제대로 진행되지 않았지만 어쩔 수 없이 부정행위를 저질렀다" 등으로 증언했다.[24)]

도요타그룹의 품질인증 사건은 우리 기업에 다음과 같은 물음을 주고 있다.

- 우리 기업이 임직원과 협력사가 반드시 지켜야 할 핵심가치가 무엇인가?
- 우리 기업은 핵심가치에 위배되는 본사나 상사 지시나 압력이 있을 때 거부할 수 있는가?
- 우리의 기업이나 제품이나 서비스의 품질에 문제가 있음을 자연스럽게 공개적으로 문제를 제기하고 토론하거나 제안할 수 있는가?

조직의 규모가 커지고, 위계적 질서를 강조하는 관료적 문화가 팽배할수록, 임직원 및 협력업체 등의 비윤리적 활동이 발생할 가능성이 높아진다. 특히 금전이나 물량적 목표 달성이 강조될 경우 품질보다 목표 수량의 달성에 중점을 둔 파행적 행태가 벌어질 수 있다. 이에 대해 바람직한 조직문화에 대해 인식하는 윤리적 종업원(ethical employee)이 많을수

---

24) 뿌리째 흔들린 도요타… 품질 사기 부른 '상명하복 고질병', 파이낸셜뉴스, 2024.2.5.

록 비윤리적 행동을 할 가능성이 적어진다. 조직문화에 윤리적 가치가 내재화되어 있는 조직의 임직원은 회사에 헌신과 애착이 높은 것으로 조사되고 있다. 이는 보다 종업원을 회사에 오랫동안 근무하도록 하기 위해서는 윤리적 가치를 개발 · 촉진할 필요가 있음을 시사하고 있다.

3.5 기 회

기회는 윤리적 또는 비윤리적 행위를 제약하거나 허용하는 조직 상태이다. 기회는 내적이나 외적인 보상이나 비윤리적 행위의 예방 활동에 영향을 받는다. 예를 들면, 이타적 행위에 대한 자신의 선행에 대한 감정이나 자부감은 내적인 보상이 될 수 있다. 외부적 보상은 사회적인 존경과 표창, 인정 등에 대한 것이다. 금융회사의 경우, 각 영업점이나 직원에게 판매목표가 할당되고 이를 핵심성과지표와 함께 관리하여 인사고과와 성과보상에 반영하는 경우가 많다. 경영층이 판매목표 달성을 과도하게 중시하는 경우, 직원들은 책정된 목표 달성을 위해 편법적 영업을 할 유인을 갖게 된다. 고객 보호 등에 소홀하여 금융윤리의 실패를 가져올 수 있다. 경영층과 고위 관리자들은 핵심성과지표(KPI) 등의 제 · 개정시 성과관리시스템이 직원들의 행동을 어떻게 변화시킬 것인지를 다각적으로 검토하여야 한다. 경영층은 목표 달성을 위한 수단과 판매방법의 윤리성(예 : 고객 리스크 보호) 등에 대해서도 명확한 지침을 제시해야 한다.[25] 이하에서는 D은행의 사례를 살펴보면서 이에 대한 교훈을 정리하고자 한다.

금감원은 2023년 8월 9일부터 9월 22일까지 D은행에 대한 현장검사를 통해 고객이 직접 서명하지 않은 신청서 사본(출력본)을 활용해 증권계좌 1,662건을 부당 개설한 사실을 확인했다. 이는 D은행에서 2021년 8월 '증권계좌 다수 개설 서비스'를 시행하면서 개설 실적을 독려하면서도 위법 · 부당 행위를 방지하기 위한 실효성 있는 내부통제 방안을 마련하지 않아 발생한 사건이다. 해당 직원들은 고객이 직접 전자서명한 A증권사 증권계좌개설신청서를 최종 처리 전 출력해 B증권사의 계좌개설신청서로 활용하는 등 비정상적인 방식으로 증권계좌를 추가 개설했다. 일부 직원은 고객 연락처 정보를 허위의 연락처로 바꾸어 놓아 고객이 증권사로부터 증권계좌 개설 사실 및 관련 약관 등을 안내받지 못한 사례 32건도 드러났다. 사고의 배경으로 금감원은 D은행 내 실적경쟁과 내부통제 미비를 꼽았다. D은행은 비이자 이익 증대를 위해 2021년 8월 '증권계좌 다수 개설 서비스'를 개시하고, 증권계좌 개설 실적을 영업점 KPI 및 개인 실적에 확대 반영했다. 이는 D은행 입출금계좌 1

25) 이관훈, 기업위기 극복을 위한 윤리경영전략, 학지사, 2013.4, p.147.

개와 연계해 고객이 신청하는 복수의 증권계좌를 개설하는 서비스이다. 금감원은 "2022년 영업점 핵심성과지표(KPI)의 증권계좌 개설 만점 기준을 강화(고객당 1계좌→2계좌)하고 개인 실적에도 중복 반영한 사실이 증권계좌 부당 개설 유인으로 작용했던 것으로 판단했다."[26] D은행이 시중은행 전환 추진을 위한 영업목표 달성 실적 경쟁이 임직원들의 편법적 영업관행을 묵인 내지 방조하는 행태를 가져왔다는 비판이 제기되고 있다. 영업점의 핵심성과지표(KPI)인 증권계좌 개설 만점기준의 변경(고객당 1계좌→2계좌)이 영업점 직원에 어떤 영향을 미칠 것인가에 대한 은행의 사전적 검토가 이루어지지 못한 결과일 수 있다. 이에 따라 KPI 영업 목표 달성을 위해서라면 편법도 감수하는 암묵적 영업관행이 확산되었을 수 있다.

3.6 윤리헌장과 강령: 지속가능한 윤리적 행동

기업이 윤리적 행동을 지속가능하게 하기 위해서는 기업의 모든 임직원, 협력회사, 고객, 지역사회 등 이해관계자와 관련된 윤리헌장과 규정, 지침 등을 제정 운영하는 것이 중요하다. 그리고 이에 대한 교육과 지속적으로 모니터링하고 집행하는 공식적인 활동이 필요하다. 이는 다음과 같은 여섯 단계로 요약될 수 있다.[27]

1. 윤리헌장과 강령의 제정: 윤리적 행동에 대한 기업의 실천의지로 이는 문서화되고 임직원이 실질적으로 전파되어야 한다.
2. 윤리강령의 기업 실무현장에서 교육훈련: 조직의 윤리강령의 효과성은 임직원들이 비윤리적인 상황에 직면해 어떻게 대처하는가에 달려 있다. 윤리강령에 대한 심화된 교육이 필요하다.
3. 윤리책임자(ethical officer)의 임명: 윤리책임자를 임명하는 것은 경영자가 조직의 윤리 프로그램에 대한 실천의지를 공식적으로 나타내는 것이다. 주로 독립된 부서에서(예: 윤리경영실) 윤리강령을 실천하고 비윤리적 행위에 직면한 임직원을 지원하는 책임을 갖게 된다.
4. 임직원들의 윤리적 행동에 대한 칭찬과 보상: 윤리적 행동에 대한 엄격한 신상필벌의 원칙은 중요하다. 그러나 윤리강령에 구체화되어 있는 기준을 따르지 않는 행동에 대한 처벌이 심해지다 보면, 조직의 윤리 프로그램의 운영에 대한 반감이나 불만을 가져올 수 있다는 점을 유념할 필요가 있다.

---

26) 대구은행 불법계좌 1662건… 실적경쟁이 일으킨 금융사고, 2023.10.12 기사 분석 요약.

27) Andrew Ghillyer, 박우성 외 4인 번역, 윤리적으로 경영하라, ㈜지필미디어, pp.230-238.

5. 윤리적 행동에 대한 조직의 실천의지 촉진 : 윤리강령을 통해 모든 이해관계자에게 올바른 행동에 전념하겠다는 메시지는 조직 내외부의 모든 이해관계자에게 공유되어야 한다. 분명하고 확실하게 약속하고 이를 지켜야 한다.
6. 행동에 대한 지속적인 모니터링 : 윤리적 활동에 대한 성과를 지속적으로 모니터링할 필요가 있다. 특히 기업의 단기적인 성과가 중시되는 경우 프로젝트의 수주 등이 우선시됨에 따라 예기치 않은 편법 및 비윤리적 행위가 발생될 수 있다.

3.7 윤리적 평가와 의지

기업 현장에서 윤리적 의사결정은 불분명하고 이해상충의 문제가 발생하게 된다. 윤리적 의사결정의 결과가 불확실하고 누구도 어떤 것이 올바른 결정이라고 말할 수 없는 윤리적 딜레마 상황에 빠지게 된다. 이런 딜레마에 효과적으로 대응하기 위해 윤리적 의사결정이 중시된다. 법과 윤리는 있는 그대로를 정직하게 지킨다는 전제가 깔려 있지 않으면 의미가 없다. '법'에 정직한 것이 '준법'이고 '양심'에 정직한 것이 '윤리', '결과'에 정직한 것이 '책임'이다. 특히 준법과 불법 사이의 경계선에서 초래될 수 있는 위험에는 더욱 신중할 필요가 있다. 이때 반드시 유념해야 할 말은 '의심이 들면 하지 말라'는 것이다. 불확실하고 막연한 기대는 버려야 한다.[28)]

다음의 사례는 윤리적 딜레마 상황에서 우리가 어떻게 행동하여야 하는가에 대한 교훈을 준다. 이른바 '가짜 수산업자'에게서 고급 외제차를 무료로 빌려 타고 고가의 수산물을 받은 혐의로 기소된 박○○ 전 특별검사가 1심에서 유죄 판결을 받았다. 법원은 박 전 특검이 가짜 수산업자 김모 씨에게 250만원의 대여비를 지급하지 않은 채 포르쉐 파나메라를 빌렸고, 김 씨로부터 86만원 상당의 수산물을 받았다는 기소 내용을 모두 인정했다.[29)] 2021년 박 전 특검은 국민권익위원회에 '특검은 청탁금지법의 적용을 받지 않는 공무수탁사인(私人)'이라는 의견서를 냈다. 특검은 일시적으로 공무를 맡은 민간인일 뿐이므로 청탁금지법으로 처벌해선 안 된다는 취지다. 이후 권익위가 '특검은 청탁금지법 적용 대상'이라는 유권해석을 내렸다. 자신의 사적 이익과 공적 이익이 충돌할 경우 어떻게 의사결정을 할 것인가 하는 물음을 갖게 한다.

---

28) 공직자는 보다 윤리적이어야 한다, 프라임경제, 2023.5.15.
29) '특검은 私人' 억지 주장하다 법원서 부정당한 박○○, 동아일보, 2024.7.29.

3.8 윤리적 의사결정과 윤리적 딜레마

비즈니스 윤리는 가치판단과 법적으로나 사회적으로 수용가능한 행위에 대한 집합적 합의에 기초한다. 윤리적 의사결정 프레임워크는 우리의 조직에서의 윤리적 의사결정이 개인적 가치나 도덕가치에 전적으로 의존하지 않는다는 것을 시사하고 있다. 도덕적 가치나 원칙에 대한 지식과 의사결정이 요구되는 복잡한 윤리적 딜레마 환경과 비즈니스에 대한 지식이 균형을 이루어야 한다. 윤리적 딜레마 상황은 두 가지 이상의 바람직한 가치가 서로 대립하여 어느 한 가지를 선택하면 다른 가치를 포기해야 하는 상황이다. 어느 한 쪽을 택하기가 어려운 상황이다. 조직에서 '윤리적 딜레마'가 발생할 수 있는 전형적인 경우는 다음과 같다.

3.8.1 권위의 충돌

현대 사회의 조직, 특히 군대, 정부, 공공기관과 같은 계층적 구조에서는 명령체계와 그에 따른 복종이 요구된다. 이러한 구조는 질서와 효율성을 유지하는 데 기여하지만, 때로는 상급자의 명령이 개인의 도덕적 판단과 충돌할 수 있다. 명령을 따르는 것이 옳은지에 대한 딜레마는 여전히 중요한 문제로 남아 있다. 예를 들면, 정부 공무원의 경우 부처의 최고책임자인 장관이 부당한 지시를 하는 경우이다. 이 경우 실무자들은 공직자로서 지켜할 원칙과 사실 속에서 갈등하게 된다.

문 정부 당시 홍○○ 경제부총리 겸 기획재정부 장관은 2020년 장기 재정 전망 발표 때 국내총생산(GDP) 대비 국가채무비율 전망치를 절반 수준으로 축소하도록 지시했다. 당시 기획재정부는 국가채무 비율이 2060년엔 153%까지 올라갈 것이란 전망치를 산출했는데 홍 부총리가 "국민이 불안해한다"는 이유로 이 비율을 두 자릿수로 낮추도록 지시한 것이다. 이에 기재부는 계산법까지 바꿔가며 수치를 81%로 낮춰 발표했다. 부총리는 기재부 직원들에게 "국가채무비율 전망치를 두 자릿수로 만들라"고 지시하고 이를 청와대에 보고했다.[30] 기재부는 민간 전문가를 포함한 장기재정전망협의회가 전망치 결과를 검증하도록 돼 있으나 이를 무시하고 심의 · 조정도 거치지 않았다. 당시 담당 실무자들은 "홍 부총리 지시가 부당하다"며 "국민에 제대로 된 정보를 제공해야 하는데" "역사에 죄를 짓는 것이다"는 대화를 주고받는 등 심한 스트레스를 겪은 것으로 나타났다.

30) 文정부 '국가채무비율' 축소 왜곡은 국민 기만 행위, 스카이 데일리, 2024.6.7 사설 분석 인용.

3.8.2 역할의 충돌

일정한 상황 속에서 자신에게 주어진 역할과 결부된 가치(예 : 공직자로 자신의 양심과 가치 vs 상급부서의 업무지시)가 양립할 수 없는 경우가 있다. 이때 역할의 충돌이 발생한다. 예를 들면, 청와대의 지시로 정부에 비판적인 입장을 내거나 야권을 지지하는 등의 전력이 있는 문화예술인 및 단체의 명단을 만들고 문체부에 지원을 배제하도록 했다. 이때 블랙리스트 작성을 맡았던 공무원의 윤리적 딜레마 상황을 살펴보면 다음과 같다. 공무원들은 공익이 아니라 권력자의 이익을 위해 자기 양심을 버려야 했다.

문화계 블랙리스트 작성을 맡았던 문체부 공무원들의 고충을 이렇게 전했다. "양심에 어긋나는 짓을 할 수밖에 없는 상황에 대해서 호소한 적이 많았다." 만약 공무원이 공익과 양심을 앞세워 권력자의 지시를 거부했으면 어찌 됐을까? 권력자에게 "나쁜 사람"으로 찍혀 옷을 벗거나 좌천됐을 것이다.[31] 직원 개인의 양심과 가치, 믿음은 내던져야 하는 직장, 이런 조직의 특징은 직원들에게 "생각하지 말라"고 강요한다. 생각할 줄 아는 직원은 상사의 지시가 부당하다는 것을 인지하는 능력이 있다. 그래서 그 지시 이행을 미루거나 해태한다. 상급자는 그저 시키는 대로 일을 수행하는 '꼭두각시 로봇'을 원한다. 상사의 부당한 명령에 '노(no)'라고 말할 수 있는 직장인이 몇이나 될까? 자신에게 정직하려고 하면, 다시 말해 자신의 양심과 믿음 가치를 지키면서 일하려고 하면, '직장 부적응자' 취급을 받는 경우가 적지 않다.

3.8.3 이해관계의 충돌

자신에 요구되는 사안이 경영자 또는 공직자로서의 의무나 전문직업적 가치와 일치하지 않는 경우이다. 특히 최근 공무원의 퇴직 후 업무 유관 기업 등의 취업과 관련하여 이해충돌 및 부정청탁의 창구로 전락할 위험이 높다는 비판이 따르고 있다. 다음의 이해충돌 사례를 살펴본다.

전국 경찰의 수사기능을 총괄하던 전 경찰청 국가수사본부장(치안정감)이 대형 사교육업체 메가스터디의 사외이사로 취업하면서 논란이 되고 있다. 지난해 대학수학능력시험(수능) 문제 유출 및 문항 거래 의혹으로 경찰수사가 진행중인 와중에, 수사대상 중 하나인 사교육 업체가 경찰 수사 수장을 영입했기 때문이다. 정부공직자윤리위원회 심사를 통과했지만, 취업이 승인되지 않았던 사례들과 비교할 때 형평성에 맞지 않는다는 지적이 나오고 있다. 공직자윤리법상 4급 이상 재산등록의무자인 퇴직공무원, 공직유관단체 임직원은 퇴직

---

31) 자기 영혼을 지키는 직장인은 벌 받는 나라 : 블랙리스트 파문과 조직문화, 매일경제, 2017.1.25 분석 요약 인용.

후 3년간 취업심사 대상기관으로 취업하려는 경우 위원회의 취업심사를 받아야 한다. 위원회는 남 전 본부장의 취업을 승인한 이유로 공직자윤리법 시행령 제34조를 들었다. 남 전 본부장 사례는 ① 퇴직 전 5년 동안 소속했던 기관에서 처리한 업무의 성격, 처리 빈도, 취업하려는 기관에서 담당할 업무의 성격을 고려할 때 영향력 행사가능성이 적고 ② 취업하려는 분야에 대한 전문지식·근무경력 등을 통해 그 전문성이 증명되는 경우로서, 영향력 행사 가능성이 적은 때로 봤다. 남 전 본부장이 사내 임원이 아닌 사외이사로 발탁된 점이 반영된 것으로 보인다. 청렴활동 전문가는 "절차대로 취업이 승인됐다고 하더라도 현재 수사 중인 사기업의 사외이사를 맡는 것은 수사에 영향을 미칠 수 있다는 합리적 의심이 든다. 전체 공직자의 품격과 국가청렴도를 함께 떨어뜨리는 행위"라고 지적했다.[32]

위와 같이 조직 현장에서 상급자 또는 외부기관으로부터 자신의 도덕적 가치와 상이한 강압적 요청이나 지시, 또는 자신의 사적 이익과 충돌할 딜레마에 봉착하게 된다. 특정한 조직환경에서 윤리적 딜레마를 극복하여 현명한 판단과 집행을 하는 것은 당사자의 윤리역량(ethical competence)과도 깊은 연관이 있다. 단순히 외적 권위에 순응하지 않고 자신이 처한 상황을 분석하고 검토하여 재해석하려는 실천이성은 윤리적 난국을 헤쳐나가는 데 필요한 리더의 덕목이다.

4. 경영윤리 실패사례의 교훈

4.1 실패사례와 교훈

4.1.1 한나 아렌트: 악의 평범성의 교훈

상명하복의 위계질서가 강한 조직에서 상급자나 조직의 강압적 지시나 요구가 있을 수 있다. 이때 비판적 사고 없이 기계적으로 업무를 수행하는 경우 악으로 이어질 수 있음을 한나 아렌트는 경고하고 있다. 즉 선한 사람들이 스스로 악한 의도를 품지 않더라도, 당연하고 평범하다고 여기며 행하는 일들이 우리 사회에 악이 될 수 있다는 것이다.

1960년 5월 어느 날 아르헨티나 부에노스아이레스에서 평범하게 보이는 한 중년 남자가 체포되었다. 아돌프 아이히만(Adolf Eichmann, 1906~1962). 그는 독일 나치의 친위대 중령으로 제2차 세계대전 중 독일과 독일 점령하의 유럽 각지에 있는 유대인을 체포하고

32) 경위는 로펌도 못갔는데… 국가수사본부장은 메가스터디 임원 된다고? 한국일보, 2024.4.8.

강제수용소로 이주시키는 계획을 실행한 인물이다. 그는 이송하는 기차와 수용소에 가스실을 설치하고 가장 효과적인 방법으로 600만명에 이르는 무고한 유대인 학살의 실질적 집행자였다. 그는 독일이 항복한 후 가족과 함께 아르헨티나로 도망쳐 이스라엘의 정보기관에 체포될 때까지 가명으로 생활했다. 아이히만은 기소되어 1961년 4월 11일 공개재판이 열렸다. 아이히만은 재판 과정에서 "자신은 단지 명령을 받고 명령에 따랐을 뿐입니다. 제가 한 일은 행정 절차의 작은 업무입니다." 그는 자신을 오직 국가의 명령에 따라 충실히 움직인 관료라고 지칭했다. 임무와 양심 사이에서 갈등한 적은 없느냐는 질문에 그는 "월급을 받으면서도 지시에 따르지 않았다면 양심의 가책을 받았을 것입니다. 명령에 따르지 않는다면 국가가 분열되고 서로 제각기 흩어집니다. 공직자의 용기란 조직된 위계질서입니다." 그는 자신이 용기 있는 관료라고 자부심까지 드러냈다. 이를 참관하던 한나 아렌트가 아이히만에 대한 평론을 작성하여 책으로 출판한 것이 『예루살렘의 아이히만』이다. 아렌트는, 아이히만이 홀로코스트 대학살을 주관했던 만큼 매우 사악하고 악마와 같은 사람일 것이라고 예상하였다. 그러나 오히려 아주 친절하고 평범한 사람이었다고 한다. 공개재판에서 아이히만은 그동안 저질렀던 악행들에 대해, 본인은 그저 자신의 상관이 지시한 사항들을 성실히 이행했을 뿐이라고 일관했다.

아이히만과 같은 선량하고 평범한 사람이 어떻게 그토록 엄청난 악행을 저질렀는가에 대해 생각하던 중, 한나 아렌트가 떠올린 개념이 바로 '악의 평범성'이다. 아이히만과 같은 선한 사람들이 스스로 악한 의도를 품지 않더라도, 당연하고 평범하다고 여기며 행하는 일들 중 무엇인가는 악이 될 수 있다는 것이다. 아이히만의 사례에서 볼 수 있듯, 자신의 기계적으로 행하는 일을 비판적으로 사고하지 않는 것은 악으로 이어질 수 있다. 따라서 우리 주변에 악은 언제나 생겨날 수 있음을 항상 생각하고 일명 '예스맨'이 되지 않도록 주의해야 한다.[33]

역사적으로 악의 평범성을 확인할 수 있는 사례는 매우 많다. 특히나 군 조직과 같이 상명하복의 위계질서가 강하게 자리잡은 곳에서는 더욱 심하다. 학교, 직장 등 단체생활을 하는 곳에서의 따돌림과 괴롭힘의 문제에도 악의 평범성을 발견할 수 있다. 조직의 분위기가 특정인을 괴롭히고 따돌리는 방향으로 형성되면 구성원들은 기계적으로 해당 분위기에 맞는 행동들을 하게 되고, 결국 악행을 저지르게 되는 것이다. 여기서 말하는 악행을 저지르는 사람들도 조직 바깥에서는 악하지 않고 평범한 사람인 경우가 많다.[34] 아렌트에 따르면 선과 악을 고민하지 않는 무사유(無思惟)가 파멸을 가져올 수 있다는 것이다.[35] 범죄는

33) 악의 평범성 - 위키백과, 우리 모두의 백과사전(wikipedia.org), 2024.8.19 검색

34) 악의 평범성 - 위키백과, 우리 모두의 백과사전(wikipedia.org), 2024.10.10 검색

35) [한성안의 인문학 서재] 가자의 유대인, 예루살렘의 아이히만 - 르몽드디플로마티크 (ilemonde.com)

항상 사람들에 의해서만 자행된다. 정부나 상관의 명령에 따라 행동했다는 사실이 개인의 책임에서 면제되는 것이 아니다. 조직의 목표가 법적 규정에 심각하게 벗어나 있고 공익이 사익에 의해 대치될 때, 어떤 공식적인 역할이나 권위에 대한 복종이 행위에 대한 변명으로 될 수 없다. 우리는 조직에서 개인으로서의 책임감과 우리의 행동에 대해 법과 시민으로서 객관적인 책임감을 갖고 생각하여 행동하여야 한다.36)

4.1.2 카카오 SM 주가조작 의혹의 교훈

SM엔터테인먼트(SM) 경영권 확보전 국면에서 카카오가 우위를 점하기 위해 주가조작을 했다는 의혹과 관련해 김○○ 카카오 경영쇄신위원장은 하이브의 공개매수를 저지하기 위해 SM 주가를 하이브의 공개매수가인 12만원보다 높게 고정하는 방식으로 시세조종을 한 혐의를 받고 있다. 대기업인 카카오가 이런 불법행위를 무리하게 한 배경에는 SM 인수를 통해 계열사 카카오엔터테인먼트(카카오엔터)의 재무구조를 개선해야 한다는 인식이 깔려 있었다는 의견이다. 카카오는 계열사들을 동원해 계획적·조직적으로 시세조종을 벌인 것으로도 알려졌다. 특히 김 위원장은 카카오 그룹 임원들에게 드러나지 않는 방법으로 하이브 공개매수를 저지하고 SM을 인수할 것을 지시했고, 임원들은 해당 지시에 따라 원아시아파트너스와 카카오·카카오엔터의 자금을 동원해 실행한 것으로 보도되고 있다.37)

우리는 상기 사건과 관련하여 다음과 같은 물음을 갖게 한다.

- 김 위원장이 SM인수를 위한 시세조종의 유혹에 대하여 이것이 적법하고 정당한 행위인가에 대한 진정한 물음을 갖고 깊이 있게 성찰하였다면….
- 공개매수 저지를 위한 의사결정에 형식적 법치주의의 논리에 매몰되지 않았다면….
- 김 위원장의 하이브 공개매수 저지를 위한 시세조종 관련 안건을 투명하고 공개적으로 이사회 등에서 토의하여 결정하였다면….
- SM인수 지시를 위한 시세조종에 대하여 준법 및 윤리경영 측면에서 문제가 있음을 지적하고 반대하는 충성스러운 임직원(loyal opposition)이 있었다면….

상기 사건에서 보는 바와 같이 경영윤리는 단순히 지배구조나 윤리경영시스템 또는 리더의 성품에만 맡겨 둘 사안이 아니라, 기업 경영철학이나 가치, 문화가 바탕을 이루고 있음을 시사하고 있다. 아울러 개인 차원에서도 개인적으로 올곧음뿐만 아니라, 조직에서 올

36) 테리 L. 쿠퍼 지음, 행정사상 방법론 연구회 옮김, 공직윤리 책임있는 행정인, 조명문화사, 2013.10, p.290.

37) 검찰, 김범수 구속기소… "2400억 동원해 SM 시세조종," CBS노컷뉴스, 2024.8.8.

곧음을 성취하기 위한 임직원의 헌신적인 노력과 투명하고 공개적인 조직문화가 뒷받침되어야 함을 함의하고 있다. 옳고 그름에 대한 우리의 인식은 흔히 우리의 동료 및 리더들에 의해 사회적으로 영향을 받는다. 우리는 또한 서로 이해가 상충되는 의무 외에 내외부 압력에 직면할 수도 있다. 따라서 우리가 자신의 인식을 믿고서 길을 찾아갈 경우, 인간은 자신을 과대평가하는 것과 같은 자기중심적 편향에 빠질 수 있다. 또한 우리의 인식 자체가 정확하지 않아 잘못된 결정을 내릴 수도 있다.[38]

사람들이 리더에게 기대하는 것은 실천하는 삶의 진정성 즉 Integrity이다. 미래학자인 돈 탭스콧(Don Tapscott)은 "21세기 시대정신은 integrity이다." 사회 구성원들이 연결되어 있고 상호의존적이라고 분명이 알고 진실되게 행동하는 것이 출발점이다. 연결되지 않은 세상에서는 비즈니스도 성공하기 어렵다는 사실을 알아야 한다. 본인부터 정직하게 사업을 하여야 한다. 성과를 내는 데 있어 가장 중요한 점은 좋은 성품들을 균형 있고 일관된 태도로 발휘하는 것이다.

Integrity는 개인의 윤리나 도덕 이상의 것이다. 핵심적 틀은 개방성과 정직성으로 다음과 같은 특성을 갖는다.[39]

- 우리로 하여금 천부적 재능과 역량을 넘어서도록 한다.
- 온전성(Whole things)을 갖추어 조직의 신뢰를 창출한다.
- 실상을 보고 직면할 수 있도록 하는 진실에 대한 용기를 갖게 한다.
- 실질적 결과를 가져올 수 있는 업무 수행방식을 선택한다.
- 부정적인 실상을 직시하고 포용하며 문제를 해결하도록 한다.
- 성장과 개선의 동기가 되며 의미 있는 삶을 발견하도록 한다.

현대 경영학의 아버지라고 불리는 피터 드러커(Peter F. Drucker)는 "Integrity는 경영자에게 요구되는 단 하나의 절대적 가치이다(Integrity is one absolute requirement of managers)"라는 말을 남기기도 했다. Integrity는 완전하고 일치된 상태를 말한다. 한 마음을 가진 온전한 사람으로서 신뢰감을 형성한다. 빌 게이츠 회장이 워런 버핏 회장에게서 'Integrity'의 중요성을 배웠다는 고백은 상징적이다. 세계를 이끄는 미국의 저력은 'Integrity' 가치를 중시하는 리더십에 있음을 함의하고 있다.

---

38) 켄맨 웡, 노동래 역, 비즈니스 윤리와 지속가능경영, 2016.1.15, 연암사.

39) Henry Cloud, Integrity : The Courage to meet the demands of reality, Harper Collins Publishers, Inc., 2006, p.9.

4.1.3 MIT 출신 '천재 코인왕'의 몰락

2024년 3월 징역 25년을 선고받은 샘 뱅크먼 프리드는 '천재 코인왕'으로 불릴 만큼 전설적인 인물이었다. 그가 세운 FTX가 파산을 맞으면서 80억 달러(약 10조 7000억원) 사기꾼이 됐다. 미 뉴욕남부연방법원의 루이스 A. 캐플런 판사는 뱅크먼 프리드에게 징역 25년을 선고했다. 그의 재산 110억 2,000만 달러(약 15조원)는 몰수 명령이 내려져 피해자 보상금으로 사용될 예정이다. 카플란 판사는 "이 사람이 미래에 매우 나쁜 일을 할 위치에 있을 수 있는 위험이 있으며, 그것은 결코 사소한 위험이 아니다"라고 선고이유를 밝혔다.[40]

1992년생인 뱅크먼 프리드는 FTX의 창업자로 유명한 억만장자였다. 매사추세츠 공과대학(MIT)에 진학한 그는 수학과 물리학을 전공해 두각을 보였다. 이후 상장지수펀드(ETF) 거래 회사 '제인 스트리트'에서 인턴으로 있으며 금융분야에 관심을 가졌다. 2017년 암호화폐 가격이 국가마다 다른 점을 파악해 차익거래에 나섰다. 차익거래가 돈이 된다는 사실을 알게 된 그는 다니던 회사를 그만두고 '알라메다 리서치'를 설립했다. 그의 아이디어는 성공적이었고, 첫 회사도 순탄하게 운영됐다. 2019년에는 본격적인 가상자산 거래소 사업에 뛰어들기 위해 FTX를 세웠다. 코로나19 확산으로 가상자산 열풍이 불자 FTX 가치는 250억 달러로 치솟았다. 그의 자산도 260억 달러(약 35조원)로 추산돼 포브스 억만장자 목록에 올랐다. 2022년, FTX는 위기를 맞게 된다. 비트코인을 비롯한 대부분의 가상자산이 폭락하면서 코인 투자자들이 예치금 인출에 나섰고, FTX도 유동성 위기에 빠져 무너졌다. 당시 FTX가 고객에게 돌려주지 못한 자금 규모는 80억 달러에 이르렀다. 이 돈의 대부분은 FTX 계열사 알라메다 리서치의 부채를 갚는 데 쓰였다는 사실이 드러났다. 그해 11월 FTX는 미국에 파산신청을 했다. 뱅크먼 프리드는 그 다음 달인 12월 바하마에서 사기혐의로 체포됐다.

미국 뉴욕대 교수이자 비평가 케이티 로이프는 월스트리트저널(WSJ) 기고 '왜 우리는 샘 뱅크먼 프리드 부모에 이렇게 집착하는가'에서 이같이 분석했다. 수억 달러 가치의 가상화폐 거래소 FTX 창업자에서 사기꾼 범죄자로 전락한 샘 뱅크먼 프리드(이하 "SBF")의 드라마 같은 실패 뒤에는 엘리트 부모의 '역할'이 있었다. 뱅크먼 프리드 아버지 조지프 뱅크먼은 미 예일대 로스쿨을 나와 스탠퍼드대에서 세금 및 금융규제를 가르친 명망 있는 교수다. 어머니 바버라 프리드 역시 하버드대를 거쳐 스탠퍼드대에서 법 윤리를 강의해왔다.[41] 굴지의 로펌 파트너 변호사 대신 교수직을 택하고 지적인 토론 모임을 이끌면서 윤리와 정

40) MIT 출신 '천재 코인왕'의 몰락… 억만장자는 왜 사기꾼이 됐나, 헤럴드경제, 2024.3.31 기사 분석 요약.

41) FTX 창업자→사기꾼 뱅크먼 프리드… 스탠퍼드대 교수 부모도 기소 위험, 동아일보, 2023.11.14 기사 분석 요약.

의를 강조해온 엘리트 부부가 어떻게 아들의 수조 원대 횡령은 방관했을까. 로이프는 아들의 기대를 뛰어넘는 성공과 주체하지 못할 만큼 많은 돈 앞에서 부부의 판단력이 흐려졌다고 설명했다. 아들에 대한 맹목적 사랑도 문제로 꼽혔다. SBF는 그동안 법정에서 모르쇠로 일관했음에도 부부는 아들의 결백을 굳게 믿는다고 밝혀 세간의 주목을 받기도 했다. WSJ는 “스탠퍼드대 교수의 자녀(뱅크먼 프리드)를 포함한 모든 사람에게 규칙이 적용된다는 점을 더 명확하게 전달해야 했을 것”이라며 부모가 아들의 오만을 꺾지 못했다고 지적했다. 판사가 평결하면서 한 말이 의미심장하다. “그의 사업 목적은 사치와 권력 추구에 있었다.” “고잉 인피니트(Going Infinite)” 작가 마이클 루이스는 SBF를 직접 만나고 관찰한 작가로서, “SBF는 아주 복잡한 느낌이 드는 성격이다. 그는 하지 말아야 할 짓을 했다. 법규나 관행에 무관심했다. 지적인 측면에서는 수긍할 수 있는 젊은이다. 사회적으로는 전혀 용납할 수 없는 윤리체계를 가진 인물이다.”42)

천재들이 사업을 하면 왜 몰락할까? 순수과학과 순수예술계에서는 천재들이 큰 성과를 내는 경우가 많다. 그러나 비즈니스 세계에서는 천재들이 성공한다는 보장이 없다. 어려서부터 천재 소리를 듣던 사람은 핵심역량은 잘 갖출 수 있지만, 협업역량은 크게 떨어진다. 우월감이 강하고 상대방을 존중하지 않는다. 모든 것을 혼자 구상하고 결심하려 한다. 독단·독선·독점이라는 3독 증상이 강하다. 사업에서는 “독(獨)이 독(毒)이고 협(協)이 약(藥)이다.” 사업은 혼자 하는 게 아니다. 모든 게 팀워크이고 협업이다. 나보다 더 잘하는 사람을 찾아내서 힘을 합치는 능력이 좋아야 한다. 천재는 순수과학, 순수예술을 하면 성공한다. 그러나 사업을 하면 대개 망한다. 협업할 줄 모르기 때문이다. 스펙과 역량이 다소 부족해도 협업을 잘할 줄 아는, 그릇이 큰 사람이 진짜 사업 천재다.43)

기업의 물질적 성공과 성취가 곧 삶의 전부인 것처럼 추구해 온 FTX 창업자 뱅크먼 프리드를 보면서 우리는 다음과 성찰적 질문을 갖게 한다.

- 나의 사업의 진정한 목적인 무엇인가?
- 나의 삶의 철학과 가치는 무엇인가?

4.2 윤리적 딜레마의 극복

윤리적 딜레마는 우리가 어떤 윤리적 가치나 이념을 따르지 결정해야 할 때 직면하는 어려움을 말한다. 이는 때로 두 개 이상의 가치가 충돌할 때 발생하며, 어느 쪽을 선택하느

42) 월가 금융작가 마이클 루이스, 머니볼, 고잉 인피니티 저자, 중앙일보, 2024.7.23.

43) 천재들은 협업을 몰라 실패한다, 이코노미조선, 2024.4.22 기사 분석 요약.

냐에 따라 서로 다른 결과와 후행효과가 발생할 수 있다. 윤리적 딜레마는 우리가 결코 단순하거나 명확한 답을 가질 수 없는 상황이다. 우리는 종종 서로 다른 도덕적 가치 사이에서 갈등을 겪고, 우리의 결정이 다른 사람에게 영향을 미칠 수 있음을 숙고하여야 한다. 윤리적 딜레마의 또 다른 중요한 측면은 개인적 책임이다. 우리는 자신의 행동에 책임이 있으므로, 윤리적 딜레마에 직면할 때 우리의 도덕적 가치와 신념을 반영하게 된다. 우리는 단순히 다른 사람의 지시에 따르거나 우리의 행동 결과에 대해 책임을 다른 사람이나 상황에 전가하여서는 안 된다.

■ 해인사 팔만대장경을 지킨 김영환 장군의 혜안과 결단

해인사는 경내 대적광전에서 '고(故) 김영환 장군 호국 추모제'를 봉행했다. 김영환 장군은 제10전투비행전대장으로 재직 당시 1951년 8월 무장공비가 잠입한 해인사를 폭격하라는 상부의 명을 받고 출격했다. 당시 해인사에는 빨치산들이 숨어 있었다. 군으로서는 폭격할 명분과 필요가 있었다. 그러나 김 장군은 이 명령을 따르지 않고 해인사 외곽에 기총사격만 함으로써 팔만대장경을 지킬 수 있도록 했다. 공군참모총장은 "(김 장군은) 지휘관으로서, 작전 실패에 따른 모든 책임을 질 각오로 해인사와 팔만대장경 수호를 선택하신 것"이라며 "장군님의 뛰어난 혜안과 결단으로 우리 민족의 호국 의지가 담긴 위대한 문화유산인 해인사 팔만대장경은 지켜질 수 있었다. 이에 해인사는 파괴가 아닌 보존의 방법으로 나라를 지킨 김영환 장군의 숭고한 정신과 업적을 기리고자 추모제를 열었다.[44)]

■ 미국 대통령 명령 거부한 미장군

2023년 9월 미군 내 1인자인 마크 밀리 합참의장이 전역했다. 밀리 대장은 2019년 10월 육군참모총장 재직 중 도널드 트럼프 대통령의 지명을 받아 임기 4년의 합참의장에 취임했다. 2020년 5~6월 조지 플로이드의 죽음에 항의하며 '흑인 생명은 소중하다'를 외치는 시위대가 백악관 주변까지 몰려들자 트럼프 대통령은 군대 출동을 명령했다. 하지만 밀리 대장은 자신을 합참의장으로 발탁한 대통령의 지시를 따르지 않았다. 오히려 미군 지휘관들에게 지휘서신을 보내 '미군의 임무는 대통령 일방적 지시에 복종하는 게 아니라 수정헌법의 가치(종교 · 언론 · 청원 · 출판 · 집회의 자유)를 수호하는 것'이라고 강조했다. 당시의 지휘 서신 일부를 보자. "다양한 인종, 피부색, 신념으로 구성된 합동군의 일원으로서 여러분은 우리 헌법의 이상을 구현해야 합니다. 우리 군의 모든 지휘관과 장병은 우리가 국가의 가치를 수호하고, 항상 국가의 법과 우리만의 높은 행동기준에 일치하도록 작전 수행을

44) [김한수의 오마이갓] '명령 불복종' 공로로 사찰에서 제사상 받는 군인과 경찰(chosun.com), 2023.8.2.

해야 한다는 것을 명심하기 바랍니다." 군인은 상관의 명령에 무조건 복종해야 하는가. 군형법 제47조는 '명령 위반' 관련, 정당한 명령 또는 규칙을 준수할 의무가 있는 사람이 이를 위반하거나 준수하지 아니한 경우에는 2년 이하의 징역이나 금고에 처한다고 명시하고 있다. 다만 '정당한 명령'이라는 문구는 장병들이 스스로 판단하기에 애매한 측면이 있다. 정당한 명령에 대한 판단기준은 무엇일까? 대한민국 군인으로서 반드시 지켜야 하는 것이 바로 대한민국 헌법이다. 대통령이 취임식에서 헌법 준수를 맹세하는 것처럼, 장교는 임관 시 "나는 대한민국의 장교로서 국가와 국민을 위하여 충성을 다하고 헌법과 법규를 준수하며 부여된 직책과 임무를 성실히 수행할 것을 엄숙히 선서한다."[45)]

4.2.1 윤리적 딜레마의 접근방법

윤리적 딜레마 환경에서의 선택은 본질적으로 다음과 같은 속성을 갖고 있음을 인식할 필요가 있다.

- 윤리적 선택은 서로 다른 도덕적 가치들간에 갈등을 야기한다(모순과 갈등).
- 우리는 자신의 행동에 책임이 있다. 의사결정은 우리의 가치를 반영한다(책임).
- 윤리적 결정은 우리가 처한 상황에 따라 달라질 수 있다(상황에 따른 변화).
- 윤리적 딜레마는 쉽게 명확히 답할 수 없다(명확한 답이 없음).
- 우리의 의사결정이 다른 사람에게 미치는 영향과 결과를 숙고하여야 한다(타인에게 영향).

아울러 건전한 윤리적 판단을 위해서는 다음과 같은 관점을 고려하여야 한다.

- 의지의 자유: 인간은 본질적으로 자유롭고 자신의 행동에 책임이 있다.
- 개인의 통찰력: 우리 자신의 가치관과 신념에 대한 이해가 필수적이다.
- 윤리 딜레마와 관련된 다양한 이해관계자의 입장을 고려할 필요가 있다.
- 도덕적 상상력: 윤리적 딜레마를 해결하는 데는 다양한 관점을 고려하고 복잡한 상황을 이해한 창의적이고 비판적인 사고가 필요하다.

윤리적 딜레마를 해결하기 위해서는 최대한 모든 이해관계자들의 입장을 고려하고 존중하며, 공정한 대화와 협상을 통해 해결책을 모색해야 한다. 윤리적인 가치를 우선시하고,

---

45) https://www.joongang.co.kr/article/25300775.

다양한 관점을 수용할 수 있는 태도가 필요하다. 이를 통해 모든 이해관계자들의 이익을 최대화할 수 있는 해결책을 찾을 수 있을 것이다.

4.2.2 실무적 방안 : 파일롭(FILOP) 모델

글로벌 기업의 윤리적 딜레마를 연구한 미국 로욜라 대학의 브라운(Brown) 교수팀은 의사결정시 주재국의 법과 관습을 고려할 것을 제안하고 있다. 아울러 윤리적 요인과 더불어 법적 및 경제적 요인들을 통합적으로 고려하는 것이 필요하다. 기업의 이익만을 계산해서는 안 되지만, 경직된 윤리적 잣대로만 의사결정을 하는 것도 윤리경영의 본질을 훼손할 수 있다. 브라운 교수팀이 제안한 파일롭(FILOP) 방법은 위와 같은 요인들을 비교적 통합적으로 고려한 모델이다.[46] 이의 기본적 관점을 요약하여 보면 다음과 같다.

- Facts(사실) : 윤리적 딜레마에 관련된 사실은 무엇인가?
- Issues(이슈) : 어떤 방법으로 윤리적 딜레마의 이슈를 파악할 것인가?
- Law(법) : 윤리적 딜레마에 관련된 법규는 무엇인가?
- Options(선택) : 윤리적 딜레마에 대응하기 위한 대안은 무엇인가?
- Principle(원칙) : 윤리적 딜레마 해결에 적용할 나의 윤리적 원칙은?

■ 1 단계 : 사실 수집

윤리적 딜레마의 해결을 위한 첫 단계는 사실 수집 및 확인이다. 하나의 딜레마에는 여러 사실들이 관련되지만 '어떤 특정한 사실들만이 윤리적 딜레마를 평가'하는 데 관련된다. 이를 위해 특정한 사실들에 대한 정보를 가능한 많이 수집하여 목록화하여 정리하는 것이 필요하다. 수집을 위한 방법으로는 딜레마와 관련하여 5W1H[Who(누가), What(무엇을), Where(어디서), When(언제), Why(왜), How(어떻게)] 형식의 질문을 통해 보다 사실을 명확히 할 수 있을 것이다.

■ 2 단계 : 윤리적 이슈의 규명

윤리적 문제가 내포되어 있는 사실에서 윤리적 딜레마 또는 윤리적 이슈로 전환시키는 것이다. 이를 위해서는 윤리적 딜레마를 '~을 해야 하는가' 질문 형식으로 바꾸어 보는 것이 필요하다. 사실을 이슈화하는 방식이 그 문제에 대응하는 방식을 결정한다는 점이다. 윤리적 이슈화에는 개인의 가치와 같은 심리적 편견이 개입될 수 있음을 염두에 두어야 한다.

---

46) 이관춘, 기업위기 극복을 위한 윤리경영전략, 학지사, 2013.4, pp.125-140.

사실을 윤리적 이슈화하는 일은 의사결정자의 조직 내의 위치에 따라 그 폭이 달라진다. 조직 내의 권한이 클수록 더 넓게 더 사회적으로 윤리적 문제에 접근할 수 있게 된다.

■ **3단계 : 관련 법규의 분석**

윤리문제와 관련된 법규를 분석하는 일이다. 법이 제공하는 것은 기업경영에서 요구되는 최소한의 기준일 뿐이다. 준법이 윤리적 행위이지만 법 규정에 없어도 사회적 합의에 의해 도출된 기준도 많다. 특히 법으로는 통제할 수 없는 회색지대(gray area)가 언제나 있게 된다. 기업 현장에서 발생되는 윤리적 딜레마는 업계의 관행 등 회색지대에 대한 현안들과 연계된 것들이 많다. 법은 단순한 출발점에 불과하여 윤리적 행위는 법 이상의 영역이 될 수 있다는 점을 유념할 필요가 있다.

■ **4단계 : 대안의 선택**

대안의 선택에 있어서는 기업의 이념이나 가치, 윤리헌장이나 강령 등의 윤리 규범이 선택기준이 될 수도 있다. 아울러 특정한 선택에 의해 영향을 받게 될 이해관계자(예, 주주, 고객, 임직원, 협력업체, 지역사회)를 고려해야 한다. 장기적인 관점에서 어느 것이 회사에 이익이 될 것인지도 고려의 기준이 될 것이다. 기업이나 기업 이해관계자의 경제적 측면과 법적 문제 등도 같이 고려해야 한다.

■ **5단계 : 윤리적 원칙의 선택**

법적, 경제적 측면의 고려와 함께 윤리적 원칙을 최종적으로 선택하여야 한다. 위와 같은 윤리적 원칙은 옳고 그름에 대한 개인의 가치, 철학 및 윤리(예 : 삶의 황금률), 외부공개 테스트, 윤리 및 도덕철학 등에 기초하여 형성될 것이다. 윤리적 딜레마 환경에서 윤리적 의사결정은 기업 최고경영자를 비롯한 임직원과 조직의 가치판단에 영향을 받게 된다.

기업 현장에서 윤리적 딜레마를 극복하기 위해서는 윤리적 경영의사결정에 대한 기본적 이해와 윤리적 추론(ethical reasoning)을 할 수 있는 역량의 개발이 중요하다. Thomas I. White는 윤리적 리더십은 도덕적인 사람(moral person)을 만들기보다는 윤리적 사유(ethical reasoning)의 개발에 중점을 두어야 한다고 강조하고 있다. 전통적 가치나 믿음에 의한 윤리적 접근은 문화적 다양성, 프라이버시, 이윤 추구 등의 동기에 의해 혼란을 가져오고 있다. 윤리적 무지는 윤리적 의사결정의 실패를 가져온다. 윤리적 리더는 잠재적인 윤리위기에 대응하기 위해 선제적으로 예측하고 기획하여 행동하여야 한다. 도덕적 감수성을 증진시키기 위한 합리적인 상호작용을 통한 RIMS(Rational Interaction for Moral

Sensitivity) 접근방법의 기본 관점을 살펴보면 다음과 같다.

- 윤리적 의사결정에 다양한 이해관계자를 고려해야 한다.
- 규범적 기준(예 : 관련 법규 및 윤리)에 비추어 다양한 대안을 선택한다.
- 윤리적 의사결정에 개인이나 조직의 가치 등과 관련하여 윤리적 딜레마가 발생될 수 있다.
- 도덕적 감수성에 대한 합리적인 상호작용(예 : 윤리적 딜레마에 대한 심층적 토론과 협의 등)을 통하여 윤리적 딜레마에 대한 다각적인 선택 대안을 도출한다.
- 발생된 윤리적 딜레마 해결을 위한 건전한 솔루션을 결정한다.

4.3 조직을 위기로 모는 의사결정의 실패

한국 사회는 의사결정의 위기를 겪고 있다. 기업도 예외는 아니다. 전문가들은 의사결정이 난맥상을 빚는 까닭에 대해 한국 사회 특유의 엄격한 위계질서 때문에 나쁜 소식 · 정보는 조직 내에 흐르지 않는다는 점이다. 이 때문에 "리더들이 정보의 진공상태인 최고경영자(CEO) 병에 빠지는 탓이 크다"고 지적한다. 조직의 의사결정에 실패를 가져오는 원인과 과정에 대해 살펴보면 다음과 같다.

■ 1 단계 : 보스를 불편하게 하는 정보는 차단 - '나쁜 정보는 흐르지 않는다'

1997년 대한항공 여객기가 괌에 추락해 225명이 사망했다. 경영 구루 맬컴 글래드웰은 "기장이 줄곧 잘못 판단하고 있다는 것을 부기장이 눈치챘지만 명시적으로 잘못을 지적하지 못한 게 원인"이라고 말했다. 위계질서 탓에 상사에게 나쁜 정보를 알리지 못하는 한국 특유의 문화가 사고를 낳았다는 것이다. 보스를 불편하게 할 만한 '나쁜 정보 · 소식'은 입에 올리지 않을 뿐 아니라 애써 무시한다. 그 결과 조직에는 '좋은 소식'만 과잉으로 흐르고 '나쁜 소식'은 흐르지 않는다. 특히 관료적 문화 속에 참모들은 보스의 심기 경호를 위한 'Yes Man'이 될 가능성이 높다. 진정한 참모라면 자신의 리더에게 나쁜 정보도 알리며 충언하는 지혜와 용기가 필요하다.

■ 2 단계 : CEO병에 빠짐 - 현실 정보의 진공 상태

조직에 나쁜 정보가 흐르지 않으면 리더는 듣기 좋은 정보만 접하게 된다. 결국 정보의 진공 상태에 빠진다. 이런 리더를 꼬집어 대니얼 골먼 박사는 "CEO병에 걸렸다"고 진단했다. 잭 웰치 전 GE CEO는 이 병을 경계한 대표적인 예다. 그는 "회사가 어떻게 돌아가는

지 가장 잘 모르는 사람이 CEO다. 나 역시 예외가 아니었다"고 회상했다.

■ 3 단계 : 문제는 외면… 보고 싶은 것만 본다(확증편향)

시간이 흐르면서 CEO와 조직구성원들은 자신의 생각에 부합되는 증거만 수집하는 단계에 이른다. 프랑수아 만조니 인시아드 교수는 이를 "보고 싶은 것만 보는 확증편향에 빠진 것"이라고 설명했다. 문재인 정부의 부동산[47] 통계조작이 위와 같은 예이다. 즉 부동산 대책의 효과로 집값이 안정된 것처럼 보이기 위한 목적으로 한국부동산원 산정 '주간 주택 가격 변동률'을 2018년부터 2021년 8월까지 125회에 걸쳐 조작한 혐의를 받고 있다.

■ 4 단계 : 우선순위의 혼란

우선순위를 바꾸며 자기 합리화하는 리더와 조직은 확증편향에 빠져들면서 '우리가 옳다'는 확신을 굳히지만 외부환경은 정반대로 흐른다. 뒤늦게 외부 반발에 당황하는 순간이 온다. 의사결정을 정당화하기가 어렵다는 것을 깨닫게 된다. 이때 보이는 증상이 우선순위의 혼란이다. 의사결정의 우선순위를 바꿔 의사결정 자체를 합리화하려는 시도다.

■ 5 단계 : 판단 실수와 오류의 반복 · 악순환

의사결정의 실패는 반복된다. 폴 슈메이커 맥기술혁신센터 리서치 디렉터는 "의사 결정의 반복적인 실패를 피하려면, 인간은 언제나 실수와 오류를 저지를 수 있다는 사실을 인식하고 실수로부터 통찰과 배움을 얻는 게 중요하다"고 말했다. 특히 조직 리더는 '자신은 판단은 오류가 없다'는 무오류(無誤謬)의 신드롬에 빠지지 않도록 주의하여야 한다.

4.4 윤리적 실패사례의 교훈

기업과 공공기관 등에서 발생한 윤리적 실패를 분석하여 볼 때 CEO을 비롯한 경영층과 관리자는 다음과 같은 교훈을 깊이 성찰할 필요가 있다.

첫째, 우리 모두가 완벽하지 못한 존재라는 것을 인정하라. 우리 모두 태생적으로 불완전한 존재이다. 우리가 서로 완벽하지 못한 것을 서로 인정하고 용서할 수 있다면, 우리는 집합적 지성을 활용하여 보다 좋은 의사결정을 할 수 있다. CEO도 부하들과 같이 많은 결점을 갖고 있는 존재이다. 경영환경이 급변함에 따라 자신의 결점에 대해 피드백을 적극적으로 구하는 것이 점점 더 중요해지고 있다. CEO도 신이 아닌 인간이다. 영국의 철학자 칼

47) 문재인 정부 부동산통계조작, JTBC뉴스, 2024.3.14.

포퍼(1902~1994)는 인간의 역사를 열린 사회와 닫힌 사회의 투쟁 과정으로 규정한다. '열린'이라는 표현이 의미하는 것은 상황과 조건에 대한 모든 가능성에 대한 개방이다.[48] 열린 관계는 누구라도 오류를 범할 수 있음을 인정하는 것이다. 특히 '나' 자신 역시 틀릴 수 있음을 열어놓는 것이다.

둘째, CEO 자신의 실수를 용인하라. CEO인 나도 실수할 수 있고 당신도 실수할 수 있다. 자신의 잘못을 용서하여 부정적인 자기 목소리를 잠재우는 것이 중요하다. CEO가 당신의 잘못을 인정하는 것은 조직에 실패에 대한 관용의 메시지를 강력히 전달하게 된다. 이를 통해 조직에 창의적인 실수를 통한 경영과 제품 및 서비스 혁신을 가져오는 투명하고 혁신적인 조직문화 창출에 도움이 될 것이다.

셋째, 정상에 오른 뒤 소통해야 추락하지 않는다. 소통의 본질은 비판적이고 불편한 소리를 듣고 존중하는 데 있다. 권력의 사다리를 오르기 전에는 주변의 지지를 얻기 위해 적극적 소통하려고 한다. 그러나 정상에 오르고 나면 구성원들의 소통을 불만의 표출로, 권위를 훼손시키는 것으로 정책 결정을 방해하고 실행력을 약화시킨다고 생각한다. 위로 올라갈수록 더 왜곡된 정보를 보고받을 가능성이 높아진다. 최대한 현장의 의견을 듣고 소통하도록 하라. 당 태종의 참모였던 위징(魏徵)의 '고루 들으면 현명해지고, 한쪽 의견만 치우쳐 들으면 우매해진다'는 충언을 상기하라.

넷째, 자신의 제약된 인지적 한계를 인정하라. 심리적으로 우리의 마음들이 제약된 윤리성에 종속되거나 우리 결정의 도덕적 함축성을 인식하지 못하는 인지적 한계에 있다. 특히 창업주나 오너의 경우 독단적 경영이나 판단으로 기업에 치명적 피해를 가져올 위험이 크다. 조직의 경영층을 비롯한 리더들은 "권력과 지위의 층계에 높이 오를수록, 윤리의 사다리는 더 심하게 흔들린다"는 금언을 새겨들어야 할 것이다.

다섯째, 다양한 의견을 수렴하기 위해 의도적으로 반대의견을 들어라. 열린 세상의 조건은 진리의 일방적 독점을 거부하고 상이한 관점과 지식 및 경험을 경청하며 수용하는 것이다. 열린 사회를 위협하는 가장 큰 적은 자신만이 진리를 소유하고 있다고 생각하는 오만이다. 다른 많은 사람들의 다양한 의견을 듣는 것이 필요하다. 특히 중요한 의사결정을 할 때에는 반대의견을 갖고 있는 내외부전문가도 의사결정에 참여시켜 집단사고와 편견의 함정에 빠지는 것을 예방하여야 한다. 최근 새로운 전략이나 정책 결정 과정에서 의도적으로 반대의견을 내는 레드팀(red team)을 구성 활용하는 경우가 증가하고 있다. 레드팀 운영시 무엇보다 중요한 것은 의사결정자가 레드팀을 형식적이거나 일회적으로 생각하면 안 된다는 것이다. 레드팀의 결과물을 존중해야 그 의미가 발현된다. 레드팀의 결과가 의사결

48) 열린 세상과 무오류성에 대한 환상, 광주일보, 2023.2.6.

정자의 잘못을 지적하는 등 의사결정자의 자존심 문제로 연결될 수 있으므로, 의사결정자는 레드팀의 쓴 소리도 겸허히 받아들여야 한다. 최고 의사결정자의 이러한 개방적이고 포용적인 마음가짐은 레드팀의 역량 발휘와 성공적 운영의 관건이 된다.

5. 윤리적 리더십의 실천

5.1 윤리적 리더십

5.1.1 배 경

최근 금융회사 및 기업의 금융사고 등과 관련하여 조직의 최고경영층을 비롯한 임직원의 건전한 윤리적 리더십이 주요 현안으로 대두되고 있다. 기업 CEO를 비롯한 리더들의 윤리적 행동이 강조되는 배경에는 리더가 구성원들의 인식과 행동에 직접적인 영향을 미치는 존재로 인식되기 때문이다.[49] 윤리적 리더십이란 '리더가 구성원들과 상호관계를 통하여 규범적으로 적절한 행위를 보이고, 쌍방향 커뮤니케이션을 강화하며, 의사결정에 참여시키고 적절한 보상을 통하여 윤리적 행위를 촉진하는 것'이라고 정의할 수 있다. 리더가 구성원들로부터 윤리적 리더로 인정받기 위해 필요한 두 가지 측면인 '도덕적 인간'과 '도덕적 관리자'를 갖추어야 한다. '도덕적 인간'은 한 개인으로서 스스로 윤리적인 속성을 갖춘 것으로, 구성원과의 상호 관계에서 규범적이고 도덕적 행위를 보여줌으로써 영향력을 미친다. '도덕적 관리자'란 조직 내에서 윤리기준을 세우고, 윤리가 중요하다는 메시지를 보내며, 보상체계를 통해서 구성원들이 윤리적 책임감을 갖도록 관리하는 역할을 하는 것을 의미한다. 예를 들면, 도덕적 인간으로서는 성실성(Integrity), 정직(honesty), 신뢰(trust) 등의 개인의 자질을 제시한다. 도덕적 관리자 측면에서는, CEO을 비롯한 리더가 사회적 권력(예, CEO 인사권)을 의사결정 및 타인에게 영향을 미치는 과정에서 어떻게 사용하는지에 초점을 두게 된다. 즉, 윤리적 리더십이란 윤리적 리더가 도덕적인 개인이자 관리자로서 어떻게 사회적 권력을 활용하는가와 관련된 개념이다.[50]

---

49) 김미나 외, 국내 리더십 연구의 현황과 과제, 한국윤리경영학회, 윤리경영연구, 2019년 12월, 제19권 제2호, p.88.

50) 김미나 외(2019), p.87.

5.1.2 윤리적 행동원리

Trevino et al.(2003)은 조직의 구성원들에게 리더십이 의미하는 것이 무엇인지를 설명하기 위해 윤리적 리더십과 관련된 개인적 특성을 조사하였다. 조사 결과 윤리적 리더십은 정직, 신뢰성, 공정한 의사결정, 배려, 도덕적 행동 등 윤리적 개인적 특성과 관련되는 것으로 파악되었다. 또한 윤리적 리더들은 구성원들의 적절한 행동에 대하여 적절한 보상을 제공하고 이러한 행동이 공정한 행동이었다고 인식시킴으로써 구성원이 모방하도록 하는 사회적 역할 모델이 된다고 하여 윤리적 리더십이 윤리적 관리자 측면과 관련되는 개념으로 제시하였다. 윤리적 사람이 되기 위해서는 윤리적 자질을 갖추어야 하고, 윤리적으로 행동해야 하며, 윤리적 기준에 따라 의사결정을 하는 사람으로 인식되어야 한다. 우선 자질 면에서는 정직, 신뢰성(trustworthiness), 성실성(integrity)을 지녀야 하고, 행동에서는 옳은 일을 행하고, 사람에 대한 관심을 보이고, 그들을 올바르게 대우하며, 개방적 의사소통을 하고, 일상생활에서도 도덕적 행동을 보여야 한다. 즉, 행동에서도 정직, 정의, 배려, 성실성이 드러나야 한다. 뿐만 아니라 의사결정단계에서는 윤리적 가치와 원칙에 부합하는 선택을 해야 한다. 윤리적 리더십을 발휘함에 있어서 기본적인 '윤리적 행동원리'를 요약해 보면 다음과 같다.[51)]

- 업무에서 나의 최선을 다하라.
- 이해충돌을 피하라.
- 권력에 진실을 말하라.
- 좋은 시민이 되라.
- 공적 직업으로부터 어떤 사적이익이라도 피하라.
- 공정하게 행동하라.
- 내가 대접받기를 바라는 방식으로 다른 사람을 대접하라.
- 낭비, 횡령, 부패를 보고하라.

5.2 윤리적 리더와 윤리역량

윤리적 리더십을 발휘하기 위해 각 개인이나 조직의 윤리역량이 배양되어야 할 것이다. 행정윤리에 있어서는 윤리역량(ethic capacity)을 다음과 같이 정의하고 있다. 즉 '공공

51) 테리 쿠퍼, 도날드 멘젤 지음, 행정사상과 방법론 연구회 옮김, 윤리역량 : 공직리더십을 위한 윤리역량 성취, 조명문화사, 2018.6, p.13.

행정의 선악과 시비, 장단점, 정당성 등을 판단하고 결정할 경험적이거나 학습적 지식, 정신적이고 물리적인 능력이나 자격'이라고 할 수 있다. 경영학에서는 '관계하는 사실을 합리적으로 평가하면서, 이에 근거하여 해당되는 이해관계를 적절히 고려해서 신중하게 업무를 수행할 수 있는 능력'으로 정의한다. 이를 종합하여 윤리역량의 실천기준과 규칙으로 도덕적 감수성, 도덕적 추론, 도덕적인 동기와 인성을 제시하고 있다.[52] 기업이 지속가능한 성장을 하기 위해서는 시장에서의 경쟁력을 확보함과 동시에 사회적 측면에서의 윤리성을 갖추어야 한다.

윤리적 리더십은 규범적으로 본받을 만한 행동을 보이며 공정하고 균형 잡힌 의사결정을 하는 리더의 자질 및 역량을 말한다. 말하자면, 윤리적 리더는 조직구성원들의 역할 모델이 되며, 그들과 자주 의견을 공유하고, 정확한 윤리적 기준을 설정 및 제시하는 특징을 보인다.[53] 윤리적 리더는 조직에서 규범적으로 적절한 행동을 보여줌으로써 구성원들의 역할 모델로서 영향을 미칠 수 있다. 또한 윤리적 리더는 경청과 적극적인 쌍방향 커뮤니케이션을 통하여 구성원들이 윤리적 토론에 참여하고 윤리적 문제에 대해 발언하도록 격려한다. 아울러 명확한 윤리기준을 설정, 제시하고 보상 및 징계제도를 통하여 이를 강화함으로써 구성원의 행동을 규제할 수 있다. 리더는 조직 내에서 무엇이 윤리적 행위이며 또 윤리적 이슈가 될 상황에 직면했을 때 어떻게 행동해야 윤리적으로 수용이 되는지 그 역할모델이 된다. 리더는 상벌을 통해 어떤 행위가 윤리적인지 분명한 단서를 제공하기도 한다. 나아가서 리더는 구성원의 행위를 고무시키기도 하고 또한 저지시키기도 함으로써 구성원이 윤리적 혹은 비윤리적 행동을 하도록 암시를 줄 수도 있다.

리더는 윤리적 비전과 기대 행위를 조직 전체에 소통시키는 역할을 통해서 조직의 윤리풍토 조성에 강한 영향을 미치게 된다. 이는 조직의 목적, 정책, 관행을 수립하고 실행되게 하는 장본인이 리더이기 때문이다. 윤리적 리더는 윤리규범에 입각하여 공정, 정직, 그리고 신뢰감이 있는 의사결정을 함으로써 구성원들의 조직에 대한 우호적인 행위, 조직에 대한 자긍심과 몰입을 높이고 조직에 대한 인식을 변화시킨다. 리더의 가장 중요한 역할이 조직문화를 창조하고 유지 관리하는 일이다. 리더가 어떤 가치(values)를 중시하는가에 따라 그 조직의 조직문화와 조직풍토의 한 단면인 윤리풍토가 영향을 받는다. 리더가 신봉하는 가치체계가 전체 조직 운영에 영향을 미치기 때문이다.[54]

52) 김성준 외 8인, 행정윤리, 양성원, 2021.1, p.344.

53) 홍순일 외 2인, 윤리적 리더십과 직무 자율성이 혁신행동에 미치는 영향, 한국윤리경영학회, 윤리경영연구, 2024년 7월호, 제24권 제1호, pp.4-5.

54) 홍순일 외 2인(2024), p.445.

5.3 윤리적 리더의 실천 활동

CEO을 비롯한 조직의 리더는 윤리적으로 수용가능한 행태 유형이 어떠한 것인지, 윤리적 문제의 의문점들이 어떻게 다루어지는지 등에 관해서 그 부하에게는 하나의 역할 모델(role model)이 된다. 조직의 문화는 CEO로부터 기인된다. 최고지도자는 말보다 행동을 보여 줌으로써 윤리적인 조직문화를 조정하게 된다. 최고지도자는 그가 창출하는 문화에 책임이 있다. 윤리적 리더십은 도덕적인 사람(moral person)을 만들기보다는 윤리적 사유(ethical reasoning)의 개발에 중점을 두어야 한다. 윤리적 무지는 윤리적 의사결정의 실패를 가져온다. 윤리적 리더는 잠재적인 윤리위기에 대응하기 위해 선제적으로 예측하고 기획하고 행동하여야 한다. 인간의 가치를 고양하는 일은 그 자체로 혜택(善)을 가져온다. 윤리적 리더가 성찰하며 실천할 덕목을 살펴보면 다음과 같을 것이다.

- 윤리적 리더는 태어나는 것이 아니라 만들어지는 것이다.
- 직업의 모럴을 지킨다는 것은 머릿속에서 이루어지는 것이 아니라 말과 행동을 갈고 닦음으로써 만들어지는 것이다.
- 행동 활성화 훈련법 : '네 양심과 네 가슴을 항상 숨 쉬게 하라'(조지 워싱턴)
- 절제 수업 : '절제하는 사람만이 자유로우며 위대하다'[55)]
- '인간의 최고의 가치는 타인에 대한 배려이다'(넬슨 만델라).
- 겸손은 정직이다. 겸손은 자신을 불완전한 존재로 인정하는 것에서 시작된다. 오직 자신의 결점과 부족을 보는 것이 관용의 기초다. 겸손은 사람을 천사로 만들어 준다.

지속가능한 성장을 위한 성공적인 윤리적 리더의 습관을 보면 다음과 같다.

- 강한 윤리적 인격을 가져야 한다.
- 올바른 일을 행함에 있어서 열정을 가져야 한다.
- 선제적이며 능동적으로 활동하여야 한다.
- 이해관계자의 이해와 관심을 갖고 경청하여야 한다.
- 조직의 사명과 가치를 위한 역할 모델(role model)이 되어야 한다.
- 투명하고 조직의 의사결정에 적극적으로 참여하여야 한다.
- 조직의 윤리적 문화에 대하여 다각적인 관점을 갖는 역량이 있어야 한다.

55) 라이온 홀리데이 지음, 정지인 옮김, 내 안의 충동에서 자유로워지는 절제수업, 다산북스, 2023.12, p.23.

〈제12장 요약〉

우리 인간은 태생적으로 불완전한 존재이다. "네가 있어야 내가 완전해지는 존재이다. 따라서 모든 것이 너로부터 온다고 생각해야 한다." 성숙한 인간관계는 '너와 나'의 친밀한 관계이다. 이 관계를 맺기 위해서는 '나'보다는 '너'를 먼저 생각하고, 너의 관점에서 세상을 바라보는 '공감'능력이 필요하다. 끊임없이 자기 자신의 한계를 인지하는 자기 인식과 자신의 불완전함을 받아들이는 정직한 마음이 필요하다. 성숙한 삶이란 내가 무엇이 부족한지, 나의 약점이 무엇인지 알고 인정하는 삶이다. 사람은 가치와 의미를 추구하고 실현하는 존재이다. 우리는 진지하고 성실하게 우리 삶에게 "나는 이런 의미를 가지고 살아가고 있다"고 대답해야 할 의무가 있다. 의미는 내가 만드는 것이다.

도그 랜닉(Doug Lennick)은 사업의 지속적인 성공을 위해 리더에게 필요한 보다 근본적인 자질은 '도덕능력'이라고 결론짓고 있다. 탁월한 도덕적 능력이 리더로서의 성공에 기본적 요소일 뿐 아니라 기업에도 막대한 이익이 된다. 기업에 가장 성공한 리더들은 일련의 굳은 도덕적 신념을 행동으로 옮기는 실천력을 갖춘 경우가 많다.

조직에서 윤리적 의사결정을 증진시키기 위해서는 개인이 조직환경에서 어떻게 윤리적 의시결정을 하는지 먼저 이해하여야 한다. 윤리적 의사결정에는 윤리 현안에 대한 민감성, 개인의 가치관 및 철학과 교육 같은 개인적 요소, 조직 구조나 문화와 같은 조직적 요소, 외적 및 내적 통제가 영향을 미치게 된다. 위와 같은 상호 연계된 요소들은 윤리적 내지 비윤리적 행위를 가져오는 비즈니스 윤리적 결정에 대한 의사결정자의 평가와 의지에 영향을 주게 된다. 법과 윤리는 있는 그대로를 정직하게 지킨다는 전제가 깔려 있지 않으면 의미가 없다. '법'에 정직한 것이 '준법'이고 '양심'에 정직한 것이 '윤리', '결과'에 정직한 것이 '책임'이다. 특히 준법과 불법 사이의 경계선에서 초래될 수 있는 위험에는 더욱 신중할 필요가 있다. 이때 반드시 유념해야 할 말은 '의심이 들면 하지 말라'는 것이다.

윤리적 리더는 조직에서 규범적으로 적절한 행동을 보여줌으로써 구성원들의 역할 모델로서 영향을 미칠 수 있다. 또한 윤리적 리더는 경청과 적극적인 쌍방향 커뮤니케이션을 통하여 구성원들이 윤리적 토론에 참여하고 윤리적 문제에 대해 발언하도록 격려한다. 윤리적 리더는 태어나는 것이 아니라 만들어지는 것이다. 말과 행동을 갈고 닦음으로써 만들어지는 것이다.

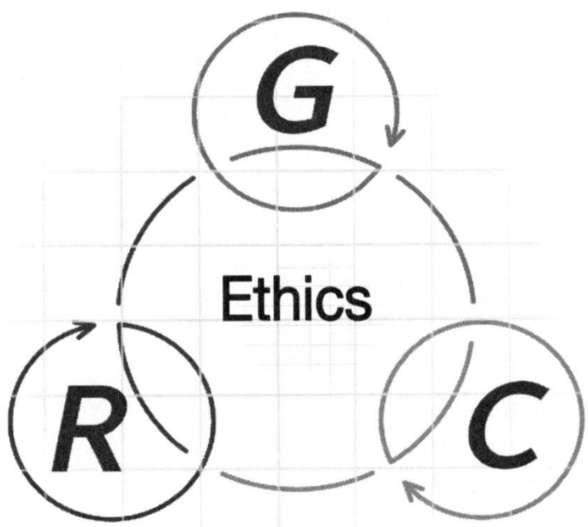
G
Ethics
R
C

저자소개

이재권 서강대학교(경영학 박사), 공인회계사, 국제공인내부감사사(CIA), CRMA
한국공인회계사회 정보기술연구위원장
한국감사협회 교육위원장, 품질관리위원장
감사원 감사연구원 감사자문위원장, 서울경찰청 사이버수사자문위원
국민권익위원회 청렴사회민관협의회 공정신뢰분과위원장
딜로이트 안진회계법인 기업리스크 자문본부 부대표
서울시립대학교, 국립한밭대학교 겸임교수
서강대학교 내부감사전문과정 교육운영위원
한국윤리경영학회 산학협력 부회장(현)
안세회계법인 지속가능경영자문센터장(현)

[주요 저서, 역서 및 연구, 표창]
ACL을 활용한 전산감사(법영사, 2003) | 경영혁신을 위한 내부통제 자체평가(역서)(한국금융연수원, 2005) | 전사적 리스크 관리와 내부회계관리제도에 대한 연구(내부회계관리제도운영위원회, 2010) | 윤리역량: 공직 리더십을 위한 윤리역량 성취(역서)(조명문화사, 2018) | 생태문명 생각하기: 내 삶을 바꾸는 환경철학(한국환경정책평가연구원, 2018) | 10대 기업집단의 감사위원회 운영실태와 개선방향(한국감사인연합회, 2020) | 한국상장협의회 감사인 대상 수상 | 기획재정부 장관 표창

강기승 고려대 경영대학원(MBA), Birmingham City Univ.(MSc.수료), 국제공인내부감사사(CIA)
강릉원주대학교치과병원 상임감사(전)
한국은행 감사기획팀장, 경제교육실 교수, 포항본부 부본부장(전)
동국대학교(경주) 국제통상학과 겸임교수(전)
캄보디아 Life University Business School 교수(전)
한국콘텐츠진흥원 특정감사 자문위원(전)

[주요 논문 및 표창]
전산 상시감사시스템의 효과성에 관한 실증 분석(감사연구원, 2011) | 감사원장 표창(감사논집 논문 현상 공모 우수상)

박성환 서강대학교(경영학 박사), 공인회계사
한국경영교육학회장(전), 한국회계학회 부회장(전)
한국회계기준원 회계기준자문위원(전)
삼일회계법인 위촉 저명교수(현)
국립한밭대학교 경상대학 교수(현)

[주요 저서 및 논문]
기관투자자의 스튜어드십 코드 도입과 기업의 재무보고 품질 | 공공기관의 사회적 가치 인식 및 측정사례연구 | 국내 新기업보고서 동향과 실태분석 | 국제기준 회계원리(한・영문판)(율곡출판사, 2021) | 정부회계(샘앤북스, 2016)

[실무사례 중심] 21세기 지속가능경영을 위한 **경영의 핵심 : GRC 이해**

2025년 3월 10일 제1판 1쇄 인쇄
2025년 3월 20일 제1판 1쇄 발행

저 자 이재권 · 강기승 · 박성환
발 행 인 권 영 섭
발 행 처 (주)신 영 사

저자와의
협의하에
인지생략

경기도 파주시 심학산로 12(출판문화단지)
등 록 : 1988. 5. 2 / 제406-1988-000020호
전 화 : 031-946-2894(代)
F A X : 031-946-0799
e-mail : sys28945@naver.com
홈페이지 : http://www.shinyoungsa.co.kr

정가 **27,000**원 ISBN 978-89-5501-882-0